Die PostScript- & PDF-Bibel

Die Deutsche Bibliothek – CIP-Einheitsaufnahme
Merz, Thomas unter Mitarbeit von Drümmer, Olaf:
Die PostScript- & PDF-Bibel / Thomas Merz. - 2. Aufl.. -
München : PDFlib; Heidelberg : dpunkt-Verl., 2002
   1. Aufl. u.d.T.: Die PostScript- & Acrobat-Bibel
   ISBN 3-935320-01-9

© 2002 PDFlib GmbH, München
2. Auflage 2002

Verlagsadresse
PDFlib GmbH
Tal 40, 80331 München
Fax 089/29 16 46 86
http://www.pdflib.com
Buchbestellungen: books@pdflib.com

Webseite zum Buch
http://www.pdflib.com/bibel

Umschlag, Illustrationen und Gestaltung
Alessio Leonardi, Leonardi.Wollein Berlin

Schriften
Luc(as) de Groot, Berlin

Lektorat
Katja Karsunke, Wolnzach

Korrektorat
Susanne Spitzer, München

Verpflegung
Riva Pizza, München

Belichtung, Druck und Bindung
Druckerei Kösel, Kempten

Alle Angaben in diesem Buch wurden mit größter Sorgfalt
zusammengestellt. Dennoch sind Fehler nicht ganz
auszuschließen. Autor und Verlag übernehmen keine
juristische Verantwortung oder Haftung für Schäden,
die durch eventuell verbliebene Fehler entstehen. Alle
Warenbezeichnungen werden ohne Gewährleistung
der freien Verwendbarkeit benutzt und sind möglicherweise eingetragene Warenzeichen.
Dieses Buch ist urheberrechtlich geschützt. Alle Rechte einschließlich Vervielfältigung, Übersetzung, Mikroverfilmung
und Einspeicherung in elektronischen Systemen vorbehalten.

Thomas Merz
Olaf Drümmer

Die PostScript- & PDF-Bibel

PDFlib EDITION

Inhaltsverzeichnis

1 PostScript und PDF *1*
1.1 Entwicklungsgeschichte *1*
    1.1.1 PostScript und PDF als Standards *1*
    1.1.2 Wird PostScript von PDF verdrängt? *2*
    1.1.3 Sackgassen der Entwicklung *4*
1.2 Das Adobe-Grafikmodell *6*
    1.2.1 Rasterung für Ausgabegeräte *7*
    1.2.2 Basiselemente *7*
    1.2.3 Anwendung der Basiselemente *9*
    1.2.4 Zusatzfunktionen *11*
    1.2.5 Technische Eigenschaften *17*
    1.2.6 Entwicklung des Grafikmodells *17*
1.3 Unterschiede zwischen PostScript und PDF *18*
1.4 PostScript 3 *21*
    1.4.1 Schriften *21*
    1.4.2 Ersetzung alter Programmierkonstrukte *23*
    1.4.3 Optionale Komponenten von PostScript 3 *24*
1.5 Encapsulated PostScript (EPS) *26*
    1.5.1 Einsatz von EPS *27*
    1.5.2 Formale Kriterien für EPS *30*
    1.5.3 EPS-Varianten *33*
    1.5.4 Portierbarkeit von EPS-Dateien *37*

2 Zwischen Bildschirm und Drucker *41*
2.1 Erzeugung von PostScript-Daten *41*
    2.1.1 Drei PostScript-Architekturen *41*
    2.1.2 PPD-Dateien *43*
    2.1.3 DSC-Kommentare *47*
    2.1.4 Archivierung von PostScript-Dateien *50*
2.2 PostScript unter Windows *51*
    2.2.1 PostScript-Treiber von Microsoft *51*
    2.2.2 PostScript-Treiber von Adobe *52*
    2.2.3 Download *56*
2.3 PostScript auf dem Macintosh *56*
    2.3.1 PostScript-Treiber bis Mac OS 9 *56*
    2.3.2 PostScript-Treiber unter Mac OS X *58*
2.4 Übertragung zum Drucker *60*
    2.4.1 Die Aufgaben eines Spoolers *60*
    2.4.2 Anschlussmöglichkeiten für PostScript-Drucker *62*
    2.4.3 Übertragungsprotokolle *64*
    2.4.4 Das Ctrl-D-Problem *67*
    2.4.5 Residentes Laden *67*

2.5 PostScript-Fehler **68**
    2.5.1   Analyse von PostScript-Problemen **68**
    2.5.2   Ausgabe von Fehlermeldungen **71**
    2.5.3   Liste der PostScript-Fehler **73**

3 Erstellen von PDF-Dateien *79*

3.1 Wege zur PDF-Datei **79**
    3.1.1   Acrobat-Komponenten **79**
    3.1.2   Direkte Erzeugung mit Anwendungsprogrammen **83**
    3.1.3   Alternativen zu Distiller **83**

3.2 Gutes PDF aus guten Eingangsdaten **84**
    3.2.1   Sorgfältige Wahl der Inhalte **84**
    3.2.2   PostScript-Erzeugung **86**

3.3 Schriften in Acrobat **87**
    3.3.1   Einbettung und Untergruppen in PDF **87**
    3.3.2   Fontsubstitution **89**
    3.3.3   Standardschriften in PDF **90**
    3.3.4   CJK-Schriften **91**
    3.3.5   Unicode in Acrobat und PDF **92**

3.4 Distiller-Einstellungen **96**
    3.4.1   Verarbeitung von Schriften **96**
    3.4.2   Verarbeitung von Rasterbildern **98**
    3.4.3   Umsetzung von DSC-Kommentaren **101**
    3.4.4   Der Operator setdistillerparams **101**

3.5 Tagged PDF **102**
    3.5.1   Strukturinformation in PDF **103**
    3.5.2   Kriterien für Tagged PDF **106**
    3.5.3   Vorteile von Tagged PDF **108**
    3.5.4   Erzeugen von Tagged PDF **110**
    3.5.5   Bearbeitung von Tags **112**

3.6 Testen und Nachbearbeiten von PDF **115**

4 Fonts *119*

4.1 Typo-Jargon **119**

4.2 Digitale Typografie **122**
    4.2.1   Bitmap- und Outline-Fonts **122**
    4.2.2   Die Fontkriege **124**

4.3 Die wichtigsten Fontformate **128**
    4.3.1   Type 1 **128**
    4.3.2   Type 3 **133**
    4.3.3   TrueType **133**
    4.3.4   OpenType **135**
    4.3.5   CID-Fonts **140**
    4.3.6   Multiple-Master-Fonts **142**

4.4 Schriften und Betriebssysteme *146*
    4.4.1 Adobe Type Manager (ATM) *146*
    4.4.2 AFM-Dateien *148*
    4.4.3 PostScript-Fonts unter Windows *150*
    4.4.4 PostScript-Fonts auf dem Mac *155*
    4.4.5 PostScript-Fonts im X Window System *160*
4.5 Download von PostScript-Fonts *168*
    4.5.1 Manueller und automatischer Download *168*
    4.5.2 Speicherbedarf von Fonts *169*
    4.5.3 Der Fontcache *171*
4.6 Fonteinbettung *172*
    4.6.1 Rechtlicher Schutz von Schriften *172*
    4.6.2 Einbettungsbeschränkungen für Fonts *173*
4.7 Zeichensätze *176*
    4.7.1 Der Unicode-Standard *176*
    4.7.2 Zeichensatz und Zeichenvorrat *182*
    4.7.3 Kodierung von Type-1-Fonts *188*
    4.7.4 Kodierung von TrueType- und OpenType-Fonts *192*
    4.7.5 Kodierung von CID-Fonts *195*
    4.7.6 Übersicht über die Kodierungsverfahren *197*
    4.7.7 Das Eurozeichen *197*
4.8 Konvertierung und Bearbeitung von Fonts *200*
    4.8.1 Konvertierung von Fonts *200*
    4.8.2 Erstellung und Bearbeitung von Fonts *202*

5 Farbe *207*

5.1 Vorüberlegungen *207*
    5.1.1 Farbig oder bunt? *207*
    5.1.2 Farbe in offenen und geschlossenen Systemen *208*
    5.1.3 Wahrnehmung von Farbe *210*
    5.1.4 CIE-basierte Farbräume *214*
5.2 Farbe in der Praxis *216*
    5.2.1 Gamut Mapping und Rendering Intent *216*
    5.2.2 Praktische Probleme der Farbdarstellung *218*
    5.2.3 Farbraumtransformationen *220*
    5.2.4 ICC-Profile *225*
    5.2.5 Der sRGB-Farbraum *231*
    5.2.6 Probleme beim Colormanagement *232*
    5.2.7 Resümee *237*
5.3 Farbe in PostScript *238*
    5.3.1 PostScript Level 1 und Host-basierte Separation *238*
    5.3.2 PostScript Level 2 und In-RIP-Separation *241*
    5.3.3 Warum setzt sich In-RIP-Separation nicht durch? *247*
    5.3.4 PostScript 3 *251*
5.4 Farbe in PDF *252*
    5.4.1 Geräteabhängige Farbräume in PDF 1.0 *252*

5.4.2 Kalibrierte Farbräume in PDF 1.1 **252**
5.4.3 Der Separation-Farbraum in PDF 1.2 **253**
5.4.4 Die Farbräume DeviceN und ICCBased in PDF 1.3 **254**
5.4.5 Default-Farbräume in PDF 1.1 bzw. PDF 1.3 **256**
5.4.6 OutputIntents in PDF 1.4 **258**

6 PostScript und PDF in der Druckvorstufe **261**
6.1 Abstimmung der Komponenten **261**
6.2 Überfüllung **263**
    6.2.1 Wozu braucht man Überfüllung? **263**
    6.2.2 Pixel- und vektorbasierte Überfüllung **266**
    6.2.3 Überfüllung im RIP **266**
    6.2.4 Steuerung der Überfüllung in PostScript 3 **267**
    6.2.5 Trap Networks in PDF **267**
    6.2.6 Überfüllungsanweisungen in PJTF **269**
    6.2.7 Beschränkungen der Trapping-Zonen **271**
6.3 Bogenmontage **271**
6.4 Das Open Prepress Interface (OPI) **277**
    6.4.1 Problemstellung **277**
    6.4.2 Lösung für PostScript **278**
    6.4.3 OPI und PDF **279**
    6.4.4 OPI und Bogenmontage **280**
6.5 Desktop Color Separation (DCS) **280**
6.6 Gerätespezifische Anweisungen **282**
    6.6.1 Welche gerätespezifischen Anweisungen gibt es? **282**
    6.6.2 Steuerung der Anweisungen **286**
6.7 Preflighting **287**
    6.7.1 Produktion probeweise ausführen **287**
    6.7.2 Produktionslauf näherungsweise durchführen **288**
    6.7.3 Plausibilitätsprüfungen **289**
6.8 Wölfe im Schafspelz **292**
    6.8.1 CT/LW in PostScript- oder PDF-Verpackung **292**
    6.8.2 Digitalisierter Film (Copydot) **293**
    6.8.3 Separationen ungeschehen machen? **294**
6.9 Bearbeiten von PostScript und PDF **295**
6.10 Standardisierung durch PDF/X **296**

7 PDF im World Wide Web **301**
7.1 PDF im Browser **301**
    7.1.1 Funktionsweise **301**
    7.1.2 PDF in Netscape und Internet Explorer **304**
    7.1.3 Optimiertes PDF und seitenweises Laden **306**
    7.1.4 Verknüpfungen zwischen PDF und HTML **307**
7.2 Acrobat Web Capture **311**
    7.2.1 Websurfen mit Acrobat **311**

      7.2.2   Optionen zur Umwandlung von Webseiten *317*
      7.2.3   Einschränkungen von Web Capture *320*
7.3 Online-Kommentare *320*
      7.3.1   Gemeinsame Bearbeitung von PDF-Dokumenten *320*
      7.3.2   Konfiguration von Online-Kommentaren *325*
7.4 Suchmaschinen für PDF *327*
7.5 Konfiguration eines Webservers für PDF *330*
      7.5.1   MIME-Konfiguration *330*
      7.5.2   Hilfestellungen für den Anwender *332*
      7.5.3   Das Byterange-Protokoll *335*
7.6 PDF-Software auf dem Server *340*
      7.6.1   Erzeugung von PDF *340*
      7.6.2   Verarbeitung von PDF *343*

8 PDF-Unterstützung in Anwendungsprogrammen *345*

8.1 PDF-Export *345*
      8.1.1   PDF-Erstellung *345*
      8.1.2   Hypertextelemente *346*
      8.1.3   Tagged PDF *348*
      8.1.4   Druckvorstufe *348*
8.2 PDF-Import *349*
8.3 Adobe FrameMaker *351*
8.4 Adobe PageMaker *357*
8.5 Adobe InDesign *360*
8.6 QuarkXPress *362*
8.7 Microsoft Office *364*
8.8 TEX *367*
8.9 Adobe Illustrator *369*
8.10 Macromedia FreeHand *373*
8.11 CorelDraw *375*

9 PDF-Formulare *379*

9.1 Erstellen von Formularen *379*
      9.1.1   Vorgehensweise *379*
      9.1.2   Formularfeldtypen *381*
9.2 Vorgänge und Funktionen *386*
      9.2.1   Vorgänge *386*
      9.2.2   Funktionen *388*
9.3 Praktische Hinweise und Beispiele *389*
      9.3.1   Navigieren *389*
      9.3.2   Erstellen und Bearbeiten von Formularfeldern *390*
      9.3.3   Eigenschaften von Formularfeldern *393*
      9.3.4   Funktionen *396*

9.3.5 Vorgänge *396*
9.3.6 Einschränkungen bei PDF-Formularen *398*
9.4 Formularsysteme auf PDF-Basis *399*
9.4.1 Acrobat-Varianten *399*
9.4.2 Offline-Formularsysteme *400*
9.4.3 Webbasierte Formularsysteme *401*
9.5 Formularverarbeitung auf dem Server *405*
9.5.1 Die Exportformate FDF und XFDF *405*
9.5.2 Das FDF-Toolkit *409*
9.5.3 Fehlersuche bei der FDF-Verarbeitung *415*
9.6 FDF-Software auf dem Server *416*

10 JavaScript in Acrobat *419*

10.1 Überblick *419*
10.2 Wo steht der JavaScript-Code? *421*
10.2.1 Interner JavaScript-Code im PDF-Dokument *421*
10.2.2 Externer JavaScript-Code *424*
10.2.3 Die JavaScript-Konsole *427*
10.3 Wichtige JavaScript-Elemente in Acrobat *428*
10.3.1 Acrobat-spezifische Objekte *428*
10.3.2 JavaScript-Events in Acrobat *429*
10.3.3 Exceptions *433*
10.3.4 Vorgänge *435*
10.3.5 Formularfeldeigenschaften *438*
10.4 Formatierung, Validierung und Berechnung *438*
10.4.1 Einfache Berechnungen *438*
10.4.2 Komplexe Validierung *439*
10.4.3 Seitenvorlagen *443*
10.5 Datenbankzugriffe mit ADBC *445*
10.6 Nützliche Code-Fragmente *447*
10.6.1 Interaktion mit dem Benutzer *447*
10.6.2 Formularfelder *451*
10.6.3 Hypertext *457*
10.6.4 Programmiertricks *460*

11 Das pdfmark-Einmaleins *463*

11.1 Übersicht *463*
11.2 Hinweise zum Einsatz von pdfmarks *465*
11.2.1 Struktur von pdfmark-Anweisungen *465*
11.2.2 Einbetten von pdfmarks *467*
11.2.3 Fortgeschrittene Einbettungshinweise *470*
11.2.4 Datentypen und Koordinaten *472*
11.3 Programmspezifische Einbettungstricks *476*
11.3.1 Adobe FrameMaker *476*
11.3.2 Microsoft Word *479*

     11.3.3 QuarkXPress **480**
     11.3.4 Adobe Illustrator **480**
     11.3.5 TEX **480**
11.4 Steuerung der Anzeige mit pdfmarks **481**
11.5 Hypertextgrundelemente mit pdfmarks **487**
11.6 Vorgänge mit pdfmarks **494**
     11.6.1 Auslöser für Vorgänge **494**
     11.6.2 Vorgänge **496**
     11.6.3 Verschiedene Arten von Verknüpfungen **498**
     11.6.4 Multimedia **502**
     11.6.5 Ausführen von Menübefehlen **504**
11.7 Formularfelder mit pdfmarks **507**
     11.7.1 Anlegen von Formularfeldern **507**
     11.7.2 Vorgänge für Formularfelder **514**
11.8 JavaScript mit pdfmarks **517**
11.9 Tagged PDF mit pdfmarks **521**

12 Das Dateiformat PDF **523**

12.1 Wie findet man sich in PDF-Dateien zurecht? **523**
12.2 Dateistruktur von PDF **525**
     12.2.1 Versionsnummer **525**
     12.2.2 Objekte in PDF **525**
     12.2.3 Der Update-Mechanismus **532**
     12.2.4 Kompression **532**
     12.2.5 Verschlüsselung **537**
     12.2.6 Linearisiertes (optimiertes) PDF **538**
12.3 Seiten in einer PDF-Datei **539**
     12.3.1 Formatangaben **539**
     12.3.2 Ressourcen **540**
     12.3.3 Seitenbeschreibungen **544**
     12.3.4 Separationsangaben **548**
12.4 Schriften **548**
     12.4.1 Fontformate und Einbettung **548**
     12.4.2 Datenstrukturen für Fonts **550**
12.5 Hypertext **554**

13 Sicherheit von PDF-Dateien **559**

13.1 Kryptografische Grundbegriffe **559**
     13.1.1 Private-Key-Kryptografie **559**
     13.1.2 Public-Key-Kryptografie **560**
     13.1.3 Schlüssellängen **561**
     13.1.4 Hashfunktionen **562**
13.2 Schutz von PDF-Dateien **563**
     13.2.1 Standardsicherheit in Acrobat **564**

13.2.2 Self-Sign-Sicherheit in Acrobat 568
13.2.3 Verschlüsseltes PDF in anderen Viewern 569
13.2.4 PDF als verschlüsselter Container für Dateien 570
13.3 Stärke der Acrobat-Verschlüsselung 570
13.3.1 Stärke der Standardsicherheit 571
13.3.2 Stärke der Self-Sign-Sicherheit 573
13.3.3 Weitere Schwachpunkte 574
13.3.4 Sicherheitsempfehlungen 575
13.4 Zusatzprodukte zur Verschlüsselung 576
13.5 Verschlüsselte E-Books mit PDF 578
13.6 Sichere Übertragung im Web 581
13.7 Viren in Acrobat? 583

14 Digitale Signaturen und PDF 587

14.1 Funktionsweise digitaler Signaturen 587
14.1.1 Zielsetzung 587
14.1.2 Zertifikate 588
14.1.3 Was besagt die digitale Signatur? 591
14.1.4 Signieren eines Dokuments 591
14.1.5 Prüfen einer Signatur 592
14.2 Digitale Signaturen in Acrobat 594
14.2.1 Verfügbarkeit der digitalen Signatur 594
14.2.2 Signieren und Validieren von PDF-Dokumenten 594
14.2.3 Rekonstruktion und Seitenvergleich 600
14.2.4 PDF-Signatur im Browser 601
14.3 Acrobat Self-Sign 602
14.3.1 Funktionsweise des Self-Sign-Plugins 602
14.3.2 Das Benutzerprofil 603
14.3.3 Umgang mit Zertifikaten 604
14.4 Signatur-Software von Drittherstellern 607
14.5 Einschränkungen der PDF-Signatur 608
14.6 Anwendungsbeispiele 610
14.7 Rechtsverbindlichkeit der Signaturen 611
14.7.1 Das deutsche Signaturgesetz 611
14.7.2 Acrobat und das Signaturgesetz 615
14.7.3 Vorschriften der FDA 616

A Zeichensatztabellen 617

Stichwortverzeichnis 623

Kolophon 640

Vorwort

Die erste Auflage dieses Buches erschien 1996. Sie wurde als gutes PostScript-Buch gelobt, allerdings wies mich so mancher Leser darauf hin, dass das »Nebenthema« Acrobat/PDF doch eigentlich überflüssig sei. In den vergangenen fünf Jahren ist in der Branche sehr viel passiert, und heute ist PDF in aller Munde, vom IT-Verantwortlichen im Unternehmen bis zum Operator in der Druckvorstufe. Die aktuelle Acrobat-Version ist so leistungsfähig, dass ich vielen Themen jeweils ein eigenes Kapitel gegönnt habe. PostScript ist mittlerweile so fest etabliert, dass man sich nur noch wenig mit den Details befassen muss – viele Dinge funktionieren heute wesentlich zuverlässiger als zum Zeitpunkt der ersten Auflage. Interessanter ist dagegen der Integrationsaspekt, also die Unterstützung in Betriebssystemen und Anwendungsprogrammen. Das neue Fontformat OpenType und PostScript werden natürlich ebenfalls ausführlich berücksichtigt.

Besonders freue ich mich darüber, dass Olaf Drümmer seine Erfahrung und Expertise eingebracht und die beiden Kapitel über Farbe und den Einsatz von PostScript und PDF in der Druckvorstufe beigesteuert hat. Wir bemühen uns im gesamten Buch, Funktionsweisen und Zusammenhänge auf technisch exakter Basis (nach Lektüre vieler Spezifikationen und unzähligen Stunden mit PostScript- und PDF-Experimenten) zu erklären und gleichzeitig aber für den Anwender verständlich darzustellen.

Ergänzendes Material zum Buch, Beispiele und Errata finden Sie im Web unter der Adresse

http://www.pdflib.com/bibel

Ich bedanke mich bei allen, die unter der Erstellung dieses Buches leiden mussten, insbesondere meinen Mitarbeitern. Alessio Leonardi erfüllte trotz Zeitnot wieder geduldig all meine Wünsche. Die engagierte und kompetente Mitarbeit von Katja Karsunke trug ganz wesentlich zum erfolgreichen Abschluss des Buchprojekts bei. Ganz besonders wichtig war die dauerhafte und liebevolle Unterstützung durch den kleinen Löwen und seine Mutter, die so lange auf ein geregeltes Leben verzichten mussten.

Thomas Merz

Die meisten der in den von mir verfassten Kapiteln zu Farbe und Einsatz in der Druckvorstufe wiedergegebenen Einsichten wären nicht möglich gewesen ohne Unterstützung und Kritik vieler Personen – so manche darunter anonym durch Beiträge auf den einschlägigen Mailinglisten. Besonderer Dank geht hier stellvertretend an Martin Bailey, Günter Bestmann, Mauro Boscarol, Stefan Brües, Dieter Dolezal, Friedrich Dolezalek, Frank Gnutzmann, Henrik Holmegaard, Aandi Inston, Stephan Jaeggi, Ronald Schaul, Henrik Schmidt und Florian Süssl.

Dankbar bin ich auch Ariuntuya und Khajidmaa, die mir geduldig nachsahen, dass ich so viele Abende vor dem Bildschirm verbrachte.

Olaf Drümmer

1 PostScript und PDF

1.1 Entwicklungsgeschichte

1.1.1 PostScript und PDF als Standards.

Seit fast zwanzig Jahren dient die von der kalifornischen Firma Adobe entwickelte Seitenbeschreibungssprache PostScript zur Ansteuerung unterschiedlichster Geräte für die Erzeugung grafischer Ausgabe. Sei es der Laserdrucker im Büro oder die Belichtungsmaschine, die Filme für den Offsetdruck erzeugt: PostScript-Unterstützung ist als so genannter PostScript-Interpreter in allen Geräteklassen zu finden; jedes Betriebssystem enthält zudem Treiber für die Ausgabe auf einem PostScript-Gerät.

Der Wunsch, die Nachteile von PostScript zu beheben und gleichzeitig ein universelles Dateiformat für den Austausch digitaler Dokumente quer über alle Betriebssysteme zu etablieren, führte bei Adobe zur Entwicklung des *Portable Document Format* (PDF) und der zugehörigen Acrobat-Software. Seit bald zehn Jahren hält der Siegeszug von PDF an, angetrieben durch die massive Ausweitung des Internets und die gestiegene Online-Verteilung und -Verwendung digitaler Dokumente. Während das Vollprodukt von Acrobat seit Jahren signifikant zum Gesamtumsatz von Adobe beiträgt, ist der Acrobat Reader zum Anzeigen und Drucken von PDF-Dokumenten seit Jahren kostenlos erhältlich, was die Akzeptanz und Verbreitung von PDF maßgeblich förderte.

PostScript und PDF sind eng miteinander verwandt und wurden zum Teil auch parallel entwickelt; sie setzen jedoch unterschiedliche Schwerpunkte. Beide Formate basieren auf einer geräteunabhängigen Beschreibung beliebiger grafischer Inhalte. Vereinfacht gesagt: Alles, was man zeichnen oder drucken kann, lässt sich auch in PostScript und PDF ausdrücken. Während PostScript jedoch für die Druckausgabe von Daten optimiert ist, bietet PDF zusätzlich Eigenschaften, die den Einsatz von Dokumenten am Bildschirm und deren weltweiten Austausch erleichtern. Beim Entwurf des Dateiformats PDF orientierten sich die Entwickler von Adobe am Dateiformat des hauseigenen Grafikprogramms Illustrator. Es erschien erstmals 1988 und arbeitete mit einer Art abgespecktem PostScript zur Speicherung von Grafiken. Die Ähnlichkeit der Illustrator-Anweisungen mit jenen von PDF besteht noch heute.

Wie in der Computerindustrie üblich wurden sowohl PostScript als auch PDF permanent verbessert und weiter entwickelt. Da PostScript vor allem in Hardware (Drucker, Belichtungsmaschinen und anderen Geräten) implementiert ist und Acrobat/PDF reine Softwarelösungen sind (sieht man einmal von einigen wenigen PDF-fähigen Geräten ab), verlief die Entwicklung in beiden Fällen unterschiedlich schnell. PostScript brachte es in den

Abb. 1.1
Von bescheidenen Anfängen zum heutigen Multitalent: Distiller musste separat erworben werden und Acrobat Reader kostete US-$ 50.

knapp zwanzig Jahren seines Bestehens auf insgesamt drei Versionen, die als PostScript Level 1, 2 und 3 bezeichnet werden. Streng genommen darf man jedoch nicht von PostScript Level 3 sprechen, denn die Marketingabteilung von Adobe gab dieser Version die Bezeichnung Adobe PostScript 3 (in technischen Dokumenten ist von *LanguageLevel 3* die Rede). Von Acrobat bzw. PDF gab es in weniger als zehn Jahren bereits fünf Versionen. Während die Acrobat-Versionen einfach von 1 bis 5 durchnummeriert sind, lauten die entsprechenden PDF-Versionsnummern 1.0 bis 1.4. Dies sollte andeuten, dass die Änderungen am Dateiformat nicht gravierend oder zueinander inkompatibel waren, sondern eher sanft und weitgehend kompatibel mit den Vorgängerversionen. Tabelle 1.1 führt die wichtigsten Meilensteine der PostScript- und PDF-Entwicklung auf.

1.1.2 Wird PostScript von PDF verdrängt?

Wie wir in Abschnitt 1.2 »Das Adobe-Grafikmodell«, Seite 6, noch sehen werden, sind PostScript und PDF hinsichtlich ihrer Fähigkeiten zur Beschreibung grafischer Inhalte weitgehend äquivalent. Allerdings überholen sie sich immer wieder gegenseitig, was einzelne Funktionen betrifft. Aufgrund des unverändert stark wachsenden Einsatzes von PDF und der eher ruhigen Entwicklung bei PostScript drängt sich die Frage auf, ob PDF in nicht allzu ferner Zeit PostScript ganz ablösen könnte.

Auf diese Frage gibt es meiner Ansicht nach zwei Antworten. In den Bereichen, in denen das am sinnvollsten ist, ist die Ablösung bereits weitgehend erfolgt. Dies betrifft insbesondere den Austausch digitaler Dokumente, sei es für die Verwendung am Bildschirm oder die spätere Ausgabe auf

Tabelle 1.1 Meilensteine der PostScript- und PDF-Entwicklung

Jahr	Ereignis
1985	PostScript Level 1 wird veröffentlicht; erste Geräte und Treiber sind verfügbar.
1986	Linotype bietet die erste Belichtungsmaschine mit PostScript-Steuerung an.
1988	Adobe Illustrator verwendet PostScript als Speicherformat (Vorläufer von PDF)
1991	PostScript Level 2 wird veröffentlicht.
1993	PDF 1.0 / Acrobat 1.0; Acrobat Distiller implementiert PostScript Level 2.
1994	PDF 1.1 / Acrobat 2.0
1995	Geräte und Treiber unterstützen allmählich PostScript Level 2
1996	PDF 1.2 / Acrobat 3.0
1997	PostScript 3 wird veröffentlicht; einige Geräte sind verfügbar, jedoch kaum entsprechende Softwareunterstützung
1998	Adobe beendet die Unterstützung für PostScript Level 1 in seinen Druckertreibern.
1999	PDF 1.3 / Acrobat 4.0; Acrobat Distiller implementiert PostScript Level 3.
2001	PDF 1.4 / Acrobat 5.0
2002	Unterstützung für PostScript 3 in allen Adobe-Programmen und vielen anderen relevanten Produkten (Grafikprogramme, Treiber)

Papier oder Film. Eine Bastion, die PostScript im Zusammenhang mit dem Datenaustausch derzeit noch hält und in absehbarer Zukunft auch weiter halten wird, ist das Format *Encapsulated PostScript* (EPS), das zum Austausch einzelner Grafiken zwischen verschiedenen Programmen dient (siehe Abschnitt 1.5 »Encapsulated PostScript (EPS)«, Seite 26). Hier gibt es zwar vermehrt Ansätze, PDF anstelle von EPS einzusetzen, doch die entsprechende Softwareunterstützung ist noch bei weitem nicht mit der für EPS vergleichbar.

Die zweite Antwort betrifft die Implementierung in Ausgabegeräten, also die Frage, ob wir uns statt eines PostScript-Druckers ein PDF-fähiges Gerät kaufen sollten. Die Auswahl an Ausgabegeräten, die PDF ohne vorherige Umwandlung nach PostScript direkt verarbeiten können, ist immer noch verschwindend gering. Während Hersteller von Software-RIPs (die Abkürzung steht für *Raster Image Processor*) für die Druckvorstufe ihre PDF-Unterstützung immer weiter ausbauen, gibt es nur ganz wenige Laserdrucker mit integrierter PDF-Unterstützung. Die überwiegende Mehrzahl aller PDF-Dokumente, die gedruckt werden, wird für die Ausgabe nach PostScript umgewandelt. Wegen der hohen Hardware-Investitionen in vorhandene PostScript-Geräte sowie die zugehörige Software und nicht zuletzt auch das Know-how der Anwender bleibt PostScript meiner Meinung nach auch in Zukunft für Ausgabegeräte wesentlich wichtiger als PDF, dessen Stärke in der Online-Verwendung und dem Transport von Dokumenten liegen.

1.1.3 Sackgassen der Entwicklung.

Der Erfolg von PostScript und PDF sollte nicht darüber hinweg täuschen, dass es im Laufe der langjährigen Entwicklungsgeschichte so manchen Zweig gab, der sich im Nachhinein als Sackgasse erwies und mangels Produkterfolgs leise auslief oder sogar nie über das Stadium von Presseerklärungen hinaus kam. Im Folgenden möchte ich an einige dieser Fehlentwicklungen erinnern, die im Rückblick oftmals amüsante Züge aufweisen. In vielen Fällen überlebten die entsprechenden Produkte zwar nicht, die zugrunde liegenden Ideen existieren aber in der einen oder anderen Form weiter.

Display PostScript. Als größten Misserfolg von Adobe darf man wohl *Display PostScript* (DPS) werten, also den Versuch, PostScript auch als Beschreibungssprache zur Ansteuerung von Bildschirmen zu verwenden. Obwohl Ende der achtziger Jahre etliche Hersteller von Unix-Workstations (allen voran die selige NeXT) das DPS-Konzept aufgriffen und diese Komponente zum Teil noch heute mit ihren Systemen ausliefern, handelt es sich bei DPS um tote Technologie, die seit Jahren nicht mehr weiter entwickelt wird. Als Gründe für den Misserfolg von DPS spielten vermutlich der für die damalige Zeit zu hohe Ressourcenverbrauch und die zersplitterte Welt der Unix-Grafiksysteme eine Rolle (insbesondere die Konkurrenz durch das X Window System X11, in das DPS erst spät integriert wurde). Als modernen Erben des DPS-Konzepts kann man Mac OS X betrachten, dessen integriertes Grafikmodell auf einer Teilmenge von PDF basiert.

PostScript-Fax. Eine interessante Idee verbarg sich hinter PostScript-Fax: Faxgeräte sollten nicht nur grob gerasterte Schwarzweißdaten übertragen, sondern PostScript-Beschreibungen beliebig komplexer Seiten, die ein PostScript-fähiger Laserdrucker auf Empfängerseite in hoher Qualität ausdruckt. Die entsprechenden Faxerweiterungen in PostScript wurden zwar von einigen Druckerherstellern implementiert, konnten sich jedoch nicht durchsetzen. Und was nutzt eine Faxerweiterung, die nur auf der einen Seite einer Verbindung verfügbar ist? Trotz der großen Marktmacht scheiterte die Firma Adobe offensichtlich an der enormen Aufgabe, die Standardisierung im Telekommunikationsbereich in ihrem Sinne zu beeinflussen. Ironischerweise hat Adobe selbst großen Anteil daran, dass diese Technik gar nicht mehr benötigt wurde. Schließlich schickt man heutzutage einfach eine PDF-Datei per E-Mail um die Welt, wenn die Qualität einer Faxübertragung nicht ausreicht.

Acrobat Player. Unter der Bezeichnung *Acrobat Player* propagierte Adobe Mitte der neunziger Jahre ein Präsentationsgerät mit eingebauter Acrobat-Software, das PDF-Dateien direkt auf Diskette entgegen nehmen und für eine größere Zahl von Betrachtern auf eine Leinwand projizieren sollte. Adobe wollte die Kernsoftware an die Hersteller von Beamern lizenzieren, doch diese waren wohl nicht so recht von dem Konzept überzeugt und entsprechende Geräte ließen auf sich warten. Auch hier zeigte sich im Nachhinein der tragfähige Kern der Idee: Heute ist es selbstverständlich, dass ein Referent eine Präsentation im PDF-Format von seinem Notebook abspielt – nur schließt er eben einen allgemein verwendbaren Beamer an und kein Gerät, das auf eine einzige Aufgabe reduziert ist.

Portable Job Ticket Format. Das Thema Job Tickets spielt in der Druckvorstufe eine wichtige Rolle. Darunter fasst man Zusatzinformationen zusammen, die zur Verarbeitung eines bestimmten Druck- oder Belichtungsauftrags erforderlich sind. Ein Job Ticket kann zum Beispiel Angaben über den zu benutzenden Schacht oder die Art und Größe des gewünschten Papiers enthalten. Adobe entwickelte dazu unter der Bezeichnung *Portable Job Ticket Format* (PJTF) ein Format, das solche Angaben speichern sollte und integrierte es auch in Acrobat 4. Allerdings war PJTF nicht leistungsfähig genug für die Anforderungen der Branche und fand daher keine Akzeptanz. Da das Thema an sich aber sehr wohl hohe Bedeutung hat, unternahm Adobe einen zweiten Anlauf und entwickelte in enger Abstimmung mit anderen wichtigen Herstellern der Druckindustrie ein leistungsfähigeres Format unter der Bezeichnung Job Definition Format (JDF).

Bravo und Vertigo. Als *Bravo* bezeichnete Adobe in einer Presseerklärung von 1996 ein »portables, hocheffizientes Grafikmodell, das den Einsatz von Grafikapplikationen im World Wide Web revolutionieren wird«. Ein entsprechendes Autorenprogramm für Animation und Multimedia wurde unter der Bezeichnung *Vertigo* vorgestellt, kam aber nie über die Betaphase hinaus. Sun bzw. deren Tochter JavaSoft wollte laut Presseerklärung die Bravo-Technologie für den Einsatz in eigenen Produkten lizenzieren. Bei Lichte besehen handelt es sich bei Bravo nur um das Grafikmodell, wie es in PostScript und PDF bereits implementiert ist. Dessen Anwendung im Web führte 1998 unter Beigabe einer Prise XML zur Formulierung der *Precision Graphics Markup Language* (PGML), die wiederum die Grundlage für das vom W3C standardisierte und 2001 verabschiedete Format *Scalable Vector Graphics* (SVG) darstellte. Da SVG Animationsfunktionen enthält (und durchaus das Zeug zum weit verbreiteten Webstandard hat) und Sun das Adobe-Grafikmodell zudem unter der Bezeichnung Java 2D Graphics in die Programmiersprache Java integrierte, leben die Grundideen von Bravo weiter, wenn auch unter anderen Namen und in etwas anderer Verpackung.

PrintGear. Unter der Bezeichnung PrintGear versuchte Adobe, eine preisgünstige Alternative zu PostScript für den Einsatz im Büro- und Privatbereich einzuführen, die wohl Seitenbeschreibungssprachen wie PCL von Hewlett-Packard Marktanteile abnehmen sollte. PrintGear erfordert im Gegensatz zu PostScript keinen aufwendigen und damit teuren Interpreter im Gerät, sondern arbeitet mit einer Aufbereitung der Druckdaten im angeschlossenen PC. Das bedeutet für den Anwender, dass er auf die mitgelieferten PrintGear-Treiber angewiesen ist und seinen Drucker nicht unter allen Betriebssystemen nutzen kann. Vermutlich war als spätere Erweiterung zu PrintGear die Ergänzung durch einen Software-Interpreter gedacht, der PostScript-Daten auf dem angeschlossenen Computer verarbeitet.

PrintGear wurde nur von NEC und Minolta in einige Druckermodelle integriert und verschwand sehr schnell wieder von der Bildfläche. Offensichtlich war die Marktposition der konkurrierenden Druckersprachen schon so stark, dass selbst Adobe zu diesem Zeitpunkt keine Alternative mehr etablieren konnte.

Original Composite Fonts. Die Technik der *Original Composite Fonts* (OCF) entwickelte Adobe Anfang der achtziger Jahre, um die Anforderungen des asiatischen Markts hinsichtlich digitaler Schriften bedienen zu können. Das OCF-Format, das im Gegensatz zu den meisten anderen Adobe-Technologien niemals im Detail veröffentlicht wurde, war aber viel zu kompliziert und dennoch nicht leistungsfähig genug für chinesische und japanische Schriften. Es wurde daher durch das leistungsfähigere CMap-Konzept ersetzt, das vollständig dokumentiert und in PostScript und PDF implementiert ist. OCF-Schriften wurden zwar in diversen Geräten für den japanischen Markt implementiert, die Technik wird jedoch nicht weiter gepflegt.

1.2 Das Adobe-Grafikmodell

In der Computergrafik bezeichnet man die Grundkonstrukte für die Erzeugung zweidimensionaler Darstellungen als Grafikmodell. Das Grafikmodell *Graphics Device Interface* (GDI) von Microsoft regelt zum Beispiel die Grafikprogrammierung unter Windows, Apples Gegenstück für den Mac heißt QuickDraw bzw. Quartz für Mac OS X. Im Druckerbereich ist PCL von Hewlett-Packard ein Beispiel für ein weit verbreitetes Grafikmodell.

Das Adobe-Grafikmodell *(Adobe Imaging Model)* bildet die Grundlage der Kerntechnologien PostScript und PDF, um die es in diesem Buch geht. Es geht in vielen Aspekten weit über die Fähigkeiten der oben erwähnten Grafikmodelle hinaus. Die Leistungsfähigkeit und solide Implementierung des Grafikmodells sind wesentliche Eckpfeiler für den Erfolg der Adobe-Produkte. In diesem Abschnitt wollen wir uns daher die wesentlichen Eigenschaften des Adobe-Grafikmodells näher ansehen, ohne auf die Details der PostScript-Programmierung einzugehen. Einzelheiten zur Realisierung des Grafikmodells in PDF finden Sie in Abschnitt 12.3 »Seiten in einer PDF-Datei«, Seite 539. Genauere Beschreibungen und weitere Details zu vielen anderen Stichpunkten, vor allem rund um Schriften und Farbe, finden Sie in weiteren Kapiteln dieses Buches.

Das Grafikmodell bildet nicht nur die Grundlage von PostScript und PDF, sondern spielt auch in diversen anderen Bereichen eine wichtige Rolle. So basiert etwa das Format *Scalable Vector Graphics* (SVG) ebenso darauf wie die Programmierschnittstelle Java 2D. Apple nutzt eine Teilmenge von PDF und damit des Adobe-Grafikmodells unter der Bezeichnung Quartz als Grafikschnittstelle für Mac OS X (siehe auch Abschnitt 1.2.6 »Entwicklung des Grafikmodells«, Seite 17). Das Adobe-Grafikmodell beeinflusste auch die Bedienelemente aller aktuellen Grafikprogramme. So sind etwa die Werkzeuge zur Erstellung von Bézierkurven direkt auf das entsprechende Grundelement in PostScript zurückzuführen.

1.2.1 Rasterung für Ausgabegeräte. Aufgrund der Konstruktionsweise heutiger Bildschirme, Drucker und Belichtungsmaschinen ist das Ziel aktueller Grafikmodelle immer die Umsetzung einer Grafik in ein rechtwinkliges Pixelmuster. (Früher gab es auch vektororientierte Ausgabegeräte, doch diese spielen heute keine Rolle mehr.) Die für eine Grafik berechneten Pixel werden vom Gerät angezeigt bzw. ausgedruckt. Dabei spielt die Geräteunabhängigkeit des Grafikmodells eine entscheidende Rolle: Die Beschreibung einer Grafik oder eines Dokuments nimmt keinen Bezug auf konkrete Eigenschaften eines Geräts, etwa die Auflösung oder Farbfähigkeit. Stattdessen kodiert das Grafikmodell eine abstrakte Beschreibung, die erst bei der Ausgabe in eine für das jeweilige Gerät taugliche Form umgesetzt wird. Diese Umsetzung übernimmt bei PostScript der Interpreter, eine komplexe Software, die die PostScript-Eingabe in geräteabhängige Pixeldaten umrechnet. Der Interpreter kann in das Gerät eingebaut sein, als separate Einheit implementiert (in diesem Fall spricht man meist von einem *Raster Image Processor*, RIP) oder als Software auf einem normalen Computer laufen. Bei PDF ist Acrobat für die Rasterung zuständig.

1.2.2 Basiselemente. Die Mehrzahl aller Grafiken enthält als Grundelemente Vektorgrafik, Text und Rasterbilder. Deren Eigenschaften im Grafikmodell wollen wir uns etwas näher ansehen. Die Anwendung aller Elemente folgt einem Prinzip, das als *Painting Model* bezeichnet wird: Objekte sind grundsätzlich undurchsichtig (opak). Objekte, die über anderen platziert werden, verdecken diese. Dieses Grundprinzip wurde erst mit der Einführung der Transparenzfunktion in PDF 1.4 erweitert (siehe Abschnitt »Transparenz und Alphakanal«, Seite 15). Ein einmal gezeichnetes Objekt kann nachträglich nicht mehr verändert werden.

Vektorgrafik. Unter Vektorgrafik, manchmal auch als objektorientierte Grafik bezeichnet, versteht man im Wesentlichen gerade Linien, Kurvenzüge sowie alle Figuren, die man aus diesen Grundelementen konstruieren kann. Dabei gibt es als zentralen Begriff den so genannten Pfad. Der Pfad besteht aus einer beliebigen Anzahl von Linien- und Kurvenzügen, die miteinander verbunden sein oder getrennte Figuren beschreiben können. Dabei kommen neben geraden Linien vor allem die so genannten Bézierkurven zum Einsatz, eine bestimmte mathematische Konstruktion (nämlich kubische Splines) mit sehr günstigen rechnerischen Eigenschaften, die zudem intuitiv gut zu erfassen sind: Eine Bézierkurve kann man sich wie ein Band vorstellen, das von vier Magneten in eine bestimmte Form gezogen wird. Ein interessantes Detail am Rande: Während PostScript eigene Operatoren für Kreise oder Teile davon enthält, gibt es dazu in PDF kein Gegenstück. Daher müssen Kreise in PDF immer durch eine Reihe aneinander gehängter Bézierkurven konstruiert werden.

Beim Pfad ist zu unterscheiden zwischen seiner eigentlichen Konstruktion unter Angabe der Koordinaten seiner Teileelemente einerseits und seiner Verwendung andererseits. Ein Pfad ist zunächst nur eine idealisierte Linie ohne konkrete Breite. Mithilfe der *stroke*-Operation kann er durchgezogen, also sozusagen mit einem dicken Stift nachgezeichnet werden. Die Operation *fill* füllt die Innenfläche des Pfads, der dazu natürlich eine geschlossene Figur beschreiben muss. Während beim Füllen also das Innere berücksichtigt wird, wirkt sich *stroke* nur auf die Umrisslinie aus. Schließlich gibt es noch die Operation *clip*, die eine Kappung bewirkt, also sozusagen das Ausschneiden oder Begrenzen von Grafiken auf einen beliebigen durch den Pfad definierten (nicht notwendigerweise rechteckigen) Bereich.

Text. Die meisten Dokumente werden von Textinhalten dominiert. Grundsätzlich stellt Text eine Untermenge der Vektorgrafik dar, da alle modernen Formate für digitale Schriften die Umrisslinien der Buchstaben als Pfade definieren. Die Implementierung von Text als normale Vektorgrafik wäre allerdings aus mehreren Gründen nicht praktikabel:

- Die Verarbeitungsgeschwindigkeit wäre zu gering, da die gleichen Buchstaben immer wieder berechnet werden müssten.
- Die Ansprüche an die Ausgabegenauigkeit sind bei Text besonders hoch, da das Auge sehr empfindlich auf unregelmäßige Schrift reagiert.
- Computer stellen Text meist mit einem Byte pro Zeichen dar, wobei die Zuordnung zwischen Byte und Zeichen stark variiert. Dies erfordert einen leistungsfähigen Mechanismus zur Kodierung der Texte.

Aus diesen Gründen enthalten PostScript und PDF ausgefeilte Mechanismen zur Verbesserung und Beschleunigung der Textausgabe sowie zur Anpassung an beliebige Zeichensatzstandards.

Wie bei einer Vektorgrafik ist es auch bei der Textausgabe möglich, das Ergebnis mit Farbe zu füllen (das ist die häufigste Anwendung), nur die Umrisslinien zu zeichnen oder andere Inhalte zu begrenzen (für gestalterische Zwecke). Text kann beliebigen geometrischen Transformationen unterworfen werden (etwa eine Verzerrung). Eigenschaften wie Blocksatz, Kerning etc. sind bewusst nicht Bestandteil des Grafikmodells, sondern müssen von der jeweiligen Anwendung behandelt und bei der Ausgabe durch eine entsprechende Positionierung berücksichtigt werden.

Abb. 1.2 Basiselemente des Grafikmodells: Vektorgrafik, Text und Rasterbild

PDF bietet mit der Möglichkeit, unsichtbaren Text zu definieren, eine Besonderheit, die in PostScript fehlt. Dies ist zum Beispiel bei Dokumenten wichtig, die eingescannt wurden und hinter der Pixeldarstellung einer Seite den mittels OCR gewonnenen Text enthalten, der aber am Bildschirm im Gegensatz zum gescannten Abbild nicht erscheinen soll.

Rasterbilder. Pixel- oder Rasterbilder stellen die dritte wichtige Kategorie der Basiselemente dar. Sie entstehen zum Beispiel durch Einscannen eines Fotos oder einer gedruckten Vorlage und dienen auch zur Speicherung von Bildschirmabzügen *(screenshots)*. Rasterbilder bestehen aus einem rechteckigen Feld von Pixeln, wobei jedes Pixel einen bestimmten Farbwert annimmt. Rasterbilder liefern tendenziell große Datenmengen, weshalb sie meistens komprimiert werden.

1.2.3 Anwendung der Basiselemente.

Die Basiselemente allein reichen zur Erstellung hochwertiger Text- und Grafikausgabe nicht aus. Insbesondere für Text und Farbe sind umfangreiche Hilfskonstruktionen nötig.

Fonts. Aufgrund ihrer großen Bedeutung – auch innerhalb von Betriebssystemen – spielen digitale Schriften eine Sonderrolle innerhalb der Computergrafik. Wie wir in Kapitel 4 »Fonts« noch sehen werden, haben sich mehrere Formate für Schriften etabliert, die teilweise unterschiedliche Eigenschaften haben und jeweils nur unter bestimmten Rahmenbedingungen genutzt werden können. Unterstützung für das älteste relevante Format, die so genannten Type-1-Fonts, findet sich in allen Adobe-Produkten, während die neueren Formate TrueType, OpenType und CID erst im Laufe der weiteren Entwicklung von PostScript und PDF in das Grafikmodell integriert wurden. Bei den TrueType-Fonts ist erwähnenswert, dass ihre Zeichenbeschreibungen auf quadratischen Kurven basieren, die im Adobe-Grafikmodell nicht direkt enthalten sind.

Um die stark unterschiedlichen Zeichensätze der verbreiteten Betriebssysteme und Programme abzudecken, umfasst das Grafikmodell neben den eigentlichen Fonts noch eine Hilfskonstruktion mit der Bezeichnung Encoding, womit eine variable Zeichensatzbelegung der Schriften und damit leichte Lokalisierung (Anpassung an beliebige Sprachen und Schriften) möglich ist. Während neuere Technologien, etwa SVG, die Internationalisierung mittels Unicode erreichen, war der Unicode-Standard während der Entwicklung von PostScript und in der Anfangszeit von PDF noch nicht verfügbar. Aus diesem Grund wurde Unicode-Unterstützung nachträglich in PDF eingeführt und ist in PostScript überhaupt nicht implementiert.

Simulation von Graustufen durch Rasterung. Während das Adobe-Grafikmodell problemlos Graustufen ausdrücken kann, ist deren Darstellung auf einem Drucker oder einer Druckmaschine nicht direkt möglich, da diese Geräte nur schwarze Farbe auf weißes Papier setzen können. Bildschirme können meist beliebige Graustufen und Farbtöne darstellen. Aus diesem Grund hat die Druckindustrie in den vergangenen hundert Jahren ausgefeilte Methoden zur Simulation von Graustufen durch die so genannte Rasterung entwickelt. Dabei werden die Graustufen durch Zusammenfassen mehrerer Ausgabepixel zu einer Gruppe oder Rasterzelle simuliert. Da PostScript in der Druckvorstufe eine wichtige Rolle spielt, enthält es seit Level 1 Operatoren, mit denen sich die Details dieses Prozesses, insbesondere der Rasterwinkel, die Rasterweite und die Form der Rasterzelle, steuern lassen. PDF war ursprünglich völlig geräteunabhängig konzipiert und unterstützte solche geräteabhängigen Parameter nicht. Mit zunehmendem Einsatz von PDF in der Druckvorstufe Mitte der neunziger Jahre zogen die entsprechenden Operatoren jedoch auch in PDF ein.

Farbe. Die Farbfähigkeiten des Grafikmodells wurden immer wieder erweitert und verfeinert. Da PostScript am Anfang nur zur Ansteuerung von Schwarzweißgeräten genutzt wurde, enthielt es nur Möglichkeiten zur Verwendung von Graustufen. Im Laufe der Zeit wurde das Grafikmodell von Graustufen auf geräteabhängige Farbräume wie RGB und das im kommerziellen Druck vorherrschende CMYK erweitert. Schließlich wurde mit den Lab- bzw. CIE-Farbräumen geräteunabhängige Farbe implementiert. Diese Farbräume erfordern komplexe mathematische Operationen.

Für die Anforderungen der Druckvorstufe wurde der DeviceN-Farbraum eingeführt, der eine beliebige Anzahl von Druckfarben beschreiben kann. Der Umgang mit ICC-Farbprofilen stellt eine weitere wichtige Ergänzung des Grafikmodells dar, die allerdings nur PDF erreichte, nicht aber PostScript. Einzelheiten zu diesen Themen finden Sie in Kapitel 5 »Farbe«.

Füllmuster. In der Praxis kommt es häufig vor, dass eine Fläche mit einem bestimmten Muster gefüllt werden soll, wobei das Muster nach Art von Kacheln so oft wiederholt wird, bis die Fläche vollständig gefüllt ist. Dies lässt sich natürlich unter Benutzung der Basiselemente erreichen, indem man das Muster einfach genügend oft zeichnet und mithilfe der *clipping*-Funktion auf den zu füllenden Bereich eingrenzt. Dies erfordert jedoch sehr hohen Rechenaufwand und führt manchmal auch zu minderwertigen Ergebnissen, wenn es etwa um die passgenaue Aneinanderreihung der Musterelemente geht. Bei der Technik der Füllmuster *(pattern)* definiert man daher das Füllelement nur einmal und wendet dieses Muster analog einer einfachen Füllfarbe an, um damit Flächen zu füllen oder Text zu schreiben. Das Grafikmodell sorgt für die korrekte Anwendung des Füllmusters auf alle betroffenen Bereiche.

1.2.4 Zusatzfunktionen.

Ein oberflächlicher Blick auf die oben beschriebenen Basiselemente mag zu der Annahme verleiten, mit diesen Elementen ließen sich bereits alle denkbaren Inhalte konstruieren. Dass dies nicht der Fall ist und daher immer wieder Erweiterungen des Grafikmodells erforderlich waren, sollen einige Beispiele demonstrieren.

Farbseparationen. Die Möglichkeit, Farbseparationen mit PostScript zu beschreiben, wurde erst mit Level 2 eingeführt. Aus Gründen, die in Abschnitt 5.3 »Farbe in PostScript«, Seite 238, erläutert werden, konnte sich diese Technik jedoch lange Zeit nicht durchsetzen; stattdessen war und ist eine auf Level 1 basierende Hilfskonstruktion weit verbreitet, die viele Nachteile aufweist. Da es sich bei Farbseparationen per Definition um eine geräteabhängige Funktion handelt, war sie in PDF ursprünglich nicht vorgesehen. Mit zunehmendem Einsatz von PDF in der Druckvorstufe wurde Unterstützung für Farbseparationen aber schließlich doch in PDF integriert.

Farbverläufe. Ein Farbverlauf (im Englischen *gradient* oder *blend)* ist ein optischer Effekt, bei dem eine Farbe einen gleichmäßigen Übergang in eine andere Farbe erfährt. Verläufe werden vor allem zur Erreichung gestalterischer Effekte benutzt, spielen aber auch bei der Darstellung dreidimensionaler Objekte eine Rolle. Dabei ändern sich Farben und Schattierungen stetig, um eine räumliche Erscheinung und Beleuchtungseffekte zu simulieren. Die Darstellung guter Farbverläufe ist nicht einfach. Anstelle glatter Übergänge entstehen häufig hässliche Streifen und sichtbare Sprünge in den Farbabstufungen (so genanntes *banding* oder *shade stepping)*. Ein wichtiges Ziel ist es daher, diese Streifenbildung zu verhindern.

Farbverläufe können mit den Basiselementen simuliert werden, indem man sie durch eine Reihe geeignet gefüllter Flächen annähert. Um zum Beispiel einen Verlauf von 20 Prozent bis 80 Prozent Grau zu erzielen, muss

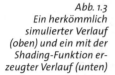

Abb. 1.3
Ein herkömmlich simulierter Verlauf (oben) und ein mit der Shading-Funktion erzeugter Verlauf (unten)

man Dutzende von Rechtecken benutzen, die jeweils mit einem festen Grauwert gefüllt werden, der von einem Rechteck zum nächsten jeweils um einen geeigneten Prozentwert erhöht wird. Moderne Grafikprogramme enthalten zwar Funktionen, die diesen Vorgang vereinfachen, indem sie die benötigte Anzahl der Objekte und die Graustufen- oder Farbwerte berechnen, die für einen bestimmten Verlauf und die Ausgabe auf einem bestimmten Gerät erforderlich sind. Die Wahl der idealen Objektanzahl und der geeigneten Farben ist aber nicht ganz einfach: Gibt es zu viele Objekte, so dauert die Ausgabe der Seite sehr lange und benötigt viel Speicher; bei zu wenig Objekten droht Streifenbildung. Obwohl die Grafikprogramme dem Anwender diese Überlegungen abnehmen, bleiben dennoch einige Grundprobleme bestehen. Die beste Wahl der Parameter hängt von der Auflösung und den Farbfähigkeiten (Anzahl der darstellbaren Graustufen oder Farben) eines Geräts ab. Eine fixe Anzahl von Objekten zur Simulation von Farbverläufen widerspricht daher dem Grundprinzip, Grafiken geräteunabhängig zu beschreiben. Ein Verlauf, der auf einem Gerät akzeptabel aussieht, wirkt bei anderer Auflösung streifig. Eine andere Möglichkeit zur Darstellung von Verläufen ist die Rasterung in Bildverarbeitungsprogrammen wie Photoshop. Dabei wird der Verlauf durch Pixeldaten generiert. Diese Methode kann zwar ansprechende Verläufe liefern, jedoch lassen sich solche Verläufe nach der Erstellung nur schwer verändern, um etwa den Farbwert an einem Ende des Verlaufs anzupassen.

Eine Erweiterung des Grafikmodells mit dem Namen *smooth shading* behebt die beschriebenen Schwierigkeiten durch einen neuen Operator für Farbverläufe. Mit diesem Operator lassen sich Farbverläufe auf eine geräteunabhängige Art spezifizieren. Die Hilfsobjekte (zum Beispiel Teilrechtecke) zur Simulation von Verläufen sind damit nicht mehr erforderlich. Der Shading-Operator unterstützt eine ganze Reihe von Verlaufsarten, darunter lineare und kreisförmige Verläufe. Die Verlaufsfunktionen haben gegenüber der konventionellen Methode den Vorteil der Geräteunabhängigkeit und höheren Ausgabequalität. Außerdem sind viel weniger Daten zur Beschreibung eines Verlaufs erforderlich.

Maskierung von Bildern. Ein gängiger Arbeitsschritt im grafischen Gewerbe ist die Trennung von Vorder- und Hintergrund eines Bildes, um das Bild im Vordergrund vor einem anderen Hintergrund zu platzieren. Auf diese Art kann man zum Beispiel das Bild einer Person nutzen, verzichtet aber auf den (langweiligen oder unwichtigen) Hintergrund. Um einen solchen so genannten Freisteller zu erzeugen, muss man das gewünschte Objekt oder die Person vom restlichen Bild trennen. Dazu wird üblicherweise der Umriss des Objekts mit Linien- und Kurvensegmenten nachgezogen, um einen Beschneidungspfad (Clipping-Pfad) zu erstellen. Wird das gesamte Bild nun zusammen mit diesem Beschneidungspfad gedruckt, so blendet der Beschneidungspfad die außerhalb liegenden Bildteile mithilfe der *clip*-Operation aus. Obwohl dieser Vorgang von modernen Programmen gut unterstützt wird, ist der entstehende Beschneidungspfad häufig so komplex, dass der PostScript-Interpreter beim Drucken oder Belichten einen Fehler auslöst. Ursache ist dabei die große Anzahl der Pfadsegmente, aus denen der Beschneidungspfad besteht. In der Tat ist das Nachziehen von Pixelbildern mit Linien- und Kurvenzügen eine sehr ineffiziente Methode zur Trennung von Vorder- und Hintergrund.

Bildmasken sind eine Alternative zu Beschneidungspfaden. Sie enthalten die Freistellungsinformation für jedes einzelne Pixel, anstatt wie üblich einen komplexen Pfad zu definieren. Die an die Bilddaten angehängte Maske gibt an, welche Pixel ausgeblendet (maskiert) oder gedruckt werden. Dabei gibt es mehrere Arten der Bildmaskierung. Ein Bild mit expliziter Bildmaske enthält neben den Farbkanälen (zum Beispiel 3 für RGB-Bilder oder 4 für CMYK) einen zusätzlichen Kanal mit der Maskierungsinformation – ganz ähnlich wie die Maskierungs- oder Transparenzebene in Photoshop. Dabei gibt es jedoch keine echte Transparenz (auch Alpha-Kanal genannt), sondern nur das Ein-/Ausblenden von Bildteilen: Ein bestimmtes Pixel ist entweder Bestandteil des darzustellenden Bildes oder es wird wegmaskiert und ignoriert (siehe jedoch auch Abschnitt »Transparenz und Alphakanal«, Seite 15). Technisch formuliert ist die Tiefe des Alpha-Kanals auf 1 Bit beschränkt. Man kann nur darüber spekulieren, weshalb Adobe keine echte Transparenz in PostScript 3 implementierte. Da es im PostScript-Grafikmodell überhaupt keine Vorkehrungen für teilweise durchsichtige Objekte gibt, wären die Auswirkungen auf Sprache und Interpreter vermutlich zu groß gewesen.

Die Auflösung der eigentlichen Bilddaten und die der zugehörigen Maske müssen nicht identisch sein. Dadurch lassen sich kleinere Einheiten als einzelne Bildpixel ansprechen, was die Genauigkeit bei der Freistellung von Objekten erhöht. Wie ein Beschneidungspfad, der zum Beispiel ein Bildpixel diagonal durchschneiden kann, kann die maskierende Bitmap-Schablone Teile eines Bildpixels wegmaskieren. Das ist natürlich nur dann sinnvoll, wenn ein einzelnes Bildpixel durch mehrere Gerätepixel darge-

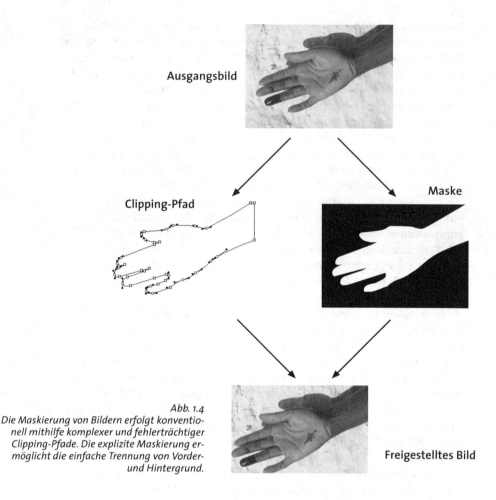

Abb. 1.4
Die Maskierung von Bildern erfolgt konventionell mithilfe komplexer und fehlerträchtiger Clipping-Pfade. Die explizite Maskierung ermöglicht die einfache Trennung von Vorder- und Hintergrund.

stellt wird, das heißt wenn die Geräteauflösung höher ist als die Bildauflösung.

Die Farbmaskierung *(chroma-key masking)* ist in der Fernsehtechnik seit Jahrzehnten im Gebrauch. Bei analogen und digitalen Videoverfahren wird die Farbmaskierung auch als Blue-Screen-Verfahren bezeichnet. Der bekannteste Einsatzzweck in diesem Bereich ist die Einblendung der Wetterkarte hinter dem Fernsehmeteorologen. Anstatt die Karte auf eine Leinwand hinter dem Sprecher zu projizieren, steht er oder sie vor einem speziellen Hintergrund, der mit einer ganz bestimmten Farbe gestrichen wurde. Nach dem dabei meist verwendeten blauen Farbton wird der Hintergrund als Blue Screen bezeichnet, was dem ganzen Verfahren seinen Namen gab. Die blauen Teile des Videosignals können mit analogen oder digitalen Mitteln ausgefiltert und durch ein anderes Signal ersetzt werden (nämlich die Landkarte). Entsprechend kann man ein beliebiges Hintergrundbild oder einen Film mit einer Szene im Vordergrund zusammenmischen, wenn diese Szene vor einem blauen Hintergrund aufgenommen wurde. Anstelle des Blautons kann man auch eine andere Farbe verwenden, wenn das Mischgerät entsprechend eingestellt wird. Blau wird schlichtweg deswegen benutzt, weil man den Hintergrund natürlich nicht im Gesicht eines Schauspielers einblenden möchte – und Blau erscheint normalerweise nicht in Hauttönen. Um unerwünschte Effekte zu vermeiden (etwa eine Wetterkarte, die plötzlich durch die Krawatte des Sprechers durchscheint), muss man genau darauf achten, dass der kritische Blauton weder in der Kleidung noch im Studiomobiliar vorkommt.

Das Adobe-Grafikmodell unterstützt Farbmaskierung zur Maskierung von Pixelbildern als Verallgemeinerung des Blue-Screen-Verfahrens auf beliebige Farben. Anstatt die zu maskierenden (auszublendenden) Pixel in einem separaten Maskenkanal anzugeben, wird zusammen mit den Bilddaten eine bestimmte Farbe oder ein Farbbereich festgelegt.

Bildpixel, deren Farbwert in diesem Bereich liegt, werden nicht dargestellt; diese Pixel bleiben unverändert. Mittels Farbmaskierung kann man zum Beispiel ganz unkompliziert den blauen Himmel im Hintergrund einer Szene entfernen, indem ein geeigneter Bereich von Blautönen als Maskenfarbe angegeben wird.

Transparenz und Alphakanal. Wie bereits erwähnt, sind in PostScript grundsätzlich alle Objekte undurchsichtig (opak). Daher lassen sich halbdurchsichtige Objekte, durch die der Hintergrund leicht durchscheint, nicht mit einfachen Anweisungen beschreiben. Stattdessen muss die erzeugende Software selbst berechnen, zu welchem Grad sich Vorder- und Hintergrund durchmischen und den gewünschten Effekt durch geeignete Basiselemente simulieren. Bei diesem als *Flattening* bezeichneten Prozess geht häufig die Objektstruktur verloren, da überlappende Objekte in viele kleine Teile zerlegt werden müssen.

In PDF 1.4 führte Adobe daher die Möglichkeit ein, einzelne Objekte oder Gruppen von Objekten als transparent zu kennzeichnen, so dass darunter liegende Objekte ganz oder teilweise durchscheinen können. Als Alphakanal bezeichnet man einen separaten »Farbkanal«, der den Grad der Durchlässigkeit eines Objekts angibt. Zwischen »opak« und und »vollständig durchsichtig« gibt es feine Abstufungen, die man sich zum Beispiel wie eine schmutzige Fensterscheibe vorstellen kann, die nur einen Teil des Lichts durchlässt. Mithilfe der Transparenzfunktion lassen sich entsprechende Effekte viel kompakter kodieren, außerdem bleibt im Gegensatz zum Flattening die Objektstruktur erhalten.

Aus Anwendersicht mag die Transparenzerweiterung wie eine weitere kleine Verbesserung scheinen, aus Sicht des Entwicklers stellt sie jedoch eine radikale Änderung des bisherigen Grafikmodells dar, die weit reichende Anpassungen an der Software erfordert. So ist es kein Wunder, dass die

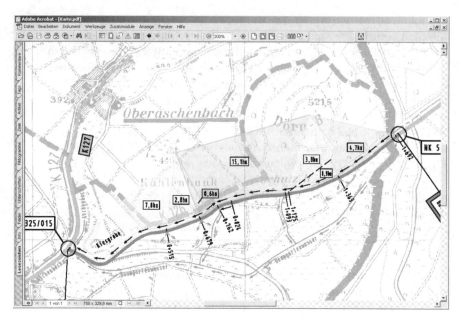

Abb. 1.5 Darstellung transparenter Objekte in Acrobat 5

Transparenz bisher nur in PDF, nicht aber in PostScript implementiert ist und Adobe dem Vernehmen nach auch keinerlei Pläne hat, dies zu tun. Die Umsetzung der Transparenzeigenschaft von PDF auf PostScript-Geräten stellt eine enorme technische Herausforderung dar, die Adobes Konkurrenz gehörig ins Schwitzen brachte. Aufgrund der Tatsache, dass Transparenz in PostScript nicht unterstützt wird, muss Acrobat bei der Druckausgabe von PDF mit transparenten Objekten eine aufwendige Umrechnung durchführen, die Kompromisse zwischen Qualität und Ausgabegeschwindigkeit erfordert. Diese Abwägung kann der Benutzer im Druckdialog treffen, in Acrobat zum Beispiel über *Datei, Drucken..., Weitere Optionen, Transparenzqualität/Geschwindigkeit*. Ähnliches gilt für Illustrator 9 und 10, die die Schnittflächen transparenter Objekte mit dem Hintergrund nach Benutzervorgabe mit bestimmter Qualität in eine große Zahl »flacher« Objekte zerlegen. Illustrator 9 war übrigens das erste Anwendungsprogramm, das die Transparenzfunktion unterstützte (noch vor Freigabe von Acrobat 5). Grafik- und DTP-Programme (etwa Adobe InDesign) sind derzeit der einzige Weg, PDF mit transparenten Objekten zu erstellen; die übliche Konvertierung von PostScript nach PDF wird mangels Transparenzfunktionen in PostScript nie transparentes PDF liefern.

1.2.5 Technische Eigenschaften.
Neben den für beliebige Inhalte nötigen Grafikoperatoren und -objekten enthalten PostScript und PDF auch einige Eigenschaften, die streng genommen nicht Bestandteil des Grafikmodells, aber aus Gründen der einfachen technischen Umsetzung oder Optimierung nötig sind.

Kompression. Insbesondere Rasterbilder, aber auch umfangreichere Text- und Vektorgrafikelemente blähen PostScript- und PDF-Dateien enorm auf. Anstatt die gesamte Datei zu komprimieren, ist es sinnvoller, einzelne Objekte innerhalb der Datei selektiv zu komprimieren und die Kompression als Bestandteil des Dateiformats zu verstehen. Dieses Vorgehen ist insbesondere deshalb von Vorteil, weil unterschiedliche Arten von Daten (etwa Text, schwarzweiße oder farbige Rasterbilder) unterschiedliche Kompressionsverfahren erfordern. Die wichtigsten Kompressionsverfahren sind in PostScript und PDF einheitlich, allerdings wurde die Liste der unterstützten Verfahren mehrfach erweitert. Während in PDF normalerweise sowohl die Daten von Rasterbildern als auch Vektor- und Textelemente komprimiert sind, wird die Kompression innerhalb von PostScript-Daten in der Regel nur auf Rasterbilddaten angewandt.

Wiederverwendbare Grafikelemente. Die wiederholte Verwendung einer Grafik an mehreren Stellen eines Dokuments (etwa ein Firmenlogo am Kopf jeder Seite) bietet großes Optimierungspotenzial sowohl hinsichtlich der Dateigröße als auch bezüglich der Verarbeitungsgeschwindigkeit. Während ein entsprechendes Konstrukt in PostScript lange Zeit fehlte, war es in PDF (unter der Bezeichnung *Form XObject*) von Anfang an Bestandteil der Spezifikation. Eine vergleichbare Technik wurde zwar grundsätzlich in PostScript Level 2 eingeführt, wurde aber erst durch eine weitere Ergänzung (nämlich die *reusable streams*, die dem Entwickler leichteren Umgang mit den zugehörigen Daten erlauben) in PostScript 3 wirklich nutzbar. Allerdings ist diese Technik in keinem mir bekannten Druckertreiber oder Anwendungsprogramm implementiert, während Acrobat bei der Konvertierung von PostScript nach PDF oder der Bearbeitung von PDF-Dokumenten das entsprechende PDF-Konstrukt häufig zur Minimierung der Ausgabebegröße benutzt.

1.2.6 Entwicklung des Grafikmodells.
Die in den vorigen Abschnitten behandelten Erweiterungen des Grafikmodells über die Basiselemente hinaus lassen sich keiner bestimmten PostScript- oder PDF-Version zuordnen, sondern verteilen sich über die gesamte Entwicklungsgeschichte beider Formate. Wie bereits beschrieben, sind die Innovationszyklen bei PostScript aufgrund der engen Hardwarebindung wesentlich länger als bei PDF. Oft war eine Erweiterung nur in der neuesten PDF-Version verfügbar, bevor sie Eingang in den nächsten PostScript-Level fand.

Tabelle 1.2 führt für eine Reihe wichtiger Erweiterungen die Versionsnummern auf, mit denen sie Eingang in PostScript bzw. PDF fanden. Aus der Tabelle geht hervor, dass es zwar keine eindeutige Zuordnung zwischen PostScript-Level und PDF-Version gibt. Grob vereinfacht kann man jedoch sagen, dass PDF in Version 1.0 mit Ausnahme der geräteunabhängigen Farbräume und Rasterparameter bereits dem Stand von PostScript Level 2 entsprach und mit Version 1.3 weitgehend den Funktionsumfang von Level 3 erreichte. PDF 1.4 überholte PostScript 3 wiederum; da keine Pläne für einen neuen PostScript-Level bekannt sind, dürfte dieser Vorsprung anhalten. Beachten Sie, dass einige Bestandteile von PostScript Level 3 optional sind und daher nicht in allen Geräten zur Verfügung stehen (siehe Abschnitt 1.4 »PostScript 3«, Seite 21).

Die Tabelle enthält außerdem zum Vergleich eine Spalte für Quartz, den Grafikkern von Mac OS X. Apple wird nicht müde zu betonen, dass die Bildschirmausgabe von OS X auf PDF basiert. Wie aus der Tabelle hervorgeht, sollte man jedoch genauer davon sprechen, dass Quartz eine Teilmenge des Adobe-Grafikmodells implementiert, die nicht einmal PDF 1.2 vollständig umfasst. Damit werden auch die Transparenzfunktionen von PDF 1.4 in Quartz nicht unterstützt, obwohl das Betriebssystem an anderen Stellen sehr wohl Transparenzfunktionen enthält. Da Quartz außerdem keinerlei Hypertextelemente in PDF (Verknüpfungen, Lesezeichen, Formulare usw.) unterstützt, kann von einer vollständigen PDF-Unterstützung in OS X noch nicht die Rede sein.

1.3 Unterschiede zwischen PostScript und PDF

Nachdem ich im letzten Abschnitt die enge Verwandtschaft von PostScript und PDF hinsichtlich des gemeinsamen Grafikmodells aufgezeigt habe, möchte ich jetzt auf die wichtigsten Unterschiede zwischen den beiden Formaten eingehen, die sich auf Eigenschaften außerhalb des Grafikmodells beziehen.

Verarbeitung der Daten. PostScript war von Anfang an als so genanntes *Streaming*-Format konzipiert. Das bedeutet, dass eine PostScript-Datei zur Verarbeitung nicht vollständig vorliegen muss, sondern der Interpreter einfach Daten vom Anfang her liest und der Reihe nach verarbeitet. PostScript lässt sich also vollständig linear abarbeiten: Kein Teil der Datei benötigt Daten, die sich weiter hinten befinden. Diese Eigenschaft erleichtert den Einsatz in Druckern, die die Daten per Leitung empfangen und nicht erst die gesamte Übertragung der PostScript-Datei abwarten, sondern während der Datenübertragung bereits mit dem Ausdruck der ersten Seiten beginnen sollen.

PDF wurde dagegen für so genannten *Random Access* konzipiert, man ging also davon aus, dass eine PDF-Datei immer vollständig auf der Fest-

Tabelle 1.2 Einzelne Funktionen des Adobe-Grafikmodells in PostScript, PDF und Mac OS X

Funktion	PostScript	PDF	OS X
Basisfunktionen für Text, Vektorgrafik und Rasterbilder	Level 1	PDF 1.0	10.0
Type-3-Schriften	Level 1	PDF 1.0	–
LZW-, JPEG- (DCT-), RunLength- und CCITT-Kompression	Level 2	PDF 1.0	10.0
Wiederverwendbare Grafikelemente (Form XObjects)	Level 2	PDF 1.0	10.0
Interpolation von Rasterbilddaten	Level 2	PDF 1.0	10.0
Indizierte Farbe	Level 2	PDF 1.0	10.0
CMYK-Farbraum	Level 2^1	PDF 1.0	10.0
Lab-Farbraum	Level 2^2	PDF 1.1	10.0
Geräteunabhängige CIE-Farbräume	Level 2	PDF 1.1	10.0
Zielsetzung für Farbraumkonvertierung (Rendering Intent)	Level 3	PDF 1.1	–
TrueType-Schriften	Level 3^3	PDF 1.1 [4]	10.0
Transferkurven und Rasterfunktionen	Level 1	PDF 1.2	–
Füllmuster	Level 2	PDF 1.2 [5]	–
Farbseparation	Level 2	PDF 1.2	–
Überdrucken für einzelne Elemente (overprint)	Level 2	PDF 1.2	–
CID-Schriften (vor allem für Chinesisch/Japanisch/Koreanisch)	Level 3	PDF 1.2	10.0 [6]
CFF-Schriften (z.B. OpenType, aber auch für Type 1)	Level 3	PDF 1.2	10.0
Unicode-Unterstützung	–	PDF 1.2	10.1
OPI-Unterstützung	– [7]	PDF 1.2	–
Flate- oder Zip-Kompression	Level 3	PDF 1.2	10.0
DeviceN-Farbraum	Level 3	PDF 1.3	–
Farbverläufe	Level 3	PDF 1.3	–
Maskierte Bilder	Level 3	PDF 1.3	–
Überfüllung (Trapping)	Level 3	PDF 1.3 [8]	–
Ignorieren der Nullkomponenten beim Überdrucken von CMYK-Farben (overprint mode)	Level 3^9	PDF 1.3	–
ICC-Farbprofile für Bilder	–	PDF 1.3	10.0
Verschiedene Größenangaben pro Seite (z.B. mit Beschnitt)	–	PDF 1.3	10.0
Transparenz und Alphakanal	–	PDF 1.4	–
JBIG2-Kompression	–	PDF 1.4 [10]	–
ICC-Farbprofile zur Charakterisierung von Ausgabegeräten	–	PDF 1.4 [11]	–

1. Auch in manchen farbfähigen Level-1-Geräten verfügbar
2. Nur indirekt über einen geeigneten Farbraum des Typs CIEBasedABC
3. Auch in vielen Level-2- und einigen Level-1-Geräten verfügbar
4. Ohne Einbettung bereits in PDF 1.0
5. Füllmuster werden erst seit Acrobat 4 am Bildschirm angezeigt.
6. Keine CID-Schriften mit PostScript-Outlines; vordefinierte CMaps für CJK-Schriften erst ab 10.1
7. OPI ist kein Bestandteil von PostScript, sondern benutzt Kommentare, die vom Interpreter ignoriert werden.
8. Enthält im Gegensatz zu PostScript das Ergebnis der Überfüllungsberechnung, nicht die Anweisungen dazu
9. Erst in Version 3015 von PostScript 3 Ende 2001 eingeführt
10. Wird von Acrobat 5 nicht erzeugt
11. Nur als Hilfsmittel für PDF/X-3 eingeführt, von Acrobat selbst aber nicht genutzt

platte zur Verfügung steht, wenn sie eingelesen wird. Dazu entwickelte Adobe ein komplexes objektorientiertes Format, das wir uns in Kapitel 12 »Das Dateiformat PDF« genauer ansehen werden. Da damit keine feste Anordnung einzelner Dokumentteile mehr erforderlich ist, ist eine wesentlich effizientere Organisation der Daten möglich. Das Konzept erwies sich allerdings als Nachteil, was den Einsatz von PDF im Web betrifft. Hier möchte man ähnlich wie beim Ausdruck einer PostScript-Datei möglichst schon die erste Seite am Bildschirm sehen, während die restlichen Daten noch über die Leitung wandern. Dieses Manko musste Adobe nachträglich durch die Einführung des so genannten optimierten PDF in Version 1.2 beheben. Details hierzu finden Sie in Abschnitt 7.1.3 »Optimiertes PDF und seitenweises Laden«, Seite 306.

Ressourcen. Das so genannte Ressourcen-Management ist in PDF wesentlich ausgefeilter als in PostScript. Darunter versteht man die Verwaltung von Daten, die zur Verarbeitung einer Seite erforderlich sind, zum Beispiel ein bestimmter Font. Während in PostScript nicht genau definiert ist, wo die Fontdaten eigentlich herkommen sollen (und entsprechend auch häufig Probleme mit Schriften auftreten) enthält PDF ein klares Konzept zur Einbettung und Verwaltung von Schriften und anderen Ressourcen sowie zur Ersatzdarstellung fehlender Schriften. In PostScript muss ein Font spätestens auf der Seite geladen werden, auf der er verwendet wird, während Fonts und andere Ressourcen in PDF beliebig verstreut sein können und durch Objektverweise immer zugänglich sind. Im Gegensatz zu PostScript, wo Fonts oder Funktionsprologe fehlen können, sind PDF-Dateien immer vollständig (sieht man von wenigen Sonderfällen ab) und die einzelnen Seiten sind voneinander unabhängig. PostScript Level 2 führte zwar ein einheitliches Konzept zur Ressourcenverwaltung ein, dieses konnte sich aber aufgrund der langsamen Unterstützung auf Anwendungsseite und der großen Altlasten (in Form von Level-1-Software) nicht richtig durchsetzen.

Zusatzfunktionen in PostScript. Die wichtigste Eigenschaft von PostScript über das Grafikmodell hinaus ist die Programmierbarkeit. PostScript ist eine vollständige Programmiersprache, in der sich einfache Abfragen und Schleifen ebenso programmieren lassen wie komplexe Algorithmen. Hinsichtlich der unterstützten Datenstrukturen muss sich PostScript nicht verstecken, denn es bietet wesentlich fortgeschrittenere Elemente als zum Beispiel die weit verbreitete Programmiersprache C. Durch die Programmierbarkeit wird PostScript enorm leistungsfähig und erweiterbar. Diese Eigenschaft ist allerdings auch für eine Vielzahl von Fehlern verantwortlich, da sie die Verlässlichkeit der korrekten Verarbeitung von PostScript etwas reduziert.

Im Gegensatz zu PDF erlaubt PostScript die Festlegung gerätespezifischer Einstellungen, etwa die Auswahl eines bestimmten Papierschachts beim Drucker oder eines Filmformats bei der Belichtungsmaschine. Während solche Anweisungen in der Anfangszeit noch bei jedem Drucker anders lauteten, wurden sie mit PostScript Level 2 weitgehend vereinheitlicht. Im geräteunabhängigen PDF gibt es keinerlei solche Anweisungen. Die einzige Möglichkeit, solche Informationen in einer PDF-Datei unterzubringen, ist die Einbettung eines Job Tickets.

Zusatzfunktionen in PDF. PDF bietet eine Fülle zusätzlicher Funktionen, die über die reine Beschreibung des Seiteninhalts hinausgehen. Sie erlauben im Gegensatz zu PostScript die Verwendung des Dateiformats für digitale Dokumente, die nicht gedruckt, sondern digital ausgetauscht und direkt am Bildschirm konsumiert werden sollen. Diese Zusatzfunktionen lassen sich wie folgt gruppieren:

- Hypertextelemente, vor allem Verweise und Lesezeichen, erleichtern die Navigation innerhalb des Dokuments oder in einer Sammlung von Dokumenten.
- Metainformationen enthalten Angaben über das Dokument als Ganzes oder über einzelne Teile, etwa eine darin enthaltene Grafik.
- Strukturinformationen und Tagged PDF ermöglichen die Wiederverwendung der im Dokument enthaltenen Inhalte in anderer Form oder in anderen Programmen.
- Durch Multimedia-Elemente wie integrierte Sound- und Movie-Daten eignet sich PDF auch als Präsentationsformat.
- Job Tickets, die in PDF eingebettet werden können, beschreiben die weitere Verarbeitung der Datei.

1.4 PostScript 3

Die Beschreibung der grafischen Merkmale in Abschnitt 1.2 »Das Adobe-Grafikmodell«, Seite 6, ging bereits auf die Eigenschaften von PostScript 3 ein, die sich auf die Beschreibung der Seiteninhalte beziehen. In diesem Abschnitt möchte ich noch auf einige weitere Aspekte der neuesten Version von PostScript eingehen. Auch für diesen Abschnitt gilt wieder, dass viele Einzelaspekte in anderen Kapiteln detaillierter behandelt werden.

1.4.1 Schriften.
PostScript 3 bringt diverse Verbesserungen im Zusammenhang mit der Verarbeitung von Schriften.

Erweiterte Standardfonts. In dem Bestreben, die etwas chaotische Situation hinsichtlich Fonts zu bereinigen – eine Situation, die durch die parallele Verwendung von PostScript- und TrueType-Schriften entstand sowie durch die unterschiedliche Fontausstattung der diversen Betriebssysteme – bündelt Adobe typische PostScript-3-Implementierungen mit einer stark erweiterten Grundausstattung eingebauter Schriften. Obwohl die Schriften streng genommen kein Bestandteil der Sprachspezifikation sind, enthalten die meisten PostScript-3-Geräte die beeindruckende Zahl von 136 Schriften. Bei näherem Hinsehen schwindet allerdings das Erstaunen, da diese Zahl nicht unbedingt größere kreative Freiheit bedeutet. Die Schriften fallen in folgende Gruppen:

- die 35 Standardschriften von PostScript Level 1 und 2,
- die TrueType-Standardschriften von Windows 3.1, 95/98, NT und MacOS,
- ausgewählte Schriften aus dem Lieferumfang von Microsoft Office und den HP-110-Fonts,
- verschiedene weitere Auszeichnungs- und Textschriften.

Die Verfügbarkeit gebräuchlicher TrueType- und PostScript-Schriften im Ausgabegerät beschleunigt den Ausdruck, da diese Fonts nicht mehr mit dem Druckauftrag geladen werden müssen. Viele TrueType-Schriften sind in der Tat nur Nachbauten vertrauter PostScript-Fonts (etwa Arial als bekannter Helvetica-Clone). Durch die Integration der am häufigsten benutzten TrueType-Schriften verlieren berüchtigte Probleme, etwa die Ersetzungstabelle des Windows-Druckertreibers oder die Konvertierung von TrueType-Schriften in Bitmap-Fonts an Schrecken.

CE-Encoding für zentraleuropäische Sprachen. Die meisten lateinischen Textschriften enthalten einen Zeichenvorrat von 228 Zeichen, die für diverse zentral- und osteuropäische Sprachen nicht ausreichen. Aus diesem Grund erweitert PostScript 3 die Anzahl der verfügbaren Zeichen auf 315, um Sprachen wie Baltisch, Türkisch, Tschechisch, Ungarisch und Polnisch zu unterstützen *(Central European, CE)*. Dabei ist allerdings zu beachten, dass nicht alle Schriften eines PostScript-3-Geräts den CE-Zeichensatz umfassen.

Schriften mit CE-Zeichensatz haben für die Darstellung am Bildschirm entweder zwei FOND-Ressourcen (auf dem Mac) oder zwei PFM-Dateien (unter Windows). Daher gibt es aus der Sicht einer Applikation zwei Fontnamen für jede Schrift. Die Schriftart Courier erscheint zum Beispiel sowohl unter der Bezeichnung *Courier* als auch unter *CourierCE* in der Schriftenliste eines Programms. Derzeit sind die entsprechenden Zeichen nur auf dem Mac mittels QuickDraw GX oder über eine lokalisierte Windows-Version zugänglich. Dabei ist festzuhalten, dass die mehrfache Installation einer Schrift unter verschiedenen Namen im Vergleich zu einer Unicode-Lösung auf Basis von TrueType oder OpenType eher eine technische Notlösung darstellt (siehe Abschnitt 4.7.1 »Der Unicode-Standard«, Seite 176).

Währungssymbol für den Euro. Zur Unterstützung des neuen Symbols, das zur Darstellung der europäischen Währung Euro eingeführt wurde, erweiterte Adobe den Zeichenvorrat des bekannten Symbol-Fonts um ein neues Zeichen. Dieses Zeichen trägt den Namen *Euro* und belegt Position 160 (oktal 240, hexadezimal A0). Weitere Informationen zu diesem Thema finden Sie in Abschnitt 4.7.7 »Das Eurozeichen«, Seite 197.

1.4.2 Ersetzung alter Programmierkonstrukte.

PostScript Level 2 hatte mit dem grundlegenden Problem zu kämpfen, dass die Unterstützung in Anwendungsprogrammen und Druckertreibern erst sehr spät einsetzte. Um eine ähnliche Situation für PostScript 3 zu vermeiden und um die Vorteile von PostScript 3 auch mit bereits existierender Software nutzbar zu machen, entwickelte Adobe eine raffinierte Methode im PostScript-Interpreter. Das Verfahren wird als *Idiom Recognition* bezeichnet und ersetzt alte Programmteile durch effizienteren Code, der geeignete PostScript-3-Funktionen nutzt, ohne dass das erzeugende Programm etwas über PostScript 3 wissen müsste.

Dabei wird der Interpreter angewiesen, bestimmte PostScript-Konstrukte *(idioms)* abzufangen und durch andere Anweisungen zu ersetzen, die schneller sind oder eine bessere Ausgabe erzeugen. Der PostScript-Code, der von älteren Programmen zur Simulation von Farbverläufen ausgegeben wird, kann zum Beispiel abgefangen und durch die neuen PostScript-3-Operatoren für glatte Farbverläufe ersetzt werden.

Idiom Recognition kann man sich als Filter vorstellen, der sämtliche PostScript-Anweisungen untersucht und dabei ausgewählte Teile durch effizientere Varianten ersetzt.

Idiom Recognition für wichtige Applikationen. Die Ersetzung von Programmierkonstrukten ist nicht nur für Entwickler von Anwendungsprogrammen interessant (wenn sie ihre Software aktualisieren, könnten sie schließlich auch gleich die gewünschten neuen Funktionen einbauen), sondern wird von den Druckerherstellern als Bestandteil des PostScript-Interpreters gleich in die Geräte eingebaut, um die PostScript-Ausgabe wichtiger Programme zu optimieren.

Hinsichtlich der Unterstützung von Anwendungsprogrammen wirft PostScript 3 daher die eher merkwürdige Frage auf, ob ein bestimmtes Programm die Erzeugung von PostScript 3 unterstützt oder eher der PostScript-Interpreter die betreffende Applikation.

Der wichtigste Einsatzbereich für *Idiom Recognition* sind die Farbverläufe, da die PostScript-3-Operatoren hier große Vorteile gegenüber älterem PostScript-Code aufweisen. Zudem ist genau bekannt, mit welchen Anweisungen die wichtigen Programme bisher Farbverläufe simulierten. Der Interpreter eines der ersten PostScript-3-Drucker, des Apple LaserWriter 8500, war zum Beispiel bereits mit vier *Idioms* vorkonfiguriert, die er in der Eingabe erkennt und durch effizienteren Code ersetzt. Das Gerät erkennt ineffizienten Code von älteren Versionen der folgenden Applikationen:

- QuarkXPress 3
- FreeHand 7
- CorelDraw 5 und 7
- Adobe Illustrator 5 und höher

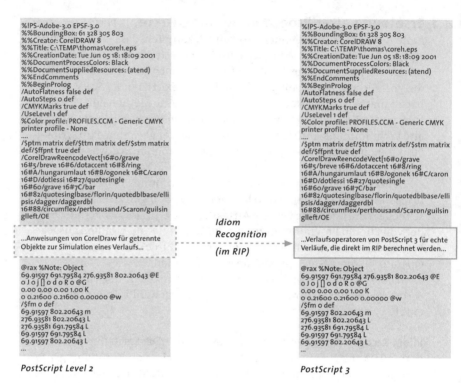

Abb. 1.6 Idiom Recognition erkennt veraltete Programmkonstrukte und ersetzt sie durch moderne.

In den meisten Fällen werden PostScript-Sequenzen dieser Programme für Farbverläufe erkannt und in die PostScript-3-Operatoren für glatte Verläufe umgewandelt. Dieser Trick macht es möglich, die neuen Verlaufsoperatoren auch mit alter Software zu nutzen, die noch gar kein PostScript 3 erzeugt.

Seit Version 4 führt Distiller, der ja einen Interpreter für PostScript 3 enthält, ebenfalls eine Ersetzung alter Idiome durch, wenn die Option *Farbverläufe zu weichen Nuancen konvertieren* aktiviert ist. Wie der beschriebene Drucker ersetzt Distiller in diesem Fall die Verlaufsanweisungen der oben aufgeführten Anwendungsprogramme.

1.4.3 Optionale Komponenten von PostScript 3.

Bei der Betrachtung von PostScript 3 mischen sich komplizierte technische Fragen mit Entscheidungen einzelner Hersteller über die Ausstattung ihrer Geräte und natürlich auch etwas Sperrfeuer aus den Marketingabteilungen. Es ist daher an der Zeit, anhand der Fakten mit diversen Mythen rund um PostScript 3 aufzuräumen.

Direkte Ausgabe von PDF. In den Marketingunterlagen zur Vorstellung von PostScript 3 war die Rede davon, dass entsprechende Geräte in der Lage wären, PDF-Dateien direkt auszugeben, also ohne vorherige Konvertierung nach PostScript. Die Realität sieht aber etwas anders aus, denn direkte Verarbeitung von PDF ist beileibe kein integraler Bestandteil von PostScript 3. Stattdessen entscheidet der Hersteller eines Geräts, der den PostScript-Interpreter bei Adobe lizenziert, ob er diese Funktion einbauen (und Lizenzgebühren dafür bezahlen) will oder nicht. Die direkte PDF-Ausgabe stellt einen großen Schritt hin zu einem homogenen PDF-Workflow in der Druckvorstufe dar und verspricht Geschwindigkeitsvorteile im Vergleich zum reinen PostScript-Ausdruck. Dies trifft jedoch nicht auf alle Implementierungen zu, denn häufig werden die PDF-Dateien intern stillschweigend doch erst in PostScript umgewandelt.

Die direkte PDF-Verarbeitung im Interpreter ist nicht sehr verbreitet und am ehesten in Highend-RIPs für die Druckvorstufe anzutreffen. Es gibt jedoch auch einige wenige Druckerhersteller (zum Beispiel Lexmark), die die Verarbeitung von PDF in ihren Geräten unterstützen. Einige RIPs enthielten schon vor PostScript 3 PDF-Unterstützung, zum Beispiel Harlequin ScriptWorks und Ghostscript. Auch die so genannte Extreme-Architektur von Adobe für RIPs benutzt PDF als internes Dateiformat.

Wegen der nichtlinearen internen Anordnung von PDF-Dateien erfordert die Verarbeitung von PDF im Drucker in der Regel eine Festplatte im Gerät. Bei der Implementierung der PDF-Unterstützung in PostScript-Geräten gibt es wichtige Unterschiede. So unterstützen RIPs mit PDF-Unterstützung oft nicht die aktuellste PDF-Version, sondern nur eine ältere Variante. Es empfiehlt sich also, beim Hersteller oder Verkäufer eines Geräts genau nachzufragen, wenn die PDF-Funktionalität von Bedeutung ist.

Berechnung von Farbseparationen. Die Berechnung von Farbseparationen durch den Interpreter, meist als In-RIP-Separation bezeichnet, ist in PostScript 3 ebenfalls vorgesehen. Allerdings muss ein Hersteller diese Funktionalität nicht unbedingt integrieren. Insbesondere bei Geräten für den Office-Bereich ist dies auch nicht unbedingt sinnvoll, sondern treibt aufgrund des höheren Speicherbedarfs nur die Kosten in die Höhe. Allerdings gibt es durchaus Laserdrucker mit funktionierender In-RIP-Separation, etwa den oben erwähnten Apple LaserWriter 8500.

Berechnung von Überfüllungen. Die Berechnung von Überfüllungsinformation durch den Interpreter, auch als In-RIP-Trapping bezeichnet, stellt eine hochwertige Erweiterung des RIPs dar, die sich die Hersteller teuer bezahlen lassen. Hier gilt noch viel mehr als bei der Separation, dass diese Erweiterung optional ist und durchaus nicht in jedem PostScript-3-RIP zur Verfügung steht.

Internet-Funktionen. Einer der wichtigsten Marketingaspekte und gleichzeitig auch einer der größten Flops von PostScript 3 war die angepriesene Fähigkeit, die zu druckenden Inhalte selbstständig aus dem Web zu laden. Während die Übertragung von Druckaufträgen und die webbasierte Verwaltung der Geräte über TCP/IP-basierte Protokolle insbesondere im Intranet sehr sinnvoll und schon länger implementiert ist, handelt es sich beim so genannten Web Printing um ein doch eher dubioses Feature. Dabei soll der Drucker Webseiten aus dem Web laden, formatieren und das Ergebnis ausdrucken. Dieser Ansatz wirft nicht nur Fragen hinsichtlich der unterstützten Dateiformate auf (so waren zum Beispiel nur ältere HTML-Versionen vorgesehen), sondern auch hinsichtlich der Praktikabilität. Nicht zuletzt spielen auch Sicherheitsbedenken eine Rolle.

Seit der Vorstellung von PostScript 3 scheint Web Printing in der Versenkung verschwunden zu sein, jedenfalls ist mir kein aktuelles Gerät bekannt, das diese Funktion implementiert.

1.5 Encapsulated PostScript (EPS)

In diesem Abschnitt wollen wir uns das EPS-Format genauer ansehen, das unabhängig vom benutzten PostScript-Level den Austausch von PostScript-Grafiken zwischen verschiedenen Programmen und Betriebssystemen ermöglicht. EPS wird seit vielen Jahren von allen Grafik-, DTP- und Textverarbeitungsprogrammen unterstützt. Während dem Thema EPS in der ersten Auflage dieses Buches noch ein ganzes Kapitel mit vielen Tipps zur Fehlerbehebung gewidmet war, kann man das Thema heutzutage zum Glück kürzer abhandeln, denn die EPS-Unterstützung in den gängigen Programmen ist deutlich robuster und zuverlässiger geworden.

In diesem Zusammenhang sind zwei Bezeichnungen nützlich: Der Erzeuger einer EPS-Datei, also zum Beispiel ein Grafikprogramm, *exportiert*

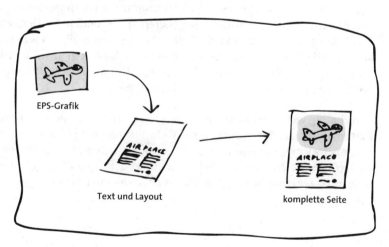

Abb. 1.7
Einbettung einer
EPS-Datei

die Grafik im EPS-Format. Ein Textverarbeitungs- oder DTP-Programm, das mehrere Elemente auf einer Seite anordnen kann, *importiert* die EPS-Datei.

Die Frage »Was ist der Unterschied zwischen PostScript und EPS?« hat schon viele heftige Diskussionen ausgelöst und so manchem Programmierer schlaflose Nächte beschert, vom Frust der Anwender ganz zu schweigen. Die Antworten »EPS ist die Umleitung der PostScript-Druckausgabe in eine Datei«, »EPS ist eine PostScript-Datei, die nur eine Seite enthält« oder »nur der Name« sind alle nicht ganz falsch, aber auch nicht ganz richtig. EPS-Dateien enthalten drei Arten von Daten:

- PostScript-Anweisungen, die beim Ausdruck auf PostScript-Geräten ausgewertet werden,
- Eine optionale Rasterversion des Bildes *(Preview)*, die zur Bildschirmdarstellung dient und auch ersatzweise gedruckt wird, wenn die Grafik auf einem nicht PostScript-fähigen Gerät ausgegeben wird,
- Informationen *über* das Bild, die die DTP-Software für die Einbettung benötigt (vor allem die Größe).

1.5.1 Einsatz von EPS.

EPS-Grafiken sind ein Thema, das vom PostScript-Interpreter weitgehend ignoriert wird, denn es geht dabei vor allem um das korrekte Zusammenspiel mehrerer Anwendungsprogramme.

Bildschirmdarstellung. Um die Einbindung einer Grafik in ein Dokument zu erleichtern, sollte der Anwender am Bildschirm möglichst genau das sehen, was später gedruckt wird. Die Hersteller preisen dies als WYSIWYG-Prinzip an *(what you see is what you get)*, doch meistens sieht man am Bildschirm nur so ungefähr das, was später gedruckt wird.

Das Hauptproblem im Umgang mit PostScript-Daten besteht darin, dass für die Verarbeitung ein PostScript-Interpreter nötig ist. Diese komplexe Software steht nicht in jedem Grafik-, Text- oder DTP-Programm zur Verfügung, sondern nur in einigen wenigen. Daher muss das exportierende Programm Vorkehrungen treffen, um eine Bildschirmdarstellung auch ohne PostScript-Interpreter zu ermöglichen. Zu diesem Zweck werden die PostScript-Anweisungen durch eine zweite Beschreibung der Grafik ergänzt, die für die auf dem jeweiligen Betriebssystem üblichen Grafikfunktionen bzw. Formate geeignet ist. Die meisten EPS-Dateien enthalten in diesem so genannten Preview- oder Vorschauteil keine objektorientierten Anweisungen (also Linien, Kurven, Flächen etc.), sondern ein Rasterbild einer bestimmten Auflösung, das aus einzelnen Bildpunkten (Pixeln) besteht. Die einzelnen Pixel können schwarzweiß, grau oder farbig sein. Das importierende Programm kann diese Rasterversion der Grafik mit wenig Aufwand einlesen und für die Bildschirmanzeige vor dem Drucken benutzen. Bei der Ausgabe auf einem PostScript-Gerät wird der Previewteil ignoriert, denn jetzt kommen ja die PostScript-Anweisungen in der EPS-Datei zum Tragen. Der Previewteil kommt allerdings als Notlösung in Betracht, wenn das Do-

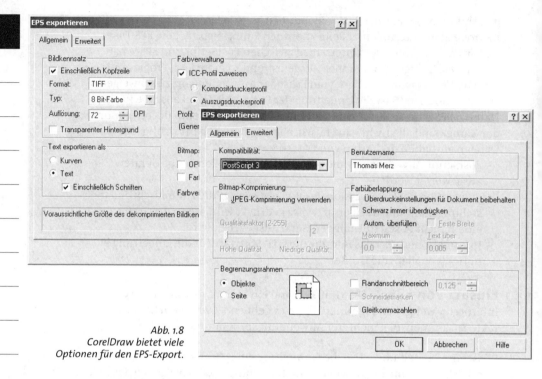

Abb. 1.8
CorelDraw bietet viele
Optionen für den EPS-Export.

kument auf einem nicht PostScript-fähigen Drucker ausgegeben werden soll. Dabei werden nicht die PostScript-Anweisungen, sondern die Pixeldaten zum Drucker übertragen.

Das gängige Grafikformat auf dem Macintosh ist PICT, das zur Aufzeichnung von QuickDraw-Funktionen dient. QuickDraw wiederum heißt das Grafikmodell, das auf dem Macintosh von allen Applikationen zur Bildschirmdarstellung benutzt wird und daher sehr weit verbreitet ist. PICT ermöglicht sowohl Bitmap- als auch objektorientierte Grafiken.

Windows bietet mit dem *Windows Metafile* (WMF) ebenfalls ein Austauschformat, das in diesem Fall die GDI-Aufrufe speichert, mit denen die Grafik erzeugt wird. Das GDI *(Graphics Device Interface)* ist das Windows-Pendant zu QuickDraw. PICT und WMF eignen sich als plattformspezifische Grafikbeschreibung für den Previewteil von EPS-Dateien auf dem Macintosh bzw. unter Windows. Darüber hinaus lässt sich unter Windows auch eine Bitmap-Darstellung im bekannten Rasterformat TIFF realisieren. Dies ist ein leistungsfähiges Rastergrafikformat, das neben anderen Vorteilen mehrere Verfahren zur Datenkompression bietet.

Da es unter Unix kein allgemein standardisiertes und in das System integrierte Bildformat gibt, kommt hier das Format *Encapsulated PostScript Interchange* (EPSI) zum Einsatz. Dabei wird eine Rasterversion der Grafik in Form von Kommentarzeilen direkt in die PostScript-Anweisungen eingeschleust. EPSI dient zugleich als universelles Austauschformat von EPS-Dateien zwischen den unterschiedlichsten Betriebssystemen. Es kommt aber nicht mehr häufig zum Einsatz, sondern wurde weitgehend von der EPS-Variante mit TIFF-Preview verdrängt. Weitere Details zu den einzelnen Arten von EPS-Dateien finden Sie in Abschnitt 1.5.3 »EPS-Varianten«, Seite 33.

Erzeugung von EPS-Dateien. Es gibt viele verschiedene Quellen von EPS-Dateien. Die häufigste Möglichkeit ist die Erstellung eines Bildes mit einem spezialisierten Grafikprogramm und das anschließende Exportieren im EPS-Format. Dieses Verfahren sollte immer die erste Wahl sein, denn das erzeugende Programm hat alle benötigten Informationen über die Grafik. Es kann die weiter unten beschriebenen Zusatzkommentare in die EPS-Datei einbauen und ein korrektes Previewbild erzeugen. Rastergrafikdaten sind ebenfalls eine wichtige Quelle für EPS-Dateien. Sie können entweder von einem Scanner stammen, der direkt EPS erzeugt, oder durch Umwandlung aus einem anderen Rastergrafikformat.

Sehr beliebt ist auch die Erzeugung von EPS-Dateien durch den Druckertreiber des jeweiligen Systems. Viele der so erzeugten EPS-Dateien verdienen ihren Namen allerdings nicht, da sie die EPS-Spezifikation auf unterschiedliche Arten missachten. Hier sind Schwierigkeiten bei der weiteren Verwendung, etwa beim Einbetten in ein Dokument, im wahrsten Sinn des Wortes vorprogrammiert. EPS-Dateien sollten daher grundsätzlich über die Exportfunktion des benutzten Programms oder mit geeigneten Konvertern erzeugt werden. Die Erzeugung über den Druckertreiber sorgt häufig für Probleme und kommt daher nur als Notlösung infrage.

Einbettung einer EPS-Grafik in ein Dokument. In vielen Fällen ist es nicht erforderlich, eine EPS-Grafik inhaltlich zu verändern. Meistens möchte man jedoch Größe und Position der Grafik auf der Seite anpassen und vielleicht einen geeigneten Ausschnitt wählen. Wie kann das funktionieren, wenn wir davon ausgehen, dass die importierende Software nicht über einen PostScript-Interpreter verfügt? Die Anwort liegt im Sprachumfang von PostScript: Es gibt Anweisungen, die die Grafik *als Ganzes* vergrößern, verkleinern, verschieben oder beschneiden. Der Importeur (bzw. der Druckertreiber) muss beim Drucken nur diese Anweisungen zusammen mit den gewünschten Größenangaben erzeugen und zusammen mit den PostScript-Daten aus der EPS-Datei *unverändert* zum Drucker übertragen. Zur Vergrößerung der Grafik am Bildschirm muss der Importeur die Bitmap »aufblasen«, das heißt einzelne Pixel duplizieren (das ist die einfachste Möglichkeit) oder geeignete Zwischenwerte berechnen (das ist aufwendiger, liefert aber eine bessere Darstellung).

Was passiert jedoch, wenn die EPS-Datei kein Preview enthält, weil das erzeugende Programm dazu nicht in der Lage ist oder weil die Datei von einer anderen Plattform stammt? In diesem Fall ist ein Import der Datei immer noch möglich, allerdings muss der Importeur eine Ersatzdarstellung für die Grafik benutzen. Üblicherweise erscheint hier eine einfache graue Box, die manchmal noch zusätzliche Informationen über die EPS-Datei enthält (Dateiname, Erstellungsdatum und Erzeuger) oder einfach gekreuzte Balken als Platzhalter im Dokument.

1.5.2 Formale Kriterien für EPS.

Für EPS-Daten gelten eine Reihe von Vorschriften und Einschränkungen, die für normale PostScript-Dateien nicht gelten.

Vorschriften für EPS-Dateien. Eine PostScript-Datei, die als EPS durchgehen will, muss einige Vorschriften beachten. Es leuchtet sofort ein, dass eine EPS-Datei immer nur eine Seite (bzw. einen Teil davon) beschreiben darf, wenn das oben beschriebene Einbettungskonzept sinnvoll sein soll. Des Weiteren muss die Datei DSC-kompatibel sein, also den in Abschnitt 2.1.3 »DSC-Kommentare«, Seite 47, behandelten Konventionen für Strukturkommentare genügen. Diese Kommentare beginnen (mit Ausnahme der ersten Zeile) immer mit den Zeichen %%. Sie werden vom PostScript-Interpreter ignoriert, enthalten aber Zusatzinformationen über die Datei, die andere Programme leicht auswerten können.

Die meisten dieser DSC-Kommentare sind optional, die folgenden beiden Zeilen müssen aber zwingend am Anfang des PostScript-Teils einer EPS-Datei stehen:

```
%!PS-Adobe-3.0 EPSF-3.0
%%BoundingBox: llx lly urx ury
```

Dabei stehen *llx lly urx ury* für vier Zahlen, deren Bedeutung wir uns unten genauer ansehen werden. Mit der ersten Zeile kann das importierende Programm eine EPS-Datei als solche erkennen (und sie insbesondere von einer »normalen« PostScript-Datei unterscheiden). Die Zahlen beziehen sich dabei nicht, wie manchmal fälschlicherweise angenommen, auf die verwendete PostScript-Version, sondern auf die Version der DSC-Spezifikation, die beim Erstellen der Datei eingehalten wurde bzw. auf die zugrunde liegende Version der EPS-Spezifikation. Die aktuelle Version 3 der EPS-Vorschriften ändert im Vergleich zur Vorgängerversion nichts am Prinzip, sondern beseitigt einige Unklarheiten und lässt zusätzliche Kommentare zu.

Die zweite Zeile ist für die Einbettung der Grafik in ein Dokument und die nötigen Größenberechnungen erforderlich. Wie wir schon gesehen haben, steht beim Einbetten meist kein PostScript-Interpreter zur Verfügung. Der Importeur muss aber wissen, welchen Platz die Grafik einnimmt, um sie geeignet zu vergrößern, zu verkleinern oder zu verschieben. Dazu wertet er den *BoundingBox*-Kommentar aus. Die *BoundingBox* ist das kleinste kantenparallele Rechteck, das die Zeichnung vollständig enthält, also einfach das umschließende Rechteck.

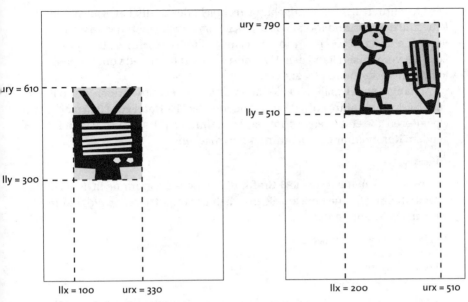

Abb. 1.9 Zwei EPS-Grafiken mit der zugehörigen BoundingBox

Für die Größenberechnungen beim Einbetten genügt es, die Koordinaten der Ecken dieses Rechtecks zu kennen, genauer die x- und y-Koordinaten der linken unteren *(lower left)* und der rechten oberen *(upper right)* Ecke. Genau diese vier Werte stehen im *BoundingBox*-Kommentar. Die EPS-Spezifikation schreibt vier ganzzahlige Werte für diesen Kommentar vor. Manche Programme erzeugen stattdessen jedoch Gleitkommazahlen, die andere Programme wiederum beim Import ablehnen. Viele Programme, zum Beispiel Adobe Photoshop, geben die BoundingBox mit größerer Genauigkeit an, ohne die Spezifikation zu verletzen. Sie erzeugen dazu neben dem üblichen Kommentar noch den Eintrag *%%HiResBoundingBox*, der die BoundingBox durch vier Gleitkommazahlen beschreibt.

Gemessen wird dabei im PostScript-Koordinatensystem: Der Nullpunkt liegt in der linken unteren Ecke der Seite (bei den meisten Druckern allerdings nicht exakt in der Ecke); die x-Koordinate wächst nach rechts und die y-Koordinate nach oben. Als Einheit dient der so genannte DTP-Punkt *(pt)*, der als 1/72 Zoll festgelegt ist. Da ein Zoll (oder Inch) 2,54 cm lang ist, erhalten wir

```
1 Punkt = 1/72 Zoll = 2,54 cm/72 = 0,35 mm
```

Eine Seite im A4-Format (210 × 297 mm) hat die Größe 595 × 842 Punkt. Dazu ein kleines Rechenexempel: Angenommen der Kommentar in einer EPS-Datei lautet

```
%%BoundingBox: 100 300 330 610
```

Die linke untere Ecke des Umgebungsrechtecks der Grafik hat also vom linken Rand den Abstand 100 pt = 100 × 2,54 cm/72 = 3,52 cm und vom unteren Rand den Abstand 300 pt = 300 × 2,54 cm/72 = 10,6 cm. Die rechte obere Ecke hat vom linken Rand den Abstand 330 pt = 11,6 cm und vom unteren Rand den Abstand 610 pt = 21,5 cm.

Abhängig vom Inhalt der EPS-Datei muss diese eventuell noch zusätzliche DSC-Kommentare enthalten. Verwendet die EPS-Datei zum Beispiel Operatoren, die erst in PostScript Level 2 definiert sind, so muss sie mit folgendem Kommentar darauf aufmerksam machen:

```
%%LanguageLevel: 2
```

Die Informationen *über* die EPS-Grafik, die manche Programme in der Ersatzdarstellung (graue Box) anzeigen, erhält das importierende Programm aus den DSC-Kommentaren:

```
%%Creator: Ydraw for Windows
%%For: (Thomas Merz)
%%Title: (Skizze)
%%CreationDate: (12/14/01) (1:36 PM)
```

Diese Kommentare sollten in jeder EPS-Datei enthalten sein und angeben, mit welcher Software und wann die Grafik erstellt wurde und welche Bezeichnung sie hat.

Häufig gibt es Streit um die Frage, ob EPS-Dateien den PostScript-Operator *showpage* enthalten müssen oder nicht. Dieser Operator sorgt für die Ausgabe der Seite auf dem Drucker, wenn die Beschreibung der einzelnen Grafikelemente abgeschlossen ist und das Bild, das der Interpreter bisher nur im Speicher aufgebaut hat, auf Papier übertragen werden soll.

Der Aufruf von *showpage* aus einer EPS-Grafik in der Mitte einer Seite des Dokuments hat katastrophale Auswirkungen: Der bisher aufgebaute Teil der Seite wird gedruckt, der Rest landet auf der nächsten Seite! Andererseits kann eine EPS-Grafik nicht mehr separat gedruckt werden (also ohne Einbettung in ein anderes Dokument), wenn sie *showpage* nicht enthält. In diesem Fall verarbeitet der Interpreter die Datei zwar, »vergisst« aber dann, den Speicherinhalt auf das Papier zu übertragen.

Das EPS-Format regelt das *showpage*-Problem ganz pragmatisch: Der Operator ist in EPS-Dateien erlaubt, und es ist Aufgabe der importierenden Software, ihn vor der Einbettung unschädlich zu machen. Dazu dient die folgende Anweisung:

```
/showpage { } def
```

Sie definiert einfach einen Dummy-Operator mit dem Namen *showpage*, der nur aus einer leeren Prozedur besteht. Diese Anweisung wird vor der EPS-Datei zum Drucker geschickt und später wieder rückgängig gemacht. Viele moderne Grafikprogramme integrieren *showpage* in die erzeugten EPS-Dateien – manche aber auch nicht.

Einschränkungen für EPS-Dateien. Am Beispiel des *showpage*-Problems wird bereits deutlich, dass es einige PostScript-Operatoren gibt, die in einer EPS-Datei für Probleme sorgen können. Während *showpage* aufgrund seiner Bedeutung in EPS-Dateien erlaubt ist und beim Einbetten eine Sonderbehandlung erfährt, sind andere Operatoren für EPS-Dateien tabu, da sie den Einbettungsvorgang stören. Dazu gehören alle Operatoren, die keine Elemente der Grafik beschreiben, sondern geräteabhängige Einstellungen ändern (zum Beispiel einen neuen Papierschacht wählen oder das Seitenformat wechseln) oder die Programmumgebung des einbettenden PostScript-Programms zerstören. Dies ist ein entscheidender Unterschied zwischen EPS und »normalen« PostScript-Dateien. Während eine Druckdatei natürlich das Recht hat, vor dem Ausdruck mit geeigneten PostScript-Anweisungen den gewünschten Papierschacht einzustellen, darf eine EPS-Datei, die ja meist in der Mitte einer Seitenbeschreibung steht, dies auf keinen Fall tun, da hierbei auch der komplette Seitenspeicher gelöscht wird. In Tabelle 1.3 finden Sie die wichtigsten Unterschiede zwischen EPS- und normalen PostScript-Dateien im Überblick.

Tabelle 1.3 Unterschiede zwischen PostScript und EPS

Kriterium	EPS	»normale« PostScript-Datei
Anzahl der Seiten	1	beliebig
Ausgabe auf PostScript-Drucker möglich?	erfordert meist Umwandlung	ja
Ausgabe auf nicht PostScript-fähigem Drucker möglich?	ja, falls Preview vorhanden	nein
Bildschirmausgabe ohne PostScript-Interpreter möglich?	ja, falls Preview vorhanden	nein
Datei ist DSC-kompatibel?	ja	empfohlen
Datei enthält BoundingBox-Kommentar?	ja	empfohlen
kritische Operatoren erlaubt?	nein	ja
Datei enthält showpage?	nicht immer	ja
Austausch zwischen verschiedenen Betriebssystemen möglich?	EPSI oder EPS ohne Preview: ja Mac- oder Windows-EPS mit Preview: nur eingeschränkt	nur drucken

1.5.3 EPS-Varianten.

Auf den gängigen Betriebssystemen haben sich verschiedene Varianten des EPS-Formats durchgesetzt, die zueinander nicht oder nur eingeschränkt kompatibel sind.

Macintosh. EPS-Dateien auf dem Macintosh (EPS-PICT) haben meist den Dateityp EPSF, manchmal auch TEXT. Wenn Sie den Inhalt einer EPS-Datei mit einem Textprogramm bearbeiten wollen und Ihre Textverarbeitung die Datei nicht einlesen kann, so können Sie den Typ der Datei mit ResEdit von EPSF auf TEXT ändern. Der Datenteil *(data fork)* einer EPS-Datei enthält die PostScript-Anweisungen, der Ressource-Teil *(resource fork)* eine Quick-Draw-Darstellung der Grafik. Diese PICT-Ressource hat immer die Nummer 256.

Beim Erzeugen von EPS-Dateien auf dem Mac haben Sie oft die Wahl zwischen 7- und 8-Bit-Kodierung (siehe Abschnitt 1.5.4 »Portierbarkeit von EPS-Dateien«, Seite 37). Wenn Sie die Datei am Mac weiterverwenden wollen, sollten Sie 8-Bit (binär) wählen, ansonsten sicherheitshalber 7-Bit (ASCII), es sei denn, Sie sind sicher, dass in der Zielumgebung 8-Bit-Dateien verarbeitet werden können. Außerdem können Sie in vielen Programmen die Art des Previewbildes festlegen: kein Preview, schwarzweiß oder in Farbe. Die Schwarzweiß-Darstellung benötigt weniger Platz als ein farbiges Preview. Die meisten Mac-Grafikprogramme erzeugen auch EPS-Dateien für Windows.

Windows. Die Bezeichnungen werden zwar nicht immer einheitlich gehandhabt, EPS-Dateien unter Windows werden aber häufig als EPSF bezeichnet, was eigentlich nur *Encapsulated PostScript Format* bedeutet. Da es beim Dateisystem von Windows im Gegensatz zum Macintosh keine verschiedenen Zweige zur Strukturierung einer Datei gibt (die *streams*, die mit Windows NT eingeführt wurden, kommen in der Praxis kaum zum Einsatz), müssen hier PostScript- und Previewteil einer EPS-Datei zusammen in einer »flachen« Datei abgespeichert werden. Dazu enthält die Datei am Anfang eine binäre Tabelle, die die Startpositionen und Längen der einzelnen Teile innerhalb der EPS-Datei angibt. Diese Tabelle und die binären Previewdaten sind dafür verantwortlich, dass eine solche EPS-Datei nicht mehr direkt gedruckt, also ohne Aufbereitung zum Drucker übertragen oder mit einem Texteditor bearbeitet werden kann. Die importierende Applikation muss daher bei der Ausgabe auf einem PostScript-Drucker anhand der Tabelle erst den PostScript-Teil extrahieren.

Wie bereits erwähnt, kann der Previewteil einer EPS-Datei unter Windows ein Rasterbild im Format TIFF oder eine objektorientierte Beschreibung im Format *Windows Metafile (WMF)* enthalten. Die TIFF-Variante ist bei weitem gebräuchlicher. EPS-Dateien mit WMF-Preview spielen in der Praxis kaum eine Rolle. Eine EPS-Datei darf entweder ein TIFF- oder ein WMF-Preview enthalten, nicht aber beides.

Die vier Bytes *C5 D0 D3 C6* am Anfang der Datei dienen zur Unterscheidung einer EPS-Datei mit Previewteil von einer Datei, die ausschließlich PostScript-Daten ohne Preview enthält. Im zweiten Fall muss nämlich laut DSC-Konventionen die Zeichenfolge *%!* am Anfang der Datei stehen.

Geräteunabhängiges Preview (EPSI). Das Format *Encapsulated PostScript Interchange (EPSI)* ist die allgemeinste EPS-Variante. Sie erfordert als einzige

```
C5 D0 D3 C6 1E 00 00 00-DC 6E 00 00 00 00 00 00
00 00 00 00 FA 6E 00 00-50 4E 00 00 FF FF
```
------- *EPSF-Header mit Verweisen auf den PostScript und TIFF-Teil*

```
%!PS-Adobe-3.0 EPSF-3.0
%%Creator: Photoshop Version 2.5.1b21
%%Title: occhio.eps
%%CreationDate: 2/24/01 11:35 PM
%%BoundingBox: 0 0 37 37
%%HiResBoundingBox: 0 0 37.44 37.44
%%SuppressDotGainCompensation
%%DocumentProcessColors: Black
%%EndComments
%%BeginProlog
%%EndProlog
%%BeginSetup
%%EndSetup
%ImageData: 156 156 1 1 0 20 2 "beginimage"
%BeginPhotoshop: 198
%3842494D03E90000000000007800030000
004800480000000002DA0228FFE1FFE2
%02F902460347052803FC000200000480
0480000000002DA0228000100000064

%%EOF
```
------- *PostScript-Anweisungen für die Grafik (Ausschnitt)*

```
II* yo o ¶ (I 0; -' -
'8BIM ,,8BIM |~ c~|ccx| ~<< |<<663136cZ66cco
6<613f336f3c301cs3ccsocf303f01013f3c322c(3c
c(ocf323'<<<~<|;2<|~<2<v3<c|<<><|;f3c>>>c 3ck
ocf3>>8fffoff>ffof>f73fcfffff~3c322co3cko1c~3
26~~'off2ffoo2f;3fkff>ffff3c300cg3c6g3cf303f
'''offoffoofo3fkffffff663106c666c36f613ffff
6f>off6fofo6f6fffff>f|~ xc<|6c f| s<<?<<?fx<f<x
<x|<6f?<;;?fff<<
                       <
p<< <p<30630100010002<|~<<f<<<><o<v><c|<
<><|;2<|~<<f<<<><<|nv<|~<v>ffoff3f|f7ffcfffff>f
foff3ff37fof72ffoo>f>>3~of;ffkff>fff2ffoo>f>>
3~f3;fo~;offoffff3'ofoffkffffffofoffff3'f3ofo'
ooff6ff<ff3fofoff6fffff>off6ff<ff3ff3of6fox<f<
;;??;n?<x<x;<6f?<;;?fx<f<;;??;n?<?fx>f?<xfo<x
      ~p<<~ <<~<3031<33303
oofc33<<3<vf<<32~<<<f'<v<~<|>3<>>f6f7ff>> o
ff'7kfff >ff3>o<~;f~320>'~g>;>kfff3ff3f6'of'30
of'fcfofkfff3ff3ff3fo<f316fff3fofkfff3ff~;<s<x??
...
```
------- *TIFF-Darstellung der Grafik in Bildschirmauflösung*

Abb. 1.10
EPS-Datei mit Previewbild für Windows

Voraussetzung vom Betriebssystem die Fähigkeit zur Verarbeitung von ASCII-Dateien. EPSI eignet sich zwar gut als Austauschformat, spielt jedoch für Macintosh und Windows keine Rolle, da hier die EPS-Varianten mit PICT- oder TIFF-Preview vorherrschen. Selbst Unix-Applikationen unterstützen beim EPS-Import meist eher die Windows-Variante als EPSI. Eine rühmliche Ausnahme bildet FrameMaker, der auf allen Plattformen EPSI-Dateien importieren und am Bildschirm darstellen kann. Die Erstellung von EPSI-Dateien wird heutzutage nur noch von wenigen Programmen angeboten.

Die Previewdarstellung der Grafik wird bei EPSI nicht in einem plattformabhängigen Format kodiert, sondern als unkomprimierte Bitmap, deren Inhalt in ASCII-Hex-Kodierung als Kommentar in der EPS-Datei steht. EPSI-Dateien enthalten also nur ASCII-Zeichen und keine Binärdaten und lassen sich daher bei Bedarf mit einem Texteditor bearbeiten. Der Previewteil kann bei EPSI keine Farben, sondern nur Schwarzweiß oder Graustufen enthalten. Er sollte nach den einleitenden Kommentaren stehen und wird durch zwei spezielle Kommentarzeilen eingerahmt. Die vier Parameter nach *%%BeginPreview* beschreiben die Breite und Höhe der Bitmap in Pixeln, die Anzahl der Bits pro Pixel (meist 1, 2, 4 oder 8) sowie die Anzahl der Kommentarzeilen, aus denen der Previewteil besteht:

```
%!PS-Adobe-3.0 EPSF-3.0
%%BoundingBox: 100 100 200 125
%%Title: (dreieck.ps)
%%Creator: Ydraw
%%For: York
%%CreationDate: Fri Oct 26 22:16:53 2001
%%Pages: 1
%%EndComments
%%BeginPreview: 73 19 1 19
% 00000000080000000000
% 000000003E0000000000
% 00000000FF8000000000
% 00000003FFE000000000
% 0000000FFFF800000000
% 0000003FFFFE00000000
% 000000FFFFFF80000000
% 000003FFFFFFE0000000
% 00000FFFFFFFF8000000
% 00003FFFFFFFFE000000
% 0000FFFFFFFFFF800000
% 0003FFFFFFFFFFE00000
% 000FFFFFFFFFFFF80000
% 003FFFFFFFFFFFFE0000
% 00FFFFFFFFFFFFFF8000
% 03FFFFFFFFFFFFFFE000
% 0FFFFFFFFFFFFFFFF800
% 3FFFFFFFFFFFFFFFFE00
% FFFFFFFFFFFFFFFFFF80
%%EndPreview
%EndProlog
%%Page: 1
...PostScript-Anweisungen für die Grafik...
showpage
%%Trailer
%%EOF
```

Auch bei geringer Auflösung des Previewbilds können EPSI-Dateien sehr groß werden. Dies liegt daran, dass die Bitmap (im Gegensatz zur TIFF-Variante) nicht komprimiert gespeichert wird. Außerdem wird jedes Datenbyte in hexadezimaler ASCII-Schreibweise abgelegt und benötigt daher zwei Byte zur Ablage. Eine Grafik in A4-Größe, die eine 72-dpi-Bitmap mit 256 Graustufen (8 Bit pro Pixel) enthält, benötigt bereits 1 MB Speicherplatz nur für das Previewbild! Da der Bitmap-Teil in den Kommentaren vom PostScript-Interpreter sowieso ignoriert wird, sollte das importierende Programm diese Previewdaten vor dem Drucken des Dokuments entfernen, um den Druckvorgang zu beschleunigen. Allerdings macht dies keines der gängigen Programme.

1.5.4 Portierbarkeit von EPS-Dateien.

Abgesehen von den plattformspezifischen Formen des Previewteils muss auch der PostScript-Teil einer EPS-Datei gewissen Bedingungen genügen, um sicherzustellen, dass sich die Datei auch in einer anderen Umgebung (Betriebssystem, Drucker, Übertragungsart etc.) erfolgreich drucken lässt.

PostScript-Level und Grafikfunktionen. Damit eine EPS-Datei auf dem Zielsystem erfolgreich verarbeitet werden kann, darf sie nur Funktionen des Grafikmodells benutzen, die dort auch zur Verfügung stehen. Eine EPS-Datei, die Eigenschaften von PostScript 3 benutzt, kann auf einem Level-2-Geräte in der Regel nicht erfolgreich gedruckt oder belichtet werden. Die Wahl des Sprachlevels erfolgt am besten nach Absprache mit dem Empfänger der EPS-Datei. Ist das nicht möglich, so ist derzeit wohl PostScript Level 2 eine einigermaßen sichere Wahl: Bei Level 1 gehen leicht wichtige Eigenschaften der Grafik verloren und PostScript 3 ist noch nicht weit genug verbreitet.

Neben dem Sprachlevel des Interpreters gibt es jedoch viele Eigenschaften des Grafikmodells, bei denen die korrekte Wahl der EPS-Option nicht so leicht ist, wenn man keine genauen Informationen über das Zielgerät und die Art der Weiterverarbeitung hat. Acrobat 5 unterstützt zum Beispiel beim EPS-Export viele Einzelmerkmale des Grafikmodells (siehe Abbildung 1.11). Die Optionen *Halbtonraster einschließen* und *Transferfunktionen einschließen* hängen zum Beispiel davon ab, ob die Grafik zur Erstellung von Druckvorlagen dient oder das Zielsystem ein einfacher Laserdrucker ist.

Fonteinbettung in EPS. Bei der Erzeugung der PostScript-Ausgabe müssen Anwendungsprogramm, Druckertreiber oder Spooler dafür sorgen, dass die benötigen Schriften zusammen mit dem Dokument zum Drucker übertragen werden. Dazu werden die Schriften in der Regel in die PostScript-Ausgabe eingebettet, sind also Bestandteil des PostScript-Datenstroms, der zum Drucker geschickt wird. Falls das Anwendungsprogramm die Schriften nicht selbst einbettet, kann es durch spezielle Anweisungen im PostScript-Code den Spooler auffordern, benötigte Schriften nachträglich einzubetten. Dazu definierte Adobe verschiedene DSC-Kommentare (siehe Abschnitt 2.1.3 »DSC-Kommentare«, Seite 47).

Es ist natürlich ineffizient, Schriften zum Drucker zu übertragen, die dort bereits installiert sind. Daher unterscheiden viele Druckertreiber zwischen folgenden Gruppen von Schriften:
- 35 Standardschriften, die in den meisten Druckern mit PostScript Level 1 oder 2 fest eingebaut sind,
- Schriften, die in der PPD-Datei des Druckers aufgeführt sind,
- alle anderen Schriften.

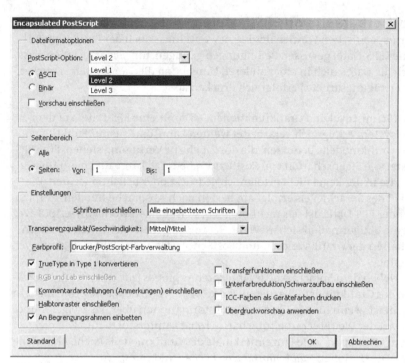

Abb. 1.11 EPS-Exportdialog von Acrobat

Die meisten Programme bieten beim Exportieren ins EPS-Format die Möglichkeit, benötigte Schriften auf Wunsch mit einzubetten (siehe Tabelle 1.4).

Tabelle 1.4 Einbettung von Schriften beim Erstellen von EPS-Grafiken

Programm	Werden Schriften beim Erstellen von EPS eingebettet?
Quark XPress 3, 4, 5	nein (wird aber durch callas FontIncluder ermöglicht)
Macromedia FreeHand 8, 9, 10	optional
Adobe Acrobat 4	keine oder alle eingebetteten Schriften
Adobe Acrobat 5	keine, alle eingebetteten oder alle Schriften
CorelDraw 9, 10	optional
Adobe Illustrator 9, 10	optional
Adobe InDesign 1, 2	optional, auf Wunsch Berechnung von Fontuntergruppen

Die Software *callas FontIncluder* bettet verschiedene Fontformate in PostScript- oder EPS-Dateien ein: PostScript Type 1, Type 3, Multiple Master, TrueType. Voll funktionsfähige Demoversionen für Mac und Windows finden Sie unter der Adresse

http://www.fontincluder.com

FontIncluder verarbeitet auf Mac und Windows sogar Fontdateien, die vom jeweils anderen Betriebssystem stammen. FontIncluder ist auch in einer automatisch ablaufenden Serverversion erhältlich.

Art der Kodierung. Ein Punkt, der beim Austausch von EPS-Dateien eine große Rolle spielt, ist die Art der Kodierung. PostScript-Dateien können 7-Bit-Daten (ASCII) oder 8-Bit-Daten (binär) enthalten. Wie in Abschnitt 2.4.3 »Übertragungsprotokolle«, Seite 64, erläutert, lassen sich Binärdaten aber nicht überall ausdrucken. Auf dem Macintosh werden meist EPS-Dateien im Binärformat erzeugt, denn diese beanspruchen weniger Platz als die ASCII-Variante und können auf dem Mac problemlos gedruckt werden. Wenn Sie allerdings eine EPS-Datei auf dem Macintosh erzeugen, um diese unter Windows weiterzuverwenden, so müssen Sie bei Erzeugung der EPS-Datei die 7-Bit-Kodierung wählen, denn nur wenige Windows-Konfigurationen können binäre PostScript-Dateien drucken. Die gängigen Grafikprogramme auf dem Mac und unter Windows erlauben beim EPS-Export die Wahl zwischen ASCII und binär.

2 Zwischen Bildschirm und Drucker

In diesem Kapitel wollen wir uns die einzelnen Stationen im Leben der PostScript-Daten ansehen, angefangen von verschiedenen Arten der Erstellung über die Eigenheiten der Mac- und Windows-Druckertreiber bis hin zu den gebräuchlichsten Protokollen für die Übertragung der Daten zum Drucker. Am Ende des Kapitels finden Sie schließlich Hinweise zur Behebung von PostScript-Fehlern.

2.1 Erzeugung von PostScript-Daten

2.1.1 Drei PostScript-Architekturen. Für die Erstellung von PostScript kommen grundsätzlich verschiedene Architekturen infrage, die wir uns im Folgenden ansehen wollen.

PostScript-Systemtreiber. Windows und Macintosh kennen systemweite Druckertreiber: Die Komponente, die die Anwenderdaten in eine für den Drucker verständliche Darstellung umsetzt, ist nicht Bestandteil des Anwendungsprogramms, sondern direkt in das Betriebssystem eingebunden. Über eine standardisierte Programmierschnittstelle können Anwendungsprogramme die Funktionen eines solchen Systemtreibers aufrufen. Diese Schnittstelle ist bei Windows GDI *(Graphics Device Interface)*, beim Mac bis System 9 QuickDraw und bei OS X das auf PDF basierende Grafikmodell Quartz. Da diese Schnittstellen nicht nur für die Druckausgabe, sondern auch für die Bildschirmdarstellung zuständig sind, kann ein Anwendungsprogrammierer seiner Software sehr schnell das Drucken »beibringen«, da er im Wesentlichen nur die Anweisungen für die Bildschirmausgabe zum Druckertreiber umlenken muss. Das Konzept der systemweiten Treiber hat mehrere Vorteile: Ein neuer Druckertreiber kann von allen Programmen benutzt werden. Das bedeutet nicht nur, dass alle Anwendungen von einer verbesserten Version des Treibers profitieren, sondern auch, dass sie mit neu entwickelten Druckertypen zusammenarbeiten können, ohne speziell dafür programmiert zu sein. Außerdem werden die Anwendungsentwickler entlastet, weil sie nicht für jeden Druckertyp eine eigene Anpassung ihres Programms schreiben müssen.

Das Konzept des systemweiten Druckertreibers hat allerdings auch Nachteile. So kommt es immer wieder vor, dass ein Programm nur mit einem bestimmten Druckertreiber oder gar einer bestimmten Druckertreiberversion korrekt funktioniert, weil es sich auf sehr spezielle Eigenschaften abstützt. Noch schwerer wiegt die Tatsache, dass diese Architektur ein DTP- oder Grafikprogramm auf die Fähigkeiten des zugrunde liegenden

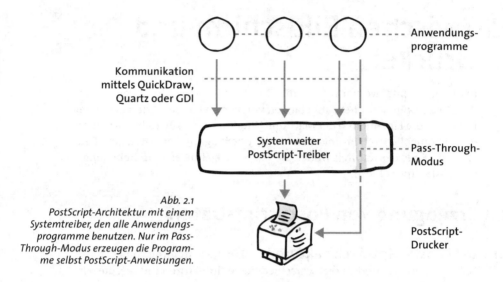

Abb. 2.1
PostScript-Architektur mit einem Systemtreiber, den alle Anwendungsprogramme benutzen. Nur im Pass-Through-Modus erzeugen die Programme selbst PostScript-Anweisungen.

Grafikmodells beschränkt. So unterstützt das GDI-Modell von Windows zum Beispiel keine Farbangaben in dem für die Druckvorstufe wichtigen CMYK-Farbraum. Daher müssen Programme, die CMYK-Ausgabe erstellen wollen, den dazu nötigen PostScript-Code selbst erzeugen.

Programme mit integriertem PostScript-Treiber. Bei manchen Betriebssystemen gibt es überhaupt keine systemweiten Druckertreiber, sondern alle Anwendungsprogramme müssen eigene Treiber für die jeweils unterstützten Geräte mitbringen. Dies betrifft vor allem Betriebssysteme ohne integriertes Grafik- und Ausgabemodell, speziell das selige MS-DOS und Unix. Unter Unix hat sich zwar mit dem X Window System ein weit reichender Standard für die Grafikausgabe etabliert, dieser Standard bietet aber kaum Unterstützung des Druckvorgangs, sondern kennt nur die Bildschirmausgabe. Daher können Unix-Programme in der Regel keinen vorinstallierten Treiber aufrufen, sondern erzeugen ihre PostScript-Ausgabe intern. Es gibt zwar diverse Bestrebungen zur Einführung eines einheitlichen Drucksystems unter Unix, etwa CUPS *(Common Unix Printing System)*, doch bisher konnte sich keines dieser Systeme auf breiter Front etablieren.

Aber auch manche Softwarepakete für Windows oder Macintosh umgehen den systemweiten Druckertreiber. Dies kann mehrere Gründe haben:

- Das Programm hat besondere Anforderungen hinsichtlich der PostScript-Ausgabe, die der Systemtreiber nicht erfüllen kann. Dies trifft insbesondere auf die Druckvorstufe zu. Kommt es bei der Druckausgabe zum Beispiel auf die Einhaltung einer bestimmten Rasterfunktion an, bieten die Systemschnittstellen keine entsprechenden Funktionen. Aus diesem Grund erzeugen die meisten DTP-Programme ihre PostScript-Ausgabe intern.

- Das Programm arbeitet bereits intern mit einer PostScript-Darstellung der Daten, so dass eine zusätzliche Umwandlung nach PostScript durch den Treiber überflüssig ist. Adobe Illustrator benutzt PostScript zum Beispiel teilweise als Speicherungsformat für seine Grafikdateien. Diese Dateien werden fast unverändert zum PostScript-Drucker übertragen.
- Das Programm erzeugt effizienteren PostScript-Code als der Treiber. Dies trifft zum Beispiel auf Adobe Acrobat zu. Wegen der engen Verwandtschaft von PostScript und PDF kann Acrobat viel effizientere PostScript-Ausgabe für PDF-Dateien erzeugen als der Systemtreiber.

Programme mit integrierter PostScript-Ausgabe benutzen den Druckertreiber meist zur Ansteuerung gerätespezifischer Eigenschaften, etwa der Auswahl des Papierformats und des Schachts. Sie benutzen den Treiber im so genannten *Pass-Through*-Modus, in dem der Treiber sozusagen nur den Rahmen des PostScript-Druckauftrags erstellt. Die darin enthaltenen Seitenbeschreibungen werden aber vom Programm selbst generiert und vom Treiber nur zum Drucker weiter geleitet.

PostScript-Konverter. Schließlich kommen für die PostScript-Ausgabe noch Konverter infrage, die ein bestimmtes Eingabeformat in PostScript übersetzen. Dabei spielt es keine Rolle, woher die Eingabedatei stammt bzw. mit welchem Programm sie erzeugt wurde, sondern nur, dass sie Daten in einem Format enthält, das der jeweilige Konverter versteht. Hier ist generell zu unterscheiden zwischen Text- und Grafikfiltern. Textfilter erzeugen PostScript-Daten für beliebig lange Eingabedateien und erledigen dabei je nach Funktionalität des Filters auch Seitenumbruch oder Absatzformatierung. Grafikfilter konvertieren Dateien in einem der verbreiteten Grafikformate (TIFF, GIF, JPEG, PCX etc.) nach PostScript. Sie können meist nur Einzelgrafiken verarbeiten, das heißt es entsteht jeweils nur eine Ausgabeseite. Viele Grafikkonverter erzeugen EPS-Dateien, die nicht nur separat gedruckt, sondern auch mit Textverarbeitungs- oder DTP-Software in andere Dokumente eingebettet werden können.

PostScript-Konverter spielen unter Windows und auf dem Mac kaum eine Rolle, sind unter Unix jedoch weit verbreitet. Beispiele dafür sind die Programme *a2ps* und *enscript*. Sie konvertieren Textdateien nach PostScript und bieten dabei eine Vielzahl von Optionen. Beide Programme sind Bestandteil der meisten Linux-Distributionen.

2.1.2 PPD-Dateien.

Wie bereits beschrieben, ist die Unabhängigkeit von einem bestimmten Ausgabegerät einer der größten Vorzüge der Seitenbeschreibungssprache PostScript. Ein PostScript-Druckertreiber funktioniert daher prinzipiell für jedes beliebige Druckermodell, oder? Wie so oft lautet die Antwort hier: ja, aber...

Es ist zwar möglich, einen Druckertreiber so zu programmieren, dass die erzeugten PostScript-Anweisungen auf allen Geräten funktionieren. Das bedeutet aber auch, dass der Treiber die speziellen Funktionen und Eigenschaften des benutzten Druckers nicht berücksichtigen kann. Die PostScript-Operatoren für Grafik und Schrift lauten zwar bei jedem Drucker gleich, doch wenn der Druckertreiber dem Benutzer eine Option zum Schachtwechsel (etwa für den Zugriff auf verschiedene Papiersorten oder -größen) anbieten soll, muss er erst einmal wissen, dass der benutzte Drucker überhaupt mehrere Papierschächte hat und mit welchen Anweisungen diese anzusteuern sind. Wenn man jedoch für jedes Druckermodell einen eigenen Treiber programmieren muss, so gehen die Vorteile einer geräteunabhängigen Beschreibungssprache teilweise wieder verloren!

Die Lösung besteht in einer Aufteilung des PostScript-Treibers: Der Hauptteil arbeitet geräteunabhängig und erzeugt die allgemein gültigen PostScript-Anweisungen für die Grafik- und Textausgabe. Ein kleinerer Teil des Treibers erzeugt die geräteabhängigen Anweisungen. Dieser Teil lässt sich von außen für einen bestimmten Druckertyp konfigurieren und bietet dem Benutzer die Möglichkeit, die einzelnen Funktionen des Druckers anzusteuern. Der geräteabhängige Teil des Treibers wird durch Beschreibungsdateien konfiguriert, die meist der Hersteller des Druckers zur Verfügung stellt. Auf diese Art braucht man nicht mehr für jeden Drucker einen aufwändig zu programmierenden eigenen Treiber, sondern kann ein und denselben Treiber mittels Tabellen für verschiedene Modelle konfigurieren.

Adobe definierte als betriebssystemübergreifendes Format für solche Druckerbeschreibungstabellen die PPD-Dateien *(PostScript Printer Description)*. Sie enthalten alle für den Treiber relevanten Informationen über die Ausstattung eines Ausgabegeräts. PPD-Dateien sind ASCII-Textdateien und können daher vom Anwender bei Bedarf modifiziert werden. Sie sind jedoch so strukturiert, dass Treiberprogramme ihren Inhalt maschinell auswerten können. Neben Druckertreibern werten auch viele DTP- und Grafikprogramme PPD-Dateien aus und berücksichtigen die darin enthaltenen Informationen beim Aufbau des Druckmenüs sowie bei der Erzeugung von PostScript-Daten.

Die typische Größe von PPD-Dateien liegt zwischen 10 und 30 Kilobyte – ein beachtlicher Datenwust, wenn sie doch »nur« die verschiedenen Papierschächte beschreiben. Die darin enthaltenen Informationen entstammen verschiedenen Bereichen:

- Druckerhardware: Ist eine Festplatte an den Drucker angeschlossen? Wie hoch ist die Auflösung? Handelt es sich um einen Schwarzweiß- oder Farbdrucker? Wie groß ist der verfügbare Speicher?
- Anschluss und Betrieb des Druckers: Welche Übertragungsprotokolle sind möglich, kann der Drucker andere Druckersprachen emulieren?
- Beschreibung des PostScript-Interpreters: Welchen Sprachlevel unterstützt er, welche Erweiterungen (etwa für bestimmte Fontformate) sind implementiert?

- Fontausstattung: Welche Schriften sind im Drucker verfügbar? Sind sie fest eingebaut oder müssen sie von der Festplatte geladen werden? Welchen Zeichensatz unterstützen sie?
- Graustufen und Farbe: Welche Farbräume beherrscht das Gerät? Welche Rasterfunktionen, -frequenzen und -winkel können sinnvoll benutzt werden? Werden zusätzliche Rasterungsfunktionen wie *AccurateScreens* unterstützt?
- Ausgabemedien: Welche Größen von Papier, Film, Dia etc. sind möglich? Aus welchen Schächten kann das Medium eingezogen werden? Gibt es einen manuellen Papiereinzug?
- Welche Nachbearbeitungsfunktionen stehen zur Verfügung? Manche Drucker bedrucken das Papier beidseitig, Hochleistungsmaschinen können das bedruckte Papier oft in einem Arbeitsgang lochen, heften, falten, stapeln und sortieren.

PPD-Dateien geben nicht nur exakte Antworten auf all diese Fragen, sondern enthalten auch die zugehörigen PostScript-Anweisungen. Viele Druckerhersteller liefern zusammen mit ihren Geräten eine passende PPD-Datei auf Diskette oder stellen sie zumindest auf Anfrage zur Verfügung. Der Adobe-Server bietet eine umfangreiche Sammlung von PPD-Dateien für die Drucker der Firmen, die PostScript-Interpreter von Adobe verwenden.

Das Format der PPD-Dateien ist so flexibel gestaltet, dass ein (gut programmierter) Druckertreiber sogar Funktionen unterstützen kann, die bei der Entwicklung des Treibers noch gar nicht bekannt waren. Die Benutzerschnittstelle des Treibers (Menüs und Optionen) konfiguriert sich dynamisch anhand der Informationen in der PPD-Datei. Der folgende Ausschnitt stammt aus der PPD-Datei eines Farbdruckers:

```
*PPD-Adobe: "4.3"
*FormatVersion: "4.3"
*FileVersion: "1.0"
*LanguageEncoding: ISOLatin1
*LanguageVersion: English
*Product: "(Phaser 840N)"
*PSVersion: "(3010.106) 6"
*Manufacturer: "Tektronix"
*ModelName: "Tektronix Phaser 840"
*ShortNickName: "Tektronix Phaser 840"
*NickName: "Tektronix Phaser 840 with Base Features"
*PCFileName: "TKPH8401.PPD"

*% === Basic Device Capabilities =================
*LanguageLevel: "3"
*Protocols: BCP
*FreeVM: "2861816"
*VMOption None/Standard 32 MB RAM: "2861816"
*VMOption 64Meg/64 MB Total RAM:    "3009448"
*VMOption 128Meg/128 MB Total RAM:   "11957896"
```

```
*ColorDevice: True
*DefaultColorSpace: CMYK
*AccurateScreensSupport: True
*SuggestedJobTimeout: "0"
*SuggestedWaitTimeout: "300"
*SuggestedManualFeedTimeout: "60"
*TTRasterizer: Type42
*FileSystem: True

*DefaultResolution: 409dpi
*SetResolution 409dpi : ""
*SetResolution 982dpi : ""

*% === Halftone Information ===============
*DefaultHalftoneType: 9
*ScreenFreq: "60.0"
*ScreenAngle: "0.0"
*DefaultScreenProc: Dot
*ScreenProc Dot: "{180 mul cos exch 180 mul cos add 2 div} bind"
*DefaultTransfer: Null
*Transfer Null: "{ }"
*Transfer Null.Inverse: "{ 1 exch sub }"

*% === Paper Handling =================
*OpenUI *PageSize: PickOne
*OrderDependency: 58.0 AnySetup *PageSize
*DefaultPageSize: Letter
*PageSize Letter: "
 << /PageSize [612 792] /ImagingBBox null >> setpagedevice"
*End
*PageSize A4: "
 << /PageSize [595 842] /ImagingBBox null >> setpagedevice"
*End
*PageSize Env10/#10 Envelope: "
 << /PageSize [297 684] /ImagingBBox null >> setpagedevice"
*End
...
*CloseUI: *PageSize

*% === Font Information =====================
*DefaultFont: Courier
*Font AlbertusMT-Italic: Standard "(001.000)" Standard Disk
...
*Font ZapfChanceryCE-MediumItalic: Win1250 "(002.000)" ExtendedRoman Disk
*Font ZapfDingbats: Special "(001.005S)" Special Disk
```

Wie oben erwähnt, kann man PPD-Dateien bei Bedarf auch manuell anpassen, wobei die Schreibweise der jeweiligen Schlüsselwörter und deren Anordnung natürlich genau zu beachten sind. Typische Kandidaten für solche Erweiterungen sind etwa bei Belichtungsmaschinen Einträge, die ein bestimmtes Seitenformat zwecks Filmersparnis quer ausgeben sollen, oder nachträglich installierte Fonts.

Den Vorteilen der PPD-Dateien stehen auch Nachteile gegenüber: Zum einen sind sie relativ groß, vor allem dann, wenn ein Treiber sowieso nur einen Teil der darin enthaltenen Informationen auswertet. Zum anderen lassen sich Klartext-Dateien nicht so schnell auslesen wie optimierte binäre Formate.

PPD-Dateien werden mit dem Betriebssystem oder Druckertreiber geliefert oder vom Hersteller eines Geräts separat zur Verfügung gestellt. Adobe bietet eine große Sammlung von PPD-Dateien für die Geräte von Dutzenden von Herstellern im Web an. Sie werden zum Beispiel für die Installation des PostScript-Treibers AdobePS benötigt (siehe Abschnitt 2.2 »PostScript unter Windows«, Seite 51, und Abschnitt 2.3 »PostScript auf dem Macintosh«, Seite 56).

2.1.3 DSC-Kommentare.

Über guten Programmierstil lässt sich zwar trefflich streiten, bei PostScript-Dateien sollte der Fall jedoch klar sein: Wenn die Datei die gewünschte Seite produziert, ist sie wohl in Ordnung. Weit gefehlt! Auch mit »funktionierenden« PostScript-Dateien können sehr schnell Probleme auftreten, wenn sie nicht sofort nach der Erzeugung ausgedruckt werden. Die Datei könnte auf ein anderes Betriebssystem übertragen oder auf einem anderen Ausgabegerät gedruckt werden. Aber auch bei der Weiterleitung und Nachbearbeitung von PostScript-Dateien, auf die ich im nächsten Abschnitt näher eingehen werde, trennt sich die Spreu vom Weizen:

- Geräteabhängigkeit: Enthält die Datei Operatoren, die nur auf einem bestimmten Gerät zur Verfügung stehen? Setzt sie eine bestimmte Eigenschaft des Ausgabegeräts voraus?
- Unabhängigkeit der Seiten: Können die Seiten des Dokuments nur sequentiell in der ursprünglichen Reihenfolge gedruckt werden oder ist es möglich, einzelne Seiten zu extrahieren und separat zu drucken?
- Einbettung als EPS-Datei: Für die Einbettung in ein anderes Dokument ist die korrekte Angabe der *BoundingBox* entscheidend (siehe Abschnitt »Vorschriften für EPS-Dateien«, Seite 30). Fehlt diese oder enthält sie falsche Werte, wird die eingebettete Grafik in der falschen Größe gedruckt.
- Enthält die Datei nur PostScript-Anweisungen oder auch Elemente des benutzten Übertragungsprotokolls? Dieses Problem betrifft vor allem Windows und die serielle bzw. parallele Schnittstelle (siehe Abschnitt 2.4.4 »Das Ctrl-D-Problem«, Seite 67).

Adobe fährt als Werkzeug zur Lösung dieser Probleme mit den *Document Structuring Conventions (DSC)* einen Zusatz zur eigentlichen Seitenbeschreibungssprache auf. DSC ist mittlerweile integrierter Bestandteil von PostScript, obwohl die entsprechenden Zusatzinformationen nicht zur Kernsprache gehören und von den meisten Interpretern ignoriert werden (Acrobat Distiller ist eine Ausnahme). Die Einhaltung dieser Konventionen soll »gutes« PostScript garantieren, das heißt die Übertragbarkeit von Post-

Script-Dateien zwischen Systemen und Geräten sowie die Nachbearbeitung ermöglichen. Da die Anweisungen zur Beschreibung der Seite nicht davon betroffen sind, versteckt sich dieses »Meta-PostScript« in Kommentaren, die vom PostScript-Interpreter ignoriert werden und daher das Erscheinungsbild einer Seite nicht beeinflussen. Die Einhaltung dieser DSC-Konventionen gilt als wichtigster Schritt zur Erzeugung »guter« PostScript-Dateien. Viele Anwendungsprobleme wären nie aufgetaucht, wenn alle PostScript-Dateien DSC-konform wären. Allerdings kümmerten sich die Entwickler lange Zeit kaum um DSC, entweder aus Unwissenheit oder weil sie ihre PostScript-Daten nur in begrenzten Umgebungen testeten (»Das Dokument ist auf meinem Laserjet druckbar, also muss es wohl in Ordnung sein.«). Außerdem bezahlt man die Vorteile von DSC mit höherem Speicherbedarf und langsamerer Verarbeitung der PostScript-Daten, was die Entwickler natürlich abschreckt. Schließlich muss man auch sagen, dass Adobe dem Thema DSC-Konformität insbesondere in den Anfangsjahren zu wenig Aufmerksamkeit gewidmet hat – nicht einmal Adobe-Software ist vollständig DSC-kompatibel.

Der erste Schritt in Richtung DSC ist die Aufteilung einer PostScript-Datei in Prolog und Skript. Der Prolog enthält Prozeduren und Definitionen, die für den Ausdruck des Dokuments benötigt werden und nicht auf jeder Seite wiederholt werden sollen. Man kann sich den Prolog als Funktionsbibliothek vorstellen, auf die die einzelnen Seitenbeschreibungen zugreifen können. Der Prolog enthält selbst keine Anweisungen, die Text oder Grafik ausgeben, sondern wird vor Ausgabe der ersten Seite in den Drucker geladen. Das Skript des Dokuments enthält dagegen PostScript-Anweisungen zur Beschreibung der Seiten.

Eine PostScript-Datei lässt sich wohlgemerkt auch ohne diese Aufteilung drucken, nur ist damit keine Nachbearbeitung mehr möglich. Soll zum Beispiel nicht das gesamte Dokument, sondern nur eine einzelne Seite gedruckt werden, so genügt es, den Prolog zusammen mit der Beschreibung der gewünschten Seite zum Drucker zu schicken. Dies funktioniert allerdings nur, wenn die Seiten voneinander unabhängig sind. Benutzt die gewünschte Seite etwa einen Font, der nicht im Prolog, sondern auf einer anderen Seite definiert wird, so kann sie nur zusammen mit dieser Seite gedruckt werden.

Für die DSC-Kompatibilität genügt es aber nicht, die Trennung zwischen Prolog und Skript einzuhalten, sondern die einzelnen Teile müssen auch so gekennzeichnet sein, dass sie ohne PostScript-Interpreter identifiziert werden können. Da diese Kennzeichnung durch Kommentare erfolgt, hat sie keine Auswirkungen auf die PostScript-Anweisungen, die der Interpreter auswertet.

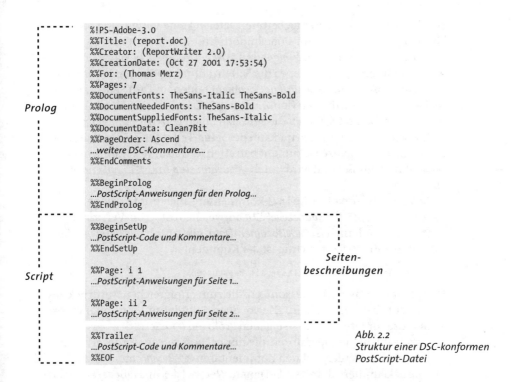

Abb. 2.2
Struktur einer DSC-konformen PostScript-Datei

Die wichtigsten DSC-Kommentare. Jetzt wollen wir uns die wichtigsten Bestandteile der DSC-Konventionen ansehen. DSC-kompatible PostScript-Dateien geben sich als solche durch den Eintrag

%!PS-Adobe-3.0

in der ersten Zeile der Datei zu erkennen. Die Zahl 3 bezieht sich dabei nicht auf den PostScript-Level, sondern auf die Version der DSC-Kommentare. Mit Ausnahme dieser Zeile beginnen DSC-Kommentare immer mit zwei Prozentzeichen (ein Prozentzeichen leitet einen PostScript-Kommentar ein, der bis zum Ende der Zeile geht). Das Ende des Prologs wird durch den Kommentar

%%EndProlog

gekennzeichnet. Darauf folgen die einzelnen Seitenbeschreibungen, die jeweils durch

%%Page: x y

eingeleitet werden. *x* ist dabei die logische Nummer der Seite und kann beliebige Werte annehmen (etwa römische oder arabische Seitennummern), *y* beschreibt die physikalische Seitennummer innerhalb der Datei und beginnt immer bei 1. In der Praxis sind beide Nummern meist identisch.

Damit die Kommentare eingebetteter Dateien keine Verwirrung bewirken können, wird der PostScript-Code importierter Dokumentteile mit den Kommentaren *%%BeginDocument* und *%%EndDocument* geklammert. Ohne diese Klammerung geriete etwa die Seitenzählung völlig durcheinander: Wenn die Kommentare *Begin/EndDocument* fehlen und auf Seite 3 eine Grafik importiert wird, die den Kommentar *%%Page: 1 1* enthält (sie besteht ja nur aus einer Seite), lauten die Seitenangaben verwirrenderweise 3–1–4.

Zwischen Prolog und Skript kann der *Setup*-Teil stehen. Er enthält Operationen, die das ganze Dokument betreffen (etwa zur Auswahl von Papierschacht und -größe) und wird durch *%%BeginSetup* und *%%EndSetup* geklammert.

Schließlich enthalten die DSC-Kommentare auch Informationen über das Dokument: *%%LanguageLevel* gibt an, welche PostScript-Version für den Ausdruck erforderlich ist. *%%DocumentData:* gibt an, ob die Datei 7- oder 8-Bit-Daten enthält. Sehr wichtig ist der Kommentar

%%DocumentNeededResources: <Liste mit Ressourcen>

Er enthält eine Liste aller Ressourcen, die zum erfolgreichen Ausdruck des Dokuments benötigt werden, also vor allem Fontdefinitionen, manchmal auch Prozedurdefinitionen in eigenen Prologen *(ProcSets)*.

Geräteabhängige Operatoren, die nur bei bestimmten Druckertypen funktionieren, werden mit den Kommentaren *%%BeginFeature* und *%%EndFeature* geklammert, damit sie bei einem Wechsel des Ausgabegeräts ersetzt oder entfernt werden können. Ohne Kennzeichnung durch Kommentare wäre die Ersetzung von PostScript-Fragmenten nicht ohne Weiteres möglich.

Ein guter PostScript-Treiber hält sich also an die beschriebene Gliederung einer Datei und erzeugt alle benötigten DSC-Kommentare. Neben Spoolern wertet übrigens auch Acrobat Distiller DSC-Kommentare aus.

2.1.4 Archivierung von PostScript-Dateien.

Lange Zeit diente PostScript auch als Format für die Archivierung von Dokumenten, doch diese Rolle hat mittlerweile PDF übernommen. Dennoch möchte ich einige Hinweise geben, worauf Sie bei der Erstellung von zu archivierenden PostScript-Dateien achten sollten:

- ▸ DSC-Kompatibilität: Die Dateien sollten unbedingt DSC-Kommentare enthalten, um eine spätere Verarbeitung zu erleichtern.
- ▸ Vollständigkeit: Es müssen alle benötigten Fonts, Prologe und sonstigen Ressourcen mit archiviert werden, damit die Dokumente auch später noch problemlos gedruckt werden können.
- ▸ Optimierung: Werden viele gleichartige Dokumente archiviert, so können Sie durch Extrahieren gemeinsamer Ressourcen – vor allem Prologe und Fonts – sehr viel Speicherplatz sparen. Eine Speicherung der Dokumente ohne Prolog bringt schon eine große Ersparnis. Für die spätere

Verwendung benötigen Sie Software, die die einzelnen Teile wieder zusammen fügt.
- Vermeiden Sie geräteabhängige Operatoren, damit Sie bei der späteren Ausgabe der Dokumente nicht an ein bestimmtes Gerät gebunden sind. Bei vielen Treibern können Sie dazu einen »generischen« PostScript-Drucker ohne spezielle Geräteeigenschaften konfigurieren.
- Die Dateien sollten keine Elemente des Kommunikationsprotokolls enthalten, da sie unter Umständen in einer anderen Umgebung ausgedruckt werden. Dies betrifft insbesondere das Ctrl-D-Zeichen, das der Windows-Treiber einfügt (siehe Abschnitt 2.4.4 »Das Ctrl-D-Problem«, Seite 67).

2.2 PostScript unter Windows

Aus Anwendungsprogrammen heraus sprechen Sie einen Drucker einfach über dessen Namen an; in der Systemverwaltung finden Sie für jeden Drucker ein Symbol, das ihm zugeordnet ist. Unter der Haube kann ein Druckertreiber, also die zugehörige Systemkomponente, auch mehrere Druckermodelle mit Daten versorgen. Da Druckertreiber nur über wenig Bedienelemente verfügen, ist es oft nicht leicht, verschiedene Treiber untereinander zu unterscheiden.

2.2.1 PostScript-Treiber von Microsoft.

Microsoft hat sich bei der Entwicklung von PostScript-Treibern für Windows nicht gerade mit Ruhm bekleckert: Viele Versionen des Betriebssystems wurden mit mangelhaften PostScript-Treibern ausgeliefert. Seit der breiten Verfügbarkeit der Adobe-Treiber (siehe nächsten Abschnitt) gab es zunächst eine Phase der Zweigleisigkeit, in der sowohl Anwender als auch Entwickler immer mit Treibern der Microsoft- als auch jenen der Adobe-Linie arbeiten und testen mussten und mit beiden unterschiedliche Probleme und Inkompatibilitäten auftraten. Ab Windows 95 hatte Microsoft ein Einsehen: Seither basieren die mit den Windows-Versionen ausgelieferten PostScript-Treiber mit Ausnahme des Treibers für Windows NT im Kern auf der Adobe-Technologie. Daher sind die Unterschiede zwischen dem Standardtreiber und dem jeweils aktuellen Adobe-Treiber nicht mehr sehr groß. Während Adobe die Druckerkonfiguration ausschließlich über PPD-Dateien durchführt, benötigt der Adobe-Treiber zusätzlich eine *.inf*-Datei.

Die mit Windows 95/98/Me sowie Windows 2000/XP gelieferten Treiber entsprechen weitgehend den jeweiligen Adobe-Treibern, allerdings bieten die Adobe-Treiber meist zusätzliche Funktionen. Daher möchte ich nicht näher auf die Microsoft-Treiber eingehen und stattdessen im folgenden Abschnitt die Adobe-Treiber genauer beschreiben.

2.2.2 PostScript-Treiber von Adobe.
Adobe stand Anfang der neunziger Jahre vor dem Problem, dass der gute Ruf von PostScript unter der minderwertigen Ausgabe vieler PostScript-Treiber litt, insbesondere unter Windows. Neben dem Microsoft-Treiber war eine Vielzahl herstellerspezifischer PostScript-Treiber verfügbar, die sich teilweise nicht an die PostScript-Konventionen hielten, ineffiziente Ausgabe erzeugten oder schlicht PostScript-Fehler produzierten.

Aus diesem Grund beschloss Adobe, selbst PostScript-Treiber für Windows zu entwickeln, die unter der Bezeichnung *AdobePS* anfangs gegen eine geringe Gebühr abgegeben wurden, dann immer mehr Anwendungsprogrammen beigelegt und schließlich kostenlos im Web angeboten wurden. Aufgrund der wichtigen Rolle, die ein guter PostScript-Treiber für viele Anwender spielt, beschloss Microsoft, auf die Erfahrungen von Adobe zurück zu greifen und integrierte den Adobe-Treiber schließlich ins Windows-Betriebssystem. Adobe bietet zwar immer noch eigene Treiberversionen an, diese sind aber weitgehend identisch mit den Windows-Treibern. Allerdings erscheinen in kürzeren Abständen als bei Microsoft Korrekturversionen des Adobe-Treibers, da dieser intensiver gepflegt wird.

Adobe integrierte alle Verfahren und Technologien, die rund um PostScript entwickelt wurden, weitgehend in die eigene Treiberfamilie – sei es Unterstützung für PostScript Level 2 und 3, diverse Übertragungsprotokolle, Konfiguration über PPD-Dateien oder DSC-Kompatibilität (letztere allerdings mit Einschränkungen). AdobePS unterstützt seit Version 4.2 für Windows 95/98/Me bzw. Version 5 für Windows NT/2000/XP PostScript 3, allerdings werden Geräte mit PostScript Level 1 nicht mehr unterstützt. Dies stellt jedoch keine große Einschränkung dar, da solche Geräte seit Anfang der neunziger Jahre nicht mehr entwickelt werden.

Der Distiller-Druckertreiber, der mit Acrobat ausgeliefert wird, ist übrigens nichts Anderes als AdobePS mit einer direkten Anbindung an Distiller sowie einer speziellen PPD-Datei.

Konfiguration. Das auf dem Adobe-Server erhältliche Paket *Universal PostScript Windows Driver Installer* enthält in einem einzigen Installationsprogramm PostScript-Treiber für die Windows-Versionen 95/98/Me und NT/2000/XP. Dabei handelt es sich um zwei völlig verschiedene Treiberarchitekturen für die alten bzw. neuen Windows-Varianten. Wir betrachten im Folgenden den Adobe-Treiber für Windows 2000.

Zur Installation des Adobe-Treibers benötigen Sie neben dem Installationsprogramm, das Sie auf dem Webserver von Adobe finden, eine passende PPD-Datei für Ihren Drucker. Diese sollte vom Hersteller des Geräts geliefert werden, auf dem Adobe-Server finden Sie aber eine große Auswahl an PPD-Dateien für Geräte vieler Hersteller. AdobePS lässt sich zwar auch ohne zusätzliche PPD-Datei installieren, doch dann stehen gerätespezifische Funktionen nicht zur Verfügung.

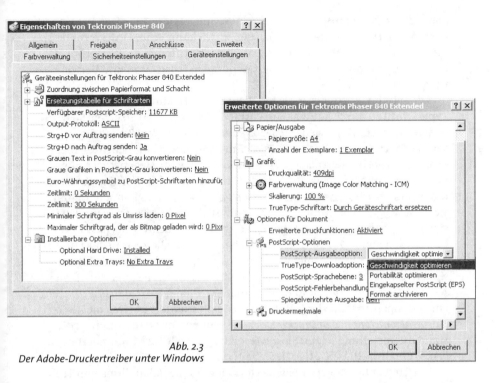

Abb. 2.3
Der Adobe-Druckertreiber unter Windows

Die Konfigurationseinstellungen dieses Treibers sind über mehrere Menüs verstreut, was die Konfiguration etwas unübersichtlich macht. Unter Windows 2000 erreichen Sie die Einstellungen wie folgt:

- *Start, Einstellungen, Drucker,* gewünschten Drucker auswählen, *Datei, Eigenschaften, Geräteeinstellungen:* Hier finden Sie druckerspezifische Einstellungen und Optionen für die Übertragung der PostScript-Daten zum Gerät. Diese Einstellungen hängen im Wesentlichen nur von der Hardware ab und sind für die meisten Druckaufträge gleich.
- *Start, Einstellungen, Drucker,* gewünschten Drucker auswählen, *Datei, Druckeinstellungen*...: Hier finden Sie Layout-Optionen (Hoch- oder Querformat, beidseitiger Ausdruck, umgekehrte Reihenfolge, mehrere Seiten verkleinert auf einem Blatt), Schachtauswahl und Farbeinstellungen. Mehrere Dokumente können hier unterschiedliche Einstellungen erfordern. Beachten Sie, dass diese Einstellungen auch über den Druckereinrichtungsdialog der meisten Programme über *Eigenschaften...* erreichbar sind.
- *Start, Einstellungen, Drucker,* gewünschten Drucker auswählen, *Datei, Druckeinstellungen, Erweitert*...: Hier finden Sie Angaben zur Papiergröße, diverse PostScript-Optionen sowie die Steuerung druckerspezifischer Erweiterungen. Auch dieser Dialog ist direkt aus dem Druckereinrichtungsdialog der meisten Programme heraus zugänglich.

Behandlung von Schriften. Im korrekten Umgang mit Schriften liegt eine der größten Herausforderungen bei der Entwicklung eines Druckertreibers. Insbesondere die Einbindung von TrueType-Schriften in PostScript-Abläufe ist ein beständiger Quell an Überraschungen, Frustration und Verwirrung.

AdobePS bietet zunächst die Möglichkeit, im Dokument benutzte TrueType-Schriften durch äquivalente PostScript-Schriften zu ersetzen. So wird zum Beispiel aus *Arial* wieder *Helvetica* und aus *Times New Roman* die altbekannte *Times-Roman*. Dies spart Zeit beim Ausdruck, da die Schriften nicht erst zum Drucker übertragen werden müssen, wo ihre Gegenstücke ohnehin schon vorliegen. Obwohl Sie in der Treiberkonfiguration eine Tabelle mit Ersatzschriften für alle installierten Fonts bearbeiten können, sollten Sie diese Möglichkeit tunlichst nur für die Standardfonts nutzen (und diese sind ohnehin bereits in der Tabelle eingetragen). Beachten Sie, dass unter Umständen Sonderzeichen verloren gehen können, die zwar in der TrueType-Version einer Schrift, nicht aber im PostScript-Äquivalent enthalten sind. Die Umsetzung von TrueType-Fonts auf PostScript-Fonts gemäß dieser Tabelle können Sie komplett deaktivieren, indem Sie in den erweiterten Einstellungen anstelle der Option *Durch Geräteschriftart ersetzen* die Alternative *Als Softfont in den Drucker laden* auswählen. Die erste Option ist die Standardeinstellung. Wenn Sie die Ersetzungstabelle nicht verändert haben, können Sie diese Option beibehalten.

Der Treiber bietet verschiedene Optionen für die Behandlung von TrueType-Schriften, die als Softfont, also als Bestandteil des PostScript-Datenstroms geladen werden:

- *Automatisch:* Der Treiber entscheidet selbst über den geeigneten Umgang mit TrueType-Schriften und wählt eine der im Folgenden beschriebenen Varianten *Umriss*, *Bitmap* oder *TrueType*. Falls der Drucker laut PPD-Datei TrueType-Fonts im Format Type-42 unterstützt, wählt der Treiber dieses Format, anderenfalls erzeugt er abhängig von der Schriftgröße Umrissbeschreibungen oder Bitmaps
- *Umriss:* Der Treiber konvertiert TrueType-Schriften in Type-1-Fonts ohne Hinting, was eine niedrige Ausgabequalität zur Folge hat. Die Schriften wirken meist etwas zu fett. Diese Option eignet sich nicht für die PDF-Erzeugung.
- *Bitmap:* Der Treiber konvertiert TrueType-Schriften in einem bestimmten Größenbereich in Bitmapfonts des Typs 3. Die minimale und maximale Schriftgröße, bei denen diese Konvertierung stattfindet, sind einstellbar. Die Auflösung dieser Fonts hängt von der Auflösung des Druckers ab. Daher eignen sich diese Schriften nicht zur Ausgabe auf anderen Geräten oder zur Erzeugung von PDF.
- *TrueType:* Der Treiber verpackt TrueType-Fonts als Type-42 und bettet diese in die PostScript-Ausgabe ein. Diese Option steht nur zur Verfügung, wenn der Drucker laut PPD-Datei Type-42 unterstützt und ist in

diesem Fall unbedingt empfehlenswert, da sie im Gegensatz zu *Umriss* und *Bitmap* keine Qualitätseinbußen zur Folge hat.

Einige weitere Eigenschaften des Treibers spielen im Zusammenhang mit Schriften eine Rolle. So werden TrueType-Schriften in bestimmten Fällen umbenannt. Im PostScript-Datenstrom – und auch nach einer Konvertierung nach PDF – ist nicht mehr der ursprüngliche Name des Fonts sichtbar, sondern eine Buchstaben- und Zahlenkombination mit dem Präfix *MSTT*, zum Beispiel

MSTT31c60f

oder gar Bandwürmer der Form

MSTT319c623cc20114040S00

Da moderne TrueType-Fonts meist mehr Zeichen enthalten, als in einem Dokument benötigt werden, erstellt der Treiber in der Regel Untergruppen, bettet also nur die tatsächlich benötigten Zeichen in den PostScript-Datenstrom ein. Dies hat zwar keine weiteren Auswirkungen auf den Ausdruck, kann sich aber bei der PDF-Konvertierung unangenehm bemerkbar machen, da der Text in Acrobat nicht mehr editierbar ist, wenn Schriften mit Untergruppen benutzt werden.

Schließlich bietet der Treiber noch die Möglichkeit, das Eurozeichen in ältere PostScript-Schriften einzubauen, in denen dieses Zeichen nicht enthalten ist. Dazu integriert er eine vektorbasierte Umrissbeschreibung des Zeichens (ohne Hints).

Art der PostScript-Ausgabe. In den erweiterten Einstellungen finden Sie unter PostScript-Optionen den Unterpunkt *PostScript-Ausgabeoption*. Hier können Sie die Art des PostScript-Codes beeinflussen, den der Treiber erzeugt:

- *Geschwindigkeit optimieren:* Der Treiber erzeugt eine kompakte PostScript-Ausgabe, die meist schneller gedruckt wird als die anderen Varianten, allerdings in seltenen Fällen zu PostScript-Fehlern führen kann und sich nicht immer zur Weiterbearbeitung eignet. Dies ist die Standardeinstellung.
- *Portabilität optimieren:* Der Treiber erzeugt DSC-kompatible Ausgabe, die sich besser zur Nachbearbeitung, Archivierung oder Konvertierung nach PDF eignet. Diese Option ist empfehlenswert, wenn mit der Standardeinstellung PostScript-Fehler auftreten.
- *EPS:* Der Treiber erzeugt eine EPS-Datei zur späteren Einbettung in ein anderes Dokument. Allerdings eignet sich die Ausgabe mit dieser Option nur bedingt für den EPS-Einsatz, weil meistens die *BoundingBox* zu groß ist, wodurch umgekehrt die Grafik nach dem Import zu klein erscheint (siehe Abschnitt 1.5.2 »Formale Kriterien für EPS«, Seite 30).
- *Format archivieren:* Der Treiber erzeugt PostScript-Daten ohne gerätespezifische Operatoren, die sich für die Ausgabe auf beliebigen Geräten

eignet. Diese Option eignet sich neben der Archivierung auch gut für die Erstellung von PostScript-Daten für die anschließende Konvertierung nach PDF.

2.2.3 Download.

Microsoft vergaß bei der Entwicklung von Windows ein nicht unbedeutendes Detail: Es gibt standardmäßig keine Möglichkeit, existierende PostScript-Dateien zum Drucker zu senden! Manche Druckermodelle werden daher zusammen mit geeigneter Download-Software ausgeliefert. Falls Ihr Drucker nicht mit einem passenden Download-Programm ausgeliefert wurde, können Sie sich mit dem kostenlosen Programm *PrintFile* behelfen, das Sie unter folgender Adresse im Web finden:

```
http://www.lerup.com/printfile
```

Es bietet diverse nützliche Zusatzfunktionen, etwa die Konvertierung von Textdateien, die Anordnung mehrerer Seiten auf einem Blatt, den Ausdruck von EPS-Dateien und anderes.

Als Notlösung können Sie eine PostScript-Datei auch zum Drucker übertragen, indem Sie sie in einem Eingabeaufforderungsfenster zur entsprechende Gerätedatei des Druckers kopieren, zum Beispiel:

```
copy /b datei.ps LPT1:
```

Dies funktioniert jedoch nur mit einem lokal angeschlossenen Gerät, nicht aber bei einem Netzdrucker.

2.3 PostScript auf dem Macintosh

2.3.1 PostScript-Treiber bis Mac OS 9.

Apple und Adobe kooperieren schon seit vielen Jahren bei der Entwicklung von PostScript-Treibern für den Mac. Apple liefert das Betriebssystem mit einem Treiber aus, der wie die Apple-Drucker unter der Bezeichnung *LaserWriter* firmiert. Adobe pflegt eine eigene Version des Druckertreibers, die ursprünglich als *PSPrinter* bezeichnet wurde, seit Version 8.5 aber wie das Windows-Pendant *AdobePS* heißt. Über die übliche Versionspflege hinaus gibt es zwar keine großen Unterschiede zwischen den verschiedenen Treiberfamilien, doch manche Versionen von Anwendungsprogrammen benötigen bestimmte Versionen des einen oder anderen Treibers.

Konfiguration. Alle Mac-Treiber erzeugen DSC-konforme Ausgabe und werden über PPD-Dateien konfiguriert, die üblicherweise an folgender Stelle im Dateisystem stehen (bei älteren Versionen entfällt der mittlere Ordnername):

```
Systemordner : Systemerweiterungen : Druckerbeschreibungen
```

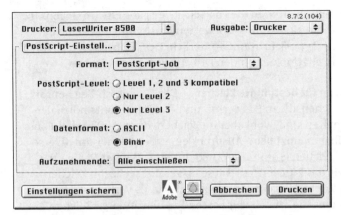

*Abb. 2.4
AdobePS unter Mac OS 9*

Die Konfiguration eines Druckers ist für den Benutzer weitgehend transparent: Das System sucht im Netz nach verfügbaren Geräten, der Benutzer wählt eines aus, und der Treiber sucht daraufhin eine PPD-Datei mit dem Namen des Druckers als Dateiname (deswegen sollte man PPDs auf dem Mac nicht umbenennen). Schließlich nimmt der Treiber per Netz Kontakt mit dem Drucker auf, um möglicherweise installierte Erweiterungen zu ermitteln, etwa Speicheraufrüstung oder zusätzliche Papierschächte. Der Benutzer muss sich in der Regel nicht weiter um die Druckerkonfiguration kümmern, kann bei Bedarf aber auch manuell eingreifen.

Seit Version 8.5.1 unterstützt AdobePS PostScript 3. Seit dieser Version ist der Treiber außerdem über Plugins für Zusatzfunktionen erweiterbar, etwa den Ausdruck eines Stempels quer über der Seite oder die einfache Anbindung an Acrobat Distiller zur PDF-Erzeugung. Die Konfiguration des Treibers gestaltet sich sehr einfach:

- Über *Apfelmenü*, *Auswahl* können Sie einen Druckertreiber bzw. ein angeschlossenes Gerät auswählen.
- Im Dialog *Datei, Seiteneinrichtung...* eines Programms können Sie neben dem gewünschten Seitenformat auch Sonderfunktionen konfigurieren (etwa einen Stempel, der über alle Seiten gedruckt wird) sowie diverse PostScript-Optionen einstellen.
- Über *Datei, Drucken...* erreichen Sie den eigentlichen Druckdialog mit Einstellungsmöglichkeiten, die in verschiedene Unterkategorien gegliedert sind (siehe Abbildung 2.4).

Unter *PostScript-Einstellungen* können Sie neben »normaler« PostScript-Ausgabe auch die Erzeugung von EPS-Dateien aktivieren. Dabei erzeugt der Treiber wahlweise Dateien ohne Preview, mit Bitmap-Preview der Auflösung 72 dpi oder mit QuickDraw-Preview. In der gleichen Kategorie können Sie auch festlegen, wie der Treiber mit den benutzten Schriften umgehen soll. Wahlweise bettet er überhaupt keine Schriften, alle benutzten Schriften, alle außer den 13 Standardschriften oder alle außer den in der PPD-

Datei aufgeführten Schriften in die PostScript-Ausgabe ein. Im Gegensatz zu Windows-Treibern sind keine gesonderten Einstellungen für die Behandlung von TrueType-Schriften erforderlich: Der Treiber konvertiert solche Schriften bei Bedarf in ein für den Drucker geeignetes Format.

Sonderbehandlung für bestimmte Zeichen. Der Macintosh-Zeichensatz enthält einige Zeichen, die in PostScript- und TrueType-Fonts normalerweise nicht enthalten sind, wohl aber im Zeichenvorrat des Symbol-Fonts. Der Druckertreiber ergänzt beim Ausdruck einen Font daher um diverse mathematische Zeichen (Summe, Produkt, Integral, Wurzel, Pi etc.), das Apple-Logo sowie das Eurozeichen. Diese insgesamt sechzehn Zeichen übernimmt der Treiber aus dem Symbol-Font. Dieses Verhalten ärgert Typografen, die diese Zeichen lieber passend zu den anderen Zeichen des Fonts gestalten würden (insbesondere beim Eurozeichen). Andererseits können in manchen Fällen Metrikfehler auftreten, weil am Bildschirm und beim Ausdruck unterschiedlich breite Versionen dieser Zeichen benutzt werden.

Download. Viele Geräte werden mit speziellen Download-Programmen ausgeliefert, mit denen sich PostScript-Dateien oder Schriften zum Drucker übertragen lassen. Im Gegensatz zu Windows gibt es auf dem Mac eine einfache Möglichkeit, bestehende PostScript-Dateien zum Drucker zu senden: Ziehen Sie die Datei einfach auf das Symbol des gewünschten Druckers – fertig! Beachten Sie allerdings, dass das nur mit Dateien des richtigen Dateityps funktioniert, also unter Umständen nicht mit PostScript-Dateien, die von einem Windows-System stammen.

2.3.2 PostScript-Treiber unter Mac OS X.

Wegen der komplett neuen Betriebssystemarchitektur wird mit Mac OS X auch ein neuer PostScript-Treiber ausgeliefert. Er erlaubt im Wesentlichen die gleichen Einstellungen wie sein Pendant in der Classic-Umgebung, allerdings unter einer etwas veränderten Benutzeroberfläche (siehe Abbildung 2.5). Beachten Sie jedoch, dass die Drucksysteme von OS X und der Classic-Umgebung völlig getrennt sind. Daher müssen Sie zwei Druckertreiber für ein neues Gerät konfigurieren, wenn Sie es unter Classic und OS X nutzen wollen. Mithilfe des Dienstprogramms *Druckersymbole* von Mac OS 9 können Sie jedoch einen Drucker, den Sie in Mac OS X konfiguriert haben, auch für Classic-Anwendungen konfigurieren.

Konfiguration. OS X bietet für die Einstellung druckrelevanter Parameter drei Stellen:
- Die Verwaltung von Druckern und Warteschlangen erfolgt unter OS X über das Programm *Print Center*, das Sie im Ordner *Utilities* finden. Damit

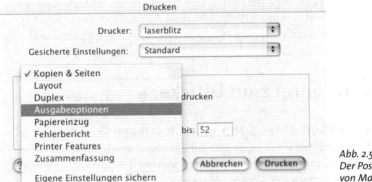

Abb. 2.5
Der PostScript-Treiber
von Mac OS X

können Sie Druckaufträge verwalten, vorhandene Drucker konfigurieren und neue Drucker einrichten.

- Im Dialog *Datei, Seite einrichten...* eines Programms können Sie Seitenformat und -orientierung einstellen.
- Über *Datei, Drucken...* erreichen Sie den eigentlichen Druckdialog mit den dokumentspezifischen Einstellungen. Anwendungsprogramme können diesen Dialog erweitern, um zusätzliche Optionen anzubieten.

An der bewährten Konfiguration über PPD-Dateien hat sich auch unter OS X nichts geändert. Viele PPD-Dateien werden mit dem Betriebssystem ausgeliefert. Sie stehen im Verzeichnis

/System/Library/Printers/PPDs

Der Treiber kommuniziert via AppleTalk, TCP/IP (LPR-Protokoll) oder USB mit den angeschlossenen Geräten. Der PostScript-Level ist unter OS X nicht wählbar, denn der Treiber kennt den PostScript-Level des Geräts aus der PPD-Datei. Eine Neuerung, die unter OS 9 nicht ohne die Installation der Acrobat-Software verfügbar ist, ist die Option des Druckertreibers, aus allen Programmen heraus PDF zu erzeugen. Dabei kommen die entsprechenden Quartz-Systemfunktionen von OS X zum Tragen, die intern auf PDF basieren. Allerdings unterstützt OS X nur eine Teilmenge der PDF-Funktionalität, so dass Sie diese Möglichkeit nur für einfache Dokumente nutzen und für höhere Ansprüche doch wieder auf Acrobat zurückgreifen sollten. Die Erzeugung von EPS-Dateien über den Druckertreiber wird nicht mehr unterstützt. Eine einfache Möglichkeit zur Erzeugung von geräteunabhängigem (archivierbarem) PostScript-Code gibt es ebenfalls nicht, denn diese Rolle hat ja PDF übernommen.

Download. Die Methode von Mac OS 9, PostScript-Dateien für den Ausdruck mit der Maus einfach auf das entsprechende Druckersymbol zu ziehen, funktioniert unter OS X leider nicht. Als etwas umständlichere Möglichkeit können Sie in einem Terminalfenster das Kommando *Print*

aufrufen, das PostScript-Dateien in eine Druckerwarteschlange einstellt. Dazu muss allerdings das BSD-Spoolsystem *(lpr/lpq)* aktiv sein, was Vertrautheit im Umgang mit dem Programm *NetInfo* und der Kommandozeile erfordert.

2.4 Übertragung zum Drucker

2.4.1 Die Aufgaben eines Spoolers.
Ein Spooler ist ein Programm, das die Druckdaten von den Anwendungsprogrammen oder Druckertreibern entgegennimmt, unter Umständen modifiziert und zum gewünschten Drucker weiterleitet. Obwohl dies eigentlich Aufgabe des Betriebssystems ist, enthält leider keines der gängigen Betriebssysteme einen wirklich vollständigen Spooler für PostScript-Dateien. Oft übernimmt der Druckertreiber auch die Übertragung zum Gerät. Einige Zusatzprodukte versuchen die Aufgabe des Spoolers zu übernehmen, die gerade in vernetzten Umgebungen eine wichtige Rolle spielt. Die folgende idealisierte Aufstellung enthält die wesentlichen Aufgaben eines PostScript-Spoolers und den Zusammenhang mit DSC.

Der Spooler unterhält für jedes angeschlossene Gerät eine eigene Warteschlange, damit sich mehrere Benutzer ein Gerät teilen können. Der Spooler vergleicht die Eigenschaften des Zieldruckers (die er aus dessen PPD-Datei kennt) mit den Anforderungen des Dokuments und erkennt Dateien, die auf einem ungeeigneten Drucker ausgegeben werden sollen (höherer PostScript-Level erforderlich, zu wenig Speicher, beidseitiger Druck usw.). Auf Wunsch leitet er solche Dokumente automatisch zu einem anderen, besser geeigneten Drucker um.

Bei unvollständigen PostScript-Dateien erkennt der Spooler anhand der DSD-Kommentare zur Ressourcenverwaltung, welche Fonts und Prologe das Dokument benötigt, und baut diese an den jeweiligen Stellen in die PostScript-Datei ein. Auch bei der Einbettung von EPS-Grafiken sollte das importierende Programm die Kommentare der eingebetteten Datei auswerten. Benötigt diese zum Beispiel zusätzliche Fonts, so müssen sie ebenfalls integriert werden – oder die PostScript-Datei des Gesamtdokuments »erbt« die entsprechenden Anforderungskommentare der EPS-Datei. Diese Vererbung gilt für alle Ressourcen eingebetteter Dateien. Geräteabhängigen PostScript-Code, der durch geeignete DSC-Kommentare gekennzeichnet ist, ersetzt der Spooler, falls das Dokument zu einem anderen Drucker umgeleitet werden muss. Die benötigten PostScript-Anweisungen holt er sich ebenfalls aus der jeweiligen PPD-Datei.

Der ideale Spooler empfängt über eine bidirektionale Verbindung Fehlermeldungen des Druckers und reagiert auf Situationen wie Papierstau oder Übertragungsprobleme, indem er die Übertragung des Dokuments wiederholt bzw. verloren gegangene Seitenbeschreibungen aus dem Doku-

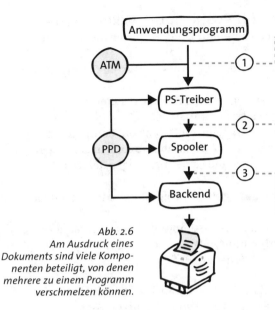

Abb. 2.6
Am Ausdruck eines Dokuments sind viele Komponenten beteiligt, von denen mehrere zu einem Programm verschmelzen können.

Das Anwendungsprogramm ruft über Systemschnittstellen den Treiber auf. Unter Windows liefert ATM zusätzlich die Download-Fonts.

Der Treiber übergibt die PostScript-Daten an den Spooler, der sie zum Beispiel im Netz weiter leitet. Dabei kann er die Daten modifizieren, etwa benötigte Fonts einbetten.

Das Backend ist für die Kommunikation mit dem Drucker zuständig und implementiert das Übertragungsprotokoll. Außerdem nimmt es Fehlermeldungen des Druckers entgegen.

ment extrahiert und zusammen mit dem Prolog erneut zum Drucker schickt.

Durch die %%Page-Kommentare hat der Spooler auch die Möglichkeit, die Seiten eines Dokuments neu anzuordnen. Damit lassen sich die Seiten in umgekehrter Reihenfolge ausdrucken oder mehrere logische Seiten verkleinert auf einer physikalischen Seite zusammenfassen.

Die Formate OPI und DCS, die in Abschnitt 6.4 »Das Open Prepress Interface (OPI)«, Seite 277, und Abschnitt 6.5 »Desktop Color Separation (DCS)«, Seite 280, genauer behandelt werden, sind Erweiterungen des DSC-Prinzips, die zusätzliche Funktionen ermöglichen. Ein OPI-kompatibler Spooler bzw. Server für Bilddaten ersetzt vor der Ausgabe die im Dokument enthaltenen Grobdaten (zum Beispiel 72-dpi-Bilder, die für die Layoutarbeiten am Bildschirm dienen) durch Feindaten mit höherer Auflösung (etwa 2540 dpi für den Satzbelichter), was die Bearbeitung und Übertragung der Dateien sehr erleichtert. DCS-Kommentare ermöglichen schließlich die Behandlung von Farbseparationen in PostScript-Dateien.

DSC-kompatible PostScript-Dateien bieten aber auch ohne Spooler Vorteile. Wenn Sie etwa eine Datei mit einem Previewer am Bildschirm betrachten wollen, so können Sie bei vorhandenen %%Page-Kommentaren auf eine beliebige Seite positionieren. Fehlen diese wichtigen Kommentare, können Sie die Datei nur sequentiell von vorn nach hinten »durchblättern«. Zu den Previewern, die DSC-Kommentare auswerten, gehört zum Beispiel *GSview*, das Frontend zur Steuerung von Ghostscript. Damit können Sie bei DSC-konformen Dateien eine beliebige Seite auswählen.

2.4.2 Anschlussmöglichkeiten für PostScript-Drucker.
Bei den physikalischen Anschlussmöglichkeiten für Drucker spielen die folgenden Kriterien eine Rolle:
- Geschwindigkeit: Wie schnell werden die Druckdaten vom Computer zum Drucker übertragen?
- Standardisierung und Verbreitung: Welche Betriebssysteme bzw. Architekturen unterstützen die jeweilige Schnittstelle?
- Bidirektionalität: Kann die Schnittstelle nur Daten vom Computer zum Drucker übertragen, oder ist auch eine Datenübertragung in der Gegenrichtung möglich (etwa für Status- und Fehlermeldungen des Druckers)?
- Transparenz: Überträgt die Schnittstelle beliebige Binärdaten oder lässt sie nur 7-Bit-Daten zu?
- Simultaner Zugriff: Kann nur jeweils ein Computer zum Drucker übertragen (Punkt-zu-Punkt-Verbindung), oder können sich mehrere Computer ein Ausgabegerät teilen (Vernetzung)?

Serielle Schnittstelle. Die serielle Schnittstelle, auch als RS-232C bekannt, ist seit vielen Jahren standardisiert und wird von allen Betriebssystemen unterstützt. Diesen Vorteilen stehen als Nachteile die geringe Übertragungsgeschwindigkeit und die umständliche Konfiguration gegenüber: Der Benutzer muss Computer und Drucker manuell auf die gleichen Übertragungsparameter (Übertragungsgeschwindigkeit, Parität, Stoppbits) einstellen.

Obwohl die serielle Schnittstelle die Übertragung von Binärdaten eigentlich zulässt, benutzen die meisten PostScript-Drucker ein Protokoll, das einige Zeichen reserviert und daher nur 7-Bit-Daten übertragen kann (siehe Abschnitt 2.4.3 »Übertragungsprotokolle«, Seite 64).

Bei einer seriellen Verbindung können Daten in beiden Richtungen übertragen werden. Meistens wird der Rückkanal vom Drucker zum Computer allerdings nicht genutzt.

Parallele Schnittstelle. Die parallele oder Centronics-Schnittstelle gehört bei allen PCs mit Intel-Prozessor zur Standardausstattung und findet sich auch in vielen Unix-Workstations. Sie bietet gegenüber der seriellen Schnittstelle eine mehrfach höhere Übertragungsgeschwindigkeit. Wie bei der seriellen Schnittstelle ist die Übertragung von Binärdaten zwar prinzipiell möglich, wird jedoch meist durch das benutzte Protokoll vereitelt. In der Standardausführung leitet die parallele Schnittstelle Daten nur vom Computer zum Drucker, nicht umgekehrt. Dies wird erst durch die bidirektionale parallele Schnittstelle möglich, die besonders abgeschirmte Kabel erfordert.

SCSI. Das *Small Computer System Interface (SCSI)* ist eine leistungsfähige Schnittstelle zum Anschluss verschiedenartiger Peripheriegeräte (Festplatten, Scanner, Bandlaufwerke etc.), die einen hohen Datendurchsatz und Binärübertragung in beiden Richtungen erlaubt. Obwohl einige Druckerhersteller mit SCSI experimentierten, konnte sich diese Schnittstelle für den Anschluss von Druckern nicht durchsetzen. Manche Drucker verfügen über eine SCSI-Schnittstelle, die nicht zur Datenübertragung vom Computer dient, sondern zum Anschluss einer Festplatte, auf der der PostScript-Interpreter Fonts und andere Daten speichert.

Ethernet. Eine Ethernet-Vernetzung von Computern und Druckern ist – abhängig von Drucker und Betriebssystem – mit verschiedenen Netzprotokollen möglich. Neben dem nachfolgend behandelten AppleTalk sind Novell SPX/IPX und TCP/IP weitere wichtige Protokolle. Viele moderne Drucker sind von Haus aus netzfähig und können via Ethernet von allen Betriebssystemen aus angesprochen werden. Die Netzverbindung ermöglicht schnelle Binärübertragung in beiden Richtungen. Allerdings simulieren viele Drucker beim Ethernet-Anschluss das Protokoll der seriellen Schnittstelle, so dass trotzdem nur eine 7-Bit-Übertragung möglich ist.

AppleTalk. Alle Macintosh-Computer sind standardmäßig netzwerkfähig. AppleTalk ist eigentlich keine Anschlusstechnik, sondern eine Familie von Übertragungsprotokollen, die auch unter den Bezeichnungen LocalTalk, EtherTalk oder TokenTalk auftritt. Da AppleTalk anfangs spezielle Stecker und Verkabelung erforderte, vermischen sich unter der Bezeichnung AppleTalk physikalische Übertragungstechnik und Übertragungsprotokoll. Während die Geschwindigkeit von der Art der Vernetzung (seriell oder Ethernet) abhängt, erlauben alle Varianten binäre Übertragung und Kommunikation in beiden Richtungen. AppleTalk-Schnittstellen für serielle Übertragung gibt es nur bei Apple-Computern, bei Druckern vieler Hersteller gehört sie zur Standardausstattung. AppleTalk über serielle Leitungen wurde aufgrund der niedrigen Übertragungsgeschwindigkeit weitgehend durch den Einsatz auf Basis von Ethernet verdrängt. Als Protokoll für die Druckausgabe wird AppleTalk immer mehr durch schnellere Protokolle aus der TCP/IP-Familie abgelöst.

Universal Serial Bus (USB). USB ist eine moderne Übertragungsvariante für eine Vielzahl von Geräten – von Tastatur und Maus über Wechsellaufwerke bis hin zu Digitalkameras und eben Druckern. Mittlerweile wird USB von allen aktuellen Mac- und Windows-Betriebssystemen unterstützt und erfreut sich dank einfacher Konfiguration und *Plug-and-Play*-Eigenschaften großer Beliebtheit.

2.4.3 Übertragungsprotokolle.

Bei jeder Datenübertragung zwischen zwei Geräten werden neben den eigentlichen Nutzdaten (in unserem Fall PostScript-Dateien) auch Steuerinformationen gesendet, die für eine korrekte Übertragung erforderlich sind. Die beiden wichtigsten Aufgaben in diesem Zusammenhang sind Synchronisierung und Kennzeichnung von Anfang und Ende einer Übertragung. Die Synchronisierung verhindert, dass Daten verloren gehen, wenn der Sender Daten schneller liefert, als sie der Empfänger verarbeiten kann. Die Kennzeichnung von Anfang bzw. Ende einer Übertragung bewirkt, dass der PostScript-Interpreter am Ende eines Druckjobs in den Grundzustand geht, um den benutzten Speicher wieder freizugeben. Bei Druckern übernimmt das Protokoll oft eine weitere Aufgabe: Viele Geräte verstehen neben PostScript auch andere Druckersprachen oder Emulationen. Das Protokoll erleichtert die automatische Umschaltung zwischen verschiedenen Emulationen.

Bei einer Vernetzung mehrerer Geräte sind diese Steuerfunktionen immer Bestandteil des jeweiligen Netzprotokolls. Bei einem Anschluss über Ethernet kommen die Protokolle TCP/IP oder SPX/IPX zum Einsatz, AppleTalk arbeitet mit dem *Printer Access Protocol (PAP)*. Viele Hersteller bekennen sich mittlerweile allerdings zum LPD/LPR-Protokoll, das ursprünglich aus der Unix-Welt stammt und zum *Internet Printing Protocol (IPP)* weiter entwickelt wird. Diese Netzprotokolle kennzeichnen das Ende einer Übertragung immer durch einen speziellen Pakettyp.

Bei Punkt-zu-Punkt-Verbindungen, also serieller oder paralleler Übertragung, sind die Steuerfunktionen teils auf Hardware-Ebene durch eigens dafür reservierte Leitungen realisiert, teils durch die Übertragungssoftware (zum Beispiel das XON/XOFF-Protokoll bei serieller Übertragung), zum Teil aber auch als Bestandteil der übertragenen Nutzdaten. Das bedeutet, dass die PostScript-Anweisungen innerhalb einer Datei mit Steuerfunktionen eines bestimmten Übertragungskanals vermischt werden. Wird eine solche Datei auf einem anderen System oder über einen anderen Übertragungskanal gedruckt, verursachen die »fremden« Steuerzeichen Probleme. EPS-Dateien dürfen keinesfalls Steuerzeichen eines dieser Protokolle enthalten!

Standardprotokoll. Das Standardprotokoll kommt bei der seriellen und parallelen Schnittstelle zum Einsatz. Dabei sind einige Zeichen als Steuercodes reserviert und dürfen daher nicht in den PostScript-Daten enthalten sein. Aus diesem Grund können keine beliebigen Binärdaten übertragen werden, sondern nur ASCII-Zeichen im Bereich von 32 bis 127 – selbst dann, wenn die Binärübertragung physikalisch möglich wäre. Das wichtigste Steuerzeichen ist Ctrl-D (Bytewert 4), der so genannte *end-of-job marker*. Dieses Zeichen kennzeichnet das Ende eines Druckauftrags bzw. den Start eines neuen. Käme dieses Zeichen in den PostScript-Daten vor (zum Beispiel als Bestandteil eines Rasterbilds), so hätte das katastrophale Folgen:

Der Druckauftrag ist für den Interpreter schlagartig zu Ende, obwohl er sich eigentlich mitten im Bildaufbau befindet!

Binärdaten, die vor allem bei Rasterbildern und Datenkompression auftreten, lassen sich mit dem Standardprotokoll nicht übertragen und müssen daher als ASCII-Dateien »verpackt« werden. In PostScript Level 1 geht dies nur über die Hexadezimal-Darstellung, was die Datengröße aber verdoppelt. Ab Level 2 ermöglicht die ASCII85-Darstellung eine Verpackung, die die Daten nur um den Faktor 1,25 aufbläht.

Bei den meisten Druckern ist das Standardprotokoll das einzige für die serielle und parallele Schnittstelle und muss daher nicht gesondert eingestellt werden.

Binärprotokoll. Die binäre Datenübertragung benötigt im Gegensatz zum Standardprotokoll keinerlei Zusatzkonventionen oder reservierte Bytewerte, sondern überträgt beliebige Text- und Binärdaten unverändert. Daher findet beim Binärprotokoll auch keine Vergrößerung der Datenmenge durch ASCII-Konvertierung statt. Allerdings funktioniert die binäre Übertragung nur bei dafür geeigneten Verbindungen, insbesondere Netzverbindungen wie AppleTalk oder TCP/IP.

Binary Control Protocol (BCP). Dieses relativ unbekannte Protokoll ermöglicht die Übertragung beliebiger Binärdaten über die serielle oder parallele Schnittstelle, wird allerdings nur von manchen Druckern unterstützt. Voraussetzung für BCP ist ein 8-Bit-fähiger Übertragungskanal, so dass zum Beispiel eine auf 7-Bit-Übertragung konfigurierte serielle Schnittstelle nicht infrage kommt. Der Eintrag

```
*Protocols: BCP
```

in der PPD-Datei des Druckers gibt an, dass das Gerät BCP-fähig ist. Das Protokoll muss das Problem lösen, 256 verschiedene Zeichen zu übertragen und trotzdem die benötigten Steuerzeichen anzubieten. Diese beiden einander widersprechenden Anforderungen werden durch die Technik des *Quoting* gelöst. Dabei wird jedes Steuerzeichen, das innerhalb der Nutzdaten vorkommt, durch eine Sequenz von zwei Zeichen ersetzt, die keine Sonderbedeutung als Steuerzeichen haben. Beim Empfang der Daten im PostScript-Drucker (noch vor der Verarbeitung durch den Interpreter) wird diese Sequenz erkannt und wieder durch das ursprüngliche Zeichen ersetzt. Das Protokoll verhindert durch weitere Vorkehrungen, dass Daten falsch interpretiert werden, wenn eine solche Sequenz zufällig in den Ursprungsdaten vorkommt. Dieses Quoting ermöglicht die Übertragung beliebiger Binärdaten, ohne die Datenmenge so stark zu vergrößern wie die ASCII-Konvertierung beim Standardprotokoll: Die meisten Zeichen werden unverändert übertragen, nur für wenige Steuerzeichen erscheint ein zusätzliches Byte.

Tagged Binary Control Protocol (TBCP). Dieses Protokoll entspricht weitgehend BCP, enthält allerdings zusätzliche Steuersequenzen, die Anfang und Ende einer Übertragungsfolge kennzeichnen. Im Gegensatz zum Standardprotokoll, bei dem das Steuerzeichen Ctrl-D jeweils die Grenzen eines einzelnen Druckauftrags markiert, kann eine solche TBCP-Übertragungsfolge aus mehreren PostScript-Druckaufträgen bestehen. Ist die Übertragungsfolge beendet, können Druckaufträge anderer Emulationen folgen, etwa PCL. Geräte, die das TBCP unterstützen, erkennen Sie am Eintrag

```
*Protocols: TBCP
```

in der zugehörigen PPD-Datei.

Printer Job Language (PJL). Dieses Protokoll, das von Hewlett-Packard für die Laserjet-Familie definiert wurde und auch in anderen Druckern implementiert ist, steuert zusätzliche Druckerfunktionen. PJL-Anweisungen wirken außerhalb der einzelnen Druckaufträge und sind daher unabhängig von der jeweils benutzten Beschreibungssprache (PostScript, PCL u.a.). PJL-Anweisungen bestehen aus ASCII-Text, wie die folgenden Beispiele zeigen:

```
@PJL JOB
@PJL SET RESOLUTION = 600
@PJL ENTER LANGUAGE = POSTSCRIPT
```

Diese Anweisungen legen die Auflösung auf 600 dpi fest und stellen PostScript als Seitenbeschreibungssprache ein. In der Praxis wird PJL oft mit TBCP kombiniert, so dass zu obigen Anweisungen noch einige Escape-Sequenzen für TBCP kommen. PJL-fähige Drucker erkennen Sie am Eintrag

```
*Protocols: PJL
```

in der zugehörigen PPD-Datei. PJL erleichtert die gemeinsame Benutzung eines Druckers mit verschiedenen Druckeinstellungen und Beschreibungssprachen, muss allerdings von den benutzten Druckertreibern unterstützt werden.

Automatische Emulationserkennung. Wie bereits erwähnt, beherrschen viele Drucker außer PostScript noch eine oder mehrere zusätzliche Emulationen oder Seitenbeschreibungssprachen. Neben verschiedenen Versionen der weit verbreiteten *Printer Control Language* PCL von Hewlett-Packard (Laserjet-kompatible Drucker) sind hier auch HPGL, Diablo, Epson und IBM ProPrinter anzutreffen. Die meisten neueren Drucker schalten automatisch zwischen den jeweils möglichen Emulationen um. Dabei dient meist der Anfang eines Druckauftrags zur Identifizierung der benutzten Sprache. Damit PostScript-Dateien als solche erkannt werden, müssen sie oft mit den Zeichen *%!*, *%!PS* oder *%!PS-Adobe* beginnen. Fehlt diese Kennung, so kann es passieren, dass PostScript-Daten fälschlicherweise als ASCII-Text interpretiert werden. Der Drucker druckt dann seitenweise PostScript-Code aus! Die Unterscheidung zwischen verschiedenen Emulationen kann auch durch das benutzte Übertragungsprotokoll erfolgen (siehe PJL oben).

2.4.4 Das Ctrl-D-Problem.

In diesem Zusammenhang muss ich noch auf ein Windows-spezifisches Problem eingehen, das nicht direkt mit den in Abschnitt 2.2 »PostScript unter Windows«, Seite 51, behandelten Druckertreibern zu tun hat. Da es unter Windows keine Softwarkomponente zur Kommunikation mit dem Drucker und der Abwicklung des jeweiligen Protokolls gibt, muss der Druckertreiber diese Aufgabe zusätzlich übernehmen. Dieser weiß aber gar nicht, mit welchem Protokoll die PostScript-Daten später zum Drucker übertragen werden. Da unter Windows die parallele und serielle Schnittstelle und damit das Standardprotokoll dominieren, bauen viele Treiber »sicherheitshalber« am Anfang und Ende der PostScript-Daten das Steuerzeichen Ctrl-D ein, an dem der Interpreter die Grenzen zwischen verschiedenen Druckaufträgen erkennt. Dies funktioniert auch, solange die PostScript-Daten tatsächlich seriell oder parallel übertragen werden. Werden sie aber in eine Datei geleitet und auf ein anderes System übertragen, so können die nunmehr überflüssigen Ctrl-D-Zeichen am Anfang und Ende der Datei enorm stören und PostScript-Fehler verursachen. Bei der Weiterleitung von PostScript-Dateien ist es daher nötig, die beiden Zeichen zu entfernen oder besser gar nicht erst zu erzeugen.

Über diese Eigenart wurde schon viel gestritten, bestenfalls wird sie als Fehler des Druckertreibers betrachtet. Tatsächlich ist jedoch eine strukturelle Schwäche von Windows die Ursache, nämlich das Fehlen von Druckerkommunikationssoftware (Backend). Deshalb werden Nutzdaten (PostScript) mit Elementen des Protokolls (Ctrl-D) vermischt. In den aktuellen PostScript-Treibern für Windows können Sie die Erzeugung dieser Zeichen konfigurieren.

2.4.5 Residentes Laden.

Die verschiedenen Übertragungsprotokolle sollen gewährleisten, dass der Interpreter Anfang und Ende eines Druckauftrags erkennt und nach jedem Druckauftrag wieder in den Grundzustand gehen kann. Dies ist nötig, damit alle Druckaufträge den kompletten Druckerspeicher benutzen können und nicht Teile davon durch den vorigen Auftrag blockiert bleiben. In manchen Situationen ist es allerdings nützlich, wenn immer wieder benötigte Daten für alle Druckaufträge permanent zur Verfügung stehen. Die beiden wichtigsten Anwendungen hierfür sind die Speicherung von Fonts und anwendungsspezifischen PostScript-Prologen. Der Interpreter muss beim Ausdruck auf alle von einem Dokument benötigten Fonts und Prologe zugreifen können. Verwenden nun viele Dokumente die gleichen Fonts, so lässt sich Übertragungszeit einsparen, indem die Fonts nur einmal in den Drucker geladen und nach dem Ausdruck eines Dokuments nicht gelöscht werden. Diesen Vorgang nennt man *residentes Laden*, denn die Daten bleiben bis zum nächsten Ausschalten oder Rücksetzen des Druckers resident in dessen RAM-Speicher (nicht zu verwechseln mit dem Speichern von Fonts auf der Festplatte des Druckers oder den eingebauten Fonts im ROM).

Sinnvollerweise werden normale Druckaufträge nicht resident geladen, denn diese würden den Druckerspeicher unnötig blockieren. Die PostScript-Anweisung zum residenten Laden wirkt daher immer nur für den aktuellen Druckauftrag und endet an der nächsten Jobgrenze. Das residente Laden von Fontdefinitionen erfordert spezielle Download-Programme. Einzelheiten hierzu finden Sie in Abschnitt 4.5 »Download von PostScript-Fonts«, Seite 168.

PostScript-Code zum residenten Laden enthält meist die folgende Sequenz am Anfang:

```
serverdict begin 0 exitserver
```

2.5 PostScript-Fehler

2.5.1 Analyse von PostScript-Problemen.

Es gibt zwei klassische Situationen, die einem PostScript-Anwender graue Haare bescheren: Der Laserdrucker blinkt und blinkt und blinkt, hört irgendwann auf zu blinken – gibt aber keine Seite aus. Oder: Die PostScript-Datei liefert wunderschöne Ausdrucke auf dem Laserdrucker, alle benötigten Fonts sind darin enthalten, die Anweisungen sind scheinbar korrekt – aber die Belichtungsmaschine meckert lapidar *Error: limitcheck, Offending Command: clip*. Ob man es wahrhaben will oder nicht: PostScript-Fehler gehören zur Praxis. Mit einigen Grundkenntnissen kann man aber auch als Anwender solche PostScript-Probleme oft entweder lösen oder aber Strategien zu ihrer Umgehung entwickeln.

PostScript-Druckaufträge sind Programme in der Programmiersprache PostScript, und solche Programme können Fehler enthalten. Mit dieser Feststellung könnte man die Verantwortung für PostScript-Fehler allein dem Erzeuger der PostScript-Dateien zuschieben, meist also dem Entwickler des Treibers oder Konverters. Viele PostScript-Fehler entstehen aber nicht durch die PostScript-Anweisungen in der Druckdatei, sondern haben andere Ursachen, die in vielen Fällen auch ein Benutzer ohne PostScript-Kenntnisse beheben kann.

Werkzeuge für die Fehlersuche. Bei der Lösung von Problemen, deren Ursache im PostScript-Code liegt, können einige Werkzeuge sehr nützlich sein.

So ist der Einsatz eines PostScript-Previewers, etwa Ghostscript, von Vorteil. Das geht schneller, spart Papier, und Sie sehen auch die Reihenfolge des Seitenaufbaus bis hin zur fehlerhaften Stelle. Allerdings treten dabei manche Fehler nicht mehr auf, was an der Speicherausstattung oder der

PostScript-Implementierung liegen kann. Lässt sich eine Datei hartnäckig nicht ausdrucken, aber am Bildschirm anzeigen, so können Sie die Datei von Ghostscript auch in ein anderes Format (etwa PCL) rastern lassen und versuchen, diese Datei zu drucken. Voraussetzung dafür ist natürlich, dass der Drucker verschiedene Emulationen beherrscht.

Auch Acrobat kann bei der Behebung von PostScript-Problemen sehr nützlich sein. Wenn sich eine problematische PostScript-Datei mit Acrobat Distiller nach PDF konvertieren lässt, ist dies schon ein Schritt in die richtige Richtung: Jetzt können Sie nämlich versuchen, aus Acrobat heraus die erzeugte PDF-Datei auszudrucken. Die Chancen für einen erfolgreichen Ausdruck stehen meist höher als bei der ursprünglichen PostScript-Datei, weil Distiller die Seitenbeschreibungen sozusagen bereinigt und Acrobat meist auch bessere PostScript-Ausgabe erzeugt.

Konfigurationsprobleme. Manche Fehler werden nicht durch den eigentlichen PostScript-Code ausgelöst, sondern entweder direkt durch eine der am Ausdruck beteiligten Komponenten oder indirekt durch deren mangelhafte Abstimmung:

- Datenübertragung: Schon bei der Übertragung zum Drucker können Fehler passieren, wenn zum Beispiel das jeweilige Protokoll nicht eingehalten wird, auf einer schlecht abgeschirmten Leitung Daten verlorengehen oder Binärdaten über einen 7-Bit-Kanal übertragen werden.
- Fehlender Prolog: Manche Anwendungen gehen davon aus, dass der zugehörige PostScript-Prolog resident im Drucker geladen ist, obwohl dies nicht der Fall ist. Dieser Fehler lässt sich durch Laden des benötigten Prologs leicht beheben (sofern der Prolog als Datei zur Verfügung steht).
- PPD-Dateien: Ist eine passende PPD-Datei für das benutzte Gerät konfiguriert oder arbeitet der Treiber mit der PPD eines anderen Geräts?
- Druckertreiber: Tritt der Fehler auch mit einem anderen Treiber auf?

Hardware-Probleme. Oft lassen sich PostScript-Dateien auf einem bestimmten Gerät ausdrucken, auf einem anderen dagegen nicht. Dieses Verhalten kann verschiedene Ursachen haben:

- PostScript-Version: Die Datei benötigt einen höheren PostScript-Level als den, der im Interpreter des Druckers implementiert ist.
- Speicherplatzprobleme: Das Gerät hat zu wenig Speicher für die Ausgabe der PostScript-Datei. Dieses Problem ist meist nur durch Veränderung und Vereinfachung der Originaldatei oder Erweiterung des Druckerspeichers zu beheben.
- Benötigte Fonts sind auf einem Gerät nicht installiert.
- Geräteabhängige Operatoren: Eine PostScript-Datei, die geräteabhängige Operatoren enthält, soll auf einem Gerät ausgegeben werden, das diese Operatoren nicht kennt. Dieser Fall tritt auf, wenn eine PostScript-Datei für ein bestimmtes Gerät erzeugt wurde, dann aber auf einem an-

deren ausgegeben wird. Gute PostScript-Treiber erzeugen allerdings Code, der diese Situation erkennt und sich entsprechend umkonfiguriert.

Fehlerquellen im Dokument. Bei komplexen Druckumgebungen genügt es nicht, die Fehlerursache auszumachen, sondern Sie müssen auch feststellen, welcher Bestandteil des Dokuments den Fehler auslöst. Falls aus dem noch druckbaren Teil der Seite oder der Fehlermeldung der Schuldige nicht hervorgeht, ermitteln Sie ihn durch Verändern des Dokuments oder des Druckwegs. Achten Sie dabei auf folgende Punkte:

- Eingebettete EPS-Dateien können Fehler verursachen, vor allem, wenn sie den EPS-Vorschriften nicht genügen.
- Eingebettete Fonts: Benutzt das Dokument zu viele Fonts oder sind vielleicht Fontdateien beschädigt?
- Von einem OPI-Server eingebettete Feindaten: Erzeugt die Anwendungssoftware DSC-kompatible Ausgabe und korrekte OPI-Kommentare? Entfernen Sie im Verdachtsfall eingebettete Grafiken, die der OPI-Server ersetzt.

Der Spooler sendet die PostScript-Daten gar nicht zum Drucker. Die meisten Drucker zeigen die Verarbeitung eingehender PostScript-Dateien an, etwa durch die Meldung *Processing* im Menüfeld des Druckers oder durch ein blinkendes Lämpchen. Ihre PostScript-Datei erzeugt aber keine solche Anzeige. Häufig ist ein Backend oder Spooler (speziell unter Unix) dafür verantwortlich. Diese Programme versuchen oft festzustellen, ob es sich bei der Druckdatei überhaupt um PostScript-Daten handelt, und untersuchen dazu den Anfang der Datei. PostScript-Dateien müssen (abhängig vom Spooler) mit den Zeichen *%!*, *%!PS* oder *%!PS-Adobe-3.0* beginnen. Dateien, die das jeweils benutzte Kriterium nicht erfüllen, werden abgewiesen und gar nicht erst zum Drucker übertragen. Der Benutzer erhält oft eine Meldung der Form *Datei ... ist keine PostScript-Datei*. Neben selbst geschriebenen PostScript-Programmen ohne DSC-Kommentare sind vor allem Windows-Druckdateien verdächtig, die am Anfang und Ende das Zeichen Ctrl-D enthalten und damit nicht mehr exakt dem Prüfkriterium entsprechen (siehe Abschnitt 2.4.4 »Das Ctrl-D-Problem«, Seite 67).

Der Drucker gibt viele Seiten PostScript-Code aus. Viele Drucker sind mit einer automatischen Emulationserkennung ausgestattet, die die empfangenen Daten untersucht und entscheidet, ob es sich dabei um PostScript-Anweisungen, PCL-Code oder ASCII-Text handelt, und daraufhin die zugehörige Emulationssoftware im Drucker aktiviert. Werden PostScript-Daten fälschlicherweise nicht als solche erkannt, kann es passieren, dass der vermeintliche ASCII-Text nicht als PostScript-Anweisungen interpretiert, sondern als Klartext ausgedruckt wird. Die beste Lösung besteht darin, PostScript-Dateien zu erzeugen, die dem jeweiligen Testkriterium genügen.

Alternativ lässt sich bei vielen Druckern die automatische Emulationserkennung ausschalten und der PostScript-Interpreter dauerhaft aktivieren.

Manchmal ist diese Erkennung auch in den Spooler bzw. das Backend eingebaut. Anstatt wie oben die Daten ganz abzuweisen, erzeugt diese Systemsoftware dann PostScript-Anweisungen, die die ursprüngliche PostScript-Datei als ASCII-Text ausdrucken. Auch hier gilt: Entweder anhand der Dokumentation oder durch Ausprobieren das benutzte Kriterium für PostScript-Daten feststellen und einhalten oder dauerhaft den PostScript-Modus aktivieren.

2.5.2 Ausgabe von Fehlermeldungen.

PostScript-Fehlermeldungen eines Druckers oder Belichters können am Bildschirm erscheinen oder ausgedruckt werden. Die Ausgabe am Bildschirm ist zwar vor allem bei Geräten mit teuren Verbrauchsmaterialien (etwa Thermotransferdrucker) vorzuziehen, allerdings ist sie nicht in allen Systemumgebungen möglich.

Fehlermeldungen am Bildschirm. Der PostScript-Interpreter im Drucker versucht immer, die Bezeichnungen des Fehlers und der betroffenen Anweisung zum Computer zu übertragen. Der Benutzer erfährt dadurch, welcher Fehler aufgetreten ist. Damit der Computer Meldungen des Druckers empfangen kann, ist allerdings ein bidirektionaler Übertragungskanal nötig. Dies ist auf dem Macintosh bei der Übertragung über AppleTalk oder TCP/IP immer der Fall. Unter Unix benötigen Sie einen geeigneten Druckspooler bzw. ein Backend sowie eine serielle oder Netzverbindung zum Drucker. Die unter Windows übliche Ansteuerung der parallelen Schnittstelle lässt den Empfang von Fehlermeldungen durch den Computer nicht zu, bei der bidirektionalen Parallelschnittstelle ist dafür spezielle Software nötig. Auch der Rückkanal der seriellen Schnittstelle wird meist nicht ausgewertet. Daher erscheinen PostScript-Fehlermeldungen unter Windows in der Regel nicht am Bildschirm.

Gedruckte Fehlermeldungen. Als Ersatz oder Ergänzung für eine Fehlermeldung am Bildschirm kann der Drucker die Fehlermeldung auch ausdrucken. Vorher druckt er eventuell noch den Teil der Seite, der vor Auftreten des Fehlers aufgebaut wurde. Für diese Möglichkeit ist eine so genannte Fehlerbehandlungsroutine *(errorhandler)* erforderlich. Manche Geräte verfügen über einen eingebauten *errorhandler,* den Sie über das Bedienmenü des Druckers oder die Verwaltungssoftware des RIPs aktivieren können. Ist dies nicht der Fall, können Sie eine solche Fehlerbehandlungsroutine dennoch sehr einfach aktivieren. Oft sind überhaupt keine speziellen Aktionen dazu nötig, weil die Software bzw. der Treiber schon als Bestandteil des Prologs eine Fehlerbehandlungsroutine geladen hat oder diese Möglichkeit zumindest optional bietet. In den gängigen Treibern für Macintosh und

Windows können Sie wie folgt einstellen, dass ein Fehlerbericht gedruckt werden soll:
- AdobePS oder Microsoft-Treiber unter Windows 95/98/Me: *Start, Einstellungen*, gewünschten Drucker auswählen, *Datei, Eigenschaften, PostScript, PostScript-Fehlerinformationen drucken*.
- AdobePS unter Windows NT: *Start, Einstellungen, Drucker*, gewünschten Drucker auswählen, *Datei, Standard-Dokumenteinstellungen..., Weitere Optionen, Optionen für Dokument, PostScript-Optionen, PostScript-Fehlerbehandlung senden*. Beim Microsoft-Treiber unter Windows NT ist es leider nicht möglich, eine Fehlerbehandlungsroutine zu aktivieren.
- AdobePS oder Microsoft-Treiber unter Windows 2000/XP: *Start, Einstellungen* (bzw. *Systemsteuerung* unter XP), *Drucker*, gewünschten Drucker auswählen, *Datei, Druckeinstellungen..., Erweitert..., Optionen für Dokument, PostScript-Optionen, PostScript-Fehlerbehandlung senden*.
- AdobePS, PSPrinter oder LaserWriter unter Mac OS bis Version 9: Im Druckmenü haben Sie in der Kategorie *Fehlerbehandlung* unter dem Punkt *Wenn ein PostScript-Fehler auftritt* die Wahl zwischen überhaupt keinem Fehlerbericht, einem Fehlerbericht am Bildschirm oder einem auf Papier.
- PostScript-Treiber von Mac OS X: Wählen Sie im Druckmenü in der Kategorie *Fehlerbericht* die Option *Ausführlichen Bericht drucken*.

Alle Fehlerbehandlungsroutinen geben zunächst den Namen des aufgetretenen Fehlers aus, dann den Namen der Anweisung, die den Fehler verursacht hat und manche schließlich noch den Operandenstack. An dieser wichtigen Datenstruktur kann ein PostScript-Programmierer nähere Informationen zur Fehlerursache oder zu der fehlerhaften Stelle innerhalb der PostScript-Datei ablesen. *errorh.ps* druckt noch weitergehende Informationen, die für Anwender unverständlich aussehen, dem Fachmann jedoch die Fehleranalyse erleichtern (nämlich *exec stack* und *dictionary stack* sowie bei manchen Fehlern *errorinfo* mit detaillierten Angaben über den aufgetretenen Fehler). Im nächsten Abschnitt finden Sie eine Liste der häufigsten Fehlermeldungen mit Hinweisen zu möglichen Ursachen und deren Behebung.

Bei manchen Fehlern erkennt der PostScript-Code die Ursache selbst und druckt eine verständliche Fehlermeldung für den Benutzer aus. Der Windows-Treiber benutzt diese Variante zum Beispiel, wenn er feststellt, dass der zugehörige Prolog nicht geladen ist. Er druckt dann eine Meldung, die im Klartext die Fehlerursache *(PostScript-Prolog nicht geladen)* und deren Behebung *(Prolog manuell laden)* beschreibt. Der Adobe-Treiber für Windows erkennt zusätzliche Fehlersituationen und beschreibt diese durch entsprechende Klartextmeldungen. Dies betrifft falsche Protokolleinstellungen (Treiber erzeugt Binärdaten, Drucker kann diese aber nicht empfangen), falschen Sprachlevel oder zu wenig Speicher. Ein weiteres Beispiel ist die Einbettung von EPS-Grafiken: Hier bürgert es sich immer mehr ein, dass die einbettende Software verbotene PostScript-Operatoren aus der EPS-Datei abfängt und statt der Grafik einen entsprechenden Hinweis ausdruckt. Solche Klartextmeldungen sind leichter zu verstehen als die üblichen PostScript-Fehlermeldungen, sind aber nicht bei allen Fehlerarten möglich.

PostScript-Fehler in Acrobat Distiller. Distiller enthält einen PostScript-Interpreter; bei der Konvertierung einer fehlerhaften PostScript-Datei nach PDF können wie beim Ausdruck PostScript-Fehler auftreten. Im Gegensatz zum PostScript-Interpreter eines Druckers funktioniert die gebräuchliche Methode zur Installation eines *errorhandlers* aber im Distiller nicht. Adobe wollte vermutlich verhindern, dass PostScript-Fehler bei der Konvertierung übersehen werden, weil die Fehlerbehandlungsroutine eine »gedruckte« Fehlermeldung erzeugt, die in diesem Fall in der generierten PDF-Datei (anstelle des eigentlich erwarteten Dokumenteninhalts) erscheinen würde. Aus diesem Grund ist in Distiller ein eigener *errorhandler* implementiert, der Fehlermeldungen nicht auf der erzeugten Seite, sondern immer im Protokollfenster von Distiller und damit auch in der Protokolldatei ausgibt.

2.5.3 Liste der PostScript-Fehler.

Nach diesen allgemeinen Hinweisen sehen wir uns nun die möglichen Fehlermeldungen im Einzelnen an. PostScript-Fehlermeldungen haben immer die Form

```
%%[Error: <Fehlername>; OffendingCommand: <Operatorname> ]%%
```

Zur Bestimmung der Fehlerursache müssen Sie sowohl den Namen des Fehlers als auch den des auslösenden PostScript-Operators beachten. In der folgenden Aufzählung finden Sie die Namen aller PostScript-Fehler mit Erläuterungen. Viele davon treten allerdings nur sehr selten auf und können auch nicht vom Anwender behoben werden. In den Beschreibungen finden Sie auch Hinweise zu den Operatoren, die den jeweiligen Fehler häufig auslösen. Detaillierte Beschreibungen dieser Operatoren finden Sie im *PostScript Language Reference Manual*. Selbst wenn ein Operator dort nicht beschrieben wird, ist dies bereits ein wichtiger Hinweis: Solche Operatoren gehören nicht zum Standardumfang von PostScript, sondern zur Gruppe der geräteabhängigen Operatoren und weisen auf falsche Konfiguration des Treibers bzw. Ausgabe auf dem falschen Gerät hin. Enthält die Fehlermeldung gar keinen Operatornamen, sondern nur wirre Zeichen, deutet dies auf Probleme bei der Übertragung der PostScript-Daten hin.

undefined. Dies ist eine der häufigsten PostScript-Fehlermeldungen. Ihre Ursache lässt sich am auslösenden Kommando *(OffendingCommand)* erkennen. Oft fehlt ein applikationsspezifischer PostScript-Prolog, ohne den die Datei nicht gedruckt werden kann. Die meisten Prologe definieren ein eigenes *dictionary*, also eine PostScript-Datenstruktur, die die benötigten Prozeduren und Variablen enthält. Deren Name gibt oft Hinweise auf die fragliche Software. Einige Beispiele: *Win35Dict* (Microsoft-Treiber für Windows), *msdict* (Microsoft Word), *Adobe_Win_Driver* (Adobe-Treiber für Windows), *md* (LaserWriter), *FMdict* (FrameMaker für Unix). Manche PostScript-Dateien drucken auch einen entsprechenden Hinweis, wenn der zugehörige PostScript-Prolog fehlt. Falls Sie also eine Fehlermeldung der Form

```
Error: undefined, OffendingCommand: md
```

erhalten, enthält die PostScript-Datei den benötigten Prolog nicht, und Sie müssen dafür sorgen, dass dieser vor der eigentlichen Seitenbeschreibung geladen wird. Wenn Sie Zugriff auf die erzeugende Software bzw. den Treiber haben, können sie dort meist über eine Option einstellen, ob der Prolog geladen werden soll oder nicht. In diesem Menü können Sie den Prolog oft auch resident in den Drucker laden. Falls Sie die PostScript-Datei nicht korrekt neu erzeugen können (weil Sie sie zum Beispiel von einem anderen System bekommen haben), so müssen Sie sich den zugehörigen Prolog besorgen und diesen vor dem eigentlichen Druckauftrag zum Drucker übertragen.

Der Fehler *undefined* kann auch bei PostScript-Dateien vorkommen, die geräteabhängige Operatoren unvorsichtig verwenden. In diesem Fall löst oft einer der Operatoren *setduplexmode, setpapertray, manualtray* etc., die nicht in allen PostScript-Geräten implementiert sind, den Fehler aus. Zur Behebung sollten Sie die Datei unter Angabe des tatsächlichen Zieldruckers neu erzeugen, falls dies möglich ist. Anderenfalls kann man diese Operatoren auch durch Dummy-Definitionen am Anfang der PostScript-Datei unschädlich machen, zum Beispiel

```
/setduplexmode {pop} def
```

Dafür lässt sich aber leider kein einfaches Rezept für Anwender ohne PostScript-Programmierkenntnisse angeben.

Wenn Sie die Fehlermeldung *undefined in EPSF* (oder statt der Zeichenfolge EPSF vier seltsame Zeichen) erhalten, so haben Sie versucht, eine EPS-Datei mit TIFF-Preview (siehe Abschnitt 1.5.3 »EPS-Varianten«, Seite 33) direkt zu drucken. Der PostScript-Interpreter kann mit den Binärdaten am Anfang einer solchen Datei nichts anfangen und erzeugt eine Fehlermeldung. Zur Behebung betten Sie die Datei mit einer Textverarbeitungs- oder DTP-Software in ein Dokument ein oder extrahieren den PostScript-Teil der EPS-Datei und drucken diesen. Eine Fehlermeldung der Form

```
Error: undefined; OffendingCommand:
```

ohne nähere Bezeichnung des auslösenden Kommandos deutet auf versteckte Steuerzeichen in der PostScript-Datei hin, die der Interpreter nicht versteht. Dies kann zum Beispiel passieren, wenn Sie vom Mac drucken, die PostScript-Datei jedoch unter Windows entstand und Ctrl-D-Zeichen enthält (siehe Abschnitt 2.4.4 »Das Ctrl-D-Problem«, Seite 67) oder binäre PostScript-Daten über einen 7-Bit-Kanal übertragen werden.

Folgende Fehlermeldung erscheint, wenn der Treiber für einen PostScript-Drucker mit der Steuersprache PJL konfiguriert ist, der Drucker aber keine PJL-Anweisungen versteht:

%%[Error: undefined; OffendingCommand: @PJL]%%

limitcheck und VMerror. Bei diesen beiden Fehlermeldungen (VM steht für *virtual memory)* geht dem Interpreter »die Luft aus«, das heißt die Seitenbeschreibung stellt zu hohe Ansprüche an den Speicherausbau des wGeräts. Bei besonders gemeinen Speicherproblemen geht der Drucker kommentarlos in den Grundzustand, ohne vorher eine Fehlermeldung auszugeben. Der häufigste Kandidat für *limitcheck* ist der Pfad: Komplexe Grafiken und vor allem Freistellungen (»Ausschneiden« mit einer Schablone) enthalten schnell mehr Linienelemente (Punkte, Geradenstücke etc.), als der Interpreter verkraften kann. Bei vielen Level-1-Interpretern lag das Limit bei 1500 Pfadelementen, ab Level 2 gibt es keine feste Grenze.

Zur Behebung von *limitcheck*-Fehlern müssen Sie in ihrer Grafiksoftware den Pfad vereinfachen. Moderne Grafikprogramme bieten dazu eine spezielle Option, um dies per Mausklick zu erledigen. Falls Sie mit Autotracing-Software Rasterbilder in Liniengrafiken umwandeln, können Sie dabei die Toleranzwerte verändern, um die Anzahl der Pfadelemente zu vermindern. Bei selbst erstellten Grafiken können Sie überflüssige Pfadelemente entfernen, um so die Speicheranforderungen zu vermindern. Schließlich gibt es noch den Parameter *flatness:* Er gibt an, mit welcher Genauigkeit der Interpreter Kurven durch kurze Liniensegmente annähert. Je genauer diese Umsetzung, umso mehr Pfadelemente entstehen dabei. Der Wert für *flatness* lässt sich bei machen Grafikprogrammen manuell verändern. Die *flatness* wird in Gerätepixeln gemessen. Ein größerer Wert (zum Beispiel 3 statt 0) vermindert geringfügig die Genauigkeit der Darstellung und dadurch auch den Speicherbedarf.

Speicherprobleme *(VMerror)* lassen sich oft durch Reduzieren der Anzahl benötigter Fonts beheben. Falls Sie nicht auf die Fonts verzichten können, sollten Sie versuchen, nur die Umrisse der tatsächlich benötigten Zeichen des Fonts zu laden. Grafikprogramme bieten dazu die Möglichkeit, Schriftelemente in Liniengrafiken oder Pfade umzuwandeln. Dies erfordert weniger Speicherplatz, und die Grafik lässt sich daher vielleicht doch noch ausdrucken. Da bei diesem Verfahren das Hinting verlorengeht, sollten Sie die Umwandlung aber nur für große Fonthöhen benutzen.

Der Macintosh-Druckertreiber bietet im Druckdialog die Option »Beliebig viele Zeichensätze drucken« an. Wenn Sie dieses Feld aktivieren, benutzt der Treiber eine andere Art der Speicherverwaltung, die zwar langsamer ist, aber schonender mit dem Speicherplatz umgeht. Manchmal lässt sich *VMerror* ohne Veränderung des Dokuments schon durch diese Einstellung umgehen.

Zu viele verschachtelte EPS-Dateien können ebenfalls den Fehler *limitcheck* verursachen: Eine EPS-Grafik enthält als Bestandteil eine andere EPS-Grafik, die wiederum eine EPS-Grafik enthält. Bei den meisten Interpretern liegt die Grenze für solche Verschachtelungen bei 15. Sie können diesen Wert allerdings nicht ganz ausschöpfen, da einige Stufen bereits durch das einbettende Dokument verbraucht werden.

Auf dem Macintosh können ungewöhnliche Ordnernamen ebenfalls den Fehler *limitcheck* auslösen! Beim Erzeugen von EPS-Grafiken tragen nämlich manche Programme, die das Illustrator-Format benutzen, den vollständigen Pfadnamen in der EPS-Datei als PostScript-String ein, ohne eventuell vorhandene Sonderzeichen korrekt zu behandeln. Vermeiden Sie daher in solchen Fällen die Zeichen *(,)* und \ in den Namen von Ordnern, die EPS-Grafiken enthalten. Wenn Sie eine Fehlerbehandlungsroutine benutzen, die eine entsprechende Meldung ausdruckt, erkennen Sie dieses Problem meist an den Ordnernamen innerhalb der Fehlermeldung.

Wenn Sie sich häufig mit dem *limitcheck*-Fehler herumärgern müssen, sollten Sie Ihrem Drucker zusätzlichen Hauptspeicher gönnen. Bei vielen Geräten können Sie den Speicherausbau nachträglich erweitern. Je nach Anwendungssituation rechtfertigen die verschwundenen Fehlermeldungen die Investition allemal.

syntaxerror. Ein Syntax-Fehler tritt auf, wenn die PostScript-Daten schon äußerlich den Programmiervorschriften widersprechen. Eine mögliche Ursache ist die »Verstümmelung« der Datei durch verschiedene Konvertierungsvorgänge, etwa 7-Bit-Übertragung von Binärdaten oder fehlerhafte Umwandlung von Zeilenendezeichen. *syntaxerror in* << tritt bei PostScript-Programmen auf, die für einen Level-2-Interpreter erzeugt wurden, bei Ausgabe auf einer Level-1-Maschine aber den Sprachlevel des Interpreters nicht abprüfen. In diesem Fall hilft nur die Ausgabe auf einem Gerät mit höherem Sprachlevel.

timeout. Diese Fehlermeldung signalisiert eine Zeitüberschreitung und bewirkt zum Beispiel bei Endlosschleifen den automatischen Abbruch nach einer bestimmten Zeit. Sie tritt aber bei fehlerhafter Konfiguration auch bei serieller oder paralleler Übertragung zum PostScript-Drucker auf. Dabei müssen die einzelnen Druckaufträge durch das Zeichen Ctrl-D getrennt sein. Fehlt dieses Trennzeichen, so wartet der Interpreter am Ende eines Druckauftrags noch eine bestimmte Zeit auf Daten. Erhält er keinen »Nachschub«, löst er nach einiger Zeit den Fehler *timeout* aus. Dies ist besonders ärgerlich und unerklärlich, wenn eigentlich alle Aufträge korrekt ausgedruckt werden und ein *errorhandler* geladen ist. Wie von Geisterhand erscheint einige Minuten nach dem letzten Ausdruck eine Seite mit der Fehlermeldung. Zur Behebung müssen Sie ihre Druckumgebung so einrichten, dass die Druckaufträge durch Ctrl-D getrennt werden (durch Treibereinstellungen oder unter Unix durch ein geeignetes Backend; notfalls tut es auch das Zeichen Ctrl-D am Ende der PostScript-Datei). Weitere Hinweise zu dieser Frage finden Sie im Abschnitt 2.4.4 »Das Ctrl-D-Problem«, Seite 67).

ioerror. *(input/output error)* Diese Meldung wird durch fehlerhafte Datenübertragung zum Interpreter ausgelöst. Mögliche Ursachen sind Paritätsfehler bei serieller Übertragung oder fehlerhafte Terminierung bei Netzverbindungen. Es liegt in der Natur der Sache, dass Sie diesen Fehler nicht durch Eingriffe in die PostScript-Daten beheben können, sondern eine sichere Datenübertragung garantieren müssen. Zur Bestätigung können Sie überprüfen, ob der Fehler bei verschiedenartigen PostScript-Daten auftritt, zum Beispiel bei kurzen und langen Dateien. *ioerror* kann auch auftreten, wenn das XON/XOFF-Protokoll im Drucker abgeschaltet wurde und der Eingangspuffer überläuft.

interrupt. Dieser Fehler spielt in der Praxis keine große Rolle. Er signalisiert Unterbrechungen auf dem Übertragungskanal. Im interaktiven Modus können Sie durch Eingabe von Ctrl-C einen Interrupt auslösen, um ein Programm oder eine Schleife vorzeitig abzubrechen.

invalidfont. Diese Meldung wird durch fehlerhafte Fontdaten ausgelöst. In seltenen Fällen wurde ein Font auf der Festplatte beschädigt, und der Fehler äußert sich erst bei seiner späteren Verwendung. Versuchen Sie, den Namen des Fonts zu ermitteln, löschen Sie ihn von der Festplatte des Computers oder des Druckers und installieren Sie ihn neu.

configurationerror. Dieser Fehler besagt, dass eine bestimmte Anforderung an das Gerät nicht erfüllt werden kann. Dabei handelt es sich in der Regel um bestimmte Seitenformate, Papierschächte oder andere Hardware-Anforderungen. Der Eintrag *errorinfo* (sofern vorhanden) auf der Fehlermeldung gibt an, um welche Anforderung es sich dabei handelt.

Programmierfehler. Die folgenden Fehlermeldungen werden fast ausschließlich von Programmierfehlern ausgelöst und lassen sich selten durch Eingriffe des Benutzers beheben. Versuchen Sie, den Fehler durch Installation eines anderen bzw. aktualisierten PostScript-Treibers zu umgehen. Unter Umständen wurde die PostScript-Datei bei der Übertragung beschädigt:
dictfull, dictstackoverflow, dictstackunderflow, execstackoverflow, handleerror, invalidaccess, invalidexit, invalidfileaccess, invalidrestore, nocurrentpoint, rangecheck, stackoverflow, stackunderflow, typecheck, undefinedfilename, undefinedresource, undefinedresult, unmatchedmark, unregistered

Sonstige Meldungen des Interpreters. Bei der Ausgabe von PostScript-Dateien können Sie noch mit einer Reihe weiterer Meldungen des Interpreters in Berührung kommen, bei denen es sich nicht um PostScript-Fehler handelt.

```
%%[ exitserver: permanent state may be changed ]%%
```

Diese Meldung leitet einen residenten Ladevorgang ein (siehe Abschnitt 2.4.5 »Residentes Laden«, Seite 67). Der »permanente Zustand« enthält die Daten, die allen zukünftigen Druckaufträgen zur Verfügung stehen sollen, also zum Beispiel Fonts und Prologe.

```
%%[ Flushing: rest of job (to end-of-file) will be ignored ]%%
```

Dieser Hinweis folgt meist auf eine Fehlermeldung und besagt, dass der Interpreter alle weiteren Daten bis zum Ende des aktuellen Druckauftrags nicht mehr auswerten wird.

```
%%[ status: waiting; source: Serial ]%%
```

Dies ist eine normale Zustandskontrollmeldung, die der Interpreter an den Computer schickt. Sie kann die Zustände *waiting/idle/busy/warming up* enthalten, je nachdem, ob der Interpreter gerade auf Daten wartet, nichts zu tun hat, beschäftigt ist oder darauf wartet, dass das Druckwerk die Betriebstemperatur erreicht. Mögliche Einträge für die Datenquelle *(source)* sind *serial9, serial25, AppleTalk, LocalTalk, EtherTalk, TokenRing, Centronics, Fax*.

```
<FontName> not found, using Courier
```

Diese Meldung erscheint immer dann, wenn die PostScript-Datei einen Font anfordert, der dem Interpreter nicht zur Verfügung steht. Als Ersatz für den nicht gefundenen Font dient die Schriftart Courier, die immer vorhanden ist.

```
%%[ PrinterError: cover open ]%%
```

Solche Meldungen informieren über ein spezifisches Problem des Druckers, in diesem Fall die geöffnete Abdeckhaube. Die möglichen Meldungen hängen vom Ausbau des Druckers ab und sollten in den meisten Fällen selbsterklärend sein, zumindest jedoch in der Dokumentation des Geräts erläutert werden.

3 Erstellen von PDF-Dateien

3.1 Wege zur PDF-Datei

Zum Erstellen von PDF-Dateien bieten sich mehrere Möglichkeiten an. Sie unterscheiden sich hinsichtlich der benötigten Software, der Funktionalität und der Einfachheit der Bedienung. Im Folgenden möchte ich die wichtigsten Varianten kurz vorstellen.

3.1.1 Acrobat-Komponenten. Die Acrobat-Familie enthält mehrere Möglichkeiten zur Erzeugung von PDF.

Acrobat Distiller. Distiller ist das Mittel der Wahl für die PDF-Konvertierung. Dieses Programm, das Bestandteil des Acrobat-Pakets ist, enthält einen PostScript-3-Interpreter. Distiller akzeptiert also die gleichen Seitenbeschreibungsdateien wie ein Drucker oder eine Belichtungsmaschine. Im Gegensatz zu diesen Ausgabegeräten rastert Distiller die Daten aber nicht (erzeugt also kein Pixelbild für eine Seite), sondern wandelt die PostScript-Beschreibung in eine PDF-Beschreibung um, die auf der Festplatte gespeichert wird. Aufgrund der engen Verwandtschaft der beiden Grafikmodelle ist eine weitgehend verlustfreie Konvertierung zwischen PostScript und PDF möglich.

Um die Anwendung zu vereinfachen, installiert die Acrobat-Installation auch den PostScript-Treiber AdobePS und kombiniert den Treiber und Acrobat Distiller zu einem Distiller-Druckertreiber. Daher erscheint Distiller nach der Installation als zusätzlicher Treiber im Druckmenü aller Programme. Es ist jedoch wichtig zu wissen, dass Distiller selbst kein Druckertreiber ist, der den Einschränkungen von GDI (Windows) oder QuickDraw (Macintosh) unterliegt, sondern als eigenständiges Programm arbeitet, das seine Eingabedaten vom PostScript-Treiber erhält. Da PostScript wesentlich leistungsfähiger ist als die erwähnten Systemschnittstellen zur Grafikausgabe, stellt diese Art der Anbindung keine Einschränkung der Funktionalität dar.

Distiller lässt sich aber auch als eigenständiges Programm starten, das separat erstellte PostScript-Dateien von der Festplatte einliest und nach PDF konvertiert. Damit erschließt er allen Programmen, die PostScript-Ausgabe erzeugen können, die PDF-Welt. Dies ermöglicht die Erstellung von PDF auch auf solchen Plattformen, für die es keine systemweiten Druckertreiber gibt, zum Beispiel Unix.

Neben den normalen PostScript-Anweisungen wertet Distiller auch den *pdfmark*-Operator aus. Mithilfe dieser Erweiterung lassen sich bereits im PostScript-Code verschiedenste Merkmale einer PDF-Datei definieren, die sonst manuell mit Acrobat eingebaut werden müssten. Dazu gehören zum Beispiel Verweise, Lesezeichen, Tags und vieles mehr. Solche pdfmark-Anweisungen werden von vielen Programmen automatisch generiert, können aber mithilfe verschiedener Tricks auch manuell vom Ersteller eines Dokuments in die PostScript-Ausgabe eingeschleust werden (siehe Kapitel 11 »Das pdfmark-Einmaleins«).

Hinweise zu den Optionen von Distiller zur Steuerung der PDF-Erzeugung finden Sie in Abschnitt 3.4 »Distiller-Einstellungen«, Seite 96. Da Sie für den Einsatz von Distiller erst PostScript erzeugen müssen, behandeln wir die Erzeugung geeigneter PostScript-Daten in Abschnitt 3.2 »Gutes PDF aus guten Eingangsdaten«, Seite 84.

Acrobat PDFWriter. PDFWriter ist ein Druckertreiber im Mac- oder Windows-Betriebssystem, der alle Programme PDF-fähig macht, die eine Druckfunktion enthalten. Im Gegensatz zum Distiller basiert PDFWriter nicht auf PostScript, sondern auf der Grafikschnittstelle des jeweiligen Systems, also QuickDraw auf dem Mac bzw. GDI unter Windows. Da diese Grafikmodelle PostScript in punkto Leistungsfähigkeit unterlegen sind, weist PDFWriter im Vergleich zu Distiller einige Einschränkungen auf. In Acrobat 5 ist die Komponente PDFWriter zwar noch enthalten, wird aber standardmäßig gar nicht mehr installiert. Falls Sie mit PDFWriter arbeiten wollen, müssen Sie bereits bei der Installation von Acrobat darauf achten, diese optionale Komponente auszuwählen.

Bei den Einschränkungen gegenüber Distiller ist die Tatsache am gravierendsten, dass PDFWriter kein PostScript verarbeiten kann, da er keinen PostScript-Interpreter enthält. Aus diesem Grund bettet er nur die Bildschirmvorschau – also eine Bitmap-Variante der Grafik (siehe Abschnitt 1.5 »Encapsulated PostScript (EPS)«, Seite 26) – in die erzeugte PDF-Datei ein. Diese Vorschau hat aber aufgrund der Rasterung mit geringer Auflösung meist keine akzeptable Qualität.

Ein weiterer wichtiger Unterschied ist die Vorbereitung von Hypertextfunktionen vor der PDF-Konvertierung. Während Distiller hierfür den *pdfmark*-Operator auswertet, gibt es in PDFWriter keine Möglichkeit, Hypertextfunktionen in der PDF-Ausgabe zu erzeugen.

Da PDFWriter keine modernen Grafikkonstrukte unterstützt, erzeugt er konsequenterweise immer Ausgabe der alten Version PDF 1.2.

Acrobat Web Capture. Die in Acrobat 4 eingeführte Funktion Web Capture ermöglicht die Konvertierung von Webseiten nach PDF und damit das Websurfen mit Acrobat. Web Capture lädt Webinhalte selbstständig aus dem Internet und wandelt HTML samt eingebetteten Bilder nach PDF um. Dabei geht Web Capture keine Umwege über PostScript oder die Druckertreiberschnittstelle, sondern erzeugt die PDF-Ausgabe mit internen Mitteln von Acrobat. Diese Komponente wird in Abschnitt 7.2 »Acrobat Web Capture«, Seite 311, ausführlich behandelt.

Konvertieren von Bilddateien mit Acrobat. Im Acrobat-Vollprodukt können Sie via *Datei, Als Adobe PDF öffnen...* Rasterbilddateien in den gängigen Rastergrafikformaten öffnen und nach PDF konvertieren. Dabei können Sie auch mehrere Bilder gleichzeitig auswählen und nach PDF umwandeln. Die Konvertierung von Bilddaten mit Acrobat hat allerdings einige Nachteile: Die erzeugten PDF-Dateien werden unabhängig vom Ursprungsformat immer mit dem Flate-Verfahren komprimiert. Das kann zum Beispiel bei der Konvertierung von JPEG-Bildern nach PDF zur Folge haben, dass die PDF-Datei um den Faktor zehn bis zwanzig größer ist als die ursprüngliche JPEG-Datei! Aus diesem Grund sollten Sie die Importfunktion für Bilddateien nur sehr vorsichtig benutzen und zumindest die Größe der erzeugten Dateien kontrollieren. Außerdem bietet diese Acrobat-Funktion keinerlei Optionen zur Steuerung der Konvertierung, etwa die Bilddrehung oder die Wahl der Auflösung zur Steuerung der Größe der erzeugten PDF-Seite.

Konvertieren gescannter Seiten mit Acrobat Paper Capture. PDFWriter und Distiller konvertieren nur Dokumente nach PDF, die bereits digital vorliegen. Die Capture-Funktion dagegen ist für die Umwandlung gedruckter Dokumente zuständig. Dazu müssen die gedruckten Seiten zunächst eingescannt und nach PDF konvertiert werden. Als wichtige Erweiterung integriert Capture ein OCR-Modul. Diese Abkürzung steht für *optical character recognition* und bezeichnet die automatische Erkennung von Textbestandteilen in den Scandaten. Die Software versucht also, die gescannten Pixel wieder zu Buchstaben und Wörtern zusammenzusetzen.

Der Einsatz von PDF bietet im Zusammenhang mit OCR mehrere Vorteile: Neben dem kompakten Speicherformat ist hier vor allem die Kombination von Text und Bitmap-Grafik zu nennen. Während herkömmliche OCR-Software nicht erkannte Textteile höchstens durch Sonderzeichen markiert, enthält eine PDF-Datei an zweifelhaften Stellen den entsprechenden Bitmap-Ausschnitt der Originalseite, so dass der optische Eindruck erhalten bleibt. Die erkannten Textstellen werden als echter Text im Dokument abgespeichert. Das Abspeichern als Text verkleinert die Dateien im Vergleich zu einer reinen Pixelversion enorm und hat außerdem den Vorteil, dass man sie für eine Volltextsuche indizieren und mit dem Textauswahl-Werkzeug Textteile kopieren kann.

Acrobat Capture steht in mehreren Varianten zur Verfügung:
- Ein Acrobat-Plugin als kleine Lösung zur Konvertierung weniger Einzelseiten. Es ist auf maximal 50 Seiten begrenzt. Das Capture-Plugin starten Sie über *Werkzeuge, Paper Capture...* . Beachten Sie jedoch die Bemerkungen unten über die Verfügbarkeit des Plugins.
- Als kostenpflichtigen Online-Dienst, der über *Werkzeuge, Paper Capture Online* gestartet wird oder direkt im Browser über folgende Adresse erreichbar ist:

    https://createpdf.adobe.com

Bei dieser Variante wird die zu konvertierende PDF-Datei über das Internet zu einem Server von Adobe übertragen. Dort findet die OCR-Erkennung statt und das Ergebnis wird zum PC des Anwenders zurück übertragen.

- Als separates Produkt Acrobat Capture, das wiederum in den Varianten Personal Edition und Cluster Edition erhältlich ist. Während die Personal Edition für den Einsatz auf einer einzelnen Workstation konzipiert ist, ermöglicht die Cluster Edition die Koordination mehrerer Workstations und Server und bietet damit Skalierbarkeit für großes Konvertierungsvolumen. Beide Varianten von Acrobat Capture sind im Acrobat-Vollprodukt nicht enthalten, sondern werden als separate Produkte vertrieben. Sie sind durch einen Hardware-Dongle geschützt, der die Zahl der konvertierten Seiten mitzählt. Ist die mit dem Dongle mögliche Maximalzahl an Seiten verbraucht (standardmäßig 20000 Seiten), so verweigert das Programm die Arbeit, bis ein neuer Dongle installiert wird. Die Dongles werden als eigene Produkte vertrieben.

Während das Capture-Plugin in Acrobat 4 noch standardmäßig enthalten war, fehlte es in Acrobat 5 überraschend. Stattdessen wollte Adobe die Anwender zur Nutzung des entsprechenden Online-Dienstes bewegen. Neben dem Kostenaspekt sprechen weitere Gründe gegen diese Nutzungsvariante, von mangelnder Übertragungsbandbreite über Probleme mit Intranet-Firewalls bis hin zu Sicherheitsbedenken bei der Konvertierung vertraulicher Dokumente auf einem fremden Server. Aus diesen Gründen hagelte es nach der Freigabe von Acrobat 5.0 massive Proteste aus der Gemeinde der Acrobat-Benutzer. Daraufhin entschloss sich Adobe, die Capture-Funktion wieder als Plugin anzubieten. Das Plugin steht seither zum kostenlosen Download auf dem Adobe-Server bereit (derzeit allerdings nur für Windows).

Bei der Erstellung der PDF-Dateien stehen wiederum mehrere Varianten zur Auswahl:

- *Formatierter Text & Grafiken:* Die PDF-Datei enthält den erkannten Text als normale Textbestandteile und ist damit durchsuchbar und indizierbar. Eine typische Seite benötigt in diesem Format etwa 10 Kilobyte und eignet sich damit für den Einsatz im Web.
- *Durchsuchbares Bild (Exakt):* Diese Variante kombiniert den per OCR erkannten Text mit dem Original-Scan. Eine Rasterversion der Seite garantiert ein identisches Erscheinungsbild von Scan und PDF-Datei. Hinter den Rasterdaten liegt in einer zusätzlichen (nicht sichtbaren) Ebene der erkannte Text. Diese Kombination ermöglicht die Durchsuch- und Indizierbarkeit des Textes bei gleichzeitig garantiertem Originallayout, das zum Beispiel aus rechtlichen Gründen erforderlich sein kann. Die Bilddaten benötigen allerdings wesentlich mehr Platz als reine Textseiten. Bei durchschnittlich gefüllten Seiten muss man trotz Kompression mit 80 bis 100 Kilobyte pro Seite rechnen.

▶ *Durchsuchbares Bild (Kompakt):* Diese Variante kombiniert ebenfalls den erkannten Text mit den Original-Pixeldaten. Im Gegensatz zur exakten Variante wird hierbei das Pixelbild in mehrere Bestandteile zerlegt. Durch die getrennte Kompression von Schwarzweiß- und Farbzonen erreicht man bei vielen Dokumenten höhere Kompressionsraten. Da farbige Grafikbestandteile mittels JPEG komprimiert werden, ist diese Variante allerdings nicht ganz verlustfrei.

3.1.2 Direkte Erzeugung mit Anwendungsprogrammen.

Während alle bisher vorgestellten Methoden zur Erzeugung von PDF auf der Acrobat-Software aufbauen, gibt es auch Möglichkeiten zur PDF-Generierung ohne Acrobat. Mittlerweile enthalten immer mehr Grafik- und Bildverarbeitungsprogramme Exportmodule für das PDF-Format. Eine Beschreibung der PDF-Fähigkeiten wichtiger Programme finden Sie in Kapitel 8 »PDF-Unterstützung in Anwendungsprogrammen«. Dabei wird aber oft nicht der komplette Funktionsumfang von PDF unterstützt. Es kann auch passieren, dass die Dateien zu groß werden: Adobe Illustrator integriert zum Beispiel beim Speichern einer Grafik im PDF-Format zusätzlich eine zweite Fassung der Seitenbeschreibung im Illustrator-internen Format, wodurch sich die Dateigröße in etwa verdoppelt (weitere Einzelheiten hierzu finden Sie in Abschnitt 8.9 »Adobe Illustrator«, Seite 369).

Manche Programme, etwa Microsoft Word, Adobe FrameMaker und Adobe PageMaker, scheinen zwar auf den ersten Blick ebenfalls selbstständig PDF-Ausgabe zu erzeugen *(Sichern als PDF)*, erstellen in Wirklichkeit aber erst über den Druckertreiber PostScript-Ausgabe und lassen diese im Hintergrund von Distiller nach PDF konvertieren.

3.1.3 Alternativen zu Distiller.

Acrobat Distiller ist nicht das einzige Programm zur Konvertierung von PostScript nach PDF. Verschiedene Hersteller bieten Alternativlösungen in allen Preisbereichen an, die sich mehr oder weniger von Distiller unterscheiden bzw. ihre Schwerpunkte auf nützliche Zusatzeigenschaften legen. Aus der Fülle der angebotenen Programme möchte ich kurz auf einige verweisen.

Jaws PDF Creator von Global Graphics entspricht funktional dem Distiller und steht wie dieser in Versionen für Mac und Windows zur Verfügung. Das Produkt integriert sich über die Druckerschnittstelle, bietet aber im Gegensatz zu PDFWriter volle PostScript-Funktionalität inklusive einer Auswertung des pdfmark-Operators. Jaws PDF Creator ist vor allem für den Einsatz auf einer großen Zahl von Arbeitsplätzen eine preisgünstigere Alternative zu Acrobat Distiller. PDF Creator wird zusätzlich in einer Servervariante angeboten, die eine Workflowsoftware zur Automatisierung enthält.

Ghostscript steht als hochwertiger Interpreter für PostScript und PDF seit Jahren kostenlos zur Verfügung und kann beide Formate auch ineinander konvertieren. Das Programm eignet sich aber nur eingeschränkt für den Einsatz in der Druckvorstufe. Dafür ist es auf allen Betriebssystemen lauffähig, wenn man bereit ist, den C-Code selbst zu kompilieren. Für die wichtigsten Betriebssysteme gibt es aber auch vorkompilierte Versionen.

3.2 Gutes PDF aus guten Eingangsdaten

Für die PDF-Erstellung gilt wie für alle anderen Gebiete der Informatik das alte Prinzip *garbage in, garbage out:* Wenn man in einen Prozess ungeeignete Daten hineinsteckt, wird man auch unbrauchbare Daten als Ausgabe erhalten. Da Sie bis auf wenige Ausnahmen für die PDF-Erzeugung immer den Weg über Distiller gehen sollten, bedeutet das, dass Sie der Erzeugung der zugrunde liegenden PostScript-Daten besondere Aufmerksamkeit widmen müssen. Die Ausnahmen beziehen sich auf Programme wie Adobe Illustrator oder Adobe InDesign, deren fortgeschrittene PDF-Integration den Umweg über Distiller überflüssig macht. Allerdings gelten auch für diese Programme die allgemeinen Vorsichtsmaßnahmen, auf die ich im nächsten Abschnitt eingehen möchte.

3.2.1 Sorgfältige Wahl der Inhalte.

In Abschnitt 1.2 »Das Adobe-Grafikmodell«, Seite 6, hatten wir uns die grundlegenden Elemente von PostScript- und PDF-Seitenbeschreibungen angesehen, nämlich Text, Vektorgrafik und Rasterbilder. Für die Erstellung von gutem Ausgangsmaterial zur Konvertierung nach PDF ist es unabhängig von der benutzten Software sehr wichtig, sich über die Bedeutung und den Einsatz dieser Elemente im Klaren zu sein. Moderne Grafikprogramme machen es sehr leicht, die Unterschiede zwischen diesen Kategorien zu vergessen.

Ein wichtiges Grundprinzip, das in den folgenden Empfehlungen immer wieder durchscheinen wird, lautet ganz einfach: Vermeiden Sie Datenverluste. Dazu zählen zum Beispiel unangemessenes Downsampling (Neuberechnung) von Bilddaten, Farbkonvertierungen und die Umwandlung transparenter Objekte (Flattening). Sind solche Operationen erforderlich, sollten sie so spät wie möglich in der Verarbeitungskette stattfinden, um möglichst lange die maximale Qualität der Daten zu erhalten.

Text. Wie in Abschnitt 4.3 »Die wichtigsten Fontformate«, Seite 128, ausführlich erläutert, können Sie im Zusammenhang mit PostScript und PDF heutzutage unbesorgt die Fontformate Type 1 und TrueType sowie das neue Format OpenType nutzen. Frühere Vorbehalte gegen TrueType-Schriften sind nicht mehr angebracht. Dies setzt jedoch voraus, dass Sie unabhängig vom Format mit hochwertigen Schriften arbeiten. Vermeiden Sie die zahlreich erhältlichen kostenlosen Fonts genauso wie minderwertige Programme zur Konvertierung von Schriften. Falsche Zeichensatzinformationen und missachtete Vorgaben aus den Spezifikationen sorgen regelmäßig für Probleme beim Einsatz minderwertiger Schriften. Die Konvertierung von Schriften mit ungeeigneter Software kann fehlende Kerning-Informationen, falsche Laufweiten, fehlende Sonderzeichen und niedrige Ausgabequalität zur Folge haben.

Die meisten Grafikprogramme bieten eine Funktion zur Umwandlung von Schriften in die Umrisslinien der einzelnen Zeichen an (Umwandeln der Zeichenwege in Pfade). Diese Funktion sollten sie nur dann benutzen, wenn Sie wirklich eine Outline-Schrift oder bestimmte Effekte wie das Ausschneiden (Clipping) von Objekten mit Buchstabenformen realisieren wollen. Im Regelfall sollten Sie die Umwandlung von Schrift immer vermeiden, insbesondere bei kleinen Schriftgraden. Bei dieser Umwandlung gehen Zusatzinformationen verloren, die für eine hochwertige Druckausgabe bei kleiner Fontgröße sorgen. Text in normaler Lesegröße wird also schlechter gedruckt, wenn er vorher in Pfade konvertiert wurde. Hinsichtlich der späteren PDF-Erzeugung ist zu bemerken, dass umgewandelter Text in der PDF-Seitenbeschreibung nicht durch Text-, sondern durch Vektorobjekte dargestellt wird. Umgewandelter Text lässt sich also in PDF weder selektieren noch mit der Suchfunktion nutzen.

Vektorgrafik. Programme wie Adobe Illustrator, Macromedia FreeHand oder CorelDraw sind typische Grafikprogramme, mit denen Sie Vektorgrafik erstellen können. Bildverarbeitungsprogramme wie Adobe Photoshop verfügen zwar auch über vektororientierte und Textwerkzeuge, erzeugen aber immer Rasterdaten als Ausgabe. Dies ist ein gewaltiger Unterschied, denn die Textinformation, die Sie zum Beispiel in Photoshop erstellen, wird letztendlich immer aufgerastert und als Pixelbild gespeichert. Solche Pixelbilder sind nicht ohne Qualitätsverlust skalierbar und der darin enthaltene Text (der ja auch nur aus Pixeln besteht) ist wieder nicht durchsuchbar und selektierbar.

Die Verlaufsfunktionen, die aktuelle Versionen von Vektorgrafikprogrammen anbieten, sollten Sie unbedingt nutzen, um graue oder farbige Verläufe anzulegen. Dabei sollten Sie jedoch auf einen feinen Unterschied achten: Seit vielen Jahren gibt es in Adobe Illustrator zum Beispiel schon ein Werkzeug für *blends*. Es erzeugt eine Reihe einfacher Objekte mit jeweils unterschiedlicher Farbe, die zusammen einen Verlauf ergeben. Dieser Verlauf besteht aber aus einer Simulation durch Einzelobjekte. Das neue Werkzeug für *gradients* erzeugt dagegen echte Verläufe mit der entsprechenden Funktion von PDF bzw. PostScript 3.

Im Zusammenhang mit der Transparenzfunktion ist ebenfalls Vorsicht angebracht. Beim so genannten Flattening, also der Konvertierung transparenter Objekte, muss die Software eine Grafik so umwandeln, dass sie auch ohne Nutzung der Transparenzfunktion korrekt dargestellt wird. Dabei werden Objekte in kleinere Teile gegliedert, Text in Vektorgrafik umgewandelt und Vektorgrafik in manchen Fällen aufgerastert. Da all diese Umwandlungen Qualitätsverluste bedeuten, sollten Sie das Flattening nach Möglichkeit vermeiden. Ist es unbedingt erforderlich, sollten Sie in der Konfiguration die höchste Qualitätsstufe einstellen.

Von Farben und Farbkonvertierungen wird in Kapitel 5 »Farbe« noch ausführlich die Rede sein. An dieser Stelle möchte ich nur auf den behutsamen Umgang mit Schmuckfarben hinweisen. Diese sollten nur dann benutzt werden, wenn sie auch wirklich für den Druckprozess benötigt werden. In diesem Fall müssen Sie genau auf die Namen der Schmuckfarben (also auch Leerzeichen sowie Groß- und Kleinschreibung) achten. Schon die geringste Abweichung kann bewirken, dass Sie zu viele Farbseparationen erzeugen.

Rasterbilder. Raster- oder Pixelbilder stellen die geringste Abstraktionsstufe dar, da die dargestellten Objekte nicht direkt als solche manipuliert werden können, sondern nur das Bild als Ganzes. Rasterbilder leiden unter Skalierung und Rotation (es sei denn, der Drehungswinkel ist ein Vielfaches von 90 Grad). Anstatt übermäßig viele Daten mitzuschleppen, sollten Sie immer mit derjenigen Auflösung arbeiten, die gerade noch genügen Daten für den jeweiligen Zweck liefert.

Bildschirmabzüge (Screenshots) stellen einen wichtigen Anwendungsfall von Rasterbildern dar. Hier sollten Sie unbedingt darauf achten, Screenshots immer in der ursprünglichen Auflösung zu verwenden und sie nie im Bildverarbeitungsprogramm zu skalieren. Bei einer Skalierung werden nämlich Pixel umgerechnet und der Bildschirmabzug verfälscht bzw. verschlechtert. Soll das Bild in einem Text- oder DTP-Programm eine andere Größe haben, so skalieren Sie es ruhig nach dem Import, denn dabei werden die Bildpixel nicht verändert, sondern nur das ganze Bild vergrößert oder verkleinert.

Es hat sich sicher herumgesprochen, dass das JPEG-Format Verluste bei der Bildkompression mit sich bringt. Diese Verluste können sich zudem akkumulieren. Daher sollten Sie ein Bild, das Sie mehrfach in einem Bildbearbeitungsprogramm verändern, zwischendurch nicht immer wieder im JPEG-Format speichern, sondern lieber als TIFF und erst ganz am Schluss als JPEG.

3.2.2 PostScript-Erzeugung.

Werfen Sie noch einmal einen Blick auf die Übersichtstabelle in Abschnitt 1.2.6 »Entwicklung des Grafikmodells«, Seite 17, die die Implementierung von Grafikfunktionen in den PostScript- und PDF-Versionen vergleicht. Bei der Erstellung von PostScript-Ausgabe für ein bestimmtes Ausgabegerät müssen Sie darauf achten, nur solche Funktionen zu verwenden, die das Gerät unterstützt. Einem Level-2-Drucker sollten Sie kein PostScript 3 übergeben, TrueType/Type-42-Fonts dürfen Sie nur dann verwenden, wenn sie vom Gerät unterstützt werden usw. Bei der Erzeugung von PostScript-Ausgabe als Vorstufe für die PDF-Konvertierung ist die Situation jedoch anders. Hier wird der PostScript-Code von Distiller verarbeitet, mithin einem robusten, zuverlässigen und modernen PostScript-Interpreter des höchsten Sprachlevels. Selbst wenn die PDF-Datei ganz speziell für die Ausgabe auf einem bestimmten Gerät erzeugt wird, sollten Sie bei der Erstellung der PostScript-Daten nicht auf dieses Gerät abzielen, sondern auf Acrobat Distiller. Für die später eventuell erforderliche Herunterstufung der Daten auf einen niedrigeren PostScript-Level sorgt Acrobat automatisch bei der Druckausgabe. Daraus ergeben sich bereits folgende Empfehlungen für die PostScript-Erstellung:

- Wählen Sie die Distiller-PPD oder arbeiten Sie gleich mit dem Druckertreiber Acrobat Distiller (Windows) bzw. Create Adobe PDF (Mac). Vermeiden Sie alle gerätespezifischen Angaben im PostScript-Code, zum Beispiel Schachtangaben und Ähnliches.
- Erstellen Sie Ausgabe im Binärformat, denn sie ist kompakter und wird schneller verarbeitet.
- Konfigurieren Sie die PostScript-Ausgabe auf PostScript 3.

Was die Fontkonfiguration angeht, sollten Sie von der Möglichkeit in Distiller 5 Gebrauch machen, Fontdateien direkt von der Festplatte einzulesen. Im Gegensatz zu früheren Empfehlungen betten Sie dazu die Schriften nicht im PostScript-Code ein, sondern sorgen dafür, dass sie auf dem Rechner, auf dem Distiller läuft, zur Verfügung stehen. Dadurch wird die PostScript-Ausgabe kleiner und Sie vermeiden vor allem mögliche Fontkonvertierungen und -ersetzungen durch den Druckertreiber, die lange Zeit für Probleme bei der PDF-Erstellung sorgten (siehe Abschnitt 2.2 »PostScript unter Windows«, Seite 51). Im Druckertreiber AdobePS für Windows aktivieren Sie dazu die Optionen *TrueType-Downloadoption: TrueType* und *TrueType-Schriftart: Als Softfont in den Drucker laden*.

3.3 Schriften in Acrobat

Text und Schrift spielen eine entscheidende Rolle im Umgang mit Dokumenten aller Art. In diesem Abschnitt möchte ich auf wichtige Eigenschaften von Acrobat und PDF im Zusammenhang mit Schriften eingehen. Weiterführende Informationen zu den im Text erwähnten Fontformaten finden Sie in Kapitel 4 »Fonts«, Angaben zu Fontoptionen in Distiller in Abschnitt 3.4.1 »Verarbeitung von Schriften«, Seite 96.

3.3.1 Einbettung und Untergruppen in PDF.
Schriften können in PDF eingebettet werden und stehen damit beim Empfänger des Dokuments für die Bildschirmdarstellung oder für den Ausdruck zur Verfügung, auch wenn sie dort nicht im System installiert sind. Alternativ zur Einbettung des Fonts kann eine PDF-Datei auch nur den so genannten Fontdeskriptor enthalten. Diese Datenstruktur beschreibt die wichtigsten Merkmale einer Schrift, etwa mit oder ohne Serifen, Ober- und Unterlängen,

Zeichensatz und vor allem die Laufweite der einzelnen Zeichen (eine ausführliche Beschreibung finden Sie in Abschnitt 12.4.2 »Datenstrukturen für Fonts«, Seite 550). Ist die Schrift auf dem Zielsystem nicht installiert, generiert Acrobat mithilfe zweier Multiple-Master-Schriften anhand der Daten im Fontdeskriptor eine Ersatzschrift, die die fehlende Schrift simuliert. Die Ersatzschrift entspricht dem fehlenden Font nicht exakt, erhält aber dank identischer Laufweiten zumindest Zeilen- und Seitenumbrüche und garantiert damit die Lesbarkeit des Dokuments.

Für die wichtigsten Schriftenformate Type 1 und TrueType gibt es zudem die Möglichkeit, nicht den gesamten Font, sondern nur die tatsächlich im Dokument benötigten Zeichen in die PDF-Datei einzubetten. Da die meisten Fonts über 200 Zeichen enthalten, beanspruchen solche Fontuntergruppen in der Regel wesentlich weniger Platz in der PDF-Datei.

Angaben zu Anzahl und Namen der eingebetteten Fonts sowie Untergruppenbildung zeigt Acrobat in einer Informationsbox an, die man über *Datei, Dokumenteigenschaften, Schriften...* erreicht. Für konvertierte TrueType-Schriften enthält diese Box allerdings oft unverständliche synthetische Namen, die aus der Konvertierung durch den Windows-Druckertreiber resultieren.

Die Einbettung von Schriften wirkt sich natürlich auf die Dateigröße aus. Ein vollständig eingebetteter PostScript-Font schlägt mit etwa 30 bis 60 Kilobyte in der PDF-Datei zu Buche, TrueType-Fonts sind oft mehrere hundert Kilobyte groß. Moderne Fonts enthalten oft mehrere hundert Zeichen und damit deutlich mehr, als ein einziges Dokument enthält (sieht man einmal von Spezialanwendungen wie Zeichensatztabellen, Fontkatalogen oder vielsprachigen Übersetzungen ab). Die so genannten Fontuntergruppen *(subsets)* schaffen hier Abhilfe, indem sie nur die in der Datei wirklich benötigten Zeichen enthalten. Dadurch reduziert sich die Größe eines eingebetteten Fonts durch Bildung von Untergruppen in der Regel auf weniger als die Hälfte.

Beachten Sie bitte, dass die Einbettung eines Fonts nicht immer zulässig ist, sondern von den Lizenzbedingungen des jeweiligen Herstellers abhängt. Einige Fontformate können zudem Einträge enthalten, die eine erfolgreiche Einbettung verhindern. Weitere Details zu diesem Thema finden Sie in Abschnitt 4.6 »Fonteinbettung«, Seite 172.

Acrobat und Fontuntergruppen. Ist ein Font zwar in der PDF-Datei eingebettet, aber nicht auf dem System installiert, so unterliegt die Bearbeitung der PDF-Datei seit Acrobat 4 ebenfalls Einschränkungen. So weigert sich das TouchUp-Werkzeug zum Beispiel, Text in dieser Situation zu bearbeiten. Die Begründung dafür ist nicht technischer Art, sondern hat lizenzrechtlichen Hintergrund: Wenn die Schrift nicht installiert ist, liegt höchstwahrscheinlich auch keine Lizenz dafür vor. Die Einbettungslizenz bezieht sich bei den meisten Schriften nur auf die Weitergabe von PDF-Dokumenten für

Bildschirmanzeige und Ausdruck, nicht aber auf die Bearbeitung *(editable embedding)*. Da in der Bearbeitung eines Dokuments die Erstellung von Mehrwert gesehen wird, fordern die Schriftenhersteller hierfür jeweils eine eigene Lizenz – auch wenn es sich nur um die Korrektur eines Tippfehlers kurz vor der Belichtung handelt.

Mithilfe des TouchUp-Textwerkzeugs können Sie die Fonteinbettung nachträglich in PDF anpassen. Klicken Sie dazu auf *Werkzeuge, TouchUp Text, Textattribute*. In der daraufhin angezeigten Dialogbox können Sie mit dem Kästchen *Einbetten* eine Schrift nachträglich in die PDF-Datei integrieren (dazu muss sie im System installiert sein) oder eine bereits eingebettete Schrift aus der PDF-Datei entfernen, indem Sie das Kästchen deaktivieren. Die Steuerung der Einbettung klappt auch mit diversen anderen Werkzeugen, zum Beispiel mit der Preflight-Funktion von Enfocus PitStop. Weitere Informationen finden Sie in Abschnitt 3.4.1 »Verarbeitung von Schriften«, Seite 96.

3.3.2 Fontsubstitution.

Acrobat simuliert Schriften, die weder im PDF eingebettet noch auf dem System installiert sind, mithilfe der Multiple-Master-Technik (siehe dazu Abschnitt 4.3.6 »Multiple-Master-Fonts«, Seite 142). Die beiden Multiple-Master-Schriften *AdobeSerifMM* und *AdobeSansMM* (mit bzw. ohne Serifen), die zusammen mit Acrobat installiert werden, sind in den Designachsen Laufweite und Gewicht variabel. Acrobat versucht damit unter Berücksichtigung des Fontdeskriptors, fehlende Schriften so originalgetreu wie möglich nachzubilden, doch perfekt kann diese Nachbildung nicht sein. Während dem untrainierten Auge bei normalen Textschriften der Unterschied entgehen mag, ist die Fontsubstitution bei ungewöhnlichen Schriften, etwa solchen, die eine Handschrift darstellen, ziemlich auffällig. Die Ersatzschriften werden für Bildschirmanzeige und Ausdruck installiert und mit allen Acrobat-Versionen installiert, allerdings nie in eine PDF-Datei eingebettet. Ist die Option *Anzeige, Lokale Schriften verwenden* deaktiviert, so versucht Acrobat gar nicht erst, auf installierte Systemschriften zuzugreifen, sondern arbeitet ausschließlich mit eingebetteten Schriften und der Fontsubstitution.

Wann misslingt die Fontsubstitution? Ist ein Font nicht eingebettet und kann auch nicht substituiert werden, so gibt Acrobat eine Fehlermeldung aus (einmal pro Dokument) und zeigt die fehlenden Zeichen als schwarze Kreise (Bullet-Zeichen) an. Mithilfe der oben erwähnten Option *Anzeige, Lokale Schriften verwenden* können Sie die Auswirkungen der Fontsubstitution schon auf Ihrem eigenen Computer die spätere Anzeige auf anderen Systemen überprüfen. Die Fontsubstitution funktioniert in folgenden Fällen nicht:

- Type-3-Fonts (siehe Abschnitt 4.3.2 »Type 3«, Seite 133) können nicht simuliert werden und sind daher in PDF immer eingebettet.

- Symbolschriften außer Symbol und ZapfDingbats können mit den Substitutionsfonts ebenfalls nicht dargestellt werden, da diese nur Buchstaben enthalten, aber keine Symbole. Während Buchstaben aus dem Alphabet leicht substituiert werden können, leuchtet es sofort ein, dass dies zum Beispiel mit einem Firmenlogo in einem Symbolfont nicht klappt.
- Lateinische Schriften mit Zeichen außerhalb des *Standard Latin Character Set*, insbesondere ISO 8859-2, also etwa Tschechisch oder Polnisch. Dies liegt am relativen kleinen Zeichenvorrat der Multiple-Master-Fonts und könnte von Adobe eigentlich leicht behoben werden.
- CID-Fonts, die mit eingebetteten (im Gegensatz zu den vordefinierten) Zeichensatzzuordnungen, den so genannten CMaps, arbeiten, können ebenfalls nicht simuliert werden (siehe Abschnitt 4.3.5 »CID-Fonts«, Seite 140 und Abschnitt 4.7.5 »Kodierung von CID-Fonts«, Seite 195).

Die Unterscheidung zwischen Text- und Symbolschriften, auf die wir in Abschnitt 4.7 »Zeichensätze«, Seite 176, näher eingehen werden, ist in diesem Zusammenhang sehr wichtig. Ist zum Beispiel ein Symbolfont fälschlicherweise als Textfont kodiert (was in der Praxis leider vorkommt), so versucht Acrobat, die Symbole mit normalen Buchstaben zu simulieren – und das geht garantiert schief.

Der Mechanismus der Fontsubstitution leidet unter einigen Einschränkungen, die den Multiple-Master-Fonts durch das Type-1-Format vererbt wurden. So arbeitet die Fontersetzung mit der alten Encoding-Technik, die nicht vollständig Unicode-kompatibel ist, und ist daher auf lateinische Textschriften begrenzt. Der geringe Zeichenvorrat der Substitutionsfonts verschärft dieses Problem weiter.

3.3.3 Standardschriften in PDF.

Acrobat wird mit einer Reihe von Standardschriften ausgeliefert, die unabhängig von den Systemschriften in jeder Acrobat-Installation vorhanden sind und im Distiller als Base-14-Schriften bezeichnet werden. Dabei handelt es sich um die folgenden Schriftarten:

Courier, Courier-Bold, Courier-Oblique, Courier-BoldOblique,
Helvetica, Helvetica-Bold, Helvetica-Oblique, Helvetica-BoldOblique,
Times-Roman, Times-Bold, Times-Italic, Times-BoldItalic,
Symbol
ZapfDingbats

Da Acrobat immer auf diese Schriften zugreifen kann, müssen sie nicht in PDF eingebettet werden, wenn die Dateien am Bildschirm benutzt werden sollen. In der Druckvorstufe ist jedoch sinnvoll, auch diese Schriften einzubetten, um Verwechslungen zu vermeiden. Nicht einmal Laufweiten und Fontdeskriptor sind erforderlich. Die Einbettung der Standardschriften ist zum Beispiel dann nützlich, wenn man mit einer speziellen Variante von

Helvetica arbeiten möchte, die sich von der üblichen Helvetica unterscheidet (etwa durch einen umfangreicheren Zeichensatz, siehe unten).

Verwirrenderweise enthält Acrobat seit Version 4 zur Anzeige der Standardschriften allerdings Schriften mit anderen Namen. So wird Helvetica durch die Monotype-Variante ArialMT dargestellt, was dem Verwirrspiel um die Standardfonts die Krone aufsetzt: PostScript-Drucker enthalten Helvetica; Microsoft führte Arial als Helvetica-Clone ein; der Druckertreiber bildet Arial auf Helvetica ab – und Acrobat zeigt Helvetica wiederum mit Arial an. Beim Ausdruck auf einem PostScript-Drucker wird diese wiederum durch Helvetica ersetzt! Die Tatsache, dass Distiller die Namen der Standardschriften in der Anzeige klammheimlich wieder abändert und die vorhandene Acrobat-Version von ArialMT wieder als Helvetica in seinen Menüs führt, erleichtert den Überblick auch nicht unbedingt.

Die mitgelieferten Versionen der Standardschriften enthalten 229 Zeichen, nämlich *Standard Latin Character Set* plus das Eurozeichen. Damit wird auch schon ein Problem ersichtlich: Lateinische Zeichen außerhalb des Standardsets können nicht dargestellt werden. Daher müssen zum Beispiel erweiterte Versionen der Standardschriften eingebettet werden, um tschechische Dokumente mit dem Zeichensatz ISO 8859-2 zuverlässig anzuzeigen.

3.3.4 CJK-Schriften.

Bei der Verarbeitung von Schriften für Chinesisch, Japanisch und Koreanisch in PDF sind einige Besonderheiten zu beachten, die vor allem mit dem enorm großen Zeichenvorrat der entsprechenden Schriften zusammenhängen. Zunächst bietet Adobe im kostenlosen asiatischen Fontpaket CID-Fonts und CMaps für diese Sprachen an, die die Anzeige von CJK-Dokumenten auch mit westlichen Versionen von Acrobat 4 oder höher erlauben (siehe Abbildung 3.1). Tabelle 3.1 führt diese Schriften sowie die jeweils unterstützten CMaps auf. CMaps sind ein wichtiger Bestandteil der CID-Fonttechnik. Sie enthalten Zeichensatzdefinitionen, die einen Font für einen bestimmten Zeichensatzstandard umkodieren. Eine Erläuterung dieses Verfahrens finden Sie in Abschnitt 4.7.5 »Kodierung von CID-Fonts«, Seite 195; Die Bedeutung der aufgeführten CMaps und ihre Zuordnung zu verbreiteten Standards steht in der PDF-Referenz. Neben den in der Tabelle aufgeführten Standard-CMaps gibt es auch benutzerdefinierte CMaps, die beliebige Zeichensatzzuordnungen definieren könne. Solche speziellen CMaps können wie Fonts in die PDF-Datei eingebettet werden.

Substitution von CJK-Schriften. Wie oben erwähnt, enthalten die Multiple-Master-Schriften für die Fontsubstitution nur lateinische Zeichen und können CJK-Schriften daher nicht simulieren. Wird für Bildschirmanzeigen oder Ausdruck ein CJK-Font benötigt, der nicht im Dokument eingebettet ist, so greift Acrobat einfach auf eine der in Tabelle 3.1 aufgeführten Standardschriften oder einen geeigneten Systemfont zurück. Obwohl die asiati-

Tabelle 3.1 Die PDF-Standardschriften für Chinesisch, Japanisch und Koreanisch

Sprache	Fontname und Beispiel		Unterstützte CMaps (Zeichensätze)
Vereinfacht. Chinesisch	STSong-Light	国际	GB-EUC-H, GB-EUC-V, GBpc-EUC-H, GBpc-EUC-V, GBK-EUC-H, GBK-EUC-V, UniGB-UCS2-H, UniGB-UCS2-V, GBKp-EUC-H[1], GBKp-EUC-V[1], GBK2K-H[1], GBK2K-V[1], HKscs-B5-H[1], HKscs-B5-V[1]
Traditionell. Chinesisch	MHei-Medium	中文	B5pc-H, B5pc-V, ETen-B5-H, ETen-B5-V, ETenms-B5-H, ETenms-B5-V, CNS-EUC-H, CNS-EUC-V, UniCNS-UCS2-H, UniCNS-UCS2-V
	MSung-Light	中文	
Japanisch	HeiseiKakuGo-W5	日本語	83pv-RKSJ-H, 90ms-RKSJ-H, 90ms-RKSJ-V, 90msp-RKSJ-H, 90msp-RKSJ-V, 90pv-RKSJ-H, Add-RKSJ-H, Add-RKSJ-V, EUC-H, EUC-V, Ext-RKSJ-H, Ext-RKSJ-V, H, V, UniJIS-UCS2-H, UniJIS-UCS2-V, UniJIS-UCS2-HW-H, UniJIS-UCS2-HW-V
	HeiseiMin-W3	日本語	
Koreanisch	HYGoThic-Medium	한국	KSC-EUC-H, KSC-EUC-V, KSCms-UHC-H, KSCms-UHC-V, KSCms-UHC-HW-H, KSCms-UHC-HW-V, KSCpc-EUC-H, UniKS-UCS2-H, UniKS-UCS2-V
	HYSMyeongJo-Medium	한국	

1. Erst ab PDF 1.4 bzw. Acrobat 5

schen Schriften wesentlich komplexer sind als westliche Schriften, sind sie in einer Hinsicht leichter zu verarbeiten: Die Zeichen weisen nämlich wesentlich weniger Variation in ihrer Breite auf, sondern sind entweder alle gleich breit oder begnügen sich mit so genannter halber und voller Breite. Die aufwendige Anpassung der Laufweite bei den lateinischen Substitutionsfonts ist daher bei der Simulation von CJK-Schriften nicht nötig.

Einbettung von CJK-Schriften. CJK-Schriften können als CID-Fonts in PDF-Dateien eingebettet werden. Aufgrund der enorm großen Anzahl an Zeichen sind CJK-Fonts jedoch deutlich größer als westliche Fonts. So liegt die Größe der CJK-Standardfonts von Acrobat zwischen vier und vierzehn Megabyte, was für eine regelmäßige Einbettung viel zu viel ist. Aus diesem Grund spielt die Bildung von Untergruppen für CJK-Fonts eine wesentlich größere Rolle als bei lateinischen Schriften; außerdem gibt es viele PDF-Dokumente ohne eingebettete Fonts, die sich auf die Ersatzdarstellung von Acrobat verlassen.

3.3.5 Unicode in Acrobat und PDF.
Der in Abschnitt 4.7.1 »Der Unicode-Standard«, Seite 176, ausführlich behandelte Zeichensatz Unicode bildet eine solide Basis für die Verarbeitung von Text in allen Sprachen und Schriften der Welt. Unicode erlaubt die eindeutige Interpretation und Verarbeitung von Textdaten über die Grenzen von Programmen und Betriebssystemen hinweg. Obwohl Adobe schon seit langer Zeit im Unicode-

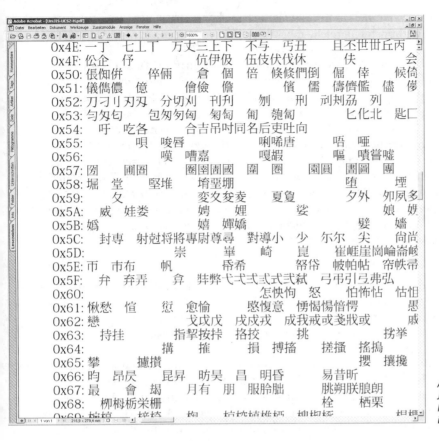

Abb. 3.1
Japanische
Fonttabelle
in Acrobat

Konsortium aktiv ist, stand es um die Unicode-Kompatibilität von Acrobat und PDF lange Zeit sehr schlecht. Dafür gab es mehrere Gründe:

- PostScript-Fonts im Type-1-Format (das zehn Jahre vor Unicode entwickelt wurde) sind nicht Unicode-kompatibel. Sie sind jedoch sehr weit verbreitet und bilden einen wichtigen Stützpfeiler von PDF.
- Die Bildung von Fontuntergruppen erschwert die Zuordnung und korrekte Interpretation von Zeichencodes.
- Die PDF-Erzeugung hängt ganz wesentlich von den benutzten Anwendungsprogrammen und Betriebssystemen ab. Auch hier findet sich Unicode-Unterstützung, wenn überhaupt, meist nur in den jeweils aktuellsten Versionen.

Es ist jedoch Hoffnung in Sicht: TrueType und das neue OpenType-Format basieren auf Unicode. Insbesondere OpenType-Schriften mit PostScript-Outlines bieten zum ersten Mal die Möglichkeit, Unicode-kompatibel mit PostScript-Fonts zu arbeiten. Auch CID-Fonts für asiatische Schriften können über den CMap-Mechanismus Unicode-kompatibel gemacht werden. Schließlich bemüht sich Adobe seit einigen Jahren, Unicode-Unterstützung sowohl im PDF-Dateiformat als auch in der Acrobat-Software zu verankern. Die wichtigsten Bereiche möchte ich kurz vorstellen.

Schriften mit Unicode-Information. Einer Schrift in PDF kann auf verschiedene Arten Unicode-Information zugeordnet sein. Dies kann zum Beispiel über einen Unicode-kompatiblen Encoding erfolgen oder über einen so genannte *toUnicode*-Eintrag, der eine Beziehung zwischen den Zeichen der Schrift und dem Unicode-Standard herstellt. Solche Unicode-konformen Schriften ermöglichen einige Zusatzfunktionen. So verfügt Acrobat in diesem Fall über genügend Information, um die Suche nach Unicode-Zeichen zu ermöglichen. Seit Acrobat 5 gibt es dazu im Eingabefeld der Suchfunktion die Möglichkeit, Unicode-Zeichen in einer speziellen Notation über ihren hexadezimalen Wert einzugeben. So sucht zum Beispiel folgender Ausdruck nach dem Zeichen Ÿ, das den hexadezimalen Wert 98 (in Unicode-Schreibweise: U+0098) hat:

\u0098

Eine weitere Unicode-Funktion versteckt sich im Auswahlwerkzeug für Tabelle/Formatierter Text. Wenn Sie nach dem Selektieren eines Textblocks mit der rechten Maustaste das Kontextmenü aktivieren, bietet Acrobat bei *Speichern unter...* auch das Unicode-Format zur Auswahl.

Unicode-CMaps. Die Standardisierung asiatischer Zeichensätze ist ein wichtiges Anliegen des Unicode-Standards. In Acrobat/PDF werden diese Zeichensätze durch CMaps ausgedrückt. Es war daher ein wichtiges Ziel beim Design der CMap-Architektur, auch Unicode-kompatible Zeichensatzdefinitionen mit CMaps zu ermöglichen. Von den in Tabelle 3.1 aufgeführten Standard-CMaps von Acrobat sind alle, deren Name mit dem Bestandteil Uni beginnt, Unicode-kompatibel. Unter Verwendung dieser CMaps lassen sich asiatische Texte also Unicode-konform in PDF kodieren.

Hypertextelemente. Seit Acrobat 4 können Hypertextelemente, etwa Lesezeichen, Kommentare und Dokumentinfofelder im Zeichensatz PDFDocEncoding oder aber in Unicode kodiert sein. Im Gegensatz zu den Schriften für die eigentlichen Seitenbeschreibungen verwaltet Acrobat die Fonts zur Darstellung von Hypertextelementen allerdings nicht selbst, sondern bezieht sie vom Betriebssystem. Daher hängt die korrekte Darstellung von Unicode-Zeichen von der Schriftenausstattung des Betriebssystems ab. Unter Windows hilft zum Beispiel die Installation eines Office-Pakets oder des Internet Explorer mit der jeweiligen Option für zusätzliche internationale Fonts. Auf der Webseite zum Buch finden Sie eine PDF-Datei, deren Lesezeichen sämtliche Unicode-Zeichen enthalten und die sich daher gut als Test für Ihr System eignet (siehe Abbildung 3.2).

Die Frage, wie Unicode-Zeichen in die Lesezeichen hineinkommen, ist damit leider noch nicht beantwortet. In der Tat ist es in der Praxis schwierig

Abb. 3.2
Lesezeichen
mit Unicode

bis unmöglich, diese Funktion zu nutzen (die Beispieldatei entstand mit PDFlib). Wenn Sie mit pdfmark-Anweisungen arbeiten, können Sie gemäß Abschnitt 11.2.4 »Datentypen und Koordinaten«, Seite 472, Unicode-Strings anlegen. In den aktuellen Versionen der Anwendungsprogramme funktioniert das aber noch nicht. Während Microsoft Word zwar Unicode unterstützt, gilt dies für Acrobat PDFMaker bei der Umsetzung von Word-Dokumenten nach PDF leider noch nicht.

Wo fehlt die Unicode-Unterstützung noch? Wie erwähnt, hängt es vor allem von den benutzten Schriften ab, ob Acrobat Unicode-Unterstützung bieten kann oder nicht. Es gibt jedoch auch einige Bereiche, in denen die Software selbst noch nicht auf Unicode vorbereitet ist:
▸ Die Namen von Formularfeldern können zwar theoretisch auch Unicode-Zeichen enthalten, in der Praxis ist dies jedoch schwierig.
▸ Während die Werte von Dokumentinfofeldern Unicode enthalten können, gilt dies für die Namen selbst definierter Felder nicht. Dieser Punkt wird jedoch durch die in Acrobat 5 eingeführten Metadaten mit XMP hinfällig, da XMP auf XML und dieses wiederum auf Unicode basiert.
▸ Acrobat Catalog und Search sind ebenfalls nicht Unicode-fähig.

3.4 Distiller-Einstellungen

Die diversen Einstellungsmöglichkeiten und Optionen von Distiller werden in der Online-Hilfe von Acrobat ausführlich beschrieben. In diesem Abschnitt möchte ich gezielt auf einige Aspekte eingehen, die dort gar nicht oder nicht ausführlich genug erläutert werden oder aus anderen Gründen in der Praxis für Verwirrung sorgen.

3.4.1 Verarbeitung von Schriften.

Distiller erlaubt über *Voreinstellungen, Einstellungen..., Schriften* die Aktivierung von Fonteinbettung und Untergruppenbildung.

Fonteinbettung. Wenn Sie auf eine exakte Darstellung Ihrer PDF-Dokumente beim Empfänger Wert legen und keine Annahmen über dessen Fontausstattung machen können, sollten Sie die Fonteinbettung aktivieren. Bei der Erstellung von PDFs für die Verteilung innerhalb eines Unternehmens ist es dagegen nicht unbedingt erforderlich, alle Schriften einzubetten, wenn ohnehin alle Firmenfonts auf den Arbeitsplätzen installiert sind. Wenn Sie die Dateigröße für den Einsatz im Web minimieren wollen, können Sie ebenfalls auf die Fonteinbettung verzichten. Allerdings erlauben die heute verfügbaren Bandbreiten durchaus auch den Einsatz eingebetteter Fonts, wenn man nicht gleich Dutzende verschiedener Schriften im Dokument benutzt.

Untergruppen. Die Aktivierung der Untergruppenoption ist auf alle Fälle empfehlenswert, wenn sie Fonts einbetten wollen. Dabei ist ein Prozentwert einzugeben, der zunächst etwas verwirrend erscheint. Standardmäßig liegt die Grenze für die Untergruppenbildung bei 100 Prozent. Dieser Wert bewirkt, dass Fonts immer als Untergruppen eingebettet werden. Kleinere Prozentwerte haben zur Folge, dass Distiller beim Überschreiten des Werts (wenn zum Beispiel mehr als 50 Prozent aller Zeichen eines Fonts benutzt werden) keine Untergruppe bildet, sondern doch den gesamten Font einbettet. Werte unter 100 Prozent sind daher nicht empfehlenswert, wenn Sie PDF-Dateien mit Untergruppen erstellen wollen. Für kleinere Werte als 100 Prozent gibt es nicht viele sinnvolle Anwendungsbereiche.

Beschränkungen der Fonteinbettung. In Abschnitt 4.6.2 »Einbettungsbeschränkungen für Fonts«, Seite 173, finden Sie eine ausführliche Darstellung der möglichen technischen Mittel zur Durchsetzung von Einbettungsbeschränkungen, die ein Fonthersteller in seine Produkte integrieren kann. Bei einigen Fonttypen kann der Fonthersteller die Einbettung einer Schrift verbieten.

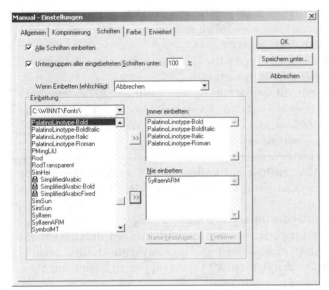

Abb. 3.3
Fontkonfiguration
in Distiller

Acrobat erzwingt seit Version 4 die Einhaltung von Einbettungsbeschränkungen in Fonts. Distiller liest das so genannte *fsType*-Flag, das die Einbettung regelt, in Fonts der Typen TrueType, Type 42 und CID aus und implementiert damit folgende Regeln:

- TrueType-Schriften enthalten immer ein Flag, das berücksichtigt wird.
- Falls in Type-42-Fonts ein *fsType*-Flag gefunden wird, so wird es berücksichtigt. Anderenfalls versucht Distiller, den zugehörigen Originalfont auf dem System zu finden. Ist dies nicht erfolgreich, wird der Font eingebettet, anderenfalls wird das Flag aus dem Originalfont ausgewertet. Kann ein in den PostScript-Daten enthaltener Type-42-Font aufgrund von Einbettungsbeschränkungen nicht eingebettet werden, so gibt Distiller eine Warnung aus.
- Falls in CID-Fonts ein *fsType*-Flag enthalten ist, wird es berücksichtigt, anderenfalls wird der Font nicht eingebettet. Dies reflektiert eine restriktive Haltung der Hersteller asiatischer Fonts bezüglich Einbettung: Wenn es keine explizite Erlaubnis für die Einbettung gibt, wird der Font eben auch nicht eingebettet.

Das eventuell gefundene Flag wertet Distiller wie folgt aus: Falls *fsType* den Wert 2, 256 oder 512 hat, ist die Einbettung verboten. In Distiller 4.0, nicht aber 4.05 und höheren Versionen gilt zudem folgende Regel: falls *fsType* den eigentlich undefinierten Wert 1 hat, ist die Einbettung ebenfalls verboten. In allen anderen Fällen ist die Einbettung erlaubt.

Wann ignoriert Distiller die Einbettungsoptionen? In den Distiller-Optionen können Sie zwar die Einbettung von Schriften konfigurieren, es gibt jedoch verschiedene Fälle, in denen Distiller diese Einstellungen geflissentlich ignoriert, um die erfolgreiche Darstellung des Dokuments sicherzustellen. Ein Font wird in folgenden Fällen selbst dann eingebettet, wenn die Einbettung eigentlich deaktiviert ist:

- Es handelt sich um einen Type-1-Font mit Symbolen, also Zeichen außerhalb des *Standard Latin Character Set*.
- Ein Type-1-Font enthält weniger als 115 oder mehr als 229 Zeichen. Der Grund dafür ist, dass kleine Schriften oft Logos und große oft Zeichen außerhalb des *Standard Latin Character Set* enthalten. In beiden Fällen schlägt die Fontsubstitution fehl.
- Type-3-Fonts werden immer eingebettet.
- Ein CID-Font enthält enthält eine unbekannte Character Collection (siehe Abschnitt 4.7.5 »Kodierung von CID-Fonts«, Seite 195).

Wann ignoriert Distiller die Untergruppeneinstellung? Wie für die Fonteinbettung gilt auch für die Erstellung von Untergruppen, dass die entsprechende Distiller-Option nicht unbedingt das gewünschte Resultat zeigt. Distiller hat die Tendenz, möglichst oft Untergruppen zu bilden, um die Größe der Ausgabedatei zu minimieren.

Zunächst muss man wissen, dass sich die Option höchstens auf Type-1-Schriften mit lateinischen Zeichen auswirkt. Type-1-Fonts mit nichtlateinischen Zeichen und TrueType-Fonts unterliegen unabhängig von der Konfiguration immer der Untergruppenbildung von Distiller. Nur bei Type-1-Fonts mit lateinischen Zeichen lässt sich die Untergruppenbildung also überhaupt beeinflussen.

Des Weiteren ist zu berücksichtigen, dass viele Fonts schon in Untergruppen zerlegt werden, bevor sie bei Distiller ankommen. Bei der Konvertierung von TrueType-Schriften in das PostScript-Format Type-42 erzeugt der Druckertreiber häufig Untergruppen. Da die PostScript-Datei in solchen Fällen den Font gar nicht mehr vollständig enthält, hat Distiller keine Wahl mehr und bettet ebenfalls eine Untergruppe in die erzeugte PDF-Datei ein.

3.4.2 Verarbeitung von Rasterbildern.
Distiller bietet einige Funktionen, um großvolumige Bilddaten zu reduzieren. Dabei ist jedoch auf die Nebenwirkungen zu achten.

Reduzieren der Auflösung von Rasterbildern (Neuberechnung). Eine wichtige Möglichkeit zur Verminderung der Datenflut bei Rasterbildern ist das nachträgliche Reduzieren der Auflösung eingebetteter Bilder, im Distiller als Neu- oder Kurzberechnung bezeichnet. Dabei wird aus dem Originalbild in der PostScript-Datei ein neues Bild für die PDF-Datei berechnet. Distiller betrachtet jeweils eine Gruppe mehrerer Pixel und bestimmt daraus ein einziges Pixel für das neue Bild. Enthält die ursprüngliche Pixelgruppe zum Beispiel $3 \times 3 = 9$ Pixel, so reduziert Distiller die Auflösung auf ein Drittel

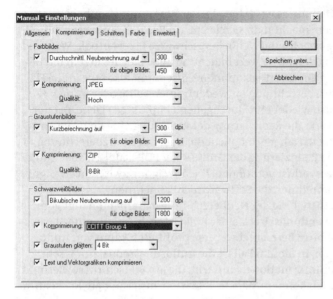

Abb. 3.4
Kompressionseinstellungen
in Distiller

des vorherigen Werts und die Datenmenge damit auf ein Neuntel. Selbstverständlich enthält das neue Bild weniger Informationen, vor allem feine Details gehen bei der Umwandlung verloren. Die geringere Pixelzahl bedeutet aber nicht, dass sich die Ausdehnung eines Bildes auf der Seite ändert, denn Distiller gleicht die reduzierte Pixelzahl durch eine geeignete Skalierung (also Aufblasen der Pixel) aus. Mit dem Verfahren kann man grundsätzlich auch Pixel hinzufügen (Interpolation), dies ist in Distiller jedoch nicht implementiert.

Für die Berechnung der neuen Pixel bietet Distiller mehrere Verfahren, die Sie über *Voreinstellungen, Einstellungen, Komprimierung* jeweils getrennt für Farb-, Graustufen- und Schwarzweißbilder einstellen können:

- *Durchschnittliche Neuberechnung (average downsampling):* Distiller wählt als Farbe des neuen Pixels den Durchschnitt aller Pixel der Pixelgruppe des alten Bildes. Jedes Pixel der Gruppe liefert also einen Beitrag zum neuen Wert.
- *Kurzberechnung (subsampling):* Ein einziges Pixel in der Mitte fungiert als Vertreter der Gruppe und liefert das neue Pixel, die anderen werden einfach ignoriert. Da hierbei keine Durchschnittsberechnung nötig ist, verläuft die Kurzberechnung schneller, erstere liefert allerdings bessere Ergebnisse.
- *Bikubische Neuberechnung (bicubic downsampling):* Dies entspricht der durchschnittlichen Kurzberechnung, allerdings werden die Pixel einer Gruppe abhängig von ihrer Position unterschiedlich gewichtet. Damit erzielt man weichere Farbübergänge, die Berechnung dauert aber länger (was in der Praxis allerdings nur bei sehr großen Dateien auffällt).

Dass bei bestimmten Ausgangsdaten alle Verfahren katastrophale Ergebnisse liefern können, macht man sich leicht am Beispiel eines Schachbrettmusters klar, das abwechselnd weiße und schwarze Pixel enthält. Während die Neuberechnung den Mittelwert bildet und alle Pixel des erzeugten Bildes einen mittleren Grauwert bekommen – insgesamt also eine graue Fläche –, wählt die Kurzberechnung entweder immer weiße oder immer schwarze Pixel – also wieder eine durchgehend einfarbige Fläche. Bei normalen Bildern bewirkt die Reduzierung der Auflösung eine Reduzierung der Detailgenauigkeit. Daher ermöglicht die Neu- oder Kurzberechnung zwar eine deutliche Reduzierung der Größe einer PDF-Datei, ist aber immer mit einem Qualitätsverlust verbunden. Die Abwägung zwischen Dateigröße und Qualität kann Ihnen die Software nicht abnehmen.

Die sinnvolle Einstellung der Neuberechnungsparameter hängt vom gewünschten Verwendungszweck einer PDF-Datei ab. Dokumente, die vorwiegend am Bildschirm betrachtet werden, profitieren kaum von Auflösungen über 100 dpi. In diesem Fall ist die Auflösungsreduzierung sehr sinnvoll, da sie nur Informationen entfernt, die am Bildschirm sowieso nicht genutzt werden können. Manche Bildarten, insbesondere Bildschirmabzüge, leiden sehr stark unter der Neuberechnung und können dadurch bis zur Unkenntlichkeit verstümmelt werden. In solchen Fällen ist daher das Deaktivieren der Neuberechnung dringend zu empfehlen

Wichtig ist im Zusammenhang mit der Neuberechnung die Interpretation des dpi-Werts für die Auflösung. Dazu ein Beispiel: Ein Bild wurde mit 300 dpi eingescannt, wird aber in der Textverarbeitung auf 50 Prozent der Originalgröße verkleinert. Die effektive Auflösung aus Distiller-Sicht beträgt damit 600 dpi.

Reduzierung der Farbtiefe. Wenn Sie als Kompressionsverfahren für Bilder das ZIP-Verfahren ausgewählt haben, haben Sie unter *Qualität* die Wahl zwischen *4-Bit* und *8-Bit*. Hinter dieser unscheinbaren Option verbirgt sich die Gefahr, Bilder versehentlich zu ruinieren. Die Bitzahl bezieht sich auf die Farbtiefe: Vier Bit bedeuten 16 Farben, 8 Bit bedeuten 256 Farben pro Kanal. Das bedeutet für Bilder mit 256 Farben aber, dass die eigentlich verlustfreie ZIP-Kompression in Kombination mit der Reduzierung auf vier Bit Farbtiefe dafür sorgt, dass die Anzahl der Farben im Bild drastisch reduziert wird. Dies kann zu einem deutlichen sichtbaren Effekt führen, der als Posterisierung bezeichnet wird. Die Option *4-Bit* sollte daher nur vorsichtig und nach gründlichen Tests aktiviert werden.

Graustufen glätten. Die Option *Graustufen glätten* aktiviert ein Verfahren, das in der Computergrafik als Antialiasing bekannt ist. Dabei berechnet die Software für Schwarzweißbilder Zwischenstufen von hellen und dunklen Werten, um harte Übergänge etwas sanfter erscheinen zu lassen. Dies bewirkt jedoch auch, dass Schrift oder zierliche Liniengrafik durch das Einfügen grauer Pixel verwaschen erscheint.

Individuelle Einstellungen für Bilder. Die beschriebenen Einstellungen wirken jeweils für eine ganze Klasse von Rasterbildern (Farb-, Graustufen- oder Schwarzweißbilder). Manchmal ist es jedoch erforderlich, einzelnen Bildern einer Datei unterschiedliche Neuberechnungs- oder Kompressionseigenschaften zuzuweisen. Dies ist über die Distiller-Oberfläche nicht möglich. Ein möglicher Ausweg, der allerdings den Willen zur Beschäftigung mit PostScript-Code voraussetzt, ist der Operator *setdistillerparams*, mit dem Sie innerhalb der PostScript-Datei gezielt Distiller-Einstellung festlegen können (siehe Abschnitt 3.4.4 »Der Operator setdistillerparams«, Seite 101).

4.3 Umsetzung von DSC-Kommentaren.

PostScript-Dateien können verschiedene Zusatzinformationen in Form von Kommentaren enthalten, die in Abschnitt 2.1.3 »DSC-Kommentare«, Seite 47, erläutert werden. Distiller wertet bestimmte DSC-Kommentare aus, wenn die Optionen *Voreinstellungen, Einstellungen..., Erweitert, DSC-Kommentare verarbeiten* und *Dokumentinfo von DSC beibehalten* aktiviert sind. Bei der Erstellung der PDF-Datei werden DSC-Kommentare wie folgt in PDF-Angaben umgesetzt:

- *%%Creator*, *%%For* und *%%Title* liefern die Einträge *Erstellt mit*, *Verfasser* und *Titel* in den Dokumentinformationen.
- *%%BoundingBox* wird bei EPS-Dateien als Seitengröße verwendet.
- *%%Page* liefert *Page Labels*, also logische Seitennummern in Acrobat.
- Bei vorsepariertem PostScript werden *SeparationInfo*-Angaben erzeugt, damit erscheinen die Namen von Farbauszügen in der logischen Seitennummer.
- Ist die Option »OPI-Kommentare beibehalten« aktiviert, werden OPI-Informationen in der Datei in äquivalente OPI-Anweisungen in der PDF-Ausgabe umgesetzt.

4.4 Der Operator setdistillerparams.

Vergleichbar dem *pdfmark*-Operator, der die Definition von Hypertextelementen im PostScript-Code ermöglicht (siehe Kapitel 11 »Das pdfmark-Einmaleins«), ist es mit dem Distiller-spezifischen Operator *setdistillerparams* möglich, innerhalb des PostScript-Code Einstellungen zur PDF-Erzeugung festzulegen. Dieser Parameter kann alle Einstellungen festlegen, die Sie auch über die Voreinstellungen von Distiller wählen können. Die in Acrobat 4 eingeführten Profile *(job options)*, in denen man Benutzereinstellungen als Gruppe abspeichern kann, sind nichts anderes als Textdateien mit vielen *setdistillerparams*-Anweisungen.

Mit etwas PostScript-Knowhow können Sie solche Anweisungen auch in den zu destillierenden Dateien unterbringen. Für Einstellungen, die die ganze Datei betreffen, bringt dies noch keinen Vorteil. Wenn Sie jedoch Kompressionsparameter individuell für einzelne Bilder festlegen wollen, geht dies nur durch Aufrufe von *setdistillerparams*. Die vollständige Beschreibung dieses Operators finden Sie zusammen mit Beispielen im *Distiller Parameter-Handbuch*, das Sie einfach über die Hilfefunktion von Distiller aufrufen können.

So könnte man zum Beispiel die Neuberechnung von Bildern grundsätzlich deaktivieren und nur für ein bestimmtes Bild durch Code aktivieren, der dem Bild in der PostScript-Datei vorgeschalteten wird. Folgendes Beispiel bewirkt Neuberechnung auf 96 dpi mit Glättung auf 4 Bit Farbtiefe. Das Ergebnis wird mit dem Zip-Algorithmus (Flate) komprimiert:

```
<<
    /DownsampleMonoImages true
    /MonoImageResolution 96
    /MonoImageDepth 4
    /EncodeGrayImages true
    /AntiAliasMonoImages true
    /GrayImageFilter /FlateEncode
>>
setdistillerparams
```

3.5 Tagged PDF

Aufgrund seiner engen Verwandtschaft mit PostScript leidet PDF unter einigen Problemen, die die Anwender seit Jahren plagen und vor allem die Verwendung von PDF für unterschiedliche Ausgabemedien und die Weiterverarbeitung von PDF-Inhalten erschweren:

- Text sieht in PDF gut aus, ist aber nicht wiederverwendbar. So funktioniert zum Beispiel die Übernahme von Text aus PDF-Dokumenten in die Zwischenablage nicht zuverlässig. Suchmaschinen haben Probleme, den Text richtig zu indizieren, und die Konvertierung von PDF in andere Formate ist ebenfalls sehr fehleranfällig. Die Ursachen dieser Probleme liegen in den vielfältigen Font- und Encodingoptionen von PDF sowie der Tatsache, dass der Text nicht in der Lesereihenfolge in der PDF-Datei gespeichert sein muss, sondern beliebig hin- und herspringen kann. Auch Trennstellen sind ein Problem, da sie oft mit dem normalen Minuszeichen gekennzeichnet sind und daher beim Extrahieren erhalten bleiben, auch wenn das Wort gar nicht mehr getrennt wird.
- PDF-Dokumente eignen sich entweder für die Bildschirmdarstellung oder den Ausdruck, aber nicht für beides. Ein PDF-Dokument, das für die Darstellung am Bildschirm optimiert wurde, verschwendet beim Ausdruck Platz und erzeugt einen unübersichtlichen Papierstapel, in dem jedes Blatt nur wenig Text enthält. Wird die Seite hingegen für den Ausdruck optimiert, ist sie am Bildschirm nicht verwendbar, weil der Text zu klein und die Seite zu voll ist. Die feste Einhaltung des Seitenlayouts bei PDF wird manchmal zum Nachteil.
- Die Weiterverarbeitung von PDF-Dokumenten wird dadurch erschwert, dass sie keine Strukturinformation enthalten. So gibt es etwa keine Her-

vorhebung von Überschriften (außer durch die Schriftart) und keine innere Unterscheidung zwischen Haupttext und Kopf- oder Fußzeilen.
- Aufgrund der starken Orientierung an der grafischen Darstellung des Dokuments war es bisher sehr schwer, den Inhalt von PDF-Dateien für Sehbehinderte zugänglich zu machen. Obwohl Blinde mit so genannten Screenreader-Programmen mit modernen Betriebssystemen und Programmen gut arbeiten können, ist der Inhalt normaler PDF-Dokumente für solche Hilfsmittel nicht zugänglich. Dieses Thema erhielt einen hohen Stellenwert durch die Tatsache, dass amerikanische Regierungsbehörden seit Mitte 2001 gesetzlich verpflichtet sind, bei der Softwarebeschaffung die Belange Behinderter angemessen zu berücksichtigen. Die entsprechende Verordnung mit der Bezeichnung *Section 508* bewirkte bei vielen Firmen rege Entwicklungstätigkeit in Sachen *Accessibility*. (Der Begriff wurde in der deutschen Acrobat-Version zu *Zugriff* verfälscht).

Dabei geht es neben der Softwarebedienung (zum Beispiel einer reinen Tastatursteuerung aller Funktionen für Menschen, die keine Maus benutzen können) auch um die Möglichkeit für Blinde, den Inhalt eines Dokuments entweder mithilfe einer Braille-Zeile zu erfassen oder aber sich den Inhalt von einem Screenreader-Programm vorlesen zu lassen. Tagged PDF schickt sich an, all diese Probleme zu lösen. Es erlaubt die dynamische Umformatierung von PDF-Seiten am Bildschirm, das zuverlässige Extrahieren von Text und die zuverlässige Konvertierung von PDF-Inhalten in andere Dateiformate. Screenreader-Programme für Sehbehinderte können den Text von Tagged-PDF-Dateien zuverlässig vorlesen. Auf gewisse Art löst Adobe mit großer Verspätung ein Versprechen des Firmengründers John Warnock ein, der bereits Anfang der neunziger Jahre ankündigte, es werde eine Kombination von PostScript und SGML geben – nur wurden mit Tagged PDF eben die jeweiligen Nachfolger PDF und XML miteinander verheiratet.

Um die Funktionsweise und die Vorteile von Tagged PDF zu verstehen, müssen wir erst etwas ausholen und uns mit Strukturinformation in PDF befassen.

3.5.1 Strukturinformation in PDF.
Um die inhaltliche Verarbeitung von PDF-Dokumenten (im Gegensatz zur bloßen Anzeige oder dem Ausdruck) zu ermöglichen, sind Strukturinformationen nötig, also Angaben über die einzelnen Teile eines Dokuments sowie deren Beziehung zueinander. Strukturinformation beinhaltet Angaben der Art »dies ist eine Überschrift« oder »Kapitel 3 reicht von Seite 37 bis 39«. Die hierarchische Gliederung oder eben Struktur von Dokumenten ist die Stärke von Auszeichnungssprachen wie SGML oder XML. Seit Version 4 bietet Acrobat die Möglichkeit, solche Strukturinformationen auch in PDF einzubetten. Wie wir noch sehen werden, lehnt sich die Funktionalität (nicht jedoch die Ausdrucksweise) eng an XML an. Um es jedoch gleich vorwegzunehmen: Man-

gels nutzbarer Funktionen lag die Strukturinformation in Acrobat 4 weitgehend brach. Richtig nutzbar wird sie erst mit der Erweiterung Tagged PDF in Acrobat 5, die Gegenstand von Abschnitt 3.5.2 »Kriterien für Tagged PDF«, Seite 106, ist. Acrobat 5 enthält im Gegensatz zu Acrobat 4 auch an der Benutzeroberfläche Funktionen für den Umgang mit Strukturinformation. Sie finden diese im Kontextmenü der Tags-Palette.

Einbettung von Strukturinformation in PDF. Im Gegensatz zu XML, das den Text einfach durch Einstreuen geeigneter Tags strukturiert, ist die Strukturierung von PDF-Dokumenten wesentlich schwieriger. Das liegt sowohl am komplexen Aufbau von PDF-Dateien, in denen der Inhalt einer Seite über mehrere Content Streams und XObjects verstreut liegen kann (siehe Abschnitt 12.3 »Seiten in einer PDF-Datei«, Seite 539), zum anderen an der Tatsache, dass Texte und Grafiken in beliebiger Reihenfolge erscheinen können, die mit der Lesereihenfolge überhaupt nichts zu tun haben muss. Manche Programme geben mehrspaltigen Text bei der Druckausgabe etwa nicht spaltenweise, sondern zeilenweise aus. In dieser Reihenfolge steht der Text nach der PostScript-Konvertierung auch in der PDF-Datei.

Um den Inhalt eines Dokuments zu strukturieren, müssen die verschiedenen Quellen erst einmal identifiziert werden. Dazu bietet strukturiertes PDF die Möglichkeit, Textblöcke, Rasterbilder und Grafiken zu markieren. Derart markierte Objekte werden im so genannten Strukturbaum hierarchisch angeordnet. Mithilfe spezieller Operatoren lassen sich auf diese Art Überschriften und Tabellen kennzeichnen oder eine Reihe von Grafikelementen als zusammen gehörige Illustration markieren. Die hierarchische Anordnung ermöglicht es, einem Kapitel zum Beispiel die darin enthaltenen Abschnitte unterzuordnen. Im Ergebnis wird das Dokument einmal durch den Seitenbaum beschrieben, der die kompletten Seiten in ihrer Druckreihenfolge enthält, sowie parallel durch den Strukturbaum, der inhaltliche Elemente des Dokuments in ihrer logischen Anordnung enthält. Zwischen beiden Ausprägungen des Dokuments, also der physikalischen Darstellung und der logisch-inhaltlichen Struktur, bestehen zahlreiche Beziehungen und Verweise.

Strukturelemente. Ein Strukturelement ist der kleinste Baustein der Strukturinformation. Es enthält einen Verweis auf das übergeordnete Strukturelement, wodurch sich eine Baumstruktur ergibt. Außerdem kann es untergeordnete Elemente (»Kinder«) enthalten. Diese Kinder sind entweder selbst wieder Strukturelemente oder enthalten Teile des Dokuments als Inhalt:
- Grafik oder Text *(marked content)*
- Rasterbilder *(Image XObjects)*
- Kommentare *(annotations)*

Des Weiteren können Strukturelemente auch eine alternative Textdarstellung analog zum ALT-Tag in HTML enthalten. Damit lässt sich zum Beispiel der Inhalt eines Bildes textuell beschreiben für den Fall, dass das Bild nicht zur Verfügung steht. Wie wir im nächsten Abschnitt sehen werden, könnte das zum Beispiel bei der Darstellung des PDF-Dokuments auf einem PDA der Fall sein.

Ein Strukturelement hat einen Typ und kann verschiedene Attribute enthalten. Der Elementtyp klassifiziert die Information im Strukturelement, während Attribute einem Element Eigenschaften zuordnen. Mit beiden Begriffen werden wir uns etwas näher befassen.

Elementtypen. Der Elementtyp entspricht weitgehend der Rolle des Tag-Namens in HTML oder XML. Um den Datenaustausch zwischen verschiedenen Anwendungen zu erleichtern, empfiehlt Adobe in Anlehnung an HTML Standardtypen für die Elemente. Für herkömmliche Dokumente, die linear angeordneten Text in einer hierarchischen Anordnung enthalten, gibt es die folgenden vordefinierten Elementtypen:

```
Heading, Section, Paragraph, List, ListItem, Caption, Table, TableHeader,
TableData, Figure, Index, TableOfContents, Code
```

Die Verwendung dieser vordefinierten Typen erleichtert die Wiederverwendung des Inhalts von PDF-Dokumenten in unterschiedlichen Applikationen. Für besondere Anwendungen können jedoch auch anwendungsspezifische Typen (ähnlich den erweiterbaren Tags von XML) definiert werden. Beispiele für solche anwendungsspezifischen Typen wären etwa *Bestellnummer* oder *Rechnungsposten*. Um den Dokumentenaustausch weiter zu erleichtern, definiert die so genannte Rollenzuordnung *(RoleMap)* eine Abbildung anwendungsspezifischer Elementtypen auf Standardtypen. Eine Anwendung, die mit dem Elementtyp *Rechnungsposten* zum Beispiel nichts anfangen kann, entnimmt der RoleMap die Information, das das so etwas Ähnliches wie der Elementtyp Absatz *(Paragraph)* ist, mit dem sie sehr wohl umgehen kann.

Attribute von Strukturelementen. Zur genaueren Beschreibung von Strukturelementen gibt es – wiederum analog zu HTML und XML – Attribute, die einem Element bestimmte Eigenschaften zuweisen. Das Standardattribut *link* besagt zum Beispiel, das es sich beim Inhalt des Elements um einen Verweis handelt. Elemente mit den gleichen Attributen können in einer Klasse gruppiert werden. Die Klassenzuordnung *(ClassMap)* fungiert quasi als Abkürzung, denn sie ordnet einem Klassennamen eine Reihe von Attributen zu. Damit erhalten mehrere Elemente in einer Klasse die gleichen Attribute. RoleMap und ClassMap ermöglichen die Interpretation neuer Elemente und machen den Strukturmechanismus ebenso erweiterbar wie XML.

Strukturierte Lesezeichen. Im Gegensatz zu herkömmlichen Lesezeichen beziehen sich strukturierte Lesezeichen nicht auf eine bestimmte Stelle im

Dokument, sondern auf ein bestimmtes Strukturelement, das sich auch über mehrere Seiten erstrecken kann. Auf Basis dieser Strukturangaben bieten strukturierte Lesezeichen Zusatzfunktionen, die über das Kontextmenü zugänglich sind. So kann man die zugehörige(n) Seite(n) drucken, löschen oder extrahieren. Beim Verschieben strukturierter Lesezeichen verschiebt Acrobat auch die zugehörigen Seiten entsprechend im Dokument.

Strukturierte Lesezeichen sind nicht sehr weit verbreitet, werden aber zum Beispiel von Acrobat Web Capture erzeugt. Eine genauere Beschreibung der Funktionen finden Sie im Abschnitt »Strukturierte Lesezeichen«, Seite 315.

Erstellen von strukturiertem PDF. Seit Acrobat 4 konvertiert Web Capture HTML in strukturiertes PDF. Die Hierarchie der einzelnen Dokumentbestandteile leitet Web Capture dabei aus den entsprechenden HTML-Tags ab. Weitere Möglichkeiten zum Erzeugen von strukturiertem PDF sind PDF-Maker für Word und Adobe FrameMaker 6. Sie nutzen dafür komplexe pdfmark-Anweisungen, die die Struktur des Dokuments beschreiben.

Wie bereits erwähnt, ist der praktische Einsatzbereich von strukturiertem PDF in Acrobat 4 jedoch sehr begrenzt, da es hier kaum Anwendungsmöglichkeiten für diese an sich interessante Funktionalität gibt. Mit Tagged PDF in Acrobat 5 ändert sich das allerdings.

3.5.2 Kriterien für Tagged PDF.

Mit der Einführung von Acrobat 5 erweiterte Adobe das Konzept des strukturierten PDF um einige Eigenschaften und verpasste ihm den griffigeren Namen *Tagged PDF*, der an die Tags von XML erinnern soll. In der deutschen Acrobat-Version in der Dokumentzusammenfassung wurde er allerdings schwach als *Markierte (!) PDF* übersetzt. Ein Dokument darf sich als Tagged PDF bezeichnen, wenn es folgende Bedingungen erfüllt:

- Für sämtliche Textinhalte gibt es eine korrekte Unicode-Zuordnung, das heißt, die Bedeutung aller Zeichen ist bekannt (und nicht nur deren Aussehen). Außerdem sind Sonderzeichen, etwa der Trennstrich, Unicode-konform gekennzeichnet. Weitere Details hierzu finden Sie in Abschnitt 3.3.5 »Unicode in Acrobat und PDF«, Seite 92.
- Das Dokument enthält einen PDF-Strukturbaum.
- Es gibt eine Unterscheidung zwischen wichtigen Seiteninhalten und so genannten Artefakten, also Zusatzelementen, die nicht direkt zum Inhalt des Dokuments beitragen.
- Die Lesereihenfolge der Seitenbestandteile ist ebenfalls in der Datei definiert.
- Optional können einzelne Strukturelemente alternativen Text für eine Ersatzdarstellung enthalten. Dies ist jedoch nicht zwingend vorgeschrieben.

Nachdem wir uns bereits mit Unicode- und Strukturinformation befasst haben, wollen wir uns auch die restlichen Kriterien genauer ansehen.

Kennzeichnung von Sonderzeichen. Bei der Umformatierung von Text ändern sich die Zeilenumbrüche, so dass getrennte Wörter wieder in einer Zeile stehen können. Dabei soll natürlich der vorher vorhandene Trennstrich verschwinden. Um dies zu ermöglichen, muss er mit dem passenden Unicode-Wert als *Soft Hyphen* gekennzeichnet sein, um ihn von einem normalen Minuszeichen unterscheiden zu können (auch wenn beide gleich aussehen). Entsprechend müssen auch die Wortgrenzen markiert sein, denn Text kann in PDF Buchstabe für Buchstabe, in einzelnen Silben oder gar zeilenweise enthalten sein.

Artefakte. Bei der Umformatierung spielen Kopf- und Fußzeilen, Seitennummern und Ähnliches keine große Rolle oder sollen sogar ganz verschwinden. Um dies zu ermöglichen, unterscheidet Tagged PDF zwischen dem eigentlich wichtigen Inhalt eines Dokuments und so genannten Artefakten, die nicht direkt vom Autor erstellt werden (in der deutschen Version heißen sie *Außertextliche Elemente*). Artefakte fallen in drei Gruppen:

- Artefakte, die mit dem Druckvorgang zusammenhängen, etwa Beschnittmarken,
- Artefakte, die sich aus der Seitenaufteilung ergeben, etwa Seitenzahlen, laufende Kopf- und Fußzeilen oder Trennstriche,
- Layout-Artefakte, etwa die Linien oberhalb von Fußnoten oder schattierte Flächen, mit denen Text hinterlegt ist.

Etwas vereinfacht umfassen die Artefakte also diejenigen Bestandteile eines Dokuments, die in gängigen Programmen üblicherweise automatisch erstellt oder über Vorgabeseiten konfiguriert werden. Artefakte werden in Tagged PDF mit geeigneten Operatoren gekennzeichnet *(marked content)*. Sie gehören nicht zum eigentlichen Inhalt des Dokuments und sind daher auch nicht im Strukturbaum enthalten. Sie werden bei verschiedenen Vorgängen ignoriert. Beim Exportieren von Text sollen zum Beispiel Trennzeichen verschwinden, beim Umformatieren sind Beschnittmarken nicht sichtbar und ein Screenreader-Programm für Blinde soll Kopfzeilen nicht vorlesen.

Lesereihenfolge von Text. Bei Tagged PDF muss die Reihenfolge, in der der Text in der PDF-Datei steht, genau der Lesereihenfolge entsprechen. Dies kann zum Beispiel bei mehrspaltigem Text eine Umordnung der Textelemente (im Vergleich zur Druckreihenfolge) erfordern. Damit soll sichergestellt werden, dass zum Beispiel beim automatischen Vorlesen von Text die Spalten in der richtigen Reihenfolge gelesen werden.

Alternativer Text. Die Möglichkeit, einer Grafik alternativen Text zuzuordnen, gibt es auch in HTML. Das ist in Situationen nützlich, in denen die

Grafik selbst nicht zur Verfügung steht. Allerdings hilft der alternative Text auch in Fällen, in denen zum Beispiel ein Screenreader-Programm Probleme hat, die korrekte Bedeutung von Abkürzungen zu bestimmen:

```
St. Martin lebt in St. Moritz
```

Mit genügend Zusatzinformation weiß ein menschlicher Leser vielleicht, dass es sich beim ersten Vorkommen von *St.* um die Abkürzung von *Stefan* handelt, beim zweiten aber um die Abkürzung für *Sankt*. Alternativer Text kann hier die korrekte Bedeutung auch für softwarebasierte Verarbeitung wie das maschinelle Vorlesen liefern.

Darüber hinaus kann Tagged PDF auch Angaben über die natürliche Sprache eines Textes enthalten (Deutsch, Englisch, Französisch usw.), was bei der Rechtschreibprüfung, dem Vorlesen und der Trennung hilfreich ist.

3.5.3 Vorteile von Tagged PDF.

Was kann man nun in der Praxis mit Tagged PDF anfangen? Wie bereits erwähnt ermöglicht Tagged PDF die dynamische Umformatierung von PDF-Seiten für die Bildschirmdarstellung. Dieses *Umfließen* von Seiten ist eine wichtige Neuerung, doch es gibt noch mehr Vorteile von Tagged PDF.

Umformatieren von Seiten. In Acrobat gibt es neben den drei Darstellungssymbolen *Originalgröße*, *Ganze Seite* und *Fensterbreite* als neue Möglichkeit noch *Umfließen (reflow)*. Dabei passt Acrobat ähnlich dem Webbrowser bei der Anzeige von HTML die Länge von Textzeilen an die Größe des Bildschirms bzw. Fensters an und entfernt außerdem Artefakte. Tabellen und Illustrationen, die als Ganzes erhalten bleiben sollen, werden bei der Umformatierung nicht zerrissen (siehe Abbildung 3.5). Im Modus *Umfließen* können Sie den Seiteninhalt mithilfe der Lupe vergrößern, ohne dass die Zeilen immer länger und länger werden. Auf diese Art kann man sich bei jeder Bildschirmgröße die Textdarstellung so einstellen, wie es angenehm ist, ohne ständig die Rollbalken bemühen zu müssen. Die Umformatierung gilt wohlgemerkt nur für die Bildschirmanzeige; der Ausdruck erfolgt im ursprünglichen Layout der PDF-Seiten.

Das Umfließen von PDF-Seiten klappt nur mit Tagged PDF. Außerdem müssen Sie beachten, dass dazu die Doppelseitendarstellung in Acrobat nicht aktiv sein darf, sonst bleibt der Button *Umfließen* nämlich deaktiviert.

Zuverlässige Konvertierung von Inhalten. Der zweite wichtige Vorteil von Tagged PDF ist die Möglichkeit, den Textinhalt zuverlässig in die Zwischenablage zu exportieren oder in andere Formate wie RTF umzuwandeln. Die RTF-Konvertierung steht zwar unter *Datei, Speichern als…*, *RTF* auch für nichtstrukturiertes PDF zur Verfügung, liefert damit allerdings nicht so zuverlässige Ergebnisse. Adobe bietet mit dem kostenlosen Plugin *Save as XML*

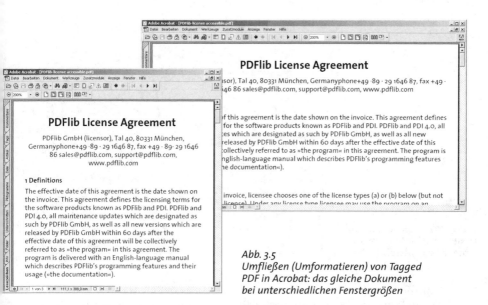

Abb. 3.5
Umfließen (Umformatieren) von Tagged PDF in Acrobat: das gleiche Dokument bei unterschiedlichen Fenstergrößen

außerdem die Möglichkeit, PDF-Inhalte aus Acrobat heraus in HTML oder XML umzuwandeln.

Accessibility. Wie bereits erwähnt, ist Adobe wie andere Softwarehersteller bemüht, die Vorgaben der amerikanischen Regierung in Sachen Behindertenfreundlichkeit (Accessibility) zu erfüllen. Die Einführung von Tagged PDF war dabei ein wichtiger Schritt, der PDF vom reinen Präsentationsformat zu einem Format erweitert, das auch die eigentliche Bedeutung eines Dokuments transportieren kann. Da bei Tagged PDF der Inhalt dank Unicode-Kodierung korrekt interpretiert werden kann und im Idealfall für nicht vorlesbare Objekte wie Grafiken alternativer Text vorhanden ist, ist hier der Anschluss von Screenreader-Programmen möglich, die den Textinhalt einer PDF-Datei vorlesen können.

Die Tauglichkeit eines Dokuments in Sachen Accessibility können Sie in Acrobat mit der Funktion *Werkzeuge, Zugriffsprüfung* testen. Die Kriterien sind wählbar und entsprechen im Wesentlichen den Merkmalen von Tagged PDF. Außerdem testet die Funktion wahlweise noch auf das Vorhandensein von Kurzbeschreibungen in Formularfeldern.

PDF auf Handheld-Geräten. Das Umformatieren (Umfließen) von Seiten ist umso wichtiger, je kleiner der benutzte Bildschirm ist – insbesondere also auf einem Personal Digital Assistant (PDA). In den Versionen von Acrobat Reader für Palm OS und Pocket PC baut Adobe daher konsequent auf die Vorteile von Tagged PDF. Während der Reader für Palm-Geräte PDF-Dokumente immer in der Reflow-Darstellung zeigt, ist auf den PocketPC-Gerä-

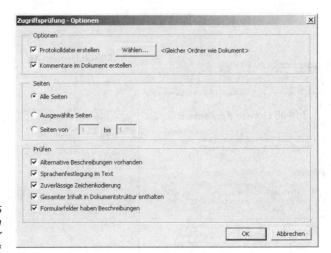

*Abb. 3.6
Die Zugriffsprüfung testet ein
Dokument hinsichtlich diverser
Kriterien auf »Accessibility«*

ten, die ja weit mehr Speicher und CPU-Leistung bieten, wahlweise die Darstellung der Originalseite oder die Reflow-Darstellung möglich. Beide Reader-Varianten versehen ein PDF-Dokument vor der Übertragung zum Gerät erst mit Tags, falls es sich noch nicht um Tagged PDF handelt. Wie wir im nächsten Abschnitt sehen werden, arbeitet das automat ist daher eher als Zwischenlösung zu betrachten.

3.5.4 Erzeugen von Tagged PDF.

Bei all den Vorteilen von Tagged PDF stellt sich natürlich die Frage, wie man diese PDF-Variante überhaupt erzeugt. Da PostScript nur Darstellungseigenschaften eines Dokuments repräsentiert, kann man Distiller nicht einfach so erweitern, dass er immer Tagged PDF erzeugt. Stattdessen ist Unterstützung für Tagged PDF in den jeweiligen Anwendungsprogrammen erforderlich, mit denen die Dokumente vor der PDF-Konvertierung erstellt werden. Das setzt natürlich voraus, dass im Erstellungsprogramm bereits die Informationen vorliegen, die später in Tagged PDF umgewandelt werden sollen. Insbesondere bei der Strukturinformation sieht es dabei eher schlecht aus, denn die überwiegende Mehrheit aktueller Text- und DTP-Programme arbeitet nicht oder nur ansatzweise strukturorientiert. Es wird daher noch einige Zeit dauern, bis Tagged PDF vollständig in die Erstellungsprozesse der technischen Dokumentation und anderer Anwendungsbereiche integriert ist. Bis es so weit ist, behilft man sich mit Hilfskonstruktionen, die teilweise bisher schon für die Erstellung von Lesezeichen genutzt werden. So kann man sich zum Beispiel an den Absatzformaten eines Dokuments orientieren, um eine grobe inhaltliche Struktur auszumachen. Diese Angaben lassen sich bei der Erstellung von Tagged PDF vorteilhaft nutzen. Als Hilfestellung für die Erzeugung von Tagged PDF erweiterte Adobe den pdfmark-Operator (siehe Kapitel 11 »Das pdfmark-Einmaleins«) so, dass man damit auch alle

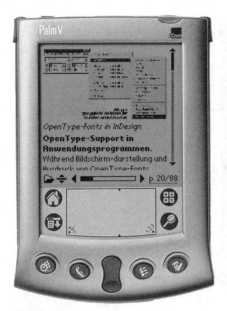 

Abb. 3.7
Anzeige von Tagged PDF auf einem Palm-Handheld: links Text und Abbildung, rechts Lesezeichen

Angaben zu Artefakten und Struktur bereits im PostScript-Code festlegen kann. Acrobat Distiller wertet diese Angaben bei der Konvertierung aus und erzeugt daraus Tagged PDF. Das Einfügen von pdfmark-Anweisungen für die Tags in die PostScript-Ausgabe ist zwar möglich, allerdings zu komplex für eine manuelle Durchführung. Alternativ dazu erstellen Programme, die PDF direkt (also ohne den Umweg über PostScript und Distiller) erzeugen, die Tag-Information selbst.

Adobe integriert Unterstützung für Tagged PDF Zug um Zug in die eigene Produktpalette und bemüht sich auch um die Integration von Tagged PDF in die Office-Programme von Microsoft. Allerdings gibt es noch keine Unterstützung für Tagged PDF von anderen Herstellern. Die folgenden Programme unterstützen derzeit die Erstellung von PDF:

- Acrobat Web Capture 5 zur Konvertierung von HTML nach PDF
- Adobe PageMaker 7
- Microsoft Word mit PDFMaker 5
- Adobe InDesign 2

Einzelheiten zu diesen Programmen finden Sie in Abschnitt 7.2 »Acrobat Web Capture«, Seite 311, bzw. Kapitel 8 »PDF-Unterstützung in Anwendungsprogrammen«. Während PageMaker und Word die nötige Zusatzinformation mittels pdfmark-Anweisungen in ihre PostScript-Ausgabe integrieren, erstellen Web Capture und InDesign direkt Tagged PDF.

Das Erstellen von Tagged PDF ist natürlich im Vergleich zum nachträglichen Taggen immer die erste Wahl. Aufgrund der großen Zahl existieren-

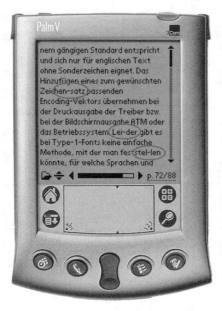

Abb. 3.8
Trennstellen, die nicht gemäß Unicode markiert sind, bleiben auch nach der Neuformatierung sichtbar.

der (ungetaggter) PDF-Dokumente und der noch sehr dürftigen Softwareunterstützung ist es jedoch sehr wichtig, PDF-Dateien auch nach der Erstellung mit Tags versehen zu können.

MakeAccessible. Für das nachträgliche Einfügen der Tag-Informationen in PDF-Dokumente bietet Adobe das kostenlose Plugin *MakeAccessible* an. Wie aus seinem Namen schon hervorgeht, ist es im Rahmen der Accessibility-Initiative entstanden, aber natürlich nicht auf die Vorbereitung von PDF zum Beispiel für Blindenarbeitsplätze beschränkt. Das Plugin bemüht sich nach Kräften, einem PDF-Dokument nachträglich Struktur- und Unicode-Informationen anzufügen. Dazu analysiert das Plugin den Inhalt des Dokuments und versucht, daraus dessen Struktur abzuleiten. Abhängig vom Dokumententyp klappt dies unterschiedlich gut; bei komplexen Dokumenten sind die Ergebnisse sogar manchmal unbrauchbar. Außerdem vergrößert das Plugin die Dateien durch die eingefügte Strukturinformation erheblich. Die Kerntechnik des Plugins *MakeAccessible* zum Erkennen der Dokumentstruktur kommt auch in den Programmen zum Einsatz, die ungetaggtes PDF für die Verwendung auf dem Palm oder unter Windows CE vorbereiten.

3.5.5 Bearbeitung von Tags.

Über *Fenster, Tags* können Sie in Acrobat eine Palette einblenden, die eine Ansicht aller Tags enthält (siehe Abbildung 3.9). Diese hierarchische Darstellung zeigt den Strukturbaum des Dokuments. Wenn Sie im Kontextmenü der Tags-Palette die Option Her-

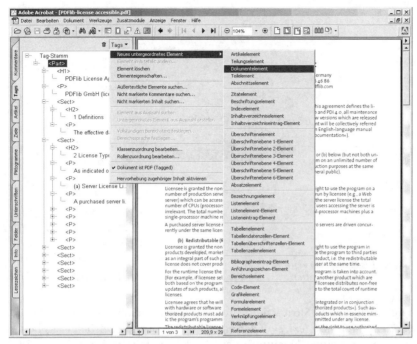

Abb. 3.9
Die Tags-Palette mit dem Strukturbaum und dem Kontextmenü zu seiner Bearbeitung

vorhebung zugehöriger Inhalte aktivieren, zeigt Acrobat die Teile der Seite an, die zum jeweils ausgewählten Strukturelement gehören.

Mithilfe der Funktion *Neues untergeordnetes Element* im Kontextmenü eines Elements können Sie neue Elemente einfügen. Dabei können Sie aus mehreren Dutzend Typen auswählen. Diese entsprechen genau den oben erwähnten Standardtypen. *Element löschen* entfernt das ausgewählte Element zwar aus dem Strukturbaum, das zugehörige Objekt auf der Seite bleibt jedoch erhalten. Es wird dadurch zum Artefakt.

Die Funktion *Außertextliche Elemente suchen* führt Sie zu Artefakten und hebt diese hervor. Sollte es sich dabei gar nicht um ein Artefakt handeln, sondern Teil des Hauptinhalts, so können Sie dem Element eine Position im Strukturbaum sowie einen Elementtyp zuweisen.

Ähnlich wie bei der Suche nach dem aktuellen Lesezeichen hilft Ihnen Acrobat auch bei der Suche nach der aktuellen Position im Strukturbaum. Dazu selektieren Sie auf einer Seite ein Objekt mit dem Textauswahl-Werkzeug, dem TouchUp-Text- oder dem TouchUp-Objektwerkzeug und wählen dann im Kontextmenü der Tags-Palette die Funktion *Element aus Auswahl suchen*. Acrobat klappt daraufhin den Teil des Strukturbaums auf, der das aktuelle Element enthält.

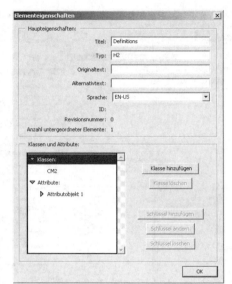

*Abb. 3.10
Manuelles Bearbeiten von
Elementeigenschaften*

Schließlich können Sie mit dem TouchUp-Werkzeug über die Menüfolge *Werkzeuge, TouchUp Text, Einfügen* eine Reihe von Sonderzeichen eingeben, darunter auch einen Zeilenumbruch. Dieser wirkt sich wohlgemerkt nicht in der üblichen Darstellung der PDF-Seite aus, sondern nur im Anzeigemodus *Umfließen*. Damit kann man zum Beispiel verhindern, dass bei der Umformatierung Listing-Zeilen fälschlicherweise ineinander fließen. Mit dem TouchUp-Reihenfolgewerkzeug können Sie die Lesereihenfolge ändern, also etwa bei mehrspaltigem oder anderweit fragmentiertem Text die einzelnen Teile in die korrekte Reihenfolge bringen. Diese Reihenfolge spielt zum Beispiel beim Extrahieren von Text oder der Konvertierung in das RTF-Format eine Rolle.

Manuelles Taggen. Mit den beschriebenen Mitteln haben Sie in Acrobat 5 auch die Möglichkeit, ungetaggtes PDF manuell aufzubereiten und mit Tags zu versehen. Dabei können Sie zwar einen Strukturbaum anlegen und die Eigenschaften von Elementen festlegen, doch sind diese Schritte viel zu arbeitsintensiv, um ernsthaft für die Aufbereitung längerer Dokumente infrage zu kommen. Die Funktionen sind jedoch sehr nützlich, um etwas Fine-Tuning an bereits getaggten Dokumenten durchzuführen (etwa Eintragen von alternativem Text) und um sich mit den Mechanismen rund um Tagged PDF vertraut zu machen. Für die Konvertierung größerer Dokumentsammlungen eignen sie sich aber nicht.

3.6 Testen und Nachbearbeiten von PDF

Testen von PDF-Dateien. Nach der erfolgreichen Generierung von PDF-Dateien sollte man noch etwas Aufwand für deren Test einplanen. In Abschnitt 6.7 »Preflighting«, Seite 287 (Preflight) wird dieses Thema für den Einsatz von PDF in der Druckvorstufe behandelt. Bei PDFs für den interaktiven Einsatz am Bildschirm sollten Sie die Funktion der Navigationselemente überprüfen und die Plattformunabhängigkeit sicherstellen.

Um zu überprüfen, ob Verweise, Lesezeichen und andere Hypertextelemente auch wirklich wie gewünscht funktionieren, sollte man diese Elemente möglichst auf unterschiedlichen Systemplattformen testen, um latente Abhängigkeiten von den Eigenschaften des benutzten Dateisystems auszuschließen. Beim Einsatz im Web müssen alle internen und externen Links auf ihre Tauglichkeit hin getestet werden. Eine häufige Ursache für defekte Links sind veränderte Verzeichnisstrukturen, die Acrobat vergebens nach einer Zieldatei suchen lassen, sowie unterschiedliche Konventionen für Groß-/Kleinschreibung.

Der Test auf Plattformunabhängigkeit soll sicherstellen, dass die Dokumente in allen Umgebungen korrekt angezeigt und gedruckt werden. Insbesondere müssen alle benötigten Schriften vorhanden sein. Dazu testet man am besten auf einem Rechner, auf dem die vom Dokument benötigten Schriften nicht installiert sind. Enthält die PDF-Datei eingebettete Fonts, so werden diese zur Darstellung benutzt. Fehlen sie, so kommt entweder die Fontsubstitution von Acrobat zum Tragen oder man erhält (in seltenen Situationen) eine Fehlermeldung, die man dem Benutzer natürlich ersparen sollte. Als Ersatz für ein neutrales Testsystem kann man seit Acrobat 4 auch via *Anzeige, Lokale Schriften verwenden* die Benutzung der im System installierten Schriften verbieten und die ausschließliche Nutzung eingebetteter Fonts erzwingen. Damit können Sie die Darstellung der Dokumente auf anderen Rechnern simulieren und eventuelle Probleme mit der Darstellung von Schriften schon im Vorfeld erkennen.

Durch Testen auf verschiedenen Betriebssystemen können Sie auch eventuellen Problemen mit unterschiedlicher Farbdarstellung auf die Spur kommen. Aufgrund der unterschiedlichen Farbeinstellungen auf Mac und Windows kann es bei unkalibrierten Farbdaten zu deutlichen Unterschieden in der Farbdarstellung kommen.

Der Test auf verschiedenen Bildschirmen stellt bei Online-Dokumenten sicher, dass sie auch bei geringer Auflösung noch sinnvoll benutzt werden können. Bei Druckdokumenten ist zu überprüfen, ob die gewählten Kompressions- und Neuberechnungseinstellungen den jeweiligen Ansprüchen an die Ausgabequalität entsprechen. Wenn man den Test gründlich durchführen möchte und der Ausdruck eine große Rolle spielt, sollte man sowohl auf PostScript-Druckern testen als auch auf Geräten mit anderen Ansteuerungsarten, vor allem PCL.

Beachten Sie auch die weiter unten vorgestellten Werkzeuge zum Überprüfen und Korrigieren von PDF-Dokumenten.

Viele kleine Dateien oder eine große? Oft steht man vor der Frage, ob eine digital vorliegende Dokumentation besser als Sammlung vieler kleiner Dateien oder besser in einer großen Datei zur Verfügung gestellt wird. Da sehr viele Randbedingungen eine Rolle spielen, lässt sich diese Frage nicht eindeutig beantworten. Beide Varianten haben eigene Vor- und Nachteile.
Eine Sammlung mehrerer kleiner Dokumente bietet folgende Vorteile:

- Teildokumente lassen sich leichter im Web übertragen. Benutzer, die nur an einer bestimmten Detailinformation interessiert sind, müssen nicht die gesamte Dokumentation übertragen. Da man im Browser keine Einzelseiten eines PDF-Dokuments speichern kann, hilft bei langen Dokumenten nicht einmal das seitenweise Laden von PDFs im Internet.
- Beim Einsatz von Suchmaschinen können die Benutzer gezielt eine Einzeldatei aus der Trefferliste laden. Außerdem sind die Trefferlisten aussagekräftiger, falls in den Teildokumenten die Dokumentinfofelder belegt sind. Bei großen Dateien müssen sie dagegen viel mehr Daten übertragen, um an die gewünschte Information zu kommen und erhalten nur wenig Informationen aus der Trefferliste.
- Für den Ersteller ist es leichter, Änderungen an den Dokumenten durchzuführen oder einzelne Dateien auszutauschen.
- Acrobat schreibt nach Bearbeitungsschritten kleine Dateien wesentlich schneller auf die Festplatte.

Falls Sie mehrere kleine Dateien anbieten wollen, aber nur eine große PDF-Datei vorhanden ist (und Sie keinen Zugriff auf die Ursprungsdokumente haben), können Sie sich mit *Ari's PDF Splitter* von Dionis behelfen. Dieses Werkzeug, das sowohl als Acrobat-Plugin als auch als Server-Applikation erhältlich ist, zerlegt PDF-Dateien nach vorgegebenen Kriterien (zum Beispiel Seitenzahl, Inhalt oder Lesezeichen) in kleinere Teile. Dabei werden die Links und Lesezeichen so angepasst, dass sie auch in den Teildateien noch funktionieren.

Eine einzelne große Datei bietet im Vergleich zu mehreren kleinen Einzeldateien folgende Vorteile:

- Die Benutzung und die Verwaltung sind übersichtlicher.
- Das Kopieren und das Archivieren fallen bei einer Einzeldatei leichter.
- Braucht ein Benutzer die gesamte Dokumentation, ist es leichter, eine einzige Datei zu übertragen als viele kleine.
- Da eingebettete Fonts nur einmal gespeichert werden, schneidet eine Einzeldatei bezüglich der gesamten Dateigröße meist besser ab.
- Eine große Datei lässt sich einfacher ausdrucken als eine umfangreiche Sammlung kleiner Dateien.
- Bei vielen Lesevorgängen erfolgt die Navigation in einer großen Datei schneller als in vielen kleinen, die erst einzeln geöffnet werden müssen.

- Beim Einsatz von Verschlüsselung muss der Benutzer bei einer großen Datei das Kennwort nur einmal eingeben, bei vielen kleinen Dateien jedoch bei jedem Sprung in eine neue Datei.

Für manche Anwendungen kann es sinnvoll sein, die Dokumentation in zwei Varianten, also mehrere kleine Einzeldateien und eine große Gesamtdatei, anzubieten, um dem Benutzer die Wahlmöglichkeit zu geben.

Minimieren der Dateigröße fürs Web. Für die meisten Anwendungen im Web ist es wichtig, die Dateigröße der angebotenen Dokumente zu minimieren. Die relevanten Eigenschaften lassen sich zum Teil beim Erstellen einer PDF-Datei vorgeben, zum Teil aber auch noch danach ändern. Die folgende Liste fasst die wichtigsten Kriterien zusammen, die die Größe von PDF-Dateien beeinflussen:

- Acrobat hängt bei der Funktion *Datei, Speichern* die Informationen über die an der Datei durchgeführten Änderungen am Ende an (siehe Abschnitt 12.2.3 »Der Update-Mechanismus«, Seite 532). Dadurch wird eine Datei sogar durch Löschen von Seiten größer, weil die gelöschten Seiten immer noch in der Datei enthalten sind. Erst beim Aufruf von *Datei, Speichern unter...* bereinigt Acrobat alle internen Datenstrukturen und löscht nicht mehr benötigte Objekte. Nach Abschluss aller Bearbeitungsschritte des Dokuments sollten Sie diese daher unbedingt mittels *Datei, Speichern unter...* abspeichern, um die Datei zu bereinigen und ihre Größe zu reduzieren.
- Die Kompressionseigenschaften (Auflösung und Kompressionsverfahren) von Rasterbildern lassen sich zwar über Distiller-Einstellungen steuern, dabei ist jedoch nur die relativ grobe Unterscheidung zwischen Farb-, Graustufen- und Schwarzweißbildern möglich. Eine individuelle Festlegung der Kompressionseigenschaften ist zwar mithilfe des Operators *setdistillerparams* im PostScript-Code möglich (siehe Abschnitt 3.4.4 »Der Operator setdistillerparams«, Seite 101), dies erfordert jedoch etwas Aufwand für die Einbindung in den PostScript-Code. Die Kompressionseinstellungen in bereits vorhandenen PDF-Dateien können Sie nachträglich mithilfe des Acrobat-Plugins Quite a Box of Tricks von Quite Software ändern. Dieses Plugin kann Bilder nicht nur nachträglich komprimieren, sondern bietet auch größere Kompressionsfaktoren als Distiller.
- Art und Anzahl eingebetteter Schriften und Untergruppenbildung lassen sich ebenfalls im Distiller steuern. Nachträglich können Sie die Einbettung von Schriften mithilfe des TouchUp-Textwerkzeugs von Acrobat beeinflussen, allerdings nur in begrenztem Maß.
- Verknüpfungen (Links) sind meist unverzichtbare Hilfsmittel, die den Inhalt von Dokumenten leichter zugänglich machen. Allerdings kann es beim Zusammenstellen von Dokumentsammlungen leicht passieren, dass das Zieldokument eines Links versehentlich oder absichtlich nicht

zur Verfügung steht. Solche toten Links frustrieren die Benutzer und erhöhen zudem die Dateigröße. Die Konsistenz von Links lässt sich mit Hilfsprogrammen automatisch überprüfen, zum Beispiel mit dem Acrobat-Plugin *Ari's Link Checker* von Dionis.

▸ Piktogramme (Thumbnails) erhöhen die Dateigröße von PDFs um etwa ein bis drei Kilobyte pro Seite; Acrobat 5 (Reader und Vollprodukt) erstellen Piktogramme auf Wunsch auch dynamisch, ohne dass diese in der Datei gespeichert sein müssten. Beim Einsatz im Web sollte man daher gut überlegen, ob Piktogramme einen zusätzlichen Nutzen darstellen. Die Erstellung von Piktogrammen kann im Distiller ein- oder ausgeschaltet werden.

▸ Formularfelder tragen nicht unerheblich zur Größe von PDF-Dokumenten bei. Eine Erläuterung dazu finden Sie am Ende von Abschnitt 9.3 »Praktische Hinweise und Beispiele«, Seite 389.

4 Fonts

Die Verarbeitung von Schriften ist ein zentrales Element der meisten Anwendungsbereiche. Typografische Feinheiten, eine Vielzahl von Sprachen und Schriften mit jeweils unterschiedlichen Anforderungen sowie technische Einschränkungen sorgen allein schon dafür, dass das Thema Schriften sehr unübersichtlich ist. Diverse marktpolitische Ereignisse und die Versuche der Hersteller, ihre jeweils eigene Technik durchzusetzen, haben die Situation weiter verkompliziert. In diesem Kapitel möchte ich die wichtigsten Begriffe und Formate vorstellen und das nötige Hintergrundwissen bereitstellen, das das Verständnis und die Lösung auftretender Probleme erleichtert.

4.1 Typo-Jargon

Beim Umgang mit Schriften gibt es wie in jedem Spezialgebiet eine Fachsprache, die die Verständigung erleichtert, nicht eingeweihte Anwender aber auch abschreckt.

Familienpolitik. Die meisten Schriften entstehen nicht isoliert, sondern der Typograf entwirft eine so genannte Familie von Schriften, die zusammen verwendet werden. Eine solche Schriftenfamilie enthält neben der Hauptschrift auch fette und kursive (leicht schräg stehende) Varianten. Ein einzelnes Mitglied der Familie wird im Deutschen auch als Schriftschnitt bezeichnet. Während einfache Schriften oft aus der Vierergruppe normal, fett, kursiv und fettkursiv bestehen, enthalten voll ausgebaute Schriftfamilien oft Dutzende einzelner Schnitte für die verschiedensten Einsatzbereiche. Die digitale Darstellung einer Schrift heißt Font, was sich auch im Deutschen eingebürgert hat (ausgesprochen wird dieses Wort nicht wie im Französischen, sondern so, wie man es schreibt).

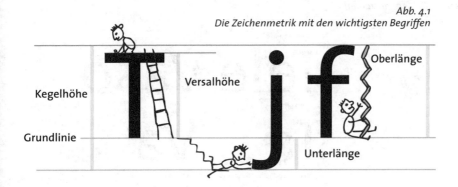

Abb. 4.1
Die Zeichenmetrik mit den wichtigsten Begriffen

Metrik. Beim Einsatz von Schriften am Computer spielt die Breite der einzelnen Zeichen eine zentrale Rolle: Soll eine Textverarbeitung etwa den Text im Blocksatz formatieren, muss sie wissen, wie breit die Zeichen im jeweils benutzten Font in der aktuellen Größe ausfallen. Diese so genannten Dicktenwerte oder Laufweiten werden addiert, um zu berechnen, wieviel Text in eine Zeile passt und wie die Leerräume zwischen den Wörtern verteilt werden müssen. Für fortgeschrittene DTP-Funktionen genügt die Laufweite allein nicht. Sie wird ergänzt durch allgemeine Angaben über den Font wie Ober- und Unterlängen, Strichstärken, optimalen Zeilenabstand und anderes mehr. Damit der PostScript-Interpreter die Zeichen richtig positionieren kann, muss er deren Breite berechnen können. Aus diesem Grund enthalten digitale Schriften immer auch Angaben über die Breite aller Zeichen in einem Standard-Koordinatensystem. Daraus berechnet er die Laufweite der Zeichen in allen benötigten Größen.

Kerning. Die Fontmetrik nennt für jedes Zeichen nur einen einzigen Breitenwert. Dieser Wert stimmt zwar im Allgemeinen, führt aber bei manchen Buchstabenkombinationen zu unschönen Schriftbildern: Zweimal V nebeneinander darf zum Beispiel nicht zum W verschmelzen; der Abstand zwischen T und e muss reduziert werden, weil sonst unschöner Leerraum entsteht. Dieses Ausgleichen nennt man *Unterschneiden*, weil im traditionellen Bleisatz die Lettern des Buchstabenpaars dafür tatsächlich abgefeilt und verkleinert wurden. Im DTP-Slang hat sich die amerikanische Bezeichnung *Kerning* eingebürgert.

Zu einem guten Font gehört immer eine umfangreiche Kerning-Tabelle, die die Unterschneidungswerte für einige hundert oder gar tausend Buchstabenpaare enthalten kann. Die Kerning-Informationen werden nur von den Anwendungsprogrammen ausgewertet und spielen im PostScript-Interpreter keine Rolle, da alle Berechnungen zur korrekten Positionierung der Zeichen bereits von der Anwendungssoftware ausgeführt werden. Die

Abb. 4.2
Textdarstellung mit und ohne Kerning (Unterschneidung)

Tele Vaso

ohne Kerning

Tele Vaso

mit Kerning

Te   Va

Verschiebung der Buchstaben beim Kerning

Kerning-Daten sind manchmal in Zusatzdateien enthalten, bei manchen Fontformaten aber auch direkt in der Datei, die die Umrissdaten enthält.

Ligaturen. Ligaturen sind spezielle Zeichen für die Kombination zweier oder mehrerer Buchstaben. Das häufigste Beispiel ist die Verschmelzung der Buchstaben f und i zu einem gemeinsamen Zeichen. Bei vielen DTP-Produktionen werden Ligaturen ignoriert, bei hochwertigen Drucksachen sind sie jedoch ein Muss. Ihre Verwendung unterliegt allerdings speziellen Satzregeln, so dass man sie nicht einfach per Suchen-und-Ersetzen austauschen darf. Eine Ligatur darf zum Beispiel nie eine Silbengrenze überschreiten. Der Buchstabe »ß« begann seine Karriere ebenfalls als Ligatur, nämlich für die Kombination des früher üblichen langen und des kurzen »s« (daher auch die Ähnlichkeit zwischen den Satzregeln für Ligaturen und den alten Rechtschreibregeln für das »ß«).

Der praktische Einsatz der Ligaturen sieht je nach Betriebssystem und Anwendungsprogramm unterschiedlich aus: Der Macintosh-Zeichensatz enthält zwei Ligaturen, die in allen Schriften genutzt werden können. Die so genannten Expert-Fonts enthalten bei einer gut ausgebauten Schriftfamilie zusätzliche Ligaturen. Diese sind aber nur durch Wechsel der Schriftart erreichbar. Moderne Schrifttechniken erleichtern die Verwendung von Ligaturen durch automatische Substitution der Einzelzeichen. Da der Windows-Zeichensatz keine Ligaturen enthält, müssen Sie diese hier immer aus einem zusätzlichen Expert-Font setzen oder mit passenden OpenType-Fonts arbeiten (Abschnitt 4.3.4 »OpenType«, Seite 135).

Kapitälchen. Dieser Begriff bezeichnet keine Taschenbuchausgabe von Karl Marx, sondern verkleinerte Großbuchstaben, die gern zur Hervorhebung von Autorennamen benutzt werden. Kapitälchen *(small caps)* dienen außerdem für Abkürzungen und Akronyme, die – mit echten Großbuchstaben gesetzt – große Löcher in das Satzbild reißen würden. Sie sollen ei-

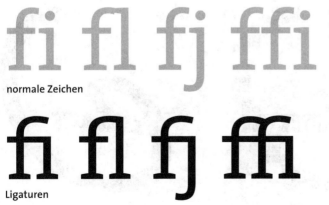

*Abb. 4.3
Die gebräuchlichsten Ligaturen*

nen Begriff hervorheben, ohne das Satzbild unruhig werden zu lassen. Kapitälchen sind aber nicht einfach kleinere Buchstaben, sondern eigens gestaltete Schriften: Beim Verkleinern würden auch die Strichbreiten der Buchstaben reduziert, so dass verkleinerte normale Großbuchstaben im Satzbild zu dünn wirken. Hochwertige Kapitälchen haben zudem breitere Buchstaben. Vergleichen Sie einmal diesen Satz, der aus verkleinerten Grossbuchstaben besteht, mit den echten Kapitälchen im vorigen Satz! Gut ausgebaute Fontfamilien bieten in der Regel einen eigenen Schnitt mit Kapitälchen und einen so genannten Expert-Font mit weiteren typografischen »Schmankerln«.

4.2 Digitale Typografie

4.2.1 Bitmap- und Outline-Fonts

Bitmap-Fonts. Bis in die siebziger Jahre hinein mussten die meisten Computerbenutzer gar nicht zwischen Monitor und Drucker unterscheiden. Sie arbeiteten an einem »Terminal«, das aus Tastatur und Druckwerk bestand und einer elektrischen Schreibmaschine ähnelte. Dieses Gerät druckte alle Ausgaben des Computers sowie die Eingaben des Benutzers auf Endlospapier. Bald wurde das Fernschreiber-ähnliche Terminal von Bildschirmen und Druckern abgelöst, die beide mit der Matrix-Technik arbeiteten: Beim Drucker schwärzen Nadeln einzelne Punkte und stellen damit Zeichen dar. Am Bildschirm dienen rechteckige Zellen zur Darstellung von Buchstaben. Die Punktmuster (Bitmaps) für die Buchstaben waren bei beiden Gerätetypen fest eingebaut und konnten nicht geändert werden.

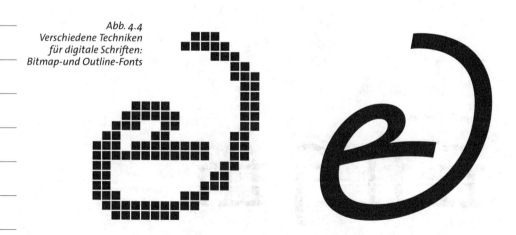

Abb. 4.4
Verschiedene Techniken
für digitale Schriften:
Bitmap- und Outline-Fonts

Diese Bitmap-Technik wurde auch nach Weiterentwicklung der Hardware beibehalten: Die Druckernadeln und Bildschirmpixel wurden kleiner, so dass für einen Buchstaben mehr Punkte zur Verfügung standen, was eine detailreichere Darstellung erlaubte. Jetzt machten sich die Nachteile der Bitmap-Schriften bemerkbar: Beim Versuch, Buchstaben zu vergrößern (zu skalieren), vergrößerte man auch die unvermeidlichen Zacken mit, so dass die Zeichen mit zunehmender Größe immer hässlicher aussahen. Abhilfe schafften hier nur zusätzliche Bitmap-Daten für alle gewünschten Schriftgrößen, was aber den Speicherbedarf entsprechend in die Höhe trieb.

Outline-Fonts. Ästhetisch ansprechende Buchstaben müssen statt über Pixel über ihre Umrisslinien definiert werden und benötigen unterschiedliche Innen- und Außenformen, dünne Serifen (die kleinen Füßchen, die bei vielen Schriften die Linien abschließen) und unterschiedliche Stammbreiten. Die Realisierung dieser Anforderungen gelingt nur mit einer Schrifttechnik, die die Umrisse eines Zeichens mit Linien- und Kurvenelementen geometrisch beschreibt und die so entstandene Form anschließend schwarz füllt. Umrissschriften oder Outline-Fonts benötigen weniger Speicherplatz als Bitmap-Schriften und lassen sich ohne Qualitätsverlust in beliebigen Größen ausgeben. Daher werden sie auch als skalierbare Schriften bezeichnet.

Bei der Umsetzung der Kurven in das Punkteraster des Ausgabegeräts entstehen zwar Ungenauigkeiten, die aber mit wachsender Auflösung (also Rasterpunkte pro Einheit) immer kleiner werden. Während die ersten 300-dpi-Laserdrucker die Hardware-Voraussetzungen für eine akzeptable Umsetzung dieser so genannten Umrissschriften oder Outline-Fonts schufen, steuerten PostScript und später TrueType die nötige Software bei.

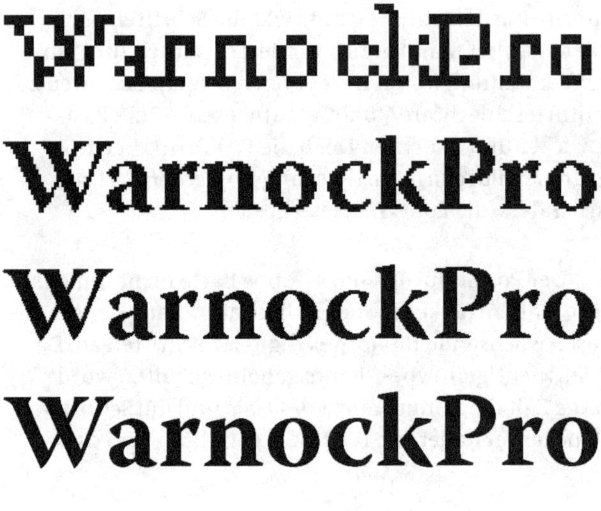

WarnockPro
WarnockPro
WarnockPro
WarnockPro

*Abb. 4.5
Rasterung von Text der Größe 10 Punkt (vergrößert): Bei 75, 300, 600 und 1200 dpi stehen jeweils ca. 7, 30, 60 bzw. 120 Pixel für die Höhe eines Großbuchstabens zur Verfügung.*

Der Erfolg der PostScript-Schriften beruht darauf, dass ein Schriftzeichen wie ein normales grafisches Objekt behandelt wird, das durch Linien oder Kurven begrenzt wird, gefüllt oder hohl sein oder auch wie früher durch Bitmaps definiert sein kann. Ein PostScript-Interpreter enthält ausgefeilte mathematische Algorithmen, um diese geometrischen Beschreibungen in ein Pixelmuster für das jeweilige Ausgabegerät umzusetzen. Das mag sich vielleicht wie eine »ganz normale« Programmieraufgabe anhören, ist jedoch alles andere als trivial: Zur Bestimmung der innerhalb und außerhalb einer Umrisskurve liegenden Pixel gibt es verschiedene Standardverfahren. Entscheidend sind jedoch die Pixel auf der Linie oder nahe bei der Linie: Hier entstehen durch Rundungsfehler und die unvermeidliche Pixelkörnung Ungenauigkeiten, Löcher oder ungewollte Verdickungen. Die eigentliche Leistung bei der Implementierung einer Fonttechnik besteht in der befriedigenden Behandlung solcher Unregelmäßigkeiten. Dazu bedarf es besonderer Anstrengungen sowohl auf der typografischen Seite als auch bei der Softwareentwicklung.

Dass man solche Effekte durchaus auch mit dem bloßen Auge erkennen kann, zeigt eine einfache Rechnung: Bei der üblichen Schriftgröße von 10 Punkt sind Großbuchstaben etwa 7 Punkt hoch. Bei einer Auflösung von 600 dpi stehen damit 60 Pixelreihen zur Darstellung eines Großbuchstabens zur Verfügung, bei einer Bildschirmauflösung von 72-100 dpi nur etwa 7 Pixelreihen. Für feine Serifen bleiben daher gerade noch ein bis zwei Pixelreihen. Der Sprung von eins auf zwei entspricht aber bereits einer Verdoppelung der Linienbreite!

Den Vorteilen der Outline-Fonts stehen auch Nachteile gegenüber: Automatisch gerasterte Schriften erreichen bei kleinen Schrifthöhen nicht die Qualität manuell gezeichneter Bitmap-Schriften, die ein erfahrener Schriftentwerfer Pixel für Pixel auf gute Lesbarkeit optimiert hat. Aus diesem Grund ergänzt man in manchen Situationen Outline-Schriften durch handoptimierte Bitmaps für kleine Schriftgrade.

Doch auch mit Einführung der Outline-Fonts war die Schriftenwelt noch nicht perfekt. Diese kamen nämlich nur für den Ausdruck zum Einsatz, für die Bildschirmdarstellung waren immer noch Bitmap-Schriften zu installieren, die wesentlich schlechtere Qualität aufwiesen als die PostScript-Schriften für Drucker und Belichter. Doch die PostScript-Technik wurde nicht einfach für die Bildschirmansteuerung implementiert, sondern es kam alles ganz anders: die Fontkriege begannen.

4.2.2 Die Fontkriege.

Der PostScript-Erfinder Adobe hatte nicht nur das zugehörige Schriftenformat entwickelt, sondern bot seit Anfang der achtziger Jahre auch eine rasch wachsende Bibliothek digitaler Schriften an. Da das Schriftenformat der wichtigen Type-1-Fonts geheim gehalten wurde, konnte sich Adobe lange Zeit die Konkurrenz vom Hals und die Schriftenpreise hoch halten. Druckerhersteller, die die Lizenzgebühren für Post-

Script durch Entwicklung von Clones sparen wollten, mussten sich mit einem einfachen Fontformat geringer Qualität (Type-3-Fonts) und Inkompatibilität zum Standard zufrieden geben; Anbieter digitaler Schriften mussten entsprechende Werkzeuge zur Schriftentwicklung von Adobe lizenzieren (nur der Firma Bitstream gelang es, das Type-1-Format zu knacken). Schließlich wollte Adobe PostScript auch an die Betriebssystemhersteller lizenzieren. Apple, Microsoft, Sun und IBM war durch den Erfolg grafischer Benutzeroberflächen aber klar geworden, dass eine so zentrale Technologie wie die Schriftenbehandlung einerseits im Betriebssystem verankert sein sollte, andererseits wollten sie aber auch nicht von externem Know-how abhängig sein (von den Lizenzgebühren einmal ganz abgesehen).

In dieser Situation schlossen Apple und Microsoft ein Abkommen: Apple entwickelte unter der Bezeichnung TrueType eine leistungsfähige Schriftentechnologie und Microsoft einen PostScript-Clone unter der Bezeichnung TrueImage (der allerdings so schlecht gewesen sein soll, dass er nie zum Einsatz kam). Die Firmen wollten die beiden Technologien gegenseitig lizenzieren, in ihre Betriebssysteme einbauen und das Monopol von Adobe knacken.

Adobe nahm diese Situation ernst, denn die PostScript-Entwickler sahen ihre Felle davonschwimmen. 1989, als TrueType zwar fertig entwickelt, aber noch nicht im Mac-Betriebssystem verfügbar war, änderte Adobe seine Strategie radikal, senkte die Lizenzgebühren für PostScript und Fonts und veröffentlichte die technische Spezifikation des Type-1-Formats. Außerdem kündigte der Hersteller die Software Adobe Type Manager (ATM) an, die PostScript-Schriften auch am Bildschirm benutzbar machen sollte. ATM klinkte sich mit raffinierten Tricks ins Mac- bzw. Windows-Betriebssystem ein und erweiterte so das Repertoire benutzbarer Schriftformate. ATM wurde günstig verkauft und lag Schrift- und Softwarepaketen von Adobe als Dreingabe bei.

Als einige Zeit später Mac- und Windows-Systeme mit integrierter Unterstützung für TrueType-Fonts erschienen, war dies der Ausgangspunkt für einen jahrelangen Fontkrieg, der den Anwendern viel Frust und Ärger einbrachte. PostScript-Fonts waren etabliert und bildeten den bewährten Standard der Druckvorstufe; allerdings waren sie nur mit ATM und teuren PostScript-Geräten nutzbar. TrueType-Schriften wurden dagegen vom Betriebssystem für die Bildschirm- und Druckausgabe aufbereitet, und da Apple und Microsoft die TrueType-Spezifikation veröffentlicht hatten, gab es bald auch eine große Menge günstiger TrueType-Schriften. Obwohl TrueType-Fonts einfach zu benutzen waren, passten sie nicht in die PostScript-Welt (Drucker und Satzbelichter akzeptierten nur Type-1-Fonts) und hatten außerdem mit technischen Problemen zu kämpfen: Da Windows 3.1 noch auf einer 16-Bit-Architektur basierte, hatte das Betriebssystem Probleme, effizient mit den von Apple entwickelten 32-Bit-Strukturen umzugehen. Da viele große Schriftenhersteller, die bereits viel Geld für Adobe-Lizenzen ausgegeben hatten, die hohen Kosten für die Konvertierung ihrer Fontbibliotheken nach TrueType scheuten, wurde der Markt bald mit günstigen TrueType-Fonts minderer Qualität überschwemmt, die oft von Amateuren mit einfachen Programmen erzeugt wurden. Die durch solche minderwertigen Fonts verursachten Probleme trugen viel zum negativen Image von TrueType im professionellen Bereich bei.

Tabelle 4.1 Meilensteine der digitalen Typografie

Jahr	Ereignis
1985	Adobe veröffentlicht die Spezifikation von PostScript und Type-3-Fonts
1986	Adobe und andere vertreiben Download-Fonts im Type-1-Format
1987	Apple startet die Entwicklung von TrueType
Mitte 1989	Adobe kündigt ATM für die Bildschirmanzeige von Type-1-Schriften an
3/1990	Adobe veröffentlicht die Spezifikation des Type-1-Formats
Mitte 1990	ATM für Mac erscheint; ATM für Windows einige Zeit später
1991	Version 1.0 des Unicode-Standards wird verabschiedet
1991	Mac System 6 unterstützt TrueType-Fonts
1992	X Window System, Release 5 unterstützt Type-1-Fonts
1992	Microsoft liefert TrueType als Bestandteil von Windows 3.1 aus
1992	Adobe liefert Multiple-Master-Fonts aus
1993	Adobe veröffentlicht das Type-42-Format zum Einsatz von TrueType in PostScript
1993	Windows NT 3.5 konvertiert Type-1-Fonts automatisch nach TrueType
1995	Adobe veröffentlicht CID-Fonts und CMaps für asiatische Schriften
1995	Windows 95 verbessert die TrueType-Darstellung durch Graustufen
1996	Microsoft und Adobe kündigen gemeinsam das OpenType-Format an
1996	Version 2.0 des Unicode-Standards wird verabschiedet
1999	X Window System (XFree86) unterstützt TrueType-Schriften
2000	Version 3.0 des Unicode-Standards wird verabschiedet
2000	Windows 2000 unterstützt OpenType und Type 1
2000	ATM 4.1 bzw. 4.6 bietet OpenType-Support für alle Windows- und Mac-Systeme
2001	Mac OS X unterstützt OpenType und Type 1

Mitte der neunziger Jahre änderte sich die Situation: Microsoft stellte mit Windows 95 eine überarbeitete 32-Bit-Version des TrueType-Rasterers vor, die Neuerungen wie Anti-Aliasing (Kantenglättung durch Graustufen) einführte. Die Fronten zwischen den Konkurrenten wurden immer unschärfer: Um die leidigen Konvertierungsprobleme beim Einsatz von TrueType-Schriften mit PostScript-Geräten zu umgehen, entwickelte Adobe unter dem Namen Type 42 eine Art PostScript-Verpackung für TrueType-Schriften, mit der diese ohne fehlerträchtige Konvertierung direkt vom Drucker verarbeitet werden konnten. Microsoft integrierte indirekte Type-1-Unterstützung in Windows NT: Das System wandelt PostScript-Schriften bei der Installation ohne Mitwirkung von ATM in TrueType um. Neben vielen technischen Problemen bewirkten die Fontkriege bei den Anwendern auch gestiegenes Interesse am Thema Typografie, da digitale Schriften erstmals auch für Hobby-Anwender bezahlbar wurden. In diesem Zusammenhang spricht man auch von der Demokratisierung der Schriftentechnik.

Als das Terrain für alle Beteiligten weitgehend abgesteckt war, wich die Feindseligkeit einer pragmatischen Vernunft: 1996 vereinbarten Adobe und Microsoft zusätzlich zu einer gegenseitigen Lizenzierung von TrueType bzw. Type 1 die Entwicklung eines neuen Fontformats mit der Bezeichnung OpenType, das sowohl beide Fontformate vereinen sollte als auch auf Mac und Windows identisch funktionieren sollte – der Traum aller Anwender vom Ende des Schriften-Wirrwarrs schien in naher Zukunft wahr zu werden! Allerdings dauerte es volle vier Jahre, bis die Früchte dieser Vereinbarung greifbar wurden: Erst in Windows 2000 integrierte Microsoft den von Adobe lizenzierten ATM-Code, und ebenfalls erst im Jahr 2000 brachte Adobe eine ATM-Version mit OpenType-Unterstützung auf den Markt. Bei Apple dauerte es bis zur Implementierung von OpenType noch länger, da man dort zunächst die eigene Technologie QuickDraw GX fördern wollte, die aber nie die nötige Unterstützung von den Softwareentwicklern bekam. Erst Mac OS X führte Anfang 2001 volle Unterstützung für OpenType-Fonts ein.

Und Unix? Im Unix-Markt hat sich das X Window System (X11) als herstellerübergreifender Standard für grafische Oberflächen durchgesetzt. Lange Zeit basierte die Bildschirmdarstellung auf Bitmap-Fonts. Erst X11 Release 5 (1991/92) brachte skalierbare Bildschirmschriften und den Fontserver zur netzweiten Fontversorgung. Einige Beiträge aus der Industrie *(contributions)* zum X Window System trugen ab Release 5 zu einer wesentlichen Verbesserung der Fontverarbeitung bei: IBM lieferte einen Rasterer für Type-1-Fonts; er ermöglicht den Einsatz von PostScript-Schriften unter X11. Von SGI stammt eine Erweiterung für die Verarbeitung von CID-Fonts, die vor allem für asiatische Schriften wichtig sind. X11-Installationen mit integriertem Display-PostScript, etwa die von Sun, unterstützen PostScript-Schriften durch den integrierten PostScript-Interpreter. Seit Mitte der neunziger Jahre spielt FreeType eine wichtige Rolle. Diese Fontengine für PostScript- und TrueType-Fonts kommt in Linux und vielen anderen Unix-Systemen zum Einsatz.

4.3 Die wichtigsten Fontformate

In diesem Abschnitt möchte ich detaillierter auf die wichtigsten Formate für digitale Schriften eingehen und deren Merkmale und Eigenschaften erläutern. Vorab ein kurzer Überblick:

- PostScript-Schriften umfassen die verbreiteten Type-1-Fonts sowie die weniger wichtigen Type-3-Fonts.
- TrueType ist das Standardformat für Schriften auf dem Mac und unter Windows.
- OpenType ist ein neues Fontformat, das PostScript und TrueType vereint und außerdem plattformübergreifend auf Mac und Windows funktioniert.

4.3.1 Type 1.
Das Type-1-Format (T1) ist zweifellos der wichtigste Fonttyp in PostScript. Der Name leitet sich von dem internen Klassifizierungsmerkmal *FontType* ab, der bei dieser Variante eben den Wert 1 hat. Type-1-Fonts und die Software *Adobe Type Manager (ATM)* hängen so eng miteinander zusammen, dass die Begriffe oft synonym benutzt werden (»ATM-Fonts«). Weiter unten werden wir noch sehen, warum dies nicht ganz korrekt ist.

Type-1-Fonts arbeiten mit Anweisungen zur Definition der Umrisslinien eines Zeichens. Diese Anweisungen bieten ähnliche Möglichkeiten wie normale Grafikanweisungen in PostScript, umfassen aber nicht alle grafischen Möglichkeiten der Muttersprache. Das Mini-PostScript der T1-Fonts besteht nicht aus Klartextanweisungen, die Operatoren werden vielmehr durch jeweils ein oder zwei Byte kodiert. Daher sind Type-1-Fonts sehr kompakt und brauchen weniger Speicherplatz als andere Fontformate. Die Verschlüsselung erzeugt außerdem eine ziemlich zufällige Verteilung der Bytes, so dass Kompressionsprogramme die Fontdateien nicht mehr wesentlich verkleinern.

Eine jüngere Erweiterung, das so genannte Type-2-Format, bietet einige zusätzliche Anweisungen für die Zeichenbeschreibungen. Es kommt in OpenType-Fonts mit PostScript-Outlines zum Einsatz (siehe Abschnitt 4.3.4 »OpenType«, Seite 135).

Der PostScript-Interpreter wendet bei T1 andere Rasterungsalgorithmen an als bei normalen Zeichenanweisungen an. Bei T1-Fonts schwärzt er alle Pixel, deren Mittelpunkt innerhalb der gewünschten Umrisslinie liegt. Die übliche PostScript-Rasterung arbeitet etwas anders: Ein Pixel wird geschwärzt, wenn der Umriss einen beliebigen Teil dieses Pixels überdeckt. Das normale Verfahren verhindert zwar, dass dünne Linien bei der Rasterung verschwinden, bewirkt aber auch, dass dünne Linien und Kurven etwas fetter erscheinen als bei der »Ideallinie«.

Type-1-Fonts sind die verdienten Veteranen der digitalen Typografie. Allerdings stoßen sie zwanzig Jahre nach ihrer Entwicklung immer häufiger an Grenzen hinsichtlich moderner Anwendungen. Die größte Einschrän-

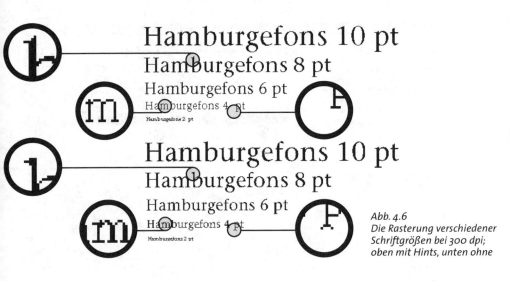

Abb. 4.6
Die Rasterung verschiedener Schriftgrößen bei 300 dpi; oben mit Hints, unten ohne

kung betrifft die Tatsache, dass Type-1-Fonts immer nur den Zugriff auf maximal 256 Zeichen erlauben und nur sehr begrenzt Unicode-fähig sind. Einzelheiten zu dieser Thematik finden Sie in Abschnitt 4.7 »Zeichensätze«, Seite 176.

Ausgabequalität und Hints. Type-1-Fonts liefern eine exzellente Ausgabequalität, werden schnell verarbeitet und brauchen wenig Speicherplatz. Die Qualität der Schriften hat mit den so genannten Hints zu tun *(hint* bedeutet Tipp oder Hinweis). Dies sind spezielle Informationen im Font, die die Darstellung vor allem bei geringer Auflösung des Ausgabegeräts (also insbesondere bei Bildschirmen sowie Druckern bis 600 dpi) verbessern. In Abbildung 4.6 sehen Sie einen T1-Font einmal in der Standardversion und zum Vergleich ohne Hints[1]. Dabei wird deutlich, dass die Hints für gleichmäßige Stämme sorgen und Asymmetrien vermeiden.

Hints beschreiben wichtige Merkmale einzelner Zeichen oder eines ganzen Fonts, zum Beispiel die Stärke der senkrechten Balken der Großbuchstaben B, D, E, F, H usw. Die Einhaltung dieser typografischen Merkmale ist für eine gute Darstellung wichtiger als die »exakte« Umsetzung der Umrisslinien in ein ganzzahliges Pixelraster. Die Umsetzung führt bei kleinen Fonthöhen bzw. geringer Auflösung des Ausgabegeräts immer zu Rundungsfehlern. Der Rasterer, also der PostScript-Interpreter oder ATM, wertet bei der Umsetzung die Hints aus und passt die Umrisslinien geringfügig an. Dadurch erscheinen die Zeichen regelmäßiger, was die Lesbarkeit der Schrift erhöht. Hints können bei der Erstellung eines Fonts automatisch vom Fonteditor erzeugt werden, hochwertige Schriften erfordern jedoch immer eine manuelle Nachbearbeitung oder Ergänzung der Hints. Dieser

---

1. *Das merkwürdige Testwort »Hamburgefons« wird gern benutzt, weil es Zeichen mit allen wichtigen Eigenschaften enthält (Ober- und Unterlängen, gerade und runde Zeichen etc.).*

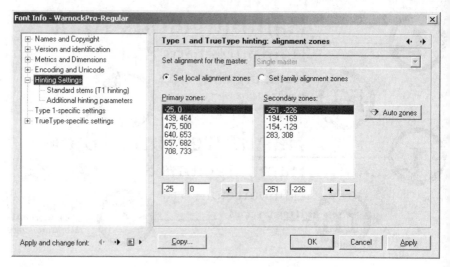

Abb. 4.7
Einstellungen für globale Hints im Fonteditor FontLab

Vorgang erfordert allerdings sehr viel Erfahrung. Es gibt im Wesentlichen drei Arten von Hints: globale Hints, Hints auf Zeichenebene sowie Sonderfälle wie den Flex-Mechanismus oder spezielle Hints für die komplexen asiatischen Schriften.

Globale Hints beschreiben einheitliche Merkmale, die die meisten oder alle Zeichen eines Fonts betreffen. Dazu gehört zunächst die Normalisierung der Balkenbreiten. Durch Digitalisierungsfehler kann es passieren, dass die Hauptbalken *(stems)* ähnlicher Buchstaben (zum Beispiel *T* und *P*) nicht gleich breit sind, sondern sich geringfügig unterscheiden. Angenommen, ein Balken hätte bei 10 Punkt Schriftgröße rechnerisch die Breite 1,4 Pixel und der andere 1,6 Pixel, so müssten sie mit einem bzw. zwei Pixeln gerastert werden. Das ist aber bereits ein Unterschied von einhundert Prozent und damit nicht tragbar. Sollen die gleichen Zeichen aber bei 100 Punkt ausgegeben werden, sind die Balken 14 bzw. 16 Pixel breit, und dieser Unterschied soll und kann durchaus sichtbar werden. Es ist also eine Logik nötig, die die Unterschiede bei kleinen Fonthöhen ignoriert und bei großen Fonthöhen umsetzt. Zu diesem Zweck gibt man im Font die vorherrschende Breite horizontaler und vertikaler Balken an (Parameter *StdHW* bzw. *StdVW*) sowie bis zu 12 weitere häufig benutzte Balkenbreiten *(StemSnapH* bzw. *StemSnapV)*. In der Regel benutzt man hierfür die vorherrschende Breite der Balken von Groß- und Kleinbuchstaben.

Die Ausrichtungszonen haben mit den so genannten Überhängen *(overshoots)* zu tun: Runde Buchstaben wie *O* oder *p* sind meist etwas größer als solche mit geradem Abschluss *(T, x)* und reichen auch etwas unter die Grundlinie. Damit kompensieren die Schriftentwerfer eine optische Täuschung: Wären sie gleich groß, so würde das Auge den Eindruck vermitteln, dass die runden Buchstaben etwas zu kurz geraten sind! Durch den Überhang erreicht man optische Gleichheit bei tatsächlich unterschiedlicher Größe. Allerdings darf man hier nicht übertreiben: Der Überhang kann ja nicht kleiner werden als ein Pixel. Wenn nun der zugehörige Bogen selbst nur ein Pixel breit ist, wäre ein Überhang von einem Pixel bereits viel zu viel. In so einem Fall muss man auf den Überhang verzichten. Damit der Rasterer Überhänge als solche erkennen und gegebenenfalls unterdrücken kann, definieren spezielle Hints, die aus historischen Gründen *BlueValues* heißen[1], die Ausdehnung der Ausrichtungszonen.

Neben den globalen Hints gibt es auch solche auf Zeichenebene, die das Aussehen einzelner Zeichen beeinflussen. Sie legen Position und Stärke von horizontalen oder vertikalen Strichen fest; dazu zählen auch Serifen oder Rundungen.

Der *Flex*-Mechanismus behandelt schließlich sehr flache Kurven, die exakt horizontal oder vertikal ausgerichtet sind. Solche flachen Kurven treten bei manchen Fonts als Begrenzung von Serifen auf, zum Beispiel bei Palatino oder Garamond. Diese Stellen sind sehr kritisch, weil sie ohne zusätzliche Kontrolle bei geringer Auflösung leicht überhöht dargestellt werden können. Der Flex-Mechanismus ersetzt abhängig von der Größe des Zeichens und der Auflösung die beiden Kurvenzüge durch eine einzige Gerade, um eine zu starke Aushöhlung« zu verhindern. Der zugehörige Hint kennzeichnet Stellen, die vom Flex-Mechanismus berücksichtigt werden sollen.

Verschlüsselung. Wer sich schon einmal den Inhalt einer Fontdatei oder die Fontdaten innerhalb einer PostScript-Datei angesehen hat, wird deren wichtigste Eigenschaft bereits erkannt haben: Man erkennt nämlich nichts! Die Fontdatei enthält am Anfang einige lesbare Einträge, zum Beispiel den vollständigen Namen des Fonts und den Zeichensatz, aber die eigentliche Umrissbeschreibung der Zeichen besteht nur aus einem unleserlichen Zahlensalat. Einen Anwender wird dies nicht besonders wundern, da sich auch herkömmliche Software so darstellt. Im Gegensatz zu einem ablauffähigen Programm sind Type-1-Fonts allerdings auch für Programmierer unlesbar – genauer gesagt, sie waren es bis 1990. Adobe schützte die Fontdaten nämlich durch ein mehrstufiges Verschlüsselungsverfahren.

Der erste Schritt bei der Verarbeitung des Fonts muss deshalb zunächst die so genannte *eexec*-Verschlüsselung rückgängig machen. Dieser Schritt enthüllt das *CharStrings*-Dictionary mit den Beschreibungen der einzelnen Zeichen. Dann muss man die CharStrings-Verschlüsselung auflösen, denn

---

1. Anfang der achtziger Jahre kam bei Adobe ein Grafiktablett zur Digitalisierung von Schriften zum Einsatz. An dieses Tablett war eine Fadenkreuzlupe mit vier Knöpfen angeschlossen, die farbig gekennzeichnet waren. Der blaue Knopf diente zur Markierung wichtiger horizontaler Merkmale eines Zeichens, eben auch des Überhangs.

4.3 Die wichtigsten Fontformate

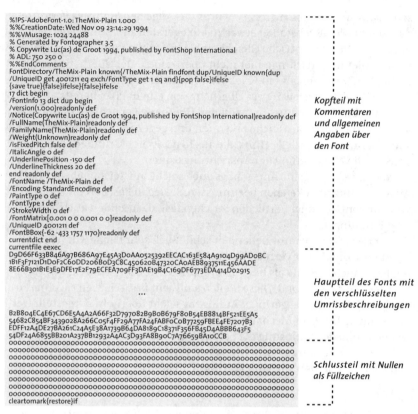

Abb. 4.8 Bestandteile eines Type-1-Fonts

die Daten sind durch einen zweiten Verschlüsselungsschritt geschützt. Erst jetzt stehen die eigentlichen Anweisungen für die Buchstabenformen zur Verfügung. Obwohl seit 1990 alle Details der Verschlüsselung und Kodierung von Type-1-Fonts bekannt sind, sind diese aus Kompatibilitätsgründen auch heute in der Regel immer noch verschlüsselt.

Einschränkungen. Die Anweisungen der Type-1-Sprache umfassen die gleichen Möglichkeiten wie in PostScript, Kurven und Linienzüge zu beschreiben. Es fehlen allerdings einige Teile des restlichen Grafikmodells von PostScript, die bei Schriften keine große Bedeutung haben und das T1-Format nur unnötig verkompliziert hätten. Die Zeichen eines T1-Fonts müssen zum Beispiel immer durch Umrisse definiert werden, Bitmap-Zeichen sind nicht möglich.

Ebenso wenig bietet das T1-Modell Farbe: Ein Font kann zwar bunt gedruckt werden, aber die Farbe ist nie Bestandteil der Fontbeschreibung. Ein T1-Font kann zum Beispiel nicht festlegen, dass er immer in einer bestimmten Farbe gedruckt wird oder zweifarbig erscheint.

3.2 Type 3.

Fonts vom Typ 3 waren vor 1990 die einzige Möglichkeit für PostScript-Entwickler, eigene Fonts zu definieren. Type-3-Fonts (T3) greifen auf alle grafischen Anweisungen von PostScript zu, um damit eine neue Schrift zu definieren. Wie wir oben sahen, genügen die Zeichenanweisungen allein aber nicht, um bei niedrigen Auflösungen hochwertige Ausgabe zu erzeugen: In Type 3 gibt es kein qualitätsverbesserndes Hinting. Daher ist die Ausgabequalität grundsätzlich geringer als bei Type-1 oder True-Type.

Da T3-Fonts beliebige PostScript-Anweisungen verwenden dürfen und sich nicht an die T1-Einschränkungen halten müssen, können sie nicht mit ATM am Bildschirm dargestellt werden. Dafür bieten sie Einsatzmöglichkeiten über die T1-Fonts hinaus: Sie können Bitmaps ebenso enthalten wie Farbanweisungen. T3-Fonts basieren aber beileibe nicht immer auf Bitmaps, sondern können Bitmaps *oder* Outlines enthalten. Darüber hinaus können T3-Fonts auch auf anderen Fonts beliebigen Typs aufbauen und diese modifizieren. Dies kann man etwa benutzen, um zu einem T1-Font eine Variante mit eingebautem Schatten zu erzeugen.

T3-Fonts sind heute nur noch selten anzutreffen, da sie fast völlig von Type 1 und TrueType verdrängt wurden. Sie spielen nur noch in folgenden Bereichen eine Rolle:

- Manchmal kommen sie für komplexe Logos oder Symbole zum Einsatz.
- Der Windows-Druckertreiber konvertiert TrueType-Fonts unter bestimmten Bedingungen in Type-3-Fonts mit Bitmaps.
- Ältere Applikationen erzeugen Füllmuster mithilfe von T3-Fonts. Dies lässt sich allerdings eleganter mit dem Pattern-Operator von PostScript Level 2 erreichen.
- Quark XPress und PageMaker benutzen T3-Fonts für bestimmte Gestaltungselemente, zum Beispiel Rahmenverzierungen.

Da Type-3-Fonts grundsätzlich einen größeren Funktionsumfang enthalten als T1-Fonts (allerdings ohne deren Qualität zu erreichen), lässt sich ein Font im allgemeinen nicht von T3 nach T1 konvertieren.

3.3 TrueType.

Wie in Abschnitt 4.2.2 »Die Fontkriege«, Seite 124, ausgeführt, bewirkten TrueType-Fonts (TT) zwar einen enormen Preisverfall auf dem Schriftenmarkt, verursachten aber aufgrund der Inkompatibilität zu PostScript auch eine Menge Probleme im praktischen Einsatz. Diese Probleme sind Ursache für die teils bis heute anhaltende starke Ablehnung von TrueType bei DTP-Profis, die nach wie vor auf PostScript-Fonts schwören und TrueType als Amateurformat ablehnen. Dies ist aber nicht mehr gerechtfertigt, denn zum einen gibt es in Betriebssystemen und Druckern hochwertige Implementierungen des TrueType-Rasterers und ein reichhaltiges Angebot guter TrueType-Schriften. Zum anderen hat sich TrueType vor allem im Office-Bereich als Standard durchgesetzt. Die Zeiten, in denen billige und schlechte TrueType-Fonts unerklärliche Druck- oder Belichtungsprobleme verursachten, sind vorbei. Adobes nahtlose Integration in PostScript, PDF, OpenType und ATM wertete das Format weiter auf.

Bei TrueType-Fonts heißen die Zusatzinformationen zur Verbesserung der Ausgabequalität Instruktionen. Sie enthalten allerdings keine bloßen Beschreibungen, sondern gleich die Anweisungen zur Umsetzung der gewünschten Regularisierung. Aus diesem Grund fallen TrueType-Dateien im allgemeinen größer aus als Fontdateien im T1-Format. TrueType-Hinting ist allerdings wesentlich komplexer als Type-1-Hinting.

In mancher Hinsicht sind TrueType-Schriften wesentlich moderner und leistungsfähiger als Type-1-Schriften. Dies betrifft insbesondere die Verwendung von Sonderzeichen und nichtlateinischen Zeichen mithilfe des Unicode-Standards (siehe Abschnitt 4.7.1 »Der Unicode-Standard«, Seite 176): Während Type-1-Fonts immer nur Zugriff auf maximal 256 Zeichen bieten, können TrueType-Schriften viele tausend Zeichen enthalten, die auf Unicode-fähigen Systemen wie Windows NT/2000/XP gleichzeitig im Zugriff sind.

Für asiatische Schriften entwickelte Microsoft das Konzept der *TrueType Collection*. Dabei werden unter der Dateikennung *.ttc* mehrere TrueType-Fonts in einer gemeinsamen Datei gespeichert. Dies bietet insbesondere bei großen asiatischen Fonts Platzvorteile, da gemeinsame Daten nur einmal gespeichert werden.

Microsoft bietet mit der kostenlosen Erweiterung *Font Properties Extension* eine Möglichkeit, viele Merkmale von TrueType- und OpenType-Fonts abzufragen (siehe Abbildung 4.9). Dieses Programm finden Sie unter folgender Adresse:

http://www.microsoft.com/typography/free.htm

TrueType-Unterstützung in PostScript. Für den Einsatz von TrueType-Schriften mit PostScript-Geräten gibt es mehrere Möglichkeiten:
- Der Druckertreiber konvertiert die TrueType-Schrift für den Ausdruck in Type-1-Fonts. Dabei können sich allerdings Verfälschungen durch schlechte Konvertierung einschleichen, weil der Treiber T1-Fonts ohne Hints erzeugt.
- Der Druckertreiber ersetzt die TT-Fonts mittels einer Umsetzungstabelle durch vorhandene äquivalente PostScript-Schriften.
- Der Treiber rastert die TrueType-Schriften (berechnet also die jeweiligen Pixeldarstellungen für eine bestimmte Größe) und sendet das Ergebnis als Type-3-Font zum Drucker.
- Der Treiber »verpackt« die TrueType-Schriften so, dass sie vom PostScript-Interpreter im Drucker verarbeitet werden können. Solche in PostScript verpackten TrueType-Schriften heißen Type-42-Fonts.

Soweit vom Drucker unterstützt, sind Type-42-Fonts (T42) vorzuziehen. Sie funktionieren in vielen Druckern mit Level 2 (Version 2013 oder höher) und allen Implementierungen von PostScript 3. Type-42-Fonts enthalten die

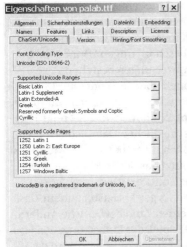

Abb. 4.9
Die Font Properties Extension von Microsoft zeigt viele Informationen über TrueType- und OpenType-Fonts an.

Daten eines TT-Fonts, nur eben mit PostScript-Anweisungen verpackt. Im Gegensatz zu den obigen Konvertierungen nach T1 und T3 werden die Fontdaten dabei nicht inhaltlich verändert. Der TrueType-Rasterer, der die Fonts umsetzt, ist bei PostScript 3 und vielen Level-2-Druckern Bestandteil des PostScript-Interpreters. Anhand der PPD-Datei eines Druckers können Sie überprüfen, ob das Gerät T42-Fonts unterstützt. Am Eintrag

*TTRasterizer:Type42

erkennen Sie, dass der Drucker TrueType-Fonts als Type 42 verarbeiten kann. In diesem Fall wird der Font mit den internen Algorithmen des Druckers gerastert, ohne dass sich der Anwender auf die Konvertierungsfähigkeiten des Druckertreibers verlassen müsste.

Achtung: Druckdateien mit Type-42-Fonts eignen sich nur sehr eingeschränkt für andere Druckermodelle als das im Treiber eingestellte, da T42 nicht von allen Druckern unterstützt wird. Wenn Sie auf Nummer Sicher gehen wollen und Druckdateien zu einem anderen Drucker oder einer Belichtungsmaschine übertragen müssen, sollten Sie TrueType-Fonts nach T1 konvertieren.

3.4 OpenType.

Das OpenType-Format wurde 1996 gemeinsam von Adobe und Microsoft angekündigt und verfolgt mehrere Ziele:
- ein einheitliches Fontformat für Mac und Windows
- ein einheitliches Dateiformat für PostScript- und TrueType-Schriften
- Unicode-Unterstützung endlich auch für PostScript-Schriften
- leistungsfähige typografische Funktionen wie die automatische Ersetzung von Ligaturen und Kapitälchen *(Layout Features)*.

OpenType basiert auf der Dateistruktur von TrueType (manchmal als SFNT-Wrapper bezeichnet, wobei die Abkürzung für *scalable font* steht) und enthält die Umrissbeschreibungen, Laufweitenangaben und Kerning-Tabellen in einer einzigen Datei. Die Umrissbeschreibungen können dabei entweder aus PostScript- oder TrueType-Anweisungen bestehen.

Da OpenType-Schriften alle Informationen über den Font einschließlich der Metriktabellen in der Fontdatei enthalten, benötigen sie keine weiteren Hilfsdateien (etwa AFM- oder PFM-Dateien). Windows 2000/XP zeigt TrueType- und OpenType-Schriften mit unterschiedlichen Datei-Icons an. Als Kriterium für die Unterscheidung (schließlich sind OpenType-Fonts gleichzeitig vollwertige TrueType-Schriften) benutzt das Betriebssystem dabei die digitale Signatur, die nur bei OpenType-Fonts existiert.

Die digitale Signatur eines OpenType-Fonts gewährleistet zudem, dass der Font nicht unberechtigt modifiziert werden kann bzw. solche Änderungen erkannt werden. Versucht man zum Beispiel, das Einbettungs-Flag (siehe Abschnitt 4.6 »Fonteinbettung«, Seite 172) zu verändern, so wird dadurch die Signatur des Fonts ungültig. Die Signatur ist allerdings nicht zwingend vorgeschrieben und wird derzeit von Betriebssystemen und Anwendungen noch nicht ausgewertet.

OpenType-Fonts mit TrueType-Outlines. Die TrueType-Variante von OpenType ist unter Windows zu älteren TrueType-Implementierungen kompatibel und trägt daher die bisherige Dateinamensendung .ttf. Auf ältere Mac-Systeme trifft diese Kompatibilität allerdings nicht zu, da OpenType den Ressource-Zweig von Mac-Dateien nicht mehr benutzt (siehe Abschnitt 4.4.4 »PostScript-Fonts auf dem Mac«, Seite 155). OpenType-Schriften mit TrueType-Outlines verhalten sich unter Windows weitgehend wie »normale« TrueType-Fonts; die größte Neuerung liegt hier in den Layout-Features, die derzeit aber nur spärlich von Anwendungsprogrammen unterstützt werden (siehe unten).

OpenType-Fonts mit PostScript-Outlines. Für die PostScript-Variante von OpenType, die die Dateinamensendung *.otf* erhielt, nutzte Adobe die Gelegenheit, das Type-1-Format zu modernisieren. OpenType-Schriften enthalten PostScript-Daten im so genannten *Compact Font Format (CFF)*, das platzsparender ist als das Type-1-Format. Die Zeichenbeschreibungen sind im Type-2-Format kodiert. Dieses bietet im Wesentlichen die gleichen Funktionen wie Type 1, kodiert die Zeichenbeschreibungen allerdings in einer wesentlich kompakteren Form (es vermeidet zum Beispiel die wiederholte Speicherung von Standardangaben, die bei fast allen T1-Fonts identisch sind). CFF erlaubt außerdem die gemeinsame Speicherung mehrerer Fonts in einer Datei. Da gemeinsam genutzte Daten hierbei nur einmal gespeichert werden, verringert sich der Platzbedarf weiter. CFF-Fonts kommen in PDF schon seit Acrobat 3.0 zum Einsatz, allerdings nur intern.

OpenType-Schriften mit PostScript-Outlines heben endlich die Einschränkungen der Type-1-Fonts bezüglich des Zeichensatzes auf, denn sie erlauben Zugriff auf mehr als die bisher möglichen 256 Zeichen und bieten vollständige Unicode-Unterstützung (siehe Abschnitt 4.7 »Zeichensätze«, Seite 176). Während Type-1-Fonts strikten Einschränkungen hinsichtlich der Anzahl der gleichzeitig nutzbaren Zeichen und der Einbindung in moderne Unicode-konforme Systeme unterliegen, entfallen diese Einschränkungen bei der Nutzung von OpenType-Schriften mit PostScript-Outlines.

OpenType-Support in Betriebssystemen. Nach der ersten gemeinsamen Presseerklärung von Adobe und Microsoft 1996 dauerte es zwar volle vier Jahre bis zur tatsächlichen Verfügbarkeit von OpenType. Auch Apple konnte sich nach anfänglichem Zögern schließlich zur Unterstützung des neuen Formats durchringen. Heute ist OpenType-Unterstützung aber in den aktuellen Betriebssystemen von Apple und Microsoft sowie den Anwendungen von Adobe implementiert und damit bereit für den praktischen Einsatz. Wie Tabelle 4.2 zeigt, funktionieren OpenType-Fonts mit TrueType-Outlines unter allen Windows-Versionen wie die bisherigen TrueType-Fonts, auf dem Mac allerdings erst ab Mac OS X. OpenType-Fonts mit PostScript-Outlines funktionieren nur auf den neuesten Betriebssystemen auf Anhieb, bei älteren ist Zusatzsoftware erforderlich. Die in der Tabelle angegebenen ATM-Versionen verwalten TrueType-, PostScript- und OpenType-Schriften. Auf manchen Systemen ist ein aktualisierter Druckertreiber nötig, um das neue Type-2-Format der PostScript-Outlines beim Ausdruck in das Type-1-Format umzusetzen, das PostScript-Drucker erwarten. Die Ausgabe von OpenType-Fonts auf Geräten mit Level 1 wird nicht mehr unterstützt.

Tabelle 4.2 Unterstützung der OpenType-Eigenschaften in verschiedenen Systemen

Betriebssystem	TrueType-Outlines	PostScript-Outlines	Erweiterter Zeichenvorrat	OpenType-Layout
Mac OS bis System 9	nein	nur mit ATM 4.6.1 und AdobePS 8.7	nein	nein
Mac OS X	ja	ja	ja[1]	anwendungsspezifisch[2]
Windows 95/98/Me	ja	nur mit ATM 4.1 und AdobePS 4.4.1	nein	anwendungsspezifisch[2]
Windows NT 4	ja	nur mit ATM 4.1 und AdobePS 5.1.2	Unicode-fähige Anwendungen	anwendungsspezifisch[2]
Windows 2000/XP	ja	ja	Unicode-fähige Anwendungen	anwendungsspezifisch[2]
Linux mit FreeType 2	ja	ja	Unicode-fähige Anwendungen	geplant (FT Layout)

1. Nur über die ATSUI-Schnittstelle (Apple Type Services for Unicode Imaging), die aber von keinem großen Hersteller unterstützt wird
2. Derzeit nur einige Adobe-Anwendungen, insbesondere InDesign

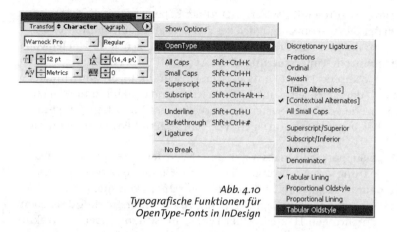

Abb. 4.10
Typografische Funktionen für
OpenType-Fonts in InDesign

OpenType-Support in Anwendungsprogrammen. Während Bildschirmdarstellung und Ausdruck von OpenType-Fonts durch ATM bzw. das Betriebssystem erfolgen, muss die Unterstützung für die erweiterten typografischen Funktionen *(Layout Features)* für Ligaturen, Kapitälchen und andere Funktionen direkt in die Anwendungsprogramme eingebaut werden. Derzeit bieten nur die Adobe-Applikationen InDesign und Photoshop direkte Unterstützung für solche OpenType-Funktionen (auf dem Mac und unter Windows). Da InDesign seine Schriften selbst (ohne Mithilfe von ATM und Betriebssystem) verwaltet und rastert, muss dazu nicht einmal OpenType-Unterstützung installiert sein. Wurde eine Schrift vom Gestalter entsprechend ausgestattet, bietet InDesign Unterstützung für mehr als ein Dutzend OpenType-Funktionen (siehe Abbildung 4.10), darunter:

- Automatische Ersetzung von Buchstabenkombinationen durch passende Ligaturen
- Echte Kapitälchen
- Erweiterte Kerning-Funktionen, etwa klassenbasiertes Kerning in Ergänzung zum üblichen paarweisen Kerning. Dabei werden mehrere Zeichen zu einer Klasse mit gleichen Kerning-Eigenschaften zusammengefasst.
- Tabellenziffern, bei denen die einheitliche Breite die Ausrichtung von Ziffern in Tabellen erleichtert.
- Angepasste Positionierung in bestimmten Situationen (etwa höher gestellte Klammern bei durchgehender Großschreibung)
- Direkter Zugriff auf alle Zeichen eines Fonts (unabhängig von Zeichensatz und Kodierung) sowie Zugriff auf alternative Buchstabenformen (zum Beispiel geschwungene Anfangsbuchstaben). InDesign erlaubt zwar noch keine Unicode-konforme Eingabe von Sonderzeichen, bietet dem Anwender aber ein Fenster mit allen Zeichen eines Fonts an (siehe Abbildung 4.11).

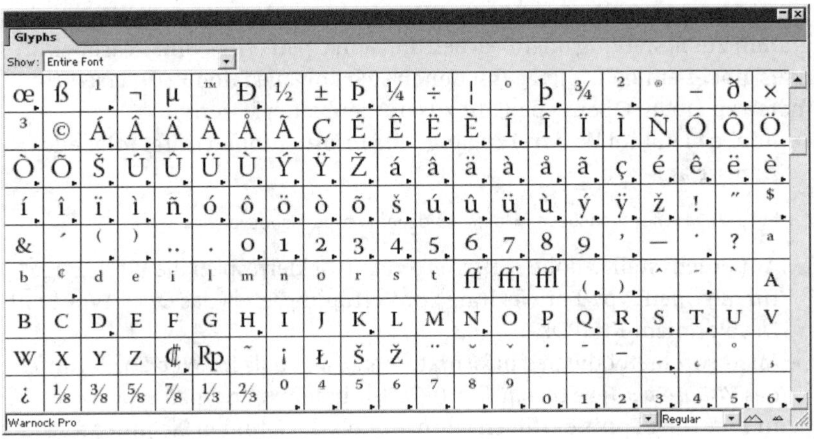

Abb. 4.11
Adobe InDesign erlaubt direkten Zugriff auf alle Zeichen eines OpenType-Fonts.

Verfügbare OpenType-Fonts. Windows 2000 und XP enthalten nicht nur Betriebssystemunterstützung für OpenType, sondern werden auch mit einigen OpenType-Schriften (mit TrueType-Outlines, also *.ttf*) ausgeliefert. Dazu gehört zum Beispiel eine stark ausgebaute Version von Linotypes Palatino, die viele zusätzliche Zeichen enthält. Mac OS X enthält mit Hiragino eine komplette japanische Schriftfamilie im OpenType-Format (ebenfalls mit PostScript-Outlines).

Adobe entwickelt seit Ende 1999 nur noch Fonts im OpenType-Format. Bei einigen OpenType-Paketen ist am Namensbestandteil »Pro« zu erkennen, dass sie erweiterte Zeichensätze enthalten. So bietet etwa die Schrift *WarnockPro* nicht nur eine Fülle alternativer Buchstabenformen, sondern enthält auch vollständige Zeichensätze für die griechische und kyrillische Schrift. Den erweiterten Zeichenvorrat der Pro-Fonts werden wir in Abschnitt 4.7.2 »Zeichensatz und Zeichenvorrat«, Seite 182, genauer betrachten. Die asiatischen Schriften von Acrobat 5 werden (im Gegensatz zu den lateinischen Standardschriften) ebenfalls im OpenType-Format ausgeliefert; Distiller 5.0 kann auch OpenType-Schriften von der Festplatte lesen (für den Fall, dass benötigte Schriften nicht in der PostScript-Datei enthalten sind). Auch Adobe InDesign wird auf Mac und Windows mit einigen OpenType-Beispielschriften (mit PostScript-Outlines, also *.otf*) ausgeliefert.

Während Bitstream die Konvertierung seiner kompletten Fontbibliothek in das OpenType-Format angekündigt hat, halten sich andere Schriftenhersteller noch zurück. So hat Linotype etwa für Microsoft die umfangreiche Neufassung der Palatino-Familie entwickelt, bietet derzeit die eigenen Fonts derzeit aber noch nicht im OpenType-Format an. Auch Agfa Monotype will OpenType in Zukunft unterstützen, hat die eigene Schriftenbibliothek aber noch nicht in das neue Format konvertiert.

Entwicklung von OpenType-Fonts. FontLab 4 ist derzeit das einzige Programm zur Erstellung oder Bearbeitung von OpenType-Fonts. Darüber hinaus gibt es einige Toolkits, mit denen sich Eingabedaten in diversen Formaten zu einem OpenType-Font zusammenbauen lassen:

- Adobe bietet im Web frei zugängliche Informationen unter folgender Adresse an:

    http://partners.adobe.com/asn/developer/type/opentype.html

    Außerdem stellt Adobe registrierten Entwicklern spezielle Werkzeuge für die OpenType-Entwicklung zur Verfügung, etwa das OpenType Font Development Kit (FDK).

- Microsoft bietet diverse Informationen und Tools im Web an, darunter das *Visual OpenType Layout Tool (VOLT)*, mit dem man OpenType-Tabellen in TrueType-Fonts einfügen kann. Details dazu finden Sie unter folgender Adresse:

    http://www.microsoft.com/typography/creators.htm

4.3.5 CID-Fonts. Adobe kümmert sich seit Anfang der neunziger Jahre intensiv um die Entwicklung von Schriftformaten für den asiatischen Markt. Die chinesischen, japanischen und koreanischen Schriftsysteme mit ihren komplexen Zeichenformen und tausenden unterschiedlicher Symbole stellen viel höhere Anforderungen an die Schrifttechnologie als westliche Schriftsysteme mit ihren vergleichsweise überschaubaren Zeichensätzen und einfachen Zeichen. Das mit PostScript Level 2 eingeführte Konzept der *Composite Fonts* erlaubt die Kombination vieler Teilfonts zu einem großen zusammengesetzten Font, der viel mehr Zeichen enthalten kann als ein herkömmlicher Type-1-Font. Auf dieser Technik baut das Format *Original Composite Font (OCF)* auf, mit dem Adobe die erste Unterstützung für japanische Schriften implementierte. OCF ist ein komplexes Format, das von Adobe nie vollständig dokumentiert wurde und auch nicht flexibel genug für die Anforderungen der asiatischen Welt ist. Aus diesem Grund wurde es von dem moderneren CID-Format abgelöst. Die Abkürzung CID steht für *Character Identifier* und bezeichnet eine Schlüsseltechnik des Fontformats. Während einzelne Zeichen in Type-1-Fonts über ihren Namen definiert werden, ist dies bei asiatischen Schriften aufgrund der hohen Zahl von Schriftzeichen nicht praktikabel, da allein schon die Tabellen mit den Zeichennamen enorm groß wären und keinen effizienten Zugriff erlaubten. Daher werden die Zeichen bei CID-Fonts nicht über Namen, sondern über Zahlen identifiziert. Die Situation wird allerdings durch den Einsatz dutzender verschiedener Zeichensatzstandards (Encodings) im asiatischen Raum verkompliziert. Eine zwischengeschaltete Schicht, die so genannten CMaps *(character maps,* nicht zu verwechseln mit den *cmaps* von TrueType) erlaubt die flexible Umkodierung asiatischer Schriften zur Anpassung an den jeweils gewünschten Zeichensatzstandard. Eine detaillierte Beschrei-

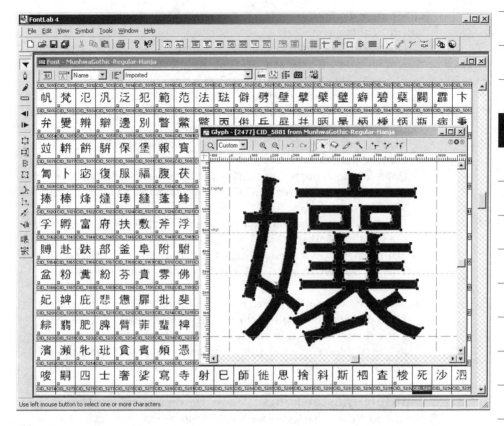

Abb. 4.12
CID-Fonts können tausende komplexer Zeichen enthalten.

bung dieser Mechanismen finden Sie in Abschnitt 4.7.5 »Kodierung von CID-Fonts«, Seite 195.

Die einzelnen Zeichenbeschreibungen eines CID-Fonts verwenden die gleichen Anweisungen wie Type-1-Fonts, bieten also insbesondere die gleiche Ausgabequalität durch den Einsatz von Hints. Daneben gibt es aber auch eine CID-Variante mit TrueType-Zeichenbeschreibungen. Da CID-Fontdateien aufgrund der hohen Zeichenzahl sehr groß sind (5-15 Megabyte), ist der Download kompletter Fonts beim Ausdruck nicht praktikabel. Stattdessen werden nur die Umrissbeschreibungen der in einem Dokument tatsächlich benötigten Zeichen zum Drucker geschickt *(font subsetting* oder *incremental download)*. Diese Funktionalität muss allerdings vom Druckertreiber unterstützt werden.

Der Einsatz von CID-Fonts ist nicht auf asiatische Schriftsysteme begrenzt, sondern bietet auch Vorteile für westliche Schriften, etwa für lateinische Schriften mit vielen Sonderzeichen. Adobe InDesign nutzt die CID-Technik auch bei der Erzeugung von PDF-Dokumenten.

CID-Fonts in der Praxis. Folgende Umgebungen unterstützen den Einsatz von CID-Fonts:
- Japanische Level-1-Drucker und Drucker ab PostScript Level 2 Version 2011 bis 2014 unterstützen CID-Fonts mithilfe der CID Support Library (CSL). CSL ist eine Sammlung von PostScript-Routinen, die Softwareentwickler mit ihren Produkten ausliefern und die auf die Festplatte des Druckers geladen werden. CSL erlaubt den Einsatz von CID-Fonts auf alten Druckern sowie OCF-Fonts auf neuen Geräten.
- Drucker mit PostScript Level 2, Version 2015 sowie PostScript 3 erlauben den direkten Ausdruck von CID-Fonts.
- Unter Windows unterstützen ATM 4.1 und AdobePS 4.2.2 CID-Fonts.
- Auf dem Mac unterstützen ATM 3.9 und AdobePS 8.5.1 CJK CID-Fonts im SFNT-Format.
- FontLab 3 (eingeschränkt) und 4 ermöglichen das Einlesen und Bearbeiten von CID-Fonts.
- PDF ermöglicht seit Version 1.2 die Einbettung von CID-Schriften, bis Version 3 waren sie jedoch nur mit der japanischen Acrobat-Version nutzbar.
- Acrobat 4 und 5 unterstützen mithilfe des kostenlosen asiatischen Fontpacks den Einsatz von CID-Schriften und CMaps in PDF-Dateien.
- Dank einer Contribution von SGI unterstützt das X Window System X11 Release 6.3 den Einsatz von CID-Fonts, zum Beispiel XFree86 4.0 (siehe Abschnitt 4.4.5 »PostScript-Fonts im X Window System«, Seite 160).

4.3.6 Multiple-Master-Fonts. Die so genannten Multiple-Master-Fonts (MM) sind nicht einfach eine weitere technische Variante der PostScript-Schriften, sondern schaffen für Typografen und Anwender ganz neue Möglichkeiten. Sie enthalten in einem Font eine Vielzahl von Varianten, die sorgfältig aufeinander abgestimmt sind, um typografisches Tohuwabohu zu vermeiden. Fonthersteller und Typografen, die etwas auf sich halten, bieten ihre Schriften meist in Familien an, die verschiedene Gewichte (von leicht über normal bis fett – *light/regular/bold*) oder Laufweiten (von eng über normal bis breit – *condensed/normal/expanded*) enthalten. Jeder Schnitt residiert in einem eigenen Font und ist sorgfältig auf die anderen Mitglieder der Schriftfamilie abgestimmt. MM-Fonts treiben dieses Prinzip noch einen Schritt weiter, indem sie stufenlose Übergänge zwischen den vorgegebenen Schnitten ermöglichen. So kann ein Anwender nicht nur die üblichen zwei bis vier Gewichtsvarianten (bei gut ausgebauten Schriftfamilien wie Univers oder Thesis auch einige mehr) verwenden, sondern in einem vorgegebenen Wertebereich mit einer Vielzahl von Schnitten experimentieren. Diese Schnitte müssen nicht als separate Fontdateien vorliegen, sondern entstehen durch Interpolation (Berechnung von Zwischenwerten) aus zwei oder mehreren Master-Designs, die alle im Font enthalten sind. Der Wertebereich wird beim Entwurf der Schrift festgelegt.

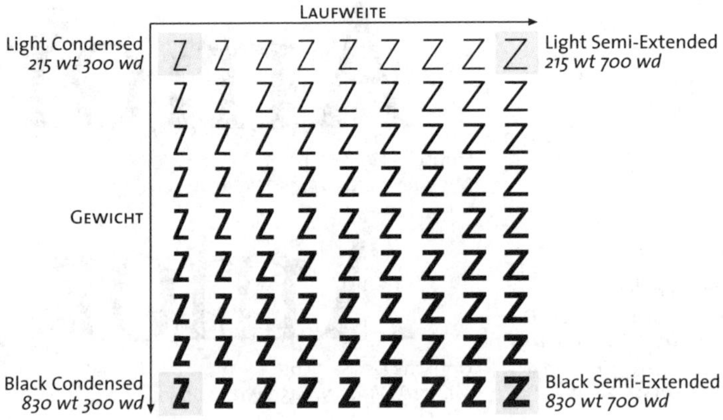

*Abb. 4.13
Designmatrix von MyriadMM mit den beiden Designachsen Gewicht und Laufweite*

Light Condensed 215 wt 300 wd
Light Semi-Extended 215 wt 700 wd
Gewicht
Laufweite
Black Condensed 830 wt 300 wd
Black Semi-Extended 830 wt 700 wd

Ein MM-Font kann bis zu vier solcher Parameter enthalten, die als Designachsen bezeichnet werden. Da die Parameter der Achsen voneinander unabhängig sind, bildet jeder MM-Font einen Designraum mit bis zu vier Dimensionen. Das hört sich alles recht mathematisch an, daher ein Beispiel: Die Adobe-Schrift MyriadMM enthält die beiden Designachsen Gewicht und Laufweite. Der Parameter für das Gewicht kann Werte von 215 bis 830 annehmen, wobei 215 für ganz leicht und 830 für ganz fett steht. Entsprechend variiert die Laufweite von 300 (eng) bis 700 (weit). Abbildung 4.13 zeigt einige dieser Schnitte, angeordnet im Designraum, der hier zweidimensional ist (und sich daher noch gut auf Papier darstellen lässt). Neben den beiden Designachsen Gewicht und Laufweite gibt es auch Fonts, bei denen sich der Stil ändert (von serifenlos bis serifenbetont).

Eine sehr interessante Designachse heißt optische Größe. Dahinter verbirgt sich eine Eigenschaft, die jahrhundertelang Bestandteil der Drucktechnik war, mit Aufkommen der digitalen Verfahren aber verloren ging: Der Begriff »skalierbare Schrift« bedeutet bei den meisten modernen Satztechniken, dass eine einzige Umrissform alle Größen eines Buchstabens beschreibt. Dies erscheint zwar naheliegend, hat aber Qualitätseinbußen zur Folge: Bei kleinen Schrifthöhen (unter 12 Punkt) müssen zum Beispiel die Serifen stärker ausgeprägt sein, um beim Druck nicht »wegzubrechen«; die Abstände zwischen den Zeichen und deren Breite sowie die Innenräume der Buchstaben müssen größer sein, um eine optimale Lesbarkeit bei kleinen Schrifthöhen zu gewährleisten. Bei großen Schrifthöhen zeigt sich dagegen der Unterschied zwischen Serifen und Hauptstrichen (der Kontrast) stärker.

Beim Bleisatz musste der Schriftentwerfer für jede Schrifthöhe eigene Matrizen schneiden, er hatte somit die Möglichkeit, solche subtilen Unterschiede bei den verschiedenen Schrifthöhen einzuarbeiten. Bei normalen PostScript-Fonts fehlt diese Möglichkeit: Verschiedene Größen eines Fonts

Optische Größe 6 pt
MinionMM 345 wt 450 wd 6 op

Optische Größe 72 pt
MinionMM 345 wt 450 wd 72 op

Abb. 4.14
Unterschiedliche Zeichenformen der MinionMM bei der Designachse »optische Größe«. Die Beispiele zeigen die Designs für 6 Punkt und 72 Punkt; sie sind jedoch zum Vergleich in der gleichen Größe abgedruckt.

müssen mit einer einzigen Umrissbeschreibung auskommen. Ein Multiple-Master-Font mit der Designachse optische Größe dagegen kann sich der jeweils benutzten Fonthöhe anpassen und erreicht damit wieder die früher übliche Variationsbreite.

Ein MM-Font erzeugt je nach Anzahl der Designachsen viele Millionen Schnitte; deshalb können diese nicht mehr konventionell benannt werden, sondern führen die jeweiligen Parameter im Namen. Dabei entstehen Ungetüme wie *MyriadMM 492 wt 447 wd*. Um dem Benutzer eine erste Orientierung in der Flut der Schriftschnitte zu bieten, kann der Schriftentwerfer mit den so genannten Primärschnitten *(primary instances)* Äquivalente zu den üblichen Schnitten einbinden (zum Beispiel *regular, semibold, bold*).

Einsatzmöglichkeiten. Multiple-Master-Schriften erschließen neue Anwendungsbereiche, die mit normalen Fonts nicht oder nur schwer zugänglich sind:

- Das Problem beim *Copyfitting* besteht darin, eine vorgegebene Textmenge in einen ebenfalls vorgegebenen Raum einzupassen, etwa eine Überschrift exakt auf die Breite des Satzspiegels zu bringen. Bisher musste man dafür entweder die Schrifthöhe verändern (was nicht immer gewünscht ist) oder die Schrift in einem Grafikprogramm manipulieren (was oft unschöne Ergebnisse liefert). MM-Fonts erleichtern diese Aufgabe durch Wahl eines geeigneten Parameters für die Laufweite (und eventuell das Gewicht).
- Die oben beschriebene Eigenschaft der korrekten optischen Skalierung lässt sich sehr einfach in Anwendungsprogramme integrieren: Abhängig von der benutzten Schrifthöhe wählt die Software automatisch den jeweils passenden Schriftschnitt. Eine solche Option bietet derzeit ausschließlich Adobe InDesign (siehe Abbildung 4.15).
- Dokumente, die parallel in mehreren Sprachen publiziert werden, leiden oft darunter, dass sich die Textmenge mit der Sprache stark ändern

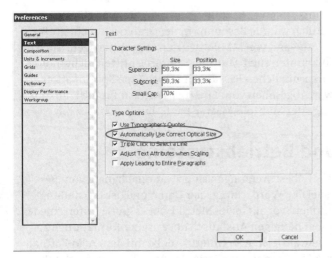

Abb. 4.15
Adobe InDesign unterstützt die automatische Wahl der korrekten optischen Größe bei MM-Fonts.

kann und Layout-Probleme verursacht (ein deutscher Text braucht zum Beispiel wesentlich mehr Platz als der englische Text gleichen Inhalts). Hier kann man sich mit einer MM-Schrift behelfen, die den Textzuwachs durch entsprechend geringere Laufweite ausgleicht, so dass alle Sprachvarianten im gleichen Layout erscheinen können.

► Inverser Text (weiß auf schwarz) sollte grundsätzlich etwas fetter als normal gedruckt werden, ohne dabei gleich hervorgehoben zu wirken. MM-Schriften mit variablem Gewicht ermöglichen die hier nötigen feinen Abstufungen.

Neben diesen Anwendungsmöglichkeiten für Benutzer bilden MM-Fonts auch die Grundlage für die Fontsubstitution in Adobe Acrobat (siehe Abschnitt 3.3.2 »Fontsubstitution«, Seite 89).

Multiple Master in der Praxis. Adobe implementierte die MM-Technik als Erweiterung des Type-1-Formats, so dass sich diese Schriften auch auf älteren Druckern einsetzen lassen. Im Gegensatz zu einem weit verbreiteten Vorurteil ist für MM-Schriften kein Level-2-fähiger Drucker erforderlich (allerdings funktionieren MM-Fonts auf einigen älteren Geräten nicht, etwa Apple LaserWriter NT oder HP LaserJet IIID).

Um die Schriften überhaupt verwenden zu können, ist ATM erforderlich. Dies gilt auch für Windows 2000 und XP, die ansonsten ohne ATM auskommen. Unter Mac OS X ist die Multiple-Master-Technik mangels ATM derzeit nicht nutzbar. Da die MM-Fonts sehr viel Speicher benötigen, kann es bei der Druckausgabe passieren, dass ein Gerät den Ausdruck wegen Speichermangels verweigert.

Adobe unterstützt die Multiple-Master-Fonts (neben ATM) zwar in seinen Programmen Illustrator und InDesign, hat aber bereits 1999 angekündigt, keine weiteren Schriftentwürfe in der MM-Technik mehr zu produzieren. Auch die MM-Fonts anderer Hersteller kann man an zwei Händen abzählen – offensichtlich war die Resonanz in der Grafikwelt nicht groß genug, um den hohen Aufwand von MM-Entwürfen zu rechtfertigen. Auch das OpenType-Format unterstützt Multiple-Master-Schriften nicht mehr, obwohl das in der ursprünglichen Fassung der OpenType-Spezifikation noch vorgesehen war. Abgesehen vom Einsatz in Acrobat für die Fontsubstitution sind die Tage der Multiple-Master-Fonts damit wohl gezählt.

4.4 Schriften und Betriebssysteme

Die eigentlichen Umrissbeschreibungen sind zwar unabhängig vom Betriebssystem, doch bei der »Verpackung« der Daten und der Darstellung der Zusatzinformationen (vor allem der Metrik) gibt es große Unterschiede. Um den plattformunabhängigen Austausch der Zusatzinformationen zu PostScript-Fonts zu gewährleisten, definierte Adobe mit dem AFM-Format ein einfaches Format als gemeinsame Basis, das über die Grenzen der Betriebssysteme hinweg gilt. Wie bereits erwähnt, ist die Situation bei den OpenType-Fonts wesentlich einfacher, da diese keine Zusatzdateien benötigen und grundsätzlich plattformunabhängig sind.

4.4.1 Adobe Type Manager (ATM). ATM enthält den Teil des PostScript-Interpreters, der die T1-Fonts verarbeitet. Er klemmt sich zwischen Betriebssystem und Anwendungsprogramme und fängt deren Aufrufe zur Textausgabe ab. Handelt es sich um einen PostScript-Font, so erledigt er den Aufruf durch Rasterung der gewünschten Zeichen eines Type-1-Fonts, andernfalls reicht er den Aufruf an das Betriebssystem weiter.

ATM ist für Windows und Macintosh verfügbar. Im Gegensatz zum Interpreter kann ATM keine beliebigen PostScript-Anweisungen auswerten (zum Beispiel EPS-Grafiken am Bildschirm anzeigen). Es gibt einige zusätzliche Bedingungen, durch die ein T1-Font ATM-kompatibel wird, zum Beispiel die Reihenfolge bestimmter Bestandteile. Diese formalen Bedingungen betreffen nur die äußere Form der Anweisungen, bewirken aber keine funktionalen Einschränkungen. Die meisten T1-Fonts, die mit modernen Fonteditoren erzeugt wurden, sind ATM-kompatibel. In der Praxis kann man daher davon ausgehen, dass T1-Fonts immer auch mit ATM funktionieren.

Die Installation von Fonts für ATM und die dafür benötigten Dateien werden wir weiter unten getrennt nach Betriebssystemen betrachten. In Abschnitt 4.7 »Zeichensätze«, Seite 176, werden uns auch einige Eigenheiten von ATM näher beschäftigen.

Im Zusammenhang mit ATM ist auch das zugehörige *Application Programming Interface (API)* von Interesse. Dies ist eine Programmierschnittstelle, über die Anwendungsprogramme die Fähigkeiten des ATM nutzen können. Über diese Schnittstelle kann sich ein Programm Variationen eines Fonts »besorgen«, die das Betriebssystem nicht anbietet (etwa gewisse geometrische Transformationen oder die Umrisslinien der Zeichen zur weiteren Bearbeitung). Diese Schnittstelle nutzen manche Programme für verschiedene Verfremdungseffekte mit Schriften; solche ATM-Effekte funktionieren nur mit Type-1-Fonts.

ATM gehört seit vielen Jahren zur Standardausstattung von Anwendern, die auf dem Mac oder unter Windows mit PostScript-Schriften arbeiten. Adobe bietet unter der Bezeichnung ATM Lite kostenlos eine kleinere Version an. Die Funktionen zur Fontverwaltung und Erstellung von Multiple-Master-Schriftschnitten finden sich allerdings nur in der leistungsfähigeren Variante ATM Deluxe.

Erst Windows 2000/XP und Mac OS X schaffen die Bildschirmdarstellung von Type-1-Fonts auch ohne ATM.

Fontverwaltung und Fontsätze. ATM erlaubt in der Deluxe-Version die Gruppierung von Schriften in so genannten Sätzen, was die Verwaltung einer großen Zahl von Schriften sehr erleichtert. Damit lässt sich eine Anzahl Schriften gemeinsam aktivieren oder deaktivieren. Ein Satz kann zum Beispiel alle Schriften für ein Publishing-Projekt enthalten oder sämtliche Fonts für das Erscheinungsbild eines Unternehmens. Bei der Installation neuer Schriften kann man neue Sätze anlegen oder die Schriften einem bestehenden Satz hinzufügen. Um die Installation von Schriften auf mehreren Systemen oder den Umgang mit umfangreichen Schriftfamilien zu erleichtern, bietet ATM die Möglichkeit, die Definitionen der Sätze in einer Textdatei zu exportieren. Diese AFS-Dateien *(ATM font set)* enthalten für jeden Satz dessen Namen und eine Pfadangabe sowie für jeden Font die Einträge, die in Tabelle 4.3 aufgeführt sind. Während der Export einer solchen AFS-Datei einfach über den entsprechenden Menüpunkt in ATM erfolgt, ist der umgekehrte Weg unter Windows nicht unbedingt intuitiv: Es gibt nämlich keine Import-Funktion, sondern man wählt im Menü *Schriften hinzufügen* statt einer Fontdatei die gewünschte AFS-Datei aus. Sie wird dann nicht mit ihrem Dateinamen angezeigt, sondern mit dem Namen des darin beschriebenen Fontsatzes. Auf dem Mac wählt man dagegen wie erwartet die Menüfunktion *Satz importieren*.

Tabelle 4.3 Einträge in einer AFS-Datei

Eintrag	Mögliche Werte	Bedeutung
PS	(Fontname)	PostScript-Name der Schrift
TYPE	PS, TT, OT	Fonttyp (PostScript, TrueType, OpenType/PS)
STYL	ITALIC, BOLD, BOLDITALIC	Schriftstil in der einfachen Windows-Klassifizierung
WNAM oder MNAM	(Fontname)	Windows- oder Mac-Fontname
WFIL oder MFIL	(Dateiname)	Windows-Dateiname (.ttf, .otf, .pfm) oder Mac-Dateiname

4.4.2 AFM-Dateien.
AFM-Dateien *(Adobe Font Metrics)* stellen eine wichtige Informationsquelle im Umgang mit Fonts dar. Sie enthalten in einem lesbaren Textformat allgemeine Informationen über einen PostScript-Font sowie detaillierte Daten zur Fontmetrik. Die meisten Fonthersteller liefern AFM-Dateien zusammen mit den Fonts aus. Ich möchte hier nur die wichtigsten Einzelwerte bzw. Blöcke vorstellen.

Am Anfang einer AFM-Datei stehen allgemeine Informationen über den Font. Dazu gehören Copyright, Name des Fonts, Gewicht (normal oder fett) und Schrägstellung (kursiv) sowie verschiedene metrische Angaben:

```
StartFontMetrics 2.0
Comment Copyright (c) 1985, 1987, 1990, 1992 Adobe Systems Incorporated.
All Rights Reserved.
Comment Creation Date: Fri Jul 24 13:40:47 1992
Comment UniqueID 39729
Comment VMusage 40013 50905
FontName Garamond-Bold
FullName ITC Garamond Bold
FamilyName ITC Garamond
Weight Bold
ItalicAngle 0
IsFixedPitch false
...
EncodingScheme AdobeStandardEncoding
```

Fontnamen. Die Namenseinträge in diesem Teil der AFM-Datei sind besonders wichtig, vor allem im Hinblick auf die Installation auf verschiedenen Betriebssystemen. Leider haben Betriebssysteme und PostScript-Interpreter nicht die gleiche Vorstellung vom Namen eines Fonts. Die Schriftnamen, die im Menü eines DTP- oder Grafikprogramms angeboten werden, lauten nämlich meist anders als die PostScript-Namen der Fonts. Der folgende Abschnitt gibt einen Überblick über die verschiedenen Namenseinträge in der AFM-Datei. In den nachfolgenden Abschnitten finden Sie weitere Hinweise zur Behandlung von Fontnamen auf den verschiedenen Betriebssystemen.

FamilyName gibt an, zu welcher Fontfamilie die Schrift gehört. Hier steht nur der Basisname. Wird dieser um Stil (zum Beispiel *Italic*), Gewicht (zum Beispiel *SemiBold*) und Zeichensatz (zum Beispiel *Expert*) ergänzt, so erhält man den Eintrag *FullName*. Dieser ist die aussagekräftigste Bezeichnung und kann auch Leerzeichen enthalten. Die Trennung von Familiennamen und Stilangaben ist wichtig, damit die Anwendungssoftware Schriftnamen und Hervorhebungen ebenfalls getrennt behandeln kann, ohne den Zusammenhang zwischen beiden zu verlieren. Hat man zum Beispiel ein einzelnes Wort eines Absatzes kursiv gekennzeichnet und ändert die Grundschrift des gesamten Absatzes, so soll die kursive Hervorhebung auch in der neuen Schriftart erhalten bleiben. Dies ist nicht möglich, wenn die Software keine Verbindung zwischen dem normalen und kursiven Schnitt einer Schrift herstellt. Das gleiche gilt für fette Schriften. Hier wird die Situation allerdings komplizierter, da gut ausgebaute Schriftfamilien nicht nur *normal* und *fett* enthalten, sondern unter Umständen viele Zwischenschritte *(Light, ExtraLight, Bold, SemiBold, Black* usw.). Manche Schriftentwerfer lehnen die automatische Wahl eines fetten Schnitts daher ab und fordern die direkte Auswahl der gewünschten Schriftvariante durch den Anwender.

FontName ist schließlich der Name, unter dem der Font im PostScript-Interpreter bekannt ist und damit der einzige, der in Seitenbeschreibungen zulässig ist. Der PostScript-Name einer Schrift sollte nicht länger als 29 Zeichen sein und darf keine Leerzeichen oder Sonderzeichen außerhalb des ASCII-Zeichensatzes enthalten (Umlaute in Fontnamen sind zum Beispiel tabu). Wie die folgenden Abschnitte zeigen, unterscheiden sich die Bezeichnungen für einen PostScript-Font zwischen den verschiedenen Betriebssystemen. *FontName* ist die einzige Möglichkeit, den Namen einer PostScript-Schrift betriebssystemunabhängig zu beschreiben. Daher verwenden manche DTP-Programme diesen Namen beim Austausch von Dokumenten zwischen verschiedenen Plattformen. Per Konvention wird der Stil (zum Beispiel *Italic)* vom Familiennamen durch ein Minuszeichen abgetrennt.

Metrikdaten. Auf den allgemeinen Teil der AFM-Datei folgen detaillierte Metrikangaben zu allen Zeichen des Fonts, sowohl zu kodierten Zeichen als auch unkodierten (siehe Abschnitt 4.7.3 »Kodierung von Type-1-Fonts«, Seite 188):

```
C 32 ; WX 280 ; N space ; B 0 0 0 0 ;
C 33 ; WX 280 ; N exclam ; B 52 -15 229 639 ;
C 65 ; WX 660 ; N A ; B -22 -4 680 639 ;
C 102 ; WX 360 ; N f ; B 10 -2 451 688 ; L i fi ; L l fl ;
C -1 ; WX 760 ; N copyright ; B 63 -15 706 639 ;
C -1 ; WX 560 ; N brokenbar ; B 243 -175 324 675 ;
```

Für jedes Zeichen stehen auf einer einzelnen Zeile (die Beispiele beziehen sich auf die vierte Zeile des obigen Ausschnitts):
- der Code des Zeichens (falls es kodiert ist, sonst -1): *C 102*
- die Laufweite: *WX 360*
- der Zeichenname (fehlt bei CID-Fonts): *N f*
- sowie vier Werte, die die BoundingBox des Zeichens beschreiben, also das kleinste umgebende Rechteck: *B 10 -2 451 688*. Alle Angaben beziehen sich auf ein 1000er-Koordinatensystem, das heißt die gesamte Fonthöhe einschließlich Ober- und Unterlängen beträgt 1000 Einheiten.
- Darauf können noch Angaben zu Ligaturkombinationen des jeweiligen Zeichens stehen: *L i fi ; L l fl ;*

Auf den Block mit der Zeichenmetrik folgen die Kerning-Daten. Im Block *KernPairs* enthält jede Zeile die Namen der beiden Zeichen, die unterschnitten werden sollen, sowie eine Zahl, die besagt, um wieviel die beteiligten Buchstaben aneinander- oder auseinanderrücken. Dieser Betrag ist in den meisten Fällen negativ, das heißt die beiden Zeichen rücken näher zusammen. Der Kerning-Block kann zusätzlich noch Angaben zum Track-Kerning enthalten, die in der Praxis jedoch kaum genutzt werden.

```
KPX A y -23
KPX A w -24
KPX r d 16
KPX r comma -68
```

Schließlich kann die AFM-Datei noch Angaben über zusammengesetzte Zeichen *(composite characters)* enthalten. Damit ermitteln Anwendungsprogramme die Positionierung diakritischer Zeichen relativ zum Grundzeichen (Beispiel: *A* plus ´ ergibt *Á*).

```
CC Aacute 2 ; PCC A 0 0 ; PCC acute 130 146 ;
CC Acircumflex 2 ; PCC A 0 0 ; PCC circumflex 60 146 ;
CC ydieresis 2 ; PCC y 0 0 ; PCC dieresis 110 0 ;
```

Für Multiple-Master-Schriften gibt es mit den AMFM-Dateien *(Adobe Multiple Master Font Metrics)* schließlich noch eine Erweiterung des AFM-Formats, das Informationen zu den Parameterachsen und Masterschnitten des Fonts enthält.

4.4.3 PostScript-Fonts unter Windows.
Wer unter Windows mit PostScript-Fonts (genauer: Type-1-Fonts) arbeiten möchte, braucht für die Bildschirmdarstellung der T1-Schriften auf Windows 95/98/Me sowie NT die bereits erwähnte Software Adobe Type Manager (ATM). Windows 2000 und XP zeigen die Type-1-Fonts auch ohne ATM an.

Fontinstallation mit Adobe Type Manager. ATM ist nicht nur für die Rasterung am Bildschirm zuständig, sondern verwaltet auch die installierten Schriften durch Funktionen zum Hinzufügen oder Entfernen von Fonts. Ab Version 4.0 bietet ATM Deluxe (im Unterschied zum kostenlosen ATM Lite) Verwaltungsfunktionen für PostScript-, TrueType- und OpenType-Fonts.

Außerdem versorgt ATM den Druckertreiber mit Fontdaten. Beim Ausdruck auf einem PostScript-Drucker liefert ATM die PostScript-Daten des Fonts an den Treiber. Bei nicht PostScript-fähigen Druckern erzeugt ATM selbst die Bitmaps in der gewünschten Größe und reicht diese an den Druckertreiber weiter.

Die eigentlichen PostScript-Daten stehen in einer Datei mit der Namensendung *pfb (Printer Font Binary)*. Die Umrissbeschreibungen der einzelnen Zeichen, die ATM und der PostScript-Interpreter auswerten, werden unter Windows meist über 7-Bit-Kanäle übertragen, was eine ASCII-Darstellung erfordert. Da diese jedoch sehr verschwenderisch mit dem Speicherplatz umgeht, enthält das PFB-Format die Fontdaten in 8-Bit-Darstellung und braucht daher nur etwa halb so viel Speicherplatz wie die zum Drucker übertragene ASCII-Darstellung.

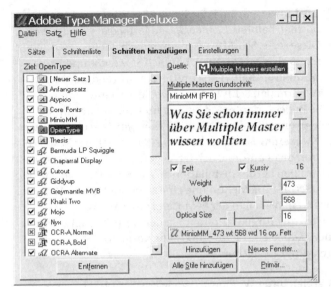

Abb. 4.16
Das ATM-Kontrollfeld und das Erstellen neuer Instanzen von Multiple-Master-Fonts

Das PFB-Format ist zwar zur Installation eines Fonts erforderlich, kann aber nicht direkt zum Drucker übertragen werden. Die nötige Umwandlung erledigen ATM oder Druckertreiber bei der Druckausgabe. Fontdateien im ASCII-Format heißen PFA-Dateien *(Printer Font ASCII)* und sind unter Unix gebräuchlich, können aber unter Windows nicht direkt genutzt werden. Sie können PFA- und PFB-Dateien mit den beiden Hilfsprogrammen *t1binary* (PFA nach PFB) und *t1ascii* (PFB nach PFA) aus dem älteren Programmpaket *T1-Utilities* ineinander umwandeln.

Für die Installation eines neuen Fonts genügen die PostScript-Daten des Fonts allein noch nicht. ATM braucht zusätzliche Informationen, vor allem die Laufweiten- und Kerning-Tabellen sowie einige allgemeine Angaben über die Schrift. Für diese Zusatzdaten gibt es zwei Möglichkeiten, entweder mit einer passenden PFM-Datei *(Printer Font Metrics)* oder der zugehörigen AFM-Datei sowie der INF-Datei. Letztere enthält Angaben über den Windows-Namen des Fonts und andere Klassifizierungsmerkmale. Sowohl die AFM- als auch die INF-Datei enthalten alle Angaben in lesbarem ASCII-Format und können daher mit einem Texteditor geöffnet werden. Findet ATM bei der Installation neben der PFB-Datei die beiden AFM- und INF-Dateien, so erstellt er daraus die zugehörige PFM-Datei.

Fontnamen unter Windows. Windows erzwingt eine Einordnung der Fonts in das Viererschema *normal, fett, kursiv* und *fettkursiv* für jede Fontfamilie. Dieses Schema mag zwar auf Anhieb sinnvoll klingen, ist jedoch für umfangreichere Schriftfamilien viel zu eng. Hier muss der Fonthersteller die einzelnen Schriftschnitte in das Viererschema zwängen und den Benutzer auf die Einteilung hinweisen. Ein Beispiel: die Familie StoneSans enthält die Gewichte normal, halbfett *(semibold)* und fett *(bold)* jeweils normal und kursiv *(italic)*. Diese sechs Schnitte erscheinen nach der Installation mit ATM in den Fontmenüs als zwei Familien, nämlich *StoneSans* und *StoneSansBold*. Die erste Familie enthält vier Schnitte: Bei Anwendung von fett erhält man aus dem normalen Schnitt die Semibold-Variante, entsprechend bei kursiv die Italic-Variante und bei fett und kursiv zusammen Semibold-Italic. Die zweite (Windows-) Familie *StoneSansBold* enthält nur die beiden Schnitte *StoneSans-Bold* und *StoneSans-BoldItalic* (jetzt PostScript-Fontnamen) und kann nicht automatisch fetter gemacht werden. ATM liest die Aufteilung in Familien bei der Installation aus den INF-Dateien (Eintrag *MSMenuName)*. PostScript- und Menüname eines Fonts sowie die Attribute »fett« und »kursiv« stehen auch in der PFM-Datei eines Fonts.

Die Längenbegrenzung für die Menünamen der Fonts beträgt unter Windows 31 Zeichen, Adobe empfiehlt jedoch aus Kompatibilitätsgründen Fontnamen mit maximal 30 Zeichen.

Namen von Fontdateien unter Windows. Viele PostScript-Fonts verwenden aus historischen Gründen Dateinamen mit maximal acht Zeichen (plus drei Zeichen Erweiterung). Aus seligen MS-DOS-Zeiten stammen Dateinamen wie

```
SRBI____.PFB
```

für *StoneSerif-BoldItalic*. Leider haben sich diese kryptischen Dateinamen bis in die heutige Zeit gehalten. Erst OpenType-Fonts machen Schluss mit dieser benutzerunfreundlichen Einschränkung und verwenden den Fontnamen auch als Dateinamen, zum Beispiel

```
WarnockPro-Bold.otf
```

Multiple-Master-Fonts. Seit Version 3.0 kann man in ATM auch Multiple-Master-Fonts installieren. Da ein MM-Font immer mehrere Instanzen (Einzelschriften) enthält, die jeweils unterschiedliche Laufweiten haben und unter Umständen auch andere Unterschneidungstabellen brauchen, musste Adobe ein neues Format für die Zusatzinformationen der MM-Fonts definieren. Diese MMM-Dateien *(Multiple Master Metrics)* enthalten außerdem noch Angaben über die jeweils benutzten Achsen des MM-Fonts. ATM erzeugt aus den Daten in der MMM-Datei für jede Instanz des Fonts eine PFM-Datei, um die Kompatibilität zu Druckertreibern und Anwendungsprogrammen zu gewährleisten.

Die Installation von MM-Fonts unterscheidet sich zunächst nicht von der Installation herkömmlicher Schriften: Sie wählen einfach im ATM-Kontrollfeld die gewünschten Schriftschnitte aus. Dabei gilt es zwischen der Grundschrift *(base font*, zum Beispiel *TektoMM)* und den einzelnen Primärschnitten *(primary instance*, zum Beispiel *Tekto_240 RG 564 NO)* zu unterscheiden. Obwohl Grundschrift und Primärschnitte im ATM als normale Fonts erscheinen, gibt es doch einen entscheidenden Unterschied: Die PFB-Datei mit den Zeichenbeschreibungen wird nur für die Grundschrift installiert. Sie ist je nach Anzahl der Designachsen ca. 80 bis 160 KB groß. Den Primärschnitten sind nur die etwa 200 Byte großen PSS-Dateien zugeordnet. Diese *PostScript stubs* (»Stummel«) enthalten keine Zeichenbeschreibungen, sondern nur einen Verweis auf die zugehörige Grundschrift und die MM-Parameter für den jeweiligen Schnitt. Aus diesem Grund sind die *stubs* allein nicht lebensfähig: Primärschnitte lassen sich nur zusammen mit der Grundschrift installieren. Wenn Sie die Grundschrift entfernen, müssen Sie auch alle Primärschnitte entfernen.

Mittels *Erstellen* im ATM-Kontrollfeld (siehe Abbildung 4.16) können Sie jederzeit neue Instanzen einer Multiple-Master-Schrift anlegen. Manche Anwendungsprogramme bauen allerdings ihr Fontmenü nur einmal beim Programmstart auf und merken daher nicht, wenn neue Schriften (oder Instanzen) hinzukommen. In diesem Fall hilft nur ein Neustart des jeweiligen Programms. Die Namen neu erzeugter Multiple-Master-Schriften mit drei Achsen können leider so lang werden, dass sie bei manchen Programmen im Fontmenü abgeschnitten werden (zum Beispiel *MinioMM 367 wt 585 wd 12 op*).

Multiple-Master-Schriften mit einer Weight-Achse können in der MMM-Datei einen Eintrag enthalten, der die Differenz des Weight-Parameters zwischen einem normalen und einem fetten Schnitt beschreibt. Bei solchen Schriften kann man im Menü »Erstellen« von ATM durch Anklicken von »Fett« eine Schrift mit dem Attribut BOLD erzeugen, bei der in Wirklichkeit nur der Weight-Parameter erhöht wurde. Aus *ThesisMonoMM_550* wird so zum Beispiel durch Anwenden des Attributs fett der Schnitt *ThesisMonoMM_750*, also eine Differenz von 200 Einheiten. Am oberen Ende der Weight-Skala gibt es zwischen normal und fett keinen Unterschied mehr, da das Maximum des Weight-Parameters nicht überschritten werden kann. Mit diesem Attribut kann man zwei identische Schriften unter zwei verschiedenen Namen anlegen, zum Beispiel *ThesisMonoMM_550* BOLD ist identisch mit *ThesisMonoMM_750*. Bei der zweiten Checkbox für kursiv wird nicht algorithmisch eine kursive Variante berechnet, sondern die Box ist nur anwählbar, wenn auch tatsächlich ein echter kursiver Schnitt der Schrift installiert ist.

Type-1-Fonts unter Windows NT. Windows NT erlaubt die Nutzung von Type-1-Schriften auch ohne ATM, konvertiert die PostScript-Schriften aber bei der Installation in das TrueType-Format. Da die Schrift bei der Formatumwandlung verfälscht wird, ist dieses Vorgehen nicht zu empfehlen. Arbeiten Sie daher auch unter NT lieber mit Adobe Type Manager.

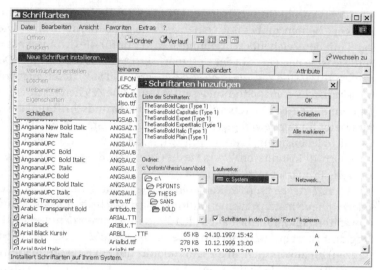

Abb. 4.17
Unter Windows 2000
und XP funktionieren
PostScript- und Open-
Type-Schriften auch
ohne ATM.

Type-1-Fonts unter Windows 2000 und XP. Windows 2000 ist das erste Microsoft-Betriebssystem, in das vollständige Unterstützung für Type-1-Fonts integriert ist. Microsoft lizenzierte dazu den ATM-Rasterungscode von Adobe, so dass die Anzeige der Schriften am Bildschirm keine vorherige Konvertierung in das TrueType-Format erfordert. Die Rasterung erfolgt mit der von ATM gewohnten Qualität. Anders als TrueType-Schriften können Sie T1-Fonts allerdings nicht einfach in das Fontverzeichnis von Windows kopieren. Um PostScript-Schriften unter Windows 2000 zu installieren, klicken Sie in der Systemsteuerung auf *Schriftarten, Datei, Neue Schriftart installieren...* und wählen das Verzeichnis mit der zu installierenden Schrift aus. Nach Auswahl der Schrift kopiert Windows die Fontdaten selbstständig in das Fontverzeichnis des Betriebssystems. Lassen Sie sich nicht in die Irre führen: Im Fontverzeichnis wird dabei nur die PFM-Datei angezeigt, als Größenangabe erscheint aber die Größe der zugehörigen PFB-Datei. In Wahrheit stehen beide Dateien in diesem Verzeichnis (dies lässt sich zum Beispiel via Kommandozeile mit dem DIR-Kommando überprüfen). Wenn Sie die Schrift aus dem vom Windows-Explorer besonders behandelten Fontverzeichnis heraus in ein anderes bewegen, erscheinen in der Tat auch wieder beide Dateien.

Windows 2000 unterstützt OpenType-Fonts mit TrueType- oder PostScript-Outlines ohne Zusatzsoftware. Trotz der integrierten Unterstützung für PostScript-Schriften ist für den Einsatz von Multiple-Master-Schriften nach wie vor ATM erforderlich. Auch die Verwaltungsfunktionen der Deluxe-Version können den Einsatz von ATM unter Windows 2000 rechtfertigen.

Tabelle 4.4 Unterstützung für Fontformate in verschiedenen Windows-Versionen

Betriebssystem	TT und OpenType mit TT-Outlines	PostScript Type 1	OpenType mit PS-Outlines
Windows 95/98/Me	ja	nur mit ATM	mit ATM 4.1
Windows NT 4	ja	PFB+PFM oder PFB+AFM+INF werden nach TrueType konvertiert; vollständige PS-Unterstützung nur mit ATM	mit ATM 4.1
Windows 2000/XP	ja	PFB+PFM oder PFB+AFM+INF	ja

Als Nachfolger von Windows 2000 unterstützt Windows XP ohne weitere Software ebenfalls die Formate PostScript Type 1, TrueType und OpenType (mit PS- oder TT-Outlines).

4.4 PostScript-Fonts auf dem Mac.

Das Betriebssystem des Mac unterstützt TrueType- und Bitmap-Fonts. PostScript-Schriften erforderten lange Zeit die Installation der ATM-Software. Mac OS 9 enthält zwar eine Systemerweiterung mit dem Namen *Type 1 Scaler,* die Rasterung von PostScript-Schriften ohne ATM funktioniert allerdings nur mittels ATSUI, den *Apple Type Services for Unicode Imaging.* ATSUI ist eine leistungsfähige Systemkomponente für den Umgang mit Unicode und vielen typografischen Funktionen, die früher von QuickDraw GX angeboten wurden – nur wird ATSUI leider bisher von keinem der großen Softwarehersteller genutzt. Daher liegt auch die eingebaute Unterstützung für PostScript-Fonts brach, und man braucht (wie bei älteren Versionen von Mac OS) ATM zur Bildschirmdarstellung von Type-1-Schriften. Erst mit Mac OS X integrierte Apple PostScript-Schriften vollständig ins Betriebssystem (siehe unten).

Zur Installation neuer Schriften auf dem Mac benötigen Sie entweder eine Datei (bei Bitmap- und TrueType-Schriften) oder zwei Dateien (bei PostScript-Schriften). Zusätzlich zu den eigentlichen PostScript-Daten erfordert die Installation von Type-1-Schriften immer eine zweite Datei, die die Metrikdaten des Fonts (Zeichenlaufweiten) sowie eine Bitmap-Variante enthält. Die Bitmaps werden allerdings nicht genutzt, weil ATM ja die PostScript-Umrissbeschreibungen rastert. Da Name und Art der beteiligten Dateien etwas unübersichtlich sind, wollen wir uns die Formate näher ansehen. Tabelle 4.5 enthält eine Übersicht.

Ressourcen für Fontdateien. Auf dem Mac kann eine Datei zwei »Zweige« *(data fork* und *resource fork)* enthalten, die unterschiedliche Funktionen haben. Mit dem Programm ResEdit lassen sich Ressourcezweige erforschen oder verändern. Ressourcen werden immer durch einen vierbuchstabigen Typ gekennzeichnet. Im Ressourcenzweig einer Fontdatei können eine Reihe unterschiedlicher Typen von Ressourcen enthalten sein.

Tabelle 4.5 Formate für Fontdateien auf dem Mac

Fontdatei	Datei typ	Inhalt der Resource Fork	Inhalt der Data Fork	Unterstützt in Mac OS-Version...
Zeichensatzkoffer	FFIL	FONT (Bitmaps) NFNT (Bitmaps) FOND (allgem. Ang.) sfnt (TT- oder PS/CID-Outlines)	–	FONT: bis Mac OS 9; NFNT, FOND und sfnt: alle
PostScript- Font	LWFN	POST (PS-Outlines)	–	bis Mac OS 9 Bildschirmanzeige nur mit ATM; Mac OS X ohne ATM (jedoch keine MM-Fonts)
Data Fork Font	dfon	–	TT- oder PS-Outlines	teilweise in Mac OS 8.5; Mac OS X
OpenType-Font	sfnt	–	TT- oder PS-Outlines	bis Mac OS 9 mit ATM 4.6.1 oder höher; Mac OS X ohne ATM
Windows .ttf		–	TT-Outlines	OS X

Bitmap- und TrueType-Schriften werden auf dem Mac in so genannten Zeichensatzkoffern *(suitcase)* gespeichert, die verschiedene Ressourcen enthalten. Der älteste Typ unter den Ressourcen für Schriftdateien ist die FONT-Ressource für Bitmaps, die aber nicht mehr benutzt wird, da sie von der neueren NFNT-Ressource *(new font)* abgelöst wurde. Diese entspricht dem Format der FONT-Ressource, bietet aber ein flexibleres Nummerierungsschema. Ressourcen des Typs *sfnt (scalable font)* enthalten die Umrissbeschreibungen skalierbarer TrueType-Schriften. Der Zeichensatzkoffer enthält außerdem in der FOND-Ressource allgemeine Angaben über den Font, Laufweiten- und Kerning-Tabellen, Encoding-Information, Verweise auf die zugehörigen Bitmaps (in FONT- oder NFNT-Ressourcen) sowie in der *Style Mapping Table* die PostScript-Namen aller Fonts der jeweiligen Schriftfamilie. Da die FOND-Ressource die Metriktabellen aller »Familienmitglieder« enthalten kann, genügt meist ein einziger Zeichensatzkoffer zur Installation einer ganzen Schriftfamilie.

Die PostScript-Fontdatei enthält schließlich die eigentlichen PostScript-Anweisungen des Fonts, allerdings nicht im Klartext, sondern in einzelnen Ressourcen des Typs POST. Als Dateityp verwenden PostScript-Schriften das Kürzel LWFN für *LaserWriter Font*. ATM oder der Druckertreiber extrahieren diese Ressourcen, wenn Sie den Font am Bildschirm anzeigen bzw. zum Drucker übertragen.

Data Fork Fonts. Mac und Windows unterstützen zwar beide seit langem TrueType-Fonts, doch die Verpackung der Schriften in Fontdateien war auf beiden Plattformen von Anfang an unterschiedlich. Mit Mac OS 8.5 implementierte Apple die so genannten Data Fork Fonts *(.dfont)*, die auf die Nutzung der Resource Fork verzichten und alle Fontdaten in der Data Fork unterbringen. Dieser Schritt war eine wichtige Vorbereitung für die Unterstützung von OpenType-Fonts, die die Zeichenbeschreibungen ebenfalls in der Data Fork und nicht mehr in der Resource Fork speichern (sowohl für PostScript- als auch für TrueType-Outlines).

Obwohl die Unterstützung für Data Fork Fonts in Mac OS 8.5 an mehreren Stellen im Betriebssystem integriert wurde, ist sie unvollständig: Solche Schriften sind nicht allein benutzbar (insbesondere benötigen sie nach wie vor eine FOND-Ressource). Erst in Mac OS X werden Data Fork Fonts vollständig unterstützt (siehe unten).

Fontnamen auf dem Mac und Adobe Type Reunion. Die Namen in den Fontmenüs sind aus den zugehörigen FOND-Ressourcen abgeleitet. Diese Namen können maximal 31 Zeichen lang sein, Adobe empfiehlt aber aus Kompatibilitätsgründen, maximal 30 Zeichen zu benutzen. Da die Fontmenüs bei frühen Macintosh-Anwendungen so schmal waren, dass das am Ende des Fontnamens stehende Stilmerkmal *(bold, italic* etc.) oft nicht sichtbar war, enthalten alte Fonts am Anfang des Namens ein Stilkürzel *(B, I* etc.). Diese Notlösung hat den Nachteil, dass die Schriften nicht mehr alphabetisch nach Namen sortiert erscheinen, da die Stilkürzel die Sortierung verfälschen.

Bei neueren Fonts sind die Stilkürzel allerdings nicht mehr üblich, da das Hilfsprogramm *Adobe Type Reunion (ATR)* die Benutzung der Fontmenüs wesentlich vereinfacht. Dieses Programm, das bei neueren Versionen von ATM mitgeliefert wird, interpretiert den PostScript-Fontnamen in der FOND-Ressource und ersetzt das übliche Fontmenü durch ein kompakteres, in dem alle Fonts nach Familien sortiert sind und die einzelnen Schnitte jeder Familie in einem Untermenü erscheinen. Dies funktioniert allerdings nur dann, wenn jeder Schnitt der Familie eine eigene FOND-Ressource mitbringt. Die Unterscheidung zwischen Familiennamen und Stilattribut trifft ATR anhand des ersten Bindestrichs im PostScript-Fontnamen. Eine Ausnahme bildet der Namensbestandteil *Condensed*, der auch dann zum Familiennamen zählt, wenn er nach dem Bindestrich steht. Auf Wunsch zeigt ATR die Fontnamen im Schriftenmenü in ihrem eigenen Schriftbild an, was die Erkennung der Schriften erleichtert. Um die Schriftenmenüs ohne Intervention von ATR anzuzeigen, halten Sie vor dem Öffnen des Schriftenmenüs die Umschalttaste gedrückt. Beachten Sie, dass ATR nicht mit allen Programmen korrekt zusammenarbeitet.

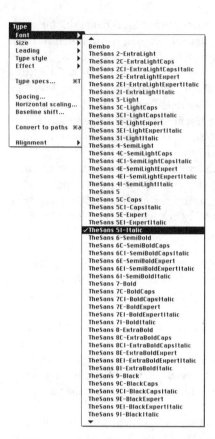
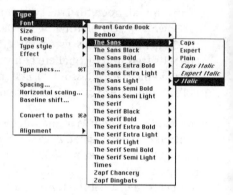

Abb. 4.18
Adobe Type Reunion (rechts) sorgt für ein übersichtliches Fontmenü in Mac-Programmen.

Namen von Fontdateien auf dem Mac. Die PostScript-Fontdateien werden nach der 5:3:3-Regel benannt: Dazu wird der PostScript-Name des Fonts (in der *Style Mapping Table* der FOND-Ressource) in mehrere Wörter zerlegt, die jeweils beim nächsten Großbuchstaben beginnen. Dabei wird ein eventuell vorhandener Bindestrich ignoriert. Der Fontname *Helvetica-Heavy-Italic-Condensed* liefert zum Beispiel die Wörter *Helvetica*, *Heavy*, *Italic* und *Condensed*. Jetzt hängt man die ersten fünf Buchstaben des ersten Wortes und jeweils drei Buchstaben der folgenden Wörter aneinander, um den Dateinamen zu erhalten: *HelveHealtaCon*. Diese Regel führt eventuell für unterschiedliche Fonts zu gleichen Dateinamen, so dass die beiden Fonts nicht zusammen installiert werden können. Da der PostScript-Druckertreiber (LaserWriter) Fonts, die in den Drucker geladen werden müssen, gemäß dieser Regel sucht, spielt sie eine wichtige Rolle.

OpenType-Fonts erhalten wie unter Windows den vollen Fontnamen als Dateinamen.

Abb. 4.19
Mac OS X benötigt keinen ATM mehr und unterstützt PostScript- und OpenType-Fonts sowie Data Fork Fonts.

Verwaltung der Fonts. Während bei früheren Systemen nur maximal 128 Zeichensatzkoffer im Zeichensatzordner möglich waren, wurde diese Grenze mit Mac OS 9 auf 512 erhöht. Da ein Koffer Verweise auf alle PostScript-Fonts einer Familie enthalten kann, können durch die Zusammenfassung zu Familien mehr Schriften installiert werden als diese Grenze suggeriert.

Sie sollten allerdings berücksichtigen, dass installierte Fonts nicht nur Hauptspeicher verbrauchen, sondern auch die Ladezeit des Systems und der Anwendungsprogramme beträchtlich erhöhen. Textverarbeitungen und DTP-Programme bauen beim Start das Fontmenü auf, indem sie alle verfügbaren Fonts beim System abfragen. Sie sollten daher nur diejenigen Fonts installieren, die Sie für ein bestimmtes Projekt benötigen.

Bei der Verwaltung der Schriften helfen Programme wie ATM Deluxe oder Symantec Suitcase. Damit lassen sich Schriften zu Gruppen zusammenfassen und bequem aktivieren oder deaktivieren.

Fonts in Mac OS X. Mit Mac OS X führte Apple etliche Neuerungen in der Fontunterstützung ein; insbesondere ist ein Rasterer für PostScript-Fonts im Betriebssystem integriert, so dass ATM für die Bildschirmdarstellung nicht mehr erforderlich ist. Mac OS X unterstützt ohne Zusatzsoftware folgende Schriftformate:

- Bitmap-Schriften
- Data Fork Fonts mit TrueType-Outlines
- Mac-PostScript-Fonts mit dem zugehörigen Zeichensatzkoffer (zwei Dateien)
- OpenType-Fonts mit TrueType- oder PostScript-Outlines *(.otf,* zum Beispiel die mitgelieferten japanischen Hiragino-Fonts). Die Kerningdaten solcher Fonts stehen allerdings nur entsprechend angepassten Programmen zur Verfügung.

Um solche Schriften zu installieren, zieht man sie einfach in einen Schriftenordner. Die Verwaltung der Schriften wird etwas übersichtlicher, indem

Mac OS X, das ja ein Mehrbenutzersystem ist, zwischen systemweiten Schriften und solchen für einzelne Benutzer unterscheidet (siehe Tabelle 4.6). Die Tabelle enthält die Fontverzeichnisse in abnehmender Priorität: Wird eine Schrift in mehreren Verzeichnissen installiert, so verwendet das System die Version in dem Verzeichnis mit höchster Priorität.

Allerdings ist es nicht möglich, untergeordnete Verzeichnisse in den Schriftenverzeichnissen anzulegen. Dies würde die Fontverwaltung natürlich vereinfachen, insbesondere, da es derzeit noch keine Schriftenverwaltungsprogramme für Mac OS X gibt. Eine Version von Suitcase für OS X ist aber bereits angekündigt.

Tabelle 4.6 Fontordner unter Mac OS X

Ordner	Enthält Schriften...
/Users/<name>/Library/Fonts	...für den jeweiligen Benutzer
/Library/Fonts	...für alle Benutzer eines Systems; diese Schriften werden vom System nicht benötigt.
/Network/Library/Fonts	...im lokalen Netz für alle Benutzer
/System/Library/Fonts	...für das System; diese sollten nicht geändert werden.
/<Classic>/Systemordner/ Zeichensätze	...für Classic- und OS-X-Anwendungen. Fonts sind auch dann unter OS X verfügbar, wenn Classic nicht läuft! Classic-Programme können ausschließlich auf diese Fonts zugreifen, nicht aber auf Schriften in den anderen Ordnern.

Die Unterstützung von Data Fork Fonts bedeutet, dass TrueType- und OpenType-Fonts, die von Windows-Systemen stammen, ohne weitere Konvertierung auf Mac OS X funktionieren. OpenType-Fonts können dabei PostScript- oder TrueType-Outlines enthalten. Reine Windows-PostScript-Fonts (PFB- und PFM-Datei) werden allerdings nicht erkannt. Umgekehrt können Data Fork Fonts nur eingeschränkt auf Windows-Systeme gebracht werden, da manche (nicht alle!) Data Fork Fonts Zusatzdaten am Anfang enthalten, die nur vom Mac korrekt ausgewertet werden.

Nicht zu verwechseln mit Data Fork Fonts ist das *dfont*-Format, in dem Apple einige der Systemschriften von OS X ausliefert. Dieses Format stellt nur eine andere Verpackung von TrueType-Schriften dar und dient nach Angaben von Apple-Entwicklern nur dem Zweck, die Erstellung des Betriebssystems bei Apple zu vereinfachen. Es hat extern keine Bedeutung, wird von anderen Herstellern nicht unterstützt und soll langfristig wieder verschwinden (zugunsten von OpenType).

4.4.5 PostScript-Fonts im X Window System.

Das X Window System erlaubt seit Release 5 (1991/92) den Einsatz von PostScript-Fonts. Der von IBM beigesteuerte Type-1-Rasterer wurde anfangs zwar nicht von allen Herstellern mit ihrer jeweiligen Version des X Window Systems ausgeliefert, heutzutage gehört die Unterstützung von T1-Fonts jedoch zum Standardrepertoire eines X11-Servers. X-Server mit integriertem Display PostScript unterstützen ohnehin PostScript-Schriften, neben dem Type-1-Format sogar auch Type-3-Fonts.

Alternativ zur Rasterung der Schriften direkt im X-Server ist auch der Betrieb eines Fontservers möglich. Dabei fordert der X-Server die gerasterten Fontdaten von einem separaten Programm an, das auf der gleichen Maschine laufen kann oder aber per Netz angesprochen wird. Der Einsatz eines Fontservers entlastet den X-Server: bei komplexen Fonts bzw. langsamen Maschinen kann es sonst vorkommen, dass der Server kurzzeitig nicht mehr reagiert (zum Beispiel den Mauszeiger nicht mehr verschiebt), weil er mit der Berechnung der Fontpixel ausgelastet ist. Ein weiterer Vorteil des Fontservers besteht darin, dass er Fonts in Formaten verarbeiten kann, die vom X-Server nicht direkt unterstützt werden (wenn ein älterer Server etwa keinen Type-1-Rasterer enthält).

In den folgenden Abschnitten möchte ich detaillierter auf die Konfiguration von Type-1-Fonts im weit verbreiteten X-Server XFree86 eingehen, der in allen großen Linux-Distributionen enthalten ist und der lange Zeit fast eingeschlafenen Entwicklung von X11 neue Impulse gegeben hat. XFree86 bietet folgende Funktionen im Zusammenhang mit der Fontverarbeitung:

- Rasterung von Type-1-Fonts in den Formaten PFA und PFB
- Rasterung von CID-Fonts für asiatische Schriften
- Rasterung von TrueType-Fonts in den Formaten TTF und TTC
- Flexible Zeichensatzzuordnung für PostScript- und TrueType-Fonts
- Fontserver *xfs* zur netzweiten Verteilung von Fonts.

Die Fontrasterer sind in XFree86 nicht Bestandteil des Server-Kerns, sondern werden als Module geladen. Sollte Ihr Server das gewünschte Fontformat nicht unterstützen, prüfen Sie in der Konfigurationsdatei *XF86Config*, ob der Abschnitt *Modules* die Einträge

```
Load    "type1"
Load    "freetype"
```

enthält, die die Zusatzmodule zur Verarbeitung von PostScript- bzw. TrueType-Fonts laden.

Fontnamen im X Window System. Das X-Protokoll identifiziert Schriften anhand des XLFD-Fontnamens. Die Abkürzung steht für *X Logical Font Description* und bezeichnet ein kompliziertes Schema, das neben dem Namen des Fonts auch allgemeine Eigenschaften, etwa Größe und Zeichensatz, enthält und extrem unhandliche und lange Fontnamen liefert (siehe unten). Glücklicherweise kann man jedoch griffigere Aliasnamen für einen Font definieren. In einem Fontverzeichnis ist eine Konfigurationsdatei *fonts.scale* anzulegen, die für jede gewünschte Schrift jeweils den Namen der Fontdatei und ihren XLFD-Namen enthält. Das Konfigurationsprogramm *mkfontdir* übernimmt den Inhalt der Datei in die vom Server benötigte Datei *fonts.dir*. Während *mkfontdir* die Daten von Bitmap-Schriften automatisch erzeugt, ist dies für PostScript-Schriften auf den meisten Systemen leider nicht möglich. Sie müssen *fonts.scale* daher manuell erstellen, können sich aber von dem Perl-Skript *type1inst* unter die Arme greifen lassen, das Sie unter folgender Adresse finden:

ftp://sunsite.unc.edu/pub/Linux/X11/xutils

Dieses Skript extrahiert einen Teil der benötigten Angaben aus der Fontdatei, funktioniert aber nicht bei allen Fonts zuverlässig. *type1inst* dekomprimiert zwar auch komprimierte Fontdateien, erwartet die Dateinamenendungen *(.pfa* oder *.pfb)* aber in Kleinbuchstaben. Zur Umwandlung von PFB-Dateien muss das Programm *pfbtops* aus dem *groff*-Paket verfügbar sein, das auf den meisten Linux-Distributionen standardmäßig installiert ist.

Ein Schnitt der im Lieferumfang von XFree86 4.0 enthaltenen Schrift Lucidux hat zum Beispiel folgenden XLFD-Fontnamen:

-b&h-lucidux sans-medium-r-normal--0-0-0-0-p-0-iso8859-1

Beachten Sie, dass XLFD nicht zwischen Groß- und Kleinschreibung unterscheidet. In Tabelle 4.7 finden Sie Erläuterungen zu den einzelnen Einträgen des XLFD-Fontnamens.

Namen von Fontdateien im X Window System. Unter X11 werden oft Fontdateien installiert, die von einem Windows-System stammen und daher die kurzen kryptischen Dateinamen verwenden. Diese kann man natürlich beibehalten. Da die Dateinamen oft aus Großbuchstaben bestehen, ist es empfehlenswert, den Dateinamen durch Umbenennung auf Kleinbuchstaben umzustellen, um spätere Probleme zu vermeiden.

Zur Erleichterung der Schriftenverwaltung kann es aber auch hilfreich sein, die Dateien so umzubenennen, dass der PostScript-Name der Schrift auch als Name der Fontdatei benutzt wird. Den PostScript-Namen eines Fonts finden Sie in der AFM- oder INF-Datei unter dem Schlüsselwort *FontName*. Steht keine dieser Dateien zur Verfügung, können Sie diesen Namen auch aus der Fontdatei ermitteln:

grep FontName <Fontdatei>.pfa

Der PostScript-Name erscheint hinter dem Schlüssel *FontName* nach dem Schrägstrich »/«, der selbst nicht Bestandteil des Namens ist.

Installation von PostScript-Fonts in XFree86. Jetzt wollen wir uns die nötigen Konfigurationsschritte zur Einbindung neuer PostScript-Schriften in den X-Server ansehen. Die Anweisungen zur Fontkonfiguration auf den folgenden Seiten gelten nicht nur für XFree86, sondern auch für andere X-

Tabelle 4.7 Struktur von XLFD-Fontnamen

Beispiel	Bedeutung	Bemerkungen, entsprechende Einträge der AFM-Datei
b&h	Hersteller	Copyright oder Notice
lucidux	Name der Schrift	FamilyName ohne den Namen des Herstellers, aber oft mit Gattungsbezeichnung
sans		
medium	Strichstärke	Weight
r	Neigung: r=regular, i=italic, o=oblique	meist aus FullName ersichtlich, bei kursiven Fonts ist außerdem ItalicAngle negativ
normal	Laufweite, zum Beispiel condensed, narrow	muss aus dem Fontnamen erschlossen werden
(leer)	Stil, zum Beispiel sans, serif	bleibt oft leer, da viele Schriften die Stilbezeichnung bereits im Namen tragen
0	Schriftgröße in Pixel	bei skalierbaren Fonts 0
0	Schriftgröße in 1/10 Pkt.	bei skalierbaren Fonts 0
0	horiz. Auflösung in dpi	bei skalierbaren Fonts 0
0	vertik. Auflösung in dpi	bei skalierbaren Fonts 0
p	Laufweite: p=proportional, m=monospaced	IsFixedPitch=true bedeutet monospaced
0	durchsch. Zeichenbreite	bei skalierbaren Fonts 0
iso8859-1	Zeichensatz und Encoding	iso8859-1 für westliche Schriften, iso10646-1 für Unicode oder adobe-fontspecific für Symbolschriften

Server mit Type-1-Unterstützung. Pfadnamen sind dabei gegebenenfalls anzupassen. Dazu sind folgende Teilaufgaben zu erledigen:
- Die Fontdaten im PFA- oder PFB-Format müssen beschafft werden; die zugehörige AFM- oder INF-Datei ist zwar nicht zwingend erforderlich, erleichtert aber die Konstruktion des X11-Fontnamens. Die Einbindung von Fonts in Anwendungsprogramme erfordert meist ohnehin AFM-Dateien.
- Konstruktion des X11-Fontnamens und Anlegen der Datei *fonts.scale*
- Anlegen der Datei *fonts.dir* mit dem Programm *mkfontdir*
- Temporäre Installation zum Testen des Fonts
- Falls alles funktioniert: permanente Installation

Die einzelnen Schritte wollen wir uns nun genauer ansehen. Zunächst werden alle XLFD-Fontnamen zusammen mit dem jeweiligen Dateinamen in der Datei *fonts.scale* aufgelistet, wobei die erste Zeile die Gesamtzahl der konfigurierten Schriften angibt:

```
6
lcdxrr.pfa  -b&h-lucidux serif-medium-r-normal--0-0-0-0-p-0-iso8859-1
lcdxro.pfa  -b&h-lucidux serif-medium-o-normal--0-0-0-0-p-0-iso8859-1
lcdxsr.pfa  -b&h-lucidux sans-medium-r-normal--0-0-0-0-p-0-iso8859-1
lcdxso.pfa  -b&h-lucidux sans-medium-o-normal--0-0-0-0-p-0-iso8859-1
lcdxmr.pfa  -b&h-lucidux mono-medium-r-normal--0-0-0-0-m-0-iso8859-1
lcdxmo.pfa  -b&h-lucidux mono-medium-o-normal--0-0-0-0-m-0-iso8859-1
```

Damit ist bereits der schwierigste Teil der Fontinstallation erledigt. Jetzt rufen Sie das Programm *mkfontdir* auf, das auf Basis obiger Datei *fonts.scale* die ähnliche Datei *fonts.dir* anlegt. Letztere kann zusätzlich aber noch Informationen über Bitmap-Fonts enthalten. Die Entsprechung von *mkfontdir* für TrueType-Fonts heißt übrigens *ttmkfdir*.

Jetzt können wir die Fonts ausprobieren. Dazu müssen wir den X-Server zunächst über die Existenz der neuen Fonts informieren. Rufen Sie dazu folgende Kommandos auf (geben Sie den absoluten Pfadnamen für das Verzeichnis mit den neuen Fonts an):

```
xset +fp /usr/X11R6/lib/X11/fonts/Type1
xset fp rehash
```

Nach diesen Anweisungen liest der Server die Datei *fonts.dir* und stellt allen X11-Programmen die neu installierten Fonts zur Verfügung. Um den Fontpfad des Servers zu überprüfen, verwenden Sie folgendes Kommando:

```
xset q
```

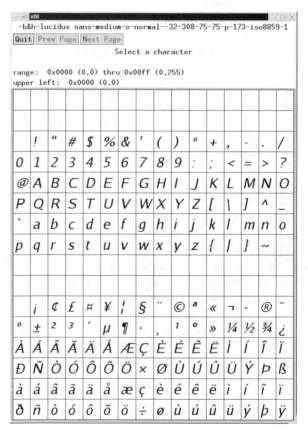

Abb. 4.20
xfd zeigt einen neu installierten Font an.

Als nächstes können Sie die erfolgreiche Installation sofort mit den Programmen *xfontsel* oder *xlsfonts* überprüfen, die jetzt die zusätzlichen Fontnamen anbieten bzw. die neuen Fonts anzeigen müssten. Beachten Sie beim Testen allerdings, dass *xfontsel* neue Schriften, die während der Laufzeit des Programms installiert werden, nicht erkennt. Daher müssen Sie das Programm nach der Installation neuer Schriften beenden und neu starten. Erscheint der Name des neuen Fonts in *xfontsel* oder *xlsfonts*, können Sie ihn mit *xfd* anzeigen lassen (siehe Abbildung 4.20). Den Namen des neuen Fonts geben Sie dabei mit der Option *-fn* an (die Option *-font* spezifiziert die Schriftart für die Informationstexte im Fenster, nicht den Beispielfont). Da XLFD-Fontnamen Sternchen oder Leerzeichen enthalten können, sollten Sie den Fontnamen immer in Anführungszeichen setzen:

```
xfd -fn "-b&h-lucidux sans-medium-o-normal--32-0-0-0-p-0-iso8859-1"&
```

Der Fontserver bietet übrigens auch eine einfache Möglichkeit zur Konvertierung von Type-1-Fonts in das BDF-Format für Systeme, die nur Bitmap-Fonts verarbeiten können: Das Kommando *fstobdf* holt eine gerasterte Version des Fonts vom Fontserver und erzeugt die zugehörige BDF-Datei.

Wenn alles funktioniert, können Sie die Fonts permanent installieren, um nicht immer die obigen *xset*-Kommandos benutzen zu müssen. Dazu fügen Sie in der Konfigurationsdatei *XF86Config* im Abschnitt *Files* einen oder mehrere neue Fontpfade ein:

```
Section "Files"
    FontPath    "/usr/X11R6/lib/X11/fonts/Type1"
    ...
EndSection
```

Dadurch stehen die Fonts gleich beim Start des X-Servers zur Verfügung. Beachten Sie, dass der Pfad für skalierbare Schriften vor dem Pfad für eventuell vorhandene gleichnamige Bitmap-Schriften stehen sollte, um zu verhindern, dass der Server Bitmap-Fonts skaliert, anstatt die PostScript-Schriften zu verwenden.

Installation von PostScript-Fonts im Fontserver von XFree86. Der mit XFree86 4.0 ausgelieferte Fontserver heißt *xfs* (im Gegensatz zur früheren Bezeichnung *fs*). Um mit dem Fontserver zu arbeiten, müssen Sie wie oben im gewünschten Fontverzeichnis die Datei *fonts.scale* bzw. *fonts.dir* anlegen und eine zusätzliche Konfigurationsdatei erstellen. Eine Vorlage hierfür ist in der XFree86-Distribution enthalten; Sie können aber auch mit einer Minimaldatei nach folgendem Muster starten:

```
catalogue = /usr/X11R6/lib/X11/fonts/Type1
default-point-size = 120
default-resolutions = 100,100,75,75
```

Am wichtigsten ist die erste Zeile, die eine durch Komma getrennte Liste von Fontverzeichnissen enthält. Der Fontserver wird bei vielen Linux-Distributionen (etwa RedHat, Corel und Debian, nicht aber SuSE) automatisch installiert und gestartet. Ist dies nicht der Fall, können Sie ihn zum Testen mit dem Kommando

```
xfs -config /usr/lib/X11/fs/config -port 7100 &
```

starten. Das erste Argument verweist auf die Konfigurationsdatei, die auch an anderer Stelle im Dateisystem stehen kann, das zweite gibt die üblicherweise benutzte Portnummer an (die Sie nicht grundlos ändern sollten). Gibt es keine Fehlermeldungen, kann der Fontserver mit den neuen Fonts etwas anfangen, und wir können sie dem X-Server mit folgenden Kommandos bekanntgeben:

```
xset +fp tcp/tamam:7100
xset fp rehash
```

Tamam ist dabei der Name des Rechners, auf dem der Fontserver läuft (hier könnte auch *localhost* für den lokalen Rechner stehen) und 7100 wieder die Portadresse. Geben X-Server oder Fontserver nach der ersten *xset*-Anweisung hartnäckig Fehlermeldungen aus, kann das bedeuten, dass die Type-1-Funktionalität nicht implementiert ist. Dann sieht es schlecht aus für Ihre PostScript-Fonts.

Um den Fontserver über Konfigurationsänderungen zu informieren, können Sie ihn mit dem Signal HANGUP »killen«, damit er die Konfigurationsdatei neu interpretiert. Funktioniert alles, können Sie die Fonts wieder durch einen Eintrag in XF86Config permanent installieren:

```
FontPath "tcp/tamam:7100"
```

Analog zur Rasterung von PostScript-Schriften mit *xfs* gibt es einen weiteren Server zur Rasterung von TrueType-Schriften unter der Bezeichnung *xfstt*.

Installation von CID-Fonts in XFree86. Dank eines Programmteils, der der X-Distribution von SGI gespendet wurde, unterstützt der X-Server seit 1999 auch die Verwendung asiatischer PostScript-Schriften im CID-Format (siehe Abschnitt 4.3.5 »CID-Fonts«, Seite 140). Dazu müssen die eigentliche CID-Fontdatei und die zugehörige AFM-Datei vorhanden sein. Das folgende Beispiel zeigt die Installation eines koreanischen Fonts anhand der Schrift *MunhwaGothic-Regular*, die Adobe unter folgender Adresse kostenlos zur Verfügung stellt:

```
ftp://ftp.oreilly.com/pub/examples/nutshell/cjkv/adobe
```

Als Zeichensatz verwenden wir die Unicode-basierte CMap *UniKS-UCS2-H*, die als Bestandteil der asiatischen Fontpakete für Acrobat ebenfalls kostenlos erhältlich ist:

```
http://partners.adobe.com/asn/developer/technotes.html
```

Die Verwendung von CID-Fonts unter XFree86 erfordert ein starres Schema für Datei- und Verzeichnisnamen. Wir wollen den Beispielfont im Verzeichnis */usr/X11R6/lib/X11/fonts/CID* installieren. Zunächst erstellen wir die Datei *fonts.scale* mit folgendem Inhalt:

```
1
Adobe-Korea1/MunhwaGothic-Regular--UniKS-UCS2-H.cid
    -adobe-munhwagothic-regular-r-normal--0-0-0-0-p-0-iso10646-1
```

Dabei müssen die beiden Einträge nach der Zahl 1 auf einer Zeile stehen. Die Fontdateien und die CMap verteilen wir wie folgt auf Unterverzeichnisse:

```
CID/Adobe-Korea1/AFM/MunhwaGothic-Regular.afm
CID/Adobe-Korea1/CIDFont/MunhwaGothic-Regular
CID/Adobe-Korea1/CMap/UniKS-UCS2-H
CID/Adobe-Korea1/CFM
```

CFM ist dabei ein zunächst leeres Hilfsverzeichnis. Jetzt erstellen wir wie üblich die Datei *fonts.dir* und erstellen eine CFM-Datei. Diese ist zwar nicht unbedingt erforderlich, beschleunigt aber die Darstellung der Schrift (für jede Kombination von Schrift und CMap wird eine eigene CFM-Datei angelegt):

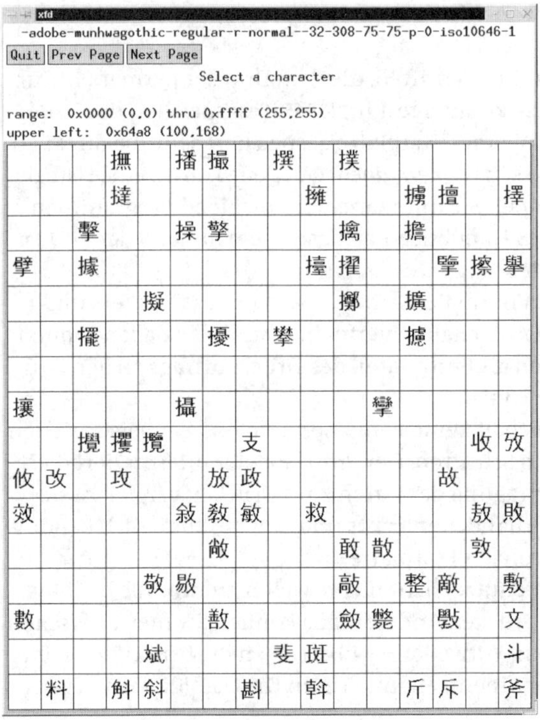

*Abb. 4.21
Ein koreanischer CID-Font in XFree86*

```
cd /usr/X11R6/lib/X11/fonts/CID
mkfontdir
mkcfm
xset +fp /usr/X11R6/lib/X11/fonts/CID
xset fp rehash
```

Hat alles geklappt, können wir den Font wieder mit *xfd* betrachten. Um gleich einige asiatische Zeichen zu sehen, können wir die Nummer des Zeichens angeben, bei dem die Anzeige beginnen soll (siehe Abbildung 4.21):

```
xfd -start 20000 \
    -fn -adobe-munhwagothic-regular-r-normal--0-0-0-0-p-0-iso10646-1&
```

Beachten Sie, dass die Rasterung dieses komplexen Fonts mit tausenden einzelner Zeichen sehr aufwändig ist. Daher ist der X-Server zunächst für einige Sekunden blockiert, bevor der Font angezeigt wird.

4.5 Download von PostScript-Fonts

4.5.1 Manueller und automatischer Download.
Beim Ausdruck eines Dokuments muss der Interpreter auf die Beschreibungen aller Fonts zugreifen können, die im Dokument benutzt werden. Der Ausdruck wird zwar nicht abgebrochen, wenn eine Fontdefinition fehlt, aber der Interpreter ersetzt die fehlende Schrift durch Courier, so dass das Ergebnis nutzlos ist. Für die Bereitstellung von Schriften im Interpreter des Druckers gibt es mehrere Möglichkeiten:

- Das Dokument benutzt nur Schriften, die dem Drucker permanent zur Verfügung stehen. Diese können fest im ROM (Lesespeicher) des Druckers eingebaut oder auf einer Festplatte gespeichert sein, die direkt an den Drucker angeschlossen ist *(permanent* geladene Fonts). Eine Liste der eingebauten Fonts können Sie mit manchen Download-Programmen ausdrucken, im Drucker-Handbuch nachlesen oder anhand der PPD-Datei des Druckers ermitteln.
- Die Schriften stehen im normalen Arbeitsspeicher des Druckers und sind bis zum nächsten Ausschalten verfügbar *(resident* geladene Fonts).
- Die Schriftdaten werden als Bestandteil des Druckauftrags an den Drucker übertragen *(inline-*Fonts).
- Die PostScript-Datei enthält keine Fonts, sondern nur Verweise mit den Namen aller benötigten Schriften. Der Print-Spooler interpretiert diese Hinweise vor der Übertragung der Daten zum Drucker, vergleicht sie mit den im Drucker vorhandenen Fonts und lädt die zusätzlich benötigten Fontdefinitionen von der Festplatte.

Im ersten Fall gibt es aus Benutzersicht nichts weiter zu tun, alle benötigten Fonts sind bereits im Drucker. Anderenfalls können Sie meist zwischen zwei Möglichkeiten wählen: Entweder Sie übertragen die benötigten Fonts vor dem Ausdruck des Dokuments manuell zum Drucker (dieser Vorgang heißt auf gut neudeutsch *Download)* und laden Sie dort *resident,* oder die benutzte Software lädt alle Fonts zusammen mit der eigentlichen Seitenbeschreibung automatisch. Beide Methoden haben verschiedene Vor- und Nachteile. Dabei sollte man im Hinterkopf behalten, dass die Übertragung der Fonts zum Drucker abhängig von der benutzten Verbindung und der Fontgröße mehr oder weniger Zeit benötigt – was natürlich den Ausdruck verlangsamt.

Beim *manuellen Download* mit speziellen Download-Programmen müssen Sie die Fonts nur einmal zum Drucker übertragen. Dort werden sie mit geeigneten PostScript-Anweisungen resident im Speicher installiert, das heißt sie stehen bis zum Ausschalten des Druckers zur Verfügung. Alle Dokumente, die bis dahin gedruckt werden und diese Fonts benötigen, sind daher vom »Ballast« der Fontdefinitionen befreit und werden schneller ausgedruckt.

Diese Methode hat zunächst den Nachteil, dass sie die Verantwortung für die Bereitstellung der Fonts von der Software auf den Benutzer überträgt, was das Drucken verkompliziert und fehleranfälliger macht. Außerdem spielt der Speicherbedarf der Fonts eine Rolle: Falls mehrere Benutzer einen Drucker gemeinsam benutzen und alle mit verschiedenen Fonts arbeiten, reicht der Speicherausbau des Druckers oft nicht aus, um alle benötigten Fonts gleichzeitig zu speichern. Dies ist auch dann der Fall, wenn Sie als einzelner Benutzer unterschiedliche Dokumente mit jeweils anderen Fonts drucken möchten. In diesem Fall ist der manuelle Download ungeeignet.

Beim *automatischen Download* sorgt die Software, welche die PostScript-Anweisungen erzeugt (Anwendungsprogramm oder Druckertreiber) dafür, dass die Seitenbeschreibung – also die PostScript-Datei – des Dokuments alle benötigten Fonts enthält. Dabei kann es zwar vorkommen, dass Fonts überflüssigerweise geladen werden, weil sie im Drucker schon vorhanden sind, dafür muss sich der Benutzer aber nicht mehr um die Fontbehandlung kümmern.

Am bequemsten ist ein Spooler, der zwischen PostScript-Treiber und Drucker sitzt: Er erkennt die Fontanforderungen der Druckdateien, überprüft, welche Fonts bereits im Drucker geladen sind, und lädt die zusätzlich benötigten Schriften. Mit etwas zusätzlicher Intelligenz erkennt er sogar, welche Schriften am häufigsten benutzt werden und lädt diese resident, um Übertragungszeit einzusparen. Das hört sich zwar alles sehr interessant an, ist aber für die meisten Benutzer nur ein Wunschtraum: Es gibt zwar Zusatz-Software, die in diese Richtung geht, aber ein intelligenter Spooler als Bestandteil des Betriebssystems lässt immer noch auf sich warten.

.5.2 Speicherbedarf von Fonts.

Beim Download von Schriften benötigt jeder Font Platz im begrenzten Arbeitsspeicher des Druckers. Sie können daher nicht beliebig viele Fonts laden, sondern je nach Größe des Druckerspeichers zwischen etwa 6 bis 8 bei kleinen 300-dpi-Geräten und bis zu mehreren Dutzend bei gut ausgestatteten Abteilungsdruckern. Die genaue Zahl der ladbaren Fonts hängt von mehreren Faktoren ab und lässt sich vorab leider nicht exakt bestimmen. Wenn Sie beim Fontdownload auf die Fehlermeldung *VMerror* stoßen, waren es jedenfalls zu viele!

Der Speicherbedarf eines einzelnen Fonts hängt von der Anzahl und Komplexität der enthaltenen Zeichen ab und ist nicht mit der Größe der Fontdatei identisch. In den meisten Fontdateien steht am Anfang eine Kommentarzeile der Form

%%VMusage: 41576 52468

Die beiden Werte geben an, wieviel Speicherplatz der Font im Interpreter benötigt. Aufgrund der internen Arbeitsweise des PostScript-Interpreters ist der Speicherbedarf beim ersten Laden eines Fonts größer ist als beim zweiten Laden des gleichen Fonts. Die beiden Werte beschreiben diese Situationen. Wichtig ist die höhere zweite Zahl, die den Speicherverbrauch nach dem *ersten* Laden des Fonts angibt. Bei den meisten Schriften liegt dieser Wert zwischen 30 und 60 KB. Am größten ist der Speicherhunger von Multiple-Master-Schriften. Diese können je nach Anzahl der Designachsen 100 bis 160 KB beanspruchen.

Beim verfügbaren Speicherplatz des Druckers darf man nicht vom eingebauten Gesamtspeicher ausgehen, der meist mehrere Megabyte beträgt, sondern nur von dem Speicherbereich, der dem Interpreter noch zur freien Verfügung steht (der Rest dient zum Beispiel als Bildspeicher für den Aufbau der Seite). Dieser Bereich liegt etwa in der Größenordnung von zehn Prozent des Gesamtspeichers und damit meist bei einigen hundert KB. Sie finden diesen Wert nach dem Schlüsselwort **FreeVM* in der PPD-Datei des Druckers (VM steht für *virtual memory*).

Dazu eine kleine Beispielrechnung, die allerdings aufgrund einiger Unwägbarkeiten mit Vorsicht zu genießen ist: Ein 600-dpi-Drucker mit einem Speicherausbau von 6 MB hat laut PPD-Datei noch 600 KB verfügbaren Speicher. Wenn wir davon 100 KB für die eigentliche Seitenbeschreibung abziehen und einen durchschnittlichen Speicherbedarf von 70 KB pro Font annehmen, kommen wir auf die Zahl von sieben Fonts, die wir gleichzeitig in den Drucker laden können.

Der Adobe-Treiber und manche anderen PostScript-Treiber verfügen über die Fähigkeit, eine unbegrenzte Anzahl von Schriften zu laden. Der Treiber behilft sich hier mit einem Trick: Er kalkuliert den Speicherbedarf der bereits geladenen Fonts immer mit. Sobald er sich der Speichergrenze nähert, löscht er bereits geladene Fonts, um Platz für neue zu schaffen. Diese Technik verlangsamt zwar den Ausdruck von Dokumenten, da ein Font unter Umständen mehrmals geladen werden muss, vermeidet dafür aber den Fehler *VMerror*.

.5.3 Der Fontcache.

Da die Zeichen der meisten PostScript-Fonts durch ihre Umrisslinie definiert werden, müsste ein PostScript-Interpreter bei der Ausgabe eines Dokuments etliche tausend Male immer wieder die gleichen Buchstaben rastern – eine enorme Zeitverschwendung! Daher benutzt der PostScript-Interpreter eine Einrichtung, die in vielen Situationen Hard- und Software beschleunigt, nämlich einen so genannten Cache. Dies ist ein Zwischenspeicher, der die Pixel-Darstellung von bereits gerasterten Zeichen speichert und bei erneuter Ausgabe ohne wiederholte Berechnungen schnell zur Verfügung stellt.

Da verschiedene Größen jeweils neu aus der Umrissbeschreibung berechnet werden, speichert der Interpreter alle benutzten Größen eines Buchstabens separat im Fontcache ab. Außerdem bedürfen gedrehte Zeichen einer Sonderbehandlung, da Bitmaps bekanntlich nicht verlustfrei gedreht werden können (es sei denn, es handelt sich um eine 90°-Drehung oder Vielfache davon). Der Fontcache muss also zu jedem gespeicherten Zeichen dessen Größe, den Drehwinkel und den Fontnamen ablegen, um bereits gerasterte Zeichen korrekt identifizieren zu können. Verwechslungen hätten die fatale Folge, dass eine Druckdatei plötzlich Ausgaben mit falschen Fonts liefert!

Da es viel zu aufwändig wäre, zu jedem Zeichen den Fontnamen abzuspeichern, erhalten Fonts wahlweise eine eindeutige Identifizierungsnummer, die so genannte *UniqueID*, anhand derer sie einwandfrei zu erkennen sind. Allerdings versäumte es Adobe, die Vergabe dieser Nummern gezielt zu koordinieren, so dass es manchmal zu Überschneidungen kam: Tragen zwei verschiedene Fonts die gleiche Nummer, kann dies Verwechslungen im Fontcache zur Folge haben.

Solange keine ID-Konflikte zwischen verschiedenen Fonts auftreten, beschleunigt der Fontcache die Textausgabe von PostScript in der Regel unbemerkt. Es gibt allerdings eine Situation, in der sich der Cache unangenehm bemerkbar macht, nämlich beim Entwurf und Test eines neuen Fonts. Da der Inhalt des Cache auch zwischen zwei Druckaufträgen erhalten bleibt, kann es passieren, dass ein Download-Font gar nicht ausgewertet wird, sondern die Resultate im Cache den Vorrang bekommen (was ja normalerweise auch erwünscht ist). Falls es sich bei den beiden Fonts aber um verschiedene Varianten einer Schrift handelt, die Sie gerade testen wollen (etwa mit veränderten Buchstabenformen), darf der Cache natürlich nicht zuschlagen. In diesem Fall können Sie den Fontcache meist nur durch Ausschalten des Druckers löschen.

Tipp: Einige Fonteditoren bieten die Möglichkeit, Fonts ohne den Eintrag *UniqueID* zu erzeugen. Solche Fonts bleiben nur bis zum Ende des jeweiligen Druckauftrags im Cache, so dass Probleme bei nachfolgenden Aufträgen ausgeschlossen sind. Manche Drucker, die auf eine Festplatte zugreifen können, speichern den Inhalt des Fontcache auf der Platte. Diesen Festplatten-Cache können Sie nicht durch Ausschalten, sondern nur mit dem zugehörigen Downloader löschen.

Auch der Adobe Type Manager, bei dem die Geschwindigkeit wegen der interaktiven Benutzung eine noch größere Rolle spielt als beim Drucken, arbeitet mit einem Fontcache, dessen Größe Sie im Kontrollfeld verändern können. Je nach Speicherausstattung des Rechners und Anzahl der benutzten Fonts können Sie die Bildschirmausgabe durch Zuweisen eines größeren Cache-Speichers zum Teil drastisch beschleunigen. Als Faustregel sollten Sie für jeden häufig benutzten Font 50 KB im Fontcache reservieren.

4.6 Fonteinbettung

Die Einbettung von Schriften hat rechtliche und technische Aspekte, die ich im Folgenden darstellen möchte. Weitere Details finden Sie in Abschnitt »Fonteinbettung in EPS«, Seite 37, und Abschnitt 3.3 »Schriften in Acrobat«, Seite 87.

4.6.1 Rechtlicher Schutz von Schriften.

Das Thema Schriften berührt auch rechtliche Aspekte. Fonts sind zunächst einmal Software, über die man als Käufer nicht beliebig verfügen kann, sondern für die man je nach Hersteller meist ein Nutzungsrecht für eine bestimmte Zahl von Ausgabegeräten erwirbt, also etwa einen Bildschirmarbeitsplatz und einen Drucker. Das heißt, dass Fonts genauso wenig wie Anwendungsprogramme beliebig oft kopiert und weitergegeben werden dürfen. Die Konvertierung eines Fonts in verschiedene Formate oder zwischen unterschiedlichen Betriebssystemen, die auch in diesem Buch behandelt wird, fällt rechtlich meist in eine Grauzone zwischen »gerade noch erlaubt« und »verboten, aber geduldet«. Im Zweifelsfall sind die Lizenzbedingungen des Herstellers maßgeblich. In der Praxis macht sich jedoch kaum jemand die Mühe, wortreiche Lizenzverträge genau zu studieren. Dies kann böse Folge haben: Nicht lizenzierter Einsatz ist genauso zu bewerten wie Raubkopien von Software – und in dieser Hinsicht sind viele Unternehmen in den letzten Jahren bewusster geworden. Bei Schriften wird die Frage dadurch kompliziert, dass die Hersteller unterschiedlichste Lizenzierungsmodelle anbieten, so dass es keine allgemeine Antwort gibt.

Ein anderer wichtiger Punkt ist der Designschutz für die zugrunde liegenden Schriftentwürfe. Hier gibt es in den einzelnen Ländern unterschiedliche Regelungen. In den USA kann man die Form eines Zeichens selbst nicht schützen, sondern nur dessen Umsetzung durch ein Computerprogramm (= Font). In Europa kann der Designer dagegen auch die Formen schützen lassen, allerdings ist es schwierig, auch bei nur geringfügigen Änderungen der Buchstabenformen die Urheberrechte durchzusetzen. Die amerikanische Regelung hat zu der Praxis geführt, groß ausgedruckte Schriften wieder zu digitalisieren, nachzubearbeiten und so einen »neuen«

Font zu erzeugen, der dann als eigenes Produkt vermarktet wird. Da für solche Produkte keinerlei kreative Tätigkeit entlohnt werden muss, werden sie zu Dumping-Preisen angeboten und bringen viele Schriftentwerfer um die Früchte ihrer Arbeit. Andererseits hat die massenhafte Verbreitung digitaler Fonts und damit die Demokratisierung der Schriften viele neue Schriften erst hervorgebracht.

Schließlich kann ein Designer auch den Namen einer Schrift schützen lassen. Das bewahrt zwar nicht vor »Clones« der Schrift (also neuen Digitalisierungen eines existierenden Designs). Immerhin müssen diese Nachbauten dann aber andere Namen tragen, sie lassen sich nicht mehr nach Art der Trittbrettfahrer als hochwertiges, kreatives Original verkaufen. Für den Anwender bedeutet das, dass fast identische Schriften teilweise unter vielen verschiedenen Namen angeboten werden.

6.2 Einbettungsbeschränkungen für Fonts.

Einige Schriftenhersteller verbieten die Einbettung ihrer Fonts in PDF-Dateien. Sie befürchten, dass sich die Schrift aus der PDF-Datei extrahieren und separat installieren lässt, so dass sie auch ohne Lizenz genutzt werden kann. Die Einbettung von Schriften in PDF unterliegt daher oft lizenzrechtlichen Einschränkungen. Oft ist die Einbettung nur erlaubt, wenn bei der PDF-Erstellung Fontuntergruppen gebildet werden. Damit soll sichergestellt werden, dass sich eine Schrift nur für das jeweilige PDF-Dokument nutzen lässt, da sie nach dem Extrahieren wegen ihrer Unvollständigkeit so gut wie unbrauchbar ist.

Für den japanischen Markt gelten aufgrund der großen Anzahl der Zeichen einige Besonderheiten. Zunächst gibt es bei weitem nicht so viele verschiedene Schriften wie im Westen, da die Entwicklung solch umfangreicher Fonts jahrelange Entwicklungsarbeiten erfordert. Außerdem versuchen die Hersteller, ihre hohen Entwicklungskosten wieder einzuspielen, indem sie mit strikteren Schutzmaßnahmen die weitere Verbreitung ihrer Fonts verhindern. So sind zum Beispiel viele japanische Schriften so verschlüsselt, dass sie nur auf einem bestimmten Ausgabegerät genutzt werden können. Aufgrund der Hardware-Bindung ist dann für einen neuen Belichter auch ein neuer Freischaltschlüssel für den Font erforderlich! Die enorme Dateigröße japanischer Schriften erschwert zudem die Einbettung von Fonts in PDF. Sollen dennoch japanische Fonts eingebettet werden, so ist zwingend die Bildung von Untergruppen erforderlich.

Die einzelnen Fontformate enthalten unterschiedliche Mittel, mit denen sich die mögliche Einbettung einer Schrift vom Hersteller steuern lässt.

TrueType- und OpenType-Fonts. Das TrueType-Format sieht in der OS/2-Tabelle einen Eintrag vor, der auf Wunsch des Herstellers die Einbettung beschränken kann. Dieses so genannte *fsType*-Flag kann mehrere Werte annehmen, die unterschiedliche Stufen der Einbettung verbieten oder erlauben (siehe Tabelle 4.8). Dieser Eintrag wird etwa von Microsoft Word ausgewertet, wenn der Anwender Schriften in ein Dokument einbetten will (allerdings eine Funktion, die nur selten genutzt wird). Das *fsType*-Flag gibt es in identischer Form auch in OpenType-Fonts beider Ausprägungen, also sowohl mit TrueType- als auch mit PostScript-Outlines.

Grundsätzlich kann ein betrügerischer Anwender dieses Flag mit geeigneten Werkzeugen in seinem Sinne verändern. Die mit OpenType eingeführte digitale Signatur von Fontdateien könnte das zwar vereiteln, wird derzeit aber noch nicht ausgewertet und bietet daher auch keinen Schutz.

Tabelle 4.8 Mögliche Werte des Einbettungs-Flags *fsType* für TrueType und OpenType

Wert	Bedeutung
0	Installable Embedding: Keine Einschränkungen, Font darf eingebettet und dauerhaft installiert werden.
1	Reserviert bzw. undefiniert. Leider enthalten viele Fonts, die mit Fontographer erstellt wurden, diese unzulässige Einstellung.
2	Restricted License embedding: Font darf nicht verändert oder eingebettet werden.
4	Preview and Print embedding: Font darf eingebettet werden; Dokumente mit eingebettetem Font dürfen angezeigt, aber nicht editiert werden.
8	Editable embedding: Font darf eingebettet und temporär auf dem Zielsystem geladen werden; Dokumente mit eingebettetem Font dürfen auch editiert werden.
256	No subsetting: Bildung von Untergruppen für die Einbettung ist nicht erlaubt.
512	Bitmap embedding only: nur Bitmap-Daten des Fonts dürfen eingebettet werden, aber keine Outline-Daten. Enthält der Font keine Bitmaps, so darf er nicht eingebettet werden.

Da der *fsType*-Eintrag viele Jahre lang nicht ausgewertet wurde, fiel es lange Zeit nicht auf, dass der verbreitete Fonteditor Macromedia Fontographer einen Fehler enthält und den undefinierten *fsType*-Eintrag 1 in TrueType-Fonts erzeugt. Als Adobe dann mit Distiller 4.0 eine strikte Überprüfung des Einbettungsschutzes von TrueType-Schriften einführte, mussten viele Anwender überrascht feststellen, dass sich ihre Schriften nicht mehr einbetten ließen. Dies lag aber nicht an einer bewussten Schutzmaßnahme der Schrifthersteller, die oftmals ebenso überrascht waren, sondern schlichtweg an dem Fontographer-Bug! Adobe milderte daraufhin in Acrobat 4.05 die Überprüfung etwas ab und interpretiert undefinierte Werte des *fsType*-Flags seither so, dass die Einbettung wieder erlaubt ist.

PostScript-Fonts. Im Type-1-Format ist von vornherein kein Schutz vor illegaler Einbettung vorgesehen. Daher hat ein Fonthersteller keine effektiven Möglichkeiten, die Verwendung seiner Schriften zu beschränken.

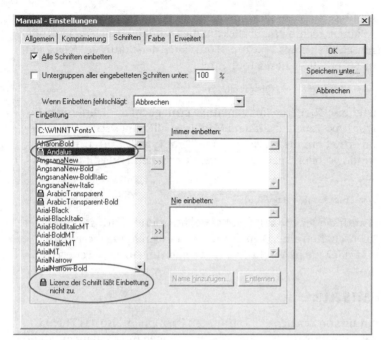

Abb. 4.22
Distiller 5 markiert True-Type- oder OpenType-Fonts, die nicht eingebettet werden dürfen, mit einem Schloss-Icon.

CID-Fonts, die ja vor allem im asiatischen Raum eine Rolle spielen, können dagegen einen Eintrag enthalten, der Einbettungsbeschränkungen definiert. Er ist den entsprechenden Möglichkeiten von TrueType nachempfunden und erlaubt auch die gleichen Schutzstufen. Der folgende Eintrag in der Fontdatei verbietet die Einbettung eines CID-Fonts:

/FSType 2 def

TrueType-Schriften, die in das PostScript-Format Type 42 konvertiert wurden, können ebenfalls einen *fsType*-Eintrag enthalten.

Software zum Prüfen der Einbettungsbeschränkungen eines Fonts. Der aktuelle Zustand des *fsType*-Eintrags lässt sich mit verschiedenen Werkzeugen abfragen und teilweise auch verändern:
- Acrobat Distiller 4 listet unter *Voreinstellungen, Einstellungen, Schriften, Einbettung, TrueType-Schriften* die installierten Systemschriften auf. Geschützte Fonts werden hier jedoch gar nicht erst angezeigt. Acrobat Distiller 5 listet an der gleichen Stelle alle Schriften auf, markiert geschützte Fonts jedoch mit einem Symbol in Form eines Schlosses (siehe Abbildung 4.22). Acrobat PDFWriter 5 zeigt geschützte Schriften grundsätzlich in der Liste *Nie einbetten* an, aus der sie auch nicht entfernt werden können. Der Name der Schrift erscheint außerdem in Rot.
- Der Fonteditor FontLab kann den *fsType*-Eintrag unter *File, Font Info, Names and Copyright, Embedding* anzeigen und verändern.

- Das kostenlose Zusatzprogramm Microsoft Font Properties Extension zeigt bei einem rechten Mausklick auf die Fontdatei neben vielen anderen Eigenschaften eines TrueType-Fonts auch den Status des *fsType*-Eintrags an. Sie erhalten dieses Tool unter

    http://www.microsoft.com/typography/free.htm

- Das kostenlose Tool TrueEdit von Apple ermöglicht das Editieren beliebiger TrueType-Tabellen auf dem Mac. Es ist allerdings schon etwas betagt und öffnet nur die klassischen Mac-TrueType-Schriften, nicht jedoch Windows- oder OpenType-Fonts. Sie erhalten TrueEdit unter der Adresse

    http://www.fonts.apple.com/Tools

- Der in FontIncluder von callas software integrierte FontInspektor listet viele Eigenschaften einer Schrift auf. Eine Beschreibung dieses Programms finden Sie in Abschnitt »Fonteinbettung in EPS«, Seite 37.

4.7 Zeichensätze

Die Zuordnung von Zeichen zu bestimmten Positionen, also das Thema »Zeichensätze«, gehört zu den komplexesten Fragen im Umgang mit digitalen Schriften und ist wohl immer noch die häufigste Ursache für Benutzerfrust. Das tägliche Leben bietet vielfältige Beispiele: Wer kennt nicht Kontoauszüge, Werbebriefe oder ähnliche Massendrucksachen, in denen Umlaute fehlen oder durch absurde Sonderzeichen ersetzt werden? Obwohl die Softwareentwicklung in diesem Bereich große Fortschritte gemacht hat, sind wir von einer definitiven Lösung noch weit entfernt. Das liegt neben der Vielfalt und Komplexität der auf der ganzen Welt benutzten Schriftsysteme auch an der Langlebigkeit von Dokumenten durch die tiefe Verankerung des Zeichensatzthemas: Einen Zeichensatz kann man nicht eben mal ändern, da sonst auch alle betroffenen Dokumente geändert werden müssten. Mit dem Unicode-Standard gibt es zwar Hoffnung auf Abhilfe, doch die Altlasten nicht Unicode-fähiger Betriebssysteme und Anwendungen werden uns sicher noch über Jahre hinaus Kopfzerbrechen bereiten.

4.7.1 Der Unicode-Standard. Nach unzähligen Alleingängen, herstellerspezifischen Lösungen und Pseudo-Standards, die im Laufe mehrerer Jahrzehnte zu einem Wildwuchs unterschiedlichster Kodierungsmethoden für Text führten, schlossen sich Ende der achtziger Jahre wichtige Hersteller von Hard- und Software zusammen, um einen weltweiten gemeinsamen Standard für die Zeichensatzkodierung zu entwickeln. Experten von Apple, Adobe, Microsoft, IBM, Hewlett-Packard und anderen Firmen wollten einen Standard schaffen, der die Anforderungen aller erfüllte und end-

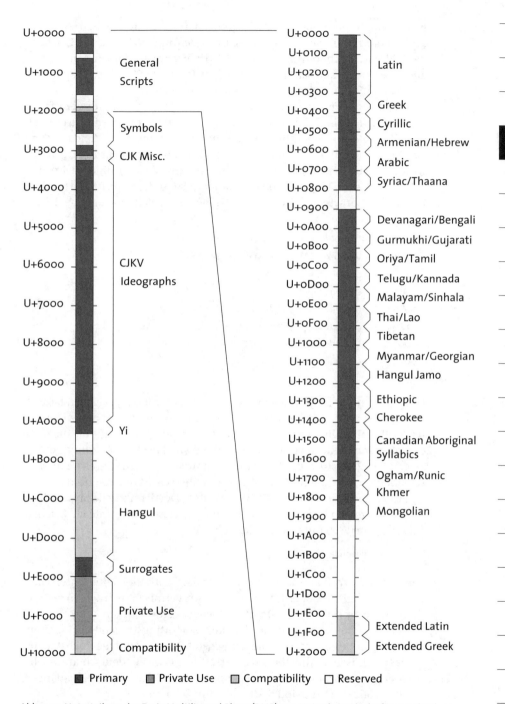

Abb. 4.23 Unterteilung der Basic Multilingual Plane (BMP) von Unicode in Blöcke für verschiedene Sprachen und Schriftsysteme (aus dem Unicode-Standard übernommen)

lich Kompatibilität über Herstellergrenzen hinweg ermöglichen sollte. Dieser Standard unter der Bezeichnung Unicode sollte nicht nur alle Zeichen der in der westlichen Welt üblichen Schriftsysteme umfassen, sondern auch die komplexen asiatischen Schriftsysteme wie Chinesisch, Japanisch und Koreanisch mit ihren zigtausenden von Zeichen.

Im Jahr 1991 wurde die erste Version des Unicode-Standards veröffentlicht, die seither immer wieder erweitert und verbessert wurde. Da die weltweite Normierung eigentlich Aufgabe der ISO *(International Standards Organization)* ist und dort ebenfalls an einem Zeichensatzstandard gearbeitet wurde, beschlossen beide Gremien, ihre Arbeiten zu koordinieren. Im Ergebnis enthalten Unicode und der Standard ISO/IEC 10646-1:2000 (auch Universal Character Set, UCS) heute die gleichen Zeichenbelegungen.

Tabelle 4.9 Entwicklung des Unicode-Standards

Datum	Version	Anzahl belegter Zeichen
1991	Unicode 1.0	28 302
1993	Unicode 1.1	34 169
1996	Unicode 2.0	38 885
1998	Unicode 2.1	38 887
2000	Unicode 3.0	49 194
2001	Unicode 3.1	94 140

Unicode wird oft als 16-Bit-Kodierung für insgesamt 65535 Zeichen bezeichnet. Dies ist aber nicht ganz korrekt, sondern beschreibt nur den wichtigsten Teilbereich, die so genannte *Basic Multilingual Plane* (BMP), die die meisten lebenden Sprachen und Schriften der Welt abdeckt. Abbildung 4.23 zeigt die Unterteilung des Unicode-Standards in einzelne Bereiche für verschiedene Schriftsysteme. Mit Version 3.1 überschritt der Standard mit 94 140 Zeichen die Grenzen der BMP. Weitere Details, aktuelle Entwicklungen rund um den Unicode-Standard und Listen mit allen Unicode-Zeichen finden Sie im Web unter folgender Adresse:

http://www.unicode.org

Zeichen und Glyphen. Der Unicode-Standard trifft eine feine Unterscheidung zwischen zwei Begriffen, die früher oft vermischt wurden, in der modernen Fonttechnik aber klar unterschieden werden sollten:

- Zeichen *(characters)* sind die kleinsten bedeutungstragenden Einheiten einer geschriebenen Sprache. Gängigstes Beispiel sind die Buchstaben des lateinischen Alphabets zur Darstellung etwa der deutschen Sprache; aber auch ein chinesisches Ideogramm oder die Elemente der japanischen Silbenschrift sind in diesem Sinn Zeichen.

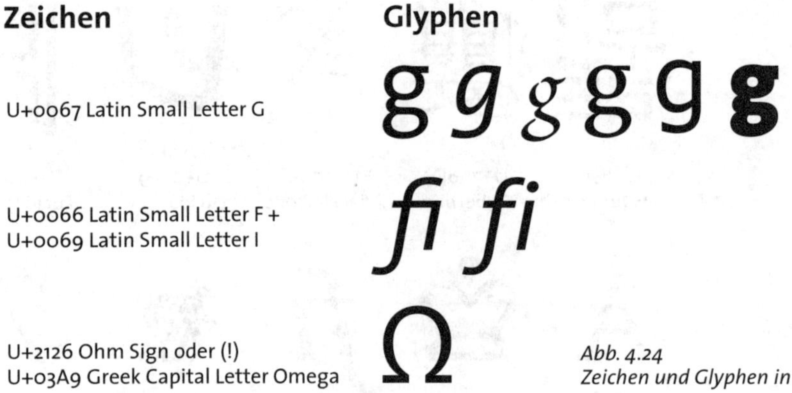

Zeichen	Glyphen
U+0067 Latin Small Letter G	g *g* g g **g**
U+0066 Latin Small Letter F + U+0069 Latin Small Letter I	fi *fi*
U+2126 Ohm Sign oder (!) U+03A9 Greek Capital Letter Omega	Ω

*Abb. 4.24
Zeichen und Glyphen in Unicode*

- Glyphen *(glyphs)* sind die verschiedenen grafischen Formen zur Darstellung eines bestimmten Zeichens.

Dabei ist es wichtig, dass es keine Eins-zu-Eins-Beziehung zwischen Zeichen und Glyphen gibt. Komplexe Schriftsysteme, etwa das Arabische, beschreiben die Beziehung zwischen Zeichen und Glyphen durch eine Vielzahl von Regeln. Doch auch in westlichen Sprachen gibt es Beispiele für den Unterschied zwischen beiden. So stellt etwa die *fi*-Ligatur eine Glyphe für die beiden Zeichen *f* und *i* dar; sie ist selbst jedoch kein eigenständiges Zeichen. Andererseits gibt es Fälle, in denen verschiedenen Zeichen die gleiche Glyphe zugeordnet ist, etwa das Ohm- und Omega-Zeichen.

Im Unicode-Standard sind nun keine Glyphen, sondern ausschließlich Zeichen kodiert. Das bedeutet, dass Unicode weder Ligaturen und Kapitälchen noch unterschiedliche Ausprägungen eines Zeichens enthält. Solche Variationen können zum Beispiel über die Auswahl einer geeigneten Schriftart realisiert werden. Grafische Symbole, etwa Logos, haben im Unicode-Standard (mit Ausnahme einiger Sonderfälle) ebenfalls keinen Platz.

Der Unicode-Standard definiert die Bedeutung eines Zeichens genau und weist jedem Zeichen einen beschreibenden Namen sowie eine Nummer zu. Diese Nummer wird häufig in der Schreibweise U+XXXX notiert, wobei die vier Stellen für eine Hexadezimalzahl (Ziffern 0-9 und A-F) stehen, die die Unicode-Position des Zeichens beschreibt. Die dritte Stelle von rechts erhöht sich für jeweils 256 Zeichen um eins. Der erste Unicode-Block mit 256 Zeichen läuft demnach von U+0000 bis U+00FF, der zweite von U+0100 bis U+01FF usw.

Neben den »normalen« Unicode-Zeichen gibt es noch eine Reihe weiterer Codepunkte, die obiger Definition eines Zeichens zwar nicht entsprechen, aber dennoch eine wichtige Rolle spielen. Dazu gehören Währungs- und mathematische Symbole, Pfeile und Liniengrafikelemente sowie aufgrund ihrer großen Verbreitung sogar die Zeichen des bekannten Fonts ZapfDingbats. Mit der *Private Use Area* (PUA, U+E000 bis U+F8FF) gibt es au-

뭘	癭	ぎ	ש	┠
–	–	–	/shin	–
U+BB79	U+766D	U+304E	U+05E9	U+2560
NamoH JungGothic	Cyberbit	Arial Unicode	Lucida Sans	Lucida Sans
A	♛	fi	🚶	7
/A	/WKing	/fi	/hiking	/seven
U+0041	–	–	–	U+0037
Courier	Cheq	TheSansItalic	Carta	Palatino
α	m	©	Ж	✂
/alpha	/m	/copyright	/Zhe	/a3
U+03B1	U+006D	U+00A9	U+0416	U+2704
TimesGreek	Letterine	Scala	TimesCyrillic	ZapfDingbats

Abb. 4.25 Beispiele für Glyphen in verschiedenen Fonts. Unter den Glyphen stehen (falls vorhanden) jeweils der Name des Zeichens, sein Unicode-Wert sowie der Fontname.

ßerdem einen Unicode-Bereich, der niemals vordefinierte Zeichen enthalten wird, sondern einzelnen Herstellern oder Endanwendern zur freien Belegung überlassen ist.

Unicode-Kodierungen. Der Unicode-Standard und die Norm ISO 10646 definieren einen Zeichenvorrat und weisen jedem Zeichen eine Zahl zu. Darüber hinaus spezifizieren sie auch verschiedene Verfahren zur Kodierung dieser Zahl. Dies ist nötig, weil anderenfalls die Eigenschaften von Computerarchitekturen (Bit- und Bytereihenfolge) zu inkompatiblen Kodierungen führen würden. Außerdem bringen die Unicode-Kodierungen große Vorteile bei der Verarbeitung von Unicode-Texten mit existierender Software mit sich.

Unicode wird meist mit der BMP gleichgesetzt. Dies ist zwar nicht korrekt, spiegelt aber die Tatsache wider, dass es derzeit kaum Software zur Verarbeitung von Unicode-Zeichen außerhalb der BMP gibt. In diesem Punkt unterscheiden sich auch die gebräuchlichsten Kodierungsverfahren für Unicode bzw. ISO 10646:

- UCS-2 *(Universal Character Set code in 2 octets)* ist das einfachste und am weitesten verbreitete Verfahren. Es kodiert die Zeichen der BMP

(U+0000 bis U+FFFF) mit zwei Byte, also 16 Bit. Zeichen außerhalb der BMP lassen sich mit UCS-2 nicht dargestellen.

- UCS-4 *(Universal Character Set code in 4 octets)* ist ähnlich einfach wie UCS-2, nur verwendet es vier Byte, also 32 Bit pro Zeichen. Damit lassen sich alle Zeichen kodieren, was allerdings einen sehr hohen Platzbedarf zur Folge hat.
- UTF-8 *(UCS Transformation Format, 8-bit form)* ist ein komplizierteres Kodierungsverfahren, das bei der Übertragung oder Speicherung von Unicode-Texten zum Einsatz kommt. Es basiert auf 8-Bit-Zeichen, vermeidet dabei aber Sonderzeichen, die in älteren Systemen zu Übertragungsproblemen führen könnten. Ein Unicode-Zeichen wird in UTF-8 durch eine Bytesequenz dargestellt, deren Länge von 1 bis 6 Byte reichen kann. Am ersten Byte dieser Sequenz lässt sich dabei ihre Gesamtlänge ablesen. Die ASCII-Zeichen 0x20-0x7F haben in UTF-8 ihre üblichen 1-Byte-Werte, was die Kompatibilität erhöht.
- UTF-16 *(UCS Transformation Format for 16 Planes of Group 00)* ist kompatibel zu UCS-2, aber nicht auf die BMP beschränkt. Zeichen außerhalb der BMP werden durch ein Paar von 16-Bit-Werten dargestellt. Die dazu benutzten 16-Byte-Werte, die so genannten Surrogates, sind in der BMP reserviert, damit es nicht zu Verwechslungen kommt. UTF-16 ist zwar die Standardkodierung von Unicode, kommt aber selten zum Einsatz, da bisher ohnehin wenige Anwendungen Zeichen außerhalb der BMP unterstützen.

Unicode-Unterstützung in der Praxis. Wegen des damit verbundenen Entwicklungsaufwands kann man Software nicht einfach auf Unicode umstellen, sondern muss vielfältige Änderungen an internen Datenstrukturen und Algorithmen implementieren. Außerdem ist Unicode-Unterstützung durch das Betriebssystem sehr wichtig, damit Entwickler von Anwendungssoftware nicht alle Basisfunktionen selbst schreiben müssen. Microsoft ging hier mit gutem Beispiel voran und verankerte Unicode in Windows NT von Anfang an. In diesem Betriebssystem erfolgt jegliche interne Zeichenverarbeitung auf Basis von Unicode. Während diese Unicode-Implementierung anfangs noch vergeblich auf passende Anwendungen wartete, die die Fähigkeiten auch nutzten, konnte Microsoft spätestens Ende der neunziger Jahre die Früchte einholen: Betriebssystem, Anwendungen wie die Office-Suite und TrueType-Fonts waren durchgehend Unicode-fähig, was dem Hersteller einen großen Vorsprung bei der Internationalisierung seiner Produkte verschaffte. Aus Kompatibilitätsgründen sind alle Betriebssystemfunktionen doppelt ausgelegt: Einmal in einer Unicode-fähigen Version, die jeweils zwei Byte pro Zeichen erwartet, sowie in einer Version für Ein-Byte-Zeichen. Die volle Ausstattung mit Unicode-Funktionen ist nur in Windows NT, 2000 und XP vorhanden; Windows 95/98/Me sind nicht vollständig Unicode-fähig.

Die Implementierung von Unicode-Funktionen im Betriebssystem bedeutet jedoch nicht, dass damit automatisch alle Anwendungsprogramme Unicode-fähig werden. Im Gegenteil: Viele aktuelle Programme bieten immer noch keinerlei Möglichkeiten, die eingebauten Unicode-Fähigkeiten von Windows zu nutzen.

Apple hinkte lange Zeit hinterher und brachte erst mit Mac OS 9 Unicode-Unterstützung auf den Markt. Diese versteckte sich allerdings hinter einer Programmierschnittstelle namens ATSUI (Apple Type Services for Unicode Imaging), die von großen Herstellern wie Quark und Adobe nicht genutzt wird. Aus diesem Grund liegen die Unicode-Funktionen in Mac OS weitgehend brach.

Unicode-Fonts. Bei den vielen Zeichen, die der Unicode-Standard enthält, stellt sich natürlich die Frage, wie man diese überhaupt darstellen kann. Häufig erklingt der Wunsch nach einem »Unicode-Font«, der alle Unicode-Zeichen enthält und damit vermeintlich alle Zeichensatzprobleme der Welt löst. Dies ist in der Regel jedoch der falsche Ansatz, da kaum jemand auf der Welt (mit Ausnahme des Unicode-Konsortiums und Leuten, die Bücher über PostScript und PDF schreiben) gleichzeitig alle Unicode-Zeichen benötigt. Stattdessen richtet sich ein Font in der Regel an einen bestimmten Zielmarkt, etwa Europa oder Asien, und sollte die für diesen Zielmarkt benötigten Zeichen enthalten. Als Unicode-Font wollen wir daher einen Font bezeichnen, dessen Zeichen gemäß Unicode kodiert sind und der den Unicode-Prinzipien genügt.

Dessen ungeachtet gibt es einige Ansätze, Unicode mit einem einzigen Font abzudecken. So bietet zum Beispiel Microsoft mit der Schrift Arial Unicode MS einen TrueType-Font an, der alle Zeichen von Unicode 2.0 enthält. Diese Schrift dient sozusagen als Notnagel beim Austausch von Office-Dokumenten, da der Anwender damit fremdsprachige Dokumente unabhängig von der Sprachversion seiner Programme oder seines Betriebssystems anzeigen kann. Als »Big Fonts« bezeichnet Microsoft Schriften mit mehr als 1000 Zeichen. Agfa Monotype entwickelt ähnliche Schriften unter der Bezeichnung WorldType. OpenType-Schriften aus der Pro-Serie von Adobe enthalten ebenfalls mehr als 1000 Zeichen.

4.7.2 Zeichensatz und Zeichenvorrat.

Ein Font enthält eine Reihe geometrischer Beschreibungen, die die gewünschten Glyphen hervorbringen. Da der zu druckende Text aus einem Strom von Bytes besteht, braucht man eine Zuordnung zwischen einem oder mehreren Bytes des Textes (die ein Zeichen spezifizieren) zu den jeweils gewünschten Glyphen des Fonts. Eine solche Zuordnung heißt Zeichensatz *(encoding* oder *codepage)*. Im einfachsten Fall besteht der Zeichensatz aus einer Tabelle, die allen 256 möglichen Werten eines Bytes eine Glyphe zuordnet. Unicode als komplexerer Zeichensatz gruppiert die Bytes (mit Ausnahme der Surrogate-Zeichen, die vier Bytes beanspruchen) paarweise und legt Bedeutungen für die dadurch möglichen Kombinationen fest. Bei asiatischen Schriften und einigen Unicode-Kodierungsvarianten gibt es kompliziertere Encoding-Verfahren, bei denen ein Zeichen durch eine variable Zahl von ein oder mehr Bytes beschrieben wird.

Damit ein Font mit unterschiedlichen Zeichensätzen nutzbar ist, muss er natürlich alle Glyphen enthalten, die in diesen Zeichensätzen vorkommen. Die Menge aller in einem Font definierten Glyphen (unabhängig vom benutzten Zeichensatz) bezeichnen wir als Zeichenvorrat *(glyph complement)*. Dieser Zeichenvorrat muss nicht unbedingt einer bestimmten Ordnung unterliegen; stattdessen muss das Fontformat die Möglichkeit bieten, die Zeichen des Zeichenvorrats möglichst flexibel mithilfe eines passenden Zeichensatzes anzuordnen. Die einzelnen Fontformate unterscheiden sich erheblich in den Details dieses Vorgangs. So kann der Zeichensatz zum Beispiel Bestandteil der Fontdatei sein oder aber von außen hinzugefügt werden.

Wichtige Standards. Bevor wir uns die Mechanismen von PostScript und TrueType zur Zeichensatzzuordnung genauer ansehen, wollen wir einen Blick auf verbreitete Zeichensatzstandards werfen. Herstellerspezifische Definitionen von Zeichensätzen gibt es schon seit Jahrzehnten, seit die Anbieter von Betriebssystemen und Anwendungsprogrammen länderspezifische Versionen ihrer Produkte entwickeln. Auf nationaler und internationaler Ebene gibt es außerdem eine Vielzahl von Standards. Darstellungen der im Folgenden behandelten Zeichensätze finden Sie als PDF-Dateien auf der Webseite zum Buch. Es handelt sich dabei durchweg um Ein-Byte-Standards, die maximal 256 Zeichen kodieren.

Tabelle 4.10 *Die Standards der Serie ISO 8859 für buchstabenorientierte Schriften*

Name	Beschreibung	Name	Beschreibung
ISO 8859-1	Latin 1: Westeuropa	ISO 8859-9	Latin 5
ISO 8859-2	Latin 2: Zentraleuropa	ISO 8859-10	Latin 6: Skandinavien
ISO 8859-3	Latin 3: Maltesisch	ISO 8859-11	(geplant) Lateinisch u. Thai
ISO 8859-4	Latin 4: Estnisch, Lettisch, Litauisch	ISO 8859-13	Latin 7
ISO 8859-5	Lateinisch und Kyrillisch	ISO 8859-14	Latin 8: Walisisch
ISO 8859-6	Lateinisch und Arabisch	ISO 8859-15	(Latin 9, inoffiziell auch Latin 0) Westeuropa[1]
ISO 8859-7	Lateinisch und Griechisch	ISO 8859-16	Latin 10
ISO 8859-8	Lateinisch und Hebräisch		

1. ISO 8859-1 plus Euro-Zeichen und einige Zeichen für Französisch und Finnisch

Tabelle 4.11 Sprachabdeckung der Serie ISO 8859; (X) steht für unvollständige Unterstützung

Sprache	_ISO 8859_									
	1 L-1	2 L-2	3 L-3	4 L-4	9 L-5	10 L-6	13 L-7	14 L-8	15 L-9	16 L-10
Albanisch	X	X			X			X	X	X
Baskisch	X				X			X	X	
Dänisch	X			X	X	X		X	X	
Deutsch	X	X	X	X	X	X		X	X	X
Englisch	X	X	X	X	X	X	X	X	X	X
Esperanto			X							
Estnisch				X		X	X		X	
Finnisch	(X)			X	(X)	X	X	(X)	X	X
Französisch	(X)		(X)		(X)			(X)	X	X
Galizisch	X				X			X	X	
Grönländisch	X			X	X	X		X		
Holländisch	X				X				X	
Isländisch	X					X			X	
Irisch-Gälisch								X		
Italienisch	X		X		X			X	X	X
Katalanisch	X				X			X	X	
Kroatisch		X								X
Lateinisch	X	X	X	X	X	X	X	X	X	X
Lettisch				X			X			
Litauisch				X		X	X			
Maltesisch			X							
Manx-Gälisch								X		
Norwegisch	X			X	X	X	X	X	X	
Polnisch		X					X			X
Portugiesisch	X		X		X			X	X	
Rhätoromanisch	X				X			X	X	
Rumänisch		(X)								X
Schottisch-Gälisch	X				X			X	X	
Schwedisch	X			X	X	X		X	X	
Slowakisch		X								
Slowenisch		X		X		X				X
Sorbisch		X								
Spanisch	X				X			X	X	
Tschechisch		X								
Ungarisch		X								X
Türkisch			(X)		X					
Walisisch								X		

Die Serie ISO 8859. Auf internationaler Ebene standardisierte die ISO unter der Bezeichnung 8859-X eine ganze Reihe von Zeichensätzen für buchstabenorientierte Schriften (im Unterschied zu ideografischen Schriften wie Chinesisch). Der wichtigste dieser Standards heißt ISO 8859-1 oder Latin 1 und hat sehr weite Verbreitung. Tabelle 4.10 umfasst alle aktuellen und geplanten Standards der Serie ISO 8859.

Beachten Sie, dass sich ein Zeichensatz nicht genau einer Sprache zuordnen lässt, sondern in der Regel für eine Reihe von Sprachen bzw. Ländern nutzbar ist. Tabelle 4.11 können Sie entnehmen, welche Sprachen bzw. Länder die lateinischen Standards (Latin-1 bis Latin-10) der Serie ISO 8859 jeweils abdecken.

Windows-Codepages. Neben der ISO-Serie spielen in der Praxis auch die so genannten Codepages von Microsoft Windows eine wichtige Rolle. Im Gegensatz zu anderen Herstellern nimmt es Microsoft allerdings bei der exakten Definition von Zeichensätzen nicht so genau und ändert schon mal hier und da existierende Codepages, um etwa das Eurozeichen einzuflicken. Tabelle 4.12 listet die wichtigsten Windows-Codepages auf.

Tabelle 4.12 Windows-Codepages für buchstabenorientierte Schriften

Codepage	Beschreibung	Codepage	Beschreibung
1250	Osteuropa	1255	Hebräisch
1251	Kyrillisch	1256	Arabisch
1252[1]	Englisch und Zentraleuropa	1257	Baltisch
1253	Griechisch	1258	Vietnamesisch
1254	Türkisch	874	Thai

1. Erweiterung von Latin 1; auch »Windows ANSI«

Zeichenvorrat wichtiger Schriften. Nicht ganz so offensichtlich wie beim Zeichensatz ist die Notwendigkeit der Standardisierung beim Zeichenvorrat. Welche Glyphen soll zum Beispiel ein Typograf in seine Schrift aufnehmen, damit sie auch in Osteuropa nutzbar ist? In den letzten Jahren entstand daher auch eine Reihe von Quasistandards zur Definition des Zeichenvorrats eines Fonts. Der Zeichenvorrat einer Schrift legt fest, mit welchen Zeichensätzen sie genutzt werden kann. Wie die dazu erforderliche Umsortierung der Zeichen funktioniert, werden wir weiter unten in den Abschnitten über Kodierungsverfahren sehen.

Tabelle 4.13 listet für verbreitete Klassen von Fonts auf, welche Zeichensatzstandards die darin enthaltenen Glyphen jeweils abdecken. Während der Zeichenvorrat von PostScript Level 1 und 2 (und damit der vieler tausender Type-1-Fonts, auch jener von Acrobat 4 und 5) gerade einmal ISO 8859-1 und -15 abdeckt, bieten Fonts mit dem CE-Zeichenvorrat *(CE = Central European)* von PostScript 3 bereits deutlich mehr. Die modernen

OpenType-Schriften aus der Pro-Serie von Adobe oder die so genannten »Big Fonts« von Microsoft enthalten schließlich mehr als 1000 Zeichen und decken damit eine Vielzahl von Zeichensatzstandards und Codepages ab.

Auf der Webseite zum Buch finden Sie PDF-Dateien, die den kompletten Zeichenvorrat inklusive Zeichennamen der in der Tabelle aufgeführten Fonts enthalten.

Tabelle 4.13 Abdeckung der Zeichensatzstandards durch verschiedene Zeichenvorräte: X bedeutet vollständige Abdeckung, eine Zahl gibt die Anzahl der fehlenden Glyphen an.

	PS 1/2, Acrobat 4/5[1]	PostScript 3[2]	OpenType Pro[3]	Big Fonts, z.B. Tahoma
Anzahl der Zeichen	229	315	1045	1227
ISO 8859-1	X	X	X	X
ISO 8859-2	44	X	X	X
ISO 8859-3	25	18	X	X
ISO 8859-4	43	7	X	X
ISO 8859-5	93	93	X	X
ISO 8859-6	48	48	48	X
ISO 8859-7	57	56	2	X
ISO 8859-8	28	28	28	X
ISO 8859-9	5	X	X	X
ISO 8859-10	42	10	1	X
ISO 8859-13	43	X	X	X
ISO 8859-14	30	30	14	14
ISO 8859-15	X[4]	X	X	X
ISO 8859-16	28	X	X	X
CP 1250	44	X	X	X
CP 1251	94	94	X	X
CP 1252	X	X	X	X
CP 1253	71	70	2	X
CP 1254	5	X	X	X
CP 1255	51	51	52	X
CP 1256	57	57	61	5
CP 1257	42	X	X	X
CP 1258	13	10	10	X

1. Original Adobe Latin character set (Type-1-Fonts seit 1982)
2. Extended Adobe Latin character set (CE-Fonts; Type-1-Fonts seit PostScript 3)
3. Fast identisch mit der Adobe Glyph List (siehe Abschnitt 4.7.3 »Kodierung von Type-1-Fonts«, Seite 188)
4. Das Eurozeichen fehlt in PostScript Level 1 und 2; in den Standardschriften von Acrobat ist es seit Version 4.05 enthalten.

Einige Bemerkungen zu Tabelle 4.13:
- Die Standardschriften von PostScript Level 1/2 eignen sich nur für ISO 8859-1 und die verwandte Codepage 1252. Alle anderen Zeichensätze erfordern Zusatzschriften für die benötigen Zeichen.
- Die Einschränkungen von Acrobat 4/5 betreffen nur die mitgelieferten Standardschriften und die Substitutionsfonts. Eingebettete Schriften können beliebige Zeichensätze abdecken.
- Der Unterschied zwischen den Core-Fonts von Acrobat 4/5 und den Standardschriften von PostScript 3 bedeutet, dass in Texten, die mit PS3 vollständig gedruckt werden, bei der Bildschirmanzeige mit Acrobat Zeichen fehlen können (zum Beispiel bei Codepage 1250 oder ISO 8859-2).
- Die Multiple-Master-Schriften von Acrobat 4/5 umfassen nur den Zeichenvorrat von PostScript Level 1/2. Das bedeutet, dass die Fontsubstitution bei Zeichensätzen außerhalb ISO 8859-1 und -15 versagt.

Symbolfonts. Textschriften sollten sich flexibel an den jeweils benötigten Zeichensatz anpassen können. Enthält eine Schrift jedoch Piktogramme oder Firmenlogos, so ist keine sinnvolle automatische Umsetzung auf einen bestimmten Zeichensatz möglich, sondern die Belegung sollte immer die gleiche sein. Unabhängig vom Betriebssystem und länderspezifischen Einstellungen liegen die Zeichen eines solchen Symbolfonts immer auf den gleichen Bytewerten.

Werden Symbolschriften fälschlicherweise umkodiert, so erscheinen entweder überhaupt keine oder aber falsche Zeichen in der Ausgabe. Daher ist es zwingend nötig, Fonts so zu markieren, dass die Software Symbolfonts als solche erkennen und entsprechend behandeln kann.

Einige Beispiele aus der Praxis unterstreichen die Notwendigkeit, zwischen Text- und Symbolschriften zu unterscheiden:
- Manche Zeichen oder Zeichenkombination lösen Sonderfunktionen aus, etwa die Ersetzung von *f* und *i* durch die *fi*-Ligatur. Es hätte katastrophale Folgen, wenn die entsprechenden Zeichen eines Symbolfonts einfach ersetzt würden, nur weil sie zufällig auf den gleichen Positionen liegen.
- Acrobat simuliert Textschriften mit der Multiple-Master-Technik, bei Symbolfonts funktioniert dies jedoch nicht mehr. Deshalb betten Distiller und PDFWriter Symbolfonts unabhängig von der Konfiguration immer in die erzeugte PDF-Datei ein. Dazu müssen die Symbolfonts aber auch als solche gekennzeichnet sein, sonst kann die PDF-Datei auf dem Zielsystem nicht angezeigt werden, wenn der Font dort nicht installiert ist.

4.7.3 Kodierung von Type-1-Fonts

Zeichenvorrat von Type-1-Fonts. Für PostScript-Schriften hat sich ein Zeichenvorrat eingebürgert, der für die meisten westlichen Sprachen ausreicht. Dieser Standard-Zeichenvorrat umfasst 228 Zeichen plus das Ersatzzeichen *.notdef* für undefinierte Zeichen. Die Fonts in einigen sehr frühen Druckern mit PostScript Level 1 enthalten 23 Zeichen weniger. Die 229 Zeichen werden als *Adobe Latin Character Set* bezeichnet. Mit PostScript 3 erweiterte Adobe diese Menge auf 315 lateinische Zeichen, um auch die Schriften Zentraleuropas abzudecken (so genannte CE-Fonts, *central europe*). Der Zeichenvorrat eines Type-1-Fonts kann beliebig groß sein, allerdings sind immer nur 256 Zeichen davon gleichzeitig benutzbar, denn Type-1-Fonts stützen sich vollständig auf eine 8-Bit-Architektur und unterliegen damit unweigerlich deren Einschränkungen.

Da die meisten Betriebssysteme PostScript-Fonts immer nur mit einem einzigen Zeichensatz präsentieren, stellt sich die Frage, wie man den Zeichenvorrat eines Fonts überhaupt ermittelt. Dazu gibt es verschiedene Möglichkeiten:

- Die AFM-Datei des Fonts enthält Angaben zu allen Zeichen des Fonts unabhängig von der jeweils gewünschten Kodierung.
- Das Programm *print_glyphs.ps* auf der Webseite zum Buch gibt eine Liste aller verfügbaren Zeichen eines Fonts aus. Es funktioniert mit einem PostScript-Drucker (jedoch nicht Level 1), Ghostscript oder Acrobat Distiller.
- Wer über einen Fonteditor verfügt, kann den Font damit öffnen und genauer untersuchen.

Zeichennamen und der Encoding-Vektor. In Type-1-Fonts wird jedes Zeichen durch seinen Namen identifiziert. Diese Zeichennamen müssen natürlich innerhalb eines Fonts eindeutig sein. Abbildung 4.25 enthält einige Beispiele für Zeichen und die zugehörigen PostScript-Namen.

Type-1-Fonts ermöglichen die freie Definition des Zeichensatzes für einen Font. Dabei wird dem Font von außen eine Tabelle übergestülpt, die jedem Bytewert einen Zeichennamen zuordnet. Dieser so genannte Encoding-Vektor definiert einen Zeichensatz mit maximal 256 Zeichen. Um einen bestimmten Bytewert auszugeben, greift der PostScript-Interpreter auf den Encoding-Vektor zu und ermittelt den Zeichennamen an der jeweiligen Position. Über diesen Zeichennamen holt er dann die zugehörige Umrissbeschreibung des Zeichens aus dem Font und führt sie aus. Gibt es kein Zeichen mit dem gewünschten Namen, so kommt stattdessen das Zeichen *.notdef* zum Zuge, das meist mit dem Leerzeichen identisch ist. Alternativ ist es seit PostScript Level 2 auch möglich, Zeichen direkt über ihren Namen zu verwenden. Diese Funktion wird zwar nur selten genutzt, ermöglicht aber die Ausgabe des kompletten Zeichenvorrats einer Schrift unabhängig

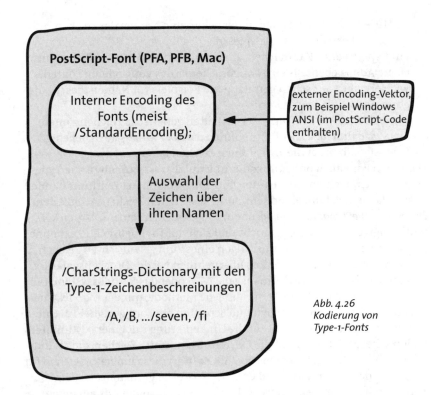

Abb. 4.26
Kodierung von
Type-1-Fonts

von einem konkreten Encoding. Da Namen in PostScript immer durch einen führenden Schrägstrich / eingeleitet werden, erscheinen auch Zeichennamen oft in dieser Schreibweise, etwa */seven* oder */adieresis*.

In diesem Zusammenhang stellt sich natürlich die Frage nach der Wahl geeigneter Namen für die Glyphen in PostScript-Fonts. Während die Namenswahl in den achtziger Jahren sehr unkoordiniert verlief, gibt Adobe seit Anfang der neunziger Jahre den Fontherstellern Hilfestellung dabei:

▸ Die Adobe Glyph List (AGL) enthält Standardnamen für mehr als 1000 Zeichen buchstabenorientierter Schriften. Sie finden diese Liste unter

http://partners.adobe.com/asn/developer/type/unicodegn.html

▸ Für Unicode-Zeichen außerhalb der AGL empfiehlt Adobe die Schreibweise */uniXXXX*, wobei *XXXX* für den hexadezimalen Unicode-Wert des Zeichens steht.
▸ Aus historischen Gründen enthalten manche Fonts, vor allem solche für Kyrillisch, Arabisch und Hebräisch, Namen der Form */afii10028*. Das Kürzel AFII steht dabei für *Association for Font Information Interchange*. Diese Organisation sollte ein internationales Verzeichnis von Glyphen erstellen, wurde aber 1999 aufgelöst, da alle relevanten Aktivitäten ins Unicode-Konsortium verlagert wurden. Auch die AGL enthält AFII-Zeichennamen.

- Ligaturen erhalten die aneinander gehängten Namen der Zeichen, aus denen sie bestehen, zum Beispiel /ffi.
- Für Expert-Fonts, Kapitälchen, alternative Zeichen und ähnliches entwickelte Adobe ebenfalls ein Namensschema, das von anderen Fontentwicklern aber nur selten genutzt wird. Beispiele für Namen dieser Kategorie sind /A.swash und /a.alt.
- Symbolfonts wie ZapfDingbats enthalten generische Zeichennamen, etwa /a20 und /a21. Logofonts können darüber hinaus auch beliebige Fantasienamen für die enthaltenen Zeichen benutzen.

Damit ein Font auch ohne Umkodierung nutzbar ist, enthalten alle Type-1-Schriften schon einen eingebauten Encoding-Vektor. Bei Textfonts handelt es sich dabei meist um einen sehr dünn besiedelten Zeichensatz mit dem Namen *AdobeStandardEncoding*, der im Gegensatz zu seinem Namen keinem gängigen Standard entspricht und sich nur für englischen Text ohne Sonderzeichen eignet. Das Hinzufügen eines zum gewünschten Zeichensatz passenden Encoding-Vektors übernehmen bei der Druckausgabe der Treiber bzw. bei der Bildschirmausgabe ATM oder das Betriebssystem. Leider gibt es bei Type-1-Fonts keine einfache Methode, mit der man feststellen könnte, für welche Sprachen und Schriften ein Font geeignet ist. Um festzustellen, ob sich ein Font für die Umkodierung mit einer bestimmten Codepage eignet, testet ATM die Existenz bestimmter Zeichen, die als Indikatoren für Codepages dienen. Tabelle 4.14 führt diese Indikatorzeichen für diverse Codepages auf. Durch dieses transparente Verhalten erscheint ein Type-1-Font etwa auf einem tschechischen System anders als auf einem deutschen. Der Anwender kann diesen Vorgang nicht beeinflussen.

Tabelle 4.14 ATM für Windows testet das Vorhandensein einzelner Zeichen, um die Tauglichkeit eines Fonts zur Umkodierung in verschiedene Codepages zu ermitteln. Sind zwei Zeichen in der Tabelle angegeben, so genügt die Existenz eines dieser Zeichen.

Windows-Codepage	Unicode	Zeichenname
1250: Windows Latin 2 (CE, Zentraleuropa)	U+010C U+0148	Ccaron ncaron
1251: Windows Kyrillisch (Slawische Länder)	U+042F U+0451	afii10049 afii10071
1252: Windows Latin 1 (ANSI)	U+00EA	ecircumflex
1253: Windows Griechisch	U+03A9 U+03CB	Omega oder uni03A9 upsilondieresis
1254: Windows Latin 5 (Türkisch)	U+0130	Idotaccent
1255: Windows Hebräisch	U+05D0	afii57664
1256: Windows Arabisch	U+0622	afii57410
1257: Windows Baltische Staaten	U+0173	uogonek
1258: Windows Vietnamesisch	U+20AB	dong
OEM MS-DOS-Zeichensatz	U+2592	shade

Symbolfonts und falsch kodierte Schriften. Das historisch gewachsene Durcheinander bei den Zeichennamen führt schon bei Textfonts zu Schwierigkeiten bei der exakten Zuordnung von Zeichensätzen. Noch schlimmer sieht es jedoch bei Symbolfonts aus:
- Einige wenige Symbolschriften, etwa die verbreitete ZapfDingbats, enthalten generische Zeichennamen wie */a20*.
- Einige Piktogrammschriften enthalten Zeichennamen, die die Bedeutung des Zeichens wiedergeben, etwa */hiking* im Font Carta (siehe Abbildung 4.25).
- Viele Symbolfonts enthalten fälschlicherweise die Namen lateinischer Standardzeichen, obwohl sie völlig andere Glyphen, etwa Firmenlogos, enthalten.

Wie bereits erwähnt, führt der Versuch des PostScript-Treibers, einen Symbolfont umzukodieren, zu völlig falscher Ausgabe. Um der Software bei der Umkodierung auf die Sprünge zu helfen, ist ein Unterscheidungskriterium nötig, mit dem sich Text- und Symbolfonts sicher voneinander abgrenzen lassen. Diese Angaben stehen nicht in den PostScript-Daten des Fonts, sondern in der plattformspezifischen Zusatzdatei:
- Die AFM-Datei enthält bei Textfonts mit dem üblichen Zeichenvorrat und *StandardEncoding* als voreingestelltem Zeichensatz den Eintrag

```
EncodingScheme AdobeStandardEncoding
```

Symbolfonts sind dagegen an einem Eintrag für den »fontspezifischen« Encoding-Vektor erkennbar:

```
EncodingScheme FontSpecific
```

- Mac-Fonts enthalten in der FOND-Ressource die so genannte *Style Mapping Table*. Diese Tabelle informiert über die Stilzuordnung der Mitglieder einer Fontfamilie und darüber, ob der jeweilige Font mit dem üblichen Macintosh-Encoding-Vektor umkodiert werden darf oder nicht.
- Unter Windows beschreiben in der PFM-Datei des Fonts die Einträge *dfCharSet* und *dfPitchAndFamily* den Zeichensatz des Fonts. Allerdings enthalten sie bei vielen Fonts falsche Werte.
- Beim X Window System stehen die letzten beiden Einträge des XLFD-Fontnamens für Zeichensatzfamilie und Encoding. Textfonts haben hier oft den Eintrag *iso8859-1*, Symbolfonts sind mit *adobe-fontspecific* gekennzeichnet.

Leider haben viele Fonthersteller diese Zusammenhänge lange Zeit nicht verstanden, was zu einer Vielzahl falsch kodierter Fonts führte. Dazu zählen normale Textschriften mit selbst erfundenen Zeichennamen anstelle der Standardnamen und Symbolschriften, deren Glyphen die lateinischen Standardnamen benutzen. Solche Fehlkodierungen sind die Ursache vieler Zeichensatzprobleme.

Unicode-Unterstützung für Type-1-Fonts. Da das Type-1-Format zehn Jahre älter ist als Unicode, gibt es einige historische Unterschiede, die bis heute dafür sorgen, dass Type-1-Fonts nicht vollständig Unicode-kompatibel sind. Das wird sich auch nicht mehr grundlegend ändern, wenngleich es einige Ansätze für die Unicode-Kompatibilität von Type-1-Fonts gibt. Dazu zählt insbesondere die oben erwähnte Adobe Glyph List (AGL), die über 1000 Unicode-Zeichen eindeutige PostScript-Namen zuordnet. Fonts, die diese Namen verwenden, sind in einigen Umgebungen Unicode-konform, etwa in Acrobat. Fonts mit anderen Zeichennamen sowie Symbolschriften im Type-1-Format sind jedoch nicht Unicode-kompatibel und werden es auch nie werden.

4.7.4 Kodierung von TrueType- und OpenType-Fonts

Der cmap-Mechanismus. TrueType- und OpenType gehen bei Kodierung von Zeichen einen völlig anderen Weg als Type-1-Fonts. Intern verwaltet ein Font seine Zeichenbeschreibungen über Nummern (die so genannten Glyph IDs). TrueType verzichtet darauf, einzelnen Zeichen einen Namen zuzuweisen und bietet stattdessen die Möglichkeit, die auszugebenden Bytewerte flexibel den internen Glyph IDs zuzuordnen. Dazu enthält ein Font eine oder mehrere *cmaps (character maps)*, die eine solche Zuordnung definieren. Im Gegensatz zu Type-1-Fonts, bei denen der Zeichensatz von außen kommt und völlig frei gewählt werden kann, bietet ein TrueType- oder OpenType-Font mehrere feste *cmaps* an, unter denen das Betriebssystem oder der Druckertreiber eine geeignete auswählt. Dieses Konzept mag sich wegen der begrenzten Zahl enthaltener *cmaps* zunächst etwas starr anhören. Da jedoch eine der möglichen *cmaps* auf Unicode basiert, ist der *cmap*-Mechanismus sehr leistungsfähig. Die TrueType-Variante mit Unicode-Unterstützung wird von Microsoft empfohlen und ist auch in den meisten Fonts für Windows sowie neueren Mac-Fonts zu finden. Solche Schriften sind automatisch Unicode-fähig. Da dies auch für OpenType-Fonts mit PostScript-Outlines gilt, bietet diese Technik deutliche Vorteile gegenüber den älteren Type-1-Fonts, deren Konzept mit Zeichennamen nur sehr begrenzt Unicode-fähig ist.

Für den Mac sowie für spezielle Kodierungen, insbesondere bei älteren asiatischen Schriften, gibt es eine Reihe weiterer *cmaps* (siehe Tabelle 4.15). Da ein Font mehrere *cmaps* enthalten kann, muss sich der Fontentwickler nicht auf ein bestimmtes System oder eine einzelne Kodierung festlegen.

Zeichenvorrat von TrueType- und OpenType-Fonts. Im Gegensatz zu Type 1 bietet TrueType die Möglichkeit, den Zeichenvorrat eines Fonts explizit zu beschreiben. Dazu gibt es in der so genannten OS/2-Tabelle (die mit dem Betriebssystem, das als Namenspatron diente, nicht viel zu tun hat) Einträge, die anzeigen, welche Unicode-Bereiche (siehe Abbildung 4.23) und Win-

Tabelle 4.15 Kodierungsvarianten (cmaps) in TrueType- und OpenType-Fonts

Plattform-ID	Encoding-ID
0 Unicode	0 Unicode 1.0 1 Unicode 1.1 2 ISO 10646: 1993 3 Unicode 2.0
1 Mac OS	0 = Lateinisch 1-255 Macintosh Script Manager Code; maximal 256 Zeichen
2 ISO	0 ASCII 1 ISO 10646 2 ISO 8859-1
3 Microsoft Windows	0 Symbol 1 Unicode, häufigste und von Microsoft empfohlene cmap-Variante 2 ShiftJIS (Japanisch) 3 GB 2312 (Chinesisch/Volksrepublik) 4 Big5 (Chinesisch/Taiwan) 5 Wansung KS C 5601-1987 (Korea) 6 Johab KS C 5601-1992(Korea) 10 4-Byte-Unicode UCS-4 (Surrogates); mehr als 65 536 Zeichen
4 (custom)	Kompatibilitätsmodus für nichtlateinische OpenType-Fonts mit PostScript-Outlines

dows-Codepages (siehe Tabelle 4.12) die Zeichen des Fonts abdecken. Diese Angaben lassen sich ebenso wie die Gesamtzahl der enthaltenen Glyphen mit dem Hilfsprogramm *Font Properties Extension* abfragen. Im Gegensatz zu Type-1-Fonts gibt es allerdings keine einfache Möglichkeit, alle Glyphen einer Schrift anzuzeigen – es sei denn, man arbeitet mit einem Fonteditor.

Deckt ein TrueType-Font mehrere Windows-Codepages ab, so erscheint er im Fontmenü von Windows NT/2000/XP unter mehreren Namen. Aus dem einzelnen TrueType-Font Arial wird so zum Beispiel Arial Baltic, CE, CYR, Greek und TUR mit jeweils eigenen Einträgen für länderspezifische Varianten. Das Betriebssystem kodiert den Font dabei für die jeweils passende Codepage um. Dies ist jedoch nur eine Hilfestellung für ältere Anwendungsprogramme, die noch auf 8-Bit-Zeichen beschränkt sind. Unicode-kompatible Anwendungen wie Microsoft Word zeigen solche Fonts mit einem einzigen Eintrag im Fontmenü an, denn der Benutzer kann ja über die Eingabe (statt über die Schrift) russische, griechische oder andere Zeichen wählen.

Aus Kompatibilitätsgründen enthalten viele TrueType-Schriften eine Tabelle mit PostScript-Zeichennamen. Diese ist für die Funktion der Schrift eigentlich nicht erforderlich. Der Druckertreiber nutzt sie jedoch bei der Konstruktion eines Encoding-Vektors, wenn er den TrueType-Font für die Ausgabe auf einem PostScript-Gerät nach Type 1 konvertiert.

TrueType-Symbolfonts. Wie bereits ausgeführt, erfordern Symbolschriften gesonderte Behandlung. Doch wie soll das weitgehend Unicode-basier-

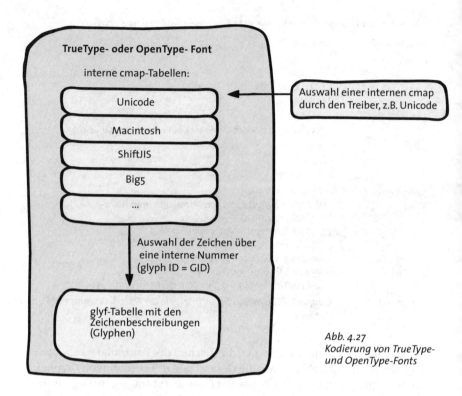

Abb. 4.27
Kodierung von TrueType- und OpenType-Fonts

te TrueType-Format mit Symbolen und Logos umgehen, die doch gar nicht im Unicode-Standard vorkommen? Die Antwort liegt in der *Private Use Area*, also dem Unicode-Bereich, der für hersteller- oder anwenderspezifische Zeichen reserviert ist und dessen Zeichen im Gegensatz zu allen anderen keine feste Bedeutung haben. Microsoft definierte im Bereich U+F000 bis U+F0FF 256 Positionen, auf die die Glyphen von Symbolfonts abgebildet werden. Symbolschriften enthalten außerdem im Eintrag *CodepageRange* der OS/2-Tabelle ein Bit, mit dem sie explizit als Symbolschriften klassifiziert werden.Unicode-Unterstützung für TrueType-Fonts

Microsoft setzte bei der Entwicklung von TrueType-Schriften von Anfang an auf das Unicode-Konzept und empfiehlt für den Einsatz unter Windows Schriften mit einer Unicode-kompatiblen *cmap*. Apple begnügte sich anfangs mit einfachen Schriften, die nur 256 Zeichen ohne zusätzliche Zeichensatzangaben enthielten. Mittlerweile sind jedoch auch TrueType-Schriften für den Mac in der Regel Unicode-fähig. Man kann also davon ausgehen, dass nur noch alte TrueType-Schriften nicht Unicode-kompatibel sind. Alle OpenType-Varianten erbten die Unicode-Fähigkeit von TrueType, daher sind auch OpenType-Schriften mit Outlines im PostScript-Format kompatibel zu Unicode.

7.5 Kodierung von CID-Fonts.
Wie bereits in Abschnitt 4.3.5 »CID-Fonts«, Seite 140, erwähnt, zielt das CID-Format hauptsächlich auf asiatische Schriften ab, kommt aber zunehmend auch für die Einbettung lateinischer TrueType- und OpenType-Schriften in PDF zum Einsatz. Die CID-Architektur basiert auf den beiden Bausteinen *character collection* und *character map*.

Eine *character collection* ist eine Liste aller Zeichen, die für eine bestimmte Sprache erforderlich sind. Während solche Listen für westliche Sprachen relativ leicht zu erstellen sind, ist für asiatische Schriften ein enormer Recherche-Aufwand zu betreiben. Diese Listen enthalten die nötigen Zeichen und weisen ihnen jeweils eindeutige Nummern zu, die *character ID* oder *CID*. Der Zeichenzugriff über diese Nummern ist wesentlich effizienter als der Zugriff über Zeichennamen wie bei Type-1-Fonts. Adobe stellt solche Zeichenlisten für Chinesisch, Japanisch und Koreanisch zur Verfügung. Um spätere Erweiterungen zu ermöglichen, enthalten die Namen der *character collections* eine Art Versionsnummer, die *supplement number*.

Um die vielen nationalen Zeichensatzstandards im asiatischen Raum flexibel zu unterstützen, legt eine so genannte *character map* oder *CMap* den Zusammenhang zwischen der Kodierung eines Zeichens (im gewünschten Zeichensatz) und seiner CID-Nummer (in der zugehörigen *character collection)* fest. Für jeden Zeichensatz ist also eine eigene CMap erforderlich. Adobe entwickelte für eine Vielzahl asiatischer Zeichensatzstandards die nötigen CMaps. In gewisser Weise entsprechen diese CMaps den *cmaps* von TrueType, allerdings sind CMaps aufgrund ihrer Größe nicht im Font enthalten, sondern werden als separate Dateien verwaltet. In Abschnitt 3.3.4 »CJK-Schriften«, Seite 91, finden Sie eine Liste aller CMaps, die mit Acrobat ausgeliefert werden.

Tabelle 4.16 Character collections für CID-Fonts

Character collection	Abdeckung	Anzahl der Zeichen
Adobe-Japan1-4	Japanisch	15444
Adobe-Japan2-0	Japanisch	6068
Adobe-GB1-4	Vereinfachtes Chinesisch	29064
Adobe-CNS1-3	Traditionelles Chinesisch und HongKong	18846
Adobe-Korea1-2	Korea	18352
Adobe-Vietnam1-0	Vietnam	(in Entwicklung)

Der eigentliche CID-Font enthält die Umrissbeschreibungen der Glyphen, benötigt aber keine zusätzliche Zeichensatzinformation mehr. Die eigentlichen Zeichenbeschreibungen benutzen die gleichen Anweisungen wie Type-1-Fonts zur Definition der Umrisslinien (einschließlich Hints). Neuerdings gibt es auch CID-Fonts, deren Zeichenbeschreibungen auf TrueType-

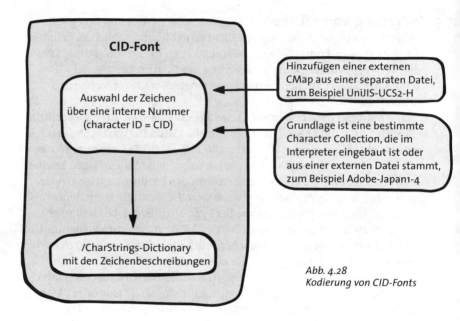

Abb. 4.28
Kodierung von CID-Fonts

Anweisungen basieren. Ein CID-Font muss die Angabe enthalten, welche *character collection* er unterstützt, das heißt wie groß sein Zeichenvorrat ist. *Character collections,* CMaps und diverse technische Dokumente sind unter folgender Adresse erhältlich:

http://partners.adobe.com/asn/developer/technotes/fonts.html

Unicode-Unterstützung für CID-Fonts. Das flexible CID-Konzept ermöglicht die Definition von CMaps, die eine Zuordnung von CIDs zu Unicode-Werten definieren. Adobe stellt solche CMaps zur Verfügung. Die aktuellen Versionen *(supplements)* der *character collections* enthalten außerdem alle Zeichen, die für den jeweiligen Unicode-Teilbereich nötig sind. Damit ist die CID-Architektur voll Unicode-fähig. Bei der CID-basierten Einbettung von TrueType- oder OpenType-Schriften in PDF macht man sich deren Unicode-Grundlage zunutze. Statt einer komplexen externen CMap kommt in diesem Fall eine spezielle Variante mit dem Namen *Identity* zum Einsatz, die die *character ID* der CID-Architektur mit der *glyph ID* (GID) von True-Type/OpenType gleich setzt.

7.6 Übersicht über die Kodierungsverfahren.
Tabelle 4.17 vergleicht zusammenfassend die Formate PostScript Type 1, TrueType/OpenType und CID hinsichtlich ihrer Encoding-Eigenschaften. Daraus geht noch einmal klar hervor, dass Type-1-Fonts den modernen Formaten TrueType, OpenType und CID hinsichtlich der Unicode-Unterstützung und der Anzahl gleichzeitig nutzbarer Zeichen klar unterlegen sind.

Tabelle 4.17 Lösung des Encoding-Problems in verschiedenen Fontformaten

	PostScript	TrueType/OpenType	CID
Beschreibung des Zeichenvorrats	Font: implizit durch Namenseinträge PFM: dfCharSet, dfPitchAndFamily AFM: CharacterSet	explizit durch UnicodeRange und CodepageRange	explizit durch character collection
Größe des Zeichenvorrats	häufig 229, selten mehr als 500	TT: max. 65535 OT/PS: max. 65000	maximal 65535
Unicode-Unterstützung	eingeschränkt über Adobe Glyph List (AGL)	vollständig über geeignete cmap	vollständig über geeignete CMap
maximal kodierbare Zeichen	256	65535, für einige cmap-Varianten auch mehr	maximal 65535
Standard-Zeichensatz	Font: /Encoding-Eintrag AFM: EncodingScheme	nicht vorhanden	nicht vorhanden
Auswahl eines Encodings/einer Codepage	externe Definition eines Encoding-Vektors (meist im PostScript-Datenstrom)	Auswahl einer der vorhandenen cmap-Tabellen	Verwendung einer externen CMap
Interner Zugriff auf Zeichen	über den Namen	über cmap und Glyph-ID (gid)	über CMap und Character-ID (CID)
Symbolschriften	Font: individuelle Zeichennamen (korrekt) oder StandardEncoding (falsch!) AFM: Encoding FontSpecific	spezielle cmap und Unicode-Werte in der Private Use Area (PUA)	nicht üblich, wäre aber durch spezielle CMap möglich

7.7 Das Eurozeichen.
Im Mai 1998 legten die europäischen Regierungschefs den Kreis der Länder fest, die eine gemeinsame Währung einführen. Der dazu ausgearbeitete Fahrplan sah die Durchführung von Finanztransaktionen in Euro ab Anfang 1999 vor sowie die Einführung von Banknoten und Münzen ab Anfang 2002. Da Wirtschaftskraft und Bevölkerungszahl des vereinten Europa den Euro zu einer der wichtigsten Währungen der Welt machen, beschloss die europäische Kommission, zusätzlich zum offiziellen Währungskürzel EUR auch ein eigenes Währungssymbol einzuführen. Dieses dem Anfangsbuchstaben des Worts Europa ähnliche Symbol soll in Anlehnung an das griechische Zeichen Epsilon an die Wiege der europäischen Zivilisation erinnern, und der Doppelstrich (analog zu Dollar- und Yenzeichen) die Stabilität des Euro symbolisieren – so zumindest die

offizielle, gestreute Saga. In Wahrheit wurde das Logo jedoch bereits in den siebziger Jahren von Arthur Eisenmenger, der damals als Grafiker bei der EWG (der Vorläuferorganisation der EU) arbeitete, konstruiert – ohne jeden Gedanken an ein Währungssymbol und obige Interpretation.

Im Gegensatz zu allen anderen Schriftzeichen ist das Eurozeichen nicht historisch gewachsen, sondern Ergebnis eines rigiden Konstruktionsprozesses. Nach dem Willen der Europäischen Kommission sollte der Euro immer exakt die gleiche Form haben, also wie ein Logo keinerlei Variation aufweisen und sich insbesondere nicht an die Eigenheiten der jeweils benutzten Schrift anpassen.

Die Typografen sehen das jedoch anders: Ein Logo-artiges Symbol ist ein Fremdkörper in einem Font. Sinnvoller ist ein Eurozeichen, das je nach Schriftart mit oder ohne Serifen gezeichnet wird, mit konstanter oder variabler Strichstärke arbeitet, schmal oder eng ist usw.

Der historisch wohl einmalige Fall eines von oben verordneten neuen Zeichens setzte die Hersteller von Hardware und Software vor unerwartete Herausforderungen. Innerhalb kürzester Zeit mussten sie Zeichensatztabellen und Standards erweitern, Treiber anpassen, Tastaturen gravieren, den Euro in Fonts einbauen und vielfältige dabei auftretende Kompatibilitätsprobleme lösen. Bei der Europäischen Kommission hatte wohl niemand daran gedacht, dass die Entscheidung für ein neues Symbol ähnlichen Aufwand verursachen würde wie die Lösung des berüchtigten Jahr-2000-Problems!

Während viele Hersteller anfangs noch mit dem geometrischen Symbol der EU-Kommission arbeiteten, setzte sich bei vielen bald die Erkenntnis durch, dass das Eurozeichen besser die typografischen Eigenschaften der jeweiligen Schrift übernehmen sollte. Während zum Beispiel die Systemschriften von Mac OS 8.5 und der Symbol-Font von Adobe noch die »offizielle« Form des Euros enthalten, bieten neuere Mac-Versionen und aktuelle Adobe-Schriften individuell gestaltete Eurozeichen.

Trotz vielfältiger Anstrengungen der Hersteller kann man auch heute noch nicht davon ausgehen, dass Eingabe, Anzeige und Druck des Eurozeichens auf allen Systemen auf Anhieb funktionieren.

Standardisierung. Unicode 2.1 und ISO 10646 führten das Eurozeichen unter der Bezeichnung *Euro Sign* auf Position U+20AC ein. In ISO 8859-15 (Latin 9), einer modernisierten Version von ISO 8859-1 (Latin 1) liegt das Zeichen auf Position 0xA4. In HTML 4.0 bewirken die Schreibweisen € € oder € (Dezimalwert der Unicode-Position) die Ausgabe des Eurozeichens. In EBCDIC-Codepages liegt der Euro meist auf Position 0x9F.

Microsoft. Die Windows-Entwickler fügten das Eurozeichen in den Codepages 1250, 1252, 1253, 1254, 1255, 1256, 1257, 1258 und 874 auf der unbelegten Position 128 (0x80) ein, in Codepage 1251 (Kyrillisch) auf Position 136 (0x88),

€ 123   Warnock Pro
€ 123   Arial
€ 123   Tahoma
€ 123   Times-Roman
€ 123   Courier
€128   Symbol

Abb. 4.29
Varianten des Eurozeichens in einigen Standardschriften. Nur der Symbol-Font hält sich an die offizielle Designvorlage.

da Position 0x80 hier bereits belegt war. Die aktualisierten Codepages und TrueType-Fonts mit dem Eurozeichen sind in Windows 98/Me/2000/XP enthalten, für ältere Versionen müssen sie mit Service Packs nachgerüstet werden. Die Unicode-Kodierung von TrueType und OpenType erlaubt standardkonforme Integration des Eurozeichens und funktioniert auf allen Systemen, die TrueType bzw. OpenType unterstützen.

Die Druckertreiber AdobePS für Windows (ab Version 4.3.1) sowie die Microsoft-Treiber für Windows 2000 und XP fügen den Euro in Schriften ein, die ihn noch nicht enthalten.

Apple. Mac OS 8.5 führte Systemfonts ein, die den Euro auf Position 219 (0xDB, Option-Shift-2) enthalten, wo früher das allgemeine und kaum benutzte Währungssymbol lag. Falls Mac-kodierte PostScript-Fonts den Euro nicht enthalten, nimmt ihn der Druckertreiber ab LaserWriter 8.6 aus dem Symbol-Font. Enthält dieser auch keinen Euro, so fügt der Treiber die Zeichendefinition hinzu. Wenn der Bildschirmfont kein Eurozeichen oder ein anderes als das im Symbol-Font enthält, kann es zu Abweichungen zwischen Bildschirm und Ausdruck kommen!

Adobe. Adobe bot das Eurozeichen erstmals in den Standardschriften von PostScript 3 unter dem Namen */Euro* an. In den Textschriften ist es unkodiert (da diese ja intern StandardEncoding enthalten). Im Symbol-Font (ab Version 1.008) liegt die standardisierte Form des Euros auf Position 160 (0xA0). Neue Schriften aus der Adobe-Bibliothek enthalten das Zeichen ebenfalls, der Hersteller plant jedoch nicht, alle bestehenden Schriften der Adobe-Bibliothek nachträglich mit dem Euro auszustatten. Als Zwischenlösung bietet Adobe ein kostenloses Paket an, dessen Schriften auf allen Positionen jeweils das Eurozeichen enthalten, die sich zur Mischung mit gängigen Schriftarten eignen. ATM 4.6 erkennt das Eurozeichen in Type-1-Fonts, wenn es den Namen */Euro* oder */uni20AC* hat. Alle OpenType-Fonts von Adobe enthalten den Euro gemäß Unicode-Kodierung.

In den Standardschriften von Acrobat ist das Eurozeichen seit Version 4.05 enthalten (in den Substitutionsschriften *AdobeSansMM* und *AdobeSerifMM* bereits seit Version 4.0).

Probleme beim Ausdruck des Eurozeichens. Die möglichen Probleme beim Ausdruck des Eurozeichens sind so vielfältig, dass ich hier nur auf einige wenige Punkte eingehen kann:
- Wenn der Bildschirmfont das Eurozeichen enthält, nicht aber der im Drucker vorhandene Font, so kommt es zu Fehlern, wenn der Font nicht zum Drucker geladen wird. Mögliche Abhilfe: Download des Fonts im Druckertreiber aktivieren (Schrift als Softfont laden) oder Text als Bitmap drucken (das beherrschen aber nicht alle Druckertreiber).
- Neuere Treiber bieten die Option *Euro-Währungssymbol zu Schriftart hinzufügen*. Dabei fügt der Treiber eine Umrissdefinition des Eurozeichens in den PostScript-Datenstrom ein, was zu Problemen führen kann, da die benutzte Anwendung die Laufweite des eingefügten Zeichens unter Umständen falsch berechnet.

4.8 Konvertierung und Bearbeitung von Fonts

4.8.1 Konvertierung von Fonts.
Viele Anwender stehen vor dem Problem, Fonts zwischen verschiedenen Betriebssystemen oder unterschiedlichen Formaten zu konvertieren, um sie mit der vorhandenen Hard- und Software benutzen zu können. Daher geht es in diesem Abschnitt um die Konvertierung von Schriften für den Einsatz auf verschiedenen Betriebssystemen sowie die Umwandlung zwischen verschiedenen Formaten.

Bei der Konvertierung sind selbstverständlich die rechtlichen Vorschriften und jeweiligen Nutzungsbedingungen zu beachten: Bei vielen kommerziellen Schriften erwirbt man nur eine Nutzungsberechtigung für ein einziges Ausgabegerät. Da zum einen die Konditionen der Fonthersteller nicht einheitlich sind und andererseits auch die juristische Situation von Land zu Land unterschiedlich ist, klären Sie diese Frage im Zweifelsfall mit dem Hersteller ab. Allerdings gibt es auch eine große Grauzone: Was soll man zum Beispiel tun, wenn man einen bestimmten Font für eine Plattform benötigt, die vom Hersteller nicht unterstützt wird?

Konvertierung zwischen Plattformen. Neben den rechtlichen Einschränkungen gibt es bei der Konvertierung von Schriften zwischen verschiedenen Betriebssystemen noch eine Reihe technischer Bedenken. Diese haben teilweise mit der Qualität der Konvertierungssoftware zu tun, manchmal gibt es aber auch allgemeine Probleme, die durch das jeweilige Verfahren vorgegeben sind. So gehen bei manchen Konvertierungsarten die Hints oder andere Informationen verloren, so dass die Ausgabequalität sinkt.

Ebenso häufig leidet der Zeichensatz des Fonts: Sonderzeichen verschwinden bzw. sind aufgrund eines falschen Encoding-Vektors nicht mehr zugänglich. Außerdem können Zusatzinformationen, zum Beispiel Kerningdaten, verloren gehen.

Die eigentlichen Umrissbeschreibungen von PostScript- und TrueType-Fonts sind prinzipiell unabhängig von einem bestimmten Betriebssystem, werden aber auf den einzelnen Plattformen unterschiedlich »verpackt« (PFA, PFB, Ressource-Format). Während sich diese Verpackungen in allen Richtungen verlustfrei ineinander umwandeln lassen, gilt dies für die zusätzlich nötigen Metrik- und Kerningdaten nicht mehr. Hier muss man manchmal Konvertierungsverluste hinnehmen.

Hinsichtlich der betriebssystemspezifischen Konvertierung ist man bei OpenType-Schriften natürlich am besten dran: da es bei OpenType keine plattformspezifischen Dateiformate mehr gibt, ist hier keinerlei Konvertierung zwischen Mac und Windows nötig.

Konvertierung zwischen Fontformaten. Die Beschreibung der Umrisskurven basiert in PostScript und TrueType auf unterschiedlichen mathematischen Konzepten (kubische Bézierkurven bei PostScript, quadratische Splines bei TrueType) und verschiedenen Koordinatensystemen, die sich nicht exakt ineinender umrechnen lassen. Daher werden die Umrissbeschreibung bei der Konvertierung immer geringfügig verändert.

Ein weiteres Problem sind die unterschiedlichen Konzepte von PostScript und TrueType für den Umgang mit der Zeichensatzthematik. Da TrueType-Schriften zum Beispiel wesentlich mehr Zeichen als PostScript-Fonts enthalten können, muss der Anwender bei der Konvertierung meist einige Entscheidungen treffen, die ihm die Konvertierungssoftware nicht abnehmen kann.

Konvertierungsprogramme. Es gibt zwar eine Reihe kostenloser Tools zur Konvertierung von Schriften, doch in vielen Fällen erzeugen diese mangelhafte oder gar fehlerhafte Fontdateien. Die Probleme mit solchen konvertierten Fontdateien sind dabei manchmal nicht sofort offensichtlich, sondern treten erst beim Einsatz einer Schrift mit bestimmten Programmen oder Geräten auf. Falls es sich bei der geplanten Verwendung einer Schrift nicht um einen Hobby-Einsatz handelt, empfehle ich daher zur Fontkonvertierung dringend, nur hochwertige Werkzeuge zur Umwandlung zwischen PostScript und TrueType sowie Mac- und Windows-Formaten zu benutzen. Ein Fonteditor (siehe nächsten Abschnitt) bietet neben der Möglichkeit, Schriften zu erstellen und zu modifizieren, auch diverse Konvertierungsfunktionen.

Als Beispiel möchte ich den leistungsfähigen Konverter TransType erwähnen, der in Versionen für Mac und Windows erhältlich ist (siehe Abbildung 4.30). TransType stammt von den Entwicklern des Fonteditors FontLab und ermöglicht die Konvertierung zwischen den Formaten TrueType

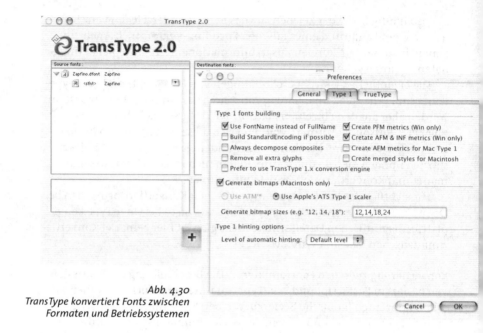

Abb. 4.30
TransType konvertiert Fonts zwischen
Formaten und Betriebssystemen

und PostScript Type 1 (einschließlich Multiple Master) sowie die Umwandlung zwischen Mac- und Windows-Varianten. Dabei bietet das Programm wichtige Einstellungsmöglichkeiten für den Zeichensatz sowie die Erstellung der für den Mac erforderlichen Zeichensatzkoffer und Bitmapschriften. Weitere Informationen zu TransType finden Sie unter der Adresse

http://www.fontlab.com/html/transtype.html

4.8.2 Erstellung und Bearbeitung von Fonts.

Während es bei Grafikprogrammen eine Auswahl unterschiedlicher Programme gibt, die sich in Zielsetzung, Funktionsumfang und Preis mehr oder weniger unterscheiden, ist der Markt für Fontbearbeitungsprogramme sehr übersichtlich. Hier dominierte jahrelang das Programm Fontographer, das ursprünglich von Altsys entwickelt, später aber von Macromedia übernommen wurde. Da Fontographer aber schon seit Jahren nicht mehr gepflegt wird, muss man das Programm als Auslaufmodell betrachten, das modernen Anforderungen nicht mehr gerecht wird. Seit der zweiten Hälfte der neunziger Jahre repräsentiert der Fonteditor FontLab den Stand der Technik. Dieses Programm, das in Versionen für Mac und Windows erhältlich ist, kann ich allen Anwendern, die sich intensiv mit der Erstellung, Veränderung oder Konvertierung von Schriften befassen, wärmstens empfehlen. FontLab unterstützt in Version 4 die Fontformate PostScript Type 1 im PFA- und PFB-Format (auch Multiple Master), TrueType, CID und OpenType. Die Programmierbarkeit mittels der Programmiersprache Python ermöglicht sogar die Entwicklung von Erweiterung und Spezialanwendungen.

Im Folgenden möchte ich auf wichtige Aufgabenbereiche bei der Erstellung und Bearbeitung von Fonts eingehen und dabei jeweils die relevanten Funktionen von FontLab erwähnen. Nähere Informationen zu FontLab finden Sie unter der Adresse

http://www.fontlab.com

Gestaltung neuer Zeichen. Die Erstellung eines neuen Fonts ähnelt dem Umgang mit Grafikprogrammen. Allerdings sind sehr viel Geduld und Erfahrung erforderlich, um ein gutes Ergebnis zu erzielen. FontLab bietet mehrere Wege, um neue Zeichen in einen Font zu verwandeln:
- Vektorbasierte Zeichenwerkzeuge erlauben ähnlich einem Grafikprogramm die Gestaltung neuer Zeichen am Bildschirm.
- Vorhandene Umrisszeichnungen können im EPS-Format importiert werden.
- Mit dem Zusatzprogramm ScanFont lassen sich eingescannte Bitmapbilder in Zeichenbeschreibungen umwandeln. Damit lassen sich neue Fonts auf Basis von Papierentwürfen erstellen.

Nach der eigentlichen Erstellung der Zeichen muss der Schriftentwerfer die Spationierung optimieren, also die Laufweiten der einzelnen Zeichen sowie deren Anpassung für bestimmte Buchstabenpaare durch Kerning. Metrikinformationen lassen sich in FontLab auch in Form von AFM- oder PFM-Dateien importieren.

Veränderung von Zeichen und Integration von Zusatzsymbolen. Oft ist es erforderlich, zusätzliche Zeichen in einen bestehenden Font einzubauen oder Zeichen zu verändern. So kann es vorkommen, dass ein Font die benötigten Zeichen für osteuropäische Sprachen nicht enthält oder Ligaturen fehlen. In solchen Fällen kann der FontLab-Anwender den vorhandenen Font einlesen und komplett neue Zeichen hinzufügen oder bestehende Zeichen als Vorlage nehmen und zum Beispiel diakritische Zeichen hinzufügen. Die Integration des Eurozeichens in ältere Fonts ist ein weiteres Beispiel für eine mögliche Fonterweiterung.

Erstellen eines Logo-Fonts. Häufig soll ein existierendes Firmenlogo, Symbol oder Kurzzeichen in Dokumente eingebunden werden. Im Vergleich zur Einbindung von EPS-Grafiken hat die Erstellung eines eigenen Logo-Fonts mehrere Vorteile:
- Die Bildschirmdarstellung fällt wesentlich besser und schneller aus, da nicht wie bei EPS-Grafiken eine niedrig aufgelöste Version des Bildes skaliert wird; stattdessen übernimmt ATM die Rasterung für alle Größen und wertet dazu auch die Hints aus. Das Fontcaching beschleunigt sowohl die Bildschirmdarstellung als auch den Ausdruck.

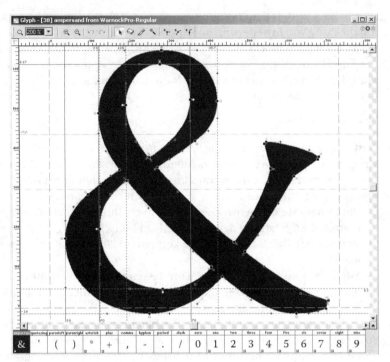

Abb. 4.31
Bearbeitung eines
Zeichens in FontLab

- Ein Font kann mehrere Varianten des Logos enthalten. Dadurch müssen sich die Benutzer nicht die Namen Dutzender von EPS-Dateien merken.
- Die Anwendung ist sehr bequem: Auswahl von Schriftart und -größe genügen. Eine geschickte Zeichenbelegung (zum Beispiel Wahl des Anfangsbuchstabens für verschiedene Logos) macht die Sache noch einfacher.

Wenn Sie bereits eine digitale Version des Logos haben, die zum Beispiel in einem Grafikprogramm entworfen wurde, können Sie diese als EPS-Datei direkt in FontLab laden und damit einen Font erstellen.

Technische Eigenschaften. Im einfachen Zugang zu einer Fülle technischer Funktionen liegt eine besondere Stärke von FontLab. Dies beginnt beim automatischen Hinting: Bei der Erstellung eines neuen Fonts berechnet die Software automatisch geeignete Hints; auch das Hinting vorhandener Fonts kann geändert werden. Diese Funktion liefert sehr schnell gute Ergebnisse, doch für die kommerzielle Erstellung von Schriften wird man die automatisch generierten Hints meist manuell nachbearbeiten müssen. Auch dafür bietet FontLab entsprechende Werkzeuge und Einstellungsmöglichkeiten. Mit dem so genannten FontAudit kommt man kritischen Stellen in den Zeichenbeschreibungen, etwa zu großer Zahl von Stützpunkten, schnell auf die Spur.

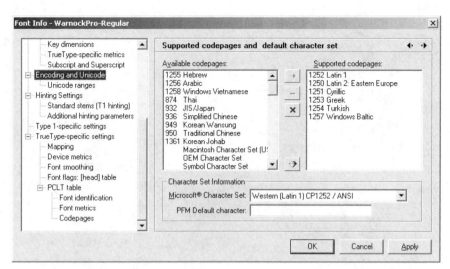

*Abb. 4.32
FontLab erlaubt Zugriff auf eine Vielzahl technischer Eigenschaften des Fonts.*

Die Funktionen für den Umgang mit Zeichensätzen sind ebenfalls sehr leistungsfähig. Vielleicht sind die diesbezüglichen Stärken des Programms darauf zurückzuführen, dass seine russischen Entwickler früher selbst unter den Unzulänglichkeiten gängiger Software hinsichtlich der Zeichensatzeinstellung leiden mussten? FontLab wird mit einer Vielzahl von Encoding-Tabellen ausgeliefert, die sich per Mausklick anwenden lassen. Umfangreiche Funktionen zur Unicode-Unterstützung helfen dem Anwender dabei, Schriften mit korrekter Zeichensatzinformation zu erstellen. Dabei legten die Entwickler großen Wert darauf, Unicode-Funktionen so weit wie möglich auch für PostScript-Schriften zu implementieren.

5 Farbe

von Olaf Drümmer, callas software GmbH

PostScript war von Anfang an ganz wesentlich ein Türöffner in Richtung offene Systemwelten: Bestand doch der Anspruch darin, eine Ausgabe von in PostScript beschriebenen Seiten auf jedem PostScript-fähigen Gerät auszugeben. Das mag uns heute als triviale Anforderung erscheinen, stellte aber Mitte der achtziger Jahre eine Revolution dar. An der als PostScript realisierten Bebilderungstechnologie hat sich seither nichts Grundlegendes geändert – bis auf den Bereich Farbe.

In den achtziger Jahren gab es beim Erstellen von Druckvorlagen eine klare Arbeitsteilung – um den Text kümmerte sich der Setzer, um die Bilder der Lithograf und der Druckformhersteller vereinte beides – beispielsweise durch kunstvolles Schneiden und Zusammenkleben von Filmen – zur vollständigen Seite bzw. Druckform. Mit PostScript wurde es möglich, unter Umgehung teurer und kompliziert zu bedienender Satzmaschinen Textfahnen sowie prinzipiell auch beliebige Strichgrafiken auf einem vergleichsweise günstigen Macintosh-Rechner im WYSIWYG-Verfahren zu erstellen, auf einem LaserWriter probeweise zu drucken und auf einem PostScript-Belichter auf Film auszugeben.

Bei entsprechender Montage der Satzfahnen war man zwar nicht auf Schwarzweiß beschränkt – man konnte die belichteten Fahnen auch in die Prozessfarbformen einkopieren und beispielsweise mit Magenta und Yellow ein kräftiges Rot erzielen – aber von Farbe in einem weiteren Sinne konnte noch nicht die Rede sein.

5.1 Vorüberlegungen

5.1.1 Farbig oder bunt?

Was ist eigentlich Farbe? Dieses Kapitel ist sicher nicht der geeignete Platz, diese Frage erschöpfend zu beantworten, aber einige Aspekte sollen wenigstens gestreift werden.

Im Alltag reden wir unbekümmert über Farben und kommen damit auch sehr gut zurecht. Niemand hat das Problem, sich angesichts einer Formulierung wie »gelbe Banane« oder »rotes Kleid« beides nicht hinreichend gut vorstellen zu können. Um welches »Gelb« oder »Rot« es sich dabei aber genau handelt, wird man nach etwas Überlegung offen lassen müssen. Auch spezifischere Formulierungen wie »Rubinrot« oder »Ziegelrot« führen nicht wirklich zu einer präzisen Farbangabe, wie sie etwa in der Industrie benötigt werden, um beispielsweise ein Auto in exakt der gewünschten Farbe zu lackieren oder Textilfasern genau im gewünschten Farbton einzufärben.

In gewerblichen und industriellen Bereichen sind farbmetrische Vorgehensweisen schon längere Zeit gang und gäbe. Aber wie misst man Farbe? Und wie geht man mit bestimmten Problemen um, etwa damit, dass eine bestimmte Farbe unter unterschiedlichen Beleuchtungssituationen sehr unterschiedlich aussehen kann, oder dass verschiedene Menschen – nicht nur solche, die farbenblind sind! – die gleiche Objektfarbe unterschiedlich wahrnehmen. So nimmt man mit zunehmendem Alter Farben gelblicher war, da die Linse des Auges sich etwas gelblich eintrübt. Dies wird von solchen Menschen als sehr drastisch erlebt, die sich aufgrund einer Augenerkrankung eine synthetische Linse implantieren lassen und auf einen Schlag die Welt wieder ohne gelbliche Eintrübung wahrnehmen.

Schnell kommt man jedenfalls zu der Auffassung, dass es nicht entscheidend sein kann, wie eine Farbe objektiv beschaffen ist, sondern wie sie von einem typischen menschlichen Betrachter unter typischen Bedingungen wahrgenommen wird. Entsprechende Forschungen wurden bereits in den dreißiger Jahren angestellt, worauf wir noch näher eingehen werden.

5.1.2 Farbe in offenen und geschlossenen Systemen.

Hatte PostScript also bereits begonnen, zumindest für die Produktion von Textfahnen und einfacher Grafik die Grenzen zwischen Systemen einzureißen, kam bald der Wunsch unter den Anwendern auf, auch farbiges Material – vor allem eingescannte Bilder – in die PostScript-basierte Seitenproduktion einzubeziehen. Bis dahin verlief der Weg der Bildreproduktion über geschlossene Systeme, bei denen teilweise sogar Bilderfassung und separierte Ausbelichtung auf Film mit der selben mechanischen Vorrichtung erfolgten: Trommelscanner und Trommelbelichter in einem. War noch eine Bildretusche- und Bildmontageterminal an diese Geräte angeschlossen, ergaben sich durchaus sehr effiziente Systeme. Die gescannten Bilddaten mussten diese Systeme niemals verlassen – an längerfristiges Speichern der Daten war ob der hohen Kosten für Speichersysteme nicht zu denken –, und ein Scan wurde in farblicher Hinsicht immer im Hinblick auf eine ganz bestimmte Druckbedingung erstellt. Auch in diesen EBV-Systemen (Elektronische Bildverarbeitung) gab es bereits Colormanagement: allerdings in »geronnener« Form, sozusagen fest verdrahtet in Gestalt von Tabellen und Algorithmen, die der jeweilige Systemhersteller in aufwendiger Forschungsarbeit entwickelt hatte. Eventuell nötiges Finetuning wurde am einzelnen beim Anwender aufgestellten Gerät vorgenommen, und den verbleibenden Rest an nötiger Anpassung leistete der Scanner-Operator mit seinem Erfahrungswissen.

Die mit frühen PostScript-Belichtern mögliche Filmausgabe für Text und einfache Grafik musste derweil von Hand mit den ebenfalls auf Film belichteten Scans zusammen montiert werden, so wie dies auch zuvor für die nunmehr stark bedrohte Fraktion der dedizierten Satzsysteme und der mit ihnen erzeugten Satzfahnen zutraf.

Der aufkommende Wunsch, diesen manuellen Filmmontageschritt überflüssig zu machen, veranlasste die Hersteller zur Entwicklung von Zwischenlösungen: So gab es ab dem Ende der achtziger Jahre Brücken zwischen klassischen EBV-Systemen und PostScript-basierter Seitenerstellung auf der Basis von OPI (siehe Abschnitt 6.4 »Das Open Prepress Interface (OPI)«, Seite 277). Die Bilder wurden im EBV-System erfasst und bearbeitet, eine niedrig aufgelöste Variante davon wurde in PostScript-kompatibler Weise als Platzhalter für die Layoutproduktion exportiert. Die fertig gestellte Layoutseite wurde dann unter entsprechender Aufrasterung in das EBV-System zurückübertragen und dort das hochaufgelöste Bildmaterial einmontiert und die Filme belichtet. Als Zwischenlösung ist dies deshalb zu bezeichnen, weil die Bildwelt und die Satzwelt im Prinzip weiterhin deutlich getrennt blieben – was sich im Laufe der neunziger Jahre radikal ändern sollte und letztlich zum Aussterben der klassischen EBV-Systeme führte, so wie bereits der Anfang von PostScript das Ende der Satzsysteme bedeutete.

Parallel wurde Farbe in PostScript Level 1 ausgedehnt. Erweiterungen von PostScript Level 1 führten Farboperatoren für Farbdrucker und Filmbelichter ein. Der Operator *setcmykcolor* beispielsweise erwartete für jede der Prozessfarbkomponenten Cyan, Magenta, Yellow und Black (bzw. Key, im deutschen als Tiefe bezeichnet, deshalb auch die Abkürzung CMYK) einen Wert zwischen null und eins. Damit war definiert, wie groß beim Aufrastern die entsprechenden Rasterpunkte werden sollten und somit wie viel Farbe an der betreffende Stelle aufgetragen werden sollte.

Ein großes Problem war, dass dies nur gut funktionieren konnte, wenn man wusste, wie viel Prozent der jeweiligen Prozessfarben man einsetzen muss, um im Druck einen bestimmten farblichen Eindruck zu erzielen. Wollte man eine Druckvorlage auf einer anderen Druckmaschine oder in einem anderen Druckverfahren produzieren oder vielleicht auch nur die Druckerei wechseln, war ungewiss, ob sich im Druck die gleiche farbliche Anmutung einstellen würde. Genau genommen gab es also zumindest in farblicher Hinsicht doch noch keine offene Systemwelt: Man musste jeden Druckvorlagenerstellungsprozess auf einen ganz bestimmten Druckprozess abstimmen, da sonst das farbliche Ergebnis nicht vorhersehbar war.

Um genau diese Vorhersehbarkeit zu erzielen, wurde ein Mechanismus erforderlich, der ein verbindliches Bezugssystem – sozusagen einen Urmeter für Farbe – bietet bzw. es gestattat, Farbe zu verorten, etwa so, wie man eine lokale Uhrzeit in Bezug auf *Greenwich Mean Time* angeben kann. Erst wenn es einen entsprechenden Bezug gäbe, käme man in die Lage zu beschreiben, »welches CMYK« man gerade für ein grafisches Element oder ein Bild verwendet.

Die Forschungsarbeiten der *Commission Internationale d'Éclairage (CIE)* hatten bereits in den dreißiger Jahren zu empirisch untermauerten Ergebnissen geführt, mit denen es anhand eines »Normalbeobachters« möglich wurde, Farbe zu vermessen und ein universelles Farbsystem zu etablieren. Der Normalbeobachter ist dabei ein rechnerisches Konstrukt, nämlich das statistische Mittel aus Versuchsergebnissen mit einer Reihe von Versuchspersonen. In anderen Bereichen – zum Beispiel Fernsehen, Fotografie oder Kino – bediente man sich schon länger der Forschungsergebnisse der CIE. Im Bereich der farbigen Druckausgabe sowie in der Folge dann auch von Erfassungsgeräten wie Scanner oder Digitalkameras sowie Monitoren ergaben sich in den neunziger Jahren zwei sehr wichtige Entwicklungen. Zunächst griff Adobe 1991 für PostScript Level 2 auf die CIE-Forschungsergebnisse zurück. Im Jahre 1993 formierte sich dann das *International Color Consortium (ICC)* und brachte in der Folge die Dateiformatspezifikation für ICC-Profile heraus. Bei beiden Ansätzen stellen die Arbeiten der CIE die Grundlage dar.

5.1.3 Wahrnehmung von Farbe.

Auch wenn digitale Medien und ihre Darbietung mittels Bildschirmen und Projektionsgeräten stark auf dem Vormarsch sind, wird das Herstellen von Druckerzeugnissen auch in den nächsten Jahren eine sehr große Rolle spielen. Bei der Untersuchung der farblichen Beschaffenheit von Druckerzeugnissen sind mehrere Aspekte zu unterscheiden.

Zunächst einmal ist Licht erforderlich, um überhaupt etwas sehen zu können. Dann erfordert es etwas, das gesehen werden kann: das ist in unserem Fall eine Objektoberfläche, auf die etwas aufgedruckt worden ist. Und schließlich ist es vonnöten, dass überhaupt jemand diese bedruckte Objektoberfläche betrachtet, also auf visuelle Weise wahrnimmt. Mit diesen drei Aspekten wollen wir uns näher befassen.

Licht. Licht wird ähnlich wie Luft oder Wasser als eine sehr elementare Gegebenheit erlebt, die man zumindest im Alltag meist nicht weiter differenziert. Allenfalls wird nach hell oder dunkel unterschieden, und es ist schon eher selten, dass uns bei einem abendlichen Spaziergang durch die Stadt auffällt, dass aus manchen Fenstern gelbliches Licht zu erkennen ist, während aus anderen eher steril wirkendes, fast ein wenig bläuliches Licht zu sehen ist. Dieser Unterschied fällt allerdings nur dann wirklich auf, wenn man beides nebeneinander sieht.

Diese Art von Beobachtungen lässt sich weiter ausdehnen. Man erinnere sich etwa an einen strahlenden Sommertag, an dem man in der Mittagshitze ein wenig eingeschlafen ist und dann wieder aufwacht und unmittelbar in das sehr helle Licht schaut: Die Farben in der Umgebung kommen einem dann meist sehr blass und kalt vor, mit wenig warmen Farbanteilen und eher einer Art Blaustich. Nach ein paar Minuten hat sich das Auge allerdings darauf eingestellt, und alles sieht wieder normal aus. Gleichsam in die andere Richtung erlebt man manchmal das Licht, das sich bei einem farbenprächtigen Sonnenuntergang einstellt: Die Objekte wirken alle voller in den Farben, die Umgebung wirkt sehr stimmungsvoll, auf keinen Fall kalt. Eine weitere interessante Beobachtung lässt sich machen, wenn man mit einem Tageslichtfilm Aufnahmen bei Glühlampenlicht macht: In der Regel erhält man dann Abzüge, die aussehen, als wären sie durch einen Gelborange-Filter aufgenommen worden.

Somit dürfte deutlich geworden sein, dass es sehr unterschiedliches Licht gibt. Das gibt der grafischen Industrie große Probleme auf, denn es sollen ja Druckerzeugnisse hergestellt werden, die auch zu anderen Zeiten und Gelegenheiten als mittags um zwölf bei wolkenfreiem Himmel gerne angeschaut werden. Das Herstellen unterschiedlicher Versionen eines Druckerzeugnisses für verschiedene Beleuchtungssituationen verbietet sich offensichtlich. Es mag etwas trösten, dass die grafische Industrie diesen Problemen nicht alleine gegenübersteht: Man denke nur an die Bekleidungsindustrie, Automobilindustrie oder Hersteller von Fassadenfarben.

Allen wird ihre Aufgabe der farblich akzeptablen Produktion der jeweiligen Güter dadurch etwas erleichtert, dass das menschliche Auge sich sehr gut an das gerade herrschende Umgebungslicht als solches wie auch die Auswirkungen des Umgebungslichts auf Objektoberflächen anpassen kann. Das entledigt diese Industrien allerdings nicht der Aufgabe, dennoch über vorhersehbare farbliche Ergebnisse nachzudenken. Und wenn man die jeweiligen Produkte schon nicht so herstellen kann, dass sie unter allen Lichtbedingungen perfekt wirken, so muss man sich typische Lichtbedingungen aussuchen, diese auf möglichst standardisierte Weise festlegen und dann für die Überprüfung der eigenen Produktion einsetzen.

Die CIE hat entsprechende Festlegungen in ihren Forschungsarbeiten von 1931 getroffen, und diese Festlegungen werden bis heute in vielen Normen und Empfehlungen als Grundlage verwendet. So gibt es nach CIE Lichtquellen vom Typ A, was in etwa einer gängigen Glühlampe entspricht, oder Typ D50 und D65, die beide nach sehr aufwendigen Messungen von Tageslicht definiert wurden. Dabei ist D50 mit einer Farbtemperatur von 5000 Kelvin etwas wärmer und entspricht dem typischen Tageslicht am Nachmittag, während D65 (das 6500 Kelvin entspricht) etwas kälter wirkt und eher dem Licht an einem wolkenlosen Sommertag genau um die Mittagszeit entspricht. Lichtquellen vom Typ F, wovon es zwölf Unterarten gibt, stehen für bestimmte fluoreszierende Lichtquellen. Die Lichtquelle vom Typ E wird es wohl niemals auch nur näherungsweise geben: Es handelt sich hierbei um eine theoretische Lichtquelle, deren Intensität auf allen Wellenlängen gleich hoch ist. Wichtig ist, dass all diese Lichtarten theoretische Konstrukte sind, die durch tatsächliche Lichtquellen – etwa die in der grafischen Industrie verbreiteten Geräte zur Erzeugung von Normlicht – aber näherungsweise nachgebildet werden können.

Somit stehen also wohldefinierte Möglichkeiten zur Verfügung, um anzugeben, in Bezug auf welches Licht man weitere Untersuchungen zum Thema Farbe anstellen möchte.

Objektoberflächen. Kommen wir zu den Objektoberflächen – in der grafischen Industrie vor allem die verschiedenen Ausprägungen von Papier. Obwohl uns im Grunde viel mehr interessiert, was auf dieses Papier aufgedruckt wird, ist das Papier selbst von nicht zu unterschätzender Bedeutung für das erreichbare farbliche Ergebnis. So wird man einen anspruchsvollen Bildgeschenkband nicht auf Zeitungspapier drucken, weil die Qualität der Abbildungen nicht befriedigen würde. Zugleich ist es aber nicht so, dass uns beim Lesen einer Zeitung ständig auffiele, wie bescheiden doch die Abbildungsqualität der abgedruckten Fotos im Vergleich zum Kunstbildband ist. Und sehr leicht lässt sich herausfinden, dass das Papier – das wir in den meisten Fällen als weiß bezeichnen würden – so eindeutig weiß gar nicht ist. Auch hier kristallisiert sich heraus, dass es viele unterschiedliche Arten von Weiß gibt, durchaus ähnlich der Tatsache, dass es verschiedene Lichtarten gibt. Auch hier gleicht das menschliche Auge einen Großteil der Varianz aus, so dass uns das Betrachten etwa einer farbigen Anzeige in einer Tageszeitung nicht in farblicher Hinsicht unangenehm ist. Wie weit das Anpassungsvermögen des Auges reicht, lässt sich gut an Papier deutlich machen, das überhaupt nicht weiß ist, etwa das lachsfarbene Papier der Zeitung *Financial Times*. Interessanterweise wird man darin Bilder finden, auf denen weiße Objekte oder Flächen – ein Oberhemd, Wolken, das Weiß der Zähne, eine Häuserfassade oder ein Flugzeugrumpf – abgebildet sind, die man tatsächlich als weiß wahrnimmt. Es ist aber beileibe nicht so, dass die Druckerei der Financial Times mit Deckweiß druckt, sondern es ist vielmehr unser Auge, das das Wahrgenommene in geeigneter Weise im Kontext interpretiert und gleichsam berücksichtigt, welche Teile in einem Bild eigentlich weiß sein sollen.

Werfen wir jetzt einen Blick auf das Bedrucken des Papiers: Hier wird auf ganz erstaunliche Weise in der Regel aus nur vier Farben – den so genannten Prozessfarben Cyan, Magenta, Yellow und Black – jede benötigte Farbe gemischt, indem unterschiedlich kleine Farbpunkte dieser vier Farben so ineinander verschachtelt aufgedruckt werden, dass das Auge nicht mehr die einzelnen Farbpunkte wahrnimmt, sondern diese sich zum entsprechenden farblichen Eindruck vermischen. Gerade auf Großplakaten kann man diese farbigen Punkte sehr gut erkennen, wenn man etwas näher an ein solches Plakat herangeht.

Wie aber entsteht jetzt eigentlich das, was das menschliche Auge dann als farbigen Eindruck wahrnehmen kann? Obwohl weder Physik noch Physiologie hier alle offenen Fragen beantwortet haben, kann man das Hervorrufen einer Farbwahrnehmung so beschreiben: Eine Lichtquelle sendet Lichtwellen aus, die über das Wellenlängenspektrum verteilt sind, die das menschliche Auge überhaupt wahrnehmen kann. Dabei ist es bei allen real existierenden Lichtquellen so, dass die Intensität des Lichts auf unterschiedlichen Wellenlängen unterschiedlich hoch ist. Dieses Licht trifft nun auf eine Oberfläche und wird von ihr reflektiert. Würde alles Licht ohne

Verluste reflektiert werden, hätte man eine perfekt reflektierende weiße Oberfläche. Bereits das unbedruckte Papier – auch solches feinster Qualität – reflektiert nicht mehr perfekt, sondern absorbiert teilweise bestimmte Wellenlängenbereiche.

Bei einer bedruckten Papierseite ist es weiterhin so, dass an den betreffenden Stellen das eintreffende Licht ganz unterschiedlich reflektiert wird: Bei einer mit gelber Druckfarbe gefärbten Fläche etwa werden nur die Anteile des Lichts reflektiert, die zu einer Farbwahrnehmung von Gelb führen, die anderen Anteile werden absorbiert.

Eine interessante Rolle führt hier auch die Farbe Schwarz, die wir für gewöhnlich nicht weiter differenzieren. Da es allerdings in den meisten Druckprozessen so ist, dass das Erreichen eines perfekten Schwarz – das also genau genommen sämtliches eintreffende Licht absorbiert – schwer zu leisten ist, haben wir in dieser Hinsicht eine erhebliche Varianz. Insbesondere im Zeitungsdruck mit seinen hohen Umdrehungszahlen für die Druckwalzen muss man damit leben, dass das schwärzeste Schwarz, das man erreichen kann, neben einer schwarzen Fläche in einem Kunstdruck allenfalls wie ein dunkles Grau wirkt. Erfreulicherweise kann sich das menschliche Auge auch hiermit sehr gut arrangieren, und es ist gar nicht so schwierig, auch in einer Zeitung farbige Bilder so zu reproduzieren, dass auf dem Bild dargestellte schwarze Objekte vom Betrachter als schwarz wahrgenommen werden.

Die visuelle Wahrnehmung. Folgen wir nun dem Weg der reflektierten Lichtwellen zum Auge. Hier geht man inzwischen davon aus, dass die verschiedenen Sinneszellen im Auge teilweise unterschiedliche Aufgaben wahrnehmen. So gibt es welche, die gut zwischen gelb und blau differenzieren können, andere verstehen sich auf rot und grün und schließlich gibt es noch welche, die genau genommen gar nicht farbig sehen, sondern nur hell und dunkel unterscheiden können. Einige der überzeugendsten Argumente für diese Theorie sind uns allgemein geläufig. So lässt sich beispielsweise aus Defekten ableiten, wie der intakte Wahrnehmungsapparat grundsätzlich funktioniert. Es gibt etwa eine erhebliche Zahl von Menschen, die rot-grün-blind sind und eine nicht ganz so große Gruppe von Menschen mit Blau-Gelb-Blindheit. Weiterhin sollten Sie einmal versuchen, nachts bei Mondschein Farben in der Umgebung zu erkennen: Obwohl man zumindest in einer klaren Nacht bei Vollmond Details sehr gut erkennen kann, wenn sich die Augen erst an die Dunkelheit gewöhnt haben, ist fast gar nicht zu erkennen, welche Farbe Objekte haben. Das lässt darauf schließen, dass es in unserem visuellen Wahrnehmungsapparat etwas geben muss, was hell und dunkel recht genau unterscheiden kann, aber sozusagen keine Farbe sieht.

Dieser Wahrnehmungsapparat mit seinen Wahrnehmungsdimensionen Rot-Grün, Gelb-Blau und Hell-Dunkel wird jetzt durch die eintreffenden Lichtwellen gereizt und sendet die entsprechenden Empfindungen weiter in Richtung Gehirn. Dort findet ein erheblicher Teil der Verarbeitung der visuellen Reize statt, und hier werden offensichtlich auch die diversen Anpassungen an unterschiedliche Lichtbedingungen, Papierweiß oder Schwarzpunkt, durchgeführt.

Der Normalbeobachter. Wenn man jetzt einen Moment innehält, beginnt man sich zu fragen, ob es denn an diesem ganzen farblichen Wahrnehmungsprozess überhaupt etwas Konstantes gibt. Bei aller Variabilität hat sich herausgestellt, dass Menschen zumindest unter gleichen Bedingungen sehr ähnlich auf Farbreize reagieren. Und damit ist das entscheidende Zauberwort auch gefallen: gleiche Bedingungen. Diese gilt es herzustellen, wenn man in Sachen Farbe und ihrer Standardisierung weiterkommen möchte. Und genau das hat die CIE 1931 gemacht. Eine der bekanntesten Versuchsreihen bestand darin, einen menschlichen Beobachter in einem Laborraum bei einem Umgebungslicht von D65 unter einem Blickwinkel von zwei Grad auf eine Fläche sehen zu lassen. Diese Fläche wurde mit Licht in einer ganz bestimmten Wellenlänge – also einem spektral genau definiertem Farbton – in einem Winkel von 45 Grad farbig angestrahlt. Den auf dieser Fläche sichtbaren Spektralfarbton sollte der Beobachter dann selbst zusammenmischen, indem er drei auf eine danebenliegende Fläche gerichtete farbige Lichtquellen in Gestalt der drei Primärfarben Rot, Grün und Blau in ihrer jeweiligen Intensität solange nachregelte, bis er die Farbe beider Flächen als gleich wahrnahm. Die Versuchsreihen erbrachten vergleichsweise homogene Ergebnisse und gestatteten es der CIE, auf der Basis von drei Primärfarben die jeweiligen relativen Anteile der gewählten Primärfarben zu ermitteln, die man benötigte, um praktisch alle sichtbaren Farben darzustellen.

5.1.4 CIE-basierte Farbräume.
Bei der Durchführung der CIE-Versuche ergab sich, dass manche Spektralfarben durch Mischung der drei Primärfarben nicht vollständig erreicht werden konnten. Eine Gleichheit der beiden Farbflächen konnte nur hergestellt werden, indem eine der drei Primärfarben zur Fläche mit der Spektralfarbe dazu gemischt wurde. Da diese Primärfarbe gleichsam von der Farbmischung subtrahiert werden musste, wurden die entsprechenden Werte negativ kodiert. Negative Farbwerte sind aber wenig intuitiv, weshalb man eine Transformation der Primärfarben erarbeitete, in der es keine negativen Werte mehr gab. Diesen Farbraum bezeichnet man als CIEXYZ.

Wesentlich später wurde eine weitere Transformation erarbeitet, die dafür sorgte, dass Abstände in diesem Farbraum den wahrgenommenen Abständen zwischen den betreffenden Farben entsprachen. In CIEXYZ liegen manche Werte für fast identische Farben recht weit auseinander, während für manche sehr unterschiedliche Farben die Werte sehr nahe beieinander liegen. Als neue, gleichabständige Farbräume wurden CIELUV und CIELAB festgelegt. CIELAB hat dabei die zusätzliche Eigenschaft, dass die Koordinaten im Raum als orthogonal gelten, also beispielsweise eine Wertänderung in der L-Achse (hell-dunkel) nicht den wahrgenommenen Farbton selbst beeinflusst. In der grafischen Industrie werden überwiegend CIEXYZ und CIELAB verwendet.

Es war sehr wichtig, Farbräume wie CIELAB als Bezugsgröße zu etablieren. In der Praxis muss man sich jedoch mit dem Problem herumschlagen, dass es keine Geräte gibt, die direkt Farbe im CIELAB-Farbraum erfassen oder ausgeben können. Scanner wie Monitore basieren auf RGB, viele Drucker auf CMYK. Außerdem gibt es kaum zwei Scanner, Monitore oder Drucker, die jeweils auf genau gleiche Art RGB oder CMYK erfassen oder ausgeben. Dabei gibt es unterschiedliche Probleme:

- Ein Scanner arbeitet nicht unbedingt linear: Ist eine Vorlage an einer Stelle um 50 Prozent intensiver rot als an einer anderen Stelle, so »sieht« der Scanner unter Umständen nur einen Unterschied von 40 Prozent.
- Bei jedem einzelnen Gerät einer Produktionsserie kann es Verschiebungen geben. Das einzelne Scanner-Gerät ist etwas empfindlicher oder weniger empfindlich als das nächste.

Diese Verzerrungen bzw. Abweichungen hat man auch schon in Zeiten der elektronischen Bildverarbeitung kompensiert – bei dem damals sehr hohen Preis eines Scanners war es aber auch noch akzeptabel, das jeweils installierte Gerät durch einen Fachmann fein zu justieren und Entzerrungstabellen zu optimieren. Heutzutage läge der Tagessatz eines solchen Fachmannes mitunter über den Kosten für den einzelnen Scanner selbst.

Dementsprechend wurde schnell ein Ansatz attraktiver, bei dem das Feinjustieren mehr oder weniger automatisch durch Software realisiert werden kann. Anders als bei den elektronischen Bildverarbeitungssystemen der achtziger Jahre sollte dabei aber nicht auf eine bestimmte Druckausgabe hin entzerrt werden. Unter Rückgriff auf die Arbeiten der CIE sollte dies im Gegenteil so universell gelöst werden, dass man mit einer Entzerrungstabelle später auf beliebigen Ausgabegeräten ausgeben kann. Dies erreicht man, indem die Entzerrung hin zu einem der standardisierten Farbräume – beispielsweise CIEXYZ oder CIELAB – realisiert wird. Dieser standardisierte Farbraum dient dann als Verbindungsfarbraum, von dem aus man mit einer entsprechenden weiteren – in diesem Fall inversen – Entzerrung für ein bestimmtes Ausgabegerät farblich korrekte Ausgabe erzielen kann. Der bestechende Vorteil an diesem Ansatz besteht darin, dass man für jedes Erfassungsgerät nur noch die Entzerrungsvorschrift hin zum Verbindungsfarbraum ermitteln muss, und in gleicher Weise nur eine inverse Entzerrungsvorschrift, um vom Verbindungsfarbraum in den Farbraum des Ausgabegerätes zu gelangen.

Als technische Umsetzung dieses Gedankens wurden ICC-Profile entwickelt, die mithilfe von Profilierungssoftware auf der Basis des Scan- oder

Ausgabeverhaltens eines einzelnen Geräts berechnet wurden (siehe Abschnitt 5.2.4 »ICC-Profile«, Seite 225). Diese Profile als Entzerrungsvorschriften zu bezeichnen ist in sofern etwas verkürzend, als die Entzerrungsanweisungen mathematisch reichlich komplex sein können. Dabei sind alle ICC-Profile so aufgebaut, dass sie definieren, wie man den verzerrten Farbraum eines bestimmten Geräts in einen idealen CIE-basierten Farbraum übersetzt. Soll also beispielsweise ein eingescanntes Bild auf einem Farbdrucker ausgedruckt werden, so benötigt man zwei Profile und prinzipiell zwei Umrechnungsvorgänge: Zunächst werden die Scanner-Rohdaten anhand des Scannerprofils nach CIELAB (oder CIEXYZ) umgerechnet und anschließend von CIELAB (bzw. CIEXYZ) in die Farbwerte des Druckers. Durch diese an sich simple Logik ist es möglich, Bilder von beliebigen Scannern auf beliebigen Druckern farblich korrekt auszugeben – jedenfalls so gut es die Abbildungseigenschaften der beteiligten Geräte zulassen.

5.2 Farbe in der Praxis

5.2.1 Gamut Mapping und Rendering Intent.

Soweit jedenfalls die Theorie. In der Praxis hat man mit einigen Phänomenen zu tun, die die Angelegenheit deutlich verkomplizieren. So kann kein Scanner dieser Welt alle real vorkommenden Farben erkennen bzw. unterscheiden, und kein Monitor oder Drucker kann alle diese Farben ausgeben. Viele Druckprozesse – man denke nur an Zeitungsdruck – können sogar nur einen ernüchternd kleinen Teilbereich aller wahrnehmbaren Farben wiedergeben. Den Teilbereich eines Farbraums, den ein Gerät umsetzen kann, bezeichnet man als Gamut, die Umsetzung von Farbräumen ineinander als *Gamut Mapping* oder Farbraumkompression.

Im Klartext heißt dies, dass Kompromisse erforderlich sind. Diese Kompromisse beim Gamut Mapping lassen sich in drei Ansätze gliedern. Ihnen liegt jeweils eine bestimmte Zielvorgabe zugrunde, die als *Rendering Intent* bezeichnet wird. Man könnte diesen Begriff frei als »Zielsetzung bei der Bildreproduktion« übersetzen, wir werden ihn im Folgenden jedoch immer im Original benutzen.

Perceptual Rendering Intent. Man »quetscht« den Ausgangsfarbraum in den Zielfarbraum. Dadurch werden zwar letztlich alle Farben verändert, aber die Abstände unterschiedlicher Farben zueinander bleiben proportional erhalten. Dies ist unter anderem wichtig, um Details im Bild nicht zu nivellieren. Glücklicherweise kann das menschliche Auge sich sehr leicht an solche Veränderungen anpassen und nimmt Farben sehr stark im Verhältnis zu anderen Farben wahr: Ein Objekt auf einem Bild wird nicht deswegen als leuchtend rot oder grün wahrgenommen, weil es objektiv diese Farbe hat, sondern weil es im Verhältnis zu anderen Objekten im Bild so

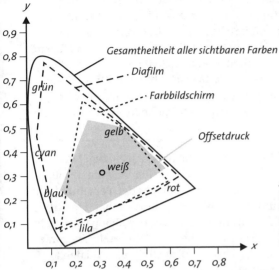

Abb. 5.1
Das CIE-Farbdiagramm ordnet alle sichtbaren Farben in einem zweidimensionalen hufeisenförmigen Diagramm an. Beim Gamut Mapping muss man den darstellbaren Farbbereich eines Geräts in den eines anderen umsetzen.

wirkt. Besonders deutlich wird dies bei Abbildungen, die zum Beispiel eigentlich gar kein Weiß enthalten können, etwa weil sie nicht auf weißem Papier gedruckt werden – siehe das im Abschnitt »Objektoberflächen«, Seite 212, beschriebene Beispiel der Financial Times.

Diese Strategie des Skalierens des Ausgangsfarbraums in den Zielfarbraum wird als *Perceptual Rendering Intent* bezeichnet. Im Deutschen gibt es leider mehr Übersetzungen von *perceptual*, als der Sache dienlich ist: perzeptiv, fotografisch oder wahrnehmungsorientiert.

Colorimetric Rendering Intent. Man versucht, so viele Farben wie möglich perfekt abzubilden und verschiebt die Farben, die nicht perfekt abgebildet werden können, auf den nächstmöglichen auf dem Ausgabegerät produzierbaren Farbwert. Diese Vorgehensweise bezeichnet man als farbmetrisch oder *Colorimetric Rendering Intent*. Je nachdem, ob die Farbe des Substrats, auf dem das Ausgangsmaterial vorliegt (bei einem Foto also die weiße Farbe des Fotopapiers) mit abgebildet werden soll oder nicht, spricht man zudem von absolutem oder relativem farbmetrischem Rendering Intent. Der absolut farbmetrische Rendering Intent würde zum Beispiel auch verwendet werden, wenn man das zu erwartende Druckergebnis, etwa für eine farbige Anzeige im Zeitungsdruck, auf einem Probedrucker simuliert. Hier ist das zu erwartende Ergebnis im Zeitungsdruck zugleich das Ausgangsmaterial, das der Probedrucker einschließlich der Farbe des Zeitungspapiers wiedergeben soll.

Saturation Rendering Intent. Man verzichtet auf Farbtreue zugunsten einer Sättigungstreue der Farben. Dieser Ansatz kann für Abbildungen wie

Geschäftsgrafiken oder Diagramme sinnvoll sein. In einem Tortendiagramm ist nicht am wichtigsten, ob das Grün oder Blau eines Segments möglichst gut getroffen wird, sondern dass die Sättigung der verwendeten Farben im Verhältnis zueinander erhalten bleibt, damit keines der Objekte eine andere optische Geltung erhält als von dem Ersteller der Grafik beabsichtigt. Die eine oder andere kleinere Farbverschiebung im Druckergebnis würde vielfach nicht als problematisch empfunden werden. In der Druckvorstufe wird dieser als Sättigung *(saturation)* bezeichnete Rendering Intent allerdings selten verwendet.

Wahl des Rendering Intent. Die Entscheidung über den einzugehenden farblichen Kompromiss kann einem keine Software der Welt abnehmen. Allerdings ist es üblich, für die Reproduktion von Fotos den Perceptual Rendering Intent zu verwenden und für Strichgrafik und Text eher den farbmetrischen Rendering Intent. In einzelnen Fällen kann es aber wichtig sein, die auf einem Bild vorkommende Firmenfarbe eines Unternehmens präzise zu reproduzieren, so dass man in diesem Fall auch für ein Bild den farbmetrischen Rendering Intent wählen würde.

5.2.2 Praktische Probleme der Farbdarstellung.

Leider ist Gamut Mapping nicht das einzige Problem, mit dem man in der Praxis konfrontiert wird. Im Auflagendruck der gängigen Druckverfahren werden neben so genannten Sonderfarben, die für die Erzeugung eines ganz bestimmten Farbtons eingesetzt werden, die Prozessfarben Cyan, Magenta, Yellow und Black verwendet, aus denen durch ein entsprechendes Mischungsverhältnis der vier Farbanteile alle vorkommenden Farben erzeugt werden können (jedenfalls theoretisch – siehe den vorigen Abschnitt zum Thema Gamut Mapping). Genau genommen ist es sogar so, dass man nur die drei Prozessfarben Cyan, Magenta und Yellow benötigt. Ähnlich wie bei additiver Farbmischung mit RGB, beispielsweise auf einem Monitor, lässt sich aus den Prozessfarben Cyan, Magenta und Yellow durch subtraktive Farbmischung jeder gewünschte Farbton herstellen. In der Praxis ist es allerdings so, dass beispielsweise durch jeweils 100 Prozent Cyan, Magenta und Yellow nicht Schwarz entsteht, sondern ein schmutzig wirkendes Dunkelbraun. Auch ein neutrales Grau lässt sich beispielsweise nur sehr schwer aus diesen drei Komponenten mischen. Deutlich bessere Ergebnisse erzielt man, wenn man den Anteil einer Cyan-Magenta-Yellow-Farbmischung, der theoretisch zu Grau führt, aus der Farbmischung herausnimmt und durch einen entsprechenden Anteil an Black realisiert. Im extremen Fall – Schwarz als dunkelstem Grauton – erhält man ein sauberes Schwarz, und auch ein neutrales Grau lässt sich sehr viel zuverlässiger realisieren.

Dies ist jedoch nicht der einzige Grund, bei den gängigen Auflagendruckverfahren zusätzlich zu Cyan, Magenta und Yellow die Prozessfarbe Black einzusetzen: Die mechanischen Schwankungen in einer Druckmaschine sowie des Papiers selbst führen dazu, dass die Farbkomponenten nicht immer präzise und passgenau übereinander gedruckt werden. In einem eingescannten Foto kann das schon mal zu geringen Farbverschiebungen führen, was aber selten wirklich auffällt. Viel deutlicher wirken sich diese mechanischen Schwankungen in der Druckmaschine aus bei dünnen Linien und insbesondere Text, wenn diese mit mehr als einer Farbkomponente gedruckt werden. Selbst geringe Verschiebungen der Prozessfarben zueinander führen bei Text und Linien zu einem deutlichen, auch vom Laien wahrnehmbaren Effekt, der das Druckergebnis unscharf, verwaschen und teilweise farblich inkorrekt wirken lässt.

Eine weitere Problematik besteht darin, dass praktisch keine Druckmaschine in akzeptabler Qualität drucken kann, wenn der Farbauftrag der Prozessfarben an einer Stelle sich 400 Prozent nähert, wenn also alle vier Prozessfarbkomponenten jeweils 100 Prozent Farbe auftragen. Hier fängt die Druckfarbe an zu schmieren und sich auf der Rückseite des nächsten Bogens abzulegen. Im Extremfall kleben die bedruckten Bogen zusammen, und das Papier trocknet sehr schlecht. Aus farbtheoretischer Sicht ist es allerdings in keinem Fall erforderlich, so viel Farbe aufzutragen – bei einem Farbauftrag von 300 bis 400 Prozent wirkt das Ergebnis im Wesentlichen sowieso schwarz, so dass man mit der Prozessfarbe Black alleine den gleichen Effekt erzielen kann. Auch ein so genanntes fettes Schwarz, das absichtlich zusätzlich zu 100 Prozent Schwarz noch andere Prozessfarben hinzumischt, um das Schwarz voller wirken zu lassen, benötigt keinen Farbauftrag, der sich auch nur in die Nähe von 400 Prozent begibt.

Insofern sind bei der Umwandlung von Farben in CMYK-Farbräume von Druckprozessen Anforderungen zu berücksichtigen, die über die Konzepte der reinen Farbkonvertierung hinausgehen und letztlich maschinentechnische Eigenheiten jenseits von Farbe berücksichtigen müssen.

Die technologische Umsetzung dieser Problematik von der reinen Farbumrechnung über Gamut Mapping bis hin zur Berücksichtigung maschinentechnischer Eigenheiten hat sich teilweise bis zum heutigen Tag in zwei Richtungen entwickelt:

- Auf der einen Seite führte Adobe in PostScript Level 2 die Konstrukte des *Color Space Array (CSA)* und des *Color Rendering Dictionary (CRD)* ein (siehe Abschnitt »Color Space Arrays (CSA)«, Seite 221, und Abschnitt »Color Rendering Dictionaries«, Seite 223).
- Auf der anderen Seite hatte das *International Color Consortium* (ICC) das Anliegen, sich nicht an ein bestimmtes grafisches Format zu binden und entwickelte stattdessen mit den ICC-Profilen ein Hilfsmittel, das von diversen Grafikformaten genutzt werden kann. Zu den Formaten mit Unterstützung für ICC-Profile gehören neben TIFF, JPEG und PNG auch das native Macintosh-Grafikformat PICT sowie SVG und Cascading Style Sheets (siehe Abschnitt 5.2.4 »ICC-Profile«, Seite 225).

Eine Verschmelzung dieser beiden Richtungen hat es aus verschiedenen Gründen leider nie gegeben. Auch heute gibt es keine PostScript-Seitenbeschreibung, die ein ICC-Profil enthalten könnte. (Das Einbetten von ICC-Profilen als PostScript-Kommentare in EPS-Bilddateien ist hier nicht relevant, da es keine Definition dessen gibt, was ein PostScript-Interpreter damit anfangen sollte.) Genauso wenig kommen CSA und CRD außerhalb von PostScript zum Einsatz.

Interessanterweise hat Adobe mit der Version 1.3 von PDF ICC-Profilen einen hohen Stellenwert eingeräumt, und die zuvor vorwiegenden kalibrierten Farbräume CalGray und CalRGB scheinen in den Hintergrund zu treten. (CalCMYK war zwar in PDF 1.1 spezifiziert, ist aber nie in Acrobat implementiert worden und wurde mit Version 1.2 auch wieder aus der Spezifikation herausgenommen.)

5.2.3 Farbraumtransformationen.

Für das Umrechnen eines Farbraums in einen anderen gibt es im Wesentlichen drei Methoden, die in der Praxis häufig kombiniert werden.

Die einfachste Methode ist die Anwendung je einer linearen Transformation (oft als Transferkurve oder kurz TRC bezeichnet) auf jede einzelne Komponente des Farbraums. Das ist insbesondere vom Rechenaufwand her einfach und effizient zu implementieren. Gleichzeitig ist es aber selten ausreichend, um alle Farbwertekombinationen eines Farbraums befriedigend in einen anderen umzurechnen.

Mit der zweiten Methode werden die Farbwerte des Ausgangsfarbraums mit einer Matrix multipliziert. Eine Matrix ist dabei ein mathematisches Gebilde aus *n x m* Zahlen, bei Farbraumtransformationen meist 3 x 3. Durch geschickte Wahl der betreffenden Matrizenwerte sind sehr viel differenziertere Umrechnungen möglich als mit Transferkurven, es steigt aber sowohl der Aufwand, zweckmäßige Matrizenwerte zu ermitteln wie auch die Umrechnung selbst durchzuführen.

Schließlich gibt es noch die Möglichkeit, Tabellen (häufig als Lookup-Table oder kurz LUT bezeichnet) zu verwenden, aus denen für ausgewählte Farbwertekombinationen des Ausgangsfarbraums die betreffenden Werte des Zielfarbraums abgelesen werden können. Alle nicht in der Tabelle aufgeführten Wertekombinationen werden interpoliert. Um eine ausreichende Genauigkeit der Farbraumumwandlung gewährleisten zu können, erreichen diese Tabellen teilweise Größen von einigen Hundert Kilobyte. Auch der Aufwand, diese Tabellen zu konstruieren und die entsprechenden Umrechnungen durchzuführen, ist erheblich höher als für Transferkurven und Matrizenmultiplikationen.

Nicht wirklich als Methode zu werten ist weiterhin die Vorkehrung, dass der Bereich gültiger Werte explizit begrenzt wird. So sind beispielsweise bei CIELAB für die L-Komponente nur Werte zwischen 0 und 100 zulässig. Entstehen im Zuge einer Umrechnung außerhalb liegende Werte, so werden sie einfach auf den nächstliegenden zulässigen Wert gesetzt.

In der Praxis werden diese drei Methoden häufig miteinander kombiniert. Mehr oder weniger zwingend wird der Einsatz von Lookup-Tabellen für die Umwandlung aus dem und in den Gerätefarbraum von CMYK-Druckern oder CMYK-Druckprozessen. Hingegen lassen sich monochrome Gerätefarbräume auf Basis einer einfachen Transferkurve umrechnen.

Color Space Arrays (CSA). *Color Space Arrays* stellen eine Umrechnungsvorschrift dar, um Ausgangsfarbwerte, zum Beispiel die durch Pixel eines eingescannten Bildes repräsentierten Farbwerte, in den Verbindungsfarbraum – in PostScript immer CIEXYZ – umzurechnen. Color Space Array heißt diese Konstruktion, weil im Aufruf eines CIE-basierten Farbraums alle Parameter in einem PostScript-Array angegeben werden. Strukturell besteht ein Color Space Array aus folgenden Bestandteilen:

- Die Ausgangsfarbwerte für dreikomponentige Farbräume werden mit den Buchstaben ABC bezeichnet – daher auch die Bezeichnung CIEBasedABC. Die Buchstaben A, B und C haben hierbei keine bestimmte Bedeutung. Zunächst werden mittels des Parameters RangeABC für jeden der Farbkanäle gültige Bereiche angegeben. Werte, die außerhalb liegen, werden auf den nächsten Wert in diesem Bereich umgesetzt. In einem zweiten Schritt wird mittels des Parameters DecodeABC jeder Farbkanal für sich mit einer PostScript-Prozedur manipuliert; das Ziel hierbei ist es unter anderem, dass die resultierenden LMN-Werte stetig steigend sind. Anschließend werden die Farbkanäle gemeinsam einer Matrizenoperation unterworfen. Die resultierenden Zwischenwerte werden mit den willkürlichen Buchstaben LMN bezeichnet.
- In einer zweiten Transformation werden die LMN-Zwischenwerte in die Werte des Zielfarbraums (in PostScript immer CIEXYZ) umgerechnet; der strukturelle Aufbau dieser zweiten Transformation ist identisch mit dem der ersten, enthält also wiederum Angaben über den gültigen Bereich pro Komponente, PostScript-Prozeduren sowie eine Matrix.
- Außerdem werden bei der Umrechnung der Weißpunkt und der Schwarzpunkt des Ausgangsfarbraums berücksichtigt, indem ein Gamut Mapping im Hinblick auf Weiß- und Schwarzpunkt des Zielfarbraums (in diesem Fall CIEXYZ) eingerechnet wird. Hierbei bedeuten Weißpunkt und Schwarzpunkt die hellste bzw. dunkelste im Bild vorkommende Stelle. Das sind nicht notwendigerweise die hellsten oder dunkelsten Farbwerte, die im betreffenden Farbraum kodiert werden können.

Ein CIEBasedABC-Farbraum eignet sich nicht nur für die Umsetzung eines Rohscans, sondern auch für die Umsetzung anderer so genannter kalibrierter Farbräume, zum Beispiel CIELAB oder sRGB, nach CIEXYZ.

Für einkomponentige Farbräume gibt es einen Farbraum namens CIEBasedA. Hierbei finden im ersten Transformationsschritt jeweils nur eine Wertebereichsangabe, eine PostScript-Prozedur sowie eine Matrix mit nur einem Vektor von drei Werten Verwendung. Das hieraus entstehende Zwischenergebnis sind wieder drei mit LMN bezeichnete Werte. Der zweite Transformationsschritt verläuft genauso wie unter CIEBasedABC.

In PostScript 3 (bzw. bereits in Revision 2016 von PostScript Level 2) wurden weitere CIE-basierte Farbraumdefinitionen eingeführt, unter anderem um auch CMYK-Eingangswerte nach CIEXYZ wandeln zu können. Bei den entsprechenden neuen Farbraumdefinitionen CIEBasedDEF und CIEBasedDEFG handelt es sich um eine mit einer Lookup-Tabelle erweiterte Variation von CIEBasedABC. Das heißt die Eingangsfarbwerte (DEF bei drei Farbkomponenten und DEFG bei vier Farbkomponenten) werden nach einer Begrenzung auf bestimmte Wertebereiche über PostScript-Prozeduren einzeln umgewandelt in die Zwischenwerte HIJK, die – wiederum nach Wertebereichsbegrenzung – anschließend mittels einer Lookup-Tabelle nach ABC umgerechnet werden. Die weitere Verrechnung erfolgt dann wie bei CIEBasedABC.

Aufrufe der geräteabhängigen Farbräume DeviceGray, DeviceRGB und DeviceCMYK lassen sich in generischer Weise auf CIE-basierte Farbräume umleiten: Hierzu ist mit dem geräteabhängigen Operator *setpagedevice* der Parameter *UseCIEColor* auf *true* zu setzen, nachdem zuvor in der Ressource-Kategorie *ColorSpace* unter den Namen DefaultGray, DefaultRGB und DefaultCMYK entsprechende CIE-basierte Farbraumdefinitionen (also CIEBasedA, CIEBasedABC oder CIEBasedDEF sowie CIEBasedDEFG) angelegt wurden. Eine ähnliche Konstruktion gibt es übrigens auch in PDF, wo man in Ressource-Dictionaries unter den gleichen Namen »Umleitungen« auf geräteunabhängige Farbräume für die Aufrufe der Gerätefarbräume für Prozessfarben definieren kann.

Wo kommen die Color Space Arrays her? Für gängige Farbräume, also zum Beispiel sRGB, lässt sich diese Frage sehr einfach beantworten: sie sind in der Fachöffentlichkeit allgemein bekannt und ohne weiteres verfügbar. Weniger klar ist die Antwort für die Umrechnung beispielsweise von Rohdaten aus einem Scanner. Es gab weder Anfang der neunziger Jahre noch heute Werkzeuge, mit denen ein Anwender solche Color Space Arrays direkt generieren, geschweige denn als solche seinen Rohdaten zuordnen konnte.

Indirekt jedoch gibt es relativ breite Unterstützung, allerdings ausgehend von ICC-Profilen (siehe Abschnitt 5.2.4 »ICC-Profile«, Seite 225). Einige DTP-Applikationen gestatten es, beim Drucken in PostScript wie auch beim Abspeichern im EPS-Format den Daten zugeordnete ICC-Profile als Color Space Arrays beizufügen. Dazu gehört zum Beispiel Adobe Photoshop, sofern die Option *PostScript Color Management* im Druckdialog aktiviert wird

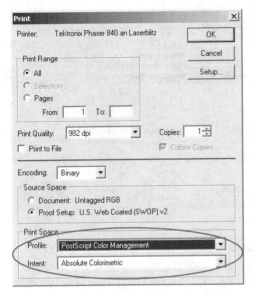

Abb. 5.2
Die Optionen für Color Management im Druckdialog von Adobe Photoshop

(siehe Abbildung 5.2). Durch die Nutzung von ColorSync kann man in aktuellen Versionen des LaserWriter-Druckertreibers für den Macintosh bei Anwahl eines ICC-Profils dieses als Color Space Array in den PostScript-Datenstrom einbinden. Dazu muss in den Optionen des Drucken-Dialogs im Bereich *Farbanpassung* die Einstellung *PostScript-Farbanpassung* aktiviert werden (siehe Abbildung 5.3). Dies wirkt sich allerdings nur bei Applikationen aus, die ihre Druckausgabe über QuickDraw erzeugen, also beispielsweise Office-Applikationen. Das gilt jedoch für keine der professionellen DTP-Applikationen, da diese ihren PostScript-Code fast vollständig selbst generieren.

Color Rendering Dictionaries. Color Rendering Dictionaries sind das unabdingbare Gegenstück zu Color Space Arrays. Schließlich definieren diese zwar, wie man zum Verbindungsfarbraum CIEXYZ hinkommt, nicht aber, wie man von CIEXYZ in den Gerätefarbraum des betreffenden Ausgabegeräts gelangt. Genau dies leisten Color Rendering Dictionaries, und sie lösen dabei zwei Probleme.

Erstens: Die CIE-basierten Farbräume in der PostScript-Seitenbeschreibung nutzen einen bestimmten Farbumfang (Quellgamut), den das Ausgabegerät mit seinem meist stärker begrenzten Farbraum (Zielgamut) in den seltensten Fällen abdecken kann. Insofern muss eine Entscheidung getroffen werden, auf welche Weise Kompromisse eingegangen werden. Dies geschieht durch Rendering Intents (siehe Abschnitt 5.2.1 »Gamut Mapping und Rendering Intent«, Seite 216). Zwar findet auch in einem Color Space Array auf der Basis der Angaben zu Weißpunkt und Schwarzpunkt ein Ga-

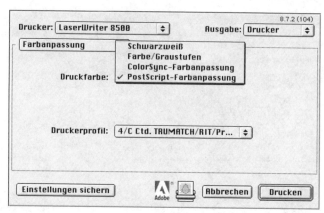

Abb. 5.3
Die Optionen für Colormanagement im LaserWriter-Treiber

mut Mapping statt – dies ist allerdings nicht näher spezifiziert und kann nicht durch Rendering Intents parametrisiert werden. Da CIEXYZ als idealer Farbraum anzusehen ist, stellt dies auch zunächst kein Problem dar (beachten Sie aber die entsprechenden Ausführungen in Abschnitt 5.2.4 »ICC-Profile«, Seite 225). Man sollte sich übrigens nicht dadurch irritieren lassen, dass der Rendering Intent beim Aufruf des Quellfarbraums angegeben wird, aber sich im Wesentlichen bei der Umsetzung in den Zielgerätefarbraum auswirkt. Seinen Grund hat dies letztlich darin, dass man inhalts- und nicht zielgeräteabhängig entscheiden möchte, welche Kompromisse man bei der Farbumsetzung eingehen möchte. Zweitens: Wenn festgelegt ist, welche Farbwerte in der Seitenbeschreibung wie auf dem Ausgabegerät ausgegeben werden sollen, ist insbesondere bei CMYK-Geräten zu ermitteln, durch welche Wertekombinationen im Gerätefarbraum dies erreicht wird. Die meisten Ausgabegeräte sind für die Prozessfarben Gray, RGB oder CMYK konstruiert. Es gibt jedoch auch Geräte, die mittels DeviceN angesteuert werden können (siehe dazu Abschnitt 5.3.4 »PostScript 3«, Seite 251).

Strukturell sind Color Rendering Dictionaries den Color Space Arrays sehr ähnlich. Zudem werden sie nur auf CIE-basierte Farbräume angewandt, wirken sich also auf in Gerätefarbräumen spezifizierte Farben (DeviceGray, DeviceRGB, DeviceCMYK sowie Separation und DeviceN) in der Seitenbeschreibung nicht aus. Zu berücksichtigen ist auch, dass bei der Transformation von CIE-basierten Farbräumen über Color Rendering Dictionaries zu den Farbwerten des Ausgabegerätes nicht unbedingt Zwischenergebnisse in CIEXYZ-Notation errechnet werden. Stattdessen werden die Informationen im Color Space Array wie im Color Rendering Dictionary zu einer einzigen Transformation zusammengefasst. Dadurch vermeidet man unnötige Rundungsfehler und erhöht die Performance.

Im Einzelnen werden die aus der Definition des Color Space Array resultierenden CIEXYZ-Werte zunächst einer Matrizenoperation sowie einer komponentenweisen Transferkurve unterworfen, deren Aufgabe es ist,

Weiß- und Schwarzpunkt des Quellfarbraums auf Weiß- und Schwarzpunkt des Zielfarbraums umzusetzen. Sind diese identisch, entfällt dieser Umrechnungsschritt. Anschließend können optional weitere Transformationen definiert sein.

Die bereits umgerechneten CIEXYZ-Werte werden dann per Matrizentransformation, einer komponentenweisen Transferkurve mit PostScript-Prozeduren, einer Wertebereichsbegrenzung sowie einer zweiten Matrizenoperation, einer komponentenweisen Transformation und einer Wertebereichsbegrenzung weiteren Umrechnungen unterworfen. Im einfacheren Fall ist die Konvertierung hiermit vollzogen, und die sich ergebenden drei Werte werden in folgender Weise direkt an das Gerät übergeben:

- Bei einem DeviceGray-Gerät wird nur die A-Komponente verwendet, die B- und C-Werte werden verworfen.
- Bei einem DeviceRGB-Gerät werden A, B und C direkt als Gerätefarbwerte benutzt.
- Bei Geräten mit anderen Gerätefarbräumen greifen die entsprechenden Umsetzungsregeln, beispielsweise die einfache Umrechnungsformel von DeviceRGB nach DeviceCMYK (siehe Abschnitt 5.3.1 »PostScript Level 1 und Host-basierte Separation«, Seite 238).

Wiederum optional kann im Anschluss an die Errechnung der ABC-Werte eine Lookup-Tabelle *(RenderTable)* zur Anwendung kommen, die die ABC-Werte auf entsprechende RGB- oder CMYK-Werte eines Geräts umsetzt. Auch hier gelten gegebenenfalls die Umrechnungsformeln, falls das Ausgabegerät einen anderen Farbraum unterstützt.

2.4 ICC-Profile.

Das *International Color Consortium (ICC)* wurde 1993 von einigen grossen Herstellern (Adobe, Agfa, Apple, Kodak, Microsoft, Silicon Graphics, Sun) mit dem Ziel der Vereinheitlichung wichtiger Aspekte der Farbverarbeitung gegründet. Die Arbeitsergebnisse fanden in den Folgejahren Eingang in wichtige Technologien, etwa das in das Macintosh-Betriebssystem integrierte *ColorSync* sowie das *Image Color Management (ICM)* im Windows-Betriebssystem. Alle wichtigen Hersteller von DTP-Anwendungen unterstützen inzwischen mehr oder weniger elegant Colormanagement auf ICC-Basis. Auch in Webformate wie PNG, CSS oder SVG haben ICC-Standards Einzug gehalten. Weitere Informationen zum ICC finden Sie im Internet unter der Adresse

http://www.color.org

Die ICC-Spezifikation beschreibt ein Dateiformat zur farbmetrischen Charakterisierung von Ein- und Ausgabegeräten. Solche Dateien werden als ICC-Profile bezeichnet. Die Spezifikation lässt offen, auf welche Weise die Profile erstellt und angewendet werden. In einigen Aspekten ist implizit definiert, auf welchem algorithmischem Wege Profile zu erstellen sind oder wie Farbwerte umzurechnen sind, es gibt jedoch eine ganze Reihe von

Aspekten, deren Implementierung teilweise sehr offen ist: So gilt insbesondere für den Perceptual Rendering Intent, dass es jedem Hersteller von Werkzeugen freisteht, wie er diesen im Detail umsetzt.

Das kann zu durchaus unterschiedlichen Ergebnissen bei der Verwendung von Werkzeugen unterschiedlicher Hersteller führen. Insofern wurde in der grafischen Industrie schon vielfach bemängelt, dass es keine Referenzimplementierung der wichtigsten Funktionen gibt. Der Grund dürfte gewesen sein, dass sich Hersteller über die Qualität ihrer Implementierungen vom Wettbewerb abheben wollten. Der Anwenderschaft hat dies allerdings nicht eben Vorteile gebracht – vor allem wenn man sich bewusst macht, dass von allerhöchster Priorität die farbliche Vorhersehbarkeit einer Farbtransformation ist. Vergleichsweise weniger bedeutsam ist es, ob eine bestimmte Implementierung hier und da noch ein geringfügig besseres Ergebnis erzielen kann als eine andere.

Durchaus ähnlich zu der Vorgehensweise von Adobe bei der Weiterentwicklung von PostScript gründet sich die Arbeit des ICC ganz wesentlich auf die Forschungsergebnisse und Festlegungen der CIE. Insofern wird man ohne weiteres viele Konstrukte aus den auf CSA basierenden Farbräumen wiedererkennen. Auf der anderen Seite ist das Konzept der Verwendung der ICC-Profile deutlich allgemeiner und umfassender angelegt.

Bei einer PostScript-basierten Seitenbeschreibung geht es letztlich nur darum, von der in PostScript kodierten Seitenbeschreibung möglichst farbgetreu auf ein Ausgabegerät zu gelangen. Die Logik der ICC-Profile ist hingegen deutlich universeller ausgerichtet. Hier geht es darum, von beliebigen Geräten auf beliebige andere Geräte zu gelangen bzw. Bildmaterial in einem geräteneutralen Farbraum aufbewahren und beliebig wiederverwenden zu können. Hierbei ist wichtig zu beachten, dass ICC-Profile keineswegs nur für Bildmaterial einzusetzen sind, sondern sich vielmehr für die farbliche Charakterisierung jeglichen digital gespeicherten visuellen Materials eignen, wie zum Beispiel Vektorgrafik, Text oder auch Bewegtbilder.

Im Hinblick auf die Geräte ist es natürlich nicht so, dass beliebige Kombinationen praktikabel sind. Niemand wird erwägen, auf einem Scanner Bilder auszugeben oder mit einem Drucker Bilder zu erfassen. Aber bereits ein Monitor wird einerseits zum Darstellen von Bildern oder Seiten verwendet (insofern stellt dies eine Ausgabefunktion dar); andererseits wird er für Bildretusche oder Bildmontage verwendet: Hierbei erwartet der Benutzer, dass der farbliche Eindruck auf dem Monitor auch später im Druck realisiert werden kann. In dieser Hinsicht stellt der Monitor ein Eingabegerät dar, prinzipiell ähnlich einem Scanner.

Auch Druckausgabegeräte sind nicht ausschließlich Endpunkt einer Farbraumtransformation. Möchte man beispielsweise auf einem Farblaser- oder Tintenstrahldrucker simulieren, wie das zu erwartende Druckergebnis beispielsweise einer Zeitungsanzeige später wirklich aussehen wird, so erfordert dies, dass die Anzeige zunächst in den Farbraum des Zeitungsdrucks konvertiert wird (dabei findet die unumgängliche Gamutkompression statt) und anschließend eins zu eins, also möglichst ohne Gamutveränderung, weiterkonvertiert wird in den Farbraum, den der Farblaser- oder Tintenstrahldrucker darstellen kann. Dies funktioniert natürlich nur dann befriedigend, wenn dieser Drucker alle Farben, die im Zeitungsdruck produziert werden können, ausgeben kann. Im Hinblick auf die meisten Druckverfahren ist bei professionellen Proofdruckern diese Voraussetzung gegeben. Stark vereinfachend könnte man sagen, dass man auf diesem Wege den Proofdrucker dazu bringt, eine Vorlage so sehr farblich eingeschränkt auszugeben, wie es dem betreffenden Druckverfahren eigen ist. In gewisser Weise unterschreitet der Proofdrucker gezielt die farbliche Qualität, die er eigentlich erreichen könnte.

Um diesen Anforderungen gerecht zu werden, enthält ein ICC-Profil Einträge, um sowohl von dem durch das Profil charakterisierten Gerätefarbraum zum geräteneutralen Verbindungsfarbraum zu gelangen, als auch von diesem *Profile Connection Space (PCS)* zum Gerätefarbraum. Als Profile Connection Space ist in ICC-Profilen dabei sowohl CIEXYZ als auch CIELAB möglich. Durch dieses bidirektionale Konzept kann man für Farbraumtransformationen mehrere Profile flexibel in der jeweils benötigten Weise kombinieren.

Aufbau von ICC-Profildateien. ICC-Profildateien bestehen aus zwei Teilen: einem statischen Header, der die wichtigsten allgemeinen Informationen über das Profil enthält, zum Beispiel Profiltyp, Farbraum, Copyright und Name des Profils, sowie einem variablen Teil, der ähnlich dem Rasterbildformat TIFF über Tags organisiert ist. Das in ICC-Profilen verwendete Instrumentarium für die eigentlichen Farbraumtransformationen lässt sich in drei Gruppen unterscheiden:

- Für einkomponentige Farbräume kommt eine Transferkurve *(tone reproduction curve)* zur Anwendung. Eine Transferkurve ist hierbei eine Folge von gleichmäßig verteilten Eingangswerten, denen jeweils ein Ausgangswert zugeordnet ist. Für nicht vorhandene Zwischenwerte wird interpoliert. Das Ergebnis entspricht dem achromatischen Anteil im Profile Connection Space (das ist im CIELAB-Farbraum beispielsweise die L-Komponente).
- Für dreikomponentige Farbräume besteht eine Möglichkeit in der Verwendung von matrixbasierten Profilen. Hier wird zunächst jede Eingangskomponente einer Transferkurve unterzogen. Anschließend werden die drei Eingangskomponenten jeweils gemeinsam in einer Matrizenoperation transformiert, wobei die Matrix aus den CIEXYZ-Werten der drei Primärfarben (RGB) des Geräts besteht.
- Eine weitere Vorgehensweise, geeignet für drei- und vierkomponentige Farbräume, greift auf Lookup-Tabellen zurück. Im Einzelnen wird hier zunächst wiederum jeder Eingangswert für sich einer Transferkurve un-

terzogen, danach werden mittels einer Lookup-Tabelle diese Werte umgerechnet und anschließend nochmals einzeln einer weiteren Transferkurve unterzogen. Für diesen Profiltyp müssen Tags mit Lookup-Tabellen getrennt für jeweils eine Richtung vorhanden sein: *AToBn* für die Konvertierung zum Profile Connection Space und *BToAn* für die Konvertierung vom Profile Connection Space zum Gerätefarbraum. Der Wert *n* steht hierbei für den Rendering Intent, der mit dem betreffenden Tag realisiert ist. Für Ausgabeprofile müssen zwingend drei Rendering Intents abgedeckt sein: perceptual (0), relativ farbmetrisch (1) und Saturation (2). Unter Verwendung des Weißpunktes kann man die Transformation für den absolut farbmetrischen Rendering Intent ableiten, so dass hierfür kein eigenes Tag vorgesehen ist.

Überblick über Profiltypen. *Eingabeprofile* (Kennung *scnr*) gibt es für monochrome Geräte und Geräte mit dreikomponentigem Farbraum (RGB). Bei monochromen Geräten basiert das Profil immer auf einer Transferkurve. Für die dreikomponentige Variante finden matrixbasierte wie auch auf einer Lookup-Tabelle basierende Profile Verwendung (Tag *AToB0*, wobei der damit implizierte Perceptual Rendering Intent nicht wirklich eine entsprechende Bedeutung hat).

Monitorprofile (Kennung *mntr*) gibt es für monochrome Geräte und Geräte mit dreikomponentigem Farbraum (RGB). Bei monochromen Geräten basiert das Profil immer auf einer Transferkurve. Für die dreikomponentige Variante finden matrixbasierte wie auch auf Lookup-Tabellen basierende Profile Verwendung. Die ICC-Profilspezifikation lässt allerdings die Bedeutung des Rendering Intent der Tags für Lookup-Tabellen offen.

Ausgabeprofile (Kennung *prtr*) gibt es für monochrome Geräte sowie für Geräte mit drei oder vier Komponenten. Bei monochromen Geräten basiert das Profil immer auf einer Transferkurve. Bei mehrkomponentigen Geräten finden ausschließlich auf Lookup-Tabellen basierende Profile Verwendung. Die drei Rendering Intents »perceptual«, »relativ farbmetrisch« und »Saturation« müssen in beiden Richtungen (zum und vom Profile Connection Space) abgedeckt sein, so dass ein gültiges ICC-Ausgabeprofil für mehrkomponentige Gerätefarbräume immer sechs entsprechende Tags haben muss. Dabei ist es zulässig, die gleiche Lookup-Tabelle für mehr als ein Tag zu verwenden, wobei in solch einem Fall auch bei Angabe unterschiedlicher Rendering Intents das Ergebnis identisch wäre.

Die folgenden Profilformate – in der ICC-Spezifikation unter dem Abschnitt »Zusätzliche Profilformate« aufgeführt – spielen in der Praxis eine nachgeordnete Rolle und sollen nur kurz gestreift werden:

Color Space Conversion Profile (Kennung *spac*) dienen der Konvertierung eines geräteunabhängigen Farbraums zum und vom Profile Connection Space. Hiermit kann beispielsweise von CIELAB nach CIEXYZ konvertiert werden.

Device Link Profile (Kennung *link*) fassen eine Konvertierung von einem bestimmten Gerätefarbraum in einen bestimmten anderen Gerätefarbraum zusammen. Hieraus ergeben sich insbesondere Performance-Vorteile bei der Umrechnung.

Abstrakte Profile (Kennung *abst*) dienen der Farbtransformation von einem Profile Connection Space zu einem Profile Connection Space und können niemals in eine Datei zur Charakterisierung der verwendeten Farben eingebettet werden.

Named Color Profile (Kennung *nmcl*) stellen ein Profil für eine durch einen Namen identifizierte Farbe dar, können also beispielsweise für eine Sonderfarbe gelten. In der Praxis sind diese Profile recht selten, da es einen erheblichen Aufwand bedeutet, für alle eventuell anfallenden Sonderfarben sowie für jeden u4nterschiedlichen Druckprozess unter Berücksichtigung von Papiereigenschaften und Druckfarben ein eigenes Profil zu erstellen. Stattdessen wird für Sonderfarben häufig ein monochromes Profil (für Schwarz) oder der Schwarzkanal eines CMYK-Profils verwendet.

Wo kommen ICC-Profile vor? ICC-Profile können in viele gängige Bilddatenformate (zum Beispiel JPEG, PNG und TIFF) und Seitenbeschreibungen (wie zum Beispiel PDF) eingebettet werden. Hierzu gehören Scanner-, Monitor- und Ausgabeprofile sowie beispielsweise für in CIELAB kodierte Daten Profile des Typs *Color Space Conversion*.

Für die Geräteansteuerung selbst, also für den Weg vom Profile Connection Space zum Gerätefarbraum, finden Monitor- und Ausgabeprofile Anwendung. In diesem Fall werden die Profile in demjenigen Prozess wirksam, der die Farbraumtransformation vornimmt: Das kann entweder im Falle von Druckern ein RIP sein oder im Falle der Monitoransteuerung der Teil des Betriebssystems eines Computers (zum Beispiel ColorSync oder ICM), der für die Monitoransteuerung zuständig ist. Es gibt auch separate Programme, die eine entsprechende Transformation vornehmen. In diesem Fall werden die entstehenden Farbwerte später eins zu eins auf das entsprechende Gerät geschickt. Ähnlich können entsprechende direkte Transformationen über Profile des Typs *Device Link* realisiert werden. In diesen Fällen werden die betreffenden Zielprofile nicht in eine Datei eingebettet, sondern von dem betreffenden für die Transformation eingesetzten Umrechnungsprozess zusammen mit den in die zu verarbeitenden Dateien eingebetteten Quellprofilen verwendet. Anders ausgedrückt: Werden ICC-Profile als Quellprofile verwendet, werden sie idealerweise in die betreffenden Bild- oder Seitenbeschreibungsdaten eingebettet. Werden sie als Zielprofile verwendet, sind sie nicht eingebettet, sondern werden von dem die Transformation ausführenden Prozess verwendet.

In bestimmten Fällen kann es jedoch auch vorkommen, dass die Bild- oder Seitenbeschreibungsdateien nicht charakterisierte Gerätefarbwerte enthalten. In PostScript und PDF werden die entsprechenden Prozessfarbräume als DeviceGray, DeviceRGB und DeviceCMYK bezeichnet. Diese können – auch bei Vorhandensein eines Zielprofils – zunächst nicht konvertiert werden, da nicht ermittelbar ist, was die Farbwerte tatsächlich bedeuten. Hier kann nun ein Transformationsprozess eine Annahme darüber treffen, welchem Quellfarbraum diese Rohfarbwerte zuzuordnen sind, und ein entsprechend voreinzustellendes ICC-Profil für die Farbtransformation in einen Zielgerätefarbraum verwenden.

Konvertierung von CSAs in ICC-Profile durch Distiller 5. Die zwischen CSA und PostScript auf der einen Seite und PDF und ICC-Profilen auf der anderen Seite bestehende Kluft überbrückt Acrobat Distiller ab Version 5. Während man aus ICC-Profilen ohne weiteres Color Space Arrays generieren kann, ist der umgekehrte Weg nicht ohne weiteres möglich, da ein CSA nur eine Farbtransformationsvorschrift hin zum Verbindungsfarbraum enthält, ein ICC-Profil aber beide Richtungen abdecken muss, und das zumindest bei Ausgabeprofilen für drei unterschiedliche Rendering Intents. Auch Distiller 5 kann nicht zaubern und aus einem CSA herleiten, was dort gar nicht enthalten ist. Distiller 5 versucht stattdessen, aus Eigenschaften des CSA im PostScript-Datenstrom dasjenige ICC-Profil auf der lokalen Festplatte zu finden, aus dem dieses CSA ursprünglich generiert worden war.

Im Einzelnen verfolgt Distiller 5 dabei folgende Strategie: In einem CSA können einige optionale Schlüssel enthalten sein, deren Inhalt direkt aus dem zugrunde liegenden ICC-Profil stammt. Explizit definiert im PostScript 3 Reference Manual sind zwei dieser Schlüssel allerdings lediglich für Color Rendering Dictionaries, um die es hier aber gar nicht geht. Vor diesem Hintergrund hat Adobe jedoch zumindest hausintern eine erweiterte Sprachregelung festgelegt, nach der diese Einträge auch in einem CSA vorkommen können. Außerdem wurden drei zusätzliche optionale Schlüssel definiert. Bereits für CRDs sind in PostScript definiert:

- */CreationDate* gibt den Inhalt des ICC-Profiltags *calibrationDateTimeTag* wieder.
- */RenderingIntent* gibt den Rendering Intent an, den das CRD bzw. CSA realisiert.

In keiner Weise im PostScript 3 Reference Manual spezifiziert sind die folgende Einträge für CSAs:

- */Description* gibt als ASCII-String den Inhalt des ICC-Profiletags *desc* wieder.
- */ColorSpace* gibt den Gerätefarbraum des ICC-Profils laut Header an.
- */Copyright* enthält als ASCII-String den Copyright-Vermerk aus dem ICC-Profiltag *cprt*.

Distiller 5 sucht beim Destillieren in jedem CSA nach den hier aufgeführten Einträgen und prüft, ob sich auf der lokalen Festplatte ein ICC-Profil findet, das diesen Einträgen entspricht. Falls ja, wird für das zu erstellende PDF das CSA verworfen und stattdessen das gefundene ICC-Profil eingebettet. Dadurch schließt sich auf für den Anwender sehr elegante Weise der Kreis der ICC-Profilverwendung.

Gelingt es Distiller 5 nicht, das passende ICC-Profil zu finden, wird das CSA in ein generisches ICC-Profil umgewandelt, das in PDF den Namen *PostScript CSA profile* trägt. Man könnte Adobe vorwerfen, dass es sich hier um eine ICC-Mogelpackung handelt – zumindest aus praktischer Sicht ist dieser Vorwurf zurückzuweisen, da die Funktion, die mit dem CSA kodiert war, vollständig erhalten bleibt. Dass die nicht benutzten weiteren Rendering Intents oder die Konvertierungsrichtung vom Verbindungsfarbraum zum Gerätefarbraum nicht korrekt oder nicht vollständig abgedeckt sind, tut nichts zur Sache, weil sie für diesen Quellprofil-Kontext in keinem Fall benötigt werden.

So bleibt nunmehr im Interesse der Anwender zu hoffen, dass außer Adobe-Applikationen wie Adobe Photoshop auch andere DTP-Programme diese zusätzlichen Schlüssel in die aus ICC-Profilen generierten CSAs hineinschreiben. Hierfür wäre sicherlich hilfreich, wenn Adobe diese Optionen öffentlich zugänglich spezifizieren würde.

2.5 Der sRGB-Farbraum. Obwohl der Nutzen einer ICC-basierten Produktionsweise kaum mehr angezweifelt wird, tut sich die grafische Industrie auch heute noch schwer genug, wirklich durchgängig ICC-basiert zu arbeiten. Eines der größten Probleme ist weiterhin, dass die korrekte Handhabung von Betriebssystem, Applikationen sowie Ein- und Ausgabegeräten sich auch dem kundigen Fachmann nicht immer ohne weiteres erschließt.

Von Benutzern, in deren Tätigkeit die korrekte Reproduktion von Dokumenten nicht im Vordergrund steht – also etwa im Office-Bereich –, kann man ein entsprechendes Engagement von vornherein nicht erwarten. Hier müssen die Erfassung mit einem Scanner oder einer Digitalkamera und die Ausgabe auf einem Monitor oder einem Drucker ohne weiteres Zutun stimmig sein, wobei allerdings die Ansprüche sicher nicht ganz so hoch sind wie in der grafischen Industrie. So haben beispielsweise Versuche, einen Benutzer dazu zu bewegen, seinen Monitor beim Besuchen entsprechender Websites zu profilieren, kaum Anklang gefunden. Der Anwender muss dabei bestimmte Anweisungen befolgen (Kontrast und Helligkeit des Monitors auf bestimmte Einstellungen setzen) und einige Fragen über Gleichheit oder Verschiedenheit bestimmter farbiger Flächen auf dem Monitor beantworten. Dabei würde so macher Website-Betreiber – zum Beispiel Versandhäuser für Bekleidungsartikel – etwas dafür geben, sein Angebot farbverbindlich auf dem Monitor des potenziellen Kunden dargestellt zu wissen.

Hier muss also ein einfacherer Weg gefunden werden, farbliche Vorhersehbarkeit auch auf beliebigen Office- oder Consumer-Geräten zu etablieren. Die Antwort scheint sRGB zu heißen. Dieser Farbraum – die Abkürzung steht für *standard RGB* – wurde von Hewlett-Packard und Microsoft definiert und wird mittlerweile von weiteren Herstellern unterstützt.

sRGB ist ein ganz bestimmter, farbmetrisch charakterisierter RGB-Farbraum, der sich ebenfalls in Gestalt eines ICC-Profiles oder eines Color Space Arrays ausdrücken lässt. Das Ziel soll allerdings erreicht werden, ohne dass sich ein Anwender mit sRGB als ICC-Profil oder CSA beschäftigen müsste. Zu diesem Zweck bewegt sich eine Reihe von Herstellern entsprechender Geräte darauf zu, ihren Geräten ein Standardverhalten angedeihen zu lassen, das RGB direkt entspricht. Ein entsprechender Scanner oder eine Digitalkamera würde also ohne weiteres Zutun Bilder im sRGB-Farbraum erzeugen, ein Monitor würde sich selbst stets auf den sRGB-Farbraum kalibrieren, und ein Drucker würde RGB-Informationen, die an ihn zum Drucken geschickt werden, als sRGB-Farbwerte interpretieren und anhand des richtigen eingebauten Ausgabeprofils umsetzen.

In einer Welt, in der es ausschließlich sRGB-Scanner, sRGB-Digitalkameras, sRGB-Monitore und sRGB-Drucker gibt, würde dieser Ansatz sehr gut funktionieren. Dies gilt insbesonders, wenn man berücksichtigt, dass beispielsweise Messköpfe, die ein Monitor oder Drucker einsetzen müsste, um sein eigenes Farbverhalten zu kontrollieren und nachzuregeln, inzwischen zu vergleichsweise geringen Kosten produziert werden können. Ausführliche Informationen zu sRGB finden Sie im Internet unter der Adresse

http://www.srgb.com

5.2.6 Probleme beim Colormanagement.

An dieser Stelle soll auch kurz eingegangen werden auf bestimmte Grenzen und Probleme des Umgangs mit geräteneutralen Farbinformationen sowie der farbmetrischen Charakterisierung von Gerätefarbräumen.

Vorhersagbare Ergebnisse. Grundlage aller derzeit auf dem Markt verfügbaren Lösungen sind die Arbeiten der CIE. Diese gehen davon aus, dass die Wahrnehmung von Farbe bei einer ganz bestimmten Lichtart und unter einem ganz bestimmten Betrachtungswinkel erfolgt. Licht, das in einem Winkel von 45 Grad auf die wahrzunehmende Oberfläche einfällt und keine Spiegelungen verursacht, ist nun leider keine besonders realistische Einschätzung einer typischen Situation für das Lesen einer Zeitschrift oder eines Katalogs oder das Betrachten eines Plakats. Das liegt nicht an den Annahmen der CIE, sondern schlichtweg daran, dass es die eine typische Situation nicht gibt. Man vergegenwärtige sich nur einmal, unter welch unterschiedlichen Lichtverhältnissen eine farbige Anzeige in einer Zeitung oder die Abbildung eines Produkts in einem Katalog betrachtet wird. Bereits Glühlampenlicht und Neonlicht unterscheiden sich erheblich, noch größer ist der Unterschied zu Tageslicht. In bestimmten Situationen spüren wir das Problem auch, etwa wenn man bei schwacher Glühlampen-Beleuchtung versucht herauszufinden, ob zwei Kleidungsstücke farblich zueinander passen. Da ahnt man manchmal schon, dass man bei Tageslicht besehen daneben gegriffen haben könnte. Nichtsdestotrotz gibt es noch kein

Textilmaterial – und auch keine Autolackierung oder Fassadenfarbe –, das sich seiner Umgebung so anpasst, dass es farblich den gleichen Eindruck beim Betrachter hervorruft. Und genauso wenig kann sich bedrucktes Papier dynamisch anpassen.

Wir müssen also damit leben, dass Farbe als durch Menschen wahrgenommenes Phänomen niemals situationsunabhängig vorhersagbar ist. Das ist aber kein Grund aufzugeben: Bevor man Farbe »irgendwie« produziert, sollte man zumindest versuchen, unter Referenzbedingungen – im konkreten Fall die Wahrnehmungssituation des von der CIE definierten Normalbeobachters – ein vorhersagbares Ergebnis zu erzielen. Und unser Auge kommt uns da ein ganzes Stück entgegen: Es adaptiert sich sehr schnell und sehr gut an unterschiedliche Wahrnehmungsbedingungen – oder haben Sie etwa den Eindruck, dass farbige Abbildungen in Zeitschriften oder Bildbänden außer bei Tageslicht um die Mittagszeit herum immer falsch aussehen?

Metamerie. Mitunter gibt es jedoch Phänomene, die unser Auge nicht ausgleichen kann. Eines dieser Phänomene bezeichnet man als *Metamerie*. Davon spricht man, wenn zwei unterschiedliche Spektralverteilungen den gleichen farblichen Eindruck hervorrufen. Dies bedeutet unter anderem, dass man den gleichen Farbton in einem CMYK-Druckverfahren durch unterschiedliche Farbmischungen darstellen kann. Man könnte zwei solcher unterschiedlichen Farbmischungen direkt nebeneinander drucken, und für den Betrachter sähe es aus wie eine homogene Farbfläche – jedenfalls solange sich die Betrachtungssituation nicht ändert. Unter einer anderen Lichtart ist es jedoch sehr wahrscheinlich, dass sich auch die Spektralverteilung des reflektierten Lichts ändert – und zwar möglicherweise hin zu Verteilungen, die auf einmal einen unterschiedlich wahrgenommenen Farbton bewirken. In manchen Fällen kann es hier zu recht kräftigen Unterschieden in der Farbwahrnehmung kommen.

Aufheller. Von der Verwendung von Aufhellern in Waschmitteln weiß heutzutage jedes Kind, aber auch Papier kann man durch Beimischung von Aufhellern weißer als weiß machen. Möglich ist dieser Effekt dadurch, dass bestimmte spektrale Bereiche mit kürzerer Wellenlänge – teilweise bis in den unsichtbaren UV-Bereich hinein – des auf eine Oberfläche einfallenden Lichtes in einem anderen spektralen Bereich mit größerer Wellenlänge reflektiert werden. Dadurch scheint diese Oberfläche heller zu sein als eine vergleichbare Oberfläche, die diese Aufheller nicht enthält. Wenngleich Papier als umso höherwertiger gelten mag, je weißer es ist, stellt dies das Erfassen von Messwerten für eine ICC-Profilerstellung vor große Probleme.

Beim Profilieren der Ergebnisse eines bestimmten Druckprozesses wird von einem Spektralmessgerät das reflektierte Licht an einer Stelle gemessen, für die der Farbauftrag bekannt ist. Reflektiert wird dabei vom bedruckten Papier das sorgfältig definierte und konstant gehaltene Licht, das

das Messgerät selbst aussendet. Die meisten Messgeräte verwenden Lichtquellen, die im Wesentlichen nur sichtbares Licht aussenden, und dabei einer bestimmten standardisierten Tageslichtart entsprechen. Im richtigen Tageslicht hingegen ist aber darüber hinaus ein gewisser Anteil an UV-Licht enthalten. Dadurch kommt es dazu, dass das Messgerät bei Oberflächen mit optischen Aufhellern etwas anderes als Messergebnis ermittelt als das, was das menschliche Auge bei Tageslicht wahrnimmt. Dort ist das reflektierte Licht erheblich vom Anteil der durch den Aufheller »umgeleiteten« Anteile bestimmt, der farbliche Eindruck kann also entsprechend stark variieren.

Probleme mit CIELAB. Vielfach gilt der CIELAB-Farbraum als idealer medienneutraler Farbraum. Dabei gibt es jedoch einige Probleme zu bedenken, die es fragwürdig werden lassen, ob man beispielsweise Bilddaten für die unmittelbare Verwendung wie auch für die Archivierung in CIELAB umrechnen sollte.

Ein Problem besteht bereits darin, dass mit CIELAB-Farbwerten, die in drei Byte (acht Bit pro Kanal) kodiert werden, theoretisch circa 16 Millionen unterschiedliche Farbwerte beschrieben werden können. Von diesen theoretisch kodierbaren Farbwerten kommt aber nur etwa ein Drittel in der Wirklichkeit vor. Die übrigen kodierbaren Werte stehen für Farben, die es nicht gibt. Weiterhin gilt als erwiesen, dass das menschliche Auge circa 2,4 Millionen Farben unterscheiden kann. Somit können nur circa 5 Millionen statt 16 Millionen der möglichen CIELAB-Farbwerte verwendet werden, um die real existierenden Farben zu kodieren. Auf den ersten Blick erscheint das ausreichend zu sein bei 2,4 Millionen unterscheidbaren Farben. Bei Farbtransformationen treten aber immer Rundungsfehler auf, deren Effekt durchaus sichtbar wird, indem beispielsweise Detailzeichnung verloren geht, weil Farbwerte durch die Umwandlung nivelliert wurden. Man könnte dies dadurch umgehen, dass man CIELAB-Farbwerte statt mit drei Byte mit sechs Byte (16 Bit pro Kanal) kodiert. Andererseits ist es aber vorstellbar, dass ein Farbraum, der die theoretisch möglichen Werte im Hinblick auf die real vorkommenden Werte besser ausnutzt, auch mit 8 Bit pro Kanal ausreichend gute Ergebnisse erbringt. In der Praxis haben sich deshalb einige ICC-basierte Farbräume wie beispielsweise das ECI-RGB der *European Color Initiative* bewährt, die sich für das Kodieren der real vorkommenden Farben besonders gut eignen. Dies liegt zum erheblichen Teil daran, dass sie die theoretisch möglichen Werte gleichmäßig über den Raum der tatsächlich vorkommenden Farben verteilen. Weitere Angaben hierzu finden Sie unter

http://www.eci.org

Ein weiteres Problem mit der CIELAB-Kodierung ist, dass sie mit seinem Wertebereich von -128 bis 127 für die Kanäle a und b nicht alle Farben abdeckt, die vorkommen können. So können im a-Kanal von CIELAB eigentlich Werte zwischen -164 und +128 vorkommen, und im b-Kanal Werte zwischen -133 und +146. Dies führt dazu, dass bestimmte Grün-, Gelb- und Purpurfarben in CIELAB nicht abgebildet werden können. Bezogen auf alle existierenden Farben machen diese in CIELAB nicht abgedeckten Farben allerdings nur etwa drei Prozent aus.

Automatisches und benutzergesteuertes Colormanagement. Die aufgeführten Bereiche möglicher Probleme sollten nicht darüber hinwegtäuschen, dass das Arbeiten mit CIE-basierten Farbräumen erhebliche Vorteile in der Medienproduktion bringt und in der Qualität und Vorhersehbarkeit der Ergebnisse eine herkömmliche Produktionsweise deutlich hinter sich lässt.

Hier sei auch darauf hingewiesen, dass dennoch in der Praxis auftretende Probleme zumeist nicht vom Einsatz von Colormanagement per se herrühren, sondern der Unausgereiftheit zahlreicher Programme (in technischer Hinsicht wie auch sehr oft im Hinblick auf die Bedienungsoberfläche) sowie der teilweise missglückten Integration in die Betriebssysteme zu verdanken sind. Die Ursachen liegen nicht unbedingt in erster Linie in einer Nachlässigkeit der Softwarehersteller, sondern erheblich auch an einem Zielkonflikt.

Auf der einen Seite soll das Versprechen eingelöst werden, dass Colormanagement funktioniert, ohne dass der Anwender etwas dazu beitragen, geschweige denn ein Colormanagement-Experte werden müsste. Besonders gut ist dies zu erkennen an Bestrebungen von Apple für das Betriebssystem Mac OS X, diesem Ideal ein gutes Stück näher zu kommen. So können Betriebssystem und Digitalkamera, Bildschirm oder Farbdrucker sich beim Anschließen an den Computer sofort miteinander bekannt machen, und das Betriebssystem ordnet der Eingabequelle Digitalkamera oder den Ausgabemedien Bildschirm und Farbdrucker automatisch das richtige Profil zu. Ist der Farbdrucker zudem in der Lage zu »wissen«, auf welches Papier er gerade mit welcher Tinte oder welchem Toner druckt und meldet dies adäquat an den Computer, so ist hier eine sehr feine farbliche Abstimmung durch das Betriebssystem ohne die Möglichkeit von Bedienungsfehlern vorstellbar. Das mit der Digitalkamera erfasste Bild wird in optimaler Qualität auf dem Drucker ausgegeben, ebenso wie es auf dem Bildschirm stets in bestmöglicher Qualität dargestellt wird.

Da das Betriebssystem weiterhin – geeignete Abstimmung der verwendeten Applikationen vorausgesetzt – das Einbetten des Digitalkameraprofils in die erfasste Bilddatei bewerkstelligt, wird das Bild auch auf einem anderen Rechner mit einem anderen Bildschirm oder Drucker optimal ausgegeben. Sich selbst nachregelnde Ein- und Ausgabegeräte, die inzwischen auch außerhalb des Highend-Bereichs verfügbar werden, sorgen dafür, dass dieses Szenario stabil funktionieren kann.

In den für die grafische Industrie entwickelten Applikationen mochte man sich zunächst nicht zufrieden geben mit der im Betriebssystem vorliegenden Implementierung von Colormanagement – zum erheblichen Teil auch deswegen, weil Mac OS und Microsoft Windows das jeweils auf unterschiedliche Weise realisieren. Möchte ein Hersteller plattformübergreifend Lösungen entwickeln, hat er es unter Umständen leichter, wenn er Colormanagement am Betriebssystem vorbei selbst implementiert. So hat Adobe eine komplette eigene »Farbmaschine« entwickelt, die sich als ACE *(Adobe Color Engine)* in den aktuellen Produktversionen findet. Quark setzt für XPress 5.0 auf die Colormanagement-Funktionalität von Kodak. Auf diesem Weg entsteht ein sehr heterogenes Szenario: Jede DTP-Applikation setzt Colormanagement etwas anders um, so dass sich für den Benutzer keine Möglichkeit einer einheitlichen Arbeitsweise ergibt.

Des Weiteren stellen die verschiedenen Hersteller in unterschiedlichem Maß Einstell- und Kontrollmöglichkeiten bereit. Dies geschieht in der guten Absicht, den Benutzer mit den Interna des Colormanagements verschonen zu wollen, aber auch, um häufige Bedienungsfehler gar nicht erst zuzulassen. So ist es in den meisten Layoutapplikationen, in denen unterschiedlichste Elemente wie Bilder, Grafiken und Text auf den Seiten zusammengeführt werden, äußerst schwierig bis unmöglich, sich eine Übersicht über die im Einzelnen wirksamen Einstellungen in Sachen Colormanagement zu verschaffen. So sollte man beispielsweise für jedes Element auf einer Seite erkennen können, ob und wie es durch das Colormanagement gehandhabt wird: Welche Profile sind an welcher Stelle zugeordnet? Welcher Rendering Intent ist wirksam? Mit welchem Zielprofil wird die Seite mit den aktuellen Einstellungen beim nächsten Druckvorgang ausgegeben? Nicht zu vernachlässigen ist auch, dass praktisch jede Applikation den einen oder anderen Implementierungsfehler aufweist, der oft schwer zu identifizieren ist, weil man von vornherein gar nicht so einfach herausfinden kann, wie die aktuellen Einstellungen überhaupt aussehen. Die erste DTP-Applikation, die hier einen deutlich benutzerfreundlicheren Ansatz umgesetzt hat, ist CorelDraw, das in einem übersichtlichen und intuitiven Dialog alle relevanten Colormanagement-Einstellungen zugänglich macht (siehe Abbildung 5.4).

Diese Situation bringt es mit sich, dass ein Anwender, der sich in Richtung Colormanagement weiterentwickeln möchte, sich nicht nur ein Grundverständnis von Colormanagement erarbeiten muss, sondern obendrein sich mit den Unwägbarkeiten der unterschiedlichen Applikationen vertraut machen muss. Angesichts dessen, dass in der grafischen Industrie die Ansprüche immer etwas höher sein werden, als es den in die Betriebssysteme eingebauten Möglichkeiten entspricht, ist es an den Herstellern für DTP-Applikationen, den nächsten wichtigen Schritt zu gehen. Um sowohl wenig erfahrenen Anwendern und Profis gleichermassen gerecht zu werden, ist es wünschenswert, unterschiedliche Bedienungsmodi bereitzu-

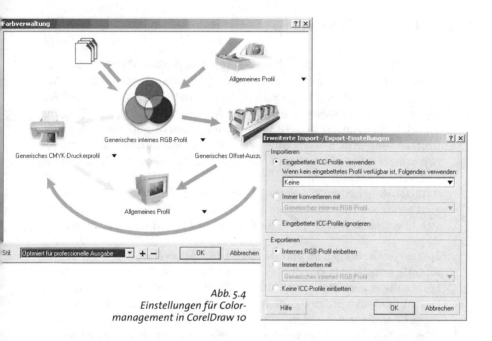

Abb. 5.4
Einstellungen für Colormanagement in CorelDraw 10

stellen: einen Standardmodus, der den Anwender mit Colormanagement-Details verschont und von meistens sinnvollen Grundeinstellungen ausgeht, und einen Expertenmodus, in dem alle relevanten Einstellungen leicht zugänglich angezeigt und geändert werden können.

.2.7 Resümee.

Mit Colormanagement können sicherlich nicht alle Probleme der farblich optimalen Darstellung auf den relevanten Ausgabemedien restlos gelöst werden. Neben technischen Problemen und Grenzen gibt es hier durchaus auch grundsätzliche Probleme, die nicht ohne weiteres aus der Welt zu schaffen sind.

Was beispielsweise die Genauigkeit oder Ungenauigkeit von CIE-basierten Farbraumtransformationen angeht, mag es hilfreich sein, sich einmal vorzustellen, wie wir die Entfernung zwischen zwei Städten ermitteln. Dabei denken wir nicht darüber nach, welche Erhebungen es auf dem Weg zwischen den beiden Städten gibt oder wie sich die Entfernungen von mehreren Städten zueinander verhalten, wenn man die Krümmung der Erdoberfläche einbezieht. Bei bestimmten Anforderungen wie bei der Planung für den Bau einer Gasleitung lohnt es sich, auch diese Aspekte penibel zu berücksichtigen, aber für den täglichen Gebrauch etwa bei der Reiseplanung kann man mit den kleinen Unstimmigkeiten der Entfernungswerte bestens leben.

5.3 Farbe in PostScript

5.3.1 PostScript Level 1 und Host-basierte Separation.
In PostScript Level 1 gab es zunächst nur Farbräume für Graustufen und RGB. RGB ist hierbei sowohl direkt über RGB-Farbwerte als auch indirekt über HSB-Werte (HSB steht für *hue, saturation* und *brightness,* also Farbton, Sättigung und Helligkeit) angebbar. HSB-Werte können dabei durch eine einfache Umrechnung in RGB-Werte umgewandelt werden. Die Grau- bzw. Farbwerte wurden eins zu eins auf das betreffende Ausgabegerät geschickt, und es gab keine Vorkehrungen, dafür zu sorgen, dass bei gleichen Farbwerten auf unterschiedlichen Ausgabegeräten der gleiche farbliche Eindruck produziert werden würde. Die einzige Ausnahme ist die Transferkurve, mit der sich in gewissen Grenzen die Kanäle eines Farbraums überformen lassen.

Spracherweiterungen im Vorfeld von PostScript Level 2. Noch vor der Veröffentlichung von PostScript Level 2 gab es eine Erweiterung für PostScript Level 1, die es gestattete, CMYK-basierte Farben zu definieren und auszugeben. Außerdem wurden Operatoren eingeführt, die den Schwarzaufbau *(Black Generation, BG)* und die Unterfarbenreduktion *(Under Color Removal, UCR)* festlegen lassen. Beides sind Strategien, mit denen sich für RGB-Farben eine für den Auflagendruck angemessenere Umwandlung nach CMYK zu erzielen lässt als mit der in PostScript verwendeten einfachen Farbumrechnung. Ebenso wurden die Operatoren für Rastereinstellungen und Transferfunktionen entsprechend auf CMYK erweitert. Diese Spracherweiterungen wurden zunächst nur von einigen Farbdruckern sowie Display PostScript unterstützt. Die Standardformel für einfache Konvertierung von RGB in CMYK lautet:

```
cyan    = 1.0 - red
magenta = 1.0 - green
yellow  = 1.0 - blue
```

Die Formel für Schwarzaufbau und Unterfarbenreduktion sieht wie folgt aus (siehe Abbildung 5.5):

```
c = 1.0 - red
m = 1.0 - green
y = 1.0 - blue
k = min (c, m, y)
cyan    = min (1.0, max (0.0, c - UCR(k)))
magenta = min (1.0, max (0.0, m - UCR(k)))
yellow  = min (1.0, max (0.0, y - UCR(k)))
black   = min (1.0, max (0.0, BG(k)))
```

Hierbei werden UCR( ) und BG( ) mit den Operatoren *setundercolorremoval* bzw. *setblackgeneration* als PostScript-Prozeduren implementiert, die einen

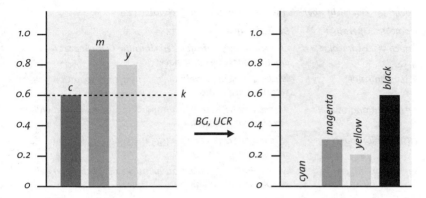

Abb. 5.5
Die Funktionen blackgeneration und undercolorremoval ersetzen gleich große Anteile von Cyan, Magenta und Yellow durch einen geeigneten Anteil Black.

Eingabewert im Bereich zwischen 0.0 und 1.0 in einen Ausgabewert umrechnen. Für BG( ) muss der Ausgabewert ebenfalls zwischen 0.0 und 1.0 liegen, für UCR( ) zwischen -1.0 und +1.0.

In der grafischen Industrie werden Seiten von vornherein traditionell nicht in RGB, sondern in CMYK aufgebaut. Außerdem sind im Zuge des Einsatzes von Colormanagement die CIE-basierten Farbräume auf dem Vormarsch. Da sich die Operatoren für Schwarzaufbau und Unterfarbenreduktion aber nur auf die Konvertierung von DeviceRGB nach DeviceCMYK auswirken, ist ihre praktische Bedeutung als eher gering anzusehen.

Host-basierte Separation nach Technote 5044. Technote 5044 ist ein technisches Dokument von Adobe mit dem Titel *Color Separation Conventions for PostScript Language Programs*. Dieses Dokument ist zwar kein offizieller Bestandteil der PostScript-Sprachdefinition, prägt die grafische Industrie aber bis heute. Es führt Pseudo-Operatoren unter anderem für das Definieren und Verwenden von Sonderfarben ein.

Diese Technote stellt außerdem dar, wie man 5044-konforme Seitenbeschreibungen durch Vorschalten umdefinierter Operatoren als Separationen ausgeben kann. Hierbei werden sowohl die in Tabelle 5.1 aufgeführten Pseudo-Operatoren eingeführt als auch bestimmte reguläre Operatoren aus dem Sprachumfang von PostScript Level 1 umdefiniert. Dabei werden einige Merkmale vorweggenommen, die in PostScript Level 2 sauber eingeführt wurden (siehe Abschnitt »Der Separation-Farbraum«, Seite 246). Dieses Konzept wird als Host-basierte Separation bezeichnet, da die Umsetzung der Separationen auf dem Computer (Host) und nicht im Ausgabegerät erfolgt.

Interessanterweise treffen diese Konventionen keine Vorkehrungen für das Separieren von RGB-Bildern. Der Operator *colorimage* wird bei Separationen nach Technote 5044 nur für CMYK korrekt umgesetzt. Für in RGB defi-

Tabelle 5.1. Übersicht über die Pseudo-Operatoren in Technote 5044

Name des Operators	Bemerkungen
findcmykcustomcolor	entspricht dem Aufrufen des Alternate Color Space zu einem Separation Colorspace
setcustomcolor	wird in PostScript Level 2 ausgedrückt als /Separation setcolorspace + setcolor
setseparationgray	wird in PostScript Level 2 ausgedrückt als /Separation »All« setcolorspace + setcolor
customcolorimage	wird in PostScript Level 2 ausgedrückt als /Separation setcolorspace + image
separationimage	wird in PostScript Level 2 ausgedrückt als /Separation »All« setcolorspace + image
setoverprint	eingeführt in Level 2
currentoverprint	eingeführt in Level 2
setcmykoverprint	wurde in der Praxis nie verwendet

nierte Vektorelemente und Text wird von den meisten Applikationen, die Separationen nach Technote 5044 ausführen, nach der weiter oben beschriebenen einfachen Umrechnungsformel eine Separation in CMYK erzielt.

Die in dieser Technote spezifizierten Vorgehensweisen stellen auch heute noch die Basis für den größten Teil aller in der grafischen Industrie erzeugten PostScript-Daten dar. Die alternative Strategie, nämlich im RIP die Separationen errechnen zu lassen, wurde mit PostScript Level 2 eingeführt und ist Gegenstand des nächsten Abschnitts. Es ist verwunderlich, dass sich die Separation im RIP selbst zehn Jahre nach Veröffentlichung von PostScript Level 2 nicht wirklich durchsetzen konnte. Letztlich nur dadurch, dass inzwischen in immer mehr Betrieben unsepariertes PDF bei der digitalen Druckvorlagenübermittlung eingesetzt wird, ist ein allmählicher Wechsel weg von Host-basierter Separation und hin zu unseparierten Arbeitsweisen festzustellen. Eine Host-basierte Separation von PDF-Dateien in den Versionen 1.3 oder 1.4 wird recht häufig scheitern. Das liegt daran, dass die in PDF verwendeten Konstrukte allenfalls mit PostScript Level 2 oder PostScript 3 adäquat umgesetzt werden können. Allerdings greifen die Umdefinitionen nach Technote 5044 in diesem Fall nicht mehr.

Alles in allem stehen damit in PostScript Level 1 ausschließlich Operatoren und Pseudo-Operatoren für Farbe zur Verfügung, die die Farbe geräteabhängig angeben, so dass das tatsächliche Ergebnis in farblicher Hinsicht stark vom betreffenden Gerät beziehungsweise – beim Erzeugen von Separationen für Filme oder Druckformen – vom Auflagendruckprozess abhängt.

Ein weiteres interessantes Detail besteht darin, dass Host-basierte Separation stets ohne Kompression für Bilddaten auskommen muss, was häufig einen erheblichen Performance-Nachteil bedeutet.

.3.2 PostScript Level 2 und In-RIP-Separation.

Für den Umgang mit Farbe führt PostScript Level 2 zwei wichtige neue Konstruktionen ein. Zum einen werden CIE-basierte Farbräume möglich in Gestalt von Color Space Arrays (zunächst nur für ein- und dreikomponentige Farbräume) und Color Rendering Dictionaries (siehe Abschnitt »Color Space Arrays (CSA)«, Seite 221). Zum anderen wird ein offizieller Weg für das Angeben von Sonderfarben eingeführt. Sowohl CIE-basierte Farbräume als auch Sonderfarben werden mit einem neuen Operators *setcolorspace* aufgerufen. Dieser Operator erwartet bestimmte Parameter, anhand derer der gewünschte Farbraum mit den gewünschten Eigenschaften zum aktiven Farbraum gemacht wird. Die jeweiligen Farbwerte selbst werden durch den Befehl *setcolor* eingestellt.

Die neuen Operatoren *setcolorspace* und *setcolor* können auch verwendet werden, um die bereits in PostScript Level 1 existierenden Farbräume aufzurufen. Mit der Anweisung

```
/DeviceCMYK setcolorspace 0.5 0.0 1.0 0.0 setcolor
```

wird der gleiche Effekt erzielt wie mit

```
0.5 0.0 1.0 0.0 setcmykcolor
```

Insofern stellen diese neuen Operatoren eine verallgemeinerte Form der Angabe von Farbraum und Farbwerten dar (für Graustufen und RGB gibt es die entsprechenden Namen DeviceGray und DeviceRGB).

Insbesondere für die CIE-basierten Farbräume ist eine Host-basierte Separation nach Technote 5044 nicht mehr zu leisten, da die erforderlichen Umrechnungsoperationen so komplex sind, dass sie nur schwer durch das Umdefinieren von Operatoren im PostScript-Code realisiert werden können.

In-RIP-Separation. Stattdessen muss die ebenfalls mit PostScript Level 2 als optionale Funktion eingeführte In-RIP-Separation bemüht werden, die unter Rückgriff auf ein Color Rendering Dictionary die Umsetzung der Quellfarbräume in den betreffenden Gerätefarbraum leistet. Die In-RIP-Separation kann wie die Host-basierte Separation einen geräteabhängigen CMYK-Farbwert in seine vier Komponenten zerlegen und auf dem entsprechenden Farbauszug ausgeben. Vor allem aber leistet sie beim Vorliegen von CIE-basierten, als Color Space Array kodierten Farbräumen die Umrechnungsarbeit über ein Color Rendering Dictionary hin zu Gerätefarbwerten. Vereinfachend kann man sagen, dass eine In-RIP-Separation in einem PostScript-RIP zum erheblichen Teil aus einem Farbrechner besteht, der von geräteunabhängigen in gerätespezifische Farbwerte umrechnet und dann die Komponenten der Gerätefarbwerte auf die jeweiligen Farbauszüge verteilt.

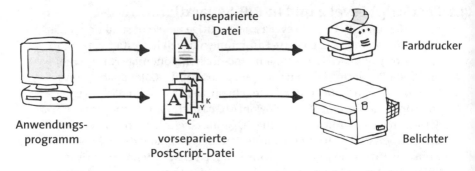

Abb. 5.6
Host-basierte Separation nach Technote 5044

Aktiviert wird die In-RIP-Separation durch relativ einfache Parameter für den Operator *setpagedevice*. Hierbei muss das Prozessfarbmodell angegeben werden (in der Regel CMYK, möglich sind aber auch Gray, RGB oder DeviceN). Zudem ist anzugeben, welche Farbauszüge für die betreffende Seite vorkommen und welche hiervon man tatsächlich ausgeben möchte:

```
<<
    /Separations true
    /ProcessColorModel /DeviceCMYK
    /SeparationColorNames [ /Cyan /Magenta /Yellow /Black /Orange ]
    /SeparationOrder [ /Black /Orange ]
>> setpagedevice
```

In diesem Beispiel aktiviert die erste Zeile die In-RIP-Funktion. Über den Schlüssel *ProcessColorModel* werden die Prozessfarben angegeben, mit denen das Ausgabegerät (also beispielsweise eine Druckmaschine, für die Filme oder Druckplatten belichtet werden) arbeitet. *SeparationColorNames* listet alle Farbauszüge auf, die benötigt würden, um alle Farben zu reproduzieren – hier zusätzlich zu den CMYK-Prozessfarben noch die Sonderfarbe Orange. Mit *SeparationOrder* werden die tatsächlich zu erzeugenden Auszüge – in der gewünschten Ausgabereihenfolge – aufgeführt, im Beispiel werden die Auszüge für Black und Orange angesteuert. Fehlen die beiden Parameter *SeparationColorNames* und *SeparationOrder*, werden alle Sonderfarben in das Prozessfarbmodell, hier CMYK, umgesetzt, und es werden in diesem Fall die entsprechenden vier Farbauszüge ausgegeben. Keine Angaben sind erforderlich in Bezug auf CIE-basierte Farbräume. Deren Umsetzung in den Prozessfarbraum erfolgt implizit. Hierfür ist es allerdings erforderlich, dass ein geeignetes Color Rendering Dictionary aktiv ist. Obwohl in jedem PostScript Level 2 oder PostScript Level 3 RIP ein standardmäßiges CRD vorhanden ist, ist seine wichtigste Funktion zumeist, einen PostScript-Fehler bei der Verarbeitung CIE-basierter Farbräume zu vermeiden. Für eine farblich angemessene Behandlung von CIE-basierten Farben ist es meist nicht zu

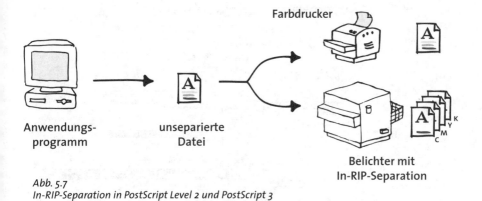

Abb. 5.7
In-RIP-Separation in PostScript Level 2 und PostScript 3

gebrauchen, und die Farbwerte dürften mehr oder weniger direkt als DeviceGray, DeviceRGB und DeviceCMYK behandelt werden.

Die Layoutapplikation Adobe InDesign versucht eine Host-basierte Separation anzubieten, die über die Grenzen von Technote 5044 hinausgeht (siehe Abbildung 5.8). In der Tat gelingt in InDesign 1.5.2 prinzipiell das Separieren von in den Farbräumen Separation oder DeviceN angelegten Elementen, woran eine herkömmliche Host-basierte Separation immer scheitern wird. Leider klappt es bei InDesign mit DeviceN auch nur bei einem importierten PDF. Das gleiche PDF als EPS mit PostScript 3 abgespeichert führt zu PostScript-Fehlern. Ähnlich fehlerbehaftet ist das Separieren von CIE-basierten Farbräumen in importierten EPS-Dateien. Leider stimmt in den meisten Fällen das erzielte Separationsergebnis nicht überein mit dem, was das aus dem gleichen Hause stammende Adobe InProduction als Host-basierende Separation generiert. InProduction setzt für das Errechnen der Separation ein CPSI (Configurable PostScript Interpreter) ein, so dass es sich nicht um die klassische auf Technote 5044 basierende Host-Separation handelt, sondern genau genommen um ein Pendant zu einer In-RIP-Separation, die bei InProduction auf dem Arbeitsplatzrechner ausgeführt wird. Hierbei ist zu bemerken, dass sich InProduction sehr nahe an der PostScript-Spezifikation bewegt und als Referenz gelten darf. Zusammenfassend darf man sagen, dass man in den meisten Abläufen nur dann mit Host-basierter Separation erfolgreich produzieren kann, wenn ausschließlich PostScript-Datenmaterial verarbeitet wird, das aus letztlich veralteten PostScript-Generatoren stammt, also Layout-, Grafik-, und Bildbearbeitungsapplikationen, die PostScript-Level-1-Code erzeugen. Sobald man von den Möglichkeit aktueller PDF-Versionen oder modernerer PostScript-Generatoren Gebrauch macht, ist man praktisch gezwungen, auf In-RIP-Separation umzustellen, wenn man vorhersehbar produzieren möchte. Dennoch hat sich die grafische Industrie mehr als zögerlich mit den Möglichkeiten der neuen Option In-RIP-Separation angefreundet, und für min-

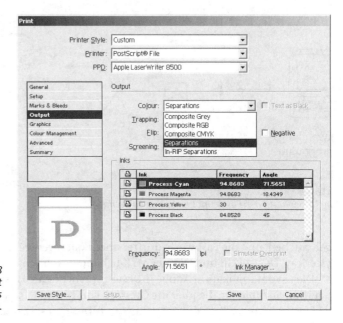

Abb. 5.8
Adobe InDesign unterstützt sowohl Host-basierte als auch In-RIP-Separation.

destens zehn Jahre nach Einführung von PostScript Level 2 bevorzugte man trotz vereinzelt auftretender Probleme die mit PostScript Level 1 verhaftete Host-basierte Separation nach Technote 5044. Die Gründe dafür werden wir in Abschnitt 5.3.3 »Warum setzt sich In-RIP-Separation nicht durch?«, Seite 247, ausführlicher erörtern.

Überdrucken. Normalerweise wird vor jedem Ausgeben eines grafischen Elements die Fläche, die dieses Element einfärben soll, ausradiert, und zwar auf allen auszugebenden Farbauszügen. Dies bedeutet, dass ein schwarzer Text, der auf eine bereits mit 100 Prozent Cyan eingefärbte Fläche ausgegeben wird, zunächst den auszugebenden Schriftzug im Cyan-Kanal und allen anderen Kanälen ausradiert, und erst danach genau den gleichen Schriftzug mit Schwarz ausmalt. Aus verschiedenen Gründen kann es aber wünschenswert sein, dass genau dieses Ausradieren vor dem Malen – in der Fachsprache als Aussparen bezeichnet – nicht stattfindet, und sich auf diesem Wege ein Effekt des Überdruckens einstellt. Seit PostScript Level 2 gibt es dementsprechend auch einen Operator *setoverprint*, der zwischen diesen beiden Modi hin- und herschalten kann. Wie ist aber dieses Überdrucken im Detail geregelt?

Zunächst bezieht sich der Verzicht des Ausradierens vor dem Malen nur auf Farbkanäle, die die anstehende Maloperation nicht selbst verwenden. Der eigene Kanal bzw. die eigenen Kanäle werden immer ausradiert. Ist die Seitenfläche bereits mit 40 Prozent der Sonderfarbe Ockergelb und 70 Prozent der Sonderfarbe Sandsteinrot eingefärbt, und wird jetzt bei eingeschaltetem Überdruckenmodus ein Schriftzug in 20 Prozent der Sonderfarbe Sandsteinrot ausgegeben, so bleibt im Ockergelb-Kanal die vorhandene Färbung vollkommen unangetastet. Im Sandsteinrot-Kanal jedoch wird der Schriftzug zunächst ausradiert und anschließend mit 20 Prozent aufgetragen.

Weiterhin kommen beim Auftragen von Farbe im CMYK-Farbraum zwingend immer alle vier Komponenten zum Tragen. Ist der Überdrucken-Modus aktiviert, bleiben beim Auftragen in DeviceCMYK alle Sonderfarben unangetastet. Alle vier CMYK-Kanäle werden jedoch ausradiert, wenn mit CMYK aufgetragen wird. Ist beispielsweise die Seitenfläche im CMYK-Modus mit 100 Prozent Cyan und 100 Prozent Gelb eingefärbt und wird anschließend Text im CMYK-Modus mit 100 Prozent Schwarz ausgegeben, so werden vor dem Aufbringen des schwarzen Textes alle CMYK-Kanäle ausradiert. Es werden also auch die 100 Prozent Cyan und Gelb an denjenigen Stellen ausradiert, an denen dann der Schriftzug im Schwarzkanal aufgebracht wird.

Dieses Verhalten gilt auch für das Auftragen von Elementen in Farbräumen, die weder Sonderfarben noch der aktuelle Prozessfarbraum sind, also beispielsweise DeviceGray oder DeviceRGB auf einem CMYK-Gerät. Das Aufbringen eines Elements in einem vom Gerät nicht direkt unterstützten Farbraum wird immer die Prozessfarbkanäle des Gerätefarbraums vor dem Malen ausradieren, egal ob Überdrucken aktiviert ist oder nicht.

Diese an sich sehr klare Spielregel wurde von vielen RIP-Herstellern dergestalt unterlaufen, dass zumindest für Text- und Linienelemente, die – egal durch welches kodierungstechnische Konstrukt – genau oder näherungsweise 100 Prozent Schwarz verwenden, immer überdrucken. Treibende Kraft hierfür waren die Bedürfnisse der grafischen Industrie, die sich in den seltensten Fällen ein aussparendes Schwarz wünscht.

Ein Stück weit ist Adobe in PDF 1.3 sowie in einer späteren Revision von PostScript 3 (nämlich Version 3015) auf diese Bedürfnisse eingegangen: Hier wurde zusätzlich ein *overprint mode* eingeführt. Ist er auf den Wert 1 gesetzt und Überdrucken gerade aktiviert, so findet das Ausradieren im betreffenden CMYK-Kanal dann nicht statt, wenn für das neue zu malende Element der betreffende Farbwert in diesem Kanal 0 Prozent beträgt. Dabei gilt diese Regelung ausschließlich für das Auftragen in CMYK auf bereits vorhandenes CMYK. Wird also beispielsweise Text für die Ausgabe auf einem Gerät mit CMYK als Prozessfarbmodell in DeviceGray ausgegeben, spart er zumindest in den CMYK-Farbkanälen immer aus.

Auf die große Bedeutung der Overprint-Thematik in der Praxis werden wir in Abschnitt 5.3.3 »Warum setzt sich In-RIP-Separation nicht durch?«, Seite 247, genauer eingehen.

Indizierte Farbe auf Basis eines anderen Farbraums. Der Vollständigkeit halber sei erwähnt, dass neben dem *Pattern*-Farbraum zur Verwendung von Füllmustern in Level 2 auch die Möglichkeit eingeführt wurde, mit einem indizierten Farbraum zu arbeiten. Bei diesem Farbraum mit der Bezeichnung *Indexed* handelt es sich nicht um einen eigenständigen Farbraum, sondern nur um eine abkürzende Kodierung eines anderen Farbraums. Insbesondere besagt *Indexed* nichts über die Güte oder Qualität des zugrunde liegenden Farbraums, sondern stellt lediglich eine kompaktere Kodierung dar. Daher sollte man genauer von einem indizierten Farbraum auf Basis von zum Beispiel DeviceRGB oder DeviceCMYK sprechen. Ein interessantes Detail in diesem Zusammenhang ist die Tatsache, dass ein Indexed-Farbraum in PostScript bis zu 4096 verschiedene Farbwerte enthalten kann, in PDF dagegen nur 256.

Der Separation-Farbraum. Auch der für Sonderfarben zuständige Farbraum *Separation* wird von Adobe als besonderer Farbraum eingeführt. Ihm ist immer ein alternativer Farbraum zugeordnet, damit ein Ausgabegerät, das die betreffende Sonderfarbe nicht kennt – beispielsweise ein Monitor oder Farbdrucker – diese Sonderfarbe simulieren kann. Die Werte zum alternativen Farbraum enthalten neben der Angabe eines der anderen Basisfarbräume wie zum Beispiel CMYK eine PostScript-Prozedur, mit der aus dem einen Farbwert für die Sonderfarbe die für die Simulation geeigneten Farbwerte im alternativen Farbraum berechnet werden:

```
[       /Separation       % Separation color space aktivieren
        (LogoGreen)       % Name der Sonderfarbe
        /DeviceCMYK       % Alternativer Farbraum
        {                 % Prozedur zur Erzeugung eines geeigneten CMYK-Werts
          dup 0.84 mul    % aus dem Wert für den Farbton der Sonderfarbe
          exch 0.0 exch dup 0.44 mul
          exch 0.21 mul
        }
] setcolorspace
0.7 setcolor              % Wert für den gewünschten Farbton setzen
```

Mit einem Separation-Farbraum können prinzipiell auch die den Farbräumen DeviceGray, DeviceRGB und DeviceCMYK entsprechenden Prozessfarben über die Namen Red, Green, Blue, Cyan, Magenta, Yellow und Black einzeln angesprochen werden. Hierbei wird aber, sofern Überdrucken aktiviert ist, in jedem Fall subtraktiv gemischt, was bei CMYK zu den üblicherweise erwarteten Ergebnissen führt. Bei Red, Green und Blue entsteht beispielsweise aus dem Übereinanderdrucken von als Separation-Farbräumen definierten 100 Prozent Red und 100 Prozent Green ein Braunton, und nicht das Gelb, dass man auf dem additiv mischenden Monitor erhalten würde.

Eine spezielle Funktion haben die reservierten Separation-Farbnamen *All* und *None*. Die Bezeichnung *All* steht für eine einkomponentige Gerätefarbe, die im Falle einer Separation auf allen Farbauszügen ausgegeben wird, ohne jemals selbst einen Farbauszug *All* zu verursachen. Bei unseparierter Ausgabe entscheiden die Angaben zum alternativen Farbraum sowie die PostScript-Prozedur zum Berechnen des geeigneten Alternativfarbwerts, wie dieser Separation-Farbraum dargestellt wird. In der Regel wird man hier zum Beispiel in CMYK kodiertes Schwarz nehmen.

Der Separation-Farbraum *None* erzeugt keine Ausgabe – weder beim Separieren noch in unseparierter Ausgabe. Dies kann in bedingten Konstruktionen nützlich sein, wenn man einen Farbkanal nur unter bestimmten Randbedingungen ausgeben, ansonsten aber unterdrücken will. Die Angaben zu Alternativfarbraum und Umrechnungsformel des Farbtons in den Alternativfarbraum müssen dennoch vorhanden sein, sie werden aber ignoriert.

Bilder in Farbe. In PostScript Level 1 gab es für das Ausgeben von Bildern zunächst nur den Operator *image* in einer Variante mit fünf Parametern (Breite, Höhe, Bit pro Pixel, Matrix und Datenquelle), der immer im Farbraum DeviceGray ausgab.

Technote 5044 bezieht sich zusätzlich auf den erst mit PostScript Level 2 verfügbar gewordenen Operator *colorimage*, der in seiner Logik dem image-Operator sehr ähnlich ist, aber über zusätzliche Parameter verfügt, um gezielt in DeviceGray, DeviceRGB oder DeviceCMYK ausgeben zu können.

Zusätzlich definiert PostScript Level 2 eine Variante des Operator *image*, bei dem die nötigen Parameter in Gestalt eines Dictionary engegeben werden. In dieser Form wird das Bild in den gerade aktiven Farbraum ausgegeben. Zulässig sind alle Farbräume außer dem speziellen Pattern-Farbraum.

5.3.3 Warum setzt sich In-RIP-Separation nicht durch?

Obwohl PostScript-RIPs mit In-RIP-Separation schon seit vielen Jahren zur Verfügung stehen, verfährt auch heute noch die breite Anwenderschaft in der grafischen Industrie auf der Basis von Host-basierter Separation nach Maßgabe der Technote 5044. Hierfür dürfte eine Reihe von Gründen verantwortlich sein, die ich ausführlicher erläutern möchte.

Mangelnde Unterstützung in Anwendungsprogrammen. Die In-RIP-Separation wurde sehr lange von den Softwareherstellern ignoriert, so dass der Anwender gar keine Möglichkeit hatte, aus seiner Grafik- oder DTP-Applikation heraus PostScript-Code mit den Anweisungen für In-RIP-Separation zu erzeugen. Erst gegen Ende der neunziger Jahre wurden Funktionen für DTP-Applikationen verfügbar, die eine flexiblere Steuerung des RIPs aus der verwendeten Applikation heraus ermöglichen bzw. einen Teil der Konfiguration automatisch erledigen.

Adobe integrierte diese Funktion selbst erst sehr spät in die hauseigenen Programme. Heute sind Adobe InDesign und InProduction die Vorreiter. Sie überlassen dem Anwender die Wahl zwischen host-basierter oder

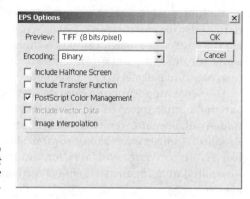

Abb. 5.9
PostScript-Colormanagement lässt sich im EPS-Exportdialog von Adobe Photoshop aktivieren.

In-RIP-Separation. Quark XPress bietet dagegen bis heute keine Möglichkeit zur Aktivierung von In-RIP-Separation im PostScript-Code. Quark XPress gibt außerdem Überfüllungsinformation nur bei vorseparierter (also Hostbasierter) Ausgabe im PostScript-Code aus. Daher sind in unsepariertem PostScript-Code, der aus XPress heraus generiert wurde, diese Überfüllungsinformationen nicht enthalten. Diese Einschränkung hat den Einsatz der In-RIP-Separation weiter erschwert.

Erstellung von CSAs. Es gab lange Zeit keinen praktikablen Weg, um beispielsweise geräteunabhängige Bilddaten als EPS mit einem Color Space Array abzuspeichern. Grundsätzlich leichter realisierbar wurde dies erst mit der Verfügbarkeit von ICC-basierten Optionen in Bildverarbeitungsprogrammen wie Adobe Photoshop. Hier wird die Farbe im Bild über ICC-Profile charakterisiert, und beim Speichern einer EPS-Datei kann ausgewählt werden, dass dieses ICC-Profil in ein Color Space Array umgewandelt und in das EPS mit hineingeschrieben wird (siehe Abbildung 5.9).

Erstellung von CRDs. Noch schwieriger ist die Situation aber im Hinblick auf das Color Rendering Dictionary, das eine In-RIP-Separation zwingend benötigt, um geräteunabhängige Farbe in den Farbraum des Ausgabegerätes umzurechnen. Die Tatsache, dass ein PostScript-RIP immer ein Standard-CRD bereithält, hilft nicht weiter. Schließlich geht es nicht darum, irgendein CRD zu verwenden, sondern genau dasjenige, das das zu verwendende Druckgerät bzw. den Druckprozess charakterisiert. Allerdings gab es praktisch lange Zeit überhaupt keine allgemein verfügbare Software, mit der man ein CRD für einen bestimmten Ausgabeprozess hätte herstellen können. Hätte man es gehabt, so hätten professionelle RIPs es ermöglicht, dieses in den RIP zu laden – je nachdem als statische Zuordnung für eine Eingabewarteschlange oder auch dynamisch als Bestandteil des an den RIP gesendeten PostScript-Datenstroms. Schlechter sah es bei fast allen Farbproofdruckern aus: Hier war sehr häufig keine Möglichkeit bekannt, wie das vorhandene Standard-CRD durch ein bestimmtes anderes CRD zu ersetzen wäre. Da aber bereits ein Wechsel des verwendeten Papiers das Farbverhalten der Druckausgabe stark beeinflusst, kann ein Standard-CRD nicht wirklich ausreichen, ganz zu schweigen von den durch Alterung oder klimatische Bedingungen wie Umgebungstemperatur oder Luftfeuchtigkeit verursachten Veränderungen des Farbverhaltens eines Druckers.

Verhalten beim Überdrucken. Weiterhin gibt es noch ein kleines, aber in der Praxis sehr relevantes Detail, das vielen Praktikern die Verwendung von In-RIP-Separation verleidet hat. Die Rede ist vom Überdrucken-Verhalten, dessen Grundlagen in Abschnitt »Überdrucken«, Seite 244, erläutert wurden.

Bereits in Technote 5044 weist Adobe auf den einzigen sicheren Weg hin, mit dem zuverlässig vorhersehbares Überdrucken-Verhalten in PostScript ab Level 2 kodiert werden kann. Dazu muss man nämlich den Kanal, der andere Kanäle nicht ausradieren soll, als Separation-Farbraum kodieren. Dies ist ausdrücklich auch zulässig und empfohlen für die Prozessfarbkomponenten Cyan, Magenta, Yellow und Black, deren Namen ohne Einschränkung für Separation-Farbräume verwendet werden können. Leider verwendet kaum eine der klassischen DTP-Applikationen diese Möglichkeit. Diese Schwäche der Anwendungsprogramme macht das Thema Überdrucken in der Praxis zu einem Risikofaktor, der den Einsatz der In-RIP-Separation stark behindert.

Zu unflexibel im praktischen Einsatz. Weitere Probleme dürften in der Handhabung der In-RIP-Separation in der Praxis bestehen. So kann man zwar alle modernen RIPs flexibel konfigurieren und einstellen, ob In-RIP-Separation ausgeführt werden soll und welche Auszüge gewünscht sind. Mühsamer wird es, wenn sich die Bedingungen ständig ändern. Fallen in einer Druckerei häufig Dateien an, die ständig wechselnde Sonderfarben verwenden, muss jedes Mal die RIP-Konfiguration entsprechend angepasst werden. Eine weitere Konfigurationsänderung muss zum Beispiel vorgenommen werden, wenn nur ein ganz bestimmter Auszug ausgegeben werden soll, weil der bereits erzeugte Film versehentlich beschädigt wurde.

Leistungsprobleme. Zumindest Mitte der neunziger Jahre hatten die RIPs bei einer In-RIP-Separation mitunter auch Leistungsprobleme – sei es, dass die RIP-Zeit sehr lang sein konnte, oder dass ein RIP mangels ausreichenden Hauptspeichers eine komplexe Seite nicht ausgeben konnte. Hierbei muss man die Tatsache einbeziehen, dass in dieser Zeit eine Aufrüstung auf mehr Hauptspeicher oft erhebliche Kosten verursachen konnte, und mancher Anwender daher versuchte, hier mit nicht allzu üppigem Speicherausbau zurechtzukommen. Diesen Leistungsproblemen muss man aber Probleme bei einer Host-basierten Separation entgegenhalten: Schließlich wird hier jeder Farbauszug einzeln als PostScript-Datenstrom an den RIP gesendet, wobei in den meisten Fällen sämtliche Daten – also auch die für die gerade nicht auszugebenden Farbauszüge – mitgesendet werden. Die Belichtung von vier CMYK-Auszügen aus einem PostScript-Datenstrom von 100 Megabyte bedeutet, dass viermal 100 Megabyte an den RIP zu senden sind, jedes Mal mit geringfügig verändertem PostScript-Prolog nach Technote 5044. Bei einer In-RIP-Separation sind diese 100 Megabyte nur einmal zu senden.

Lange Investitionszyklen. Nicht zu unterschätzen sind auch die für PostScript-RIPs und die an sie angeschlossenen Ausgabegeräte anzusetzenden Investitionszyklen. Hier hat sich herausgestellt, dass viele Anwender frühestens nach fünf und manchmal erst nach zehn Jahren bereit sind, ihre RIPs durch neue Versionen zu ersetzen. Durch den an sich für die Anwender vorteilhaften allmählichen Preisverfall, der auch bei PostScript-RIPs zu verzeichnen ist, waren Updates, die manche Hersteller bereitstellten, nicht immer besonders attraktiv, da sich die Update-Preise eher am ursprünglichen Kaufpreis denn am aktuellen Preis vergleichbarer Geräte orientierten. Dies bedeutete für RIPs mit PostScript Level 2 – die in geeigneter Ausführung für gängige Filmbelichter auch nicht gleich im Jahre 1991 verfügbar waren –, dass so mancher Anwender erst zwischen 1996 und 2001 erwog, seinen Level-1-RIP durch einen aktuellen Level-2-RIP mit In-RIP-Separation zu ersetzen.

Umkehr des Trends. Es lässt sich also eine Reihe von Gründen aufführen, warum sich In-RIP-Separation mit oder ohne Verwendung geräteunabhängiger Farbe sehr lange in der Praxis kaum durchsetzen konnte. Bewegung konnte in dieses Geschehen erst kommen, als massive wirtschaftliche Gründe dafür auftauchten, das Thema Separation anders als bisher anzugehen. Als ein solcher massiver wirtschaftlicher Grund darf die Technologie *Computer-to-Plate (CtP)* gelten, die es erforderlich machte, die gesamte Druckform in einem Stück digital aufzubauen und dann als Ganzes auf die Druckplatte zu belichten. Während es beim filmbasierten Montieren von Teilseiten zu Ganzseiten und von Ganzseiten zu ausgeschossenen Druckformen in der Natur der Sache lag, dass diese bereits immer schon separiert waren, wird das digitale Montieren bereits ausseparierter Teil- oder Ganzseiten letztlich als unzumutbar empfunden und ist auch technisch schwer auf zuverlässige Weise umzusetzen. Auf diese Weise läutet CtP nicht nur das Ende des Films ein, da die zwingende Notwendigkeit entstand, den gesamten digital montierten Bogen auf die Platte zu belichten. Das Organisieren der digitalen Bogenmontage machte es weiterhin erforderlich, möglichst nur mit unsepariertem Material umzugehen. Dies implizierte, dass der ganze Bogen als solcher zu separieren war, was fast schon unausweichlich durch eine In-RIP-Separation zu erfolgen hatte. Zusätzlich war es das Aufkommen von PDF als Übermittlungsformat für druckfertig aufbereitete Seiten oder Teilseiten (Anzeigen), was dazu beitrug, den Damm zu brechen und zumindest in CtP-orientierten Betrieben In-RIP-Separation tägliche Praxis werden zu lassen.

3.4 PostScript 3.

PostScript 3 erweitert nochmals die farblichen Möglichkeiten von PostScript und führt den Farbraum DeviceN und vierkomponentige Farbräume auf CIE-Basis ein.

Der Farbraum DeviceN. Die Möglichkeiten der geräteabhängigen Farbe werden weiter gehend verallgemeinert durch den Farbraum DeviceN, der eine Kombination aus bis zu acht einzelnen Separation-Farbräumen darstellt, wobei es wiederum ausdrücklich zulässig ist, Prozessfarbnamen als Namen für die kombinierten Separation-Farbräume zu verwenden. Somit ist es möglich, DeviceCMYK auch als DeviceN mit den Komponenten Cyan, Magenta, Yellow und Black zu kodieren. Vorsicht geboten ist bei den Prozessfarbnamen Red, Green und Blue. Da Separation-Farbräume sich immer subtraktiv mischen und DeviceN aus Separation-Kanälen besteht, wird auch DeviceN immer subtraktiv gemischt. Daher kann man DeviceRGB nicht als aus Red, Green und Blue zusammengesetztes DeviceN kodieren bzw. darf im Ausgabeergebnis – auch auf dem Monitor – keine additive Farbmischung wie bei DeviceRGB erwarten.

Besteht ein DeviceN-Farbraum aus nur einer Separation-Komponente, verhält sich DeviceN genauso, als wäre der Separation-Farbraum direkt verwendet worden.

Die einzigen Separation-Namen, die für einen DeviceN-Farbraum nicht verwendet werden dürfen, sind *All* (eine Farbe, die auf jedem Farbauszug ausgegeben wird, aber niemals selbst einen Farbauszug erzeugt) und *None* (ein Separation-Farbraum, der weder bei separierter noch bei unseparierter Ausgabe eine Auswirkung hat). Interessanterweise erlaubt jedoch PDF 1.3, dessen Grafikmodell nahezu vollständig mit dem von PostScript 3 übereinstimmt, die Verwendung von *None* als Komponente in einem DeviceN-Farbraum. *All* ist als Komponente allerdings auch in PDF 1.3 nicht zulässig.

Erweiterung der CIE-Farbräume. Die CIE-basierten Farbräume wurden in PostScript 3 dahingehend erweitert, dass jetzt auch unter der Bezeichnung CIEBasedDEFG vierkomponentige geräteunabhängige Farbräume möglich sind. Dies ist zum Beispiel für ein Bild nützlich, das bereits nach CMYK umgerechnet wurde, aber weiterhin farblich charakterisiert sein soll. Außerdem lassen sich jetzt auch bestimmte standardisierte Farbräume wie CIE-LUV in einem CSA abbilden. Dieser Farbraum erfordert Lookup-Tabellen und war in Level 2 nicht möglich.

5.4 Farbe in PDF

5.4.1 Geräteabhängige Farbräume in PDF 1.0.
In der ersten Version von PDF gab es ausschließlich die drei geräteabhängigen Farbräume DeviceGray, DeviceRGB und DeviceCMYK, das heißt, alle Farbwerte wurden eins zu eins auf das entsprechende Ausgabegerät ausgegeben. Es gab somit keinen Weg, die Farbe an bestimmte Geräte anzupassen, noch nicht einmal durch Transferfunktionen, die erst mit PDF 1.2 eingeführt wurden. Anders als in PostScript gibt es in PDF jeweils eigene Operatoren, um die Farbangaben für Flächen und Linien getrennt einzustellen. Damit ist es beispielsweise möglich, für Flächen CMYK zu setzen und für Linien DeviceGray. Das führt zu einer sehr kompakten Kodierung der Seitenbeschreibung, da es neben den Äquivalenten zu *stroke* und *fill* auch Operatoren gibt, die den zuvor definierten Pfad gleichzeitig mit der aktuellen Füllfarbe ausfüllen und den Pfad selbst mit der aktuellen Linienfarbe sowie den eingestellten Linienparametern zeichnen.

5.4.2 Kalibrierte Farbräume in PDF 1.1.
In PDF 1.1 führte Adobe eine Reihe von kalibrierten Farbräumen ein, deren Definition sehr ähnlich zu der Definition von CIE-basierten Farbräumen in PostScript Level 2 erfolgt. Damit einher geht auch die Aufteilung der Operatoren in solche, die den Farbraum setzen, und solche, die im aktuell gültigen Farbraum die entsprechenden Farbwerte setzen. Im Einzelnen handelt es sich um die standardisierten kalibrierten Farbräume CalGray, CalRGB, CalCMYK und Lab. Dabei ist zu beachten, dass CalCMYK zwar in PDF 1.1 spezifiziert, aber nie in Acrobat implementiert wurde. In PDF 1.2 wurde von der Verwendung von CalCMYK denn auch abgeraten, obwohl man für kalibrierte CMYK-Farbräume zu diesem Zeitpunkt noch kein alternatives geräteunabhängiges Pendant bereitstellte. Das sollte sich erst mit der Einführung von ICC-basierten Farbräumen in PDF 1.3 ändern.

Durch die kalibrierten Farbräume stand bereits ein sehr leistungsfähiges Mittel bereit, um Farbe geräteunabhängig zu spezifizieren. Der grafischen Industrie dürften die damit gegebenen Möglichkeiten noch nicht ausgereicht haben, da ähnlich wie bei den CIE-basierten Farbräumen in PostScript Level 2 eine Reihe von Faktoren der praktischen Einführung entgegenstanden. Hinzu kam das faktische Fehlen von CalCMYK. Da CIE-basierte Farbräume in PostScript zum Zeitpunkt der Einführung von PDF 1.1 noch sehr selten vorgekommen sein dürften, waren die PDF-Konvertierungswerkzeuge PDFWriter und Distiller praktisch die einzigen Möglichkeiten, kalibrierte Farbräume in PDFs zu generieren, wobei fest eingebaute CSAs zum Einsatz kamen (siehe Abschnitt »Color Space Arrays (CSA)«, Seite 221).

4.3 Der Separation-Farbraum in PDF 1.2.
Die Weiterentwicklung von PDF zur Version 1.2 wurde in der grafischen Industrie mit sehr großem Interesse verfolgt und bewog eine Reihe von Softwareherstellern, PDF-basierende Lösungen wie etwa Agfa Apogee und Acrobat-Plugins wie Enfocus PitStop, Lantana CrackerJack, Quite A Box Of Tricks oder pdfInspektor und pdfOutput Pro von callas software für die Druckvorstufe zu entwickeln (siehe Kapitel 6 »PostScript und PDF in der Druckvorstufe«). Entscheidend hierbei war im Grunde eine Kleinigkeit: PDF 1.2 führte Separation-Farbräume ein, wodurch es überhaupt erst möglich wurde, Sonderfarben in PDF zu definieren. Und obgleich in der grafischen Industrie die Mehrzahl der zu druckenden Seiten in den Prozessfarben CMYK produziert werden, gibt es in allen Teilen der Industrie ständig auch Aufträge, die die Verwendung von Sonderfarben erfordern.

Durchaus ebenso wichtig war dabei allerdings auch die Einführung des Konstruktes *Extended Graphics State*, das es gestattete, Parameter wie Überdrucken oder Transferfunktionen festzulegen. Insbesondere die Überdrucken-Einstellung war für die grafische Industrie unentbehrlich (zu Problemen siehe aber auch den Abschnitt »Verhalten beim Überdrucken«, Seite 249). Leider wurden in PDF 1.2 zunächst alle Parameter des *Extended Graphics State* für Füllungen und Linien in einem Parameter angegeben, erst in der nächsten Version 1.3 sollte sich auch hier die Unterscheidung ergeben zwischen den getrennt einstellbaren Parametern für Füllungen und Linien.

Die beiden weiteren neuen Farbräume Indexed und Pattern sind nicht wirklich eigenständige Farbräume. Der Indexed-Farbraum verwendet seinerseits einen der übrigen Farbräume und gestattet es – sofern nicht mehr als 256 Farbwertekombinationen des aktuellen Farbraums benötigt werden – eine sehr kompakte Kodierung: Alle bis zu 256 Farbwertekombinationen werden in einer Tabelle abgelegt, und ein Wert zwischen null und 255 wird als Index in diese Tabelle hinein verwendet. Somit benötigt man beispielsweise für Bilder nur ein Byte pro Pixel statt der drei oder vier Bytes für das direkte Ansteuern von RGB oder CMYK. Das für den Indexed-Farbraum von PostScript gesagte gilt natürlich auch hier: Der Indexed-Farbraum allein sagt überhaupt nichts über die Qualität oder Praxistauglichkeit eines Farbraums aus, sondern ermöglicht nur die kompakte Kodierung eines anderen Farbraums. PostScript erlaubt beim Indexed-Farbraum bis zu 4096 Farbwerte und damit mehr als PDF. Der Pattern-Farbraum erlaubt wie in PostScript die Definition von regelmäßig wiederkehrenden Mustern, mit denen sich Flächen füllen lassen.

PDF 1.2 hat nicht nur eine Reihe von Herstellern angeregt, darauf basierende Produkte zu entwickeln, sondern hat auch einige Initiativen unter den Anwenderkreisen in Gang gesetzt. Die beiden wichtigsten dürften hier erste Standardisierungsbemühungen beim *Committee for Graphic Arts Technologies Standards (CGATS)*, dem für die grafische Industrie zuständigen

Zweig des amerikanischen Normungsinstituts ANSI (siehe Abschnitt 6.10 »Standardisierung durch PDF/X«, Seite 296) sowie die Arbeit der deutschschweizer »Expertenrunde PDF in der Druckvorstufe« gewesen sein. Letztere erarbeitete ein *Positionspapier PDF in der Druckvorstufe* und verteilte es unter anderem auf der Seybold-Konferenz in Boston 1998, wo es erhebliches Aufsehen erregte und breiten Anklang in der Anwenderschaft fand. Dieses Positionspapier fasste die wichtigsten noch bestehenden Schwachpunkte in PDF unter der Perspektive des Einsatzes in der Druckvorstufe zusammen. Es dürfte maßgeblich dazu beigetragen haben, dass Adobe sorgfältig darauf achtete, in der nachfolgenden PDF-Version 1.3 soweit möglich diese Schwachstellen auszuräumen (was im Wesentlichen gelungen ist). Zu den Schwachpunkten zählten Probleme jenseits des Einflussbereichs von Adobe wie etwa die Tatsache, dass es keinen einfachen Weg gab und wohl auch nie geben wird, bereits separierte Datenbestände wie DCS-Dateien (siehe Abschnitt 6.5 »Desktop Color Separation (DCS)«, Seite 280) oder eingescannte Filme (meist als Copydot-Scans bezeichnet) in Workflows auf der Basis unseparierter PDF-Dateien zu integrieren.

Weiterhin schreibt das vorherrschende Layoutprogramm Quark XPress bis heute Überfüllungsinformationen nur dann in die PostScript-Ausgabe, wenn separiert ausgegeben wird. Ein sehr wichtiges weiteres Problem, dessen schlüssige Lösung Adobe in PDF 1.3 anbot, waren Duplexbilder. Duplexbilder – oder auch Triplex- oder Quadruplexbilder – sind ursprünglich Graustufenbilder, bei denen jeder der 256 möglichen Ausprägungen des Grauwertes eine Kombination aus zwei oder mehr Farbwerten der beteiligten Farbkomponenten zugeordnet ist. Um dies adäquat zu kodieren, war DeviceN nötig, das erst in PDF 1.3 verfügbar wurde.

Trotz dieser Schwächen und Begrenzungen stellt PDF 1.2 den Wendepunkt für den Einsatz von PDF in der Druckvorstufe dar.

5.4.4 Die Farbräume DeviceN und ICCBased in PDF 1.3.

Version 1.3 von PDF führt DeviceN und ICC-basierte Farbräume ein (siehe Abschnitt »Der Farbraum DeviceN«, Seite 251). Dies ist insofern interessant, als Adobe hätte versuchen können, das in PostScript Level 2 und 3 verfügbare Instrumentarium an CIE-basierten Farbräumen in Gestalt von Color Space Arrays in das PDF-Format zu übertragen. Im Wesentlichen stellen Color Space Arrays und ICC-basierte Farbräume die gleiche Funktionalität bereit.

De facto zeichnete sich aber unter anderem ab, dass ICC-Profile und die um sie herum entwickelten Technologien und Produkte entscheidend dazu beigetragen haben, die Verwendung geräteunabhängiger Farbräume in der Praxis handhabbar zu machen. Es gibt von mehreren Herstellern Programme und Messgeräte, um ICC-Profile für die wichtigsten Geräteorten zu erstellen; Programme wie Photoshop unterstützen direkt die Verwendung von ICC-Profilen, und im Macintosh-Betriebssystem wie auch unter Windows werden durch die betreffenden Module ColorSync und ICM die ICC-

Profile auf Betriebssystemebene direkt in die Ansteuerung der Ein- und Ausgabegeräte eingebunden. Es muss Adobe müßig erschienen sein, gegen diesen sich abzeichnenden Trend auf den Color Space Arrays in PostScript zu beharren, zumal da ICC-Profile und Color Space Arrays bzw. Color Rendering Dictionaries verlustfrei ineinander überführt werden können. Schaut man sich die neuesten Versionen der DTP-Applikationen aus dem Hause Adobe an, wird deutlich, dass Adobe voll und ganz auf ICC-basiertes Colormanagement setzt. Dies geht sogar dahin, dass Adobe sich vermutlich von der Verwendung der kalibrierten Farbräume in PDF zurückziehen wird – statt CalRGB wird etwa sRGB auf der Basis eines entsprechenden ICC-Profils als Standardfarbraum für bildschirmorientierte Verwendung von PDF eingesetzt.

In PDF zulässige ICC-Profile. Dabei ist es nicht so, dass alle in der ICC-Formatspezifikation möglichen Profile in PDF verwendet werden können. Für PDF-Seitenbeschreibungen finden ausschließlich Quellprofile Verwendung, also ICC-Profile, die es gestatten, in Richtung Verbindungsfarbraum (Profile Connection Space) zu konvertieren. Schließlich ist es weiterhin erklärtes Ziel für PDF, dass jede PDF-Datei (möglichst) geräteneutral bleiben soll. Dadurch verbietet es sich beispielsweise, bereits das Zielprofil für ein ganz bestimmtes Ausgabegerät mit in die Seitenbeschreibung aufzunehmen: Dann könnte das PDF allenfalls auf diesem Drucker farblich korrekt ausgegeben werden, auf allen anderen Ausgabegeräten wäre mit unbefriedigender Farbdarstellung zu rechnen. Konkret dürfen als Quellprofile in PDF ICC-Profile der folgenden Typen benutzt werden:

- *scnr* für Scanner, Digitalkameras oder andere Bilderfassungsgeräte,
- *mntr* für Bildschirme, wobei es allerdings auch ICC-Profile vom Typ *mntr* gibt, die als Arbeitsfarbräume verwendet werden,
- *prtr* für Ausgabegeräte wie Farbdrucker oder Auflagendruckprozesse,
- *spac* für Konvertierungen von einem geräteunabhängigen Farbraum in den Profile Connection Space. Das ist erforderlich, wenn man zum Beispiel CIELAB nach CIEXYZ umrechnen muss.

Hinsichtlich dieser Profiltypen gibt es einige Anforderungen bzw. Einschränkungen: Laut der Spezifikation von PDF 1.3 werden ICC-Profile nach ICC-Formatversion 3.3 und älter unterstützt. Allerdings gab es auch in nachfolgenden Versionen des ICC-Profilformats keine wirklich für die Verwendung von ICC-Profilen in PDF relevanten Neuerungen oder Änderungen. Daher sollten neuere Versionen des ICC-Formats ebenfalls mit PDF kompatibel sein.

Zwei Arten von Profilen sind nicht als Quellprofil zulässig, nämlich XYZ und Lab mit 16 Bit. Im *PDF Reference Manual* wird der Eindruck erweckt, es handle sich hier um Farbräume für den Profile Connection Space. Tatsächlich ist es jedoch so, dass diese beiden Farbräume nicht als Quellfarbräume – unter Verwendung eines ICC-Profils vom Typ *spac* – zulässig sind. Da entsprechende Daten relativ selten vorkommen, ist dies in der Praxis kein nennenswertes Problem.

Weiterhin wird die Angabe zum standardmäßigen Rendering Intent in einem ICC-Profil in PDF ignoriert. Stattdessen wird entweder der in PDF explizit gesetzte Rendering Intent verwendet, oder es wird der standardmäßig gültige Rendering Intent »relativ farbmetrisch« benutzt.

Ein ICC-Profil funktioniert grundsätzlich in beiden Richtungen, also vom Gerätefarbraum zum Profile Connection Space und umgekehrt. In einer PDF-Seitenbeschreibung wird ausschließlich die Richtung zum Profile Connection Space verwendet. Dies ergibt sich letztlich daraus, dass ICC-Profile nur als Quellprofile verwendet werden dürfen (vergleiche hierzu aber Abschnitt 5.4.6 »OutputIntents in PDF 1.4«, Seite 258).

Insgesamt zeichnet sich ab, dass sich das PDF-Format von den kalibrierten Farbräumen weg hin zu ICC-basierten Farbräumen für die Kodierung von geräteunabhängiger Farbinformation bewegt. Bereits für den zunehmend Verbreitung findenden Standardfarbraum sRGB (siehe Abschnitt 5.2.5 »Der sRGB-Farbraum«, Seite 231) gilt, dass er mit einem CalRGB-Farbraum nur grob angenähert werden kann, mit einem ICC-basierten Farbraum jedoch sehr gut abbildbar ist. Alles in allem bieten ICC-Profile die umfassenderen Möglichkeiten. Da sie außerhalb von PostScript und PDF als unangefochtener De-facto-Standard für geräteunabhängige Farbe gelten dürfen, bringt es erhebliche Vorteile, dass sie zumindest auch in PDF die Methode der Wahl sind, um geräteunabhängige Farbe auszudrücken.

5.4.5 Default-Farbräume in PDF 1.1 bzw. PDF 1.3.

Bereits in PDF 1.1 eingeführt, haben die »vorgegebenen« (*default*) Farbräume DefaultGray und DefaultRGB eine etwas schillernde Bedeutung. In PDF 1.3 wurde zusätzlich auf recht implizite Weise DefaultCMYK eingeführt.

Um trotz der Einführung der kalibrierten Farbräume in PDF 1.1 eine gewisse Rückwärtskompatibilität zu Acrobat 1.0 zu gewährleisten, bestand die Möglichkeit, diese kalibrierten Farbräume gleichsam »um die Ecke« aufzurufen: In der Seitenbeschreibung selbst verwendete man einfach weiter die Operatoren *g/G* (für Gray) und *rg/RG* (für RGB), die auch Acrobat 1.0 problemlos interpretieren konnte. Im ebenfalls in PDF 1.1 neu eingeführten *ColorSpace*-Dictionary innerhalb des Ressource-Dictionary assoziierte man die gewünschten kalibrierten Farbräume mit den Einträgen DefaultGray bzw. DefaultRGB. Acrobat 1.0 überging diese Einträge einfach, da es mit ihnen nichts anfangen konnte, und interpretierte die Seitenbeschreibung wie gehabt als DeviceGray bzw. DeviceRGB. Ein PDF 1.1-konformer Viewer jedoch war gehalten, die Operatoren *g/G* und *rg/RG* umzuleiten auf die in DefaultGray bzw. DefaultRGB definierten kalibrierten Farbräume und diese zur Anzeige bzw. Ausgabe zu verwenden.

In der Spezifikation von PDF 1.3 werden weitere Gründe für die Bedeutung der Default-Farbräume angegeben, etwa dass man eine in geräteabhängiger Farbe kodierte Seite recht einfach komplett auf eine geräteunabhängige Farbraumdefinition umstellen kann oder von einer bestimmten geräteunabhängigen Farbraumdefinition auf eine andere. Letztlich handelt es sich bei Default-Farbräumen aber nur um eine andere Schreibweise – gleichsam einer Makrodefinition oder einem Umdefinieren eines Operators – für die Verwendung eines Farbraums. Ein aktueller PDF-Viewer muss diese Schreibweise korrekt auflösen und den im Default-Farbraum definierten Farbraum verwenden. Da man nicht wirklich viel Code in der Seitenbeschreibung einsparen kann, sollten Default-Farbräume eher vermieden werden.

Missbrauch der Default-Farbräume in PDF/X. Den korrekten Umgang mit Default-Farbräumen musste auch das CGATS erst lernen. In den Vorarbeiten zur Normierung von ANSI PDF/X-1 entschloss man sich, den Grenzen des PDF-Formats ein Schnippchen zu schlagen. PDF-Dateien sind immer geräteunabhängig definiert, zumindest in dem Sinne, dass es keine Operatoren gibt, die auf ein ganz bestimmtes Ausgabegerät oder eine ganz bestimmte Ausgabesituation abgestellt sind. Während man in PostScript die Ansteuerung eines Papierfachs in einem Laserdrucker oder die Angabe über die Anzahl der gewünschten Kopien kodieren kann, wird man diese Angaben in der Seitenbeschreibung einer PDF-Datei vergebens suchen. Für bestimmte Anforderungen in dieser Richtung hat Adobe das *Portable Job Ticket Format (PJTF)* entwickelt, das gleichsam eine von PostScript losgelöste Kodierung nahezu aller *setpagedevice*-Operatoren darstellt und um einige darüber hinaus gehende Informationen, zum Beispiel bezüglich des Ausschießens, erweitert wurde.

Das CGATS hatte aber ein großes Interesse daran, einer als PDF/X-1-Datei auf den Weg zu bringenden digitalen Druckvorlage eine Information darüber anzuheften, für welchen Druckprozess sie aufbereitet worden war. Da laut ANSI PDF/X-1 sowieso nur DeviceGray, DeviceCMYK sowie Sonderfarben zulässig sind, beschloss man, die nur informationshalber aufgenommene Charakterisierung der Druckvorlage über den Farbraum DefaultCMYK zu realisieren. Außerdem definierte man in ANSI PDF/X-1 gleichzeitig, dass ein PDF/X-1-Viewer dieses DefaultCMYK bei der Darstellung wie auch der Erzeugung von Druckausgabe ignorieren sollte. Interessanterweise hatte Adobe die für PDF 1.3 vorgesehene Einführung von ICC-Profilen auf entsprechende Bitte des CGATS in Gestalt eines technischen Dokuments (Technote 5188: *PDF features to facilitate ANSI CGATS.12, PDF/X*) vorgezogen. Da PDF/X-1 auf PDF 1.2 basiert, hätte das CGATS sonst in Ermangelung eines existierenden CalCMYK-Farbraums kein PDF-immanentes Mittel gehabt, um einen CMYK-Ausgabeprozess zu charakterisieren.

Inzwischen beherrschen aber die gängigen Viewer und PDF-Workflowsysteme den im Sinne der PDF-Spezifikation korrekten Umgang mit PDF 1.3. Dies führte dazu, dass diese Viewer und Systeme Dateien gemäß ANSI

PDF/X-1 zunächst mittels des Farbraums DefaultCMYK über den Profile Connection Space in den Zielgerätefarbraum umwandelten, anstatt die Farbwerte in der Seitenbeschreibung direkt auf das Ausgabegerät zu senden. Während das farbliche Ergebnis durchaus noch sehr ähnlich blieb, waren Aspekte wie der Schwarzaufbau dahin. Das Schwarz einer schwarzen Schrift wurde nach der Konvertierung tendenziell aus mehr als der Black-Komponente aufgebaut, wodurch sich Probleme bei der Registerhaltigkeit und verwaschen wirkender Text ergaben. Dies führte teilweise zu sehr unansehnlichen Druckergebnissen. Hier zeigt sich klar, dass man Normen nicht gegen das Verhalten von weit verbreiteten Applikationen und Lösungen durchsetzen kann, die einem bereits etablierten De-facto-Standard folgen – zumal dann nicht, wenn die Norm auf genau diesen Standard aufsetzen möchte.

5.4.6 OutputIntents in PDF 1.4.

OutputIntents wurden in einer Technote Anfang 2001 von Adobe veröffentlicht und sind Bestandteil der Ende 2001 veröffentlichten Spezifikation PDF 1.4. In gewisser Hinsicht stellen sie die schlüssige Weiterentwicklung des von der CGATS gewählten Ansatzes mittels Abwandlung des Farbraums DefaultCMYK dar. Die Normungsarbeiten zu PDF/X waren inzwischen an die ISO weitergereicht worden (siehe Abschnitt 6.10 »Standardisierung durch PDF/X«, Seite 296). Dort war man auf der Suche nach einem erfolgversprechenderen Weg, um einerseits Seitenbeschreibungen in PDF-Dateien geräteunabhängig zu belassen, andererseits aber einen offiziellen (möglichst in der PDF-Spezifikation festgelegten Weg) zu schaffen, um anzugeben, für welche Ausgabebedingung eine PDF-Datei aufbereitet worden war.

Im Herbst 2000 ging Adobe sehr kooperativ auf dieses Anliegen ein und entwickelte in Abstimmung mit Mitgliedern der ISO das Konstrukt *OutputIntents*. Ein OutputIntent enthält Angaben darüber, für welche Ausgabebedingung der Ersteller einer PDF-Datei diese aufbereitet hat. Charakterisiert wird eine Ausgabebedingung dabei im Wesentlichen durch Rückgriff auf ein ICC-Ausgabeprofil, das diese Ausgabebedingung farblich in ihrem Reproduktionsverhalten beschreibt. Hierbei wird in der Regel das ICC-Profil in einer Datenstruktur im Root-Objekt einer PDF-Datei eingebettet, die aber zumindest in einem Standard-PDF-Viewer weder die Darstellung am Bildschirm noch die Druckausgabe beeinflusst. Diese in gewissen Verwendungszusammenhängen jedoch durchaus wünschenswerte Beeinflussung ist speziellen Softwareerweiterungen, Ausgabegeräten oder Workflowsystem vorbehalten, die zuvor entsprechend konfiguriert werden müssen. Dadurch wird auf jeden Fall vermieden, dass dieses eingebettete ICC-Profil sich versehentlich auf die Ausgabe auswirkt. Einige Hersteller arbeiten derzeit an solchen Lösungen.

Der Vollständigkeit halber sei hier vermerkt, dass es zulässig ist, auf das Einbetten des ICC-Profils zu verzichten, wenn die betreffende Ausgabebedingung an einer öffentlich zugänglichen Stelle – beispielsweise der Website der ICC – in Gestalt von Messdaten (aus denen man ein ICC-Ausgabeprofil errechnen kann) oder direkt als ICC-Ausgabeprofil hinterlegt ist. Zumindest aus pragmatischer Sicht dürfte es effizienter und letztlich auch sicherer sein, das ICC-Ausgabeprofil immer einzubetten, auch wenn ein typisches CMYK-Ausgabeprofil trotz Kompression noch einige hundert Kilobyte groß sein kann.

Durch OutputIntents ist es möglich, die speziellen Belange der grafischen Industrie abzudecken, ohne dass PDF in einer Weise abgewandelt werden müsste, die einen Einfluss auf die Funktionsweise von PDF und Acrobat für die wesentlich größere Anwenderschaft in anderen Bereichen hat.

6 PostScript und PDF in der Druckvorstufe

von Olaf Drümmer, callas software GmbH

In diesem Kapitel geht es um eine Reihe von Themen in der Druckvorstufe, also Arbeitsschritte und Probleme, die bei der Digital-Analog-Wandlung von PostScript- und PDF-Seitenbeschreibungen in Filme und Druckplatten eine Rolle spielen.

6.1 Abstimmung der Komponenten

Sowohl in Kapitel 5 »Farbe« als auch in diesem Kapitel wird immer wieder das Spannungsfeld zwischen eher traditionellen Abläufen und moderneren Formen der Produktion in der Druckvorstufe angesprochen. Dieses Spannungsfeld liegt auf mehreren Ebenen vor, und es lässt sich zeigen, dass man in der Wahl seiner Arbeitsweise und der eingesetzten Werkzeuge gut daran tut, sich seiner eigenen Position in diesem Spannungsfeld bewusst zu sein.

In der zweiten Hälfte der neunziger Jahre ergab sich eine deutliche Trendwende hin zur digitalen Produktion kompletter Druckbogen. Digitale Produktion ganzer Seiten gibt es im Grunde seit Ende der achtziger Jahre, als mit der ersten Version des OPI-Formats von Aldus/Adobe hochaufgelöste Bilddaten aus der klassischen EBV (Elektronische Bildverarbeitung) mit Satz und Layout auf DTP-Arbeitsplatzrechnern digital kombiniert werden konnten. Sehr schnell nahm dann Photoshop ebenfalls auf DTP-Arbeitsplatzrechnern den Platz der EBV-Systeme ein. Als Druckvorlage wurde aber weiterhin Film produziert, und zwar in den allermeisten Fällen mittels einer Host-basierten Separation aus Quark XPress oder PageMaker heraus direkt auf den PostScript-Belichter. Obgleich Ausschießlösungen für PostScript und teilweise auch direkt in Quark XPress schon existierten, war die Ausgabe kompletter Bogen zunächst eher die Ausnahme. Ein Grund hierfür dürfte die begrenzte Leistungsfähigkeit der PostScript-RIPs gewesen sein, die in den meisten Betrieben eingesetzt wurden. Auch wenn mit diesen Ausschießlösungen gearbeitet wurde, erfolgte das Ausseparieren der Bogen in der Regel ebenfalls als Host-basierte Separation.

Eine grundsätzliche Trendwende ergab sich dann mit dem Einzug der Technologie *Computer-to-Plate (CtP)*. Hiermit wird die Produktionsphase Film komplett übersprungen, die Druckplatte wurde direkt ab digitalem Datenbestand erzeugt. Das erforderte natürlich auf jeden Fall eine digitale Bogenmontage. Die dabei anfallenden großen Mengen an PostScript-Daten – häufig pro Druckplatte bis in den Gigabyte-Bereich hinein – bereiteten vielen Herstellern und Anwendern Kopfschmerzen. In der Folge entschied sich gleichsam die eine Fraktion für einen Bitmap-Workflow: jede Seite wurde einzeln in Bitmaps aufgerastert. Das digitale Ausschießen fand *on the fly* statt, indem der Ausschießprozess die Bitmap-Daten direkt auf den Plattenbelichter schickte. Obwohl man genügend Plattenspeicherplatz für die Bitmaps einplanen musste, ergab sich insgesamt ein sehr zuverlässiger Ablauf.

Eine andere Fraktion nahm interessiert das Thema PDF auf, das Adobe 1996 in der erstmals prepress-tauglichen Version 1.2 und der zugehörigen Produktfamilie Acrobat 3.0 herausbrachte. Hier zeichnete sich ab, dass PDF eines Tages auf sehr schlanke und elegante Weise die Nachfolge von PostScript antreten könnte. Einige Hersteller (allen voran Agfa, Creo und Heidelberg) nutzten die Gunst der Stunde und entwickelten mit großem Engagement PDF-Workflowlösungen. Schnell wurden die diversen Vorzüge von PDF deutlich, angefangen beim durchwegs drastisch verringerten Datenvolumen über die Abwesenheit der mächtigen, aber gefährlichen Programmierkonstrukte aus PostScript bis hin zur kostenfreien jederzeitigen Darstellbarkeit auf dem Bildschirm. Dies ermöglicht einen sehr viel offensiveren Umgang mit dem Thema digitale Druckvorlage. Wenn die Ganzseite nur noch wenige Dutzend Megabyte »wiegt«, muss man sich um Performance und Speicherbedarf beim Umgang mit ausgeschossenen Bogen nicht wirklich Gedanken machen. PostScript-Fehler im RIP werden weitestgehend Geschichte, da fehlerhafter PostScript-Code bereits im Distiller hängenbleibt, also bevor das PDF überhaupt entsteht. Weiterhin sind moderne PostScript-3-RIPs inzwischen so weit optimiert, dass ein kompletter Bogen aus sechzehn DIN A4-Seiten in wenigen Minuten auf Platte belichtet ist. Natürlich setzt man hier komplett auf einen unseparierten Workflow und lässt die Separationen zum Zeitpunkt der Belichtung im RIP berechnen. Das gestattet es einem Betrieb, Anpassungen an eine andere Druckmaschine wegen einer Umdisposition im Drucksaal noch in letzter Minute oder jederzeit Farbanpassungen für ganz andere Druckverfahren vorzunehmen.

Auch wenn es während der neunziger Jahre alles andere als klar war, welche der beiden Fraktionen sich durchsetzen würde, ist man sich in der grafischen Industrie inzwischen weitgehend einig, dass unsepariertes PDF das vorherrschende und zu bevorzugende Format für die Übermittlung und Verarbeitung digitaler Druckvorlagen in den nächsten Jahren sein wird.

Bei aller Begeisterung für PDF schauen viele Anwender aber nicht wirklich genau hin bzw. sind sich der Implikationen dieses Trends nicht voll bewusst. Wenn in diesem Zusammenhang von PDF die Rede ist, ist praktisch immer der Funktionsumfang von PDF 1.3 gemeint. Inzwischen wurde zwar bereits PDF 1.4 veröffentlicht, allerdings ist die einzige für das Thema digitale Druckvorlagen relevante Neuerung die nunmehr mögliche Transparenz von Elementen. Obwohl die Möglichkeit transparenter Objekte die

Herzen viele Kreativer höher schlagen lässt, weiß jeder Druckvorstufenbetrieb bereits, dass es Transparenz in PDF zumindest so lange zu vermeiden gilt, bis die RIP-Hersteller entsprechende Optionen anbieten können, was sicherlich noch eine Weile auf sich warten lassen wird.

Aber bereits die Verarbeitung von PDF 1.3 stellt Anforderungen an die in der Produktion verwendeten Programme und Geräte, die in vielen Umgebungen noch nicht erfüllt werden. Am wesentlichsten ist dabei die Einsicht, dass man ohne ein PostScript-3-RIP keine realistische Chance hat, PDF 1.3 durchgängig zuverlässig zu verarbeiten. Weder PostScript Level 2 noch die zu seiner Ansteuerung verwendeten Anwendungen sind in der Lage, PDF-1.3-Konstrukte wie DeviceN oder die Verlaufsfunktionen korrekt umzusetzen.

Dass es immer wieder gelungen sein mag, eine PDF-1.3-Datei auch auf älterem Equipment erfolgreich zu produzieren, dürfte in der Regel glücklichen Umständen zu verdanken sein – wurden zufällig weder DeviceN noch Verlaufsfunktionen eingesetzt, so war es durchaus möglich, auch mit älteren Programmen eine korrekte Separation zu erzielen. Allerdings erzeugen immer mehr Programme – Acrobat Distiller eingeschlossen – PDF-Dateien, die von den Möglichkeiten der Version 1.3 Gebrauch machen.

Insofern sollte jeder Anwender, der beginnt, PDF 1.3 für die Produktion einzusetzen, in seinem eigenen Unternehmen wie auch bei Dienstleistern, mit denen er zusammenarbeitet, prüfen, ob die Voraussetzungen hierfür gegeben sind. Das entscheidende Thema, das sich durch alle Phasen des Workflows zieht, ist hierbei die Frage *separiert oder unsepariert?* bzw. *Hostbasierte oder In-RIP-Separation?* Wer gezwungen ist, mit separiertem Datenmaterial zu arbeiten, wird wenig Chancen haben, erfolgreich einen unseparierten PDF-Workflow zu etablieren. Wer sich nicht sicher fühlt mit In-RIP-separierter Separation (gleich ob auf Film oder direkt auf Platte), wird nicht in der Lage sein, PDF-Daten durchweg erfolgreich zu verarbeiten. Wer glaubt, durch Wandlung von eingehenden PDF-Dateien in EPS mit PostScript Level 1 und Weiterverarbeitung auf konventionellem Wege, etwa Import in Quark XPress und Separation aus diesem Programm heraus, einen effizienten Workflow aufrechterhalten zu können, wird sich zunehmend mit nicht lösbaren Problemen konfrontiert sehen.

6.2 Überfüllung

6.2.1 Wozu braucht man Überfüllung?

Als Überfüllung *(trapping)* bezeichnet man Maßnahmen, die visuell auffällige Auswirkungen mangelnder Registerhaltigkeit der Farbauszüge auf einer Druckseite ausgleichen. Dazu zählen vor allem so genannte Blitzer, die entstehen, wenn zwei in der Seitenbeschreibung präzise aneinanderstoßende unterschiedlich gefärbte Flächen durch nie ganz vermeidbare mechanische Schwankungen in

  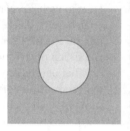

Abb. 6.1
Zwei verschiedenfarbige Objekte, deren Grenzen laut Seitenbeschreibung exakt aneinander liegen (links), werden im Druckprozess leicht gegeneinander verschoben, wodurch hässliche Blitzer entstehen (Mitte). Überfüllungen sorgen für geringfügige Überlappung der Objekte, um die Blitzer zu vermeiden (rechts, zur Verdeutlichung übertrieben).

der Druckmaschine geringfügig voneinander entfernt gedruckt werden. In diesem Fall scheint an dieser Stelle das Weiß des unbedruckten Papiers durch, was auch dem Laien sofort auffällt. Sehr leicht kann dieses Problem beispielsweise entstehen, wenn Schrift oder Linien auf farbigem Hintergrund gedruckt werden.

Handelt es sich um schwarze Schrift oder Linien, besteht eine einfache Lösung des Problems darin, den Text bzw. die Linien auf Überdrucken zu stellen, so dass der darunter liegende farbige Hintergrund nicht ausgespart wird. Wendet man die gleiche Vorgehensweise beispielsweise für gelbe Schrift auf Cyan-farbigem Hintergrund an, erhält man im Druck einen grünen Schriftzug – dies ist also kein adäquater Lösungsweg.

Überfüllungsalgorithmen machen sich die Einsicht zu Nutze, dass zwar die weiße Fläche eines Blitzers sofort ins Auge fällt, das menschliche Auge aber nicht bemerkt, wenn es eine ebenso kleine Fläche gibt, die mit einer Mischung aus den beiden aneinander grenzenden Farben eingefärbt ist. Eine feine grüne aus dem Übereinanderdrucken von Cyan und Gelb entstehende Linie um einen gelben Schriftzug auf blauem Grund wird außer bei sehr genauem Hinsehen nicht bemerkt. De facto stellt dies eine geringfügige Überlappung der beiden Flächen dar. Schwankt nun die Registerhaltigkeit des Druckprozesses maximal um den Wert dieser Überlappung, so kann es nicht mehr zu einem Blitzer kommen. Stattdessen variiert nur die Breite der Überlappung – in der einen Richtung nimmt sie etwas ab, in der entgegengesetzten Richtung nimmt sie entsprechend etwas zu, je nachdem, in welcher Richtung zueinander versetzt die Farbauszüge aufgedruckt werden.

Während dieses Prinzip im Grunde sehr einfach ist, gibt es in der Praxis einige Detailprobleme zu lösen. Ist zum Beispiel Schrift zu überfüllen, die dunkel auf einem helleren Hintergrund steht, und werden die Konturen der Schrift in Richtung des Hintergrunds überfüllt, wirkt die Schrift etwas fetter als ohne Überfüllung. In diesem Fall ist es sinnvoller, die Schrift zu

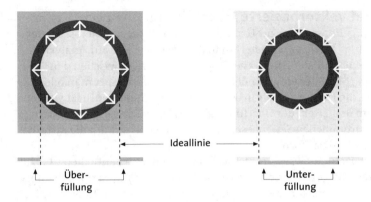

Abb. 6.2
Über- und Unterfüllung vergrößern jeweils den Bereich der hellen Farbe in den Bereich mit der dunkleren Farbe hinein.

unterfüllen, also die Hintergrundfarbe ein Stück in die Konturen der Schrift hineinragen zu lassen. Vereinfachend gesagt sollte also immer in Richtung zur dunkleren Farbe hin überfüllt werden.

Schwierig wird die Einhaltung dieser Regel, wenn ein Verlauf gegen einen Hintergrund überfüllt werden soll und dieser Verlauf an einem Ende heller, am anderen aber dunkler ist als der Hintergrund. Bei strenger Einhaltung der Regel würde sich in der Mitte durch den abrupten Wechsel von Überfüllung zu Unterfüllung ein Sprung ergeben. Anspruchsvolle Überfüllungslösungen erlauben hier den allmählichen Wechsel von Überfüllung zu Unterfüllung.

Zum Bereich des Überfüllens bzw. Unterfüllens gehört auch die Behandlung von fettem Schwarz, bei dem man zusätzlich zu 100 Prozent Black noch einen gewissen Anteil an anderen Farben – häufig 40 Prozent Cyan – auf der gleichen Fläche mitdruckt, um das Schwarz voller wirken zu lassen. Im Druckprozess hat man dabei allerdings mit dem Phänomen zu rechnen, dass bei nicht hundertprozentiger Registerhaltigkeit das Cyan an einer Seite unter dem Schwarz hervorschaut, was sehr auffällig sein kann. Professionelle Überfüllungslösungen lassen in solchen Fällen die zusammen mit dem Schwarz gedruckte Farbe etwas schrumpfen.

Weitere Detailprobleme können sich bei feinen Konturen ergeben, die nach innen überfüllt werden. Überfüllt man beispielsweise die Innenfläche des Buchstabens »o«, so kann sich im Extremfall der Effekt einstellen, dass diese Innenfläche zuläuft.

Auch Linien, die im spitzen Winkel aufeinander treffen, bedürfen unter Umständen einer Sonderbehandlung, da ansonsten an sich sehr schmale Überfüllungen sehr weit über das überfüllte Objekt herausreichen können und dann deutlich auffallen.

6.2.2 Pixel- und vektorbasierte Überfüllung.
Es gibt zwei prinzipielle Herangehensweisen zur Lösung des Überfüllungsproblems. Bei der pixelbasierten Überfüllung rastert man die gesamte Seite auf, analysiert die Bildpunkte und identifiziert gefährdete Übergänge zwischen den Farben. Entsprechend der vorgefundenen Übergänge berechnet man bildpunktweise die Farbwerte, die an der betreffenden Stelle gedruckt werden müssen, um den Effekt der Überfüllung zu erzielen. Die Ausgabe besteht aus der ursprünglichen Seitenbeschreibung, angereichert um die rasterbasierte Überfüllungsinformation.

Größter Nachteil dieses Ansatzes ist, dass vor dem eigentlichen Überfüllungsprozess die gesamte Seite zunächst durch einen PostScript-RIP interpretiert und aufgerastert werden muss und dass die Überfüllung auflösungsgebunden erfolgt. In der Praxis erweist sich dieser Vorgang insbesondere bei komplexen Seitenbeschreibungen oft als recht zeitintensiv. Pixelbasierte Überfüllung ist zum Beispiel in der Software Scenicsoft TrapWise realisiert.

Die vektorbasierte Überfüllungsstrategie ignoriert zunächst alle Rasterbilder und kümmert sich nur um vektorbasierte Elemente. Für alle Bereiche, in denen unterschiedlich gefärbte Flächen und Linien aneinanderstoßen, wird der Bedarf für eine Unter- oder Überfüllung ermittelt. Dann werden zusätzliche Objekte mit geeigneter Farbe erzeugt.

Für das Überfüllen von vektorbasierten Elementen zu Rasterbildern bzw. auch von Inhalten einzelner Bilder sowie von Bildern zueinander arbeitet dieser Ansatz entweder direkt auf dem vorliegenden Bildmaterial oder errechnet temporär niedrig aufgelöste Varianten der Bilder. Auch hier werden diejenigen Teilflächen ermittelt, in denen eine Überfüllung vorgenommen werden muss, die je nach Bedarf als vektorbasiertes Element oder als Bildelement generiert wird. Vektorbasierte Überfüllung ist zum Beispiel in Quark XPress implementiert sowie in dem Acrobat-Plugin SuperTrap, das wir unten noch genauer betrachten werden.

6.2.3 Überfüllung im RIP.
Eine Vielzahl aktueller PostScript-RIPs bietet optional ein Modul zur Berechnung der Überfüllung beim Erzeugen der Ausgabe. Dies hat den Vorteil, dass die Interpretation der Seitenbeschreibung sowieso erfolgen muss und viele der von den Überfüllungsalgorithmen benötigten Informationen bereits ermittelt werden. Insbesondere dem Trapping-Modul, das für RIPs mit Adobe PostScript 3 verfügbar ist, wird eine sehr hohe Qualität bescheinigt.

Allerdings erhöht das Zuschalten des In-RIP-Trapping die Verarbeitungszeit pro Seite. Da in vielen Betrieben der PostScript-RIP auch so schon als Nadelöhr empfunden wird, besteht hier keine große Neigung, die RIP-Durchlaufzeiten weiter zu erhöhen. Hier nimmt man lieber zusätzlichen Aufwand in Kauf, um die zeitlichen Produktionsabläufe zu entzerren und beispielsweise einzelne Seiten gleich bei ihrem Eintreffen oder Verfügbarwerden zu überfüllen. Sobald alle Seiten eines Bogens vorhanden sind, wird der gesamte Bogen möglichst schnell auf Film oder Druckplatten separiert.

Ein weiterer Schwachpunkt des In-RIP-Trapping besteht darin, dass man das Überfüllungsergebnis nicht ohne weiteres begutachten kann, bevor es ausgegeben wird. Einige RIPs bieten zwar die Möglichkeit, das RIP-Ergebnis zunächst auf die Festplatte zu schreiben und in einem speziellen Viewer zu betrachten. Das hilft aber nicht weiter, wenn derjenige, der die Überfüllungen begutachten möchte, nicht in unmittelbarer Nähe des PostScript-RIPs seinen Arbeitsplatz hat.

Schließlich ist es beim In-RIP-Trapping zwar möglich, die Überfüllungsparameter zu steuern (siehe nächsten Abschnitt), aber es ist offensichtlich nicht vorgesehen, das vom RIP erzeugte Überfüllungsergebnis zu manipulieren und damit im Einzelfall im Hinblick auf besondere Anforderungen gezielt zu optimieren. Hier bieten spezielle Lösungen wie das Acrobat-Plug-in SuperTrap sehr vorteilhafte Möglichkeiten, die insbesondere bei schwierigen Druckaufträgen in den Bereichen Verpackungsdruck und Siebdruck von den Praktikern vorgezogen werden.

2.4 Steuerung der Überfüllung in PostScript 3.

Über entsprechende geräteabhängige Parameter für Überfüllungen kann einem PostScript-3-RIP mit In-RIP-Trapping auf sehr differenzierte Weise mitgeteilt werden, wie die gewünschten Überfüllungen durchzuführen sind.

Hierbei gibt es neben dem grundsätzlichen Aktivieren oder Deaktivieren des Überfüllens Einstellmöglichkeiten für sämtliche allgemeinen Überfüllungsparameter. Darüber hinaus ist es möglich, Überfüllungszonen *(trapping zones)* als Bereiche auf einer Seite zu definieren, die abweichend von den gewählten Grundeinstellungen nach eigenen Überfüllungseinstellungen behandelt werden sollen. So kann man einen bestimmten Seitenbereich gezielt von der Überfüllung ausnehmen oder spezielle Parameter zur Anwendung bringen, die nur für diesen Teil der Seite sinnvoll sind. Es ist allerdings nicht möglich, in Bezug auf bestimmte Objekte in der Seitenbeschreibung Parameter für deren Überfüllung anzugeben.

2.5 Trap Networks in PDF.

In einer PDF-Datei gibt es aus prinzipiellen Gründen keine Anweisungen zur Steuerung eines Überfüllungsprozesses. So finden sich die für PostScript 3 definierten Operatoren zur Steuerung der Überfüllung im RIP in einem PDF-Kontext allenfalls in einem Jobticket nach der Spezifikation *Portable Job Ticket Format 1.1* von Adobe (siehe hierzu Abschnitt 6.2.6 »Überfüllungsanweisungen in PJTF«, Seite 269).

Bereits berechnete Überfüllungen hingegen kann man in einer PDF-Datei ab PDF 1.3 in so genannten Trap Networks unterbringen. Hierbei handelt es sich um einen speziellen Typ von Annotation, also dem Mechanismus, über den Kommentare und Formularfelder realisiert sind (siehe Abschnitt 12.5 »Hypertext«, Seite 554). Solch eine *Trap Annotation* gibt es

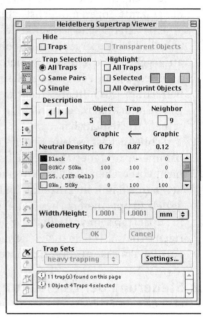

*Abb. 6.3
Der Dialog des SuperTrap-Plugins erlaubt sowohl einen differenzierten Zugriff auf die Eigenschaften von Seitenelementen, die für die Ermittlung der korrekten Überfüllung relevant sind, als auch flexible Möglichkeiten, von SuperTrap berechnete Überfüllungen einzeln interaktiv abzuändern.*

höchstens einmal pro Seite. Sie muss in der Liste der auf einer Seite vorhandenen Annotationen an letzter Stelle stehen, um auf jeden Fall als letztes auf die Seite gemalt zu werden. Es sei hier dahingestellt, ob es eine gute Idee ist, eine Überfüllung für bestimmte aneinander grenzende Objekte auf der PDF-Seite über eventuell nachträglich eingefügte Notizen zu drucken (die Integrität eines Trap Network muss laut PDF-Spezifikation ausdrücklich gegenüber der Seitenbeschreibung, nicht aber gegenüber etwaigen weiteren Annotationen auf der Seite gewährleistet werden).

Eine Trap Annotation kann mehrere Trap Networks enthalten, die beispielsweise auf unterschiedliche Ausgabeprozesse abgestimmt sind. Nur eines der vorhandenen Trap Networks darf dabei aktiv sein. Weiterhin kann in einem Trap Network optional Bezug genommen werden auf Überfüllungsanweisungen in einem PJTF-Jobticket, das hierfür allerdings eingebettet sein muss. Dies kann nützlich sein, wenn die Überfüllung neu berechnet werden muss, etwa nachdem sich der Inhalt einer PDF-Seite geändert hat.

Zum gegenwärtigen Zeitpunkt gibt es keine kommerziell verfügbare Überfüllungslösung, die Trap Networks einsetzt. Das dürfte mit daran liegen, dass es zumindest für eine an PDF orientierte Überfüllungslösung leichter sein dürfte, die Seitenbeschreibung selbst so zu verändern, dass die entsprechenden Überfüllungen kontextnah realisiert werden. Da es möglich ist, innerhalb einer PDF-Seitenbeschreibung einzelne Teile zu markie-

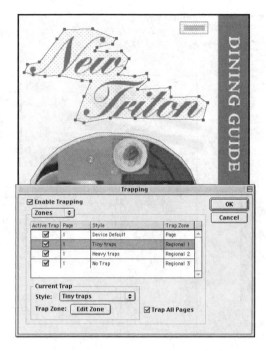

Abb. 6.4
Trapping-Zonen in
Adobe InProduction

ren *(marked content)*, können diejenigen Teile einer Seitenbeschreibung, die nur zum Zwecke der Überfüllung hinzugefügt wurden, klar identifiziert werden. Diesen Weg geht das Acrobat-Plugin SuperTrap der Heidelberger Druckmaschinen AG (siehe Abbildung 6.3). Da es direkt unter Adobe Acrobat läuft, kann es eine direkte visuelle Rückmeldung des Überfüllungsergebnisses liefern und bietet reichhaltige Möglichkeiten, das Ergebnis sehr flexibel zu verändern. Das geht so weit, dass einzelne Traps beliebig in Position und Umriss manipuliert werden können. Da SuperTrap zudem elementorientiert die Seitenbeschreibung analysiert und daraus die Überfüllung berechnet, ist es auch in der Lage, jede einzelne Überfüllungsentscheidung nachträglich zu ändern.

2.6 Überfüllungsanweisungen in PJTF.

Das im Oktober 1997 vorgestellte *Portable Job Ticket Format (PJTF)* – derzeit in Version 1.1 vorliegend – wurde von Adobe zu erheblichem Teil deswegen erarbeitet, da in PDF zwar alle Grafikkonstrukte aus PostScript abgebildet werden können, ansonsten PDF-Dateien aber (so weit realisierbar) geräteunabhängig sein sollten. Damit verbot es sich, das breite Spektrum der geräteorientierten Operatoren – von der Wahl des Papierfachs über die Strategie bei fehlenden Schriften bis hin zu Überfüllungsanweisungen – aus PostScript in die PDF-Welt zu übertragen. Die *setpagedevice*-Welt fand in gewissem Sinne in einer immer PDF-lastiger werdenden Wirklichkeit eine neue Heimat im Portable Job Ticket

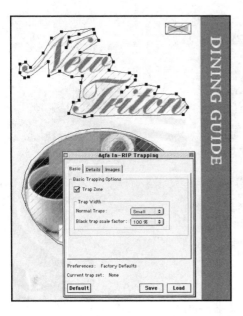

Abb. 6.5 (rechts)
Trapping-Zonen in Quark XPress mit der Agfa In RIP Trapping XTension

Abb. 6.5 (links) Trapping-Zonen im Acrobat-Plugin Agfa In RIP Trapping

Format. Dieses deckt außerdem weitere Themen der Prepress-Produktion ab, darunter Ausschießen, Colormanagement, Preflighting sowie Separationssteuerung. Die für PostScript 3 definierten Überfüllungsanweisungen wurden vollständig in PJTF abgebildet. Es gibt für PDF auch Acrobat-Plugins wie das inzwischen leider nicht mehr weiterentwickelte Adobe InProduction, um mittels PJTF Überfüllungsanweisungen festzulegen (siehe Abbildung 6.4). Dazu wird das Jobticket in die PDF-Datei eingebettet. Das von Agfa für den Apogee-Workflow entwickelte Acrobat-Plugin für In-RIP-Überfüllungen funktioniert prinzipiell ähnlich wie InProduction, legt seine Überfüllungsanweisungen aber in einem proprietären Format als Annotationen ab. Dadurch lassen sich Synergieeffekte zwischen Modulen verschiedener Hersteller zuverlässig vermeiden. Leider lässt dieser Sachverhalt auch erkennen, dass es möglich ist, einen Workflow wie Agfa Apogee als PJTF-basierend zu verkaufen, ohne an entscheidenden Stellen wirklich PJTF einzusetzen.

Insofern gibt es kaum real existierende Abläufe, die PJTF zur Steuerung von Überfüllungsprozessen einsetzen. Inzwischen ist weder mit einer Weiterentwicklung von PJTF noch mit einer Zunahme PJTF-orientierter Lösungen zu rechnen, da das im Jahre 2000 vorgestellte, wesentlich umfassendere *Job Definition Format (JDF)* nicht nur PJTF abdeckt, sondern vor allem auch bei den größeren Herstellern in der grafischen Industrie breiteren Anklang gefunden hat.

6.2.7 Beschränkungen der Trapping-Zonen.
Um allgemeine Überfüllungsanweisungen für ganze Dokumente oder einzelne Seiten zu transportieren, reichen die in PostScript 3 oder PJTF kodierbaren Überfüllungsanweisungen völlig aus. Anspruchsvollere Anwender vermissen jedoch die in Quark XPress für einen separierten Workflow gegebenen Möglichkeiten, die es gestatten, Objekte gezielt im Verhältnis zueinander zu überfüllen oder zu unterfüllen. Hierüber sind auch sehr diffizile Elementkonstellationen in ihrem Überfüllungsverhalten zuverlässig zu steuern.

Mit Trap-Zonen – also an Bereichen der Seite orientierten Überfüllungsanweisungen – ist es mühsam bis unmöglich, die gleiche Wirkung zu erzielen. Gerade im Verpackungsbereich gibt es jedoch häufiger solche Anforderungen. Vor diesem Hintergrund ist zu verstehen, dass das Plugin SuperTrap bei vielen Anwendern sehr beliebt ist. Es ist nicht nur sehr schnell, sondern arbeitet direkt in Acrobat, visualisiert das automatisch berechnete Überfüllungsergebnis sofort und bietet mächtige Funktionen, um die Überfüllungen nachträglich elementweise sowie für alle Elementepaare zu beeinflussen. Da die Überfüllungen als Teil der Seitenbeschreibung mit abgespeichert werden, können überfüllte Seiten in jedem PDF-Workflow auch mit Acrobat ohne SuperTrap ausgegeben werden. So ist es insbesondere möglich, dass der für die Erstellung einer Druckvorlage zuständige Betrieb die Überfüllung mittels SuperTrap in die Seiten hineinrechnet, das Ergebnis kontrolliert und dann an die Druckerei übermittelt, die sich ihrerseits nicht mehr um die Überfüllung kümmern muss.

6.3 Bogenmontage

Bei der Bogenmontage, auch als Ausschießen bezeichnet, geht es um die geeignete Anordnung mehrerer Seiten auf einem Bogen für die Ausgabe im Druckprozess. Spätestens mit dem Einzug der Computer-to-Plate-Technologie (CtP) bedeutet Bogenmontage immer digitale Bogenmontage. Im Kern ist dies ein simples Unterfangen – egal ob die zu montierenden Seiten in PostScript oder PDF vorliegen, geschieht nichts wesentlich anderes, als wenn man in Quark XPress oder Adobe Indesign eine neue Seite von der Größe eines Druckbogens anlegt, Seite um Seite als grafisches Element importiert und auf diesem Bogen in geeigneter Weise positioniert. Auch Druckkontrollstreifen sowie Passer- und Schnittmarken legt man sich einmal zurecht und verfährt mit ihnen auf die gleiche Weise. Am Schluss schickt man das Ganze einfach zur Kontrolle auf einen Großformatdrucker und anschließend auf den RIP des Plattenbelichters.

Obwohl diese Vorgehensweise prinzipiell funktioniert, schafft praktisch jedes professionell arbeitende Druckvorstufenunternehmen dedizierte Ausschießsoftware an. Der wichtigste Grund für diese Investition dürfte sein, dass eine solche Ausschießsoftware es gestattet, für die sich meist mehrfach wiederholenden, insgesamt ziemlich komplexen Anordnungen von Seiten und Druckkontrollelementen Schablonen anzulegen. Das spart nicht nur Zeit, sobald eine Schablone wiederverwendet werden kann, sondern reduziert Fehlermöglichkeiten und ermöglicht Abläufe, in denen Ausschießfachpersonal die Schablonen anlegt, und weniger speziell ausgebildete Mitarbeiter diese Schablonen anschließend für die Durchführung der Bogenmontage verwenden können.

Anforderungen. Bogenmontage bedeutet im Grunde genommen den Moment im Produktionsablauf, wo sich Einzelseite und Druckplatte bzw. Druckmaschine sowie der gesamte Weiterverarbeitungsprozess zum ersten Mal Auge in Auge gegenüberstehen. Zuvor muss nur bekannt sein, wie groß die endbeschnittene Seite sein soll und ob eine Seite eine linke oder rechte Seite werden wird – Beschnitt gibt man bei randabfallenden Elementen ohnehin zu. Die Bogenmontage muss dann die einzelnen Seiten samt diversen die weitere Produktion unterstützenden Zusatzelementen so auf den Bogen montieren, dass am Ende das gewünschte Druckerzeugnis entstehen kann. Dies bedeutet im Einzelnen:

- Das spätere Zusammentragen und Falten der Bogen muss bekannt sein.
- Schnitt- und Falzmarken sind an den nötigen Positionen anzubringen.
- Die Position dieser Schnitt- und Falzmarken variiert unter Umständen abhängig davon, ob ein Bogen beim Falten innen oder außen zu liegen kommt.
- Die Einzelseiten müssen möglicherweise leicht gedreht platziert werden, da das Falten im Kreuzbruch insbesondere bei vielen kleinen Seiten auf einem großen Bogen nie wirklich zu rechtwinkligen Ergebnissen führt.
- Die Einzelseiten müssen so versetzt und geringfügig verzerrt positioniert werden, dass der so genannten Farbverzugskompensation entgegengewirkt werden kann. Diese wird durch das Feuchtwerden und die teilweise Dehnung des Papiers beim Durchlauf durch die Druckmaschine bewirkt.
- Bei aneinander grenzend montierten Einzelseiten werden sicherheitshalber die positionierten Einzelseiten so begrenzt, dass die eine nicht in die andere hineinragt.
- Andererseits muss auf den Seitenkanten, die später durch das Beschneiden auf Endgröße entstehen, genügend Beschnittzugabe stehen bleiben.
- Es müssen genügend Freiheitsgrade in der Software enthalten sein, um beispielsweise Druckbogen und Falzbogen getrennt betrachten zu können und so leicht auf einem Bogen Aufträge mischen oder Restflächen belegen zu können.
- Es müssen möglichst viele Aufträge auf Basis einmal einzurichtender Produktionsschablonen mehr oder weniger automatisiert ablaufen können.

▸ Andererseits muss man jede Automatik an jeder Stelle außer Kraft setzen können, wenn abweichende Einzelentscheidungen zu treffen sind.

Diese Punkte stellen gleichermaßen das Pflichtprogramm für alle professionellen Ausschießapplikationen dar. Erhebliche Unterschiede findet man bei der technischen Umsetzung. Um diese besser zu verstehen, sollte man sich vergegenwärtigen, dass zu Zeiten der filmbasierten Druckvorlagenerstellung der digital-technologisch schwierige Teil mit der Ausgabe der Einzelseite auf Film erledigt war. Lagen alle für eine Druckform benötigten Einzelseitenfilme vor, war es für einen geübten Druckformhersteller eine reine Fleißaufgabe, den kompletten Bogen zu montieren, und mit Überraschungen war eher nicht zu rechnen (außer vielleicht durch Verwechseln von Seiten).

Zumindest bei älteren PostScript-RIPs jedoch bekommen die meisten Operatoren weiche Knie bei dem Gedanken, eine große Druckform an einem Stück als einen womöglich viele hundert Megabyte großen PostScript-Datenstrom zu belichten. Inzwischen stehen jedoch PostScript-RIPs zur Verfügung, die sich zumindest am Datenvolumen nicht mehr stören und auch komplexe Bogen in passabler Zeit ausgeben. Knifflig wird es, wenn es auf irgendeiner der Seiten auf dem Bogen ein Problem gibt. Insbesondere Betriebe wie beispielsweise die Zeitungsverlage mit ihrer Anzeigenannahme, die digitale Druckvorlagen aus vielen Quellen entgegennehmen müssen, laufen ständig Gefahr, dass eine kleine fehlerhafte Anzeige die Ausgabe eines ganzen Druckbogens scheitern lässt. Selbst wenn die Fehlerursache lokalisiert ist, heißt dies mitunter, den ganzen Bogen neu ausschießen und nochmal belichten zu müssen.

Lösungsstrategien für PostScript und PDF. Vor diesem Hintergrund sind verschiedene Strategien zu betrachten, die versuchen, dieses Problempotenzial zu entschärfen. Die konservativste Strategie besteht darin, sämtliche Einzelseiten möglichst früh zu rastern und komprimiert als TIFF-Bitmaps zwischenzulagern. Stehen alle Seiten eines Bogens bereit, wird nur noch eine Ausschießschablone an einen RIP-nahen Prozess übertragen, der die Bitmaps auf dem Bogen bzw. der Druckplatte positioniert. Zumindest solange PDF für Druckvorstufenzwecke noch nicht ganz ausgereift war, war dies die Methode der Wahl in Umgebungen, wo unerwartete zeitliche Verzögerungen absolut inakzeptabel waren. Auch die relativ moderne PDF-Workflowlösung Apogee von Agfa arbeitet optional nach dieser Methode.

Eine weitere Vorgehensweise besteht darin, den Ausschießvorgang selbst schlanker zu machen, indem beispielsweise nach OPI-Manier nicht die Einzelseiten selbst, sondern nur deren Platzhalter ausgeschossen werden (vergleiche hierzu Abschnitt 6.4.4 »OPI und Bogenmontage«, Seite 280). Anschließend kann ein OPI-Server die Komplettdaten an das Ausgabegerät senden, ohne dass zuvor der Bogen selbst als eine Datei abgespeichert werden müsste. In geeigneten Umgebungen, etwa dem PDF-

Workflow Prinergy von Creo, kann der RIP selbst diese Aufgabe übernehmen.

Grundsätzliche Entspannung gab es mit dem Einzug von PDF. Daten, die durch Destillieren von PostScript mittels Acrobat Distiller oder einem der OEM-Produkte zu Adobe Normalizer entstanden, haben folgende wesentliche Eigenschaften:

- Es handelt sich um korrekt interpretierbares PostScript – etwaige PostScript-Fehler fallen bereits beim Destillieren und nicht erst während der Plattenbelichtung auf.
- Das Datenvolumen wird fast durchgängig erheblich verringert: Eine typische Zeitschriftenseite oder ganzseitige Anzeige hat als PDF zwischen wenigen Megabyte und selten mehr als 25 Megabyte. Entsprechende PostScript-Dateien sind in der Regel wenige Dutzend bis einige Hundert Megabyte groß.
- Die Einzelseiten werden kodierungstechnisch vollständig unabhängig voneinander. Auch wenn über die Jahre immer wieder daran appelliert wurde, PostScript-Code zu generieren, bei dem jede Seite auch in einer mehrseitigen PostScript-Datei frei von Wechselwirkungen mit anderen Seiten sein sollte, blieb dieser Appell ohne wirklich nachhaltige Wirkung. Seiten in PDF-Dateien sind von der Grundkonstruktion von PDF her prinzipiell unabhängig von allen anderen Seiten.

Insofern stehen PDF-basierte Ausschießprogramme nicht mehr unter dem gleichen Druck wie Produkte, die PostScript ausschießen.

Ausschießsoftware für PDF. Im Zuge der PDF-Welle Ende der neunziger Jahre hatten es einige Anbieter sehr eilig, PDF-Unterstützung in ihren Ausschießprogrammen anzubieten. Einige davon, zum Beispiel Scenicsoft Preps vor Version 4, mogelten jedoch und wandelten sozusagen unter der Haube PDF mittels Adobe Acrobat in PostScript um. Der eigentliche Ausschießvorgang erfolgte wie gehabt, anschließend wandelten sie das ausgeschossene PostScript wieder mittels Distiller in PDF um. Abgesehen davon, dass die Verarbeitungsgeschwindigkeit nicht wirklich optimal gewesen sein dürfte, stellt jede nicht zwingend erforderliche Formatumwandlung ein zusätzliches Produktionsrisiko dar, das man unbedingt vermeiden sollte. So zeigten denn auch die ersten vollständig PDF-basierten Ausschießlösungen KIM PDF (siehe Abbildung 6.6) von Krause, Dynastrip von Dynagram und Impoze von IPTech, in welch hohem Maß bei ausschließlicher und durchgängiger Verarbeitung von PDF sowohl die Handhabung, die Verarbeitungsgeschwindigkeit als auch die Produktionssicherheit optimiert werden können.

Ein unscheinbares Detail zog in der Zwischenzeit erhebliche Aufmerksamkeit auf sich: Für eine erfolgreiche digitale Bogenmontage ist das Vorhandensein präziser Informationen über die Nettogröße sowie gegebenenfalls den vorhandenen Beschnitt der zu montierenden Seiten unerlässlich.

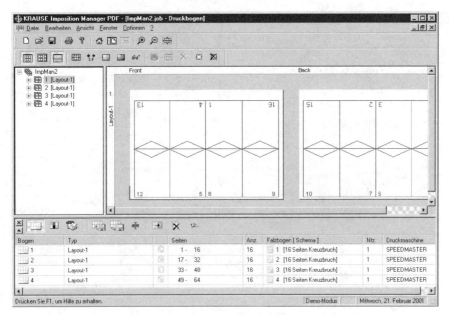

Abb. 6.6 Die Bogenmontage in KIM PDF arbeitet direkt auf PDF-Dokumenten.

Anderenfalls droht ständiges manuelles Nachjustieren in einem ansonsten weitgehend automatisierbaren Ablauf. In PDF gibt es hierfür die sehr nützliche Konstruktion der TrimBox zur Angabe der Größe der endbeschnittenen Seite sowie die BleedBox für die Fläche, die sowohl die TrimBox als auch – sofern vorhanden – die Beschnittzugabeflächen enthält. Während die gängigen Ausschießlösungen für PDF sich auf das Berücksichtigen dieser Angaben verstehen, ist es nicht immer leicht dafür zu sorgen, dass zum einen diese Information überhaupt in den betreffenden PDF-Dateien vorhanden ist und andererseits, dass sie präzise ist.

Die findigen Softwareentwickler aus dem Hause Creo haben beispielsweise kostenlos eine Erweiterung für Acrobat Distiller namens Prinergy Distiller Plugin zur Verfügung gestellt, die bei aus XPress stammendem PostScript die Schnittmarken auswertet und daraus die Position der TrimBox ermittelt und mittels pdfmark-Code in die PDF-Datei einträgt. Das funktioniert hervorragend, solange es sich bei den Seitenmaßen um solche handelt, die auf ganze Punkt ausgehen. Sobald man metrische Seitenmaße, etwa DIN A4, verwendet, hat man fast niemals Seitenbreiten und Seitenhöhen, die auf ganze Punkt ausgehen. Unpraktischerweise ist Quark XPress darauf nicht vorbereitet: Es rundet nicht nur die Seitengrößenangaben im PostScript-Code auf ganze Punkt, sondern setzt auch die Schnittmarken selbst an entsprechend gerundete Positionen. Weiterhin wirkt sich dieser Rundungsfehler bei den auf einer Montagefläche nebeneinander stehenden Seiten in unterschiedlicher Weise aus – eine linke Seite steht also hori-

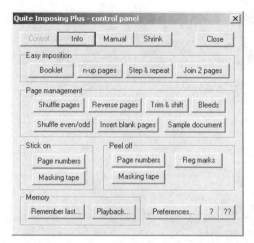

Abb. 6.7
Die Konfiguration des Acrobat-Plugins Quite Imposing ist etwas textlastig, dafür bietet es umfangreiche Funktionen.

zontal um einen anderen Wert verkehrt als eine rechte Seite. Da nun aber auch die Schnittmarken geringfügig falsch stehen, kann es dem Prinergy Distiller Plugin nicht gelingen, aus den falschen Schnittmarkenpositionen die richtige TrimBox zu ermitteln. Gegenwärtig leistet einzig die XTension MadeToPrint für Quark XPress von callas software ein korrektes Setzen der TrimBox- und BleedBox-Information.

Benutzern von Adobe Indesign steht mit der direkten Erzeugung von PDF aus Indesign heraus sowieso ein eleganter Produktionsweg zur Verfügung, der zudem die TrimBox- und BleedBox-Angaben korrekt in die PDF-Datei einträgt. Leider ist der PostScript-Weg, den manche Anwender selbst für die Erzeugung von PDF wegen einiger weiterhin im direkten PDF-Export bestehender Unwägbarkeiten bevorzugen, in Indesign 1.5.2 noch ähnlich mangelhaft wie oben für Quark XPress beschrieben. Man hat keine realistische Chance, aus Indesign heraus eine PDF-Seite über PostScript und Distiller zu generieren, deren TrimBox genau DIN A4 groß ist.

Quite Imposing. Das Acrobat-Plugin Quite Imposing (siehe Abbildung 6.7) nimmt im Bereich der Ausschießsoftware eine Sonderstellung ein. Es ermöglicht die Durchführung einfacher Montagearbeiten direkt in Acrobat. Der Anwender muss dabei im Gegensatz zu den großen Ausschießlösungen nicht viel Vorkenntnisse mitbringen und kann das Produkt auch ohne längere Einweisung benutzen. In Quite Imposing fehlen zwar diverse Highend-Funktionen, es erfreut sich jedoch aufgrund der einfachen Bedienung und des günstigen Preises in den Bereichen Digitaldruck und klein- bis mittelformatiger Offsetdruck großer Beliebtheit. Auch im Office-Bereich gibt es nützliche Anwendungen für Quite Imposing, etwa die Erstellung von Booklets für die Ausgabe auf einem Laserdrucker.

6.4 Das Open Prepress Interface (OPI)

6.4.1 Problemstellung.

Das *Open Prepress Interface (OPI)* regelt in seiner ursprünglichen, von Aldus 1989 veröffentlichten Form das Zusammenspiel zwischen der PostScript-orientierten DTP-Welt (in der damaligen Zeit geprägt durch die Komponenten Apple Macintosh, Aldus PageMaker, Apple LaserWriter und Linotype PostScript-RIP) und der Welt der Highend-Bildverarbeitungssysteme von Herstellern wie Hell, Scitex oder Dai Nippon: Layouts wurden auf DTP-Arbeitsplatzrechnern aufgebaut, die eigentlichen Bilder entstanden in den Bildverarbeitungssystemen. Im TIFF-Format abgespeicherte niedrig aufgelöste Versionen dieser Bilder konnten in den DTP-Layouts platziert werden. Im Zuge der Druckausgabe wurden in das von den DTP-Arbeitsplätzen generierte PostScript Kommentare um die TIFF-Daten herum eingefügt. Auf Basis dieser Kommentare wurde in einem nachfolgenden Prozess der Bezug zum hochaufgelösten Original hergestellt und der niedrigaufgelöste Platzhalter durch die Originaldaten ausgetauscht.

Für die nachfolgenden Versionen des OPI-Formats verlagerte sich der Fokus. Inzwischen wurden immer mehr Bilder auch auf DTP-Arbeitsplätzen erfasst und bearbeitet, so dass OPI als Bindeglied zwischen DTP- und EBV-Welt allmählich an Bedeutung verlor. Zunehmend ging es bei OPI um eine Strategie, Bilddaten mit ihrem tendenziell großen Datenvolumen möglichst wenig zwischen Arbeitsplatzrechnern hin und her bewegen zu müssen. Sobald mehr als ein Arbeitsplatzrechner für die Produktion von digitalen Druckvorlagen und mehr als ein Bearbeiter in diese Produktion eingebunden ist, wird es in der Regel als vorteilhaft betrachtet, zumindest die Bilddaten auf einem Server vorzuhalten. Sofern der Speicherbereich des Servers von jedem Arbeitsplatzrechner aus zugänglich ist, ergeben sich keine grundsätzlichen Probleme hieraus.

Allerdings ist es so, dass beim Ausdrucken eines Dokuments die Bilddaten zunächst vom Server auf den Arbeitsplatzrechner übertragen werden müssen und von dort zusammen mit den übrigen Dokumentbestandteilen weiter zum Ausgabegerät oder eine Druckerwarteschlange gesendet werden. Kurz, die meist umfangreichen Bilddaten werden pro Druckvorgang zweimal über das Netz bewegt, und am Arbeitsplatzplatz kann während des Druckvorgangs, der bei komplexen Dokumenten durchaus etliche Minuten dauern kann, nicht weitergearbeitet werden. Diese Performance-Problematik war zu Zeiten langsamer Netze recht gravierend, besteht aber in etwas verminderter Form auch in heutigen leistungsfähigeren Netzwerkarchitekturen fort.

6.4.2 Lösung für PostScript.

OPI versucht das beschriebene Problem drastisch zu reduzieren, indem Bilder nicht direkt in Dokumenten platziert werden. Stattdessen berechnet ein Prozess auf dem Server niedrig aufgelöste Varianten der Bilder. Diese sind zur späteren eindeutigen Identifikation des zugehörigen Ausgangsbilds mit einigen Metadaten angereichert und werden statt der datenlastigen Originale in den Dokumenten platziert. Wenn die Ausgabe der Originalbilder gewünscht ist und die niedrig aufgelösten Bildvarianten nicht ausreichen, kann der Ausdruck jetzt nicht mehr direkt auf das Ausgabegerät, sondern nur über den Umweg über eine OPI-Druckerwarteschlange erfolgen. Darin wird das eintreffende PostScript anhand entsprechender Kommentarzeilen nach den niedrig aufgelösten Bildern durchsucht, und diese werden durch die hoch aufgelösten Originalbilder ersetzt. Anschließend sendet die OPI-Druckerwarteschlange die vervollständigten Daten weiter zum Ausgabegerät. Damit ist das Ziel erreicht, dass die Bilddaten pro Druckprozess nur ein einziges Mal über das Netz bewegt werden. Zudem kann man insbesondere in modernen Netzwerkarchitekturen die Netzanbindung der Ausgabegeräte an den OPI-Server gezielt optimieren. Der durch die Arbeitsplatzrechner generierte Netzverkehr hat demgegenüber relativ geringe Bedeutung, da nur ein Bruchteil des Gesamtvolumens eines Druckjobs von dort aus gesendet wird.

Ein weiterer Grund für den Einsatz von OPI war vielfach dann gegeben, wenn die Erzeugung und Aufbereitung von Bilddaten einerseits und der Aufbau der Layoutseiten andererseits räumlich getrennt erfolgten. Hier sahen insbesondere viele Reprodienstleister und Druckereien eine gute Möglichkeit, ihre Kunden an sich zu binden. Sie stellten den Kunden niedrig aufgelöste Platzhalter der Bilddaten für den Seitenaufbau zur Verfügung, die Belichtung oder der hochwertige Ausdruck erfolgten über den OPI-Server des Dienstleisters. Das hatte ganz offensichtliche Vorteile für den Kunden – in Zeiten von Diskette, Syquest Cartridge mit 40 Megabyte, analogem Modem und 64-kBit-ISDN vermied man möglichst den Austausch von hunderten Megabyte von Bilddaten. Der Kunde fand sich damit ab, dass ein Wechsel zu einem anderen Dienstleister nicht ganz einfach war.

Während OPI-artige Konstruktionen in vielen Umgebungen existieren – bei Scitex-Workflowlösungen zum Beispiel unter der Bezeichnung *Automatic Picture Replacement (APR)*, hat sich die 1993 von Aldus herausgegebene Spezifikation OPI 1.3 in der DTP-Welt nahezu vollständig als De-facto-Standard durchgesetzt. Man kann davon ausgehen, dass inzwischen in den meisten Produktionsumgebungen, in denen mehr als zehn Mitarbeiter mit der Produktion von Druckvorlagen beschäftigt sind, eine OPI-Lösung eingesetzt wird.

OPI 2.0. Obwohl 1995 ein Entwurf für OPI 2.0 herauskam – inzwischen von der Firma Adobe herausgegeben, die Aldus aufgekauft hatte – wird auch heute noch auf der Grundlage von OPI 1.3 gearbeitet. Adobe schien ähnlich wie bei TIFF kein großes Interesse an der Pflege und Weiterentwicklung von OPI zu haben, so dass es lange Zeit keine finale Version von OPI 2.0 gab. Im Januar 2000 veröffentlichte Adobe dann doch noch mehr oder weniger stillschweigend eine finale Version von OPI 2.0 als Technote 5066 mit weitgehend unverändertem Wortlaut. Mehrere kleinere Änderungen gegenüber dem Entwurf von 1995 lassen jedoch erkennen, wie schwer sich Adobe mit dem Vermächtnis tut. Auch das noch von Aldus konzipierte OPI 2.0 war eng verschränkt mit einer Separationsstrategie, in der alles auf Host-basierte Separation ausgerichtet war (siehe Abschnitt »Host-basierte Separation nach Technote 5044«, Seite 239). Die OPI-Version 2.0 von 1995 versucht, Konstrukte aus dem zu dem Zeitpunkt bereits existierenden PostScript Level 2 zu vermeiden, die eine Host-basierte Separation in Schwierigkeiten bringen könnten. Die Adobe-Version von OPI 2.0 aus dem Jahre 2000 lässt ausdrücklich Konstrukte zu (zum Beispiel die Dictionary-basierte Variante des image-Operators), an denen praktisch alle gängigen Host-basierten Separationsmethoden scheitern dürften. So wird in der Literaturliste die Technote 5044 auch in der OPI-Spezifikation 2.0 von 2000 noch aufgeführt. Passagen im Text, die ausdrücklich darauf Bezug nehmen, wurden jedoch entfernt.

6.4.3 OPI und PDF.

Bezog sich OPI ursprünglich für Originale auf reines Rasterbildmaterial – also Pixel innerhalb einer rechteckigen Fläche – und für die niedrig aufgelösten Platzhalter auf TIFF-Dateien, erweiterten die Hersteller von OPI-Lösungen ständig die Möglichkeiten. Eine der interessantesten Möglichkeiten ist inzwischen, auch PDF-Seiten als hochaufgelöste Bilder zu betrachten und über OPI zur Montage auf Layoutseiten bereitzustellen. Dies ist vor allem deswegen interessant, weil noch die wenigsten Layoutprogramme in der Lage sind, PDFs direkt in verlässlicher Weise auf einer Layoutseite zu platzieren und auszugeben. Wie oben beschrieben, verhielt sich Adobe zwar sehr zurückhaltend in Sachen OPI, unterstützte aber seit der 1996 veröffentlichten Version 1.2 von PDF die Einbettung von Angaben gemäß OPI 1.3 und OPI 2.0. Entsprechend strukturierte OPI-Informationen können innerhalb von XObjects auch in PDF-Dateien genutzt werden (zu XObjects siehe Abschnitt 12.3.2 »Ressourcen«, Seite 540).

Wird ein entsprechender OPI-Server eingesetzt, verlagert sich das Problem der korrekten Einbindung von PDF in eine Layoutseite hin zum OPI-Server: Kann das Problem dort in befriedigender Qualität gelöst werden, ist auf einen Schlag auch so manche ältere DTP-Anwendungen in der Lage, über den OPI-Weg PDFs auf der Seite zu platzieren. Beispiele für solche Server sind Helios Ethershare OPI oder Xinet FullPress.

Aber auch andersherum leisten aktuelle OPI-Server Wünschenswertes: Konvertiert man einen PostScript-Datenstrom mit OPI-Kommentaren nach PDF, so bleiben die OPI-Informationen bei Aktivieren der Distiller-Option *OPI-Kommentare beibehalten* in der PDF-Ausgabe erhalten. Diese OPI-Angaben im PDF können nun entweder direkt von einem PDF-fähigen OPI-Server ausgewertet werden, oder sie werden bei neuerlichem Drucken der PDF-Datei (was ja wieder eine Wandlung nach PostScript bedeutet) auf herkömmliche Weise ausgewertet. Zudem sind die meisten modernen PostScript-RIPs, etwa solche auf Basis von Harlequin Scriptworks, in der Lage, eingebettete OPI-Kommentare auszuwerten und (entsprechenden Dateizugriff vorausgesetzt) die hochaufgelösten Daten einzusetzen.

Eine weitere Funktion, die einige OPI-Server ergänzend anbieten, ist Colormanagement. Da in einer OPI-Umgebung in der Regel über die Druckerwarteschlangen bekannt ist, an welchen Ausgabeprozess die jeweiligen Daten zu senden sind, kann unter Verwendung entsprechender ICC-Profile eine farbliche Anpassung der Daten in sinnvoller Weise geleistet werden. Hierbei rechnet der OPI-Server die Farbwerte entweder selbst um oder er wandelt die relevanten ICC-Profile in Color Space Arrays bzw. Color Rendering Dictionaries um und überlässt dem PostScript-RIP die Rechenarbeit.

6.4.4 OPI und Bogenmontage.

Da moderne OPI-Server von nahezu jeglichem Material – etwa TIFF, JPEG, EPS, DCS, PostScript oder PDF – niedrig aufgelöste TIFF- oder EPS-Dateien anfertigen können, ergibt sich ein interessanter Aspekt für das Ausschießen. Lässt man den OPI-Server von den auszuschießenden Seiten die üblichen Layoutplatzhalter in Gestalt recht kleiner EPS-Dateien erzeugen, so vermag es praktisch jede Ausschießapplikation, auch komplexe Bogen in sehr kurzer Zeit auszuschießen, schließlich sind die zu bewegenden Datenmengen ja verhältnismäßig klein. Für die Ausgabe des Bogens selbst muss dann natürlich wieder der OPI-Server bemüht werden, der in den Bogen die EPS-Platzhalter durch die Einzelseiten ersetzt. Da der OPI-Server aber komplett im unbedienten Betrieb läuft, eine Ausschießsoftware häufig jedoch interaktiv gesteuert wird, kann eine entsprechende Arbeitsweise zu erheblichen Vorteilen führen, weil die mit dem Ausschießen beschäftigte Person nicht länger als nötig am Arbeitsplatzrechner verbringen muss und fast keine Zeit damit zubringt, auf das Erstellen der Bogendateien zu warten.

6.5 Desktop Color Separation (DCS)

Desktop Color Separation (DCS) – nicht zu verwechseln mit *Document Structuring Conventions (DSC)* – wurde von Quark Anfang der neunziger Jahre vorgestellt, um dem Problem der Netzwerklast beim Ausgeben von Separationen bildlastiger Seiten auf andere Weise als mit OPI auf den Leib zu rücken.

DCS-Dateien stellen ein umdefiniertes EPS-Format dar (siehe Abschnitt 1.5 »Encapsulated PostScript (EPS)«, Seite 26), bei dem jeder zu erstellende Farbauszug bereits in einer eigenen EPS-Datei untergebracht ist und ausschließlich die Informationen enthält, die zu diesem Farbauszug gehören. Für ein vierfarbiges Bild gibt es dementsprechend vier dazugehörende EPS-Dateien für die Auszüge Cyan, Magenta, Yellow und Black. Jeder dieser Auszüge ist für sich genommen nicht mehr wirklich farbig, sondern stellt eine bereits in Graustufen umgesetzte Repräsentation des betreffenden Auszugs dar. Um für ein Bild nicht vier EPS-Dateien auf einer XPress-Seite aufeinander platzieren zu müssen, gibt es zusätzlich zu den vier Auszugsdateien eine Master-EPS-Datei, die im Wesentlichen eine Voransicht für die Darstellung des Bildes im Layout enthält sowie eine (meist niedrig aufgelöste) farbige Variante des Bildes und schließlich in Gestalt von PostScript-Kommentaren eine Angabe über die Dateinamen der zugehörigen EPS-Dateien mit den Farbauszügen.

Werden DCS-Dateien verwendet, kann eine Layoutapplikation beim unseparierten Ausdrucken auf die Master-EPS-Datei zurückgreifen, während beim Separieren der Layoutseiten pro Farbauszug immer nur die zugehörige EPS-Auszugsdatei mitgeschickt wird. Bei CMYK-Daten bedeutet dies, dass das CMYK-Bilddatenvolumen nur einmal übertragen werden muss, während bei einem als EPS abgespeichertem Bild das gesamte Bilddatenvolumen viermal übertragen werden müsste. Aus Sicht von Quark war wichtig, dass eine DCS-basierte Arbeitsweise funktionieren kann, ohne dass es einen weiteren Prozess zur Verarbeitung der Daten geben müsste, wie dies bei OPI in der Tat erforderlich ist.

Die erste Version des DCS-Formats hatte zwei Schwächen: Zum einen war sie auf die vier Prozessfarben Cyan, Magenta, Yellow und Black beschränkt. Zum anderen war der Umgang mit den fünfteiligen Dateikombinationen fehleranfällig. Version 2.0 des DCS-Formats (im Juni 1993 veröffentlicht, 1995 revidiert) bietet entsprechend erweiterte Möglichkeiten und definiert eine Erweiterung des EPS-Formats, bei dem eine EPS-Datei mehrere andere EPS-Dateien enthalten kann. Eine solche EPS-Datei ist durch entsprechende PostScript-Kommentare am Anfang erkennbar. In diesen Kommentaren wird angegeben, welche Auszüge zu dieser Datei gehören. Diese weiterhin als EPS kodierten Auszüge folgen einfach der am Anfang der DCS-Datei stehenden Master-EPS-Datei. Um sie sicher heraustrennen zu können, wird zu jedem Farbauszug angegeben, an welcher Byte-Position in der DCS-Datei die betreffende EPS-Datei beginnt, und wie viele Byte sie umfasst. Prinzipiell ist es auch in DCS 2.0 möglich, die Farbauszüge als eigene Dateien zu führen, allerdings wird hiervon praktisch kein Gebrauch gemacht.

Aufgrund ihres Aufbaus sind DCS-Dateien ausschließlich für Workflows im Sinne der Technote 5044 geeignet – es ist praktisch nicht möglich, mit DCS-Dateien in einem unseparierten Workflow zu arbeiten. Aus diesem

Grund hat DCS in einer PDF-Welt wenig zu suchen. Destilliert man zum Beispiel eine DCS-Datei, so erhält man als Ergebnis ein mehrseitiges PDF-Dokument. Die erste Seite enthält eine unseparierte, meist niedrig aufgelöste Vorschau der Grafik, während auf den Folgeseiten vorseparierte schwarzweiße Seiten für die einzelnen Farbauszüge stehen. Die PDF-Ausgabe ist also so gut wie unbrauchbar.

6.6 Gerätespezifische Anweisungen

Gerätespezifische Anweisungen spielen in PostScript und PDF sehr unterschiedliche Rollen. Sehr allgemein ausgedrückt kann man sagen, dass ein PostScript-Programm eine geräteunabhängige Seitenbeschreibung plus gerätesteuernde Operatoren enthält. Für PDF-Seitenbeschreibungen hat Adobe als Ziel formuliert, dass sie keine geräteabhängigen Operatoren und Parameter enthalten sollen. Dieses Ziel ist ganz offensichtlich nicht vollständig erreicht worden, wie im Folgenden zu erläutern sein wird.

Bei geräteorientierten Parametern kann man grob solche unterscheiden, die die meisten Geräte einer Geräteklasse – zum Beispiel Laserdrucker, Belichter, Monitore, Projektoren, Tintenstrahldrucker – sinnvoll umsetzen können, sowie solchen, die auf sehr spezifische Geräte abgestellt sind, etwa die Auswahl eines bestimmten Papierfachs oder den Aufruf eines herstellerspezifischen Rasterverfahrens.

Diese sehr spezifischen Operatoren wird man in PDF vergeblich suchen. Von einigen allgemeineren Operatoren und Parametern jedoch mochte sich Adobe in PDF nicht verabschieden. Zumindest bei einigen davon bleibt dies schwer verständlich. Mit der Einführung von Transparenz in PDF 1.4 hat sich die Bedeutung einiger Parameter übrigens verändert, es sind jedoch keine neuen geräteorientierten Parameter hinzugekommen.

Insbesondere bezüglich der Parameter für Kurvengenauigkeit, Schwarzaufbau, Unterfarbenreduktion, Gradationskurve (Transferkurve) und Weichheit für Verläufe ist nicht nachvollziehbar, warum sich Adobe bei der Spezifikation des PDF-Formats von diesem Teil des PostScript-Vermächtnisses nicht getrennt hat.

6.6.1 Welche gerätespezifischen Anweisungen gibt es?

Tabelle 6.1 führt die gerätespezifischen Operatoren von PDF auf. Im Folgenden möchte ich näher auf diese Angaben eingehen.

Kurvengenauigkeit. Die Angabe der gewünschten Kurvengenauigkeit – relevant bei hochauflösender Ausgabe, um den RIP-Prozess zu entlasten – mag bei älteren PostScript-RIPs eine wichtige Maßnahme gewesen sein, damit diese bei komplexen Kurven nicht wegen Speichermangels aussteigen. Allerdings lässt sich dieser Parameter auch am RIP selbst konfigurieren, so dass kein Bedarf dafür zu erkennen ist, warum diese Angabe in einer PDF-

Tabelle 6.1 Übersicht über die gerätespezifischen Angaben in einer PDF-Seitenbeschreibung

ab PDF 1.0 als Operator	
i	Kurvengenauigkeit (in Gerätepixeln; setflat in PostScript)
ab PDF 1.2 als Eintrag im Extended Graphics State	
SA	Anpassung für Linien, um einheitliche Linienstärken zu erreichen (stroke adjust)
OP	Überdrucken (overprint)
BG	Schwarzaufbau (black generation)
UCR	Unterfarbenreduktion (under color removal)
TR	Gradationskurve (transfer curve)
HT	Rastereinstellungen (halftone)
ab PDF 1.3 als Eintrag im Extended Graphics State	
op/OP	Überdrucken für fill und stroke (ersetzt OP aus PDF 1.2)
OPM	Überdrucken-Modus (overprint mode)
SM	Weichheit für Verläufe (smoothness)
TR2	Gradationskurve (transfer curve); wie TR, aber zusätzlich mit /Default als möglichem Wert

Seitenbeschreibung stehen müsste. Glücklicherweise haben sich in der Praxis selten Produktionsprobleme daraus ergeben. Es ist aber vorgekommen, dass eine in einer PostScript-Prozedur dynamisch (abhängig von der aktuell im RIP eingestellten Geräteauflösung) ermittelte Kurvengenauigkeit in einer PDF-Seitenbeschreibung gelandet ist. War bei der PDF-Konvertierung Distiller auf eine sehr hohe Geräteauflösung eingestellt, konnten daraus Kurvengenauigkeitswerte von zehn Gerätebildpunkten entstehen. Auf einem Belichter mit 2540 dpi ist das überhaupt kein Problem. Erstellt man von diesem PDF aber einen Probedruck auf einem Drucker mit 300 oder 600 dpi, so werden enge Kurven deutlich sichtbar aus geraden Liniensegmenten zusammengesetzt.

Schwarzaufbau und Unterfarbenreduktion. Dass Angaben zu Schwarzaufbau und Unterfarbenreduktion (siehe Abschnitt 5.3.1 »PostScript Level 1 und Host-basierte Separation«, Seite 238) in einer PDF-Seitenbeschreibung erlaubt sind, ICC-Ausgabeprofile aber nicht, vermag sicher auch bei Adobe niemand auf schlüssige Weise zu begründen. Letztlich handelt es sich wahrscheinlich um ein historisches Versehen. Dabei muss aber die Frage erlaubt sein, warum dies nicht in Version 1.3 bereinigt wurde. In den wenigsten Fällen dürfte von BG und UCR überhaupt wirklich Gebrauch gemacht werden. In einer grafischen Industrie, die bei RGB-Daten Schwächeanfälle bekommt und In-RIP-Separation (bei der sich diese Parameter erst auswirken könnten) sehr zögerlich als technisch sinnvolle Methode zu begreifen beginnt, wäre Adobe dabei wahrscheinlich niemandem auf die Füße getreten.

Gradationskurven. Auch Gradations- oder Transferkurven gehören nicht in eine PDF-Datei. Wurden sie aus gestalterischem Interesse eingesetzt, so sollten die durch die Gradationskurve umdefinierten Daten unmittelbar umgerechnet werden – wie man das in Acrobat Distiller 3 und glücklicherweise auch wieder in Distiller 5 einstellen kann *(Transferkurven beibehalten)*. Sind Gradationskurven in einem PostScript-Datenstrom enthalten, die für die Kompensation des Druckpunktzuwachses gedacht waren, gehört diese Gradationskurve überhaupt nicht in das erzeugte PDF und sollte komplett entfernt werden. In der Praxis wird es schwer sein, das eine vom anderen zu trennen. Es gibt aber eine Tendenz, die Gradationskurven zu erhalten bzw. mit Hilfe der genannten Distiller-Option in das PDF hineinrechnen zu lassen, da der Erhalt gestalterischer Absichten als wichtiger bewertet wird als die Vermeidung des Risikos, eine unbrauchbare Anpassung an einen bestimmten Druckpunktzuwachs zu erhalten.

Im Hinblick auf Gradationskurven hat PDF eine Leiche im Keller. Hierbei handelt es sich um den unscheinbaren Wert */Identity* für die Angabe der Transferkurve */TR* im Extended Graphics State. Dieser Eintrag bewirkt den gleichen Effekt wie die Anweisung *{ } settransfer* in PostScript: was auch immer an Gradationskurve gerade wirksam gewesen ist, wird abgeschaltet, und alle Farbwerte werden unverändert auf das Ausgabegerät geschickt. Das ist in einer Situation bitter, in der Transferkurven auf die einzig vernünftige Weise verwendet werden, nämlich um im PostScript-RIP die Ausgabe auf ein ganz bestimmtes Ausgabegerät zu kalibrieren. Diese Kalibrierung setzt der */Identity*-Wert im */TR*-Eintrag außer Kraft. Insofern ist dies ein gravierender konzeptioneller Fehler in PDF, das ja explizit als geräteunabhängiges Format für Seitenbeschreibungen angetreten war. Stillschweigend korrigierte Adobe dieses Problem in der nächsten Version 1.3 – dort wird ein weiterer Eintrag */TR2* für den Extended Graphics State eingeführt, für den zusätzlich der Eintrag */Default* erlaubt ist. Dieser Umweg über einen zusätzlichen Eintrag für Transferkurven musste gegangen werden, um Rückwärtskompatibilität mit älteren PDF-Viewern zu gewährleisten, die nicht gewusst hätten, was sie mit dem Wert */Default* im */TR*-Eintrag hätten anfangen sollen, da er für PDF 1.2 noch nicht definiert war. Um das drohende Durcheinander zu begrenzen, gilt ganz schlicht ab PDF 1.3, dass im Zweifelsfall der Eintrag */TR2* Vorrang hat vor dem Eintrag */TR*. Der Wert */Default* ist als überaus nützlich anzusehen, da es in einer Seitenbeschreibung damit möglich ist, die Transferkurve auf denjenigen Zustand zurückzusetzen, der bei Beginn der Seitenbeschreibung aktiv war – dies bedeutet, dass eine per Transferkurve im PostScript-RIP installierte Kalibrierung intakt bleibt.

Rastereinstellungen. Auch bei Rastereinstellungen fragt man sich, was diese in einer als geräteunabhängig proklamierten Seitenbeschreibung zu suchen haben. Zumindest für die Prozessfarben ist nicht zu erkennen, warum jemand anders als derjenige, der für die Film- oder Plattenbelichtung

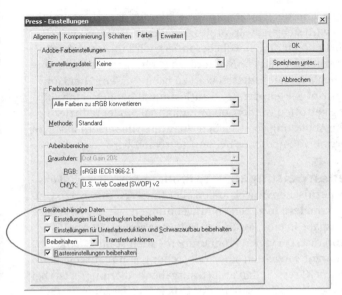

Abb. 6.8
Konfiguration gerätespezifischer Parameter in Distiller

verantwortlich ist, Entscheidungen über Rasterwinkel, Rasterweite und Punktform treffen sollte. Bei Sonderfarben kann es geringfügig anders aussehen, besonders wenn davon mehrere, eventuell sogar zusätzlich zu Prozessfarben gemeinsam gedruckt werden. Da niemals mehr als drei Druckfarben optimal im Verhältnis zueinander gewinkelt werden können, gilt es in solch einer Situation, Kompromisse einzugehen, über die letztlich der Urheber der Dokumente bzw. der Auftraggeber entscheiden sollte. Insofern können Rastereinstellungen in PDF das technische Mittel sein, um diese Entscheidungen direkt in der digitalen Druckvorlage zu treffen. Dem ist allerdings entgegenzuhalten, dass man in der Regel die optimalen Rastereinstellungen für die Farbauszüge in der Reihenfolge der visuellen Auffälligkeit der Farben wählt und häufig über die neutrale Dichte der betreffenden Farbe ermittelt. Gelb ist grundsätzlich weniger kräftig als Schwarz oder Dunkelblau, insofern ist es bei Gelb leichter zu verkraften, wenn es nicht mit optimalen Rastereinstellungen separiert wird. Um bei der erfolgreichen Zuordnung von Rastereinstellungen in Abhängigkeit von der neutralen Dichte einer Farbe nichts zu verschenken, sollte berücksichtigt werden, ob eine bestimmte Farbe eventuell nur als Vollton gedruckt wird, bei dieser Farbe also gar keine Aufrasterung erfolgt.

Weichheit von Verläufen. Bei der Weichheit *(smoothness)* von Verläufen, die mit den in PostScript 3 und PDF 1.3 eingeführten Verlaufsoperatoren *(smooth shading)* angelegt sind, scheint mir der gleiche Denkfehler vorzuliegen wie bereits bei dem Parameter für Kurvengenauigkeit. Um eventuell weniger performante RIPs nicht unnötig zu belasten, könnte hier die gewünschte Genauigkeit bei der Umsetzung von Verläufen zurückgeschraubt werden. Allerdings wird sich auch ein professioneller DTP-Anwender mit dieser Frage gar nicht beschäftigen wollen, sondern wird im Zweifelsfall immer ein maximal genaues Ergebnis abfordern (wobei aktuelle Programme gar keine Möglichkeit bieten, diesen Wert zu beeinflussen). Hier kann allenfalls am PostScript-RIP – in der Regel auflösungsabhängig – eine sinnvolle Entscheidung getroffen werden, ob mit maximaler oder reduzierter Genauigkeit für die Abbildung von weichen Nuancen (wie *smooth shades* in der deutschen Version von Acrobat 5 heißen) gearbeitet wird.

6.6.2 Steuerung der Anweisungen.

So richtig unerfreulich wird das Thema der gerätespezifischen Anweisungen allerdings erst durch den Umgang mit diesen Parametern in gängigen Anwendungen:

- Bei der Druckausgabe in eine PostScript-Datei aus einer DTP-Applikation heraus kann man bei vielen Programmen – allen voran Quark XPress – nicht darauf verzichten, Rastereinstellungen mit auszugeben (Ausweg für Quark XPress: Seiten als EPS ausgeben). Allerdings ist es bei Adobe Indesign so, dass bei unseparierter Druckausgabe keine Rastereinstellungen mit ausgegeben werden. Gegenwärtig ist jedoch damit zu rechnen, das die meisten in der Praxis erzeugten PostScript-Dateien mehr oder weniger sinnvolle Rastereinstellungen enthalten.
- Bei der Wandlung von PostScript in PDF kann man in Distiller über die Option *Rastereinstellungen beibehalten* einstellen, ob diese Rastereinstellungen erhalten bleiben oder verworfen werden sollen. Die Voreinstellung in der von Adobe mitgelieferten Einstellung *Druckvorstufe* verwirft enthaltene Rastereinstellungen.
- Beim Drucken aus Acrobat heraus kann man mittels einer Einstellung im Druckdialog (Acrobat 3 und 4: *Halbtonraster von Drucker verwenden*; Acrobat 5: *Weitere Optionen..., Halbtonraster ausgeben*) entscheiden, ob man in der PDF-Datei enthaltene Rastereinstellungen wirksam werden lassen will oder ob die Voreinstellungen des Druckers bzw. PostScript-RIPs verwendet werden sollen.
- Schließlich kann man bei den meisten PostScript-RIPs bzw. Druckerwarteschlangen konfigurieren, ob als Rastereinstellungen immer die Voreinstellungen des RIPs verwendet werden sollen oder ob Rastereinstellungen aus dem zu verarbeitenden PDF bzw. PostScript zu berücksichtigen sind.

Insgesamt ist aus keiner Perspektive – weder des Erzeugers eines Dokuments noch desjenigen, der das Dokument ausgeben soll – zuverlässig vorhersehbar, was während des Gesamtablaufs passieren wird. Wählt der Ersteller eines PDF-Dokuments bewusst bestimmte Rastereinstellungen – entweder aus gestalterischer Absicht oder zwecks optimaler Einstellung der Rasterwinkelungen –, ist nicht sicher, dass diese am Schluss wirklich Berücksichtigung finden. Lässt der für die Ausgabe Zuständige es zu, dass

Rastereinstellungen im PDF sich auswirken, läuft er Gefahr, unzweckmäßige Einstellungen zur Wirkung kommen zu lassen. Im Zeitungsdruck leidet das Druckergebnis, wenn die für Akzidenzdruck typischen Rasterweiten von 150 lpi und mehr bei der Belichtung verwendet werden, und umgekehrt ist ein Druckergebnis im Akzidenzdruck unbefriedigend, das mit den für Zeitungsdruck völlig ausreichenden Rasterweiten von 70 bis 100 lpi belichtet wurde.

Spätestens mit der Perspektive, dass viele Einzelseiten am Ende einer Produktionskette in der digitalen Druckvorstufe auf einem digital montierten Bogen zusammenkommen, wird deutlich, dass für Spielereien mit geräteabhängigen Parametern und daraus resultierenden Erfordernissen einer Sonderbehandlung kein Platz ist. Aus der Sicht desjenigen, der für Belichtung und Druck einer Seite verantwortlich ist, dürfen weder Rastereinstellungen noch Gradationskurven in einer PDF-Datei enthalten sein. Die einzige Ausnahme sind individuelle Sonderfälle, in denen davon abweichende Vereinbarungen getroffen wurden. Um sich gegen Überraschungen zu schützen, sollte eine Prüfung zu verarbeitender Daten daraufhin erfolgen, ob ungewöhnliche geräteorientierte Einstellungen in der angelieferten PDF-Datei vorhanden sind (siehe hierzu auch Abschnitt 6.7 »Preflighting«, Seite 287). Der verantwortungsbewusste Erzeuger und Absender von PDF-Dateien sollte Sorge dafür tragen, dass geräteabhängige Einstellungen gar nicht erst in die PDF-Datei gelangen und im Interesse einer vorhersehbaren Produktion auf die gestalterisch motivierte Verwendung von Rastereinstellungen und Gradationskurven verzichten.

6.7 Preflighting

Der Begriff Preflighting bezeichnet in der Fliegerei die Überprüfung aller relevanten Funktionen vor dem Start. In der Druckvorstufe lässt er sich am besten als »Produzierbarkeitsprüfung« ins Deutsche übertragen. Die Produzierbarkeit einer Sache lässt sich am besten dadurch prüfen, dass man sie probeweise produziert. Wo dies nicht möglich oder zu teuer ist, sollte man versuchen, sie einem Prozess zu unterwerfen, der dem Produktionsprozess so weit wie möglich ähnelt. Wo auch dies kein ökonomischer oder praktikabler Weg ist, bleibt nur die Möglichkeit, eine Plausibilitätsprüfung vorzunehmen, die anhand des vorliegenden Datenmaterials zu entscheiden versucht, ob eine Produktion wahrscheinlich erfolgreich verlaufen wird.

6.7.1 Produktion probeweise ausführen.
Dieser Ansatz ist nicht so abwegig, wie es im ersten Moment klingen mag. Sicher wird keine Tiefdruckerei probeweise die Druckwalzen gravieren – das wäre viel zu teuer und zeitintensiv, um es ausschließlich für einen Probelauf durchzuführen. Im Digitaldruck hingegen ist dies ein durchaus vernünftiger Ansatz. Eine

Probedruckauflage von eins ist hier nicht wirklich ein Problem. Hat ein Anbieter digitaler Druckleistungen die Möglichkeit, seinen Kunden das erste Exemplar einer Auflage direkt abzeichnen zu lassen, ist dies durchaus ein effizienter Weg des Preflighting. Kniffliger wird diese Situation, wenn sich herausstellt, dass ein produktionstechnisches Problem vorliegt. Insbesondere zu dessen Identifikation kann dann der Ansatz der Plausibilitätsprüfung mehr als hilfreich sein.

6.7.2 Produktionslauf näherungsweise durchführen.

Dieser Weg wird von Workflowvarianten verfolgt, die beispielsweise absichtlich dasselbe RIP zum Erzeugen von Probedrucken verwenden wie für die Belichtung selbst. Allerdings bleiben hier kleine, aber nicht unwichtige Unterschiede zu berücksichtigen. Bei einem Probedruck wird in der Regel eine niedrigere Auflösung verwendet als bei der Belichtung, die Rasterung wird anders gewählt (so dass eine drohende Moirébildung anhand des Probedrucks nicht identifiziert werden kann), und es werden natürlich auch keine Separationen erzeugt.

Einen Schritt weiter gehen Ansätze, die dem ROOM-Konzept folgen. ROOM steht für *RIP once, output many* und besagt, dass eine Seite ein einziges Mal in Separationen aufgerastert wird und beispielsweise ein Probedruck angefertigt wird, indem die hochaufgelösten Bitmaps für die Farbauszüge wieder zusammengesetzt werden. Allerdings ist auch hier eine Prüfung auf Moirébildung meist nicht möglich, obwohl es neuerdings Proofsysteme gibt, denen es gelingt, die Aufrasterung auf dem Proofdrucker eins zu eins abzubilden, obwohl der Proofdrucker eine niedrigere Auflösung bietet als der Film- oder Plattenbelichter. Als wertvoll zu betrachten ist allerdings, dass mit dem Erstellen der Bitmaps für die Farbauszüge weitestgehend alle Entscheidungen gefallen und produktionstechnische Unwägbarkeiten praktisch ausgeschlossen sind. ROOM-Workflows waren bis Ende der neunziger Jahre sehr populär in Umgebungen, in denen Produktionsstockungen besonders inakzeptabel sind, also beispielsweise in der Zeitungsdruckerei. Inzwischen sind einerseits PostScript-RIPs so schnell und leistungsfähig geworden, dass sie auch bei Belichtung ganzer Druckformen nicht mehr im bisherigen Maß ein Nadelöhr darstellen. Zum anderen hat sich durch zunehmende Verwendung von PDF die Zahl der erst im PostScript-RIP auftretenden und bemerkten PostScript-Fehler drastisch reduziert: Fehlerhafter PostScript-Code wird bereits beim Wandeln nach PDF bemerkt, und das zugrunde liegende Problem muss von demjenigen gelöst werden, der das PDF erstellt.

Es gibt allerdings einen Problembereich, den man zumindest bei mehrfarbigen Drucksachen in jedem Fall im Auge behalten sollte: Überdrucken bzw. Aussparen bestimmter Seitenelemente bei der Erstellung von Farbauszügen liefert in der Druckvorstufenwirklichkeit nicht in jedem Fall die gewünschten Ergebnisse (siehe hierzu auch den Abschnitt »Überdrucken«,

Seite 244). Um Überdrucken und Aussparen beurteilen zu können, muss die Separation durchgeführt werden. Konnte man Filme zur sinnvollen Beurteilung noch übereinander legen, hilft einem das übereinander Legen von CtP-Druckplatten nicht wirklich weiter. Die meisten modernen PostScript-RIPs und Workflowsysteme gestatten es, Separationen als Bitmaps abzuspeichern, die man mit einem entsprechenden Viewer einzeln oder in kombinierter Form auf dem Monitor betrachten kann. Sitzt man in der Workflowkette aber an einer Stelle, an der ein PostScript-RIP nicht zur Hand ist, gibt es dennoch einige Möglichkeiten, eine Prüfung des Separationsverhaltens vorzunehmen.

Eine dieser Möglichkeiten ist das von Adobe leider nicht weiter gepflegte, aber immer noch erhältliche Acrobat-Plugin InProduction, das mit einem CPSI *(Configurable PostScript Interpreter)* ausgestattet ist und PDF-Seiten so ausseparariert, wie es auch auf einem PostScript-3-RIP von Adobe erfolgen würde. Diese Separationen kann man sich auf dem Bildschirm ansehen oder auf einen beliebigen PostScript-Drucker ausgeben. Nach meiner Einschätzung hält sich InProduction sehr eng an die Vorgaben der PostScript-Spezifikation. Leider ist das Plugin sehr speicherhungrig und nicht besonders schnell. Außerdem läuft es ausschließlich unter Acrobat 4.05. Ein Update für Acrobat 5 ist laut Adobe nicht vorgesehen.

Eine weitere wenig bekannte Möglichkeit besteht darin, einen PostScript-Laserdrucker mit In-RIP-Separation als Probedrucker einzusetzen. Einer der ersten Laserdrucker mit PostScript 3, der Apple LaserWriter 8500, bietet diese Möglichkeit, wird allerdings schon seit Jahren nicht mehr hergestellt. Die einzige weitere Alternative sind Laserdrucker von Xanté. In Verbindung mit einem Acrobat-Plugin, das In-RIP-Separation ansteuern kann – etwa Lantana CrackerJack oder MadeToPrint von callas software – lassen sich verhältnismäßig kostengünstig und effizient probeweise Separationen von PDF-Dateien erstellen. Vom probeweisen Erstellen Hostbasierter Separationen sollte man in diesem Kontext unbedingt absehen, da einige Sprachkonstrukte von PDF 1.3 – wie DeviceN, die Verlaufsoperatoren oder CIE-basierte Farbräume – nicht korrekt bzw. gar nicht umgesetzt werden können, was ganz offensichtlich keine brauchbare Grundlage für einen Prüflauf darstellt.

6.7.3 Plausibilitätsprüfungen.

Auch wenn Preflighting in Gestalt von Plausibilitätsprüfungen nie den Grad an Zuverlässigkeit erreichen kann wie eine probeweise Produktion, ist sie sehr viel kostengünstiger und effizienter umzusetzen. Sie bietet außerdem häufig bessere Möglichkeiten, die Ursache für ein Problem und damit auch Möglichkeiten zu seiner Behebung zu identifizieren.

Allgemeine Minimalanforderungen sind relativ schwierig zu identifizieren – außer der Anforderung, dass Schriften eingebettet sein müssen, wird man nicht viele Anforderungen definieren können, die zwingend immer gegeben sein müssen, um eine PDF-Datei erfolgreich zu Ende produzieren zu können. Und selbst die Anforderung der Einbettung von Schriften wird in China, Japan oder Korea ganz anders bewertet als in der westlichen Welt, da die dort verwendeten Schriften häufig aus lizenzrechtlichen Gründen nicht eingebettet werden dürfen oder können, etwa wenn sie nur für ein ganz bestimmtes Ausgabegerät freigeschaltet sind.

Spezifische Minimalanforderungen sind der Bereich, in dem sich die meisten kommerziell erhältlichen Prüfwerkzeuge bewegen. Sie gestatten es, auf bestimmte Produktionsabläufe abgestimmte Prüfprofile zu erstellen. Zu den wichtigsten technischen Prüfkategorien gehören verwendete Farbräume, Anzahl der zu erwartenden Farbauszüge, maximaler Farbauftrag, Bildauflösung, zu geringe Linienstärken sowie (wegen drohender Registerhaltigkeitsprobleme) Text oder dünne Linien, die aus mehr als einer Farbkomponente aufgebaut sind. Auch das Auffinden – insbesondere ungeeigneter – gerätespezifischer Einstellungen oder die Prüfung auf das Vorhandensein geeigneter Seitenmaßangaben in Gestalt von TrimBox und BleedBox gehören hierhin.

Heuristische Prüfungen richten ihr Augenmerk auf Problempotenziale, die in den seltensten Fällen deterministisch identifiziert werden können. So ist beispielsweise die Verwendung der Schriftart Courier nicht an sich ein Fehler. Das Vorkommen von Courier ist aber häufig ein Hinweis auf eine unbemerkt erfolgte Schriftersetzung. Auch die vierzehn Standardfonts mit ihrer inzwischen unseligen Geschichte machen in der Druckvorstufe häufig Ärger. Zunächst bis Acrobat 3 als Helvetica, Times, Courier, Symbol und Zapf Dingbats mit jedem Acrobat Paket-einschließlich dem kostenlosen Reader installiert, wurden ab Acrobat 4 Helvetica und Times durch ArialMT und Times New Roman PS ersetzt (siehe auch Abschnitt 3.3.3 »Standardschriften in PDF«, Seite 90). Dies bringt mit sich, dass nach einer für den Anwender völlig undurchschaubaren Logik mal Helvetica mit Arial dargestellt wird und mal nicht. Da zudem bereits eine unbekannte Zahl an Schriftschnitten sowohl von Helvetica und Times als auch Arial und Times New Roman im Umlauf sind, die nicht wirklich alle die gleichen Laufweiten aufweisen, ist es in der Praxis letztlich ein glücklicher Zufall, wenn Text, der diese Schriften verwendet, korrekt dargestellt und ausgegeben wird. Selbst wenn man die Verwendung dieser Schriften nicht verhindern kann, sollte man jede Belichtung von Seiten, die diese Schriften enthalten, mit Argusaugen überwachen. Zu erkennen sind Laufweitenprobleme sehr leicht – auch das ungeübte Auge erkennt einfach das hässliche Schriftbild.

Nicht prüfbar sind ganz offensichtlich Charakteristika wie umständlicher Satzbau, inkorrekte Angabe einer Jahreszahl oder ungeschickte Wahl des Ausschnitts für ein Foto. Inhaltliche und ästhetische Aspekte entziehen sich naturgemäß einer Überprüfung durch Software. Ebenfalls nicht prüfbar sind Elemente oder Teile von Elementen, die durch Abwesenheit glänzen, etwa eine durch Übersatz im Erstellungsprogramm verschwundene

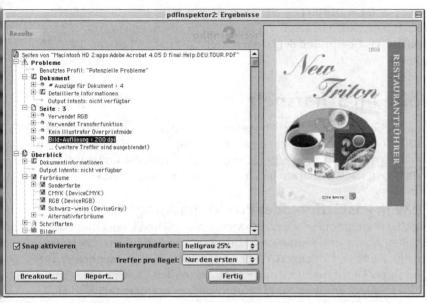

Abb. 6.9
Preflighting
mit callas
PdfInspektor

Textzeile oder ein Bild, das versehentlich verrutscht und nur noch teilweise zu sehen ist. Auch der Extremfall gänzlich leerer Seiten würde womöglich zahlreiche Prüfläufe erfolgreich durchlaufen, weil einfach nichts auf den Seiten enthalten ist, das falsch sein könnte.

Auch wenn plausibilitätsbasierte Prüfungen keine hundertprozentige Garantie für die befriedigende Produzierbarkeit einer digitalen Druckvorlage sind, sind sie durch entsprechende Softwarewerkzeuge relativ kostengünstig und effizient vorzunehmen. Bei festgestellten oder vermuteten Fehlern geben sie zumindest mittelbar Hinweise auf die Fehlerursache. Sie reduzieren in jedem Fall das Übersehen von Problemen, deren Behandlung in der Regel umso teurer wird, je weiter der Produktionsprozess fortgeschritten ist. Der Extremfall einer verdruckten Auflage verursacht mitunter Kosten, von denen man eine ganze Abteilung mit neuen Arbeitsplatzrechnern einschließlich Softwarelizenzen ausstatten könnte.

Im Vergleich zwischen PostScript und PDF kann dabei festgestellt werden, dass die Entwicklung von Prüfsoftware für PostScript deutlich aufwendiger ist als für PDF, da Seitenbeschreibungen in PDF nicht auch nur annähernd die Komplexität und Variabilität aufweisen wie das für PostScript als Mischung aus einer Programmiersprache und einer Seitenbeschreibungssprache der Fall ist. Zudem ist das Laufzeitverhalten gängiger PDF-Prüfmodule wie Enfocus PitStop oder pdfInspektor von callas software (siehe Abbildung 6.9) um Zehnerpotenzen besser als das entsprechender Lösungen für PostScript, die einen vollständigen PostScript-Interpreter bemühen müssen, bevor die eigentlich Analyse stattfinden kann. Da zudem in Gestalt von Acrobat Distiller ein verlässliches PDF-Konvertierungswerkzeug für PostScript existiert, empfiehlt sich sogar in einem reinen PostScript-Workflow das Überprüfen der Daten mittels Distiller und einem PDF-Prüfwerkzeug.

6.8 Wölfe im Schafspelz

Von manchen über die Jahre lieb gewonnenen Angewohnheiten mag man sich oft nicht trennen. Dies scheint auch für einige Vorgehensweisen in der digitalen Druckvorstufe zu gelten. Die nachfolgenden Abschnitte handeln von PDF-Dateien, die überraschende Eigenschaften aufweisen.

6.8.1 CT/LW in PostScript- oder PDF-Verpackung.

Die Abkürzung CT/LW steht für *continuous tone/line work* und bezeichnet die Strategie, Seiteninhalte unterteilt nach Graustufen- und Farbbildern *(continuous tone)* einerseits und Strichgrafik *(line work)* inklusive Text andererseits aufzubewahren. Die Graustufen- und Farbbilder werden dabei im Prinzip ähnlich abgelegt, wie man das für einzelne Bilder in einem Bildbearbeitungsprogramm wie Adobe Photoshop gewohnt ist. Sämtliche Text- und Vektorelemente sind hingegen in Bitmaps umgerechnet. CT-Teile wie auch LW-Teile gemeinsam bilden den gesamten Seiteninhalt ab. CT/LW war bereits typisch für die Arbeitsweise von EBV-Systemen in den achtziger Jahren und ist auch heute noch das interne Format für viele Workflowlösungen in der Druckvorstufe. In Gestalt von TIFF/IT-P1 wurde eine Variante davon auch basierend auf Version 6.0 des TIFF-Formats auf ISO-Ebene normiert.

Es ist relativ einfach, CT/LW-Daten nach PDF umzusetzen. Dazu kann man einfach jedes CT-Stück und jedes LW-Stück in ein Form XObject packen (siehe Abschnitt 12.3.2 »Ressourcen«, Seite 540), und sich in der eigentlichen PDF-Seitenbeschreibung darauf beschränken, diese Stücke durch geeignete Aufrufe an die richtigen Stellen auf der Seite zu positionieren. So weit, so gut. Öffnet man eine solche Datei in Acrobat, wird einem zunächst auffallen, dass es im Vergleich zu anderen PDF-Seiten eine Weile dauern kann, bis die Seite auf dem Bildschirm aufgebaut ist. Auch das Navigieren und Skalieren der Seite dauert spürbar länger als gewohnt. Das liegt vor allem daran, dass Acrobat in sehr hohem Maße auf effiziente Umsetzung von Vektorgrafik und Text optimiert ist, während der Optimierung bei der Darstellung von Bildmaterial – egal ob als CT mit acht Bit Farbtiefe oder als LW in Gestalt von Bitmaps – durch das ungleich größere zu verarbeitende Datenvolumen Grenzen gesetzt sind. Auch ein Zugriff auf einzelne Seitenelemente oder Suchen nach Text ist in einer PDF-Datei, die aus CT/LW-Daten entstanden ist, nicht mehr möglich. In der Praxis hat sich zudem herausgestellt, dass aus solchen PDF-Seiten ausgeschossene Bogen die eine oder andere RIP-Software bzw. Workflowlösung an ihre Grenzen bringen, da unverhältnismäßig große Mengen an temporären Daten entstehen.

Die Verfechter einer CT/LW-basierten Arbeitsweise werden dem entgegenhalten, dass auch diese Art von PDF-Dateien der PDF-Spezifikation hundertprozentig entsprechen. Auch wenn sie damit Recht haben, sollte man als Pragmatiker im Auge behalten, dass PDF in eine andere Richtung vorangetrieben und optimiert wurde. Auf die Vorteile, die durch diese massive Optimierung möglich wurden, verzichtet man, wenn man gleichsam durch die Hintertür die Vorgehensweisen wieder einführt, die man mit PDF eigentlich hinter sich lassen wollte.

.8.2 Digitalisierter Film (Copydot).

Zumeist eher unfreiwillig sieht sich mancher Betrieb vor das Problem gestellt, im komplett digital ausgerichteten Workflow immer noch mit ausbelichteten Filmen als Druckvorlage umgehen zu müssen. Kann der Anlieferer der Druckvorlagen nicht dazu bewegt werden, die zumindest in seinem Hause digital vorliegenden Seiten nicht erst auf Film zu belichten, sondern gleich digital zu liefern, so muss sich der weiterverarbeitende Betrieb mit der Redigitalisierung der Filme befassen. Diese Vorgehensweise wird als Copydot-Scannen bezeichnet, da es hier darauf ankommt, die Rasterpunkte zu erhalten. So entsteht für jeden Filmauszug eine entsprechende Bitmapdatei in der Auflösung, wie sie auch bei der Filmbelichtung verwendet worden war. Mehrere solcher Bitmapdateien stellen gemeinsam eine digitale Seite dar. Solange mit Hostbasierter Separation produziert wird, bietet sich DCS als ideales Speicherformat an (siehe auch Abschnitt 6.5 »Desktop Color Separation (DCS)«, Seite 280).

Da sich DCS als separierte Spielart von EPS überhaupt nicht für unseparierte Workflows eignet, müssen diese farbauszugsweise vorhandenen Bitmaps in eine Form überführt werden, die sich beispielsweise in einen unseparierten PDF-Workflow integrieren lässt. Erfreulicherweise bieten einige Hersteller von Copydot-Scannern inzwischen das Speichern der erfassten Filme als unsepariertes EPS an. Hierbei werden entweder die einzelnen Bitmap-Schichten in der jeweils richtigen Farbe mit einem Separation-Farbraum eingefärbt übereinander gelegt, und für alle außer der untersten Schicht wird Überdrucken aktiviert. Destilliert man eine solche Datei nach PDF, so wird man ohne Aktivierung der Überdrucken-Vorschau in Acrobat 5 regelrecht zuschauen können, wie ein Farbauszug nach dem anderen auf dem Bildschirm aufgebaut wird und jeweils den vorher aufgebauten überdeckt. Aktiviert man in Acrobat die Überdrucken-Vorschau, ergibt sich eine auch in farblicher Hinsicht korrekte Simulation des später zu erwartenden Druckergebnisses.

Etwas eleganter lässt sich dieses digitale Sandwich realisieren, indem man ein entsprechendes mehrkanaliges Bitmap-Bild aus den einzelnen Auszügen mit dem mehrkomponentigen Farbraum DeviceN konstruiert.

Diese Konstruktion würde bereits in Acrobat 4 – also auch ohne Überdrucken-Vorschau – korrekt auf dem Bildschirm angezeigt.

Eines sollte man bei Copydot-Scans auch mit diesen neuen Möglichkeiten der Einbindung in unseparierte Workflows nicht aus den Augen verlieren: Copydot-Scans sind immer schon mit einer bestimmten Belichterauflösung erstellt worden und stellen bereits komplett aufgerastertes Material dar. Passt die später verwendete Belichterauflösung nicht damit zusammen, können sich hässliche Moiréeffekte sowie Scanline-Probleme (ungeeignetes Verdoppeln oder Auslassen einer Reihe von Gerätebildpunkten) ergeben. Insbesondere sollte davon abgesehen werden, Copydot-Scans zu skalieren oder anders als rechtwinklig zu montieren.

6.8.3 Separationen ungeschehen machen?

Einige Hersteller von PDF-Lösungen stellten sich der Problematik, dass nicht jeder Anwender seine »separierte« Vergangenheit aus dem Stand über Bord werfen kann. So ist beispielsweise der für Agfa Apogee auf der Basis des Adobe Normalizer entwickelte PDF-Konverter in der Lage, beim Konvertieren von PostScript bereits separierte Seiten zu erkennen und in einer einzigen PDF-Seite aufeinander zuschichten. Ähnlich wie bei der Verarbeitung von Copydot-Scans können sich ohne die Überdrucken-Vorschau in Acrobat 5 sehr eigenwillige Ansichten auf dem Bildschirm ergeben, da ja im Zweifelsfall nur der zuoberst liegende Auszug sichtbar ist. Bei der weiteren Verarbeitung funktioniert dieser Ansatz allerdings einwandfrei – zumindest solange Farbraumanpassungen nicht erforderlich sind.

Das Acrobat-Plugin Seps2Comp von Creo stellt im Vergleich hierzu einen Post-mortem-Ansatz dar. Dieses Plugin versucht, aus separierten PDF-Seiten die unseparierte Seite zu rekonstruieren. Anders als beim Ansatz von Agfa Apogee Normalizer werden hier also die Auszüge nicht einfach geschickt aufeinander geschichtet, sondern es wird versucht, beispielsweise Vektor- oder Textelemente aus den einzelnen Auszügen wieder miteinander zu verknüpfen und in eine rekonstruierte unseparierte Seite entsprechend eingefärbt einzubinden. Wenngleich dieses Plugin inzwischen äußerst beeindruckende Leistungen erbringt, kommt es vereinzelt zu falsch rekonstruierten Elemente auf der Seite, so dass jede rekonstruierte Seite auf Plausibilität der Rekonstruktion zu prüfen ist.

Ausdrücklich auf als DCS abgespeicherte Bilder aus Photoshop beschränkt sich das Tool DCS Merger der Hamburger Firma Impressed. Es fügt die ausseparierten Farbkanäle des Bildes unter Verwendung von DeviceN zu einem entsprechenden mehrkanaligen Bild in einer unseparierten EPS-Datei zusammen, die man anschließend unbesorgt in gängige Layoutapplikationen importieren und etwa zu PDF weiterverarbeiten kann. Eine Hostbasierte Separation aus Quark XPress heraus wird dann allerdings nicht mehr glücken, da diese mit DeviceN nichts anzufangen weiß.

6.9 Bearbeiten von PostScript und PDF

Wenn es nach den Kunden von Druckereien ginge, würde noch auf der bereits laufenden Druckmaschine der eine oder andere Tippfehler korrigiert werden. Auf Filmen wird seit jeher bis zur letzten Minute geschabt und geklebt. Ist nur etwas schwarzer Text zu entfernen, ist dies für den erfahrenen Drucker auch dann kein Problem, wenn die Druckplatte bereits erstellt ist. Jeder weiß, dass dies alles eigentlich grober Unfug ist, aber dem Drängen des Kunden kann man sich nicht immer erfolgreich entziehen.

In einer durchgängig digitalen Druckvorstufe haben PostScript- und PDF-Dateien den Platz von Filmen eingenommen, und es gibt in verschiedenen Leistungsklassen Software, die das Editieren von PostScript- oder PDF-Seiten gestatten. Einfache Editiermöglichkeiten sind bereits in Adobe Acrobat selbst integriert. Zumindest einfache Textänderungen kann man direkt vornehmen, obwohl man Funktionen wie automatisches Umbrechen der Zeilen nicht erwarten darf. Es sei an dieser Stelle allerdings vor der Verwendung des TouchUp-Textwerkzeugs in Acrobat gewarnt, da es in einigen Fällen anschließend zu massiven Fontproblemen in Gestalt von Schriftersetzung durch Courier oder durch fehlerhaftes Encoding und in der Folge vertauschten oder verschwundenen Buchstaben gekommen ist. Zuverlässiger ist die Verwendung des TouchUp-Objektwerkzeugs in Acrobat, das es gestattet, einzelne Objekte auf der Seite in Photoshop oder Illustrator zu öffnen, dort zu bearbeiten und am Schluss wieder an die ursprüngliche Stelle im PDF-Dokument zurückzuspeichern. Hierbei kommt es zwar unter Illustrator auch regelmäßig zu Fontproblemen. Entfernt man aber das in Illustrator geöffnete Seitenelement vollständig und baut es einfach neu auf – was für einen geübten Grafiker oder Layouter meist kein großes Problem darstellt – so lässt sich dieses Element anschließend erfolgreich in das PDF hineinaktualisieren. Spezielle Editierwerkzeuge wie Enfocus PitStop oder die Produkte der Firmen OneVision und cgs bieten natürlich weiter reichende und deutlich differenziertere Möglichkeiten zur Bearbeitung von PDF-Dokumenten.

Dabei sollte man allerdings nie aus dem Auge verlieren, dass anders als beim Nachbearbeiten von analogen Filmen sehr viel leichter die Integrität einer ganzen Seite zerstört werden kann. Eine kleine Textänderung rechts unten auf der Seite kann sich unbemerkt auf ein Stück Text links oben auswirken, da PDF-Seitenbeschreibungen nicht unbedingt in der Art und Weise kodiert und strukturiert sind, wie man auf den ersten Blick vermuten möchte. Zudem findet sich im Seitenaufbau on PDF-Dateien selten die Struktur wieder, wie sie einmal in der DTP-Erstellungsapplikation existiert hat. Jeglicher Textfluss ist segmentiert in einzelne losgelöste Zeilen und häufig sogar einzelne Wortteile oder Buchstaben. Eine Informationsgrafik besteht in PDF in der Regel nur mehr aus einer Vielzahl voneinander unabhängiger Linien, Flächen und Textelementen. Insofern ist es meist sinnvoller, den Anlieferer der Daten um die Erstellung eines korrigierten PDF aus der DTP-Applikation heraus zu bitten oder gegebenenfalls das schadhafte Stück neu aufzubauen und in die zu korrigierende Seite zu montieren.

Hierbei kann ein ebenfalls von Creo entwickeltes Plugin namens Pagelet sehr hilfreich sein, das es einem gestattet, kleinere Montagearbeiten auf einer Seite sehr komfortabel auszuführen. Im Grunde kann man mit Pagelet in Acrobat eine beliebige PDF-Seite auf einer andere PDF-Seite montieren, skalieren und beschneiden – so wie man das für den Import von Grafik- oder Bilddaten in einer Layoutapplikation gewohnt ist. Der Vorteil von Pagelet ist, dass Originalseite und aufmontierte Seite durch Rückgriff auf Forms XObjects voneinander unabhängig bleiben und sich daher in ihrer Integrität nicht beeinflussen können.

6.10 Standardisierung durch PDF/X

Bei PDF/X handelt es sich um eine auf dem PDF-Format basierende Normung für die Übermittlung digitaler Druckvorlagen. Der Ursprung von PDF/X liegt in Arbeiten des CGATS *(Committee for Graphic Arts Technologies Standards)*, das für das nationale amerikanische Normungsgremium ANSI den Bereich grafische Industrie abdeckt. Bereits 1996 und nicht zufällig zu der Zeit, als PDF 1.2 von Adobe veröffentlicht wurde, interessierten sich einige Mitglieder des CGATS für die Nutzung von PDF in der Druckvorstufe. Bis dahin bestand die einzige nennenswerte Verwendung von PDF im Prepress-Bereich darin, dass Associated Press (AP) für das 1994 begonnene Projekt AdSend für die Anlieferung von Zeitungsanzeigen PDF einsetzte – allerdings zunächst nur für Schwarzweißanzeigen. Mit der Einführung der Version 1.2 von PDF zeichnet sich allerdings ab, dass PDF auch für farbige Druckvorlagen genutzt werden kann. Gleichzeitig wurde recht schnell klar, dass nicht automatisch jede PDF-Datei den Anforderungen in der Druckvorstufe genügen würde, und es erschien den CGATS-Mitgliedern sinnvoll zu sein, über eine Norm für druckvorstufentaugliches PDF nachzudenken. Von vornherein beabsichtigte man hierbei, die zunächst national zu verabschiedende Norm auch in die internationale Standardisierung der ISO einzubringen.

1998 wurden einige PDF-Fachleute aus Europa erstmals auf die PDF/X-Normungsinitiative aufmerksam. Bei näherer Begutachtung des amerikanischen Normentwurfs stellte sich schnell heraus, dass die Amerikaner andere Prioritäten setzten als die Europäer es getan hätten. Kein Problem, solange es sich um eine nationale Norm handelt – aber PDF/X-1 war ja darauf angelegt, im zweiten Schritt auch ISO-Norm zu werden. Insbesondere lag den Amerikanern sehr viel daran, auch in einer PDF-basierten Druckvorlage die eine oder andere Hintertür offen zu lassen, um etwa in einer Art PDF-internem OPI-Verfahren zumindest reine Bilddaten als EPS, DCS, TIFF oder TIFF/IT in der PDF/X-1-Datei eingebettet mitführen zu können. Damit sollte

Workflowumgebungen eine Brücke gebaut werden, die aus verschiedenen Gründen weiterhin mit aus EBV-Systemen stammenden TIFF/IT-Daten oder Copydot-Dateien umgehen mussten und nicht in kurzer Zeit komplett auf PDF umstellen konnten.

Bei allem Verständnis für dieses Anliegen verfochten die Europäer die Position »Ein bisschen schwanger gibt es nicht«. Entweder sollte die gesamte digitale Druckvorlage im PDF-Format vorliegen, oder die Europäer würden in der ISO gegen den Normentwurf PDF/X-1 stimmen. Außerdem sah man im PDF/X-1-Entwurf die Möglichkeiten des Colormanagements sowie die optionale Verwendung geräteunabhängiger Farben in unnötiger Weise ausgegrenzt. Da jedes europäische Mitgliedsland über eine Stimme in der ISO verfügt, die Vereinigten Staaten nach der gleichen Logik aber nur über eine einzige, musste man bei der CGATS wohl oder übel auf die Kritik eingehen. So versprach man während einer ISO-Sitzung im September 1998 in St. Gallen, bei der Stephan Jaeggi die europäischen Bedenken vortrug, den Entwurf gehörig zu überarbeiten.

Diese Überarbeitung fiel allerdings so zurückhaltend aus, dass man sich in Europa nicht so recht damit anfreunden mochte. Es dauerte dann noch bis zum Sommer 2000, ehe Fachleute aus der Schweiz und Deutschland einen Alternativvorschlag ausarbeiteten. Bereits im Oktober 1999 war PDF/X-1 zur ANSI-Norm geworden (offizielle Bezeichnung: PDF/X-1:1999), aber es war inzwischen klar, dass diese Norm in keinem Fall in unveränderter Form zur ISO-Norm werden würde. Auf der ISO-Sitzung im September 2000 in Swansea kam dann letztlich die Wende. Die drohende Konfrontation zwischen alter und neuer Welt wandelte sich binnen Minuten in eine sehr konstruktive Arbeitsatmosphäre, in der zwei wichtige Entscheidungen getroffen und in der Folge umgesetzt wurden. Zum einen würde man zwei Normteile – nämlich PDF/X-1 und PDF/X-3 – als ISO-Norm herausbringen, um sowohl Arbeitsweisen ohne Colormanagement als auch die optionale Verwendung geräteunabhängiger Farbe zu unterstützen. Zum anderen sollte das Ausgangsmaterial in Gestalt der PDF/X-1-ANSI-Norm kräftig überarbeitet werden und zu möglichst großen Teilen eine gemeinsame Basis für PDF/X-1 und PDF/X-3 darstellen.

Im Zuge dieser Überarbeitung entwickelte Adobe in enger Abstimmung mit Mitgliedern der ISO das Konstrukt OutputIntents (siehe hierzu Abschnitt 5.4.6 »OutputIntents in PDF 1.4«, Seite 258), mit dem für eine PDF/X-Datei beschrieben werden kann, für welche Ausgabebedingung sie erstellt worden ist. Auch in vielen anderen Hinsichten wurde PDF/X-1 in eine schlüssigere Form gebracht, so dass man sagen kann, dass nicht nur die Anliegen der Europäer Berücksichtigung fanden, sondern die Qualität des Normansatzes von PDF/X insgesamt erheblich verbessert wurde. Zwar gibt es auch in der ISO-Version von PDF/X-1 immer noch die wenig überzeugende Konstruktion, die es gestattet, nicht als PDF vorliegende Bilddaten als EPS, DCS, TIFF oder TIFF/IT einzulagern, aber zusätzlich wurde eine Untervariante PDF/X-1a definiert, die eben diese Einbettungsmöglichkeit nicht zulässt. Es ist damit zu rechnen, dass sowohl im Hinblick auf zu erwartende Werkzeuge als auch auf den Einsatz in der Praxis nahezu ausschließlich PDF/X-1a sowie PDF/X-3 von Bedeutung sein werden.

PDF/X-1 wurde im Frühsommer 2001 offizielle ISO-Norm unter der formalen Bezeichnung »ISO 15930-1 PDF/X-1:2001«, für PDF/X-3 wird die Abstimmung der ISO-Mitgliedsländer im März 2002 abgeschlossen sein. Sofern die Abstimmung so ausfällt wie derzeit zu erwarten, wird es dann die ISO-Norm »ISO 15930-3 PDF/X-3:2002« geben.

Natürlich gibt es auch ein PDF/X-2. Es wurde konzipiert, um auch unvollständige digitale Druckvorlagen auf standardisierte Weise auszutauschen. Das kommt beispielsweise den ostasiatischen Ländern entgegen, in denen die aufwendig herzustellenden 2-Byte-Fonts auf ganz bestimmte Ausgabegeräte serialisiert werden oder es zumindest lizenzrechtlich nicht zulässig ist, diese Schriften in PostScript oder PDF einzubetten. Zudem wären entsprechende Fonts mit ihren fünf bis fünfzehn Megabyte nicht immer ideal für das Einbetten in PDF. Auch bei Bilddaten sind Anwendungsszenarien denkbar, in denen man das PDF unabhängig von den hoch aufgelösten Bildern übermitteln möchte. Die Norm PDF/X-2 befasst sich vorrangig damit zu definieren, wie eine hundertprozentig zuverlässige Zuordnung der nicht mit übertragenen Bestandteile zur digitalen Druckvorlage aussieht. Gegenwärtig wird mit der Verabschiedung einer entsprechenden ISO-Norm allerdings nicht vor 2003 gerechnet, da es im Detail noch eine Reihe von Problemen zu lösen gilt.

PDF/X-1a versus PDF/X-3. Inhaltlich gleichen sich die beiden Variationen PDF/X-1a und PDF/X-3 weitgehend. Die Grundregeln sind fast durchgängig identisch. Der große Unterschied besteht darin, dass PDF/X-1a ausschließlich in den geräteabhängigen CMYK-Prozessfarben sowie Sonderfarben aufbereitet sein darf und ausschließlich für CMYK-basierte Ausgabeprozesse vorgesehen ist. Im Unterschied hierzu lässt PDF/X-3 ausdrücklich auch geräteunabhängige Farbe zu und gestattet es zudem, PDF/X-3-Dateien auch für Ausgabegeräte zu erstellen, die mit den Prozessfarben RGB arbeiten. Dieser Aspekt wurde auf Drängen von Druckerherstellern in PDF/X-3 integriert, da in den nächsten Jahren mit einer großen Verbreitung von im RGB-Modell anzusteuernden Farbdruckern zu rechnen sei. Hier sei es vorteilhaft, auch diese Geräteklasse mit PDF/X-3 abdecken zu können.

Zu den Regeln, die den beiden Normvarianten PDF/X-1a und PDF/X-3 gemeinsam sind, gehören unter anderem folgende Punkte:

- Schriften müssen eingebettet sein.
- Bilddaten müssen als Bestandteil des PDF enthalten und mit Mitteln einer PDF-Seitenbeschreibung kodiert sein.
- OPI-Kommentare sind verboten.
- Transferkurven sind verboten.

- Rastereinstellungen sind erlaubt, müssen vom Empfänger einer PDF/X-Datei aber nicht verwendet werden.
- Die TrimBox muss definiert sein. Sofern Beschnittzugabe vorhanden und für die Produktion relevant ist, muss die BleedBox definiert sein.
- Kommentare und Formularfelder innerhalb der durch TrimBox bzw. BleedBox definierten Seitenflächen sind nicht erlaubt.
- Mittels des Eintrags *Trapped* im *Info*-Dictionary muss angegeben sein, ob die Datei bereits überfüllt wurde oder nicht.
- LZW-Kompression ist verboten, da Softwarehersteller Lizenzgebühren an den LZW-Patentinhaber Unisys entrichten müssen, um LZW verwenden zu dürfen. Andererseits ist aber die ZIP-Kompression (in PostScript und PDF als Flate bezeichnet) ähnlich leistungsfähig, ohne mit Patenten belegt zu sein (siehe Abschnitt 12.2.4 »Kompression«, Seite 532).
- Jegliche Verschlüsselung ist untersagt, das heißt es ist auch nicht zulässig, PDF-Dateien zu verwenden, die verschlüsselt sind, aber kein Kennwort zum Öffnen erfordern.
- Mittels eines PDF/X-spezifischen OutputIntent-Dictionary muss angegeben werden, für welche Ausgabebedingung die PDF/X-Datei erstellt worden ist.
- PDF/X-1a wie PDF/X-3 basieren auf PDF 1.3, insbesondere von den in PDF 1.4 eingeführten Transparenzfunktionen soll kein Gebrauch gemacht werden.

Hierbei handelt es sich fast durchgehend um Charakteristika in einer PDF-Datei, die man mit einem Prüfwerkzeug unmittelbar kontrollieren kann. Zudem ist der Weg von einer prinzipiell druckvorstufentauglichen PDF-Datei zu einer ISO-konformen PDF/X-3-Datei nicht weit, so dass die Herstellung entsprechender Konvertierungswerkzeuge mit überschaubarem Aufwand verbunden ist.

Diesen Aufwand haben sich der deutsche Bundesverband Druck und Medien (bvdm), der internationale Zeitungsverband ifra und die schweizerische Eidgenössische Materialprüfungsanstalt (EMPA) mit dem Berliner Softwarehersteller callas software geteilt. Dieses Unternehmen hat ein kostenloses Tool für die Konvertierung von PDF nach PDF/X-3 sowie für die Überprüfung von PDF/X-3-Dateien herausgebracht. Dadurch steht jedem Anwender, der bereits über eine Acrobat-Lizenz verfügt, ein kostenloser Weg zur Verfügung, um ISO-konforme PDF/X-3-Dateien zu erzeugen und weiterzuverarbeiten. Zudem arbeitet eine Reihe von Herstellern für PDF-orientierte Werkzeuge und Workflowsysteme an der direkten Unterstützung von PDF/X-1a und PDF/X-3. Umfangreiche Informationen zum Einsatz von und Umgang mit PDF/X-3 finden sich auf der Website der *European Color Initiative* unter folgender Adresse:

http://www.eci.org

7 PDF im World Wide Web

7.1 PDF im Browser

7.1.1 Funktionsweise.
Jeder Webbrowser verarbeitet eine Reihe von Dateiformaten. Die meisten Browser für grafische Oberflächen zeigen Dateien in den Formaten HTML, Text, GIF, PNG und JPEG im Fenster an. Für Dateiformate, die der Browser selbst nicht versteht, kann der Benutzer Zusatzmodule oder externe Programme konfigurieren. Der Browser startet diese Hilfsprogramme bei Bedarf und übergibt ihnen die vom Server übertragenen Daten. Den Typ der jeweiligen Daten handeln Browser und Server über den so genannten MIME-Typ aus. Diese Abkürzung steht für *Multipurpose Internet Mail Extensions* und bezeichnet ein Klassifikationsschema für eine Vielzahl von Dateiformaten. Sendet der Server für eine angeforderte Datei den MIME-Typ für PDF, so gibt es mehrere Möglichkeiten:

- Der Browser kann PDF selbst verarbeiten und zeigt die Datei in seinem Fenster an.
- Ein Browser-Zusatzmodul ist für die Verarbeitung von PDF registriert und verarbeitet die Daten.
- Acrobat oder ein anderes externes Programm ist im Browser für den MIME-Typ von PDF konfiguriert und zeigt das Dokument in einem separaten Fenster an.
- Der MIME-Typ von PDF ist dem Browser völlig unbekannt. In diesem Fall kann der Benutzer die Datei zur späteren Verwendung abspeichern.

Diese vier Möglichkeiten wollen wir uns im Folgenden genauer ansehen. Wichtig ist dabei, dass die Entscheidung, welche dieser Varianten zum Tragen kommt, vollständig von der Client-Konfiguration abhängt und nicht vom Server gesteuert werden kann.

Der Browser verarbeitet PDF selbst. Keiner der aktuellen Webbrowser unterstützt das PDF-Dateiformat direkt durch eingebauten Programmcode. Keiner? Seit Version 4.0 enthält das Acrobat-Vollprodukt unter der Bezeichnung *Web Capture* eine Komponente zum Websurfen, und dieser Browser kann natürlich durchaus mit PDF-Dateien umgehen. Web Capture bietet zwar nicht alle Funktionen aktueller Browser, eignet sich jedoch gut zur Archivierung von Webseiten im PDF-Format. Weitere Details hierzu finden Sie in Abschnitt 7.2 »Acrobat Web Capture«, Seite 311.

Ein Zusatzmodul zeigt PDF im Browser-Fenster an. Die bequemste und häufigste Variante erlaubt durch die Anzeige der PDF-Datei im Fenster des Browsers eine nahtlose Integration von HTML und PDF. Abhängig vom benutzten Browser ist dazu ein Plugin (Netscape Navigator und dazu kompa-

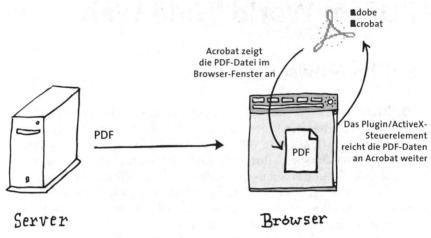

Abb. 7.1
Die Anzeige von PDF im Browser erfordert immer zusätzlich Acrobat als zweites Programm.

tible Browser) oder ein ActiveX-Steuerelement (Internet Explorer) erforderlich. Diese Erweiterung vermittelt zwischen Browser und Acrobat. Während der Browser für die Kommunikation mit dem Server zuständig ist, behandelt das Zusatzmodul die übertragenen PDF-Daten. Es verarbeitet die Daten allerdings nicht selbst, sondern reicht sie nur an Acrobat weiter, das sie im Fenster des Browsers anzeigt (siehe Abbildung 7.1). Aus diesem Grund laufen bei der PDF-Anzeige im Browser immer beide Programme. Es genügt also nicht das Plugin allein, sondern es ist immer auch der Acrobat Reader oder das Vollprodukt erforderlich. Die Browser-Erweiterung ist für Acrobat Reader und das Vollprodukt identisch.

Bei der Darstellung von PDF im Browser-Fenster ist Acrobat zwar für den Fensterinhalt zuständig, die Einträge im Hauptmenü stammen aber nach wie vor vom Browser. Daher hat der Benutzer keinen Zugriff auf die Menüfunktionen von Acrobat. Um dieses Manko auszugleichen, erscheint oberhalb des Dokuments die Acrobat-Werkzeugleiste mit den Navigationsfunktionen. Zusätzlich gibt es rechts oben über dem vertikalen Rollbalken ein kleines Dreieck, hinter dem sich einige Acrobat-Funktionen verbergen, nämlich *Dokumentzusammenfassung...*, *Sicherheitsinformationen...*, *Dokumentschriften...* und *Grundeinstellungen...* .

Die Installation der Browser-Erweiterung ist am einfachsten, wenn erst der Browser und danach Acrobat installiert wird. Die Installationsroutine von Acrobat erkennt nämlich unter Windows und auf dem Mac, ob ein Browser installiert ist, und führt die nötigen Schritte bereits bei der Acrobat-Installation durch. Doch auch bei umgekehrter Reihenfolge bedeutet es nicht viel Aufwand, Acrobat-Unterstützung im Browser zu installieren. Die nötigen Schritte werden in Abschnitt 7.1.2 »PDF in Netscape und Internet Explorer«, Seite 304, erläutert.

Die Navigation kann für den Benutzer etwas verwirrend sein, da Browser und Acrobat jeweils ihre eigenen Vor- und Zurück-Buttons anbieten, die nichts miteinander zu tun haben. Insbesondere springt der Zurück-Button des Browsers nur zum zuvor angezeigten PDF-Dokument, merkt sich aber nicht die zuvor angezeigte Stelle, sondern springt immer auf die erste Seite.

PDF in einem separaten Fenster. Unter Windows kann man in den Grundeinstellungen von Acrobat (Reader und Vollprodukt) durch die Option *Bearbeiten, Grundeinstellungen, Allgemein, Optionen, PDF in Browser anzeigen* festlegen, ob PDF-Dateien innerhalb des Browser-Fensters angezeigt werden oder in einem separaten Acrobat-Fenster. Obwohl die integrierte Anzeige in der Regel bequemer ist, bevorzugen manche Anwender die strikte Trennung zwischen Webbrowser und Acrobat. Dabei muss man jedoch in Kauf nehmen, dass die folgenden Funktionen nicht nutzbar sind:

- Übertragen von Teilen des Dokuments zur beschleunigten Darstellung (siehe Abschnitt 7.1.3 »Optimiertes PDF und seitenweises Laden«, Seite 306),
- Absenden von Formulardaten (siehe Kapitel 9 »PDF-Formulare«),
- Hervorhebung von Fundstellen nach einer serverbasierten Suche.

Die Anzeige von PDF in einem separaten Fenster ist auch dann die Lösung der Wahl, wenn Acrobat nicht zur Verfügung steht (zum Beispiel auf manchen Unix-Systemen) und ein alternativer PDF-Viewer zum Einsatz kommt, etwa *xpdf* oder Ghostscript. Ein manchmal nicht unwesentlicher Vorteil dieser Variante besteht darin, dass durch die wegfallende Menü- und Symbolleiste des Browsers auf dem Bildschirm mehr Platz zur Darstellung der PDF-Datei vorhanden ist.

Download von PDF auf die Festplatte. Wenn der Benutzer das PDF-Dokument gar nicht sofort lesen, sondern für die spätere Verwendung auf seiner Festplatte speichern möchte, kann er diese Möglichkeit bereits beim Aktivieren des zugehörigen Links wählen. Dann wird die PDF-Datei komplett übertragen und abgespeichert. Diese Variante kommt auch zum Tragen, wenn überhaupt kein Acrobat-Viewer installiert ist.

Dazu klicken Sie mit der rechten Maustaste (bzw. Anklicken bei gedrückter Ctrl-Taste auf dem Mac) auf den Verweis, der auf die PDF-Datei zeigt, und wählen dann die Funktion *Diese Verknüpfung sichern unter...* (Navigator) bzw. *Ziel speichern unter...* (Internet Explorer). Eine weitere Möglichkeit ist das Anklicken des Links bei gedrückter Umschalttaste. Ist die Datei bereits vollständig geladen und im Browser sichtbar, lässt sie sich durch Klicken auf das Diskettensymbol in der Acrobat-Werkzeugleiste auf der Festplatte speichern.

Beim Download von PDF-Dateien auf dem Mac ist zu beachten, dass bei Mac-Dateien nur der reine Dateiinhalt, nicht aber die zusätzlichen Dateiinformationen des Mac-Betriebssystems (Dateityp, Erzeuger, Icon) gespeichert werden.

7.1.2 PDF in Netscape und Internet Explorer.

Der Einsatz von PDFs im Browser funktioniert in allen gängigen Browserversionen, allerdings unterscheiden sich diese hinsichtlich der jeweiligen Konfiguration.

Acrobat-Unterstützung in Netscape Navigator. Navigator bietet über eine Plugin-Schnittstelle umfangreiche Erweiterungsmöglichkeiten, die Adobe (seit Netscape-Version 3 und Acrobat-Version 3) für PDF nutzt. Das Navigator-Plugin zur PDF-Verarbeitung besteht aus einer einzelnen Datei, die bei der Acrobat-Installation im Browser installiert wird, sofern Netscape bereits installiert ist. Nach einem Neustart des Browsers steht dann die PDF-Funktionalität zur Verfügung. Nachträglich können Sie die Webintegration in Acrobat über *Bearbeiten, Grundeinstellungen, Allgemein..., Optionen, PDF in Browser anzeigen* aktivieren oder deaktivieren. Den gleichen Effekt können Sie auch manuell erzielen:

- Unter Windows kopieren Sie die Dateien im Acrobat-Unterverzeichnis *Browser* in das Netscape-Unterverzeichnis *Plugins*.
- Auf dem Mac kopieren Sie die Datei *PDFViewer* aus dem Acrobat-Unterverzeichnis *Web Browser Plug-in* in das Netscape-Verzeichnis *Plug-Ins*.
- Unter Unix finden Sie im Acrobat-Unterverzeichnis *Browsers* die dynamische Bibliothek für das Plugin. Unter Linux lautet sie zum Beispiel *nppdf.so*. Kopieren Sie diese Datei in das Verzeichnis *plugins* des Netscape-Verzeichnisses (etwa */usr/local/lib/netscape/plugins)*. Das Shellskript *netscape* können Sie für den Start des Browsers verwenden, dies ist aber nicht zwingend erforderlich. Das Plugin trägt sich nach dem Start des Browsers selbst in der Datei *plugin-list* im Verzeichnis *.netscape* im HOME-Verzeichnis des Benutzers mit dem MIME-Typ von PDF ein.

Um zu überprüfen, ob das Plugin korrekt installiert ist und funktioniert, können Sie den Pseudo-URL *about:plugins* eingeben (Navigator zeigt daraufhin eine Liste aller installierten Plugins und der zugehörigen MIME-Typen an) oder einfach per Drag & Drop versuchen, eine PDF-Datei auf der lokalen Festplatte im Browser zu öffnen.

Probleme mit Netscape 6. Eine Änderung an der Plugin-Schnittstelle in Netscape 6 verursacht in dieser Version Einschränkungen im Umgang mit PDF-Dateien. Insbesondere funktioniert das seitenweise Laden via Byteserving nicht (siehe Abschnitt 7.1.3 »Optimiertes PDF und seitenweises Laden«, Seite 306), so dass der Browser immer die gesamte PDF-Datei übertragen muss. Daher muss der Anwender länger warten, bevor die erste Seite dargestellt wird. Außerdem funktioniert in Netscape 6 das Absenden von PDF-Formulardaten zum Server nicht.

Acrobat-Unterstützung in Microsoft Internet Explorer. Acrobat enthält seit Version 3 auch ein ActiveX-Steuerelement für Internet Explorer. Ist Internet Explorer bereits installiert, konfiguriert der Acrobat-Installer das

PDF-Modul automatisch für den Einsatz im Browser. Falls Sie Internet Explorer nach Acrobat installiert haben, können Sie die ActiveX-Komponente von Acrobat auch manuell registrieren, indem Sie in einem DOS-Fenster folgendes Kommando aufrufen:

```
regsvr32 "c:\Programme\Adobe\Acrobat 5.0\Acrobat\ActiveX\pdf.ocx"
```

Nach einem Neustart von Internet Explorer sollte die PDF-Funktionalität zur Verfügung stehen. Sie können das einfach überprüfen, indem Sie eine PDF-Datei im Browser öffnen. Beachten Sie, dass die Mac-Version von Internet Explorer nicht ActiveX zur PDF-Unterstützung nutzt, sondern das Netscape-kompatible Plugin. Gehen Sie in diesem Fall vor wie im vorigen Abschnitt beschrieben.

Probleme mit Internet Explorer. Einige Eigenheiten von Microsoft Internet Explorer, die teilweise auch von der benutzten IE-Version abhängen, erschweren den Umgang mit PDF-Dateien:

- Wenn Sie via *Extras, Internet-Optionen, Sicherheit* eine hohe Sicherheitsstufe eingestellt haben, betrachtet Internet Explorer die Ausführung von ActiveX-Elementen als unsicher und verbietet sie daher. Das hat zur Folge, dass auch Acrobat nicht mehr gestartet wird.
- Internet Explorer behandelt Dateitypen nicht anhand der vom Webserver übertragenen MIME-Typen (siehe Abschnitt 7.5 »Konfiguration eines Webservers für PDF«, Seite 330), sondern interpretiert leider den Dateinamen bzw. dessen Endung. Endet der Name einer PDF-Datei, die vom Server geladen wird, nicht auf *.pdf* oder *.PDF*, so schlägt die Darstellung im Explorer fehl. Obwohl es zunächst widersinnig klingen mag, PDF-Dateien so merkwürdig zu benennen, kommt das bei dynamisch generierten Dokumenten häufig vor. Werden die PDF-Daten zum Beispiel durch ein ASP-Skript erzeugt, endet der URL üblicherweise auf *.asp* und nicht auf *.pdf*. Die Festlegung des Dateityps (die sich eigentlich an dem im Header *Content-Type* übertragenen MIME-Typ orientieren sollte) lässt sich bei dynamisch erzeugten PDF-Daten durch einen speziellen HTTP-Header beeinflussen:

```
Content-Disposition: inline; filename=datei.pdf
```

Leider löst auch dieser Trick das Problem nicht immer.
- Internet Explorer fordert PDF-Dokumente zuweilen zwei- oder sogar dreimal an, wenn es sich dabei nicht um statische Dateien, sondern dynamisch erzeugte Dokumente handelt. Dies ist für den Webmaster insbesondere bei Datenbankzugriffen sehr ärgerlich.
- Internet Explorer kann PDF-Dateien nicht zuverlässig anzeigen, wenn der gesamte URL der Datei länger als 256 Zeichen ist.

7.1.3 Optimiertes PDF und seitenweises Laden.
Acrobat 3.0 führte das seitenweise Laden ein, das mit so genannten optimierten PDF-Dateien möglich ist. Seitenweises Laden *(page-at-a-time download)* ermöglicht dem Websurfer, die erste Seite eines Dokuments zu lesen, während der Rest der Datei noch im Hintergrund vom Server übertragen wird. Es erlaubt auch bei geringer Bandbreite befriedigende Verwendung von PDF-Dateien im Netz.

Die Struktur normaler (nicht optimierter) PDF-Dateien ist für den Einsatz im Internet denkbar ungeeignet, denn der Browser muss erst die gesamte PDF-Datei laden, um eine wichtige Datenstruktur am Ende, die Querverweistabelle, auswerten zu können. Bevor also auch nur eine Seite zu sehen ist, muss der Benutzer den Download der gesamten Datei abwarten. Im Gegensatz dazu zeigt ein Webbrowser bei HTML-Seiten sofort den Anfang an und lädt den Rest, während der Benutzer bereits liest. Bei GIF-, PNG- und JPEG-Dateien gibt es zusätzliche Mechanismen, um ein Bild erst grob aufzubauen und anschließend schrittweise zu verfeinern *(interlaced* bzw. *progressive)*.

Die Optimierung von PDF-Dateien ermöglicht ähnliche Vorteile. Das seitenweise Laden erlaubt im Zusammenspiel mit dem Webserver, gezielt Teile einer PDF-Datei abzurufen. Während der Benutzer die erste Seite sieht, überträgt der Browser den Rest im Hintergrund. Welche internen Änderungen an der PDF-Datei die Optimierung durchführt, erfahren Sie in Abschnitt 12.2.6 »Linearisiertes (optimiertes) PDF«, Seite 538. In Abschnitt 3.4 »Distiller-Einstellungen«, Seite 96, geht es um die Erstellung optimierter PDFs, und in Abschnitt 7.5.3 »Das Byterange-Protokoll«, Seite 335, schließlich um die Voraussetzungen, die auf dem Webserver erfüllt sein müssen.

Eine geschickte Reihenfolge beim Download der einzelnen Objekte und das so genannte *progressive rendering*, also der schrittweise Aufbau der Seite, verbessern das subjektive Geschwindigkeitsverhalten weiter. Der Aufbau einer PDF-Seite im Webbrowser verläuft in mehreren Schritten:

- Zuerst werden Hypertextelemente aller Art aktiviert, doch deren Inhalt noch nicht gezeichnet. Damit kann der Benutzer zum Beispiel schon Links im Inhaltsverzeichnis am Anfang des Dokuments anklicken.
- Jetzt werden Text- und Vektorgrafikelemente der Seite aufgebaut. Rasterbilder werden zunächst ausgelassen. Text, für den eingebettete Fonts erforderlich sind, wird vorläufig mit einem Ersatzfont dargestellt, um nicht auf das Eintreffen der Fontdaten warten zu müssen.
- Anschließend werden die Hypertextelemente korrekt dargestellt.
- Sobald die Daten der noch fehlenden Rasterbilder eingetroffen sind, erscheinen die ausgesparten Grafiken am Bildschirm.
- Um die exakte Schriftdarstellung zu erreichen, wird anschließend der bereits sichtbare Text mit den nachgeladenen eingebetteten Fonts er-

neut gezeichnet. Das Austauschen der Schrift bewirkt oft ein kurzes »Zappeln« des Textes.
- Schließlich werden die Piktogramme (bis Acrobat 4 hießen diese verkleinerten Seitendarstellungen Thumbnails) angezeigt, sofern vorhanden, und eingeschaltet. In Acrobat 5 verliert dieser Punkt an Bedeutung, da sowohl das Vollprodukt als auch der Reader die Piktogramme jederzeit neu erzeugen können.

Dieses Vorgehen sorgt für eine subjektive Beschleunigung des Ladevorgangs: Wenn der Benutzer den Text auf der ersten Seite schon lesen kann, nimmt er eher in Kauf, dass noch Bilder und Fonts fehlen, als untätig vor einer leeren Seite zu sitzen und sich mit dem Fortschrittsbalken zu langweilen. Ähnlich verhält es sich bei der kurzzeitigen Textdarstellung mit Ersatzfonts, dem so genannten *font blitting:* Selbst wenn die Originalschrift noch fehlt, ist die Seite bereits lesbar.

Obwohl die Übertragung der PDF-Inhalte seitenweise erfolgt, hat der Benutzer darauf keinen Einfluss. Insbesondere ist es nicht möglich, einzelne Seiten eines PDF-Dokuments vom Server anzufordern und diese separat abzuspeichern. Wenn ein PDF-Dokument auf der lokalen Festplatte gespeichert werden soll, muss immer die gesamte Datei übertragen werden.

Im Zusammenhang mit dem seitenweisen Laden spielt die Option *Bearbeiten, Grundeinstellungen, Allgemein..., Optionen, Übertragen im Hintergrund* eine Rolle. Sie legt fest, ob der Download-Vorgang nach dem Anzeigen der ersten Seite beendet wird oder ob anschließend gleich der Rest der Datei geladen wird. Das Aktivieren dieser Option wirkt sich nur beim Websurfen aus und ist sinnvoll, wenn die PDF-Dateien in der Regel vollständig auf den Rechner des Benutzers übertragen werden sollen. Da dies häufig der Fall ist, ist das Aktivieren der Option empfehlenswert (dies ist standardmäßig ohnehin der Fall).

Die Option *Übertragen im Hintergrund* hat außerdem Auswirkungen auf das Caching (Zwischenspeicherung von Dateien) des Browsers. Bei aktivierter Hintergrundübertragung legt der Browser PDF-Dateien in seinem Zwischenspeicher ab und verwendet bei erneutem Zugriff auf die gleiche Datei die Kopie im Cache. Bei einem Sprung zurück (mit der entsprechenden Funktion des Browsers) zeigt der Browser zudem die vorher angezeigte Seite der PDF-Datei an. Ist die Option deaktiviert, so führt ein Sprung zurück immer auf die erste Seite des Dokuments.

7.1.4 Verknüpfungen zwischen PDF und HTML.

Ein Webmaster sollte nicht nur isolierte PDF-Dateien anbieten, sondern auch für sinnvolle Verknüpfungen zwischen PDF und HTML sorgen. Dafür gibt es mehrere Möglichkeiten.

Verknüpfungen von HTML nach PDF. Links in einem HTML-Dokument, die auf ein PDF-Ziel zeigen, lassen sich wie üblich mit dem Anchor-Tag in HTML definieren:

```
<A HREF="http://www.pdflib.com/pdflib-manual.pdf">PDFlib-Manual</A>
```

Seit Acrobat 4 ist es möglich, in HTML-Links oder Browser-URLs die Art der Darstellung des Dokuments genauer festzulegen. Dabei ist die Anzeige einer bestimmten Stelle im Dokument möglich, die Wahl des Zoomfaktors sowie weitere Eigenschaften des Viewers. Tabelle 7.1 enthält alle möglichen Vorgänge für solche Links. Mehrere Vorgänge lassen sich durch das Zeichen & verknüpfen.

Tabelle 7.1 Steuerung der PDF-Darstellung bei HTML-Links und URLs

Vorgang	Erläuterung
page	springt zur angegebenen Seitenzahl.
nameddest	springt zum angegebenen benannten Ziel.
zoom	stellt den Vergrößerungsfaktor ein.
view	Darstellungsbereich, siehe Tabelle 11.20 (außer FitR und XYZ)
viewrect	Darstellungsbereich wie bei /FitR, siehe Tabelle 11.20
pagemode	legt die Anzeigeeigenschaften fest: bookmarks Das Dokument wird mit Lesezeichen angezeigt. thumbs Das Dokument wird mit Piktogrammen angezeigt. none Es werden weder Lesezeichen noch Piktogramme angezeigt.

Dazu einige Beispiele (die angegebenen URLs funktionieren auch in HREF-Links). Mit folgendem URL zeigt der Browser Seite 10 des Dokuments an:

```
http://www.pdflib.com/pdflib-manual.pdf#page=10
```

Folgende Kombination zeigt Seite 7 mit aktivierten Lesezeichen an:

```
http://www.pdflib.com/pdflib-manual.pdf#page=7&pagemode=bookmarks
```

Webverknüpfungen in PDF. Für Verknüpfungen in der anderen Richtung, also von PDF auf HTML- oder andere Dateien im Web, gibt es in PDF Weblinks. Links auf Dateien und Webadressen werden über die Vorgangstypen *Datei öffnen* bzw. *WWW-Verknüpfung* angelegt und können auf zwei Arten spezifiziert werden, die einige Erläuterungen erfordern.

Der Vorgang *Datei öffnen* ist zwar eigentlich für lokale Dateien gedacht, Acrobat wendet jedoch eine Zusatzlogik darauf an, wenn die PDF-Datei, die einen solchen Link enthält, von einem Webserver geladen wird. Findet Acrobat die Zieldatei nicht auf dem lokalen Rechner, so stellt es den aktuellen Pfad bzw. URL des ersten Dokuments voran und sucht das Sprungziel auf dem Server, obwohl es sich eigentlich gar nicht um einen Weblink handelt.

Weblinks mit absolutem Sprungziel enthalten die komplette Angabe des Sprungziels. Eine solche Webverknüpfung kann den Protokollbezeichner, die Portnummer, den Servernamen, den Verzeichnispfad und den Dateinamen enthalten:

http://www.pdflib.com:80/docs/pdf/intro.pdf

Ein Link mit der absoluten Angabe eines lokalen Sprungziels enthält den vollständigen Pfad- und Dateinamen:

/docs/pdf/intro.pdf

Dabei ist darauf zu achten, dass der Pfad keinen Laufwerksbuchstaben enthält, denn die Zuordnung der Laufwerke kann ja auf dem zum Anzeigen der Datei benutzten Computer anders aussehen. Acrobat macht es allerdings schwer, diese Bedingung zu überprüfen, da man den vollständigen Pfad des Zieldokuments erst nach dem Anlegen mit dem Verknüpfungswerkzeug sieht. Zum Erstellen kann man zwar in einer Dateiauswahlbox die gewünschte Datei selektieren, aber keine Pfadnamen direkt eintippen. Achten Sie daher beim manuellen Anlegen von Links darauf, niemals Dateien von einem anderen Laufwerk oder einer anderen Partition auszuwählen, denn in diesen Fällen fügt Acrobat den Laufwerksbuchstaben in die Bezeichnung des Sprungziels ein.

Verknüpfungen mit einem relativem Sprungziel enthalten die Adresse des Ziels bezogen auf das aktuelle Dokument. Dabei unterscheiden sich Weblinks und lokale Links zunächst nicht:

docs/pdf/intro.pdf

Wie oben beschrieben, hängt das Verhalten von Acrobat bei einem solchen Link davon ab, ob die Datei, die den Link enthält, von der Festplatte oder aus dem Web geladen wird. Wie zu erwarten, hängt Acrobat beim Lesen von der Festplatte den Inhalt der relativen Verknüpfung an den Verzeichnispfad des aktuellen Dokuments an. Beim Lesen von PDF-Dokumenten im Web werden dagegen der Name des Servers und der Verzeichnispfad auf dem Server vorangestellt, wenn das Sprungziel nicht als lokale Datei existiert. Damit ist sichergestellt, dass eine verlinkte Sammlung von PDF-Dokumenten sowohl beim Einsatz im Web funktioniert als auch bei der Auslieferung auf CD-ROM. Das beschriebene Verhalten funktioniert nur, wenn die Verknüpfung mit dem Typ *Anzeige* angelegt wurde und nicht als Webverknüpfung.

Sollten Verknüpfungen von PDF-Dateien auf dem Webserver nicht funktionieren, kann dies an den unterschiedlichen Konventionen der beteiligten Dateisysteme liegen. Eine häufige Fehlerquelle sind Dateinamen auf Webservern unter Unix. Hier ist darauf zu achten, dass die Dateien beim Transfer auf den Unix-Rechner nicht umbenannt werden. Manche FTP-Clients erzeugen auf dem Zielrechner zum Beispiel immer Dateinamen in Großbuchstaben. Im Gegensatz zu Mac und Windows besteht

Unix in der Regel darauf, die Groß-/Kleinschreibung exakt einzuhalten, sonst wird die Datei nicht gefunden.

Basis-URL. Anstelle des aktuellen URL, der relativen Sprungzielen vorangestellt wird, lässt sich innerhalb einer PDF-Datei mittels *Datei, Dokumenteigenschaften, Basis-URL...* auch ein Basis-URL definieren. Dessen Funktionsweise entspricht dem *BASE*-Tag von HTML, das heißt er wird allen relativen URLs vorangestellt. Der Basis-URL wirkt sich nur auf Webverknüpfungen aus, normale Verweise (Typ *Anzeige*) sind davon nicht betroffen.

Beim Festlegen eines Basis-URL ist darauf zu achten, dass die Kombination aus Basis-URL und Webverknüpfung einen zulässigen URL ergibt. Dazu muss der Basis-URL entweder mit dem Zeichen »/« enden oder der URL der Webverknüpfung mit diesem Zeichen beginnen.

Mithilfe geeigneter Basis-URLs kann man eine Dokumentensammlung auf einen anderen Server verschieben, ohne alle Verknüpfungen ändern zu müssen. Allerdings ist der Einsatz von Basis-URLs aufgrund des oben beschriebenen Verhaltens von Acrobat nur noch selten erforderlich.

PDF in Frames und Tabellen. Frames bieten dem HTML-Entwickler die Möglichkeit, das Browser-Fenster in mehrere Teile zu gliedern, die unterschiedlichen Aufgaben dienen. Einer dieser Frames enthält zum Beispiel einen Navigationsbereich mit Buttons oder einem Inhaltsverzeichnis, das dem Benutzer die nötige Übersicht gibt und immer sichtbar ist. Ein anderer Frame zeigt die Inhalte an, die im Navigationsbereich ausgewählt werden. Diese Methode hat den Vorteil, dass der Kontext für den Benutzer auch dann erhalten bleibt, wenn er sich innerhalb einer größeren Website bewegt oder von einem Link zu einem anderen Server geschickt wird. Ein anderes Beispiel sind Suchanfragen: Die Suchmaske oder die Ergebnisliste einer Suchanfrage bleiben in einem Frame stehen, während die gefundenen Dokumente in einem anderen Frame angezeigt werden. Ein solches Vorgehen erhöht die Übersichtlichkeit enorm.

Grundsätzlich spricht nichts gegen die PDF-Ausgabe innerhalb eines Frames. Sieht man einmal von den generellen Nachteilen von Frames ab (nur einige Stichworte: Bookmarks funktionieren nicht, komplette Framesets lassen sich nicht drucken, Rücksprünge in Frames werden nicht in der Liste der besuchten Seiten gespeichert), so bieten sie gute Möglichkeiten zur sinnvollen Kombination von PDF und HTML. Ein Frame mit Navigationshilfen könnte mit HTML bestückt werden, ein weiterer Frame bietet grafisch aufwendige Inhalte im PDF-Format.

Beachten Sie, dass es bei Verknüpfungen innerhalb einer PDF-Datei im Gegensatz zu HTML-Links nicht möglich ist, den Ziel-Frame explizit anzugeben. Das Ziel einer Verknüpfung wird immer im selben Frame angezeigt.

Einbettung von PDF in HTML-Seiten. In einer früheren Fassung des vorliegenden Texts war noch eine Beschreibung enthalten, die zeigte, wie man

PDF-Dokumente mithilfe der HTML-Tags *EMBED* und *OBJECT* direkt auf HTML-Seiten einbetten kann. Diese Technik ist allerdings stark browserabhängig und bringt eine Reihe von Nachteilen mit sich. So wird zum Beispiel Acrobat beim Laden einer solchen HTML-Seite mit eingebettetem PDF immer geladen, ohne dass der Benutzer das beeinflussen könnte. Während bei einem Link auf eine PDF-Datei zumindest der Dateiname sichtbar ist, erzwingen eingebettete PDF-Dateien sofort den Start von Acrobat. Ich rate deshalb davon ab, diese Technik zu benutzen. Das Gleiche gilt auch für VB-Script-Anweisungen in Internet Explorer, mit denen man PDF-Dokumente begrenzt manipulieren (zum Beispiel austauschen oder die Druckfunktion aufrufen) konnte.

7.2 Acrobat Web Capture

7.2.1 Websurfen mit Acrobat.

Seit Version 4 bietet Acrobat eine interessante Alternative zu Standard-Browsern wie Netscape Communicator und Microsoft Internet Explorer: Mit der Funktion *Web Capture* des Acrobat-Vollprodukts (in Acrobat Reader und Approval nicht enthalten) können Sie ohne Browser im Web surfen und HTML-Seiten direkt in Acrobat betrachten bzw. als PDF abspeichern.

Um Acrobat als Webbrowser tauglich zu machen, stattete Adobe die Software mit einigen neuen Komponenten aus: Im Gegensatz zur üblichen Acrobat-Integration in den Browser ruft der neue HTTP-Client Webinhalte selbstständig ab. Der HTML-Formatierer konvertiert die Webinhalte unmittelbar nach PDF. Web Capture ist nicht nur ein Tool zur Konvertierung statischer Webseiten, sondern ist darüber hinaus in der Lage, dynamisch neue Seiten an die erstellte PDF-Datei anzuhängen, sobald der Anwender auf einen Link klickt. Damit lässt sich Acrobat tatsächlich anstelle eines üblichen Webbrowsers verwenden. Beachten Sie, dass Web Capture unter Windows einen installierten Internet Explorer erfordert.

Da HTML und PDF mit völlig unterschiedlichen Seitenkonzepten arbeiten, wird eine Webseite unter Umständen in mehrere PDF-Seiten verwandelt. Im Gegensatz zu konventionellen Webbrowsern ist die Formatierung bei Web Capture auf dem Bildschirm und im Druck identisch. Aufgrund der Beibehaltung des jeweiligen Layouts eignet sich dieses Tool hervorragend zur Archivierung von Webseiten.

Konvertieren von Webseiten. Mit dem Befehl *Datei, Web-Seite öffnen...* bzw. *Werkzeuge, Web-Capture, Web-Seite öffnen...* können Sie nicht nur eine einzelne Webseite konvertieren, sondern wahlweise auch mehrere Seiten, eine ganze Website oder auch die Links, die von der Website wegführen, laden. Damit Sie nicht versehentlich das gesamte World Wide Web konvertieren, sollten Sie sich die Konvertierung mehrerer Seiten genauer ansehen.

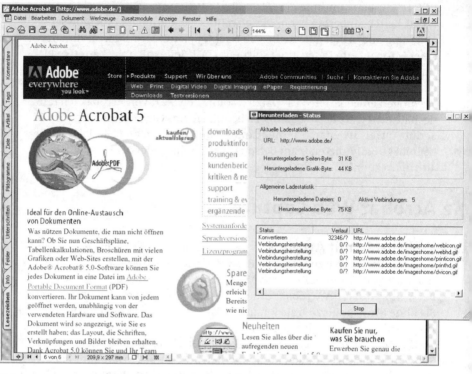

Abb. 7.2
Acrobat als Webbrowser öffnet gleichzeitig mehrere Webverbindungen.

Bekanntermaßen besteht eine Website aus in mehreren Ebenen verlinkten Seiten. Bei der Eingabe eines URL im Webbrowser wird nur eine einzige Seite geladen. Acrobat verhält sich standardmäßig genauso und verbleibt auf der Startseite, bis der Benutzer einen Link anklickt. Im Dialog *Webseite öffnen* kann jedoch auch eingestellt werden, dass eine bestimmte Anzahl von Ebenen von Webseiten gleichzeitig geladen werden sollen. Eine Ebene bedeutet, dass genau die Seite am angegebenen URL (mit allen eingebetteten Bildern) übertragen wird. Zwei Ebenen bedeutet, dass darüber hinaus auch die mit der ersten Seite verknüpften Seiten geladen werden usw.

Diese Einstellung sollte mit besonderer Vorsicht vorgenommen werden, damit Sie nicht versehentlich zu große Datenmengen übertragen. Die Option *Ganze Site laden* durchläuft sukzessive alle Seiten, die der Startseite untergeordnet sind, und überträgt dabei all diejenigen, die sich nicht auf einem anderen Server befinden.

Wenn Sie nur einen bestimmten Bereich der Seiten auf dem Server – zum Beispiel alle Dateien zu einer Produktbeschreibung – laden möchten, aktivieren Sie die Option *Nur Seiten im selben Pfad laden*. In diesem Fall werden Links nur abgerufen, wenn sie nicht zu anderen Bereichen desselben

Abb. 7.3
Optionen zur Konvertierung mehrerer Webseiten nach PDF

Servers verzweigen (mit anderen Worten: die Adressen der geladenen Seiten müssen dem eingegebenen URL untergeordnet sein). Die Option *Auf gleichem Server bleiben* verfolgt keine Links zu anderen Websites. Die Konvertierungseinstellungen werden ausführlich in Abschnitt 7.2.2 »Optionen zur Umwandlung von Webseiten«, Seite 317, behandelt.

HTML-Seiten im Browser lokal zu speichern, ist oft mit unerwünschten Nebeneffekten wie fehlenden Bildern verbunden. Selbst wenn man PDFWriter zur Konvertierung der Webseiten nach PDF verwendet, ist das Ergebnis nicht zufriedenstellend, da dabei die enthaltenen Links verloren gehen. Web Capture versucht, möglichst viele HTML-Eigenschaften in entsprechende PDF-Merkmale zu übersetzen:

- HTML-Links werden zu Links innerhalb des PDF-Dokuments oder zu Weblinks (bei Verweisen auf andere Dokumente) konvertiert.
- HTML-Formulare werden in PDF-Formulare mit gleicher Funktionalität umgesetzt (PDF-Formulare werden in Kapitel 9 »PDF-Formulare« näher beschrieben). Allerdings werden die Feldnamen der HTML-Formularfelder nicht übernommen, sondern durch zufällig gewählte Buchstabenfolgen ersetzt.
- Der HTML-Dokumenttitel wird in der PDF-Dokumentinfo im Feld *Titel* abgelegt.
- Beim Hinzufügen einer neuen Webseite zum PDF-Dokument wird ein Lesezeichen mit dem HTML-Dokumenttitel (bzw. dem URL, falls kein Titel vorhanden ist) angelegt.
- Die HTML-Struktur kann auf entsprechende strukturierte Lesezeichen abgebildet werden (diese werden weiter unten ausführlich besprochen). Auf Wunsch erzeugt Web Capture Tagged PDF (siehe Abschnitt 3.5 »Tagged PDF«, Seite 102).

Web Capture unterstützt Webseiten mit Inhalten im Format HTML, Text, GIF, JPEG und PDF (die unterstützten Dateiformate sowie die Einschränkungen werden wir in Abschnitt 7.2.3 »Einschränkungen von Web Capture«, Seite 320, genauer untersuchen). Eine Webressource kann aus vielen einzelnen Webseiten bestehen. Dementsprechend ist es mit Acrobat Web Capture möglich, mehrere verlinkte Webseiten in einem Schritt abzurufen.

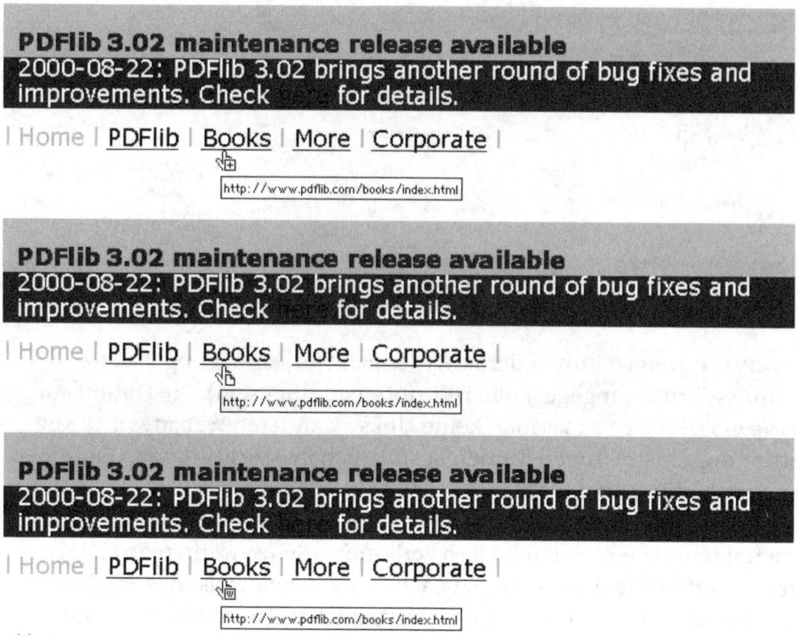

Abb. 7.4
Weblinks können in Acrobat aktiviert und zum Dokument hinzugefügt (oben), in ein neues Dokument eingefügt (Mitte) oder als HTML-Seite im Webbrowser geöffnet werden (unten).

So können Sie zum Beispiel die Home-Page eines Unternehmens einschließlich aller Seiten laden, auf die von dieser Home-Page verzweigt wird, und damit sehr bequem ein PDF-Archiv der gesamten Site erstellen.

Beim Abspeichern der mit Web Capture erzeugten Seiten benötigt Acrobat mit der Begründung *Verknüpfungen korrigieren* eine zusätzliche Denkpause. Dieser Begriff beschreibt die Untersuchung und nötigenfalls Anpassung der im Dokument enthaltenen Verknüpfungen: Links in der HTML-Datei, deren Sprungziel nach Abschluss des Capture-Vorgangs innerhalb der neuen PDF-Datei liegen, werden als normaler PDF-Link integriert. Links, deren Ziel irgendwo im Internet liegt, werden dagegen in PDF-Weblinks umgewandelt.

Aktivieren von Weblinks. Beim Websurfen mit einem Standard-Browser erscheint die Adresse des Sprungziels eines Links normalerweise in der Statusleiste des Browser-Fensters, sobald der Mauszeiger auf einen Link bewegt wird. Ähnlich zeigt Acrobat das Ziel eines Links unter dem Mauszeiger an, sobald dieser auf einen aktiven Bereich bewegt wird. Acrobat bietet mehrere Optionen zum Umgang mit einem Link (siehe Abbildung 7.4):

- Links innerhalb desselben Dokuments werden in PDF-Links umgesetzt. Acrobat springt dann an die Stelle innerhalb des PDF-Dokuments. Bei solchen Links ist keine zusätzliche Adresse zu sehen.

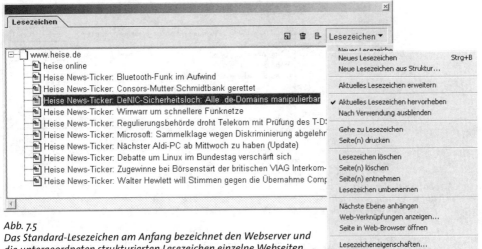

Abb. 7.5
Das Standard-Lesezeichen am Anfang bezeichnet den Webserver und
die untergeordneten strukturierten Lesezeichen einzelne Webseiten.

- Weblinks werden durch ein Pluszeichen auf dem Handsymbol angezeigt. Beim Anklicken eines Links auf eine Webseite wird der Seiteninhalt abhängig von der Einstellung *Bearbeiten, Grundeinstellungen, Web Capture..., Web-Verknüpfungen öffnen* an die aktuelle PDF-Datei angehängt oder extern im Browser angezeigt.
- Bei zusätzlich gedrückter Strg-Taste legt Acrobat eine neue PDF-Datei für die Webseite an. Dies wird durch eine leere Seite auf dem Handsymbol angezeigt.
- Das Anklicken eines Links auf eine Webseite bei gedrückter Umschalt-Taste bewirkt, dass die Zielseite nicht in Acrobat erscheint, sondern im Browser. Dies wird durch ein »W« auf dem Handsymbol angezeigt.

Beim Klick mit der rechten Maustaste auf einen Weblink wird das Kontextmenü geöffnet, in dem Sie zwischen obigen drei Optionen ohne zusätzlichen Tastendruck wählen können. Außerdem können Sie in den Grundeinstellungen zu Web Capture einstellen, ob Weblinks prinzipiell in Acrobat oder im Browser geöffnet werden.

Strukturierte Lesezeichen. Die Lesezeichen im Navigationsfenster von Acrobat erleichtern den Umgang mit Webseiten in Acrobat ganz wesentlich. Für jeden abgerufenen URL wird ein eigenes Lesezeichen generiert. Für jeden Link, der ausgehend von der Startseite durchlaufen wird, fügt Acrobat untergeordnete Lesezeichen ein. Dabei handelt es sich um so genannte strukturierte Lesezeichen. Seit Acrobat 4 können PDF-Dokumente Strukturinformationen enthalten. Web Capture stellt eine der wesentlichen Anwendungen von PDF-Dokumentstruktur dar und erzeugt seit Acrobat 5 auch Tagged PDF. Wie Abbildung 7.5 zeigt, besteht das Symbol für strukturierte Lesezeichen nicht nur aus einer für normale Lesezeichen üblichen

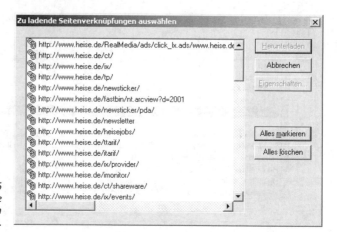

Abb. 7.6
Acrobat zeigt alle Links an, die sich auf einer umgewandelten Webseite befinden.

leeren Seite, sondern enthält zudem einen kleinen Globus zur Kennzeichnung. Der Name eines strukturierten Lesezeichens leitet sich aus dem Titel des HTML-Dokuments ab, sofern dieser vorhanden ist. Anderenfalls wird einfach der URL eingetragen.

Ein wichtiger Unterschied zu normalen Lesezeichen besteht darin, dass strukturierte Lesezeichen nicht einfach auf eine Seite des PDF-Dokuments verweisen, sondern sich auf einen Seitenbereich beziehen, also einen Anfang und ein Ende besitzen. Dies zeigt sich auch im Kontextmenü, das beim Klick mit der rechten Maustaste auf ein Lesezeichen angezeigt wird und bei strukturierten Lesezeichen einige nützliche Zusatzbefehle enthält:

- *Seite(n) drucken* druckt nur die zum ausgewählten Lesezeichen gehörenden Seiten.
- Genauso beziehen sich die Befehle *Seiten(n) löschen* und *Seite(n) entnehmen* nur auf Seiten, die zum ausgewählten Lesezeichen gehören.
- *Nächste Ebene anhängen* erhöht die Anzahl der Ebenen für zu ladende Webseiten um eins: Alle Seiten, auf die Verknüpfungen von den Seiten des ausgewählten Lesezeichens zeigen, werden geladen und an das PDF-Dokument angehängt.
- *Webverknüpfungen anzeigen...* zeigt alle Links an, die sich auf der zum ausgewählten Lesezeichen gehörenden Webseite befinden (diese kann aus mehreren PDF-Seiten bestehen, siehe Abbildung 7.6).
- *Seite in Webbrowser öffnen* öffnet dieselbe Webseite im Webbrowser statt in Acrobat. Dies mag nützlich sein, um das Aussehen einer Seite in Acrobat und im Browser zu vergleichen.

Neben der Erstellung normaler Lesezeichen für jede Site und strukturierter Lesezeichen für jede einzelne Webseite werden Lesezeichen aus geladenen PDF-Dateien (also Dokumente, die schon im PDF-Format auf dem Webserver stehen) unverändert in die Lesezeichen-Hierarchie übernommen. Ein weiterer Vorteil strukturierter Lesezeichen besteht darin, dass sich die zugehörenden Seiten leicht umordnen lassen, wenn das Lesezeichen bei gedrückter Strg-Taste verschoben wird. Dabei wird nicht nur das Lesezeichen selbst verschoben, sondern auch alle zugehörenden Seiten. Beachten Sie jedoch, dass sich Acrobat dabei hin und wieder weigert, Seiten umzuordnen.

Kennwortgeschützte PDF-Dateien. Was geschieht eigentlich beim Versuch, geschützte Dateien aus dem Web zu laden? Ein Kennwortschutz kann auf Webserver- oder PDF-Datei-Ebene erfolgen.

Beim Kennwortschutz auf Webserver-Ebene muss der Benutzer Name und Kennwort eingeben, bevor der Server die angeforderten Dateien überträgt. Acrobat behandelt diesen Fall korrekt und fordert den Benutzer zur Eingabe der nötigen Informationen auf, um diese zur Authentifizierung an den Server zu senden.

Der Kennwortschutz für PDF-Dateien, die vom Server geladen werden, kann bei der Konvertierung mit Web Capture nicht berücksichtigt werden. Stattdessen wird die verschlüsselte PDF-Datei vollständig vom Server übertragen und in das generierte PDF eingebettet. Die Dateieinbettung ist eine Acrobat-Funktion, mit der beliebige Daten in einer PDF-Datei gespeichert werden können. Eingebettete Dokumente werden mit dem Pinnwandnadel-Symbol für Dateianlagen dargestellt. Ein Doppelklick auf die Nadel öffnet das eingebettete Dokument. Bei einer vom Server geladenen geschützten Datei ist die eingebettete Datei ebenfalls ein PDF-Dokument. Beim Öffnen muss das Kennwort zum Entschlüsseln des Dokuments vom Benutzer eingegeben werden.

7.2.2 Optionen zur Umwandlung von Webseiten.

Wie auch ein Webbrowser bietet Acrobat verschiedene Möglichkeiten, das Aussehen von Webseiten zu beeinflussen und die Darstellung der konvertierten Webseiten auf Ausdruck und Bildschirm nach eigenen Wünschen zu gestalten.

Konvertierungseinstellungen für Webseiten. Durch Auswahl des Buttons *Konvertierungseinstellungen...* im Dialog *Webseite öffnen* gelangen Sie in einen weiteren Dialog, in dem die meisten relevanten Optionen festgelegt werden (siehe Abbildung 7.3 und 7.7).

Die Registerkarte *Allgemein* zeigt eine Liste der unterstützten MIME-Typen sowie den Button *Einstellungen* zur Gestaltung von HTML- und Textdateien. Außerdem gibt es folgende Optionen:
- *Lesezeichen für neuen Inhalt erstellen* generiert für jede geladene Webseite ein eigenes strukturiertes Lesezeichen.
- *Kopf- und Fußzeile auf neuen Seiten einfügen* zeigt am Anfang der konvertierten Seite den Titel der HTML-Seite und am Ende der Seite den URL, die Seitennummer sowie das aktuelle Datum und die Uhrzeit.
- *PDF-Tags hinzufügen* speichert Informationen über die HTML-Struktur der Webseite in der generierten PDF-Datei.

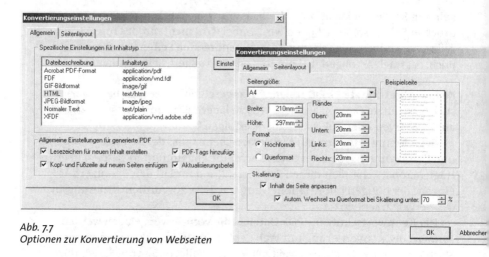

Abb. 7.7
Optionen zur Konvertierung von Webseiten

> *Aktualisierungsbefehle speichern* speichert alle geladenen URLs und die dazugehörenden Informationen in der PDF-Datei. Diese Option ist Voraussetzung für die Aktualisierung konvertierter Webseiten – eine Funktion, die wir uns in Abschnitt »Aktualisieren von Webseiten«, Seite 319, näher ansehen werden.

Die Registerkarte *Seitenlayout* bietet ähnlich einem Druckertreiber verschiedene Optionen zur Formatierung der konvertierten PDF-Seite. Dazu gehören die Seitengröße und -ausrichtung sowie die Seitenränder. Außerdem kann die Skalierung von zu großen Elementen (zum Beispiel Tabellen) festgelegt werden.

Wie bereits erwähnt, lässt sich das Aussehen von HTML- und Textdokumenten genauer steuern (siehe Abbildung 7.8). Die Optionen entsprechen im Wesentlichen den Einstellungen im Webbrowser zum Anzeigen und Ausdrucken von Webinhalten. Die Option *Plattformschriften einbetten* bewirkt die Einbettung der benutzten Fonts in die erzeugte PDF-Datei. Die Einstellungen werden nur während der Konvertierung berücksichtigt und können nachträglich nicht mehr geändert werden.

Konvertieren japanischer Webseiten. Falls bei der Installation von Acrobat die Option *Asiatische Font-Unterstützung* gewählt wurde, lassen sich mit Web Capture auch japanische HTML-Seiten korrekt nach PDF umsetzen. Dies funktioniert auch mit westlichen Acrobat-Versionen, andere asiatische Sprachen als Japanisch werden allerdings nicht unterstützt. In diesem Fall enthalten die Konvertierungseinstellungen für HTML und Text eine zusätzliche Registerkarte für die Formatierung von japanischem Text:

> Unter *Eingabebelegung* können Sie einen der gängigen japanischen Encodings auswählen.

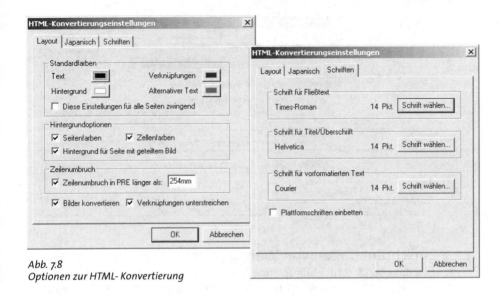

Abb. 7.8
Optionen zur HTML- Konvertierung

- Unter *Schriften* wählen Sie zwischen *Gothic* und *Mincho* (japanische Schriften ohne bzw. mit Serifen) und können für *Romaji* (lateinische Zeichen) halbe oder volle Breite vorgeben.

Grundeinstellungen für Web Capture. Neben den Konvertierungsoptionen für einzelne Seiten gibt es einen eigenen Dialog für Webeinstellungen, den Sie über *Bearbeiten, Grundeinstellungen, Web Capture...* erreichen (siehe Abbildung 7.9). Sie können darin einstellen, ob Bilder überprüft und Weblinks standardmäßig in Acrobat oder im Browser geöffnet werden. Außerdem können Sie angeben, ob Lesezeichen oder Buttons in der Werkzeugleiste angezeigt werden.

Aktualisieren von Webseiten. Um Änderungen an Webseiten zu berücksichtigen, kann Acrobat konvertierte Webseiten aktualisieren. Dazu wird der Inhalt einer bereits nach PDF konvertierten Webseite erneut geladen und mit der entsprechenden PDF-Datei verglichen. Acrobat generiert ein neues PDF, sobald an Text, Grafiken, Links oder Formatierung irgendwelche Änderungen festgestellt wurden. Zur Aktualisierung von Webseiten wählen Sie in einer mit Web Capture erstellten PDF-Datei *Werkzeuge, Web Capture, Seiten aktualisieren...* . Für neue oder geänderte Seiten lassen sich optional Lesezeichen anlegen.

Beachten Sie dabei, dass die Aktualisierungsfunktion nur verwendet werden kann, wenn alle URLs einschließlich der zugehörenden Informationen bereits beim erstmaligen Konvertieren der Webseite in der PDF-Datei gespeichert wurden. Dies ist der Fall, wenn dabei die Option *Aktualisierungsbefehle speichern* im Dialog *Konvertierungseinstellungen* aktiviert war.

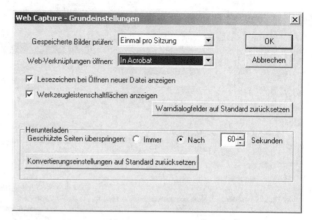

Abb. 7.9
Grundeinstellungen
von Web Capture

7.2.3 Einschränkungen von Web Capture.
In Anbetracht der Tatsache, dass Acrobat nicht hauptsächlich zum Websurfen entwickelt wurde, enthält die Software erstaunlich viele diesbezüglichen Features. Die gängigen Webbrowser sind mit Funktionen völlig überladen, so dass man einige Unterschiede zu Acrobat erwarten darf. Es ist deshalb sinnvoll, sich genauer anzusehen, was davon in Web Capture implementiert wurde.

Beim Verbindungaufbau zu einem Webserver identifiziert sich Acrobat mit folgender Kennung:

```
Mozilla/3.0 (compatible; WebCapture 2.0; Windows)
```

Diese Zeile besagt, dass der Webclient zu den in Netscape 3.0 implementierten Funktionen, also HTML 3.2, kompatibel ist. Neben HTML 3.2 unterstützt Web Capture jedoch auch neuere Features, insbesondere Frames und Tabellen. Einige Funktionen sind offensichtlich deswegen nicht implementiert, weil deren dynamische Eigenschaften dem statischen Seitenkonzept von PDF zuwiderlaufen. Tabelle 7.2 gibt eine Übersicht über die wichtigsten Funktionen einschließlich HTML, Protokollunterstützung und Skript-Programmierung.

7.3 Online-Kommentare

7.3.1 Gemeinsame Bearbeitung von PDF-Dokumenten.
Seit Version 5 ermöglicht Acrobat die gemeinsame Bearbeitung von PDF-Dokumenten. Unter Bearbeitung ist dabei der Einsatz der Anmerkungs- oder Kommentarwerkzeuge zu verstehen, nicht aber inhaltliche Veränderungen wie Löschen oder Einfügen von Seiten oder Textänderungen. Folgende Acrobat-Werkzeuge gehören zur Gruppe der Kommentarfunktionen: Notiz, Freier Text, Audiodatei, Stempel, Dateianlage, Bleistift, Quadrat, Kreis, Linien, Hervorheben, Durchstreichen, Unterstreichen.

Tabelle 7.2. Unterstützte und nicht unterstützte Webfunktionen in Web Capture 5

Thema	Wird unterstützt	Wird nicht unterstützt
HTML	fast alle Funktionen von HTML 3.2, Formulare, Frames, Tabellen, Hintergrundbilder, Cascading Style Sheets (CSS), benutzerdefinierte Bullets für Listenelemente, <dir>-Listen	HTML 4.0, DHTML, Übernahme der Formularfeldnamen, Link-Titel, Absatzausrichtung Blocksatz, spezielle Fonts, Seitenumbrüche (zum Beispiel in Tabellen) können nicht beeinflusst werden
Übertragungsprotokolle	HTTP 1.1, allerdings ohne seitenweises Laden (Byteserving); beliebige Portnummern	ftp, news, mailto, gopher, telnet
Verbindung	direkt, Proxy ohne Kennwort	Proxy-Server mit Kennwort
MIME-Typen	text/html, text/plain image/gif, image/jpeg application/pdf application/vnd.fdf (PDF-Formulare)	alle anderen MIME-Typen
Bilder	JPEG (Varianten baseline und progressive), GIF, Image-Maps	PNG, XBM, animiertes GIF (nur erster Frame)
Hintergrundbilder	Hintergrundbilder, die über HTML definiert sind	Hintergrundbilder, die über CSS definiert sind
Skriptsprachen	JavaScript (nur teilweise)	Java, VBScript, ActiveX
Zugangsschutz	kennwortgeschützte Websites, kennwortgeschützte PDF-Dateien	–
SSL-Verbindung (https statt http)	anonyme SSL-Verbindung	Zertifikatsverwaltung (siehe Abschnitt »Web Capture und SSL«, Seite 581)
Encodings/Zeichensätze	japanische Webseiten (mit dem asiatischem FontPack)	beliebige Encodings in HTML-Seiten
Identifizierung	–	Cookies

Um diese Funktion im Web zu realisieren, stellt Acrobat 5 die Kommentarfunktionen auch bei der Anzeige von PDF-Dokumenten im Browser zur Verfügung. Beachten Sie, dass alle im Folgenden beschriebenen Funktionen für Online-Kommentare nur im Acrobat-Vollprodukt vorhanden sind, nicht aber in Acrobat Reader oder Approval.

Das Grundprinzip der Online-Kommentare sieht wie folgt aus: Mehrere Benutzer bearbeiten unabhängig voneinander eine PDF-Datei, die auf einem Server zur Verfügung steht. Der Autor eines Reports stellt die PDF-Datei zum Beispiel auf den Server und seine Kollegen können Korrekturen und Verbesserungsvorschläge darin anbringen. Diese Kommentare werden jedoch nicht direkt in die PDF-Datei eingetragen, sondern in separaten Dateien verwaltet. Damit bleiben das eigentliche Dokument und die Kommentare der Beteiligten getrennt, können jedoch auf Wunsch in der Bildschirmanzeige kombiniert werden.

Über vier Einträge in dem Teil der Acrobat-Menüleiste, die im Browser angezeigt wird, kann der Anwender folgende Funktionen nutzen:

- *Kommentare hochladen:* Die vom jeweiligen Benutzer erstellten Kommentare werden zum Server übertragen und stehen damit den Kollegen zur Verfügung. Beim Einlesen eines neuen Dokuments im Browser oder Beenden des Programms lädt Acrobat automatisch alle Kommentare zum Server.
- *Kommentare herunterladen:* Alle auf dem Server vorhandenen Kommentare beliebig vieler Kollegen werden zum Client übertragen und im Dokument eingetragen.
- *Kommentare hoch- und herunterladen:* Diese Funktion kombiniert die obigen beiden Funktionen und tauscht Kommentare in beiden Richtungen aus.
- *Kommentare ein-/ausblenden:* Damit können die Kommentare unsichtbar gemacht werden bzw. wieder angezeigt werden. Dies ist nützlich, wenn das Dokument sehr viele Kommentare enthält und man allmählich den Überblick verliert oder nicht mehr zwischen ursprünglichem Dokument und Kommentaren unterscheiden kann. Dabei ist jedoch darauf zu achten, dass die Funktion *Kommentare hochladen* nichts überträgt, wenn die Kommentare ausgeblendet sind; eventuell auf dem Server vorhandene Kommentare des gleichen Benutzers werden sogar gelöscht.

Funktionsweise. Wie bereits erwähnt, trägt Acrobat die Kommentare nicht in die ursprüngliche PDF-Datei auf dem Server ein, sondern verwaltet sie immer getrennt. Wie beim manuellen Export von Kommentaren *(Datei, Exportieren, Kommentare...)* werden die Kommentare dabei in einer FDF-Datei gespeichert. FDF steht für *Forms Data Format* und wurde ursprünglich für die Inhalte von PDF-Formularfeldern entwickelt, dient mittlerweile aber verschiedenen weiteren Zwecken (siehe Abschnitt 9.5.1 »Die Exportformate FDF und XFDF«, Seite 405). Für das Verständnis der Funktionsweise von Online-Kommentare ist es ganz wichtig, sich diese Trennung vor Augen zu halten:

- Das PDF-Dokument, das kommentiert werden soll, wird von einem Webserver abgerufen und mit Acrobat innerhalb des Browser bearbeitet.
- Die Kommentare werden in separaten FDF-Dateien verwaltet. Sie müssen nicht auf dem Webserver stehen, sondern können verschiedene Speichervarianten nutzen, die wir im nächsten Abschnitt betrachten werden.

Da ein einziges PDF-Dokument von vielen verschiedenen Anwendern kommentiert werden kann, legt Acrobat für jedes bearbeitete Dokument einen

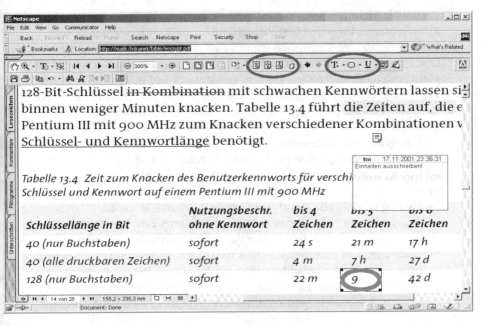

Abb. 7.10
Online-Kommentare mit Acrobat 5 im Browser. Die Schaltflächen für den Austausch von Kommentaren sowie die eigentlichen Kommentarfunktionen sind hervorgehoben.

eigenen Ordner auf dem Server an, der die FDF-Dateien mit den Kommentaren enthält.

Der Name des Ordners wird mithilfe der Hashfunktion MD5 aus dem URL des PDF-Dokuments berechnet. Die Eigenschaften dieser Funktion (siehe Abschnitt 13.1.4 »Hashfunktionen«, Seite 562) stellen sicher, dass nicht zufällig zwei verschiedene Dokumente den gleichen Ordnernamen für Kommentare benutzen. Acrobat wandelt dabei den Servernamen im URL des Dokuments erst in eine numerische IP-Adresse um und wendet auf Adresse, Pfad und Dateiname die MD5-Funktion an, was kryptische Ordnernamen der Art

```
vwaiuBPUHlbhz1Xw2DUEeB
```

liefert. Dieses komplizierte Verfahren ist erforderlich, um Konflikte bei der gleichzeitigen Bearbeitung verschiedener PDF-Dokumente zu vermeiden, deren Kommentare alle auf dem gleichen Server gespeichert werden. So könnte es zum Beispiel in verschiedenen Verzeichnissen mehrere PDF-Dokumente gleichen Namens geben, die mit Kommentaren versehen werden sollen. Diese Kommentare landen unter Umständen alle am gleichen Speicherort und sind dort dank der Verwendung einer Hashfunktion voneinander unterscheidbar.

Kommentare aller Benutzer, die auf den gleichen URL des PDF-Dokuments zugreifen, landen im entsprechenden Verzeichnis auf dem Server.

Dieses Verzeichnis enthält für jeden Benutzer eine FDF-Datei mit dessen Kommentaren. Ihr Name besteht aus dem Login-Namen des zugehörigen Benutzers. Dies setzt natürlich voraus, dass jeder Benutzer unter einem eindeutigen Login-Namen (bzw. Freigabenamen auf dem Mac) arbeitet und nicht etwa Kennungen des Typs *Gast* genutzt werden. Dieses Verfahren gewährleistet eine eindeutige Zuordnung zwischen Benutzern und Kommentaren einerseits sowie zwischen Kommentaren und zugehörigem Dokument andererseits. Außerdem ist der Name eines Benutzers in allen Kommentaren enthalten, die er in ein PDF-Dokument einfügt. Acrobat nimmt immer den Login-Namen des Benutzers; auch ein anders lautender Eintrag in *Bearbeiten, Grundeinstellungen, Allgemein... Identität* ändert daran nichts.

Wichtig ist, dass alle Benutzer über den gleichen URL auf die PDF-Datei zugreifen müssen. Während verschiedene Namen für den gleichen physikalischen Server noch kein Problem darstellen, da Acrobat zur Umrechnung die zugehörige numerische IP-Adresse verwendet, funktionieren zum Beispiel verschiedene Freigabenamen für das gleiche Netzlaufwerk nicht. Die Hashfunktion liefert in diesem Fall unterschiedliche Ordnernamen, so dass Originaldokument und Kommentare nicht mehr zusammenfinden.

Speichervarianten für Online-Kommentare. Bisher war immer vereinfachend vom Server die Rede, wenn es um die Speicherung gemeinsam genutzter Kommentare ging. Genauer gesagt ermöglicht Acrobat 5 folgende Varianten zur Speicherung von Online-Kommentaren:

- Am einfachsten einzurichten und auf Mac und Windows verfügbar ist ein Netzwerkordner. Dazu ist nur ein über Netz erreichbares Laufwerk erforderlich, auf das alle kommentierenden Benutzer Schreibzugriff haben. Beachten Sie, dass Laufwerksbuchstaben und Pfade dabei (im Gegensatz zum URL des Dokuments) beliebig gewählt werden können: Mehrere Benutzer können durchaus unter verschiedenen Laufwerksnamen darauf zugreifen.
- Ein Server, der das WebDAV-Protokoll implementiert. WebDAV steht für *Web-based Distributed Authoring and Versioning* und bezeichnet eine standardisierte Erweiterung von HTTP zur verteilten Bearbeitung von Dateien auf einem Webserver. WebDAV ist zum Beispiel in Apache 1.3.14 und MIIS 5 implementiert. Diese Variante ist zwar etwas aufwendiger zu konfigurieren, steht dafür aber auf belieben Betriebssystemen zur Verfügung und kann von Mac- und Windows-Clients genutzt werden.
- Eine SQL-Datenbank erfordert hohen Konfigurationsaufwand, ist dafür aber robust und skalierbar. Acrobat spricht die Datenbank via ADBC an (siehe Abschnitt 10.5 »Datenbankzugriffe mit ADBC«, Seite 445) und unterstützt Microsoft SQL Server und Oracle 7 oder 8. Diese Möglichkeit funktioniert nur mit Windows-Clients. Acrobat legt für jedes Dokument

eine eigene Tabelle an, die in fünf Spalten Informationen zu den Online-Kommentaren des Dokuments enthält.
- Ausschließlich für Windows-Clients und -Server steht die Speicherart *Web-Diskussionen* zur Verfügung, die proprietäre Protokolle von Microsoft nutzt und mit den *Microsoft Office Server Extensions* installiert wird.

7.3.2 Konfiguration von Online-Kommentaren.

Acrobat bietet verschiedene Möglichkeiten zur Konfiguration der Serverparameter für Online-Kommentare. Welche Variante sich am besten eignet, hängt von der jeweiligen Arbeitssituation ab.

Manuelle Konfiguration. Die manuelle Konfiguration eignet sich am besten für erste Tests und die gemeinsame Bearbeitung von Dokumenten innerhalb einer kleinen Gruppe. Wählen Sie dazu *Bearbeiten, Grundeinstellungen, Allgemein..., Online-Kommentare*, selektieren Sie eine der vier möglichen Serverarten und tragen Sie die Adresse des Servers ein. Für einen Netzwerkordner genügt die Angabe des Laufwerksbuchstabens oder Ordnernamens (gegebenfalls mit einem zusätzlichen Pfad), bei einem WebDAV-Server müssen Sie den vollständigen URL des Servers eintragen. Ein Datenbankanschluss erfordert meist einen länglichen Konfigurationsstring, dessen Inhalt von der benutzten Datenbank abhängt. Bei einem Server für Webdiskussionen schließlich ist in Acrobat überhaupt nichts weiter einzustellen; stattdessen müssen Sie in Internet Explorer den gewünschten Diskussionsserver auswählen.

Abb. 7.11
Manuelle Konfiguration der Online-Kommentare

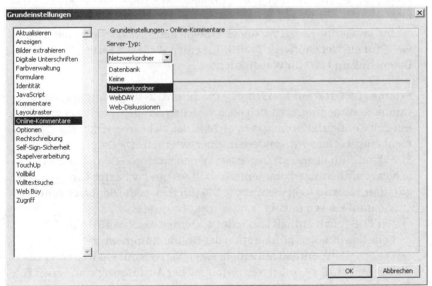

Der in den Grundeinstellungen gewählte Servertyp bleibt so lange eingestellt, bis Sie ihn manuell ändern. Es ist also nicht erforderlich, den Server für Kommentare bei jedem Start von Acrobat erneut einzustellen.

JavaScript im Dokument. Alternativ zur manuellen Konfiguration kann die Konfiguration für Online-Kommentare auch automatisch beim Laden des PDF-Dokuments erfolgen, das kommentiert werden soll. Diese Methode hat den Vorteil, dass sich der Anwender überhaupt nicht mehr um die Konfiguration kümmern muss; als Nachteil ist jedoch zu vermerken, dass die Konfiguration fest in die jeweilige PDF-Datei eingetragen wird, was bei vielen Dokumenten hohen Aufwand bei Änderungen erfordert.

Die automatische Konfiguration erfolgt über JavaScript. Dazu dient ein im JavaScript-Handbuch von Acrobat 5.0 leider nicht dokumentiertes Objekt mit dem Namen *Collab* (von *collaboration,* Zusammenarbeit). Hier möchte ich nur ein kurzes Codefragment für die Konfiguration anführen; weitere Angaben zu JavaScript-Objekten finden Sie in Abschnitt 10.3.1 »Acrobat-spezifische Objekte«, Seite 428.

Wählen Sie für die automatische Konfiguration den Menüpunkt *Werkzeuge, JavaScript, Dokument-JavaScripts...* und tragen Sie Code folgender Bauart unter einem beliebigen Namen als neues Dokument-Skript ein:

```
Collab.setStoreSettings ("FSFDF","/M/collab");
Collab.defaultStore = "FSFDF";
```

Acrobat führt dieses Skript jedes Mal beim Öffnen des Dokuments aus und stellt das Verzeichnis *M:\Collab* als Netzwerkordner für die Online-Kommentare ein. Außerdem wird der Speicherort Netzwerkordner mit der Kennung *FSFDF* als Standardeinstellung gewählt. Mithilfe der JavaScript-Property *Collab.docID* können Sie übrigens den Namen des Ordners ermitteln.

Die JavaScript-Kürzel für die vier möglichen Speichervarianten lauten *FSFDF* für ein Netzlaufwerk, *DAVFDF* für einen WebDAV-Server, *DB* für eine Datenbank und *WD* für Webdiskussionen.

Externe FDF-Datei mit JavaScript. Die automatische Konfiguration für Online-Kommentare lässt sich noch verfeinern, indem der JavaScript-Code mit den Konfigurationsangaben nicht in das zu bearbeitende PDF-Dokument eingebettet wird, sondern in einer externen FDF-Datei steht. Diese FDF-Datei enthält also im Gegensatz zu den anderen FDF-Dateien auf dem Server keine Benutzerkommentare, sondern nur JavaScript-Code zur Konfiguration. Sie wird so in die Website integriert, dass die Benutzer zum Einstieg darauf klicken müssen, und bewirkt Folgendes:

- Der FDF-Inhalt enthält JavaScript-Code, den Acrobat ausführt. Dieser Code bewirkt die Konfiguration der Online-Kommentare.
- Die FDF-Datei enthält außerdem einen Verweis auf ein weiteres PDF-Dokument, das Acrobat nach erfolgreicher Ausführung vom Server lädt.

Dieses Dokument kann zum Beispiel eine Bestätigung der erfolgreichen Anmeldung bzw. Konfiguration enthalten und weiter zu den eigentlichen Dokumenten verzweigen.

Die externe Speicherung des Konfigurationscodes erlaubt dem Webmaster, bei Änderungen wesentlich leichter zentrale Konfigurationsanpassungen für alle Benutzer zu implementieren, ohne die eigentlichen PDF-Dokumente ändern zu müssen.

Folgendes FDF-Fragment enthält zwei JavaScript-Zeilen, die ähnlich dem obigen JavaScript-Beispiel den Speicherort für Kommentare festlegen, diesmal als Beispiel jedoch für einen WebDAV-Server. Der JavaScript-Code wird direkt nach dem Import der FDF-Datei ausgeführt. Anschließend öffnet Acrobat das PDF-Dokument *confirm.pdf* vom Webserver, das eine Bestätigungsmeldung enthält sowie Links auf die zu bearbeitenden Dokumente:

```
%FDF-1.2
%âãÏÓ
1 0 obj
<< /FDF <<
    /F (http://www.pdflib.com/collab/confirm.pdf)
    /JavaScript << /After 2 0 R >>
>> >>
endobj
2 0 obj
<< >>
stream
    Collab.defaultStore = "DAVFDF";
    Collab.setStoreSettings("DAVFDF", "http://www.pdflib.com:8080/collab/");
endstream
endobj
trailer
<<
/Root 1 0 R
>>
%%EOF
```

Nähere Angaben zum Import von JavaScript-Code mittels FDF finden Sie in Abschnitt 10.2.2 »Externer JavaScript-Code«, Seite 424.

7.4 Suchmaschinen für PDF

Der Volltextindex, den Sie mit Acrobat Catalog erstellen können, erlaubt die Volltextsuche in einer großen Zahl von PDF-Dateien. Allerdings funktioniert dieser Index nicht beim Einsatz von PDF-Dateien im Web. Mit zunehmender Verbreitung von PDF implementierten die meisten Hersteller von Retrieval-Software in ihren Produkten die Fähigkeit, PDF-Dateien zu durchsuchen und zu indizieren. Daher steht mittlerweile eine umfangreiche Palette entsprechender Produkte zur Verfügung. Die bekannte Suchmaschine Google war außerdem der erste große öffentlich verfügbare

Dienst, der neben HTML- auch PDF-Dokumente indiziert. Bei der Auswahl einer PDF-tauglichen Suchmaschine sollte man die folgenden Kriterien beachten:

- Welche PDF-Version wird unterstützt?
- Gibt es eine Hervorhebung von Fundstellen? Wird das *Highlight File Format* unterstützt, das Adobe zur Hervorhebung von Fundstellen in Acrobat definiert hat?
- Werden die Dokumentinfofelder von PDF indiziert? Falls ja: Ist es auch möglich, benutzerdefinierte Felder zu indizieren?
- Werden unterschiedliche Encodings und Sprachen unterstützt?
- Für Anwender in Ostasien bzw. internationale Organisationen: Wird die Indizierung von PDF-Dokumenten mit chinesischen, japanischen oder koreanischen CID-Fonts unterstützt?

Microsoft Index Server. Der Index Server von Microsoft ist im Internet Information Server enthalten. Von Haus aus unterstützt Index Server PDF-Dateien nicht, allerdings bietet er eine Erweiterungsschnittstelle mit der Bezeichnung IFilter für den Anschluss weiterer Dateiformate. Adobe nutzte diese Schnittstelle und implementierte mit dem PDF IFilter eine Erweiterungs-DLL, mit deren Hilfe der Index Server auch PDF-Dateien indiziert. Das PDF-IFilter-Modul von Adobe ist unter folgender Adresse erhältlich:

http://www.adobe.com/support/downloads/acwin.htm

Zusätzlich bietet Adobe unter dem Namen *CJK Resources* ein Paket an, das die Indizierung von chinesischen, japanischen und koreanischen PDF-Dokumenten ermöglicht. In der Praxis hat sich die Kombination von Index Server und PDF IFilter allerdings als sehr fragil erwiesen.

Verity. Verity ist der Hersteller der Retrieval-Software, die Adobe für Acrobat Catalog und Search lizenziert hat. Auch in den von Verity selbst angebotenen Produkten zur Volltextsuche wird PDF als Dateiformat unterstützt. Ein Vorteil beim Einsatz von Verity-Produkten besteht darin, dass sie kompatibel mit Acrobat Catalog sind und dessen Indexdateien verwenden können. Das bedeutet, dass sich zum Beispiel für CD-ROM und Webserver die gleichen mit Acrobat Catalog erzeugten Indexdateien einsetzen lassen:

http://www.verity.com

PDF WebSearch. PDF WebSearch basiert auf der Suchmaschine *dtSearch* und wurde speziell für den Einsatz mit PDF-Dokumenten konzipiert. Dies zeigt sich an einer Reihe nützlicher Funktionen, die in anderen Produkten nicht verfügbar sind. Neben der Hervorhebung von Fundstellen zählt dazu der gezielte Download der Trefferseiten: Anstatt bei einem Treffer die gesamte PDF-Datei zu übertragen, sendet der Server gezielt die Seiten, die einen Treffer enthalten. PDF WebSearch unterstützt außerdem benutzerdefinierte Dokumentinfofelder in PDF-Dokumenten:

http://www.pdfwebsearch.com

Convera. RetrievalWare von Convera (früher Excalibur Technologies) unterstützt neben PDF 200 verschiedene Dokumentenformate und indiziert nicht nur Dateien auf der Festplatte oder in relationalen Datenbanken, sondern integriert sich auch in Lotus Notes/Domino, FileNET Panago, Microsoft Exchange und Documentum-Systeme:

http://www.convera.com

Fulcrum SearchServer. Der leistungsfähige Fulcrum SearchServer von Hummingbird unterstützt 150 Dateiformate, darunter PDF. Der integrierte Dokumenten-Viewer FulView unterstützt die Darstellung von PDF einschließlich der Hervorhebung von Fundstellen. Der Viewer wandelt die indizierten Dateien in ein eigenes Format um, kann aber auch die Original-PDF-Daten anzeigen:

http://www.hummingbird.com

OpenText LiveLink. Das Livelink-System ist eine umfangreiche Lösung zur Informationsverwaltung in großen Organisationen. Eines der zahlreichen Module, der Livelink Spider, ist für die Indizierung zuständig und unterstützt auch PDF:

http://www.opentext.com

Inktomi WebSearch. Das Produkt Inktomi WebSearch (früher UltraSeek Server von InfoSeek) ist eine Suchmaschine für hohe Ansprüche, die auch PDF unterstützt:

http://www.inktomi.com

Virginia Systems WebSonar. WebSonar von Virginia Systems ist eine Suchmaschine für den Mac, die HTML- und PDF-Dokumente indiziert. Mac-Clients können Sherlock als Frontend für WebSonar nutzen:

http://www.websonar.com

AltaVista Search Engine. Dieses Produkt ist von der gleichnamigen öffentlichen Suchmaschine her wohlbekannt und unterstützt neben einer Vielzahl von Sprachen und Dateiformaten auch PDF:

http://solutions.altavista.com

Adobe bietet einen experimentellen PDF-Suchdienst fürs Web auf Basis der AltaVista-Engine unter folgender Adresse an:

http://searchpdf.adobe.com

ht://Dig.   Die Suchmaschine *ht://Dig* ist kostenlos im Quellcode verfügbar und erfreut sich großer Beliebtheit in der OpenSource-Gemeinde. Unter Zuhilfenahme eines Moduls, das *xpdf* für die Extraktion von Texten aus PDF-Dokumenten nutzt, kann *ht://Dig* auch PDF indizieren:

http://www.htdig.org

Atomz.com.   Im Gegensatz zu den bisher erwähnten Produkten bietet Atomz.com keine Software an, sondern die Indizierung von Webseiten als Dienstleistung. Diese Dienstleistung, die neben vielen anderen Kunden auch von einigen amerikanischen Regierungsstellen für ihre Webserver genutzt wird, ist für kleine Websites kostenlos und unterstützt neben HTML und diversen anderen Dateiformaten auch PDF.

http://www.atomz.com

7.5 Konfiguration eines Webservers für PDF

7.5.1 MIME-Konfiguration.
Das Web ist von Haus aus nicht auf ein einziges Dateiformat beschränkt. Stattdessen wurde es erweiterbar konzipiert und bietet Mechanismen zur Integration neuer Datentypen. Die Einbindung von PDF-Dateien in den Datenbestand des Webservers ist daher nichts Besonderes. Allerdings gibt es einige Konfigurationsmöglichkeiten, die eine besonders glatte Einbindung von PDFs gewährleisten. Dazu gehören vor allem die Einstellungen zur MIME-Klassifizierung *(Multipurpose Internet Mail Extensions)* und passende Icons für PDF-Dateien. Damit der Browser PDF-Dateien auch seitenweise laden kann, muss der Server das Byterange-Protokoll unterstützen, was Gegenstand von Abschnitt 7.5.3 »Das Byterange-Protokoll«, Seite 335, ist.

Dieser Abschnitt behandelt Servereinstellungen für die Formate PDF und FDF. Das *Forms Data Format (FDF)* wird in Abschnitt 9.5.1 »Die Exportformate FDF und XFDF«, Seite 405, ausführlich behandelt. Ich möchte bei der Serveranbindung auf die Besonderheiten der beiden Programme näher eingehen, die auf den meisten Servern laufen, nämlich Apache (meist unter Linux oder anderen Unix-Varianten) und Microsoft Internet Information Server MIIS unter Windows NT oder 2000.

MIME-Typen für PDF-Dateien.   Die MIME-Klassifizierung hilft im Web und in anderen Bereichen bei der Unterscheidung verschiedener Datentypen. Das Aushandeln geeigneter MIME-Typen steht am Anfang jeder HTTP-Verbindung und bildet damit eine wichtige Grundlage des World Wide Web. Den Acrobat-Dateien sind offiziell zwei MIME-Typen zugewiesen:

```
application/pdf        pdf
application/vnd.fdf    fdf
```

Die erste Zeile beschreibt den MIME-Typ für PDF-Dateien sowie die übliche Dateinamenerweiterung. Die Konfiguration dieses Typs auf dem Webserver ist generell für den Umgang mit PDF-Dateien erforderlich. Die zweite Zeile enthält den MIME-Typ für Formulardaten im *Forms Data Format* (FDF). Der FDF-Typ muss nur dann auf dem Server konfiguriert werden, wenn die Verarbeitung von Formulardaten auf Basis von FDF geplant ist.

Während der PDF-Typ bei den meisten Servern bereits vorkonfiguriert ist, ist dies für FDF nicht immer der Fall. Wenn Sie mit PDF-Formularen arbeiten wollen, müssen Sie die Konfiguration des MIME-Typs für FDF daher nachholen.

MIME-Konfiguration beim Apache-Server. Die im Apache-Paket mitgelieferte Datei *mime.types* enthält eine Liste aller unterstützten MIME-Typen. Sie enthält standardmäßig nur den Eintrag für PDF. Der FDF-Eintrag ist zumindest bei Apache 1.3.22 und den Betaversionen von Apache 2.0. standardmäßig vorhanden, nicht aber in allen älteren Versionen. Daher müssen Sie bei älteren Versionen gegebenenfalls zusätzlich die zweite oben angegebene Zeile eintragen.

Neben der üblichen MIME-Zuordnung via Dateinamenerweiterung gibt es ab Apache 1.3 auch die Möglichkeit, den Typ einer Datei aus deren Inhalt abzuleiten. Dieses Verfahren bildet den Unix-Mechanismus der *magic number* nach (die vom Programm *file* ausgewertet wird) und ist im Modul *mime_magic* implementiert. Dieses Modul lässt sich über die Datei *conf/magic* konfigurieren (analog */etc/magic* auf Unix-Systemen). Sie sollte für die beiden Acrobat-Dateitypen folgende Zeilen enthalten:

```
0    string     %PDF-    application/pdf
0    string     %FDF-    application/vnd.fdf
```

Wie in der Datei *mime.types* ist der PDF-Eintrag bereits in der mitgelieferten Datei *magic* enthalten, nicht aber der FDF-Eintrag.

MIME-Konfiguration beim Microsoft Internet Information Server. Beim Microsoft-Server werden die MIME-Typen über Dialogboxen konfiguriert. Auch hier enthält die Standardkonfiguration bereits den Eintrag für PDF. Um den MIME-Typ für FDF hinzuzufügen, starten Sie den Internetdienste-Manager; dabei öffnet sich die Managementkonsole *Internet-Informationsdienste*. Da die MIME-Typen für Acrobat für alle virtuellen Server auf der Maschine gelten sollen, klicken Sie mit der rechten Maustaste auf das Symbol des Webservers in der linken Spalte (also nicht auf einen speziellen virtuellen Server) und wählen *Eigenschaften*. Im Abschnitt *Internet-Informationsdienste* klicken Sie unter *MIME-Zuordnungen* auf *Bearbeiten...* und dann auf *Neuer Typ...* . In der Dialogbox *Dateityp* können Sie die FDF-Konfiguration eingeben.

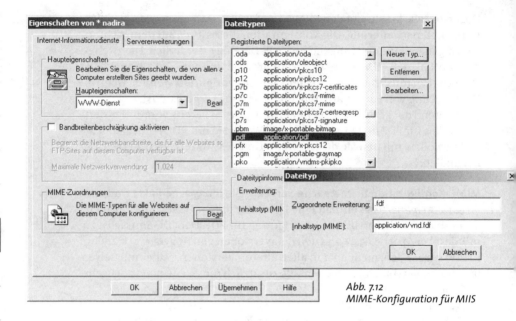

*Abb. 7.12
MIME-Konfiguration für MIIS*

7.5.2 Hilfestellungen für den Anwender.
Der Webmaster kann den Anwendern einige Hilfsmittel zur Verfügung stellen, die den Einsatz von PDF im Web erleichtern.

Download von Acrobat Reader. Wenn Sie nicht gerade ein Intranet für ein Unternehmen aufbauen, dessen komplette Kommunikation auf Acrobat basiert, sollten Sie die Benutzer ihres Webservers darauf hinweisen, welche Datenformate Sie anbieten und welche Viewer-Programme oder Plugins dafür erforderlich sind. Auf Servern, die PDF-Dateien bereithalten, sollte daher ein Hinweis auf Acrobat zu finden sein und möglichst auch Anweisungen für Benutzer, die noch nie mit Acrobat gearbeitet haben. Außerdem sollten Sie einen Link zum Webserver von Adobe einrichten, von dem die Anwender Acrobat Reader laden können. Im Gegensatz zur früheren Praxis erlaubt Adobe die Verteilung von Acrobat Reader im Internet nicht mehr, sondern verlangt vom Webmaster, einen Link auf folgende Adresse einzurichten:

http://www.adobe.com/products/acrobat/readstep.html

Die Verteilung von Acrobat Reader im Intranet oder lokalen Netz ist jedoch nach wie vor erlaubt.

Icons für PDF. Es erleichtert die Orientierung, wenn PDF-Dateien in Verzeichnislisten gleich als solche zu erkennen sind und nicht durch ein generisches Dateisymbol (Icon) markiert sind. Daher sollte das Icon, das Acrobat auf Mac oder Windows zur Kennzeichnung von PDF-Dateien installiert, auch auf dem Webserver benutzt werden.

Als Webmaster können Sie dieses PDF-Icon so auf dem Server installieren, dass es in Verzeichnislisten neben allen PDF-Dateien steht. Beim Apache-Server ist dafür die Konfigurationsdatei *httpd.conf* zuständig. Sie enthält standardmäßig den folgenden Eintrag:

```
AddIcon /icons/layout.gif .html .shtml .htm .pdf
```

Diese Zeile ordnet den PDF-Dateien ein generisches Icon für Dateien »mit Layout« zu. Um PDFs ein eigenes Icon zuzuordnen, entfernen Sie aus dieser Zeile den PDF-Eintrag und definieren eine neue Zuordnung für das PDF-Icon. Bei dieser Gelegenheit können Sie auch gleich FDF-Dateien eintragen (diese haben zwar auf Betriebssystemebene ein eigenes Logo, Adobe bietet es aber nicht zur freien Verwendung an):

```
AddIcon /icons/layout.gif .html .shtml .htm
AddIcon /icons/pdficon.gif .fdf .pdf
```

Das Apache-Paket enthält eine Icon-Datei *pdf.gif*, die aber nichts mit dem offiziellen PDF-Logo zu tun hat und mangels Wiedererkennungswert nicht benutzt werden sollte.

Zusätzlich zum PDF-Icon können Sie auch einen kurzen Beschreibungstext festlegen, der in Verzeichnislisten für PDF-Dateien angezeigt wird. Fügen Sie in der Konfigurationsdatei *httpd.conf* die folgende Zeile ein:

```
AddDescription "PDF-Dokument" .pdf
```

Da der Microsoft Internet Information Server keine Icons für Verzeichnislisten schickt, ist hier für die PDF-Icons nichts weiter zu konfigurieren.

Thumbnails für PDF-Dateien. Während die Dateisymbole in einer Verzeichnisliste in erster Linie den Typ einer Datei symbolisieren sollen, kann es auf HTML-Seiten sinnvoller sein, Links auf PDF-Dokumente durch eine verkleinerte Darstellung der ersten Seite zu symbolisieren. Dafür braucht man eine kleine Thumbnail-Darstellung ähnlich der, die Acrobat auf Wunsch für alle Seiten eines PDF-Dokuments anlegt. Doch wie kommen die Thumbnails aus dem Dokument als GIF-Datei auf eine HTML-Seite?

Für das Problem der Umwandlung einer PDF-Seite in eine (niedrig aufgelöste) GIF-Datei gibt es mehrere Lösungen:

- Im Acrobat-Vollprodukt können Sie einzelne oder mehrere Seiten eines PDF-Dokuments in den Formaten JPEG oder PNG speichern.
- Falls sich die Datei mit Adobe Illustrator oder Photoshop einlesen lässt (das klappt nicht mit allen PDFs), können Sie die erste Seite einfach im GIF-Format exportieren.
- Da die Auflösung bei einer Thumbnail-Darstellung nicht allzu groß sein muss, können Sie sich auch mit einem Bildschirmabzug der PDF-Datei behelfen.

- Manche Programme zur Konvertierung von Grafikformaten, zum Beispiel Image Alchemy, beherrschen auch die Umwandlung von PDF in Rasterformate.
- Mit dem kostenlos erhältlichen PostScript- und PDF-Interpreter Ghostscript können Sie bei der Rasterung von PDF-Dateien neben der Seitennummer auch die gewünschte Auflösung angeben.

Erkennen des Acrobat-Plugins auf Serverseite. Alternativ zur Suche nach Plugins durch ein Browser-Skript kann dies auch durch eine serverseitige Komponente erfolgen. Der Hersteller CyScape bietet das Produkt BrowserHawk als ActiveX/COM-Komponente und JavaBean an, mit dem man bereits auf dem Server Entscheidungen über die für den Client adäquaten Daten treffen kann. Aktuelle Informationen zu diesem Produkt finden Sie unter

http://www.cyscape.com

BrowserHawk versucht mit einer Reihe von Techniken herauszufinden, ob auf dem Client das Acrobat-Plugin installiert ist und ermittelt gegebenenfalls auch die benutzte Acrobat-Version. Dabei kann es drei mögliche Antworten geben: Acrobat konnte erkannt werden, Acrobat ist nicht installiert, oder BrowserHawk ist nicht in der Lage, die Frage sicher zu klären (bei manchen Browsern ist eine sichere Antwort nicht möglich). Das folgende VB-Script-Beispiel demonstriert die Abfrage und gibt eine entsprechende Meldung aus:

```
<%
    set oBrowserHawk = Server.CreateObject("cyScape.browserObj")
    BH_EXTPROP_ACROBAT = 32
    oBrowserHawk.GetExtProperties "", "", BH_EXTPROP_ACROBAT
%>
<html>Das Acrobat-Plugin ist bei diesem Browser
<%
    ab = oBrowserHawk.Plugin_Acrobat

    if ab = -1 then
        result = "nicht feststellbar."
    elseif ab = 0 then
      result = "nicht installiert."
    else
      result = "installiert."
    end if

    response.write result
%>
</html>
```

Bei manchen Browser-Installationen kann die Abfrage dazu führen, dass der Startbildschirm von Acrobat kurz sichtbar wird. Dies lässt sich leider nicht vermeiden.

7.5.3 Das Byterange-Protokoll.

Das bereits angesprochene Byterange-Protokoll hebt eine Einschränkung auf, die in der Anfangszeit bei Webübertragungen generell gegeben war: Der Webbrowser konnte Dateien immer nur komplett vom Server anfordern. Die Verbindung lässt sich zwar vor Abschluss der Übertragung beenden (etwa wenn die restlichen Daten nicht mehr benötigt werden, weil der Benutzer den Vorgang abbricht), es gibt aber erst seit HTTP 1.1 die Möglichkeit, gezielt einzelne Teile einer Datei beim Server anzufordern. Dies ist sehr nützlich, da nach einer unterbrochenen Übertragung nur die noch fehlenden Daten angefordert werden können, so dass die bereits vorhandenen Daten nicht überflüssigerweise noch einmal übertragen werden müssen. Ein solcher Teilabruf trägt zur effektiveren Nutzung der verfügbaren Bandbreite bei. Außerdem wird nicht bei allen Anwendungen unbedingt die komplette Datei benötigt. Dazu gehört die effiziente Übertragung von PDF-Dateien. Wie in Abschnitt 7.1.3 »Optimiertes PDF und seitenweises Laden«, Seite 306, beschrieben, fordert das Gespann Acrobat/Browser gezielt einzelne Objekte – Seitenbeschreibungen, Fonts, Grafiken etc. – vom Server an. Dieses Verfahren beschleunigt die PDF-Übertragung subjektiv, da der Benutzer nicht auf die Übertragung der gesamten Datei warten muss.

Die Fähigkeit von Server und Browser zur Übertragung von Dateifragmenten wurde zuerst in der so genannten Byterange- oder Byteserver-Erweiterung von HTTP spezifiziert. Als *Byteserving* bezeichnet man die Fähigkeit des Servers, beliebige Bytebereiche oder *byte ranges* zu senden.

Obwohl das Bereichskonzept derzeit nur die Maßeinheit *Byte* unterstützt, ist es erweiterbar angelegt und könnte in Zukunft auch mit anderen Maßeinheiten genutzt werden, zum Beispiel den Zeilen einer Textdatei.

Damit der Benutzer PDF-Dateien seitenweise vom Webserver laden kann, müssen mehrere Voraussetzungen erfüllt sein:

- Der Webserver muss Byteserving unterstützen (siehe unten).
- Der Webbrowser muss *byte range requests* schicken, also Teile einer Datei anfordern. Dies ist bei Netscape Navigator seit Version 2.0 und Internet Explorer seit Version 3.0 der Fall. Bei externer Anzeige von PDFs (im Gegensatz zur Browser-Integration) ist dies wohlgemerkt nicht der Fall.
- Beim Erzeugen der PDF-Dateien muss in den Distiller-Einstellungen die Option *Allgemein, Für schnelle Web-Anzeige optimieren* aktiviert sein.

Byterange-Support auf dem Webserver. Während Byteserving zunächst eine Erweiterung zu HTTP 1.0 war, floss die Byterange-Spezifikation in den Standard HTTP 1.1 ein, der in allen aktuellen Serverprodukten implementiert ist. Jeder Server, der Kompatibilität zu HTTP 1.1 beansprucht, beherrscht daher auch Byteserving. Die aktuellen Versionen der wichtigsten Serverprogramme unterstützen Byteserving, zum Beispiel Apache seit Version 1.2.1 und Microsoft Internet Information Server seit Version 3.0.

Test auf Byterange-Support. Die Frage, ob ein bestimmter Server Byterange-Unterstützung bietet, lässt sich mithilfe eines kleinen Tests leicht beantworten. Dazu müssen Sie nur manuell in einer Telnet-Sitzung einen HTTP-Befehl absetzen. Das *HEAD*-Kommando fordert vom Server Metadaten über eine Datei an, ohne den eigentlichen Dateiinhalt zu übertragen. Öffnen Sie dazu mit Telnet eine Verbindung zum HTTP-Port des Servers (standardmäßig Port 80), geben Sie das *HEAD*-Kommando für eine Datei auf dem Server ein und drücken Sie zweimal die Enter-Taste:

```
telnet www.pdflib.com 80
HEAD http://www.pdflib.com/index.html HTTP/1.0
(zweimal Return drücken)
```

Der Server beantwortet diese Anfrage mit dem zugehörigen Header. Dieser enthält die Zeile *Accept-Ranges: bytes*, falls der Server Byterange-Übertragungen unterstützt:

```
HTTP/1.1 200 OK
Date: Tue, 27 Nov 2001 18:13:50 GMT
Server: Apache/1.3.12 (Unix) (SuSE/Linux)
Last-Modified: Fri, 16 Nov 2001 13:15:03 GMT
ETag: "6d002-26c6-39a27cd7"
Accept-Ranges: bytes
Content-Length: 9926
Connection: close
Content-Type: text/html

Connection closed by foreign host.
```

Ablauf einer Byterange-Anforderung. Sehen wir uns eine Übertragung nach dem Byterange-Protokoll einmal genauer an. Das folgende Beispiel für eine Unterhaltung zwischen Browser und Server erleichtert vielleicht das Verständnis der Zusammenhänge rund um das Byteserving. In unserem Beispiel fordert der Browser beim Server zunächst ganz normal die Datei *manual.pdf* an (siehe Abbildung 7.13):

```
GET /manual.pdf HTTP/1.0
Connection: Keep-Alive
User-Agent: Mozilla/4.75 [en] (Windows NT 5.0; I)
Host: tamam
Accept: image/gif, image/x-xbitmap, image/jpeg, image/pjpeg, image/png, */*
Accept-Encoding: gzip
Accept-Language: en,pdf
Accept-Charset: iso-8859-1,*,utf-8
```

Der Server beantwortet die Anfrage mit der üblichen Meldung *200 OK* und überträgt nach dem Header die PDF-Daten mit dem MIME-Typ *application/pdf*. Außerdem teilt er dem Browser mit, dass er in der Lage ist, Bytebereiche zu verarbeiten *(Accept-Ranges: bytes)*. Diese Angabe ist jedoch nicht

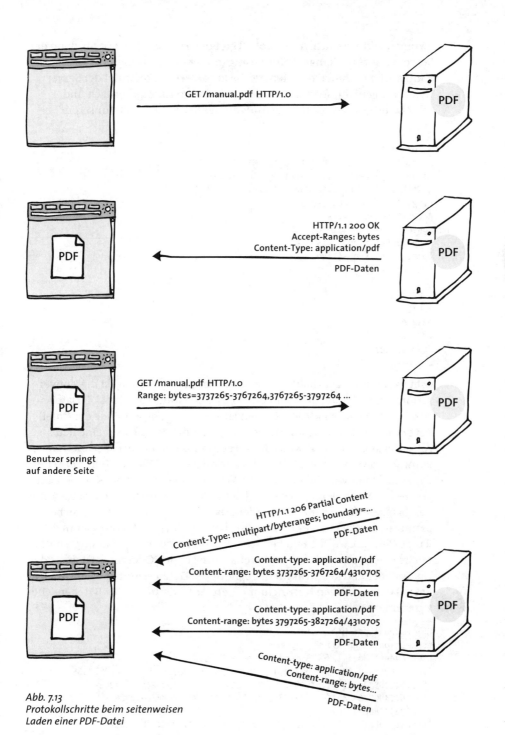

Abb. 7.13
Protokollschritte beim seitenweisen
Laden einer PDF-Datei

zwingend erforderlich. Als Protokoll gibt der Browser HTTP 1.0 an, denn der Server könnte die Range-Anforderung immer noch ignorieren. Der Browser kann auch auf Verdacht Bytebereiche anfordern. Unterstützt der Server Byteserving nicht, so ignoriert dieser die Range-Anfrage einfach und schickt die gesamte Datei. Die Antwort des Servers lautet in unserem Beispiel:

```
HTTP/1.1 200 OK
Date: Tue, 27 Nov 2001 21:08:41 GMT
Server: Apache/1.3.12 (Unix) (SuSE/Linux)
Last-Modified: Fri, 16 Nov 2001 13:18:54 GMT
ETag: "192bf-41c6b1-399a94be"
Accept-Ranges: bytes
Content-Length: 4310705
Keep-Alive: timeout=15, max=100
Connection: Keep-Alive
Content-Type: application/pdf

%PDF-1.4
%ááÏÓ
9338 0 obj
<<
/Linearized 1
...PDF-Daten...
```

Gibt es während der Übertragung keine Benutzeraktionen, ist die Konversation beendet. Navigiert der Benutzer jedoch innerhalb der PDF-Datei (zum Beispiel durch Klick auf einen Link oder Sprung ans Ende der Datei) bevor diese vollständig übertragen ist, so sendet der Browser eine neue Anforderung, um die gewünschten Teile der Datei möglichst schnell zu bekommen (dazu muss die PDF-Datei optimiert sein). Welche Teile der Datei das sind, hängt vom Inhalt und der Aktion des Benutzers ab (Klick auf ein Lesezeichen erfordert zum Beispiel das Laden einer bestimmten Seite sowie der dazugehörigen Fonts und Bilder). Da zu diesem Zeitpunkt schon bekannt ist, dass der Server Byteserving beherrscht, gibt der Browser in der Range-Zeile an, welche Bytebereiche ihn interessieren. Die benötigten Bereiche hat Acrobat anhand der bereits vorliegenden Querverweistabelle des Dokuments und der Struktur der benötigten Daten ermittelt. Der Browser darf in einer einzigen Nachricht mehrere Anforderungen für Bytebereiche zusammenfassen:

```
GET /manual.pdf HTTP/1.0
Connection: Keep-Alive
User-Agent: Mozilla/4.75 [en] (Windows NT 5.0; I)
Range: bytes=3737265-3767264,3767265-3797264,3797265-3827264,3827265-
3857264,3857265-3887264,3887265-3917264,3917265-3947264,4067265-
4097264,4097265-4110661,4228883-4258882,4258883-4288882,4288883-
4310692,47868-111074
Request-Range: bytes=3737265-3767264,3767265-3797264,3797265-
3827264,3827265-3857264,3857265-3887264,3887265-3917264,3917265-
```

```
3947264,4067265-4097264,4097265-4110661,4228883-4258882,4258883-
4288882,4288883-4310692,47868-111074
Host: tamam
Accept: image/gif, image/x-xbitmap, image/jpeg, image/pjpeg, image/png, */*
Accept-Encoding: gzip
Accept-Language: en,pdf
Accept-Charset: iso-8859-1,*,utf-8
```

Der Server beantwortet diese Anfrage nicht mit der üblichen Meldung *200 OK*, sondern mit dem Antwortcode *206 Partial Content*. Diese Antwort bedeutet, dass nicht die gesamte Datei, sondern nur einzelne Fragmente zurückgesandt werden. Die Teile werden als mehrteilige MIME-Nachricht versandt. Der zugehörige MIME-Typ lautet *multipart/byteranges*. Um das Ende der Teile zu markieren, konstruiert der Server eine zufällige Zeichenkette und teilt diese dem Browser im Parameter *boundary* mit. Ab jetzt kommunizieren beide Seiten gemäß HTTP 1.1:

```
HTTP/1.1 206 Partial Content
Date: Tue, 27 Nov 2001 21:08:42 GMT
Server: Apache/1.3.12 (Unix)  (SuSE/Linux)
Last-Modified: Fri, 16 Nov 2001 13:18:54 GMT
ETag: "192bf-41c6b1-399a94be"
Accept-Ranges: bytes
Content-Length: 520080
Keep-Alive: timeout=15, max=100
Connection: Keep-Alive
Content-Type: multipart/x-byteranges; boundary=39a2ebda25e0
```

Direkt im Anschluss daran folgen die Datenbereiche, jeweils begrenzt durch den Boundary-String. Jeder Teil wird mit dem passenden MIME-Typ *application/pdf* markiert und enthält eine Bereichsangabe. Diese beschreibt die Position des Segments innerhalb der PDF-Datei sowie deren Gesamtgröße:

```
--39a2ebda25e0
Content-type: application/pdf
Content-range: bytes 3737265-3767264/4310705

5258 0 obj
...PDF-Daten...

--39a2ebda25e0
Content-type: application/pdf
Content-range: bytes 3797265-3827264/4310705

 0 R /XYZ null null null ]
>>
...PDF-Daten...
```

Abhängig von der Übertragungsgeschwindigkeit, dem Verhalten des Benutzers und dem Aufbau der PDF-Datei (Fonts, Grafiken etc.) kann sich dieses Spielchen mehrmals wiederholen.

Da sich zwischen dem ersten Entwurf des Byterange-Protokolls und der endgültigen Standardisierung in HTTP 1.1 einige Details geändert haben, implementieren manche Clients das aktuelle Protokoll nicht ganz exakt. Netscape Navigator 2 und 3 sowie Internet Explorer 3 schickten zum Beispiel statt der Header-Zeile *Range:* die ältere Form *Request-Range:*. Um Kompatibilitätsprobleme zu vermeiden, sendet Netscape sicherheitshalber beide Formen der Anweisung. Im Apache-Server werden beide Varianten korrekt erkannt. Das ist wichtig, weil in der älteren Protokollbeschreibung der MIME-Typ für die einzelnen Segmente als *multipart/x-byteranges* angegeben war und nicht in der später standardisierten Form *multipart/byteranges*. Dank der Fehlertoleranz in Browser und Server funktionieren aber alle Varianten. Erkennt Apache die ältere Form, so sendet er auch die ältere Form der Antwort zurück (siehe obige Beispiele):

```
Request-Range: bytes=3737265-3767264,3767265-3797264
...
Content-Type: multipart/x-byteranges; boundary=39a2ebda25e0
```

7.6 PDF-Software auf dem Server

In diesem Abschnitt möchte ich auf einige Produkte hinweisen, die serverseitige Aufgaben rund um PDF erledigen. Etliche dieser Aufgaben lassen sich zwar auch mit Acrobat ausführen, beim Einsatz auf dem Server ist davon jedoch aus zwei Gründen abzuraten: Erstens ist Acrobat für den interaktiven Einsatz gedacht und nicht für den Einsatz auf einem Server, was sich zum Beispiel auf Ressourcenverbrauch, Stabilität und Thread-Sicherheit auswirkt. Neben den technischen Einschränkungen ist zweitens zu beachten, dass keine der Acrobat-Komponenten für den Einsatz auf dem Server lizenziert ist (dies wird in den Acrobat-Lizenzbedingungen explizit ausgeschlossen). Dies gilt natürlich nicht für den unten vorgestellten Distiller Server. Alle anderen in diesem Abschnitt vorgestellten Produkte sind eigenständige Programme und keine Acrobat-Plugins, erfordern also keine Acrobat-Installation.

7.6.1 Erzeugung von PDF.
Zur Erzeugung von PDF muss der Inhalt des Dokuments in einem bestimmten Format vorliegen. Von diesem Format hängt auch die Auswahl der Programme ab, mit denen sich PDF generieren lässt. Tabelle 7.3 gibt einen Überblick über die in diesem Abschnitt vorgestellten Softwarepakete sowie die Webadressen, unter denen Sie die Software selbst oder weitere Informationen dazu finden.

Acrobat Distiller Server. Wie oben erwähnt, darf Acrobat Distiller nicht netzweit genutzt werden. Stattdessen müssen offiziell alle Benutzer jeweils selbst über eine lizenzierte Distiller-Version verfügen. Diese lizenzrechtliche Einschränkung steht im Widerspruch zu den technischen Merkmalen

Tabelle 7.3 Software zur Konvertierung verschiedener Eingangsformate nach PDF

Software	URL	Eingangsformate
Acrobat Distiller Server	www.adobe.com	PostScript
Ghostscript	www.cs.wisc.edu/~ghost	PostScript
PDFlib	www.pdflib.com	generisch, diverse Rasterformate
html2ps	www.tdb.uu.se/~jan/html2ps.html	HTML
HTMLDOC	www.easysw.com/htmldoc	HTML
FOP	xml.apache.org/fop	XML
RenderX XEP	www.renderx.com	XML
activePDF WebGrabber	www.activepdf.com	HTML
activePDF DocConverter	www.activepdf.com	MS Office, WP
ImageMagick	www.imagemagick.org	diverse Rasterformate
Image Alchemy	www.handmade.com	diverse Rasterformate

von Distiller, der ja mit seinen überwachten Ordnern geradezu zum Einsatz im Netz einlädt. Überwachte Ordner sind über das Netz zugängliche Verzeichnisse, in die Benutzer ihre PostScript-Dateien stellen. Sobald Distiller in einem dieser Verzeichnisse eine Datei entdeckt, konvertiert er diese gemäß der voreingestellten Optionen nach PDF.

Zur Lösung des Lizenzkonflikts bietet Adobe den Acrobat Distiller Server für Windows, Linux und Solaris an. Technisch handelt es sich dabei genau um Acrobat Distiller ohne Erweiterung, nur eben unter anderen Lizenzbedingungen. Diese erlauben den Einsatz für bis zu 100 Benutzer im unternehmenseigenen Netz bzw. bei der großen Variante beliebig viele Benutzer. Dabei ist es wohlgemerkt untersagt, die Distiller-Funktionen anderen Unternehmen zugänglich zu machen oder die Vernetzung über öffentliche Netze wie das Internet durchzuführen.

Ghostscript. Der in Kalifornien lebende L. Peter Deutsch hat mit Ghostscript den Altmeister unter den PostScript-Interpretern entwickelt. Das auf allen Plattformen lauffähige Programm ist seit 1989 kostenlos erhältlich und beherrscht seit vielen Jahren auch die Ein- und Ausgabe von PDF. Funktional eignet sich Ghostscript daher als Ersatz für Acrobat Distiller (Konvertierung von PostScript nach PDF). Außerdem beherrscht Ghostscript eine Vielzahl rasterbasierter Ausgabeformate und kann PDF zum Beispiel in PNG- oder JPEG-Dateien umwandeln. Die Konfiguration des kommandozeilenorientierten Programms ist aufgrund der enormen Funktionsvielfalt nicht ganz einfach. Außerdem gibt es keine direkte Anbindung an einen Webserver. Dennoch ist Ghostscript eine gute Wahl für die Lösung vieler Aufgaben rund um PDF und PostScript.

PDFlib. Diese seit 1997 verfügbare Produktlinie, die vom gleichnamigen Unternehmen des Autors entwickelt und vertrieben wird, erlaubt die einfache Erzeugung von PDF-Dokumenten auf einer Vielzahl von Plattformen und diversen Entwicklungsumgebungen. PDFlib bietet insbesondere eine einfache Integration in die gängigen Webserver, etwa über ActiveX/COM und ASP in Microsoft Internet Explorer, Perl und PHP in Apache und Java in Websphere und andere Application Server bzw. Servlet Engines. PDFlib bietet keine Funktionen zur Berechnung des Seitenlayouts (Formatierung), sondern unterstützt die grafischen Grundelemente von PDF und bietet ausführliche Unterstützung für alle gängigen Fontformate und Zeichensätze. Mit der Zusatzkomponente PDI *(PDF Import)* lassen sich sehr einfach Seiten existierender PDF-Dokumente in die generierte PDF-Ausgabe einbinden.

html2ps. Von dem Schweden Jan Kärrmann stammt ein kostenloses Perl-Skript zur Umwandlung von HTML-Seiten nach PostScript. Die PostScript-Ausgabe enthält pdfmark-Anweisungen zur Vorbereitung von Hypertextlinks in PDF. Damit bleiben die HTML-Links erhalten, wenn die PostScript-Ausgabe des Skripts nach PDF konvertiert wird.

html2ps nutzt diverse Hilfsprogramme für Teilaufgaben wie die Verarbeitung eingebetteter Grafiken, das Laden von Dokumenten aus dem Web, Silbentrennung etc. Dabei kommt ein ganzes Bündel frei verfügbarer Software zum Einsatz, etwa Ghostscript, TeX und ImageMagick. Aufgrund dieser Verflechtung ist das Programm, das hauptsächlich auf Unix-Systemen zum Einsatz kommt, nicht ganz einfach zu konfigurieren.

HTMLDOC. Dieses kostenlose Programm für Unix und Windows wandelt HTML-Seiten in PostScript oder PDF um. Dabei werden HTML 3.2 und einige Elemente von HTML 4.0 unterstützt, Formularfelder und einige Tabellenattribute allerdings nicht.

activePDF WebGrabber und DocConverter. ActivePDF bietet eine Reihe von Programmen zur Konvertierung von HTML- und Office-Dokumenten nach PDF. Die Programme laufen zwar nur unter Windows, binden sich dort aber gut in das System ein, zum Beispiel über COM-Objekte.

FOP. Das kostenlose FOP ist eine Java-Applikation zur Konvertierung von XSL/FO nach PDF. Es wird im Rahmen des Apache-Projekts entwickelt. FO steht für *Formatting Objects,* eine Beschreibung formatierter Dokumente in einer XML-basierten Sprache. FOP ist ein interessantes Projekt, unterstützt derzeit aber nur eine geringe Zahl von PDF-Eigenschaften. So bietet FOP erst rudimentäre Unterstützung für Fonts, was die Software für Einsatzbereiche mit höheren Anforderungen unbrauchbar macht.

RenderX: XEP. Der kalifornische Hersteller RenderX bietet mit XEP die erste kommerzielle Implementierung eines auf XML und XSL basierenden Formatierers mit PDF-Ausgabe an. XEP unterstützt die aktuellen Standards für XSL/FO und ermöglicht die individuelle Anpassung des Layouts von XML-Dokumenten über XSL-Stylesheets. Die Formatierfunktionen von XEP sind enorm leistungsfähig.

ImageMagick. ImageMagick ist ein kostenloses Programm für Unix und Windows, das eine Vielzahl von Grafikdateiformaten unterstützt und Rastergrafiken in andere Formate konvertiert oder bestimmte Transformationen durchführt, zum Beispiel Drehen, Ändern der Farben oder Montieren mehrerer Bilder. Die Funktionen lassen sich außerdem mit verschiedenen Programmiersprachen in eigenen Programmen verwenden.

Image Alchemy. Dieses kommerzielle Programm für Unix und Windows unterstützt nach Angaben des Herstellers über 90 verschiedene Grafikformate und konvertiert diese ineinander. Da auch PDF unterstützt wird, eröffnet sich die Möglichkeit der Umwandlung von Grafiken fast beliebiger Formate nach PDF.

7.6.2 Verarbeitung von PDF.

In diesem Abschnitt möchte ich einige Produkte vorstellen, die sich nicht mit der reinen Erzeugung von PDF, sondern mit der Verarbeitung existierender PDF-Dokumente befassen. Dazu gehören das Aneinanderfügen oder Zerlegen von PDF-Dateien, die Personalisierung und das Extrahieren von Text.

Appligent: AppendPDF. Der Hersteller Appligent (früher Digital Applications) hat sich mit robusten Applikationen zur serverseitigen PDF-Verarbeitung einen Namen gemacht. Das Programm AppendPDF, das für Windows und diverse Unix-Varianten erhältlich ist, kombiniert mehrere PDF-Dateien (komplett oder teilweise) zu einem gemeinsamen Ausgangsdokument. Im Gegensatz zum Namen des Tools kann man nicht nur PDF-Dokumente aneinander anhängen, sondern auch einzelne Seiten daraus extrahieren. Dabei können einzelne Seiten ausgewählt werden, um zum Beispiel eine individuell zugeschnittene Dokumentation zusammenzustellen.

Die erweiterte Version AppendPDF Pro beherrscht darüber hinaus auch die Erstellung eines Inhaltsverzeichnisses, das Hinzufügen von Lesezeichen und Seitenzahlen sowie das Kombinieren zweier Eingabeseiten auf einer Ausgabeseite der PDF-Datei. Weitere Informationen zu diesen Produkten finden Sie unter

http://www.appligent.com

Cardiff: AudienceOne Personalization Server. Das Produkt AudienceOne stammt ursprünglich vom gleichnamigen Unternehmen, das aber von

Cardiff Software aufgekauft wurde. Seither gehört der AudienceOne Personalization Server zur Palette der Unternehmenslösungen von Cardiff. Mit diesem Produkt lassen sich personalisierte Kataloge und andere Datensammlungen auf dem Webserver erzeugen. Die Personalisierung wird durch variable Text- und Grafikbestandteile erreicht, die der Server zusammen mit existierenden Dokumenten zu individuellen PDF-Dateien kombiniert. Optional erhalten die erzeugten Dokumente ein passendes Inhaltsverzeichnis sowie Seitenzahlen.

Aufgrund seines hohen Preises kommt der AudienceOne-Server nur für große Unternehmen infrage. Weitere Angaben finden Sie unter

http://www.cardiff.com/products/A1

Iceni: Argus Server. Argus Server ist ein Windows-Werkzeug zur Massenverarbeitung von PDF, das Text- und Bilddaten extrahiert. Die im PDF-Dokument enthaltenen Bilder können in den Formaten TIFF, JPEG, BMP oder PNG abgelegt werden. Dies ist zum Beispiel für die Wiederverwendung von Bildern interessant oder bei der Einbeziehung von PDF-Dokumenten in Indizier- und Suchvorgänge. Nähere Informationen finden Sie unter

http://www.iceni.com

activePDF. Das kalifornische Unternehmen activePDF bietet ein ganzes Bündel von PDF-Produkten an, beschränkt sich dabei allerdings auf die Windows-Plattform. Kern des Angebots ist der activePDF Server, der mit einer Kombination aus COM-Object und Windows-Dienst dynamische PDF-Erzeugung ermöglicht. Für diverse Einsatzbereiche gruppiert sich eine Reihe von Erweiterungen um diesen Server:

- Konvertierung von Dokumenten in den Formaten Microsoft Office und WordPerfect nach PDF mit activePDF DocConverter;
- Konvertierung von Webseiten (HTML 3.2) nach PDF mit activePDF Web-Grabber;
- Ein COM-Objekt, das ähnlich einem Druckertreiber die direkte Erzeugung von PDF-Ausgabe ermöglicht;
- Konvertierung von PostScript-Dateien nach PDF.

activePDF hat die Basiskomponenten für die Produkte bei anderen Herstellern lizenziert und damit zahlreiche Einzelanwendungen entwickelt. Man verliert jedoch leicht den Überblick über die Funktionalität der einzelnen Teile und auch das Lizenzmodell ist etwas unübersichtlich. Aktuelle Informationen finden Sie unter

http://www.activepdf.com

8 PDF-Unterstützung in Anwendungsprogrammen

Die Erzeugung von PDF über die PostScript-Ausgabe eines Programms und das anschließende Destillieren ist meist sehr einfach. Damit lassen sich nur die eigentlichen Seiteninhalte erzeugen. Hypertextelemente oder druckvorstufenrelevante Eigenschaften erfordern eine zusätzliche Unterstützung des erzeugenden Programms. In diesem Kapitel wollen wir uns die Funktionen ansehen, die wichtige DTP-, Textverarbeitungs- und Grafikprogramme für den Umgang mit PDF anbieten. Mittlerweile bieten viele Programme erweiterte Möglichkeiten für den PDF-Export, also für das Erstellen von PDF-Dateien. Aber auch Funktionen für den PDF-Import, also das Platzieren von PDF auf einer Seite analog zu EPS-Grafiken, findet sich immer häufiger. Ich möchte zunächst die relevanten Kriterien für PDF-Export und -Import erläutern und im Anschluss daran auf aktuelle Programme eingehen.

8.1 PDF-Export

8.1.1 PDF-Erstellung. Wie wir im Verlauf dieses Kapitels sehen werden, verlassen sich manche Programme auf Acrobat Distiller zur Erzeugung von PDF, während andere eigenen Programmcode für die PDF-Ausgabe enthalten und damit von Distiller unabhängig sind. Die erste Methode hat den Vorteil, dass man mit dem Original arbeitet und damit eine Gewähr für »gutes« PDF hat. Sie bedeutet allerdings auch, dass der Anwender zusätzlich zum jeweiligen Programm auch eine Acrobat-Lizenz benötigt. Bei der zweiten Methode ist der Anwender dagegen auf die Qualität der PDF-Ausgabe des jeweiligen Programms angewiesen. Wie wir noch sehen werden, liegt diese Qualität jedoch manchmal unter der von Acrobat Distiller.

Die Unterscheidung, ob PostScript/Distiller oder interner Programmcode zur PDF-Erzeugung verwendet wird, mag zwar wie ein technisches Detail klingen, kann aber ganz handfeste Auswirkungen auf die Ausgabe haben. Enthält ein Dokument nämlich EPS-Grafiken, so müssen diese für die PDF-Ausgabe komplett verarbeitet werden, um hochwertiges PDF zu erhalten – dies erfordert aber einen PostScript-Interpreter, der nur in wenigen Anwendungsprogrammen integriert ist. Programme ohne PostScript-Interpreter haben keine andere Möglichkeit, als den grob aufgelösten Preview-Teil der EPS-Grafik in die PDF-Ausgabe einzubinden, was die Qualität natürlich drastisch vermindert. Da Distiller selbst ein PostScript-Interpreter ist, stellen EPS-Grafiken bei diesem Weg kein Problem dar.

Ähnliches gilt für die Verschlüsselung der PDF-Ausgabe und die Festlegung von Berechtigungen: Beides lässt sich in Distiller einstellen, jedoch nur wenige Produkte mit direkter PDF-Erzeugung erlauben die Erstellung geschützter PDFs. Das bedeutet, dass man die Verschlüsselung nachträglich in Acrobat durchführen muss.

Die meisten aktuellen Programmversionen unterstützen mindestens den Funktionsumfang von PDF 1.3 bzw. Acrobat 4. Obwohl immer mehr Hersteller Unterstützung für PDF 1.4 / Acrobat 5 versprechen, ist das oft nur zum Teil wahr, da nicht alle Funktionen von PDF 1.4 implementiert sind. Insbesondere die Transparenzfunktion von PDF 1.4 ist mit Vorsicht zu genießen: Trotz vermeintlicher Unterstützung für PDF 1.4 ist sie nämlich in vielen Produkten (einschließlich der Adobe-Software) nicht implementiert.

Unabhängig von der Art der PDF-Erzeugung ist es wünschenswert, die vielfältigen Einstellungen zu Kompression, Farbverarbeitung etc. wie beim Distiller in Profilen oder Stilen zu verwalten. Damit kann der Anwender per einfachem Mausklick genau denjenigen Satz von Einstellungen auswählen, der sich für die Erstellung druckreifer PDFs oder für den Einsatz von PDF im Web eignet, ohne sich immer wieder durch eine Vielzahl von Optionen klicken zu müssen. Kommt Acrobat Distiller zum Einsatz, so bietet sich hierfür natürlich der Rückgriff auf die Distiller-Profile an.

8.1.2 Hypertextelemente.

Geht es nicht um die Ausgabe von PDF-Dokumenten auf Papier, sondern deren Online-Verwendung, so spielen die vielfältigen Hypertextelemente von PDF eine wichtige Rolle. Die normale Druckausgabe beschreibt aber nur die Seiteninhalte, da PostScript keine Hypertextelemente enthält. Mithilfe von pdfmark-Anweisungen, die in Kapitel 11 »Das pdfmark-Einmaleins« ausführlich beschrieben werden, lassen sich diese Elemente jedoch bereits im PostScript-Code definieren. Distiller wertet diese Anweisungen aus und generiert daraus die entsprechenden Hypertextelemente der PDF-Datei. Dabei ist es Sache des jeweiligen Anwendungsprogramms, aus dem vorhandenen Dokumentinhalt geeignete pdfmarks zu erzeugen. Programme mit direkter PDF-Ausgabe müssen dagegen den PDF-Code für Hypertextelemente selbst erzeugen.

Welche Art von Hypertextelementen generiert wird, hängt natürlich von der Art des Programms und der Dokumente ab. Obwohl man alle Hypertextelemente auch nachträglich im fertigen PDF-Dokument in Acrobat anlegen könnte, ist deren automatische Generierung aus zwei Gründen äußerst wünschenswert: Erstens ist bei langen Dokumenten der Aufwand für eine manuelle Anreicherung schlichtweg zu hoch; zweitens müsste man bei einer Überarbeitung des Dokuments alle Elemente erneut erzeugen oder zumindest überprüfen.

Verknüpfungen (Links). Verweise sind zweifellos das Hypertextstilmittel par excellence. Viele DTP-Programme erlauben die Erstellung von Querverweisen innerhalb eines Dokuments, Verweisen auf andere Dateien oder Verweisen ins Internet. Diese Verknüpfungen sollten idealerweise bei einer

PDF-Konvertierung erhalten bleiben. Dies betrifft auch automatisch erstellte Verweise, wie sie viele Programme etwa für Inhalts- oder Stichwortverzeichnisse erzeugen. Ein Mausklick im Inhaltsverzeichnis springt dann sofort zu der zugehörigen Stelle im Dokument. Die Umwandlung solcher Verweise in PDF-Links gehört mittlerweile bei vielen Programmen zum Funktionsumfang. Eine genaue Steuerung der Darstellung ist aber nur selten möglich, etwa die Festlegung der Farbe oder der Strichstärke eines Links.

Lesezeichen. Lesezeichen sind eine wichtige Orientierungshilfe für den Leser eines PDF-Dokuments. In vielen Fällen eignen sich Überschriften der ersten, zweiten und vielleicht dritten Ebene gut zur Verwendung als Lesezeichen. Die Hierarchie der Lesezeichen entspricht dann der Hierarchie der Überschriften. Bei langen Überschriften oder ungewöhnlicher Gliederung des Dokuments kann es zusätzlich wünschenswert sein, den Text einer Überschrift vor der Übernahme als Lesezeichen zu ändern oder gleich eine andere Lesezeichenstruktur zu definieren. Die seit Acrobat 5 mögliche Einfärbung von Lesezeichen oder deren Hervorhebung durch fette bzw. kursive Schrift sollte sich idealerweise ebenfalls bereits im Ursprungsprogramm festlegen lassen. Das Gleiche gilt für die Darstellung des Sprungziels von Lesezeichen, also vor allem die Festlegung der Zoom-Einstellung der Zielseite.

Dokumentinformationen. Häufig kann man allgemeine Informationen über das Dokument – Autor, Titel, Stichwörter etc. – zusammen mit dem Dokument abspeichern. Solche Metainformationen werden von vielen Programmen in die Dokumentinfo-Felder von PDF übernommen. Derzeit gibt es jedoch noch keine Unterstützung für selbst definierte Infofelder.

Darstellungseigenschaften. Festlegungen, die das Öffnen der PDF-Datei betreffen – also Zoomfaktor, ein- oder zweispaltig etc. – sind in den gängigen DTP-Programmen kaum zu finden, lassen sich aber manchmal für die PDF-Vorbereitung bereits im Dokument definieren.

Logische Seitennummern. Gerade bei langen Dokumenten kommen häufig unterschiedliche Nummerierungssysteme für Vorwort, Inhaltsverzeichnis, Hauptteil, Anhänge etc. zum Einsatz. Diese logischen Seitennummern entsprechen oft nicht der physikalischen Seitenzahlen. Aus diesem Grund bietet Acrobat seit Version 4 die Möglichkeit, zusätzlich zur physikalischen (gezählten) Nummer einer Seite eine zusätzliche logische Nummer zu definieren, die dann zusätzlich in der Statuszeile von Acrobat erscheint. Idealerweise werden die im Ursprungsdokument festgelegten Seitennummern auch gleich in die PDF-Ausgabe übernommen.

Notizen. Mit Notizen kann man Textinhalte auf eine PDF-Seite »kleben«, die Zusatzinformationen enthalten oder zum Beispiel die Verwendung der PDF-Datei genauer beschreiben. Gerade für solche Hinweise ist es nützlich, die Notizen bereits im Originaldokument zu definieren. Idealerweise lassen sich im Anwendungsprogramm sogar die Eigenschaften von Notizen festlegen, etwa die Farbe oder der Titel und ob sie geöffnet oder geschlossen angezeigt werden.

Artikel. Die Definition von Artikelflüssen (verkettete Rechtecke zur einfachen spaltenweisen Navigation) mit dem entsprechenden Werkzeug in Acrobat ist bei längeren Dokumenten sehr mühsam. Meist steckt die benötigte Information aber schon im Ursprungsdokument, denn in der Mehrzahl der Fälle entsprechen die Artikel-Rechtecke genau den Textspalten. Hier bietet sich eine automatische Erzeugung der PDF-Artikelflüsse gemäß den im Dokument vorhandenen Textspalten an.

Formularfelder. Die interaktiven Möglichkeiten von Formularen werden in Kapitel 9 »PDF-Formulare« ausführlich behandelt, ebenso die Möglichkeiten zur Erstellung und Verfeinerung von Formularfeldern in Acrobat. Obwohl einige Programme Formularfelder in ihren Dokumenten unterstützen, gibt es derzeit noch keine Standardsoftware, die Formularfelder automatisch in PDF-Felder umwandelt.

8.1.3 Tagged PDF.

Die Vorteile von Tagged PDF, wie das zuverlässige Extrahieren von Text, die Neuformatierung am Bildschirm und der Einsatz auf Kleingeräten eröffnen viele neue Einsatzmöglichkeiten für PDF-Dokumente. Da Tagged PDF aber Zusatzinformationen in der PDF-Datei erfordert, ist dazu beträchtlicher Entwicklungsaufwand auf Seiten der Anwendungsprogramme nötig. Bisher gibt es nur in sehr wenigen Programmen Unterstützung für Tagged PDF.

Zur Erzeugung von Tagged PDF muss ein Programm die logische Struktur eines Dokuments in die PDF-Ausgabe übertragen und diverse Zusatzinformationen wie etwa Unicode-Umsetzungen liefern. Die vollständige Umsetzung dieser Aufgaben durch die wichtigsten DTP-Programme wird sicher noch geraume Zeit Zukunftsmusik bleiben.

8.1.4 Druckvorstufe.

PDF bietet diverse Merkmale speziell für den Einsatz in der professionellen Druckvorbereitung. Je mehr dieser Merkmale ein Programm bereits beim Erzeugen von PDF unterstützt, desto leichter lassen sich PDF-basierte Workflows implementieren.

Doppelseiten. Besteht eine Dokument aus gegenüberliegenden Doppelseiten, so werden diese im Druckprozess als Einzelseiten verarbeitet. Bei der PDF-Erstellung ist es jedoch oft wünschenswert, eine solche Doppelseite als einzelne PDF-Seite zu erzeugen. Das nachträgliche Zusammenfügen der beiden Hälften ist jedoch keine befriedigende Lösung. In diesem Fall ist es sehr hilfreich, wenn das erzeugende Programm bereits die Ausgabe von PDF-Doppelseiten unterstützt.

Größenangaben. Wie in Abschnitt 12.3.1 »Formatangaben«, Seite 539, genauer ausgeführt, gibt es in PDF mehrere Angaben zur Beschreibung der Größe einer Seite. Dies ist besonders dann wichtig, wenn neben der gewünschten Endgröße einer Seite auch Angaben gespeichert werden sollen, die für zwischenliegende Arbeitsschritte von Bedeutung sind. Dazu zählt insbesondere die Möglichkeit, eine Beschnittzugabe zu definieren.

Colormanagement. Viele Highend-Programme unterstützen Colormanagement für die Ein- und Ausgabe, wobei ICC-Profile eine wichtige Rolle spielen (siehe Abschnitt 5.2.4 »ICC-Profile«, Seite 225). Sie können auch in PDF eingebettet und einzelnen Bildern zugewiesen werden. Auch hier gilt, dass die Implementierung solcher Funktionen beträchtlichen Aufwand auf Seite des Erstellungsprogramms erfordert. Aus diesem Grund unterscheiden sich die gängigen Programme hinsichtlich Colormanagement sehr stark.

8.2 PDF-Import

Der Import von PDF, also das Einlesen vorhandener PDF-Dokumente und die Einbettung ihres Inhalts, spielt mit zunehmender Verbreitung von PDF eine immer größere Rolle. Analog zu EPS bietet sich PDF als Austauschformat für einzelne Grafiken an. Allerdings reicht die Qualität des PDF-Imports bei vielen Programmen noch nicht aus, um die gleiche Qualität wie bei EPS zu erreichen und gleichzeitig die Vorteile von PDF zu nutzen. Die Unterstützung des PDF-Imports in einem Anwendungsprogramm ist kein einfaches Ja/Nein-Kriterium, sondern es gibt eine Vielzahl von Einzelheiten, die mehr oder weniger gut implementiert sein können.

PDF-Version. Mehr noch als beim Export spielt die unterstützte PDF-Version beim Import eine Rolle, denn sie entscheidet darüber, ob man ein PDF-Dokument überhaupt importieren kann bzw. ob mit Problemen oder Importverlusten zu rechnen ist. Programme, die mit Dateien des Formats PDF 1.4 umgehen können, haben dennoch oft Probleme im Umgang mit der Transparenzfunktion.

Sollen auch kennwortgeschützte PDFs importiert werden, so ist es hilfreich, wenn die importierende Software auch verschlüsselte PDFs öffnen kann – möglichst mit 40- und 128-Bit-Verschlüsselung. Anderenfalls muss man das Dokument erst in Acrobat öffnen und ohne Kennwort wieder abspeichern.

Voransicht beim Import. Beim Importieren von PDF-Seiten ist es sehr nützlich, wenn man bereits vor dem eigentlichen Platzieren einer Seite im neuen Dokument eine Voransicht erhält. Dies erleichtert nicht nur die Auswahl der richtigen Datei, sondern bei längeren Dokumenten auch die Auswahl der gewünschten Seite. Bei Programmen ohne Voransicht erfolgt der Import entweder im Blindflug oder man muss die PDF-Dateien zum Vergleich erst in Acrobat öffnen.

Editierbarer Inhalt. Das Öffnen einer PDF-Datei mit dem Ziel, deren Inhalt als Ganzes auf einer Seite zu platzieren, ist etwas völlig Anderes als das Öffnen mit dem Ziel, den Inhalt der Datei zu verändern. Obwohl einige Programme die Bearbeitung des Inhalts von PDF-Seiten ermöglichen, gibt es hierbei vielfältige Einschränkungen, die insbesondere mit der Verarbeitung von Schriften zu tun haben (siehe unten). Insbesondere die Tatsache, dass Texte meist als verstreute Fragmente auf der Seite stehen, hat eine Vielzahl isolierter Textblöcke zur Folge, die sich nur mühsam bearbeiten lassen.

Man sollte daher nicht zu viel Editierbarkeit erwarten, selbst wenn ein Programm grundsätzlich diese Funktion bietet. Für begrenzte Änderungen und Korrekturen am Inhalt einer PDF-Datei bietet es sich an, mit dem TouchUp-Werkzeug von Acrobat oder besser noch mit spezialisierten Plug-ins wie Enfocus PitStop zu arbeiten.

Umgang mit Schriften. Die Verarbeitung von Schriften spielt naturgemäß eine entscheidende Rolle beim PDF-Import. Die Leistungsfähigkeit von Acrobat hinsichtlich der Fontverarbeitung erreicht kaum ein anderes Programm. Folgende Aspekte spielen dabei eine Rolle:

- Kann das Programm Fonts verarbeiten, die im PDF-Dokument eingebettet, aber nicht auf dem System installiert sind? Funktioniert das auch mit Encodings von einem anderen System?
- Enthält ein Dokument Schrift-Untergruppen, so erhalten die Fontnamen im PDF ein Namenspräfix. Das importierende Programm muss diesen Fall erkennen und das Präfix beim Vergleich mit den Namen der installierten Fonts berücksichtigen.
- Was passiert, wenn ein Font nicht im PDF-Dokument eingebettet ist? Ist die Schrift zumindest auf dem System installiert, so sollte sie auch verwendet werden. Anderenfalls lässt sich der Inhalt des Dokuments allenfalls durch eine manuelle Ersetzung der Schriften halbwegs retten. Die ausgefeilte Multiple-Master-Technik, mit der Acrobat fehlende Schriften substituiert, ist zweifellos die beste Art des Umgangs mit fehlenden Schriften, allerdings ist sie erst in wenigen Programmen implementiert.
- PDF arbeitet mit den PostScript-Namen der Schriften, die manchmal von den Systemnamen einer installierten Schrift abweichen. Bei der Suche nach Schriften, die nicht in eine PDF-Datei eingebettet sind, muss ein Programm diese Unterschiede berücksichtigen.

Farbverarbeitung. In punkto Farbe gibt es einige Themen, die beim PDF-Import eine Rolle spielen. Selbstverständlich sollte es sein, dass Farben in den Farbräumen RGB und CMYK verarbeitet werden. Enthält eine importierte PDF-Datei Schmuckfarben, so sollte das Programm diese erkennen und zusammen mit ihren Definitionen in den eigenen Farbkatalog aufnehmen und eventuell auf Konflikte hinweisen, falls die Farbe bereits mit einer anderen Definition vorhanden ist. Die Erkennung von Schmuckfarben ist Voraussetzung für eine korrekte Farbseparation des Gesamtdokuments.

Daneben können die Inhalte einer PDF-Datei auch mit ICC-Farbprofilen versehen sein. Beim Import sollten diese Profile ausgewertet und geeignet verarbeitet werden. Konflikte mit vorhandenen Einstellungen zum Colormanagement sollte das Programm dabei erkennen.

Größenangaben. Ähnlich wie beim PDF-Export ist es auch beim PDF-Import nützlich, wenn man direkt auf die diversen Angaben zu den Seitengrößen einer PDF-Datei zugreifen kann. Damit lassen sich je nach Anwendungsfall Druckformaterweiterungen geeignet berücksichtigen oder ignorieren.

Rasterangaben. PDF-Dokumente können Angaben zu Rasterweite und Rasterwinkeln enthalten. Wurden diese bewusst in die Datei eingebracht, so sollten sie meist auch beim Import erhalten bleiben. Anderenfalls ist es hilfreich, wenn sie beim Import ignoriert werden können. Da die Software diese Wahl nicht treffen kann, sollte sie dem Anwender überlassen bleiben.

8.3 Adobe FrameMaker

FrameMaker hat seit Jahren eine wichtige Position in den Bereichen der technischen Dokumentation und der Buchproduktion inne. Bereits vor dem Aufkauf der Firma Frame Technology durch Adobe im Jahr 1994 enthielt das Programm Funktionen, die die Konvertierung nach PDF erleichtern. Da FrameMaker selbst ein leistungsfähiges Hypertextsystem enthält, liegt es auf der Hand, möglichst viele der FrameMaker-Funktionen bei der PDF-Konvertierung zu übernehmen. So unterstützt FrameMaker seit Version 5.0 die automatische Übernahme zahlreicher Merkmale nach PDF. Die folgende Beschreibung bezieht sich auf FrameMaker 6.0.

Zur Konvertierung einer FrameMaker-Datei nach PDF können Sie den Befehl *Datei, Sichern unter...* mit dem Dateityp *PDF*. Von dieser Funktion ist allerdings aufgrund einiger Fehler abzuraten. Rufen Sie stattdessen über *Datei, Drucken...* den Druckdialog auf, um eine PostScript-Datei zu erstellen. Wenn Sie dort die Option *Acrobat-Daten generieren* anklicken, erzeugt FrameMaker pdfmark-Anweisungen im PostScript-Code. Mit der Schaltfläche *PDF-Einstellungen* können Sie die Generierung konfigurieren. Auf den Registerkarten *Lesezeichen*, *Struktur*, *Dokumentinfo* und *Verknüpfungen* kön-

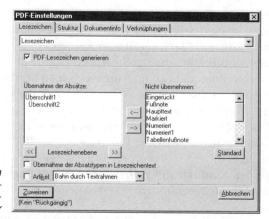

Abb. 8.1
Vorbereitung von Lesezeichen in den PDF-Einstellungen von FrameMaker

nen Sie verschiedene Einstellungen vornehmen (siehe Abbildung 8.1). Diese Einstellungen werden gemeinsam mit dem Dokument gespeichert.

Wenn Sie zudem einen geeigneten Druckertreiber wie Acrobat Distiller einstellen, wird beim Anklicken der *Drucken*-Schaltfläche direkt PDF erstellt. Dabei ist darauf zu achten, dass sich einige Ausgabeoptionen nicht mit der PDF-Vorbereitung vertragen, etwa die Ausgabe der Seiten in umgekehrter Reihenfolge oder die Ausgabe von geraden oder ungeraden Seiten.

Lesezeichen. Auf der Registerkarte *Lesezeichen* stellen Sie ein, welche Absatzformate automatisch in Lesezeichen umgewandelt werden. Ein Tipp, der viele Mausklicks erspart: Wenn Sie mit gedrückter Umschalttaste auf eine der Pfeil-Schaltflächen klicken, wandern alle Absatzformate in das jeweils andere Fenster.

Struktur. Auf der Registerkarte *Struktur* können Sie festlegen, für welche Absatzformate Strukturinformationen im PDF-Dokument gespeichert werden. Diese Informationen können im PDF-Dokument bislang jedoch nur sehr eingeschränkt genutzt werden. Angenommen, Sie wählen Strukturinformationen für einen bestimmten Absatztyp. Wenn Sie das PDF-Dokument in Acrobat öffnen, die Lesezeichen-Palette anzeigen und auf das kleine Dreieck rechts oben klicken, erscheint ein Kontextmenü mit dem zusätzlichen Befehl *Neue Lesezeichen aus Struktur...* . Wenn Sie diesen Befehl wählen, erscheint ein Dialog zur Auswahl der Strukturelementtypen, worunter Sie auch die Absatztypen wiederfinden. Wenn Sie einen oder mehrere Absatztypen auswählen, werden aus allen entsprechenden Absätzen Lesezeichen erzeugt, die jedoch alle mit dem jeweiligen Absatztyp benannt sind. Damit haben Sie strukturiertes PDF erzeugt. Beachten Sie jedoch, dass das noch kein Tagged PDF ist, sondern erst eine Vorstufe dazu.

Dokumentinfo. Auf der Registerkarte *Dokumentinfo* können Sie die Dokumentinfofelder festlegen, jedoch lediglich durch die Eingabe von Text. Es gibt keine Möglichkeit, den Text automatisch aus Variablen oder Absätzen eines bestimmten Formats zu erzeugen. Wenn Sie keine Dokumentinformationen festlegen, erzeugt FrameMaker Angaben mit dem FrameMaker-Dateinamen als Titel und dem Benutzernamen als Autor. Wenn Sie nicht das gesamte Dokument konvertieren, sondern nur einen Seitenbereich ohne die erste Seite, belegt FrameMaker die Dokumentinfofelder nicht.

Verweise und Verknüpfungen. FrameMaker bietet umfangreiche Möglichkeiten zur Erstellung von Verweisen in den Dokumenten. Diese Links, aber auch die meisten anderen Hypertextelemente von Frame werden automatisch nach PDF konvertiert. Das bedeutet, dass man im Idealfall ein funktionierendes Hypertextgeflecht unverändert von Frame nach Acrobat übertragen kann. Die Hypertextmöglichkeiten von Frame werden in der Produktdokumentation ausführlich beschrieben. Tabelle 8.1 stellt allen Hypertextkommandos die entsprechenden automatisch erzeugten PDF-Elemente gegenüber.

Die wenigen nicht direkt übersetzten Elemente lassen sich entweder einfach durch andere ersetzen (zum Beispiel *matrix* durch mehrere einzelne Verknüpfungen) oder aber durch Acrobat-Funktionen erreichen. Diese Funktionen könnte man manuell zwar mit Acrobat einbauen, doch vor allem für große Dokumentbestände ist die Vorbereitung dieser Funktionen direkt in der Frame-Datei mithilfe von pdfmark-Anweisungen effizienter. Die Tabelle enthält daher für die nicht automatisch umgesetzten Frame-Merkmale die entsprechenden PDF-Funktionen sowie Hinweise zu deren Erzeugung mit pdfmarks. Die dazu nötigen Anweisungen finden Sie in Kapitel 11 »Das pdfmark-Einmaleins«.

Bei Verweisen von FrameMaker-Dokumenten auf andere Dateien sind einige Besonderheiten bezüglich der Dateinamen zu beachten. FrameMaker geht immer davon aus, dass ein eventuell am Dateinamen vorhandenes Suffix *.fm* entfernt und durch *.pdf* ersetzt wird. Am einfachsten ist die Situation bei fehlendem Suffix, denn dann entfallen alle automatischen Umsetzungen, und es wird einfach *.pdf* angehängt. Die Kennung *.fm* wird durch *.pdf* ersetzt, während andere Dateinamenerweiterungen beibehalten werden. Das Suffix *.pdf* wird dann zusätzlich angehängt (zum Beispiel *intro.doc.pdf*).

Dies ist bei Verweisen zwischen FrameMaker-Dokumenten ausgesprochen sinnvoll, da man meist alle in PDF-Dokumente umsetzen möchte. Auch bei der Konvertierung der Kapitel eines Buches in einzelne PDF-Dateien werden alle Querverweise zwischen den Kapiteln korrekt in Links auf PDF-Dateien umgesetzt.

Für automatische und benutzerdefinierte Verweise erstellt FrameMaker benannte Ziele in der PDF-Ausgabe. Dabei erscheint manchmal eine

Tabelle 8.1 Hypertextkommandos von FrameMaker 6 und ihre Umsetzung in PDF

Hypertextkommando	Automatische Konvertierung?
Meldungsfenster (alert)	ja; die Notiz ist immer geschlossen
Meldungsfenster mit Titel (alerttitle)	ja; Titel erscheint jedoch nicht als Überschrift, sondern im Text der Notiz
Benanntes Ziel angeben (newlink)	ja; Name des Ziels wird nicht exakt übernommen, sondern mit einem Präfix versehen
Zu benanntem Ziel springen (gotolink)	ja; Dateinamensuffix wird auf .pdf abgeändert
Zu benanntem Ziel springen & an Seite anpassen (gotolinkfitwin)	ja; wie gotolink, Fenster wird aber nicht angepasst
Zur ersten Seite springen (gotolink firstpage)	ja; legt ein benanntes Ziel »F« im Zieldokument an
Zur letzten Seite springen (gotolink lastpage)	ja; legt ein benanntes Ziel »L« im Zieldokument an
Zu bestimmter Seite springen (gotopage)	ja; legt ein benanntes Ziel für die Seite an, z.B. P.7 für Seite 7
Zur vorigen Seite springen (previouspage)	ja
Zur nächsten Seite springen (nextpage)	ja
Zurückspringen (previouslink)	ja; realisiert über Menübefehl Dokument, Gehe zu vorheriger Ansicht
Zurückspringen und an Seite anpassen (previouslinkfitwin)	ja; wie previouslink, Fenster wird aber nicht angepasst
Dokument öffnen (openlink)	ja; wie gotolink, aber kein neues Fenster
Dokument öffnen & an Seite anpassen (openlinkfitwin)	ja; wie openlink, Fenster wird aber nicht angepasst
Dokument auf der ersten Seite öffnen (openpage)	ja; legt ein benanntes Ziel »F« im Zieldokument an
Dokument auf der letzten Seite öffnen (openpage)	ja; legt ein benanntes Ziel »L« im Zieldokument an
Dokument auf bestimmter Seite öffnen (openpage)	ja; wie gotopage, aber kein neues Fenster
Neues Dokument öffnen (opennew)	nein; Acrobat kann keine neuen Dokumente anlegen
Aufklappmenü (popup)	nein; Ersatz durch die JavaScript-Funktion app.popUpMenu( )
Feld-Matrix (matrix)	nein; Ersatz durch einzelne Verknüpfungen
Wechseln zu URL (message URL)	ja; WWW-Verknüpfung
Meldungs-Client (message client)	nein; ohnehin nur für Frame-API-Clients sinnvoll
Systemaufruf (message system/winexec)	nein; Ersatz durch Programmaufruf (pdfmark-Funktion /Launch)
message openfile	ja; Verknüpfung mit Vorgang Datei öffnen
Aktuelles Fenster schließen (quit)	nein; Ersatz durch den Menübefehl Datei, Schließen
Alle Hypertextfenster schließen (quitall)	nein; Ersatz durch den Menübefehl Fenster, Alle schließen
Anwendung beenden (exit)	nein; Ersatz durch den Menübefehl Datei, Beenden

Warnung im Distiller, die besagt, dass mehrere benannte Ziele mit dem gleichen Namen definiert seien. Diese Meldung kann man aber getrost ignorieren, denn sie hat keine Auswirkungen auf das Ergebnis der PDF-Konvertierung. Allerdings kann es auch passieren, dass Sprungziele in der PDF-Datei fehlen und Links nicht funktionieren. Die Option *Format, Dokument, PDF-Einstellungen, Benannte Ziele für alle Absätze erzeugen* sorgt dafür, dass für jeden Absatz des Dokuments ein benanntes Ziel angelegt wird. Damit funktionieren zwar die Verweise, die Datei wird aber enorm aufgebläht. Mit den SP TimeSavers (siehe unten) lässt sich dieses Problem jedoch beheben.

Tabelle 8.2 PDF-Export aus Adobe FrameMaker

Merkmal	Adobe FrameMaker 6
PDF-Erstellung	Acrobat Distiller (4.05 wird mitgeliefert)
Verwaltung der Optionen	implizite Verwendung des aktuell im Distiller eingestellten Profils; in FrameMaker vorgenommene Einstellungen werden mit dem Frame-Dokument abgespeichert.
Seitenbereiche	nur über Druckdialog; nicht bei Sichern als PDF
Verweise	automatische und manuelle Verweise, URLs, Inhaltsverzeichnis, Stichwortverzeichnis; Darstellung ist nicht konfigurierbar.
Lesezeichen	Überschriften und Stichwortverzeichnis; Zoomfaktor nicht einstellbar; falls weniger als 24 Lesezeichen erster Stufe existieren, sind alle Lesezeichen geöffnet;
Dokumentinfofelder	Titel, Thema, Verfasser, Stichwörter (jedoch keine Variablen)
Notizen	benutzerdefiniert über Hypertextmarker »Meldungsfenster«
Artikel	automatisch aus Textflüssen; abschaltbar
Formularfelder	–
Tagged PDF	nein, nur strukturiertes PDF (in Frame+SGML jedoch nicht aus Elementen)
Fonteinbettung	gemäß Distiller-Profil
Logische Seitennummern	–
Doppelseiten	–
Größenangaben	MediaBox
Colormanagement	–
Besonderheiten	Probleme mit benannten Zielen: PDF-Dateien werden aufgebläht, Verweise funktionieren manchmal nicht; Hypertextelemente werden weitgehend in PDF-Elemente umgesetzt; Füllmuster funktionieren nicht vollständig.

Konvertieren eines Buches nach PDF. Um ein FrameMaker-Buch nach PDF zu konvertieren, wählen Sie den Befehl *Datei, Buch sichern unter...* und selektieren als Dateityp *PDF*. Nachdem Sie die PDF-Einstellungen festgelegt haben, wird das gesamte Buch in eine einzige PDF-Datei konvertiert. Um jedes im Buch verzeichnete Kapitel in eine eigene PDF-Datei zu konvertieren, müssen Sie den Umweg über PostScript und den Druckdialog gehen. Dort lässt Ihnen FrameMaker die Wahl zwischen einer PostScript-Datei für das gesamte Buch oder jeweils einer Datei pro Kapitel. Um Letzteres zu erreichen, gibt man als Dateiname für die PostScript-Ausgabe einfach ein Sternchen * an. Die resultierenden PostScript-Dateien erhalten die Namen der Originaldateien, nur die Namenserweiterung wird entfernt und durch *.ps* ersetzt.

Welche PDF-Einstellungen werden bei der Konvertierung eines Frame-Maker-Buchs nach PDF verwendet? Der Buchdatei selbst werden die PDF-Einstellungen auf der Registerkarte *Dokumentinfo* entnommen. Die Informationen auf den anderen Registerkarten stammen aus den PDF-Einstellungen der ersten im Buch verzeichneten Datei.

Wenn Sie mehrere der Dateien im Buch anklicken und dann den Befehl *Format, Dokument, PDF-Einstellungen...* wählen, die PDF-Einstellungen der ersten selektierten Datei angezeigt werden. Diese müssen nicht unbedingt mit den PDF-Einstellungen der anderen Dateien im Buch übereinstimmen.

Um einheitliche PDF-Einstellungen über das gesamte Buch hinweg zu gewährleisten, selektieren Sie alle Dateien im Buch, wählen den Befehl *Format, Dokument, PDF-Einstellungen...*, definieren die gewünschten PDF-Einstellungen und speichern Sie diese mit *Zuweisen*. Die neu definierten Einstellungen werden allen im Buch selektierten Dateien zugewiesen.

Beachten Sie in diesem Zusammenhang, dass die Kategorie *Dokumenteinstellungen* im Dialog *Formate importieren* auch die PDF-Einstellungen umfasst. Dies kann zum Beispiel dann relevant sein, wenn die Dokumentinfofelder individuell angepasst wurden.

Tabelle 8.3 PDF-Import in Adobe FrameMaker

Merkmal	Adobe FrameMaker 6
PDF-Version	bis PDF 1.4, jedoch ohne Transparenz; keine verschlüsselten PDFs
Voransicht der Seite	ja
PDF ist editierbar	–
Fonts	Fonts müssen eingebettet oder installiert sein; fehlende Fonts werden ohne Warnung ersetzt (nicht substituiert)
Rasterkurven	keine Änderung
Größenangaben	MediaBox
Hintergrund transparent	–
Farbe	Schmuckfarben bleiben beim Import nicht erhalten; kein Colormanagement für importiertes PDF
Besonderheiten	–

Erweiterte Funktionalität mit SP TimeSavers/FrameMaker Edition. Mit den Acrobat TimeSavers/FrameMaker Edition bietet Shlomo Perets eine nützliche Software mit gründlicher Dokumentation an, die die Konvertierung von Frame-Dokumenten nach PDF erleichtert, etliche fehlende Funktionen nachrüstet und diverse Probleme von FrameMaker behebt. Die TimeSavers machen ausgiebig Gebrauch von pdfmark-Anweisungen und bieten unter anderem Verbesserungen auf den folgenden Gebieten:

- Lesezeichen: Ein-/Ausklappen; farbige Hervorhebung und fette/kursive Schrift; Behebung von Problemen mit Sonderzeichen in Acrobat 5; Zusätzliche Lesezeichen für Tabellen und Abbildungen; Entfernen unerwünschter Kapitelnummern aus Lesezeichen
- Verweise: farbige Umrandung, Strichstärke etc.
- Vereinfachter Umgang mit pdfmarks: Einbetten eigener pdfmark-Anweisungen in Hypertext-Marker statt PostScript-Rahmen
- *UnBloat*: Reduzieren der Größe der PDF-Ausgabe durch Eliminieren überflüssiger benannter Ziele; außerdem funktionieren die PDF-Links damit zuverlässig
- Abkürzungen für häufig benötigte pdfmark-Funktionen

Nähere Informationen zu den TimeSavers finden Sie im Web unter

http://www.microtype.com

8.4 Adobe PageMaker

PageMaker ist ein Veteran unter den Layoutprogrammen, der in den achtziger Jahren ganz wesentlich zur DTP-Revolution beitrug. Seit der Übernahme des ursprünglichen Entwicklers Aldus durch Adobe verläuft die Entwicklung zwar wesentlich langsamer, doch mit PageMaker 7 spendierte man dem DTP-Klassiker zumindest eine Frischzellenkur in Sachen PDF.

Bereits 1998 stellte Adobe für PageMaker eine Erweiterung für den Import und Export von PDF-Dokumenten vor. Obwohl der PDF-Import einige grundsätzliche Probleme aufwies (die PDF-Dateien wurden intern in unkomprimiertes PostScript Level 1 umgewandelt), stellte diese Funktion doch einen wichtigen Meilenstein dar. In PageMaker 7 präsentiert sich die PDF-Erweiterung auf dem aktuellen Stand der Technik, in Sachen Tagged PDF (siehe unten) ist sie sogar führend.

Um die PDF-Erstellung zu erleichtern, liefert Adobe im PageMaker-Paket den Acrobat Distiller in der Version 5 mit. Dieser lässt sich direkt aus PageMaker heraus konfigurieren und starten. Distiller ist so gut integriert, dass dem Anwender gar nicht bewusst ist, dass bei der PDF-Erzeugung über *File*, *Export*, *Adobe PDF...* ein zweites Programm mit im Spiel ist.

PageMaker 7 brachte als erstes Programm integrierte Unterstützung für Tagged PDF mit. Damit lassen sich PageMaker-Dokumente direkt in diese Art von angereichertem PDF konvertieren, so dass deren Vorteile wie die Neuformatierung und die Anzeige auf PDAs genutzt werden können. Ne-

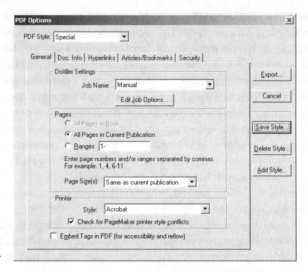

Abb. 8.2
PDF-Export in PageMaker

ben dem PDFMaker-Makro für Microsoft Word und InDesign 2.0 ist Page-Maker damit derzeit das einzige Programm zur direkten Erstellung von Tagged PDF. Allerdings ist die genaue Zuordnung der Tags nicht steuerbar, so dass man in dieser Hinsicht weitgehend dem PDF-Export ausgeliefert ist. Die Ergebnisse sind zwar grundsätzlich brauchbar, doch etwas Feinschliff zur genaueren Steuerung würde dieser Funktion sicher gut tun.

Tabelle 8.4 PDF-Export aus Adobe PageMaker 7

Merkmal	Adobe PageMaker 7
PDF-Erstellung	Acrobat Distiller (5.0 wird mitgeliefert)
Verwaltung der Optionen	konfigurierbare PDF-Stile und Distiller-Profile
Seitenbereiche	ja
Verweise	Inhaltsverzeichnis, Index, Querverweise; Darstellung konfigurierbar
Lesezeichen	Überschriften, Index; Zoomfaktor konfigurierbar
Dokumentinfofelder	Titel, Thema, Verfasser, Stichwörter
Notizen	nur auf der ersten Seite
Artikel	automatisch oder manuell
Formularfelder	–
Tagged PDF	ja
Fonteinbettung	gemäß Distiller-Profil
Logische Seitennummern	–
Doppelseiten	ja
Größenangaben	MediaBox und CropBox sind gleich
Farbe	Colormanagement gemäß Distiller-Profil
Besonderheiten	–

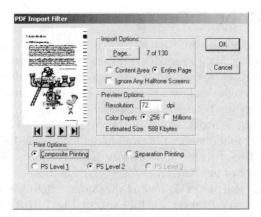

Abb. 8.3
PDF-Import in PageMaker

Der PDF-Import von PageMaker arbeitet relativ zuverlässig und sollte die Ansprüche von PageMaker-Benutzern weitgehend erfüllen. Beim Import einer PDF-Seite lassen sich nicht nur druckrelevante Parameter einstellen, sondern auch die Qualität des für die Bildschirmanzeige benutzten Previews festlegen. Da der Inhalt der PDF-Datei nicht in bearbeitbare PageMaker-Objekte konvertiert wird, zeigt PageMaker immer nur eine gerasterte Vorschau am Bildschirm an. Erst bei der Ausgabe kommen die hochwertigen Daten der PDF-Seitenbeschreibung zum Tragen. Hypertextelemente aller Art gehen beim Import verloren.

Tabelle 8.5 PDF-Import in Adobe PageMaker 7

Merkmal	Adobe PageMaker 7
PDF-Version	bis PDF 1.4, jedoch ohne Transparenz; keine verschlüsselten PDFs
Voransicht der Seite	ja
PDF ist editierbar	–
Fonts	Fonts müssen eingebettet oder installiert sein; fehlende Fonts werden mit einer Warnung substituiert
Hintergrund transparent	–
Farbe	Schmuckfarben bleiben beim Import erhalten (jedoch nicht bei PDFs aus InDesign oder Illustrator); kein Colormanagement für importierte PDFs
Rasterkurven	erhalten oder entfernen
Größenangaben	ArtBox, MediaBox
Besonderheiten	–

8.5 Adobe InDesign

Das moderne InDesign ist nicht nur in mancher Hinsicht der Nachfolger von PageMaker, sondern trat vor allem als Alternative zum im DTP-Bereich übermächtigen QuarkXPress an. Während die allgemeine Funktionalität der ersten Versionen noch einige Wünsche offen ließ, stattete Adobe das Programm bei den für die Druckvorstufe relevanten Techniken mit allerlei Raffinessen aus. InDesigns Umgang mit Fonts, PostScript und PDF gehört zum Modernsten, das derzeit in der Publishing-Industrie angeboten wird. Solche Software fordert aber auch ihren Tribut: Die Anwender müssen sich nicht nur mit den Neuerungen vertraut machen, sondern auch InDesign fühlt sich nur in aktuellen Umgebungen richtig wohl, insbesondere was die benutzten Drucker und RIPs angeht. Dies betrifft etwa die von InDesign favorisierte Separation sowie die Überfüllung im RIP, die beide PostScript 3 erfordern. Da die von InDesign bei der PDF-Ausgabe häufig benutzte CID-Kodierung von Schriften früher von manchen Clone-RIPs nicht verarbeitet wurden, litt das Programm einige Zeit lang unter dem Vorurteil, schwer oder gar nicht belichtbare Ausgabe zu erzeugen. Tatsächlich lag das Problem bei den RIPs, das aber mittlerweile der Geschichte angehört.

In InDesign werkeln sowohl ein PostScript-Interpreter für den problemlosen Import von EPS-Grafiken als auch die PDF-Bibliothek von Adobe zum Einlesen und Erstellen von PDF – Distiller ist also für die PDF-Erzeugung via *File, Export, Adobe PDF...* nicht erforderlich. Die PDF-Bibliothek unterstützt viele Eigenschaften, die für die Druckvorstufe relevant sind. Da InDesign 1.x selbst keine Hypertextfunktionen bietet, erübrigt sich auch deren Umsetzung in PDF. Hypertextfunktionen inklusive Umsetzung nach PDF erschienen erst in InDesign 2.

Beim PDF-Import bleiben bis auf die Transparenz von PDF 1.4 keine Wünsche offen: Sowohl die Font- und Farbverarbeitung als auch die angebotenen Optionen entsprechen dem Stand der Technik. Achten Sie darauf, im Importdialog die Box *Show Import Options* zu aktivieren, denn sonst überspringt InDesign den Dialog mit den Optionen (siehe Abbildung 8.4) und importiert ohne weitere Rückfrage die erste Seite des Dokuments. Beim Import eines PDF-Dokuments, dessen Schriften weder in der Datei eingebettet noch auf dem System installiert sind, kommt die gleiche Sub-

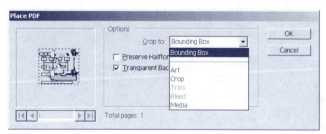

Abb. 8.4
PDF-Import in InDesign

Tabelle 8.6 PDF-Export aus Adobe InDesign 1.5 und 2

Merkmal	Adobe InDesign 1.5 und 2
PDF-Erstellung	Adobe PDF-Library: PDF 1.4, 40-Bit-Verschlüsselung
Verwaltung der Optionen	konfigurierbare PDF-Stile; vier vordefinierte Stile
Seitenbereiche	ja
Verweise	ab InDesign 2: Inhaltsverzeichnis, Index, Querverweise
Lesezeichen	ab InDesign 2: Inhaltsverzeichnis und Links innerhalb des Dokuments
Dokumentinfofelder	ab InDesign 2: XMP für Metadaten
Notizen	–
Artikel	–
Formularfelder	–
Tagged PDF	ab Design 2.0
Fonteinbettung	immer (es sei denn, der Font verbietet die Einbettung); optional Erstellung von Untergruppen
Logische Seitennummern	–
Doppelseiten	ja
Größenangaben	BleedBox, MediaBox
Farbe	Einbettung von Profilen; ab InDesign 2: optional Umrechnung in RGB oder CMYK
Besonderheiten	–

stitutionstechnik via Multiple-Master-Fonts wie in Acrobat zum Tragen, so dass die Schriften dennoch angezeigt werden. Spätestens bei der Ausgabe müssen die Schriften natürlich zur Verfügung stehen, um hochwertige Ergebnisse zu erzielen.

InDesign erzeugt für platzierte PDF-Dokumente in der PDF-Ausgabe Form XObjects, die in manchen Tools, etwa EnFocus PitStop, gewissen Einschränkungen unterliegen.

Neuerungen in InDesign 2. Version 2 von InDesign bringt als wesentliche Neuerungen die Erzeugung von Hypertextelementen wie Verweisen und Lesezeichen sowie Tagged PDF. Die neuen Funktionen zur Erstellung strukturierter Dokumente, die durch Struktur- und Tag-Paletten unterstützt werden, erleichtern die Erstellung von Dokumenten, die später als Tagged PDF publiziert werden sollen. InDesign 2 unterstützt Adobes XMP-Standard für die Einbettung von Metadaten in Dokumenten. Die Transparenzfunktionen sowie das Colormanagement wurden ebenfalls verfeinert. So lässt sich Transparenz zwischen 0 und 100 Prozent nicht nur auf Objekte anwenden, die in InDesign erstellt wurden, sondern auch auf importierte PDF-Seiten. Damit lässt sich zum Beispiel ein Bild so platzieren, dass der Hintergrund noch leicht durchscheint.

Tabelle 8.7 PDF-Import in Adobe InDesign 1.5 und 2

Merkmal	Adobe InDesign 1.5 und 2
PDF-Version	bis PDF 1.4, (InDesign 1.5: ohne Transparenz); 40-Bit-Verschlüsselung
Voransicht der Seite	ja, berücksichtigt sogar die ausgewählte Box
PDF ist editierbar	–
Fonts	Fonts müssen eingebettet oder installiert sein; fehlende Fonts werden mit einer Warnung substituiert
Hintergrund transparent	optional
Farbverarbeitung	kein Colormanagement für importiertes PDF, eingebettete Profile bleiben aber erhalten; Schmuckfarben bleiben erhalten
Rasterkurven	erhalten oder entfernen
Größenangaben	ArtBox, CropBox, TrimBox, BleedBox, MediaBox, BoundingBox
Besonderheiten	ab InDesign 2: importierte PDFs können nachträglich transparent gemacht werden

8.6 QuarkXPress

Quark bemühte sich viele Jahre nach Kräften, die PDF-Technologie des Konkurrenten Adobe zu ignorieren. Erst sehr spät entwickelte der Hersteller auf Druck der Anwender eine PDF-Erweiterung für QuarkXPress 4, die jahrelang im Betastadium vor sich hin dümpelte und zudem funktional nicht dem Stand der Technik entsprach. Sie unterstützte zum Beispiel nur die alte Version PDF 1.2. Eine weitere Eigenschaft des DTP-Boliden behinderte PDF-Workflows zusätzlich: Quark erzeugte nämlich bis Version 4 Überfüllungsinformationen nur bei vorseparierter, nicht jedoch bei der für PDF-Workflows relevanten Composite-Ausgabe. Damit enthielten farbige

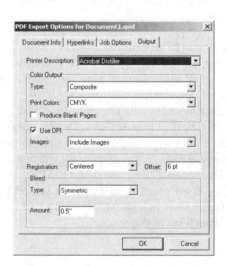

*Abb. 8.5
PDF-Export aus QuarkXPress*

PDFs aus Quark grundsätzlich keine Überfüllungsangaben und waren in vielen Umgebungen unbrauchbar.

Verschiedene Dritthersteller versuchten, diese Lücke zu füllen und QuarkXPress mithilfe von Erweiterungen näher an einen PDF-Workflow heranzuführen. Dazu zählt die PDF Design XTension des holländischen Herstellers TechnoDesign, die die Erstellung einer Reihe von Hypertextelementen aus Quark heraus ermöglicht. Die XTension MadeToPrint XT von callas software (siehe unten) erlaubt die Einbindung von pdfmark-Anweisungen für verschiedene Zwecke bei der Quark-Druckausgabe.

Tabelle 8.8 PDF-Export aus QuarkXPress 5

Merkmal	QuarkXPress 5
PDF-Erstellung	Distiller
Verwaltung der Optionen	implizite Verwendung des aktuellen Distiller-Profils
Seitenbereiche	–
Verweise	Inhaltsverzeichnis, Index, Querverweise; Darstellung konfigurierbar
Lesezeichen	Überschriften, Index; Zoomfaktor nicht konfigurierbar
Dokumentinfofelder	Titel, Thema, Verfasser, Stichwörter
Notizen	–
Artikel	–
Formularfelder	–
Tagged PDF	–
Fonteinbettung	ja
Logische Seitennummern	–
Doppelseiten	ja
Größenangaben	TrimBox, BleedBox, MediaBox=CropBox
Colormanagement	eingeschränkt
Besonderheiten	Druckertreiber muss für den PDF-Export für Ausgabe in eine Datei konfiguriert werden

Erst mit Version 5 hatte Quark ein Einsehen und baute standardmäßig solide PDF-Funktionen in das Produkt ein. Die nötige Technik entwickelte Quark jedoch nicht selbst, sondern lizenzierte die PDF-Bibliotheken von Adobe. Damit verfügt QuarkXPress über den gleichen fortgeschrittenen PDF-Import wie die Adobe-Produkte PageMaker und InDesign. Bei der PDF-Ausgabe verließen sich die Quark-Entwickler jedoch auf ihr eigenes bewährtes PostScript-Know-how: Über *File, Export, Document as PDF...* startet man einen Mechanismus, hinter dem die PostScript-Ausgabe in eine Datei mit anschließendem Distiller-Lauf steckt. Daher ist trotz Verfügbarkeit der Adobe-Bibliothek zwingend die Installation von Acrobat Distiller erforderlich.

Tabelle 8.9 PDF-Import in QuarkXPress 5

Merkmal	QuarkXPress 5
PDF-Version	bis PDF 1.4, jedoch ohne Transparenz; keine verschlüsselten PDFs
Voransicht der Seite	ja
PDF ist editierbar	–
Fonts	Fonts müssen eingebettet sein; installierte Fonts werden nicht für fehlende Fonts genutzt
Hintergrund transparent	–
Farbe	Schmuckfarben bleiben beim Import erhalten
Rasterkurven	–
Größenangaben	MediaBox
Besonderheiten	–

MadeToPrint XT von callas software. Die XTension MadeToPrint erleichtert die Erstellung von PDF-Dateien aus QuarkXPress und fügt einige fehlende Funktionen hinzu. Die Erweiterung bietet unter anderem Zugriff auf Distiller-Profile und erlaubt die genaue Definition von Seitenformatangaben (TrimBox und BleedBox). Weitere Informationen finden Sie unter

http://www.callas.de

8.7 Microsoft Office

Auch Microsoft weigert sich standhaft, die PDF-Technologie in den eigenen Produkten zu unterstützen. Da jedoch viele Benutzer von Microsoft Office Dokumente erstellen, die digital ausgetauscht und verteilt werden, spielt die Erzeugung von PDF aus den Office-Komponenten heraus eine wichtige Rolle. Obwohl dies grundsätzlich via PostScript und Distiller möglich ist, wollte Adobe die Erstellung besser in Word integrieren und die erzeugten PDF-Dokumente mit Zusatzinformationen, insbesondere Hypertextelementen anreichern. Seit Version 4 installiert Acrobat unter der Bezeichnung PDFMaker einen Satz VBA-Makros, die sich in Word, Excel und Powerpoint einklinken und die PDF-Erstellung durch Integration von PostScript-Ausgabe und Distiller-Aufruf vereinfachen. Damit dies funktioniert, muss vor der Installation von Acrobat bereits Microsoft Office 97 oder 2000 installiert sein.

PDFMaker 5 vereinheitlicht die PDF-Erstellung aus mehreren Office-Programmen heraus und installiert in Word, Powerpoint sowie Excel das Menü *Acrobat*, über das sich die PDF-Generierung konfigurieren und starten lässt. Der Dialog für die Konvertierungseinstellungen wurde ebenfalls vereinheitlicht (siehe Abbildung 8.6); programmspezifische Einträge finden sich dagegen vorwiegend auf der Registerkarte *Office*. Aus allen drei Applikationen heraus kann auf der Registerkarte *Einstellungen* nicht nur direkt das gewünschte Distiller-Profil ausgewählt, sondern auch bearbeitet werden.

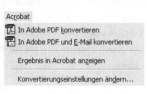

Abb. 8.6
PDF-Export aus Microsoft Office

PDFMaker für Word. Die Funktionsliste von PDFMaker zur Konvertierung von Word-Dokumenten ist sehr umfangreich. PDFMaker analysiert das Dokument und erstellt dann pdfmark-Anweisungen für die Erzeugung umfangreicher Hypertextelemente in der PDF-Ausgabe.

PDFMaker 5 für Word 2000 bietet zum ersten Mal die Möglichkeit, Tagged PDF zu erstellen. Auch die Unterstützung der logischen Seitennummern ist eine sehr seltene Eigenschaft, die aber leider nicht zuverlässig arbeitet. Funktionen für den Import von PDF-Dokumenten in Office-Programme gibt es jedoch nicht.

Aufgrund des fragilen Zusammenspiels zwischen PDFMaker, Druckertreiber und Word kommt es bei dieser Konstellation häufig zu Problemen. Wegen der notorischen Umformatierung von Word-Dokumenten beim Wechsel des Druckertreibers ist dringend zu empfehlen, bereits vor dem PDFMaker-Aufruf den Distiller-Druckertreiber einzustellen. In der Praxis fällt PDFMaker immer wieder durch Fehler und Probleme auf, darunter die Folgenden:

- Verknüpfungen: PDFMaker erzeugt keine Links, falls diese vorher in Word geprüft wurden. Gegenmaßnahme: Dokument vor der PDF-Erzeugung schließen und wieder öffnen.
- Verknüpfungen zu externen Dateien: PDFMaker ändert Dateinamenerweiterungen bei Verweisen zu anderen Dokumenten nicht von *.doc* auf *.pdf*. Konvertiert man daher mehrere Word-Dokumente mit funktionierenden Querverweisen nach PDF, so funktionieren die Verweise zwischen den Dokumenten nicht mehr, da das Zieldokument immer noch mit dem Suffix *.doc* gesucht wird.

- Lesezeichen: Bei automatisch nummerierten Überschriften geht die Nummer im Lesezeichen verloren.
- Obwohl in Word 2000 vollständige Unicode-Unterstützung implementiert ist und Acrobat seit Version 4 ebenfalls Unicode in Lesezeichen unterstützt, erzeugt PDFMaker Lesezeichen grundsätzlich im ASCII-Format. Das bedeutet, dass zum Beispiel osteuropäische Lesezeichen nicht funktionieren.
- Die Konvertierung von Zentraldokumenten wird nicht unterstützt.
- Tagged PDF: Bei mehrsprachigen Dokumenten wird die Sprachinformation nicht korrekt in das entsprechende Attribut bei Tagged PDF übernommen. Überschriften mit automatischer Nummerierung werden unsinnigerweise auf LI-Tags *(list item)* abgebildet.

Tabelle 8.10 PDF-Export aus Microsoft Office 2000 mit Adobe PDFMaker

Merkmal	Microsoft Office 2000 mit Adobe PDFMaker
PDF-Erstellung	PDFMaker-Makro und Distiller
Verwaltung der Optionen	direkter Zugriff auf Distiller-Profile; PDFMaker-Einstellungen können jedoch nicht direkt gespeichert werden
Seitenbereiche	–
Verweise	Inhaltsverzeichnis, Querverweise, URLs, Fuß- und Endnoten; keine Verweise für Indexeinträge; Farbe und Linienstärke des Rechtecks sowie Zoomfaktor konfigurierbar; Powerpoint erstellt keine Links
Dokumentinfofelder	ja
Lesezeichen	Überschriften und Stilformate (Word) sowie Folientitel (Powerpoint) und Tabellen (Excel); Zoomfaktor konfigurierbar (nur Word)
Notizen	aus Kommentaren; wahlweise geöffnet oder geschlossen
Artikel	aus Textfeldern
Formularfelder	–
Tagged PDF	ja
Fonteinbettung	über Distiller
Logische Seitennummern	ja
Doppelseiten	–
Größenangaben	MediaBox
Colormanagement	–
Besonderheiten	diverse Optionen für die Anzeige des Dokuments; Versenden der erzeugten PDF-Datei als Mail; ungeeignet zur Konvertierung komplexer Word-Dokumente

PDFMaker für Powerpoint und Excel. PDFMaker 5 führt im Vergleich zu PDFMaker 4 bei Powerpoint nur kleinere Erweiterungen ein. So werden zum Beispiel Seitenübergänge übernommen. Da Powerpoint und Acrobat allerdings unterschiedliche Seitenübergänge unterstützen, ist die Umsetzung nicht immer korrekt. Links in Powerpoint werden nicht korrekt in

PDF-Verknüpfungen umgesetzt. Da die Seiten nicht immer korrekt gedreht werden, empfiehlt es sich, im Distiller-Profil unter *Voreinstellungen, Einstellungen, Allgemein* die Option *Seiten automatisch drehen* zu aktivieren.

Ein beständiges Ärgernis ist die Dateigröße von PDF-Präsentationen, die aus Powerpoint heraus erzeugt wurden. Dabei ist ganz klar die schlechte PostScript-Ausgabe von Microsoft als Grund auszumachen: Insbesondere die beliebten Farbverläufe im Hintergrund von Folien werden von Powerpoint durch extrem ineffizienten PostScript-Code beschrieben, der auch für die langen Druckzeiten von Präsentationen verantwortlich ist. Dieser schlechte PostScript-Code erzeugt eine Vielzahl winziger Bitmap-Bilder, die insgesamt den Farbverlauf erzeugen. (Besser wäre es, ein einziges großes Rasterbild zu erzeugen oder idealerweise die Verlaufsfunktionen von PostScript 3 zu nutzen.) Der ineffiziente PostScript-Code fordert auch bei der PDF-Ausgabe seinen Tribut und ist für die oft enorme Dateigröße von Präsentationen verantwortlich.

Die Makros von PDFMaker 5 klinken sich auch in Excel ein. Hier besteht im Vergleich zu Acrobat 4 die wesentliche Neuerung darin, dass PDFMaker jetzt gesamte Mappen und nicht nur einzelne Tabellen nach PDF konvertieren kann.

8.8 T$_E$X

Das kostenlos erhältliche Satzsystem T$_E$X, das im wissenschaftlichen Bereich weit verbreitet ist, blickt auf eine lange Tradition der Erstellung hochwertiger Ausgabe zurück. Viele Anwender und Programmierer erweiterten die Funktionalität von T$_E$X durch Makropakete und Zusatzprogramme. Für die Konvertierung von T$_E$X-Dokumenten nach PostScript stehen verschiedene DVI-Treiber zur Verfügung, deren Ausgabe sich drucken und destillieren lässt. Bei der Erzeugung von PDF aus T$_E$X-Vorlagen sind allerdings zwei Punkte zu beachten, nämlich die Fontkonfiguration und Hypertexterweiterungen.

Bitmap- und Outline-Schriften in T$_E$X. Viele T$_E$X-Anwender mussten die Erfahrung machen, dass die Acrobat-Dateien, die beim Destillieren der PostScript-Ausgabe entstehen, langsam angezeigt werden und am Bildschirm nicht besonders gut aussehen. Einzelne Buchstaben werden sehr hässlich, wenn man sie vergrößert. Außerdem werden die PDF-Dateien sehr groß.

Diese Probleme haben mit der Fontbehandlung in verschiedenen DVI-Treibern zu tun, die für die Druckausgabe optimiert ist. Viele Ausgabetreiber für T$_E$X erzeugen standardmäßig Bitmap-Fonts, die für die Auflösung des Druckers optimiert sind. Beim Destillieren einer solchen PostScript-Datei werden die Bitmap-Schriften in die PDF-Datei eingebettet und in Acrobat für die Bildschirmanzeige benutzt. Nun liefern Type-3-Fonts

(Bitmap-Schriften) in PDF aber geringere Qualität als Type-1-Fonts (Outline-Schriften). Type-3-Fonts vergrößern die PDF-Dateien und lassen die Buchstabenformen unregelmäßig erscheinen. Es ist daher zu empfehlen, Type-1-Schriften im DVI-Treiber zu installieren, um die Ausgabequalität zu erhöhen.

Manche Treiber, etwa *dvips* von Tom Rokicki oder der TeXtures-Treiber von Blue Sky Research, verarbeiten sowohl Bitmap- als auch Outline-Schriften und überlassen dem Benutzer die Wahl. Andere Treiber, etwa die kommerziellen Treiber von Y&Y, benutzen überhaupt keine Type-3-Fonts, so dass damit das oben beschriebene Problem gar nicht auftreten kann.

Outline-Fonts der Schriftfamilie Computer Modern für TeX sind für Mac, Windows und Unix frei verfügbar. Die hochwertigen Schriften von Blue Sky Research und Y&Y werden von der American Mathematical Society verwaltet (auf deren Namen auch das Copyright lautet) und sind in den CTAN-Archiven erhältlich. Früher kamen auch oft die Schriften aus dem BaKoMa-Paket zum Einsatz.

Das Hyperref-Paket. Das Hyperref-Paket für LATEX2e erlaubt die Definition von Hypertextfunktionen in der Quelldatei. Dazu trägt man die Zeile

\usepackage [*Treibername*]{hyperref}

im Vorspann des Dokuments ein. Die symbolischen Verweise von LATeX werden nun in PDF-Verweise transformiert. Hyperref erzeugt außerdem PDF-Lesezeichen für die Abschnitte des Dokuments sowie Hyperlinks von Index- und bibliographischen Einträgen zur zugehörigen Quelle. Darüber hinaus kann man das Aussehen der Links (Randfarbe etc.) sowie allgemeine Dokumenteigenschaften und Viewer-Optionen festlegen. Hyperref erzeugt pdfmark-Anweisungen und kann für verschiedene Backend-Prozessoren konfiguriert werden, etwa jene, die die HyperTeX-Konventionen berücksichtigen.

PDFTeX. PDFTeX ist eine erweiterte Version von TeX, die entweder DVI oder PDF ausgibt. Die PDF-Daten werden ohne Umweg über die Zwischenformate DVI und PostScript direkt erzeugt. PDFTeX ist in verschiedenen TeX-Paketen enthalten, etwa MikTeX sowie dem verbreiteten Web2c für Unix und Windows.

Das ConTeXt-Paket. Obwohl ich es nicht aus eigener Anschauung kenne, möchte ich noch das ConTeXt-Makropaket erwähnen, da es von vielen als die fortschrittlichste Art angesehen wird, aus TeX-Quellen PDF zu erzeugen. Der ausgebuffte TeX-Experte Sebastian Rahtz meint dazu: »Bei ConTeXt-PDF-Dokumenten bleibt einem die Spucke weg.« Das Paket ist unter folgender Adresse erhältlich:

http://www.ntg.nl/context

8.9 Adobe Illustrator

Adobe Illustrator (AI) begann seine Karriere 1988 als Feldversuch zur Beantwortung der Frage, ob sich PostScript neben der Druckausgabe auch als Format für die Speicherung von Grafikdateien eigne. Die Adobe-Entwickler definierten dazu mit dem AI-Format eine Art eingeschränkten PostScript-Dialekt, in dem Illustrator seine Grafiken speichert und wieder einliest. Dieses AI-Format war technologisch ein Vorläufer von PDF, das zum Beispiel die AI-Operatoren für Grafikbefehle übernahm. Illustrator-Dateien sind gleichzeitig EPS-Grafiken, so dass die damals übliche Trennung zwischen Originalgrafik und exportierter EPS-Version entfiel. Neben vielen anderen Import- und Exportformaten unterstützt Illustrator seit Version 5.5 auch PDF, allerdings mit mehr oder weniger großen Einschränkungen beim Einlesen von PDF-Dokumenten.

Mit Illustrator 9 kam im Herbst 2000 eine wichtige Wende: Laut Marketingaussagen wurde das Dateiformat von AI auf PDF umgestellt. Dies hört sich plausibel an und scheint dem allgemeinen Trend »hin zu PDF« zu entsprechen. Dennoch handelt es sich hierbei weitgehend um eine Mogelpackung, die nicht der Erwartung eines generellen PDF-Editors entspricht. Um das zu verstehen, müssen wir uns die Illustrator-Dateien etwas genauer ansehen.

Transparenzfunktionen. Ein wichtiger Motor für die Neuerungen in Illustrator 9 waren Funktionen zur Erzeugung halbdurchsichtiger (transparenter) Objekte. Die Transparenz ist eine der letzten Grafikfunktionen, die im Grafikmodell von PostScript noch nicht unterstützt wird, wohl aber in PDF 1.4. Daher war die Speicherung transparenter Illustrator-Objekte im bewährten PostScript-Format nicht möglich, und die Entwickler stellten Illustrator daher auf PDF 1.4 um, das Sprachmittel für transparente Objekte enthält. Illustrator 9 war damit bereits vor der Freigabe von Acrobat 5 das erste Programm, das das Format PDF 1.4 unterstützte.

Bei der Ausgabe auf einem PostScript-Gerät rechnet Illustrator transparente Objekte in herkömmliche PostScript-Objekte um. Bei diesem so genannten *Flattening* werden transparente Objekte, die andere Objekte überlagern, mit diesen verrechnet und das Ergebnis als Geflecht von Teilpfaden und gerasterten Bildelementen ausgedrückt. Diese Umrechnung ist ein komplexer Vorgang und erzeugt bei umfangreichen Grafiken sehr große Datenmengen. Daher kann der Benutzer in den Grundeinstellungen die Qualität und Geschwindigkeit dieser Umrechnung einstellen. Das Flattening ist immer dann erforderlich, wenn Transparenzinformation in einem Dateiformat gespeichert werden soll, das im Gegensatz zu PDF 1.4 die Transparenz nicht direkt unterstützt.

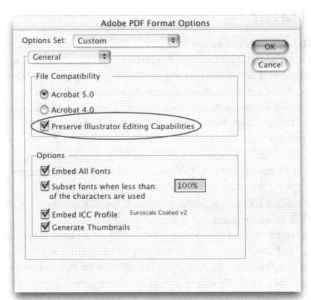

Abb. 8.7
Der PDF-Export aus Illustrator stiftet reichlich Verwirrung

Private Daten von Illustrator. PDF wurde zu dem Zweck entwickelt, druckbare Seiten zu beschreiben und zugehörige Hypertextinformationen aufzunehmen. Die Speicherung interner Programminformationen zum Bearbeiten eines Dokuments spielte bei der Definition von PDF keine Rolle. Das Format bietet jedoch die Möglichkeit, solche privaten Daten außerhalb der üblichen PDF-Datenstrukturen abzuspeichern. Eine Standardisierung gibt es dabei nicht. Das genaue Format der Daten ist Sache der jeweiligen Entwickler. PDF fungiert dabei nur als Container.

Im Falle von Illustrator gibt es eine ganze Reihe solcher privaten Daten, die sich nicht direkt auf die Darstellung einer Seite auswirken, sondern nur für die Bearbeitung eine Rolle spielen. Dazu zählen zum Beispiel die Positionen der Lineale, die Grundeinstellungen, Pinsel, Farbdefinitionen usw.

Wenn Illustrator (ab Version 9) nun eine Datei im Format AI speichert, so entsteht in Wahrheit eine PDF-Datei, die neben dem in Acrobat sichtbaren Seiteninhalt eine zweite Version der Grafik im früheren AI-Format sowie die privaten Daten enthält. Das bedeutet also, dass die PDF-Datei gleich zwei Beschreibungen der Seite enthält: eine normale PDF-Beschreibung und eine, die nur Illustrator, nicht aber Acrobat versteht. Darüber hinaus bettet Illustrator auch noch Thumbnails, also eine grob gerasterte Version der Grafik, in die Datei ein.

Probleme mit der PDF-Ausgabe von Illustrator. Der oben beschriebene Missbrauch des PDF-Formats hat in der Praxis einige merkwürdige bis problematische Folgen. Öffnet man eine mit Illustrator erstellte PDF-Datei in

Tabelle 8.11 PDF-Export aus Adobe Illustrator 9 und 10

Merkmal	Adobe Illustrator 9 und 10
PDF-Erstellung	Adobe PDF-Library: erstellt PDF 1.4; keine Verschlüsselung; EPS-Dateien werden korrekt verarbeitet
Verwaltung der Optionen	Nur zwei vordefinierte und ein variables Profil
Seitenbereiche	nur einseitige Dokumente
Verweise	–
Lesezeichen	–
Dokumentinfofelder	–
Notizen	–
Artikel	–
Formularfelder	–
Tagged PDF	–
Fonteinbettung	optional
Logische Seitennummern	–
Doppelseiten	–
Größenangaben	MediaBox, ArtBox
Colormanagement	Einbettung von ICC-Profilen
Besonderheiten	Illustrator-spezifische Informationen werden wahlweise in die PDF-Ausgabe eingebettet; Illustrator 10 lässt per Option die Acrobat-Beschreibung der Grafik ganz weg (siehe unten)

Acrobat und bearbeitet den Seiteninhalt mit dem TouchUp-Werkzeug oder einem Plugin wie Enfocus PitStop, so modifizieren diese Werkzeuge die »normale« PDF-Version, während die zusätzlich eingebettete AI-Version unverändert bleibt. PitStop erkennt diese Situation sogar am speziellen *PieceInfo*-Eintrag von Illustrator (in der deutschen Version von PitStop lustig als »Stückinfo« übersetzt), lässt aber das Bearbeiten der Seite zu. Öffnet man nach den Änderungen in Acrobat die Seite erneut in Illustrator, so liest dieser die ursprüngliche AI-Fassung, die die Änderungen nicht enthält. Man läuft also Gefahr, Änderungen an zwei unterschiedlichen Fassungen einer Grafik durchzuführen – ein heilloses Durcheinander ist die Folge. Sogar Illustrator selbst leidet an dieser Verwirrung: Liest man eine mit Illustrator erstellte und in Acrobat modifizierte PDF-Datei via *Datei, Platzieren...* (statt *Datei, Öffnen...*) ein, so kommen wiederum die eigentlichen PDF-Anweisungen zum Tragen und nicht der AI-Teil. Die gleiche PDF-Datei wird also bei diesen beiden Funktionen unterschiedlich interpretiert!

Die beschriebene Arbeitsweise von Illustrator hat eine Reihe weiterer unübersichtlicher Beschränkungen und Eigenschaften zur Folge:
- Die Dateien werden durch die doppelte Datenhaltung viel größer, als sie eigentlich sein müssten.
- Beim Speichern im AI-Format hat man die Wahl zwischen verschiedenen Versionen des AI-Formats. Ab AI 9 steckt jedoch PDF im AI-Pelz, das

andere Programme, die das alte AI-Format unterstützen, gar nicht importieren können. Bei der Speicherung in älteren AI-Formaten geht dagegen die Transparenzinformation verloren, da Illustrator transparente Objekte mit dem Hintergrund verrechnen muss, wobei die Objekte als solche nicht erhalten bleiben.

- Beim Speichern im PDF-Format bietet Illustrator die Option *Preserve Illustrator Editing Capabilities* an (siehe Abbildung 8.7). Darüber lässt sich steuern, ob Illustrator seine privaten Daten in die PDF-Datei einbettet oder nicht. Deaktiviert man diese Funktion, so verliert man die Möglichkeit, das Dokument mit denselben Einstellungen wieder in Illustrator zu bearbeiten. Stattdessen wird es wie eine »normale« PDF-Datei ohne Zusatzinformationen eingelesen, so dass zum Beispiel alle Benutzereinstellungen verloren gehen.
- Beim Speichern im Format PDF 1.3 wandelt Illustrator die Transparenzinformation in herkömmliche Objekte um, wodurch ungewollte Artefakte (etwa Rasterung von Vektorgrafik) entstehen können.
- PDF-Dateien, die private Illustrator-Daten erhalten, lassen sich nicht mehr zuverlässig als Grafik platzieren, sondern nur noch als neue Illustrator-Datei öffnen.

Trotz der ausgereiften Basistechnologie rund um PDF enthält Illustrator also enormes Potential zur Verwirrung der Benutzer. Das Wirrwarr bezüglich der unterstützten Dateiformate ist ausgesprochen fehlerträchtig.

Noch ein Tipp zur Verwaltung der Optionen für den PDF-Export: Illustrator bietet zwar keine Möglichkeit, die PDF-Optionen ähnlich den Distiller-Profilen in einer eigenen Datei abzulegen, speichert diese aber innerhalb der privaten AI-Informationen in der erzeugten PDF-Datei. Um immer mit den gleichen Optionen für den PDF-Export zu arbeiten, können Sie daher eine leere Datei anlegen und mit den gewünschten Optionen als PDF speichern. Diese Datei benutzen Sie als Vorlage zum Anlegen neuer Dokumente und erhalten damit automatisch auch die enthaltenen PDF-Optionen.

Änderungen in Illustrator 10. Version 10 des Grafikprogramms bereinigt das oben beschriebene Durcheinander nicht, sondern setzt sogar noch einen drauf: Speichert man eine Datei im Format »Illustrator 10«, so bietet das Programm bei den Optionen die Checkbox *Create PDF Compatible File* an. Deaktiviert man diese Option, so legt Illustrator eine PDF-Datei mit dem Suffix *.ai* an, die wie bei Illustrator 9 PDF-Daten enthält. Sie enthält nun ausschließlich die privaten Daten von Illustrator und keine normale PDF-Version mehr. Dadurch wird die Datei zwar kleiner, Acrobat zeigt aber statt der Grafik schlichtweg eine leere Seite an!

Die Empfehlung in der Dokumentation, diese Option während der Bearbeitung einer Datei zu deaktivieren, um die Dateien klein zu halten, und erst vor der Belichtung oder Weitergabe zu aktivieren, lässt sich in der Pra-

xis sicher nicht konsequent umsetzen. Vergisst man, diese Regel einzuhalten, so läuft man Gefahr, weitgehend unbrauchbare Dateien zu erzeugen:
- Das Suffix *.ai* suggeriert ein altbekanntes Format, das aber nicht mehr drinsteckt, so dass der AI-Import anderer Programme daran scheitert.
- Als PDF-Datei wird das Dokument zwar von Acrobat akzeptiert, allerdings enthält es keine für Acrobat lesbare Seitenbeschreibung mehr.

Der einzige Ausweg aus diesem Chaos besteht wohl darin, die oben erwähnte Option immer aktiviert zu lassen und die Vergrößerung der Datei in Kauf zu nehmen.

Tabelle 8.12 PDF-Import in Adobe Illustrator 9 und 10

Merkmal	Adobe Illustrator 9 und 10
PDF-Version	bis PDF 1.4 einschließlich Transparenz; 40-Bit- und 128-Bit-Verschlüsselung (in AI9 nur 40 Bit)
Voransicht der Seite	nur, wenn das Dokument Thumbnails enthält oder bereits mit Illustrator erstellt wurde
PDF ist editierbar	ja
Fonts	Fonts müssen eingebettet oder installiert sein und den Plattform-Encoding verwenden; Untergruppen werden nicht korrekt verarbeitet.
Hintergrund transparent	ja
Farbe	Schmuckfarben bleiben beim Import erhalten, falls die Datei mittels »Öffnen« geöffnet oder bei »Platzieren« eingebettet wird; eingebettete Profile werden berücksichtigt
Größenangaben	MediaBox
Rasterkurven	–
Besonderheiten	verwendet PDF als internes Dateiformat, allerdings mit spezifischen Erweiterungen; zuverlässiger Import von PDF nur bei Dateien, die auch in Illustrator erstellt wurden

8.10 Macromedia FreeHand

FreeHand spielt seit vielen Jahren eine wichtige Rolle im Grafik- und Designbereich und bietet bereits seit Version 5.5 Unterstützung für PDF. Diese basiert auf eigenem Programmcode von Macromedia, weshalb FreeHand in Sachen PDF der aktuellen Entwicklung immer etwas hinterherhinkt. Außerdem kann die Qualität der PDF-Verarbeitung nicht mit anderen Produkten mithalten. Die Tatsache, dass die PDF-Ausgabe nicht auf PostScript basiert, hat einige Verluste zur Folge. So gehen zum Beispiel PostScript-Muster und Kachelungen verloren. Meistens ist die PostScript-Ausgabe und anschließende PDF-Konvertierung mit Distiller FreeHands integrierter PDF-Erzeugung vorzuziehen.

Der PDF-Import ist noch unzuverlässiger als der PDF-Export. Während man die fehlende Preview-Funktion noch verschmerzen könnte, behindern

Tabelle 8.13 PDF-Export aus Macromedia FreeHand 10

Merkmal	Macromedia FreeHand 10
PDF-Erstellung	interne PDF-Library unterstützt angeblich PDF 1.3, tatsächlich aber nur PDF 1.2; eingebettete EPS-Dateien und PostScript-Füllmuster werden ignoriert; keine Verschlüsselung
Verwaltung der Optionen	–
Seitenbereiche	ja
Verweise	URLs; Darstellung nicht konfigurierbar
Lesezeichen	–
Dokumentinfofelder	–
Notizen	ja
Artikel	–
Formularfelder	–
Tagged PDF	–
Fonteinbettung	optional
Logische Seitennummern	–
Doppelseiten	–
Größenangaben	MediaBox
Colormanagement	–
Besonderheiten	Transparenz und PostScript-Effekte gehen verloren

die häufigen Fehler beim PDF-Import die tägliche Arbeit sehr stark. Eine besonders unsinnige Angewohnheit des Programms tritt beim Import mehrseitiger PDF-Dokumente zu Tage: FreeHand fragt den Benutzer nämlich nicht nach der oder den gewünschten Seiten, sondern bearbeitet grund-

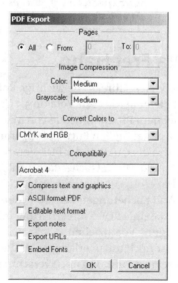

Abb. 8.8 PDF-Export aus FreeHand 10

sätzlich das gesamte Dokument. Dies hat enormen Speicherverbrauch und lange Wartezeiten zur Folge und führt oft sogar zum völligen Abbruch oder Absturz des PDF-Imports. Daher tut man bei langen Dokumenten gut daran, vorher die gewünschte Seite in Acrobat zu extrahieren und nur diese in FreeHand zu öffnen. Auf der positiven Seite steht dagegen die Tatsache, dass die importierten PDF-Objekte editierbar sind, also einzelnen Bestandteile beliebig nachbearbeitet werden können. FreeHand ist außerdem als einziges Programm in der Lage, bestehende Hypertextelemente wie Verweise und Notizen zu erhalten.

Tabelle 8.14 PDF-Import in Macromedia FreeHand 10

Merkmal	Macromedia FreeHand 10
PDF-Version	bis PDF 1.3; keine verschlüsselten PDFs
Voransicht der Seite	–
PDF ist editierbar	ja
Fonts	eingebettete Fonts werden nicht berücksichtigt; fehlende Fonts können manuell auf installierte Fonts umgesetzt werden; bei Unterschieden zwischen dem PostScript-Namen eines nicht eingebetteten Fonts und dem Systemnamen eines installierten Fonts wird der installierte Font nicht benutzt.
Hintergrund transparent	–
Farbe	kein Colormanagement für importiertes PDF; Schmuckfarben bleiben erhalten
Rasterkurven	–
Größenangaben	MediaBox
Besonderheiten	Links und Notizen bleiben auf Wunsch erhalten; Form XObjects gehen beim Import verloren; komplexe Seiten werden oft völlig verstümmelt; importiert bei mehrseitigen Dokumenten alle Seiten

8.11 CorelDraw

Corel kündigte 1998 in einer Presseerklärung an, die PDF-Bibliothek von Adobe zur Integration in die eigenen Produkte lizenzieren zu wollen. Die aktuelle Version CorelDraw 10 unterstützt Export und Import von PDF mithilfe der so genannten Corel PDF Engine, benötigt also nicht Acrobat Distiller zur PDF-Erzeugung. Aufgrund der etwas eingeschränkten Funktionalität dieser Programmbibliothek darf bezweifelt werden, dass Corel tatsächlich wie angekündigt mit der PDF-Bibliothek von Adobe arbeitet. Über *Datei, Als PDF freigeben...* erreicht man in CorelDraw einen umfangreichen Katalog von Einstellungen, mit denen sich die Erzeugung der PDF-Ausgabe konfigurieren lässt. Neben vielen Optionen zur Erstellung von Hypertextelementen und zur Steuerung druckvorstufenrelevanter Eigenschaften finden sich darunter auch einige Besonderheiten. So bietet CorelDraw als einziges Programm bei der PDF-Erstellung die Möglichkeit, Schriften in

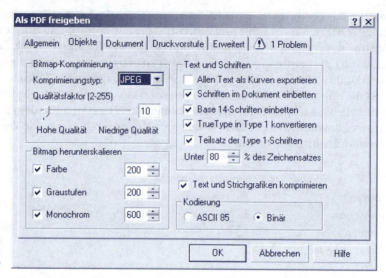

Abb. 8.9
PDF-Export aus
CorelDraw

Kurvenzüge umzuwandeln oder TrueType- in Type-1-Fonts zu konvertieren. Die Auflösung eingebetteter Rasterbilder lässt sich auf Wunsch reduzieren, um die Ausgabedateien zu verkleinern. CorelDraw unterstützt außerdem den Druckvorstufenstandard PDF/X-1.

Tabelle 8.15 PDF-Export aus CorelDraw 10

Merkmal	CorelDraw 10
PDF-Erstellung	Corel PDF Engine erstellt PDF 1.3; keine Verschlüsselung; EPS-Dateien werden ignoriert
Verwaltung der Optionen	selbst definierte Profile, fünf vordefinierte Profile
Seitenbereiche	ja
Verweise	Querverweise; Darstellung nicht konfigurierbar
Lesezeichen	Überschriften
Dokumentinfofelder	nur Autor und Stichwörter
Notizen	–
Artikel	–
Formularfelder	–
Tagged PDF	–
Fonteinbettung	optional, auch als Umrisse; Konvertierung von TrueType nach Type 1 und Bildung von Untergruppen möglich
Logische Seitennummern	–
Doppelseiten	–
Größenangaben	MediaBox und BleedBox gleich, TrimBox und CropBox gleich
Colormanagement	Einbettung von ICC-Profilen
Besonderheiten	–

Bei eingebetteten EPS-Grafiken mogelt das Programm allerdings und bettet entweder den grob aufgelösten Preview-Teil als Rastergrafik in die PDF-Ausgabe ein oder aber direkt die PostScript-Daten. Die Einbettung von PostScript in PDF funktioniert aber in Acrobat nur bei der erneuten PostScript-Druckausgabe, nicht aber bei der Bildschirmdarstellung oder Ausdruck auf anderen Druckern. Zudem hat Adobe mit Acrobat 5 die Unterstützung für das zugrundeliegende PDF-Konstrukt *(PostScript XObject)* eingestellt. Daher ist die Behandlung von EPS-Grafiken im PDF-Exportfilter von CorelDraw mehr als fragwürdig.

Beim PDF-Import ist zu bemängeln, dass CorelDraw mit einer Reihe von Dokumenten nicht klar kommt und manche einfachen PDF-Dateien gar als defekt ablehnt, obwohl diese in Acrobat problemlos angezeigt werden. Insbesondere die Behandlung von Form XObjects (siehe auch Abschnitt »XObjects«, Seite 541) lässt sehr zu wünschen übrig. Diese Einschränkungen machen den PDF-Import von CorelDraw für den professionellen Einsatz weitgehend unbrauchbar.

Tabelle 8.16 PDF-Import in CorelDraw 10

Merkmal	CorelDraw 10
PDF-Version	bis PDF 1.4, jedoch ohne Transparenz; keine verschlüsselten PDFs
Voransicht der Seite	–
Schmuckfarben bleiben beim Import erhalten	ja
PDF ist editierbar	ja
Fonts	eingebettete Fonts werden nicht berücksichtigt; fehlende Fonts können manuell auf installierte Fonts umgesetzt werden; bei Unterschieden zwischen dem PostScript-Namen eines nicht eingebetteten Fonts und dem Systemnamen eines installierten Fonts wird der installierte Font nicht benutzt.
Hintergrund transparent	ja
Farbe	kein Colormanagement für importiertes PDF
Rasterkurven	–
Größenangaben	–
Besonderheiten	einfache PDF-Dateien werden manchmal als defekt abgewiesen; Form XObjects werden nicht erkannt.

9 PDF-Formulare

Formulare erschließen ein großes Potential interaktiver Anwendungen. Zunächst lassen sich damit die hinlänglich bekannten und meist nicht besonders beliebten Papierformulare nachbilden: Neben erläuterndem Text stehen Eingabefelder, in die der Benutzer Daten eintippen kann. Das ausgefüllte Formular kann er oder sie dann ausdrucken. Diese Vorgehensweise erleichtert zwar den Umgang mit Formularen, stellt aber noch keinen großen Zusatznutzen dar. Interessanter wird es bei Formularen, die nach dem Ausfüllen gar nicht mehr gedruckt werden sollen. Stattdessen wird ihr Inhalt entweder als Datei abgespeichert oder gleich im Intra- oder Internet weitergeleitet. Formulare erfreuen sich im Web großer Beliebtheit. Acrobat erlaubt analog zu HTML-Formularen die Gestaltung von PDF-Formularen, deren Inhalt der Browser zum Webserver sendet.

In diesem Kapitel werden wir uns zunächst die Erstellung von Formularfeldern in Acrobat ansehen und die einzelnen Feldtypen genauer untersuchen. Anschließend betrachten wir mögliche Architekturen für den Einsatz von PDF-Formularen. Im letzten Teil des Kapitels gehen wir auf die Verarbeitung von Formulardaten auf der Serverseite ein.

9.1 Erstellen von Formularen

Das Erstellen von PDF-Formularen ist ein mehrstufiger Prozess, an dessen Anfang natürlich eine gründliche Planung und Strukturierung der Daten stehen sollte. Danach müssen die Formulare benutzerfreundlich gestaltet werden. Außerdem sollte man sich über die Art des Einsatzes im Klaren sein: Werden die Formulare immer digital ausgefüllt und versandt, oder gibt es auch Benutzer, die das ausgefüllte Formular ausdrucken und auf Papier weiterleiten? Wird vielleicht das leere Formular gedruckt und per Hand ausgefüllt? Je nach geplanter Verwendung kann es sinnvoll sein, Felder vorzusehen, die nur am Bildschirm, nicht aber auf dem Ausdruck erscheinen.

9.1.1 Vorgehensweise. Am Anfang der PDF-Formularerstellung steht die optische Gestaltung des Formularinhalts, die meist in einem Grafik- oder DTP-Programm erfolgt. Da solche Programme bezüglich der grafischen Möglichkeiten weitaus komfortabler sind als Acrobat, sollte man möglichst alle Layoutarbeiten dort vorbereiten. Zur Zeit gibt es allerdings noch kein Grafikprogramm, das in der Lage wäre, die interaktiven Eigenschaften von PDF-Formularfeldern bereits im Originaldokument festzulegen. Daher muss man die Felder nach der Konvertierung ins PDF-Format in Acrobat manuell nachbearbeiten. Dabei stehen zwar alle Möglichkeiten zur Definition der Feldeigenschaften zur Verfügung, allerdings ist die genaue Positio-

Abb. 9.1
Ein PDF-Formular mit verschiedenen Feldtypen

nierung und Ausrichtung von Feldern etwas umständlich. Außerdem fördert die Aufteilung der Formulargestaltung auf zwei Programme nicht gerade die Übersicht. Als Ausweg bieten sich pdfmark-Anweisungen an, die die Definition der Formularfelder bereits im Ausgangsdokument vorbereiten (siehe Kapitel 11 »Das pdfmark-Einmaleins«). Um die Positionierung und Skalierung der pdfmarks zu erleichtern, empfiehlt sich dabei die EPS-Methode (oder die PostScript-Rahmen von FrameMaker). Nach der Erstellung von Dummy-EPS-Dateien mit geeigneten pdfmark-Anweisungen platziert man diese im Grafikprogramm an der gewünschten Stelle, wobei sich die Felder wie normale EPS-Dateien verschieben und vergrößern lassen. Eine Beschreibung der nötigen pdfmarks finden Sie in Abschnitt 11.7 »Formularfelder mit pdfmarks«, Seite 507.

Ein Formular in PDF besteht aus beliebig vielen Feldern, die interaktive Elemente wie Listen mit mehreren Elementen, Schalter oder editierbare Textflächen darstellen. Alle Formularfelder in einer PDF-Datei werden von Acrobat als ein einziges Formular aufgefasst. Wenn Sie mehrere Formulare in einer PDF-Datei anlegen möchten, so müssen Sie die Zuordnung der Felder zu den verschiedenen Formularen durch geeignete Feldnamen sicherstellen.

Die Felder innerhalb eines Formulars lassen sich hierarchisch organisieren. Diese Hierarchie geht aus den Feldnamen hervor. Die einzelnen Namensbestandteile werden einfach durch einen Punkt voneinander abgetrennt. So kann zum Beispiel *business.telephone.voice.number* auf den Datensatz verweisen, der durch die Hierarchie Firma – Telefon – Sprachanschluss – Nummer definiert wird. Genauso kann man durch eine geeignete Benennung die Zuordnung von Feldern zu verschiedenen Formularen erreichen, zum Beispiel *formular1.name* und *formular2.name*. Die Namen sind zwar nicht strikt vorgegeben, doch empfiehlt sich bei Anwendungen mit personenbezogenen Daten die Einhaltung eines diesbezüglichen Standards (siehe Abschnitt 9.3.2 »Erstellen und Bearbeiten von Formularfeldern«, Seite 390).

Für die Verarbeitung der Formulardaten, etwa das Versenden zum Webserver, kann man selektiv auf einen Teil der vorhandenen Felder oder alle Felder eines Formulars zugreifen. Die Bedingung, dass eine PDF-Datei nur ein einziges Formular enthalten kann, ist in der Praxis also keine Einschränkung. Die einzelnen Formularfelder sind mit Attributen versehen, die Typ, Name, Wert und Aussehen des Felds beschreiben. Diese Attribute legt der Ersteller mithilfe des Formularwerkzeugs in Acrobat fest, sie lassen sich aber auch mit JavaScript-Anweisungen modifizieren.

9.1.2 Formulartypen.

Tabelle 9.1 gibt einen Überblick über die in PDF möglichen Feldtypen. Da sowohl die Bezeichnungen als auch die Funktionsvielfalt am Anfang etwas verwirrend sein können, möchte ich die einzelnen Typen im Folgenden kurz vorstellen. Abbildung 9.1 enthält ein Beispiel mit allen Feldtypen mit Ausnahme des Unterschriftsfelds.

Tabelle 9.1 Die verschiedenen Feldtypen in PDF

Icon	Feldtyp	Beschreibung
☒	Kontrollkästchen (check box)	Schalter mit zwei Zuständen
⦿	Optionsfeld (radio button)	Gruppe mit mehreren Kontrollkästchen, von denen nie mehr als eines selektiert ist
▢	Schaltfläche (push button)	Feld, das die Ausführung von Aktionen anstößt. Schaltflächen dienen außerdem als Container für Bilder.
🗐	Listenfeld (list box)	Auswahl eines Elements aus einer Liste. Die Liste kann mittels Rollbalken durchsucht werden und eignet sich daher für beliebig viele Einträge.
🗐	Kombinationsfeld (combo box)	Wie Listenfeld, zusätzlich können auch eigene Werte eingetippt werden. Da die Werte in einem Popup-Menü erscheinen, braucht ein Kombinationsfeld weniger Platz als ein Listenfeld.
T	Text (text field)	Freie Texteingabe (ein- oder mehrzeilig)
✍	Unterschrift (signature field)	Digitale Signatur

Abb. 9.2
Darstellungseigenschaften
von Feldern

Nach dem Aufziehen eines Feldrechtecks mit dem Formularwerkzeug (oder nach Doppelklick auf ein existierendes Feld) öffnet sich in Acrobat eine Dialogbox für die Feldeigenschaften. Neben dem Namen und dem Typ des Felds gibt es eine Kurzbeschreibung (siehe dazu die Tooltips in Abschnitt 9.3 »Praktische Hinweise und Beispiele«, Seite 389) sowie – abhängig vom Feldtyp – mehrere Gruppen von Eigenschaften:

- Darstellungseigenschaften, die das Aussehen des Felds steuern. Dazu gehören die Farbe von Umrandung und Hintergrund sowie die Schriftart und -größe. Außerdem lässt sich hier festlegen, ob ein Feld nur gelesen (aber nicht geändert) werden kann, ob es unsichtbar ist, ob es vor dem Absenden ausgefüllt werden muss und ob es nur am Bildschirm oder nur beim Ausdruck erscheinen soll.
- Optionen, die die Funktion des jeweiligen Felds definieren. Die möglichen Optionen hängen vom Typ des Felds ab und werden unten bei der Beschreibung der einzelnen Feldtypen erläutert.
- Vorgänge, mit denen sich interaktive Anwendungen aufbauen lassen, etwa durch das Ein- und Ausblenden anderer Felder.
- Weitere feldabhängige Funktionen, die wir in Abschnitt 9.2.2 »Funktionen«, Seite 388, kennen lernen werden.

Die meisten Feldtypen können einen Wert exportieren, also die vom Benutzer eingegebenen Daten weiterleiten. Die exportierten Werte enthalten zum Beispiel den Text von Eingabefeldern oder die Auswahl aus einer Liste. Anhand von Feldnamen und Exportwerten verarbeitet der Webserver die vom Benutzer eingetragenen Daten. Bei der Definition eines Felds kann der Entwickler bereits Vorgabewerte festlegen, die das Feld als Standard anbietet. Bis auf Schaltflächen und Signaturfelder haben alle Typen Exportwerte.

Bei Textfeldern entspricht der Exportwert einfach dem eingetippten Text, bei Kontrollkästchen, Optionsfeldern, Listenfeldern und Kombinationsfeldern legt der Gestalter des Formulars die Exportwerte explizit fest.

Da die einzelnen Feldtypen jeweils unterschiedliche Eigenschaften, Optionen und Auslöser unterstützen, ist dieses Thema sehr unübersichtlich. Die meisten Eigenschaften sind außerdem über JavaScript erreichbar. Eine Zusammenfassung finden Sie in Abschnitt 9.2 »Vorgänge und Funktionen«, Seite 386).

Kontrollkästchen. Kontrollkästchen entsprechen einem booleschen Wert, das heißt sie nehmen genau einen von zwei verschiedenen Zuständen an.  Wie ein Lichtschalter wechseln sie zwischen den beiden Zuständen hin und her und zeigen den aktuell ausgewählten Zustand grafisch an. Am häufigsten erscheinen Kontrollkästchen als Boxen zum Anklicken. Im angeklickten Zustand enthält die Box ein Kreuz oder eine ähnliche Markierung. Im Gegensatz zu den anderen Feldtypen kann man bei Kontrollkästchen und den verwandten Optionsfeldern die Schriftart nicht einstellen: Acrobat benutzt immer den Font ZapfDingbats.

Da ein Kontrollkästchen selbst keinen Text enthält, muss die erläuternde Beschriftung, die die Funktion des Kontrollkästchens erklärt, neben dem Feld angelegt werden.

In den Optionen eines Kontrollkästchens lässt sich einstellen, welches Zeichen (Häkchen, Karo, Kreis, Kreuz, Quadrat, Stern) den aktivierten Zustand darstellt, welcher Wert exportiert wird und welche Einstellung als Standardwert gilt (also so lange, bis der Benutzer selbst einen Wert ausgewählt hat).

Optionsfelder. Optionsfelder bestehen aus einer Reihe von Kontrollkästchen, die nicht unabhängig voneinander bedient werden dürfen, sondern als Einheit fungieren: Es ist immer höchstens eines der Kästchen aktiv. Beim Anklicken eines neuen Kästchens wird das bisher aktive Kästchen automatisch deaktiviert. Optionsfelder stellen also sicher, dass der Benutzer nicht mehr als eine der angebotenen Varianten auswählt. Ob er tatsächlich eine Wahl treffen muss oder ob auch alle Felder deselektiert bleiben können, kann im Optionsfeld ebenfalls festgelegt sein.

In Acrobat gibt es kein Werkzeug, mit dem man die zu einem Optionsfeld gehörenden Kontrollkästchen auswählen könnte. Die Zusammengehörigkeit von Kontrollkästchen wird allein über den Namen hergestellt. Alle Kontrollkästchen mit gleichem Namen bilden – unabhängig von ihrer Position auf der Seite – ein Optionsfeld. Jedes Kontrollkästchen muss jedoch einen anderen Wert exportieren (sonst wäre die Auswahl ja sinnlos). Die möglichen Optionen sind mit denen eines Kontrollkästchens identisch.

Schaltflächen. Schaltflächen exportieren keinen Wert, sondern sind ausschließlich für das Auslösen von Aktionen zuständig. Im Zusammenhang mit Formularen ist natürlich das Absenden der Formulardaten an einen Webserver die wichtigste Funktion. Auch die Möglichkeit, alle Felder auf ihre Standardwerte zurückzusetzen, kann über eine Schaltfläche angeboten werden. Darüber hinaus kann man auch all jene Vorgänge über Schaltflächen aufrufen, die bei Verknüpfungen oder beim Öffnen einer Seite möglich sind (siehe Abschnitt 9.3.5 »Vorgänge«, Seite 396). Dies eröffnet interessante Möglichkeiten für interaktive Anwendungen.

In den Optionen einer Schaltfläche lässt sich die Darstellung des Buttons definieren. Dazu kann man eine Kombination aus Text und Symbol wählen, wobei der Text eingetippt und das Symbol aus einer beliebigen anderen PDF-Datei ausgewählt wird. Schaltflächen bieten also die Möglichkeit, die Gestaltung eines PDF-Dokuments noch in Acrobat zu verändern. Um diese Funktion zu nutzen, braucht man eine PDF-Datei, die auf einer Seite nur den gewünschten Button (oder einen Hintergrund) enthält. Acrobat skaliert diese Seite so, dass der Inhalt genau in das Rechteck der Formular-Schaltfläche passt, und kopiert die Daten dann in die Formulardatei. Die Hilfsdatei ist also nicht mehr erforderlich.

Darüber hinaus kann man bei Schaltflächen die Art der Hervorhebung bei der Aktivierung festlegen. So kann sich im gedrückten Zustand etwa die Beschriftung des Buttons ändern oder ein anderes Symbol erscheinen.

Textfelder. Textfelder erlauben freie Texteingabe und geben damit am ehesten die klassischen Papierformulare wieder. Wie bei diesen gibt es ein- oder mehrzeilige Felder und eine optionale Begrenzung auf eine feste Zeichenzahl (wie wir es zum Beispiel von Überweisungsvordrucken kennen).

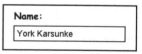

In den Optionen lässt sich ein Standardtext, die Textausrichtung innerhalb des Feldes sowie eine maximale Anzahl einzugebender Zeichen festschreiben. Die Kennwort-Eigenschaft legt fest, dass die eingetippten Zeichen nicht angezeigt, sondern jeweils durch Sternchen kaschiert werden, um vertrauliche Daten nicht am Bildschirm bloßzulegen.

Seit Acrobat 5 gibt es außerdem die Möglichkeit der Dateiauswahl. Dabei interpretiert Acrobat beim Absenden des Formulars den Inhalt des Textfeldes als Dateinamen und sendet zusätzlich den Dateiinhalt zum Server. Zur Auswahl der Datei kann man entweder mittels JavaScript eine Standarddialogbox aufrufen oder den Dateinamen direkt eintippen. Die Implementierung der Dateiauswahl erfordert mehrere Schritte, deren Beschreibung Sie in Abschnitt 10.6.2 »Formularfelder«, Seite 451, finden.

Listenfelder. Listenfelder sind für die Auswahl eines Elements aus einer Liste angebotener Varianten zuständig. Am Bildschirm sind mehrere Listenelemente sichtbar, bei Bedarf erscheinen Rollbalken zum Verschieben der Einträge. Der Benutzer kann eines der angebotenen Elemente auswählen, die vorhandenen Möglichkeiten aber nicht ergänzen oder bearbeiten. Seit Acrobat 5 kann ein Listenfeld auch so konfiguriert sein, dass die gleichzeitige Auswahl mehrerer Elemente möglich ist (bei gedrückter Umschalttaste).

Die Optionen eines Listenfelds enthalten eines oder mehrere Paare, die jeweils das eigentliche Element der Liste (den angezeigten Text) und den bei Auswahl dieses Elements zu exportierenden Wert enthalten. Außerdem lässt sich ein Standardwert vorgeben und festlegen, ob die Elemente automatisch sortiert werden sollen.

Kombinationsfelder. Kombinationsfelder (auch Popup-Menüs) stellen eine Erweiterung der Listenfelder dar. Wie diese bieten sie zunächst die Möglichkeit, ein Element aus einer Liste auszuwählen. Darüber hinaus kann der Benutzer aber auch eigene Werte eintippen und damit die vorgegebenen Möglichkeiten ergänzen, falls der Ersteller des Formulars das Feld entsprechend konfiguriert hat. Kombinationsfelder benötigen weniger Platz am Bildschirm als Listenfelder, da sie im zugeklappten Zustand immer nur das ausgewählte Element anzeigen.

Kombinationsfelder bieten alle Optionen der Listenfelder. Zudem kann man festlegen, ob die Elemente vom Benutzer bearbeitet werden dürfen (das heißt ob ein neuer Wert eingetippt werden kann, der noch nicht in der Liste steht). Ein vom Benutzer eingetippter Wert wird direkt exportiert, während vorgegebene Werte einen vom angezeigten Wert abweichenden Wert exportieren können (etwa eine Artikelnummer).

Unterschriftsfelder. Digitale Signaturen gibt es seit Acrobat 4. Sie stellen die Authentizität und Unverfälschtheit von PDF-Dokumenten sicher. Signaturen können nur in Acrobat, nicht aber im Reader benutzt werden. Signaturfelder werden in Acrobat ebenfalls mit dem Formularwerkzeug angelegt und hier nur der Vollständigkeit halber aufgeführt. Eine ausführliche Behandlung dieses Themas finden Sie in Kapitel 14 »Digitale Signaturen und PDF«.

9.2 Vorgänge und Funktionen

Vorgänge und Funktionen erlauben leistungsfähige interaktive Anwendungen. Während alle Feldtypen die Zuordnung von Vorgängen erlauben, sind Funktionen nur bei manchen Feldtypen möglich.

9.2.1 Vorgänge.

Vorgänge können zum Beispiel die Formularinhalte an einen Webserver senden oder alle Felder auf ihre jeweiligen Standardwerte zurücksetzen. Vorgänge werden durch so genannte Auslöser *(Trigger)* aktiviert. Ein typischer Auslöser ist das Anklicken einer Schaltfläche zum Absenden der Daten.

Auslöser. Bei Formularfeldern gibt es sechs verschiedene Auslöser. Ein Feld kann Vorgänge für einen oder mehrere dieser sechs Auslöser enthalten, wobei ein einzelner Auslöser durchaus auch mehrere Vorgänge anstoßen kann:

- *Maustaste loslassen/drücken:* Anders als man vielleicht intuitiv glauben mag, spielt das Loslassen der Maustaste eine wichtigere Rolle als Auslöser als das Drücken, weil es der üblichen Benutzererfahrung im Umgang mit grafischen Oberflächen entspricht. Hat man nämlich die Maustaste gedrückt und entscheidet sich im letzten Moment anders, so kann man den Mauszeiger bei gedrückter Maustaste aus dem Feld schieben, ohne den Vorgang auszulösen. Daher wählt man für Vorgänge, die mit der Maus ausgelöst werden sollen, besser *Loslassen* statt *Drücken* (ersteres ist auch die Standardeinstellung in den Feldeigenschaften).
- *Maus in Feld/Maus aus Feld:* Diese Ereignisse werden ausgelöst, sobald sich der Mauszeiger innerhalb des aktiven Rechtecks des Felds befindet bzw. dieses wieder verlässt.
- *Feld aktivieren/Feld deaktivieren:* Ein Feld ist aktiv, sobald der Benutzer dessen Inhalt verändern kann. Das Klicken mit der Maus in ein Textfeld setzt zum Beispiel den Textcursor in das Feld, so dass eine Eingabe erfolgen kann. Diese beiden Trigger aktivieren Vorgänge, sobald ein Feld den aktiven Zustand erreicht bzw. wieder verlässt.

Darüber hinaus gibt es auch Formular-unabhängige Auslöser, zum Beispiel das Anklicken eines Lesezeichens oder einer Verknüpfung. In Abschnitt 10.3.2 »JavaScript-Events in Acrobat«, Seite 429, finden Sie weitere Auslöser, die aber jeweils nur JavaScript-Vorgänge starten können.

Vorgangstypen. Als Vorgang lässt sich fast alles ansteuern, was Acrobat an interaktiven Funktionen zu bieten hat:

- *Anzeige:* springt zu einer anderen Stelle des aktuellen oder eines anderen PDF-Dokuments; dieser Vorgang lässt sich in Acrobat 5 im Gegensatz zu Acrobat 4 nicht mehr über die Feldeigenschaften auswählen, kann aber zum Beispiel durch das Anklicken eines Lesezeichens oder

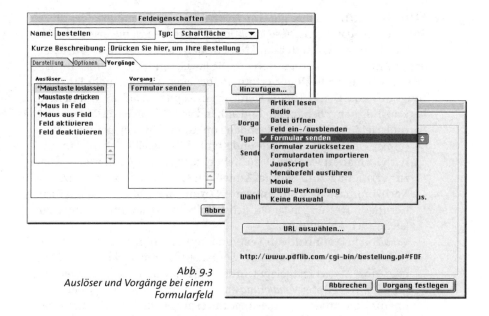

Abb. 9.3
Auslöser und Vorgänge bei einem Formularfeld

einer Verknüpfung ausgelöst werden. Mittels FDF oder pdfmarks funktioniert dieser Vorgang allerdings auch bei Formularfeldern.
- *Artikel lesen:* springt ein Artikel-Rechteck an.
- *Audio:* spielt eine Sound-Datei ab.
- *Datei öffnen:* öffnet eine externe Datei.
- *Feld ein-/ausblenden:* ein oder mehrere Formularfelder werden unsichtbar bzw. sichtbar.
- *Formular senden:* der Inhalt eines oder mehrerer Formularfelder wird über das Internet verschickt.
- *Formular zurücksetzen:* alle Formularfelder zeigen ihre Standardwerte an.
- *Formulardaten importieren:* Feldinhalte werden aus einer FDF-Datei importiert.
- *JavaScript:* beliebiger JavaScript-Code wird ausgeführt.
- *Menübefehl ausführen:* ein Menübefehl von Acrobat oder eines Plugins wird ausgeführt. Der jeweilige Befehl kann damit zwar gestartet werden, Vorgaben für weiterführende Dialoge sind jedoch nicht möglich.
- *Movie:* spielt einen eingebetteten Film ab.
- *WWW-Verknüpfung:* springt zu einem Ziel im Internet. Dabei sind die Protokolle HTTP, FTP und mailto erlaubt.
- *Keine Auswahl:* es findet keinerlei Aktion statt. Dies ist bei Lesezeichen nützlich, die keinen Vorgang starten sollen, sondern nur als Trenner ohne eigene Funktion dienen. Bei einem Formularfeld, dem kein Vorgang zugeordnet sein soll (weil es zum Beispiel nur ein Symbol aufnehmen soll), lassen Sie einfach alle sechs Auslöser unbelegt.

9.2.2 Funktionen.
Abhängig vom Feldtyp können Formularfelder diverse Funktionen ausführen. Diese Funktionen stammen wahlweise aus einer kleinen Zahl vordefinierter Funktionen oder werden mithilfe von JavaScript-Anweisungen programmiert. Die JavaScript-Programmierung ist wesentlich leistungsfähiger, erfordert aber auch deutlich mehr Einarbeitungsaufwand. Dieses Thema werde ich in Kapitel 10 »JavaScript in Acrobat« ausführlicher behandeln und anhand von Beispielen erläutern. Für Formularfelder stehen die folgenden Funktionen zur Verfügung:

- *Format:* Der Inhalt von Text- und Kombinationsfeldern kann automatisch formatiert werden. Dazu steht eine Reihe vordefinierter Formate zur Verfügung, zum Beispiel Zahlen mit einer definierbaren Anzahl von Nachkommastellen, Prozentwerte, Datum oder Uhrzeit. Andere Formatierungsanweisungen lassen sich mittels JavaScript implementieren (siehe auch Abbildung 9.4).
- *Validierung:* Der Inhalt von Text- und Kombinationsfeldern kann auf Gültigkeit überprüft (validiert) werden. Falls unter *Format* ein Zahlen- oder Prozentwert festgelegt wurde, kann man den vom Benutzer eingegebenen Wert unter *Validierung* auf bestimmte Unter- und Obergrenzen überprüfen. Andere Validierungsanweisungen lassen sich mittels JavaScript implementieren.
- *Berechnung:* Der Inhalt von Text- und Kombinationsfeldern kann anhand anderer Feldinhalte automatisch berechnet werden, wenn unter *Format* wiederum ein Zahlen- oder Prozentwert festgelegt wurde. Für die Berechnung stehen einfache Grundrechenarten zur Verfügung. Komplexere Berechnungen lassen sich mittels JavaScript implementieren.
- *Auswahländerung:* Sobald der Benutzer ein anderes Element in einem Listenfeld auswählt, kann Acrobat ein JavaScript-Fragment aufrufen. Dies muss jedoch selbst programmiert werden.
- *Unterschrift:* Beim Unterschreiben eines Dokuments mit der Signaturfunktion (siehe Kapitel 14 »Digitale Signaturen und PDF«) kann man ein

Abb. 9.4
Feldeigenschaften zum
Formatieren eines Textfelds

oder mehrere Formularfelder durch einen Schreibschutz vor weiterer Bearbeitung schützen. Dies ist vor allem für die Weiterleitung unterschriebener PDF-Formulare nützlich. Auch hier lassen sich durch eigenen JavaScript-Code weitere Funktionen implementieren.
Die einzelnen Feldtypen verfügen über unterschiedliche Funktionen (siehe Tabelle 9.2).

Tabelle 9.2 Verfügbarkeit der Funktionen bei den verschiedenen Feldtypen

Feldtyp	Format	Validierung	Berechnung	Auswahländerung	Unterschrift
Kontrollkästchen (check box)	–	–	–	–	–
Optionsfeld (radio button)	–	–	–	–	–
Schaltfläche (push button)	–	–	–	–	–
Listenfeld (scrollable list)	–	–	–	ja	–
Kombinationsfeld (combo box)	ja	ja	ja	–	–
Text (text field)	ja	ja	ja	–	–
Unterschrift (signature field)	–	–	–	–	ja

9.3 Praktische Hinweise und Beispiele

Die Menüfunktionen in den folgenden Tipps beziehen sich jeweils auf die Einträge in der Hauptmenüleiste von Acrobat *(Werkzeuge, Formulare)*. Die Formularfunktionen sind auch über das Kontextmenü (durch Klick mit der rechten Maustaste unter Windows bzw. Strg-Klick auf dem Mac) erreichbar, sobald ein Formularfeld selektiert ist. Ein Funktionsaufruf über das Kontextmenü ist meist schneller als über das Hauptmenü.

9.3.1 Navigieren.
Acrobat bietet etliche Möglichkeiten zur Verwaltung von Feldern, die nicht unbedingt offensichtlich sind.

Die Felder-Palette. Acrobat 5 führte eine neue Palette ein, die den Namen und Typ aller Formularfelder eines Dokuments übersichtlich anzeigt. Sie erhalten diese Palette über *Fenster, Felder* und können sie auch im linken Bereich des Acrobat-Fensters andocken. Die Felder-Palette listet alle Felder alphabetisch nach Namen sortiert auf und gibt den jeweiligen Feldtyp über ein kleines Icon an. Die hierarchische Verschachtelung der Felder geht aus der Palette ebenfalls hervor. Ein Doppelklick auf einen Namen in der Felder-Palette springt zu der Seite mit dem zugehörigen Feld und selektiert es. Da gleichnamige Felder mehrfach in einem Dokument vorkommen können (etwa kopierte Felder und insbesondere Gruppen von Kontrollkästchen), hängt Acrobat zur Unterscheidung eine fortlaufende Nummer an den Feldnamen an.

Reihenfolge der Felder. Das Ausfüllen mehrerer Textfelder lässt sich beschleunigen, wenn der Benutzer mit der Tabulatortaste in das jeweils nächste Textfeld springen kann. Das setzt allerdings voraus, dass die Felder auch in der Reihenfolge angesprungen werden, die der Benutzer erwartet. Standardmäßig entspricht die Anordnung einfach der Reihenfolge, in der die Felder angelegt wurden. Dies lässt sich nachträglich mittels *Werkzeuge, Formulare, Felder, Tab-Reihenfolge festlegen* ändern.

Selektieren von Feldern. Zum Bearbeiten eines Feldes muss dieses erst selektiert werden. Acrobat ermöglicht die Auswahl eines einzelnen oder auch mehrerer Felder. Die Mehrfachauswahl ist nützlich, um vielen Feldern bestimmte Eigenschaften (etwa die Farbe) zuzuweisen oder sie zu sperren bzw. die Sperrung aufzuheben. Für die Auswahl von Feldern muss das Formularwerkzeug aktiv sein; ausgewählte Felder werden farbig bzw. in der Felder-Palette invertiert angezeigt. Für die Selektion von Feldern gibt es mehrere Möglichkeiten:

- Anklicken eines einzelnen Feldes mit der Maus
- Anklicken zusätzlicher Felder mit gedrückter Umschalttaste
- Die Tastenkombination Strg-A selektiert bei aktivem Formularwerkzeug alle Felder der aktuellen Seite.
- Doppelklick auf den Namen eines Feldes in der Felder-Palette
- Auswahl mehrere Felder in der Felder-Palette bei gedrückter Strg- oder Umschalttaste
- Alle Felder des Dokuments lassen sich auswählen, indem man das erste Feld der Felder-Palette anklickt und dann bei gedrückter Umschalttaste das letzte Feld.

9.3.2 Erstellen und Bearbeiten von Formularfeldern.

Auch beim Bearbeiten von Feldern gibt es etliche Details, mit denen man sich die Arbeit etwas erleichtern kann.

Kopieren von Feldern. In manchen Situationen ist es sinnvoll, Formularfelder auf jeder Seite zu wiederholen, etwa Schaltflächen zum Absenden oder Zurücksetzen des Formulars oder ein Home-Button zum Springen auf die erste Seite des Dokuments. Acrobat bietet eine abkürzende Funktion zum Kopieren eines Feldes auf mehrere Seiten. Selektieren Sie dazu das Feld mit dem Formularwerkzeug und wählen Sie *Werkzeuge, Formulare, Felder, Kopieren...* . Im nun folgenden Dialog können Sie angeben, auf welche Seiten das selektierte Feld dupliziert werden soll. Die Kopien behalten den gleichen Namen. Änderungen des Inhalts eines der Felder wirken sich auf alle Kopien aus. Größe und Position der Kopien lassen sich allerdings auch individuell manipulieren. Auch die Feldeigenschaften (zum Beispiel Farbe) beziehen sich auf ein einzelnes Feld.

Innerhalb einer Seite lassen sich Formularfelder auch durch Ziehen mit der Maus kopieren, wenn gleichzeitig die Strg-Taste (Windows) bzw. die Alt-Taste (Mac) gedrückt wird. Ein zusätzliches Drücken der Umschalttaste bewirkt, dass sich die Felder genau horizontal oder vertikal bewegen. Die Kopie behält dabei zunächst den gleichen Feldnamen wie das ursprüngliche Feld; daher muss der Name der Kopie bei Bedarf geändert werden.

Zur Benennung der Felder gibt es noch eine hübsche Ergänzung: Wenn Sie mit hierarchischen Feldnamen (siehe unten) der Art *Artikel.1* arbeiten, dann können Sie den Namen der Kopie ganz leicht auf *Artikel.2*, *Artikel.3* usw. ändern, indem Sie bei selektiertem Feld einfach die Plustaste drücken. Ein Drücken der Minustaste vermindert entsprechend den Zahlenwert im Feldnamen um eins.

Hierarchische Benennung von Feldern. Sie können die Felder in PDF-Formularen grundsätzlich mit beliebigen Namen nach eigenem Gusto versehen. Die Verwendung eines hierarchisch strukturierten Namensschemas bietet jedoch einige Vorteile. Dabei werden mehrere Felder über eine spezielle Namensgebung in einer familienähnlichen Struktur zusammengefasst. Der unten vorgestellte Benennungsvorschlag *Personal Field Names* benutzt zum Beispiel die Feldnamen *name.prefix*, *name.first*, *name.initial* und *name.last* für die Namensbestandteile einer Person. Dieses Namensschema definiert eine hierarchische Struktur, bei der alle Namen mit *name* beginnen und die spezifische Funktion des Felds nach einem Punkt angehängt wird. Während jedes einzelne Feld über seinen Namen manipuliert wird, steht der Urahn *name* für die ganze Feldgruppe (die intern wie ein Feld ohne visuelle Darstellung behandelt wird). Ein solches hierarchisches Namensschema bietet folgende Vorteile beim Umgang mit Formularfeldern:

- Bei numerischen Feldern lassen sich Berechnungen mit allen untergeordneten Feldern sehr leicht durchführen. Um zum Beispiel die Summe der Felder *Preis.1*, *Preis.2*, *Preis.3* etc. über einen berechneten Feldinhalt zu bestimmen, geben Sie einfach den Feldnamen *Preis* ohne nachfolgende Nummer an.
- Im vorigen Tipp hatte ich bereits kurz die automatische Namensgebung bei hierarchisch angeordneten numerischen Feldnamen angesprochen. Besteht der letzte Teil eines hierarchischen Feldnamens aus einer Zahl, so können Sie ganz einfach modifizierte Kopien mehrerer Felder anlegen. Betrachten wir etwa die Feldnamen *Artikel.1*, *Preis.1* und *Anzahl.1*, die Sie manuell mit dem Formularwerkzeug angelegt haben. Wenn Sie diese drei Felder gleichzeitig selektieren (durch Anklicken bei gedrückter Umschalttaste), in die Zwischenablage kopieren und wieder im Dokument einfügen, haben die neuen Felder zunächst die gleichen Namen. Um jetzt alle Namen gleichzeitig zu ändern, drücken Sie einfach die Plustaste (wobei die Felder immer noch selektiert sein müssen), um die Nummer in den Namensbestandteilen zu erhöhen (oder die Minustaste, um

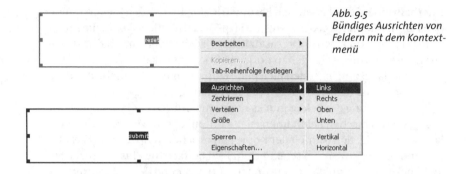

Abb. 9.5
Bündiges Ausrichten von Feldern mit dem Kontextmenü

sie zu vermindern). Die erste Kopie der drei Felder heißt dann etwa *Artikel.2*, *Preis.2* und *Anzahl.2*. Durch wiederholte Anwendung dieses Tricks kann man sehr einfach komplexe Tabellen mit vielen Formularfeldern anlegen.

▸ Etliche Eigenschaften mehrerer Felder, etwa die Farbe, lassen sich bei hierarchischer Namensgebung mit einer einzigen JavaScript-Anweisung verändern. Außerdem kann man alle zusammengehörigen Felder mit einer Anweisung aufsummieren. Wie das geht, werden wir in Abschnitt 10.4 »Formatierung, Validierung und Berechnung«, Seite 438, sehen.

Auf der Acrobat-CD finden Sie eine Beschreibung und Beispiele für einen Standard, den Adobe für die Bezeichnungen der Formularfelder vorschlägt. Dieses Schema mit der Bezeichnung *Personal Field Names* (PFN) deckt einen weiten Bereich personenbezogener Angaben ab und ist hierarchisch strukturiert. Beim Entwurf von PDF-Formularen, die personenbezogene Angaben vom Benutzer abfragen, empfiehlt es sich, sich an den PFN-Vorgaben zu orientieren. Adobe liefert auch ein PDF-Beispielformular, mit dem man sämtliche PFN-Angaben bequem erfassen und als Profildatei im Format FDF abspeichern kann. (Das FDF-Format werden wir in Abschnitt 9.5.1 »Die Exportformate FDF und XFDF«, Seite 405, kennen lernen.)

Sperren von Formularfeldern. Bei der Bearbeitung von Feldern kommt es immer wieder vor, dass man versehentlich die Eigenschaften von Feldern ändert oder ein Feld unabsichtlich bei einem Doppelklick verschiebt. Um das zu verhindern, kann Acrobat 5 Felder gegen Bearbeitung sperren. Um ein oder mehrere Felder zu sperren, wählen Sie den entsprechenden Eintrag im Kontextmenü (rechte Maustaste) oder in der Felderpalette. Die Sperre wird in der Datei vermerkt und wirkt daher auch beim nächsten Öffnen des Dokuments. Bis zum Aufheben der Sperre können die Feldeigenschaften und -positionen nicht mehr geändert werden. Die Sperre betrifft jedoch nur das Bearbeiten eines Formulars; es kann nach wie vor ausgefüllt werden.

Wiederverwendung der Formularfelder bei Layoutänderungen. Wenn Sie mit großem Aufwand ein kompliziertes Formular mit vielen Feldern erstellt haben und dann feststellen, dass das Layout angepasst werden muss oder andere Änderungen am Ausgangsdokument erforderlich sind, müssen Sie nicht alle Formularfelder erneut anlegen. Um die zugrunde liegende neue PDF-Seite mit den bereits existierenden Feldern zusammenzubringen, gehen Sie wie folgt vor:

- Erstellen Sie ein PDF-Dokument mit dem neuen Seitenlayout.
- Öffnen Sie das bereits vorhandene PDF-Formular in Acrobat und ersetzen Sie die betroffenen Seiten via *Dokument, Seiten ersetzen...* durch die entsprechenden Seiten aus der neuen PDF-Datei. Dabei wird nur der eigentliche Seiteninhalt ersetzt, die vorhandenen Formularfelder bleiben jedoch mit allen Eigenschaften und Einstellungen erhalten.
- Falls sich das Layout geändert hat, müssen Sie die Felder gegebenenfalls an die passende Stelle verschieben.

Formularschaltflächen statt Verknüpfungen. Formularschaltflächen können beliebige Acrobat-Vorgänge auslösen und daher alle Funktionen herkömmlicher Verknüpfungen übernehmen. Die Verwendung von Schaltflächen anstelle von Links hat zwei Vorteile:

- Der aktive Bereich kann durch ein Symbol dargestellt werden.
- Die Schaltfläche kann sehr einfach auf viele andere Seiten kopiert werden, etwa um die Navigationsbuttons für *Seite vor* und *Seite zurück* auf jeder Seite zu implementieren.

Allerdings gibt es bei der Erstellung von Schaltflächen, die auf eine andere Seite springen sollen, eine Einschränkung in Acrobat, die Sie aber durch den Tipp in Abschnitt »Schaltfläche für den Sprung auf eine andere Seite«, Seite 396, umgehen können.

9.3.3 Eigenschaften von Formularfeldern

Kurzbeschreibung. Wenn der Benutzer den Mauszeiger über das Feld bewegt und kurz dort stehen lässt, erscheint ein kleines Textfeld *(Tooltip)* mit einer Kurzbeschreibung (siehe Abbildung 9.6). In den Eigenschaften aller Formularfeldtypen gibt es dafür den Eintrag *Kurze Beschreibung*. Damit können Sie dem Anwender des Formulars auf einfache Weise Hinweise zur Bedeutung der Felder geben, ohne die Seite mit übermäßig vielen Beschreibungen zu überfrachten. Für längere oder mehrzeilige Texte können Sie kontextsensitive Hilfefelder anlegen (siehe Abschnitt »Rollover-Effekt«, Seite 396).

Schriftarten für Schaltflächen. Acrobat 4 unterliegt hinsichtlich der in Formularfeldern verwendbaren Schriftarten großen Einschränkungen, die

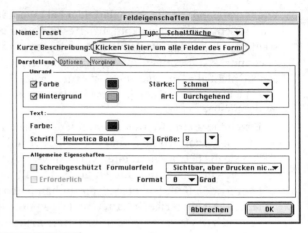

Abb. 9.6
Eintragen der Kurzbeschreibung (rechts) und Tooltip als Resultat (unten)

erst in Acrobat 5 behoben wurden (siehe Abschnitt 9.3.6 »Einschränkungen bei PDF-Formularen«, Seite 398). Dies lässt sich zumindest für Schaltflächen durch einen Trick umgehen:
- In einem Grafikprogramm legen wir den Text in der gewünschten Schrift an und konvertieren das Dokument in eine einseitige PDF-Datei.
- Anstelle der Beschriftung, die in den Optionen der gewünschten Schaltfläche als Attribut eingetragen wird, wählen wir die Layoutvariante *Nur Symbol*. Jetzt wählen wir als Symbol die oben erzeugte PDF-Datei mit der Beschriftung.

Der Nachteil dieser Methode besteht ganz offensichtlich darin, dass der Text nicht mehr direkt in Acrobat editiert werden kann.

Anpassen von Feldern an Formularvordrucke. Häufig müssen digitale Vordrucke an gedruckte Vorlagen angepasst werden oder sie werden gleich auf Grundlage eingescannter Vorlagen erstellt. Dabei tritt oft das Problem auf, die Schriftart und -größe von Textfeldern so festzulegen, dass die Kästchen oder Felder im Vordruck exakt gefüllt werden. Um Ihnen ein umständliches Ausprobieren zu ersparen, möchte ich kurz zeigen, wie sich dieses Problem rechnerisch einfach lösen lässt.

Um variablen Text in fest vorgegebene Kästchen einzupassen, benötigen wir eine so genannte äquidistante Schrift, also einen Font, bei dem alle Zeichen die gleiche Breite haben. Von den in Acrobat 4 möglichen Schriften kommen dazu nur die vier Ausprägungen von Courier infrage. Bei Courier wiederum entspricht die Breite eines Zeichens 60 Prozent der Fonthöhe. Außerdem brauchen wir den Umrechnungsfaktor zwischen der Einheit Punkt (für die Fontgröße) und metrischen Einheiten:

1 pt = 1 Zoll/72 = 25,4 mm/72 = 0,3528 mm

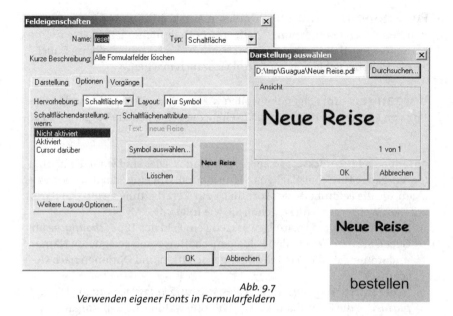

Abb. 9.7
Verwenden eigener Fonts in Formularfeldern

1 mm = 72 pt / 25.4 = 2,8346 pt

Mit diesen Angaben können wir die Fontgröße berechnen, die in den Eigenschaften des Textfelds eingetragen werden muss, damit der Text exakt in ein vorgegebenes Kästchenraster passt.

Dazu ein Beispiel: Die vorgedruckten Kästchen in einem Überweisungsformular haben eine Breite von 5 Millimetern. Welche Schriftgröße in Punkt ist im PDF-Formular zu wählen? Dazu rechnen wir die Kästchenbreite in Punkt um und dividieren durch den Breitenfaktor von Courier (60 Prozent), um die Fonthöhe zu berechnen:

Fonthöhe = 5 mm / 0,6 = 5 * 2,8346 pt / 0,6 = 23,6 pt

Der Eintrag 23.6 Punkt (selbst in der deutschen Acrobat-Version ist ein Dezimalpunkt bei der Eingabe erforderlich!) für die Schriftgröße im Formularfeld stellt also sicher, dass der eingetragene Text genau in die vorgedruckten Kästchen passt. Beachten Sie jedoch, dass Acrobat am linken Rand des Kästchens vor dem ersten Zeichen etwas zusätzlichen Weißraum anzeigt. Daher sollte das Formularfeld etwas weiter links beginnen als das vorgedruckte Feld.

Abb. 9.8
Einpassen von Formularfeldern

9.3.4 Funktionen.
Das ISBN-Formular in Abschnitt 10.4 »Formatierung, Validierung und Berechnung«, Seite 438, enthält mehrere Beispiele für die Formatierung, Validierung und Berechnung von Formularfeldern. Dabei werden wir ausgiebig von JavaScript Gebrauch machen.

9.3.5 Vorgänge.
Im Folgenden wollen wir uns einige Beispiele für den Einsatz von Formularschaltflächen ansehen, die verschiedene Vorgänge auslösen.

Absenden oder Zurücksetzen eines Formulars. Dies sind wohl die häufigsten Vorgänge für Schaltflächen in Formularen. Um eine Schaltfläche anzulegen, die die Feldinhalte des Formulars zur Verarbeitung an ein CGI-Skript auf dem Webserver schickt, gehen Sie wie folgt vor:

- Legen Sie mit dem Formularwerkzeug ein Feld des Typs *Schaltfläche* an.
- Geben Sie dem Feld in den Feldeigenschaften einen geeigneten Namen und wählen Sie die Darstellungseigenschaften und Optionen nach Geschmack.
- In der Palette *Vorgänge* wählen Sie *Maustaste loslassen*, Vorgang *Hinzufügen*. Um die Feldinhalte zu verschicken, wählen Sie den Vorgangstyp *Formular senden*, drücken auf *URL auswählen* und tippen die Adresse des Server-Skripts ein. Alternativ dazu wählen Sie den Vorgangstyp *Formular zurücksetzen*, um alle Formularfelder wieder mit ihren Standardwerten zu belegen.

Die Optionen *Exportformat* und *Feldauswahl* hängen von der Verarbeitung der Formulardaten auf dem Server ab. Damit werden wir uns in Abschnitt 9.5 »Formularverarbeitung auf dem Server«, Seite 405, näher befassen.

Schaltfläche für den Sprung auf eine andere Seite. Bei der Auswahl des mit einer Schaltfläche verbundenen Vorgangs gibt es eine wichtige Einschränkung: Während man in Acrobat 4 noch den Vorgang *Anzeige* wählen konnte, um auf eine beliebige Seite des gleichen oder eines anderen Dokuments zu springen, gibt es diese Möglichkeit in der Acrobat-5-Oberfläche nicht mehr (im Gegensatz zu Lesezeichen und Verknüpfungen, wo der Vorgang *Anzeige* noch angeboten wird). Dateien, die mit Acrobat 4 erstellt wurden und solch eine Schaltfläche enthalten, funktionieren in Acrobat 5 jedoch nach wie vor.

Als Ersatz für den nicht mehr vorhandenen Vorgang *Anzeige* verwenden Sie den Vorgang *Menübefehl ausführen* mit einem der Sprungbefehle im Menü *Dokument* oder JavaScript-Anweisungen (siehe Abschnitt 10.3.4 »Vorgänge«, Seite 435).

Rollover-Effekt. Der Vorgang *Feld ein-/ausblenden* ermöglicht das Darstellen oder Verbergen von Seiteninhalten abhängig von Benutzeraktionen. Damit lässt sich zum Beispiel eine kontextsensitive Hilfefunktion imple-

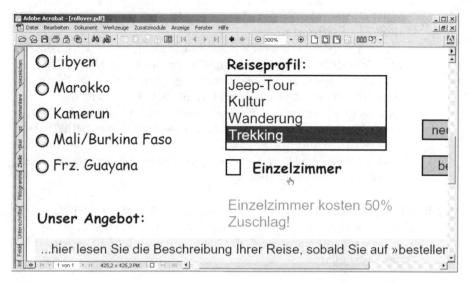

Abb. 9.9
Rollover-Effekt: Unter dem Wort »Einzelzimmer« wird ein Text eingeblendet, sobald sich der Mauszeiger über diesem Wort befindet.

mentieren: Sobald der Benutzer den Mauszeiger über einen bestimmten Bereich bewegt, erscheint an anderer Stelle eine passende Erklärung oder Beschreibung. Damit können Formularfelder Erläuterungen bekommen, die nicht ständig sichtbar sind (und in ihrer Summe eher verwirren), sondern nur erscheinen, wenn der Benutzer sie auch braucht – nämlich dann, wenn er die Maus in das entsprechende Feld setzt. Da sich Felder problemlos überlagern lassen (das ist natürlich nur dann sinnvoll, wenn nicht alle gleichzeitig sichtbar sind), benötigt die kontextsensitive Hilfe auch bei mehreren Feldern nicht viel Platz auf dem Bildschirm. Die Hilfetexte für verschiedene Felder können an der gleichen Stelle erscheinen (siehe Abbildung 9.9).

Wir wollen diese Technik nutzen, um als Beispiel im Guagua-Formular einen Hilfetext einzubauen, der immer dann erscheinen soll, wenn sich der Mauszeiger über dem Text *Einzelzimmer* befindet:

- Legen Sie unterhalb des Worts *Einzelzimmer* ein Textfeld mit dem Namen *single_help* an, das unseren Hilfetext aufnimmt. Unter Darstellung klicken Sie *Unsichtbar* und Größe *Auto* an, unter Optionen *Mehrere Zeilen*. Ebenfalls unter Optionen tippen Sie unter Standard den gewünschten Hilfetext ein, etwa *Einzelzimmer kosten 50% Zuschlag*.
- Legen Sie mit dem Formularwerkzeug ein weiteres Rechteck um den Text *Einzelzimmer* an, das als Auslöser fungieren wird. Geben Sie diesem Feld den Typ Schaltfläche und nennen Sie es *single_trigger*. Achten Sie

unter *Darstellung* darauf, dass Farbe und Hintergrund für die Umrandung nicht aktiviert sind.
- Im Vorgänge-Dialog des Felds *single_trigger* fügen Sie für den Auslöser *Maus in Feld* einen Vorgang des Typs *Feld ein-/ausblenden* hinzu und wählen unter *Bearbeiten...* den Feldnamen *single_help*. Achten Sie darauf, dass dabei der Button *Einblenden* aktiviert ist. Entsprechend fügen Sie einen zweiten Vorgang des Typs *Feld ein-/ausblenden* hinzu und wählen unter *Bearbeiten...* wieder den Feldnamen *single_help*. Diesmal aktivieren Sie jedoch den Button *Ausblenden*.
- Jetzt können Sie bei Bedarf noch Detaileinstellungen ändern, etwa die Schriftgröße, Farbe oder Ausrichtung.

9.3.6 Einschränkungen bei PDF-Formularen.

Neben den Einschränkungen von Acrobat Reader, die in Abschnitt 9.4.1 »Acrobat-Varianten«, Seite 399, behandelt werden, gibt es weitere Einschränkungen der Acrobat-Formulare.

Schriftarten in Textfeldern. Bis Acrobat 4 konnten Formularfelder nur die 14 Standardschriften von Acrobat, also die Familien *Times*, *Courier*, *Helvetica*, *ZapfDingbats* und *Symbol*, sowie zwei japanische Schriften *(HeiseiMin* und *HeiseiKakuGo)* nutzen. Andere Schriften sind erst seit Acrobat 5 möglich. Auf deren Nutzung sollte man aber verzichten, bis Acrobat 5 größere Verbreitung gefunden hat.

Dateigröße von PDF mit Formularfeldern. Beim Anlegen von Formularfeldern sollte man sich der Tatsache bewusst sein, dass Formularfelder nicht unbeträchtlich zur Gesamtgröße einer PDF-Datei beitragen. Dies liegt zum einen an der erforderlichen Datenstruktur zur Verwaltung der Felder, zum anderen an der Tatsache, dass die Beschreibung der Formularfelder nicht komprimiert wird. Alle Eigenschaften, Optionen und eventuell vorhandene JavaScript-Fragmente eines Formularfelds stehen also unkomprimiert in der Datei. Über den Daumen gepeilt schlägt ein einzelnes Feld mit ca. 1-5 KB zusätzlich zu Buche. Bei interaktiven Anwendungen sind PDF-Dateien mit hunderten von Formularfeldern keine Seltenheit, und beim Online-Einsatz ist die Dateigröße von PDF-Formularen durchaus relevant!

In Acrobat 5 lässt sich leicht ermitteln, wie viel Speicherplatz die Formularfelder einer PDF-Datei benötigen. Wählen Sie dazu *Werkzeuge, PDF Consultant, Speicherprüfung*.

Erstellung komplexer Formularsysteme. Wer PDF-Formulare mit Dutzenden oder gar Hunderten von Feldern erstellt, wird schnell merken, dass die Formularfunktionen von Acrobat (Werkzeug, Raster zur Ausrichtung, Eigenschaftsmenü usw.) zwar sehr leistungsfähig sind, wenn es um die Einrichtung einzelner Felder geht. Dies gilt insbesondere, wenn man die im nächsten Kapitel behandelten Möglichkeiten durch JavaScript-Programmierung hinzunimmt. Geht es aber um die Erstellung und Pflege umfangreicher Formularsysteme, so ist das Formularwerkzeug doch ziemlich unterdimensioniert. Es gibt nur rudimentäre Möglichkeiten, mehrere Formularfelder gleichzeitig zu bearbeiten (Ausrichtung, Größenanpassung oder – durch mehrfache Selektion – Einstellung gemeinsamer Darstellungseigenschaften). Die globale Bearbeitung, zum Beispiel gemeinsame Einstellungen für eine große Zahl unternehmensweiter PDF-Formulare, ist überhaupt nicht möglich. Auch die Verwaltung und Pflege größerer Mengen von JavaScript-Code in PDF-Formularen ist problematisch.

9.4 Formularsysteme auf PDF-Basis

Bei der Planung PDF-basierter Formularsysteme ist es oft nicht ganz leicht, den Überblick zu behalten: Nicht alle Formularfunktionen werden in jeder Acrobat-Variante unterstützt; auch beim Hin- und Hersenden von HTML- und PDF-Daten zwischen Server und Client verliert man schnell den Überblick im Gestrüpp der Formate. Nach der Vorstellung der Details zu PDF-Formularfeldern wollen wir uns nun der Planung von Formularsystemen mit Acrobat zuwenden.

9.4.1 Acrobat-Varianten.
Wie bereits erwähnt, stehen in Acrobat Reader nicht alle Funktionen für den Einsatz von PDF-Formularen zur Verfügung. Für Projekte, in denen der Einsatz des Acrobat-Vollprodukts aus Kostengründen nicht infrage kommt, bietet Adobe mit Acrobat Approval eine preisgünstige Alternative an.

Einschränkungen in Acrobat Reader. Acrobat Reader kann keine Daten abspeichern. Daher muss ein Anwender, dem das Acrobat-Vollprodukt nicht zur Verfügung steht, ein PDF-Formular am Stück ausfüllen (er kann ein teilweise ausgefülltes Formular vor dem Absenden nicht zwischenspeichern und später den Rest ausfüllen). Außerdem kann er das ausgefüllte Formular nur drucken oder über eine geeignete Schaltfläche an einen Webserver senden. Das Absenden der Formulardaten wiederum funktioniert bei Acrobat Reader nur im Browser. Beim Vollprodukt funktioniert das dank Web Capture auch ohne Browser.

Außerdem stehen im Reader Seitenvorlagen (siehe Abschnitt 10.4.3 »Seitenvorlagen«, Seite 443) und einige JavaScript-Funktionen nicht zur Verfügung, etwa die Datenbankanbindung via ADBC (siehe Abschnitt 10.5 »Datenbankzugriffe mit ADBC«, Seite 445).

Acrobat Approval. Unter der Bezeichnung *Acrobat Approval* bietet Adobe ein Mittelding zwischen Acrobat Reader und dem Vollprodukt an. Im Gegensatz zum Reader enthält es erweiterte Formular- und Signaturfunktionen, jedoch keine Möglichkeit zum Erstellen oder Kommentieren von PDF-Dokumenten. Acrobat Approval wird wesentlich günstiger als das Acrobat-Vollprodukt angeboten und stellt daher eine interessante Alternative für Formularlösungen dar, bei denen aus Kostengründen nicht auf allen Arbeitsplätzen das Acrobat-Vollprodukt installiert werden kann. Tabelle 9.3 fasst die Verfügbarkeit der Formularfunktionen in den verschiedenen Acrobat-Varianten zusammen.

Tabelle 9.3 Funktionsumfang von Acrobat Reader, Approval und Vollprodukt

Funktion	Acrobat 5 Reader	Acrobat 5 Approval	Acrobat 5 Vollprodukt
Ausfüllen von Formularen	ja	ja	ja
Drucken ausgefüllter Formulare	ja	ja	ja
Absenden von Formulardaten übers Internet	ja	ja	ja
Importieren von Formulardaten	ja[1]	ja	ja
JavaScript-Unterstützung	ja[2]	ja	ja
Speichern ausgefüllter Formulare	–	ja	ja
Exportieren von Formulardaten	–	ja	ja
Versenden von Mail	–	ja	ja
Verschlüsselung und digitale Signatur	–	ja	ja
Seitenvorlagen (Templates)	–	ja	ja
Datenbankanschluss via ADBC	–	ja	ja
Rechtschreibprüfung für Feldinhalte	–	ja	ja
Erstellen von Formularen	–	–	ja
Erstellen von Kommentaren	–	–	ja
Web Capture	–	–	ja

1. Import von Formulardaten im Reader funktioniert nur über eine geeignete Schaltfläche.
2. Im Reader sind nicht alle JavaScript-Funktionen des Vollprodukts verfügbar.

9.4.2 Offline-Formularsysteme.

Die einfachste Möglichkeit für den Einsatz von PDF-Formularen ist die Nachbildung von Papierformularen. Dabei fungiert Acrobat als bessere Schreibmaschine zum Ausfüllen der vorbereiteten Felder. Ziel ist ein Ausdruck des ausgefüllten Formulars, der dann konventionell weitergereicht wird, etwa per Brief oder Fax. Diese Variante lässt sich sehr leicht implementieren, da nur wenige Voraussetzungen erfüllt sein müssen: Der Ersteller der Formulare benötigt das Acrobat-Vollprodukt, der Anwender nur den Reader zum Ausfüllen und Drucken.

Offline-Formulare lassen sich mithilfe von JavaScript um leistungsfähige Funktionen erweitern. JavaScript-Anweisungen können das Formular »intelligent« machen und zum Beispiel Berechnungen durchführen, Abhängigkeiten überprüfen oder die Benutzerschnittstelle individuell gestalten, indem bestimmte Felder aktiviert oder deaktiviert werden. Mit den

Möglichkeiten von JavaScript werden wir uns in Kapitel 10 »JavaScript in Acrobat« befassen.

Offline-Formularsysteme unterliegen meist den Einschränkungen, die der Einsatz von Acrobat Reader mit sich bringt: Damit lassen sich Formulare nur ausfüllen und drucken. Ein Abspeichern des ausgefüllten Formulars ist nicht möglich, ebenso wenig fortgeschrittene Funktionen wie die digitale Signatur. Bei Projekten, die diese Funktionen benötigen, für die der Einsatz des Acrobat-Vollprodukts aber nicht infrage kommt, ist Acrobat Approval unter Umständen eine Alternative.

9.4.3 Webbasierte Formularsysteme.

Online-Formularsysteme nutzen das Internet zur Übertragung von Formularen und Feldinhalten. Sie erfordern höheren Entwicklungsaufwand als Offline-Systeme, bieten dafür aber wesentlich mehr Nutzungsmöglichkeiten.

Für die Speicherung von Formulardaten über die Exportfunktion von Acrobat oder das Versenden von Formulardaten im Web entwickelte Adobe ein eigenes Dateiformat. Dieses so genannte *Forms Data Format (FDF)* ist ein einfaches Textformat, das formal an PDF angelehnt ist. Seit Version 5 bietet Acrobat als funktional gleichwertige Alternative das auf XML basierende Format XFDF. Beide Formate werden wir in Abschnitt 9.5.1 »Die Exportformate FDF und XFDF«, Seite 405, genauer betrachten. Sie beschreiben die Felder eines PDF-Formulars, enthalten jedoch keine Layoutinformationen. Eine FDF- oder XFDF-Datei enthält die Namen aller Felder und die zugehörigen Werte.

FDF als Speicherformat für Formulardaten kann auch zur Übertragung der Formularinhalte vom Browser an den Webserver dienen. Die Art des Sendeformats legt der Gestalter des Formulars in den Feldeigenschaften bei der Definition des Vorgangs *Formular senden* fest. Die Dialogbox zur Auswahl des Ziel-URLs ermöglicht die Unterscheidung zwischen HTML, FDF und XFDF. Mit HTML ist dabei die übliche URL-Kodierung der Formulardaten gemäß des Internetstandards RFC 1866 gemeint. Die Entscheidung für ein Format hängt von der gewünschten Funktionalität ab und beeinflusst auch den Entwicklungsaufwand auf der Serverseite. Dabei sind mehrere Szenarios zu unterscheiden, die ich im Folgenden beschreiben möchte.

Szenario 1: Ersetzen von HTML-Formularen durch PDF. Im ersten Szenario sollen existierende HTML-Formulare durch PDF-Formulare ersetzt oder ergänzt werden. In diesem Fall empfiehlt sich HTML als Sendeformat für die übertragenen Formulardaten. Dies ermöglicht die unveränderte Weiterbenutzung aller Skripten und Programme, die die Formulardaten auf dem Server verarbeiten.

Die meisten Bestandteile der bereits existierenden Architektur (siehe Abbildung 9.10) können unverändert beibehalten werden, nur die HTML-Formulare werden durch PDF-Gegenstücke ersetzt. Damit die Auswertung auf dem Server funktioniert, ist bei der Formulargestaltung darauf zu achten, dass die PDF-Feldnamen den Bezeichnungen der HTML-Formularfelder entsprechen. Antworten, die der Server als Reaktion auf den Eingang der Formulardaten erzeugt, werden als HTML zum Browser übertragen.

Dieses Szenario kann auch parallel zu HTML-Formularen zum Einsatz kommen: Die Benutzer können das Formular wahlweise im HTML- oder PDF-Format abrufen. Das Absenden der Daten erfolgt in beiden Fällen im gleichen Format und an das gleiche Server-Skript.

Szenario 2: Formularsystem auf Basis von FDF oder XFDF. Das zweite Szenario kommt dann infrage, wenn nicht auf existierende CGI-Skripten Rücksicht genommen werden muss oder zusätzliche Funktionalität von PDF genutzt werden soll. Der Hauptvorteil einer solchen Lösung besteht darin, dass der Server seine Antwort ebenfalls als FDF oder XFDF zum Browser senden kann, der die Antwort in das bereits vorhandene Formular einbindet. Der Gestalter muss dazu natürlich geeignete Antwortfelder im Formular vorsehen. Die Antwort kann nicht nur eine Bestätigungsmeldung enthalten, sondern auch dynamische Daten, die anhand der eingegangenen Feldinhalte generiert werden. In Abschnitt 9.6 »FDF-Software auf dem Server«, Seite 416, werden wir ein Beispiel dafür kennen lernen.

Abbildung 9.11 zeigt die Architektur eines FDF-basierten Formularsystems. Der URL eines CGI-Skripts, das FDF- oder XFDF-Daten an den Browser sendet (also das Ziel des Vorgangs *Formular senden*), muss die Fragmentbezeichnung *#FDF* (auch für XFDF) am Ende enthalten, sonst funktioniert die Einbindung in das PDF-Formular nicht:

http://www.pdflib.com/guagua/scripts/order_d.asp#FDF

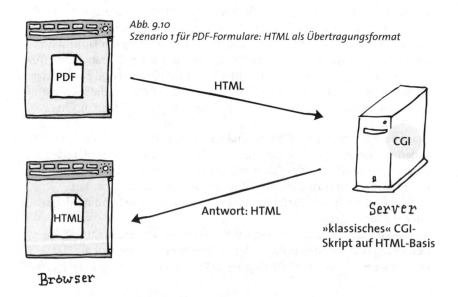

Abb. 9.10
Szenario 1 für PDF-Formulare: HTML als Übertragungsformat

Der Einsatz von FDF für die Antwort des Servers bietet im Vergleich zu HTML folgende Vorteile:
- Die Antwort muss nicht als komplette PDF-Datei vom Server übertragen werden, sondern wird in das bereits angezeigte PDF-Formular eingetragen.
- Die Antwort kann das Aussehen von Formular-Buttons ändern.
- Die Antwort kann sogar die Funktionalität und Darstellung von Formular-Buttons ändern. Mittels JavaScript in FDF lassen sich zum Beispiel Formulareigenschaften ändern.
- Mithilfe von Seitenvorlagen lassen sich dynamische Dokumente generieren. Dieses Thema werden wir in Abschnitt 10.4.3 »Seitenvorlagen«, Seite 443, weiter verfolgen.

Szenario 3: Zusätzliches PDF-Formular für die Antwort. Bei diesem Szenario wird die FDF/XFDF-Antwort des Servers nicht in das bereits im Browser angezeigte Formular eingefügt. Stattdessen enthalten die Daten (bei FDF im Eintrag /F, bei XFDF im Tag *f*) den URL eines weiteren PDF-Formulars, das zunächst vom Server angefordert wird. In dieses zweite Formular werden die Daten eingetragen (siehe Abbildung 9.12). Der URL, der in der FDF- oder XFDF-Datei übergeben wird, kann relativ sein und wird dann auf den URL der angezeigten PDF-Datei bezogen.

Dieses Szenario ist vorteilhaft, wenn die Antwort des Servers größere Texte enthält und deswegen einige Zusatzfelder im ersten Formular nicht ausreichen. Abhängig von den Angaben im ersten Formular könnte der Server auch unterschiedliche Formulare zurücksenden.

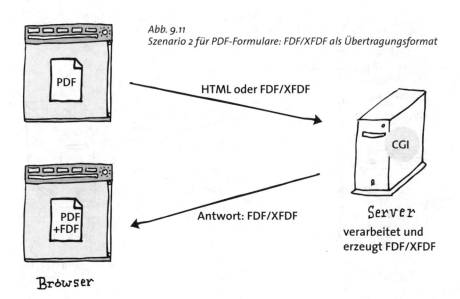

Abb. 9.11
Szenario 2 für PDF-Formulare: FDF/XFDF als Übertragungsformat

Szenario 4: Mischen von FDF und PDF auf dem Server. Dieses Szenario unterscheidet sich von den bisher vorgestellten dadurch, dass die variablen Daten und die festen Formularbestandteile bereits auf dem Server miteinander kombiniert werden. Das Ergebnis wird zum Browser geschickt, wo der Anwender entweder weitere Formularfelder ausfüllt oder der Vorgang beendet ist, weil das Dokument bereits vollständig ist.

Dieses Szenario erfordert auf dem Server Zusatzsoftware in Form des Programms FDFMerge, das in Abschnitt 9.6 »FDF-Software auf dem Server«, Seite 416, vorgestellt wird. FDFMerge nimmt ein PDF-Formular und füllt die Felder anhand einer FDF-Datei aus, die zum Beispiel aus einer Datenbank heraus generiert wurde.

Ein anschauliches Beispiel für dieses Szenario hat die Techniker-Krankenkasse für ihre Mitglieder implementiert: Auf dem Webserver stehen diverse Formulare für Verwaltungsvorgänge zur Verfügung. Anstatt diese Formulare aber nun einfach als PDF-Dateien mit Formularfeldern zum Download anzubieten, haben die Entwickler eine zusätzliche Funktion zugunsten der Anwender eingebaut. Nach erfolgter Anmeldung (das heißt die Benutzerdaten sind auf dem Server bekannt) füllt der Server die benutzer-

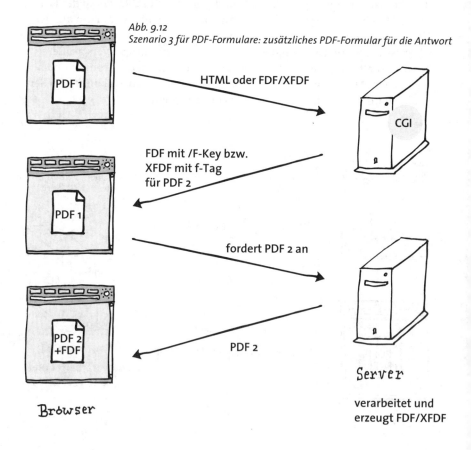

Abb. 9.12
Szenario 3 für PDF-Formulare: zusätzliches PDF-Formular für die Antwort

spezifischen Angaben im Formular gleich aus. Damit erhält der Anwender ein Formular, in dem bereits seine persönlichen Angaben, Versicherungsnummer und Adresse der nächsten Filiale eingetragen sind. Jetzt muss er sich nur noch um den eigentlichen Inhalt des Antrags kümmern.

9.5 Formularverarbeitung auf dem Server

9.5.1 Die Exportformate FDF und XFDF.

In diesem Abschnitt wollen wir die Formularverarbeitung aus der Sicht des Servers betrachten. Als Beispiel fungiert wieder unser Bestellformular für Reiseunterlagen, das in Abbildung 9.13 noch einmal dargestellt ist, diesmal mit sichtbaren Feldnamen und angezeigter Felderpalette. Füllt man die Felder in Acrobat aus und exportiert die Feldinhalte *(Datei, Exportieren, Formulardaten...)* oder sendet das Formular an einen Webserver (mit einer geeigneten PDF-Schaltfläche), so erhält man FDF-Daten der folgenden Art:

```
%FDF-1.2
%âãÏÓ
1 0 obj
<<
    /FDF << /Fields [
    << /V (...hier lesen Sie die Beschreibung Ihrer Reise, sobald Sie auf
    \273bestellen\253 dr\374cken.) /T (angebot)>>
    << /V /on /T (einzelzimmer)>>
    << /V (6)/T (monat)>>
    << /V (York Karsunke)/T (name)>>
    << /V (trekking)/T (profil)>>
    << /V /2 /T (reiseziel)>>
    ]
    /F (guagua.pdf)
    /ID[<0172feeb97c8709b42cad51a925b7ed0><0172feeb97c8709b42cad51a925b7ed0>]
    >>
>>
endobj
trailer
<< /Root 1 0 R >>
%%EOF
```

FDF ist zwar formal an PDF angelehnt (mit Objekten und vielen spitzen Klammern), die Struktur einer FDF-Datei ist jedoch wesentlich einfacher, insbesondere gibt es keine Verweistabelle mit Dateipositionen. Wie aus dem obigen Beispiel deutlich wird, enthält eine FDF-Datei für jedes Formularfeld dessen Namen unter dem Schlüssel */T (title)* und den zugehörigen Wert unter dem Schlüssel */V (value)*. Neben der Beschreibung der Felder kann eine FDF-Datei unter dem Schlüssel */F (file)* auch den Dateinamen des zugehörigen PDF-Formulars enthalten, dieser Eintrag muss aber nicht vorhanden sein. Existiert er, so enthält er den Namen des PDF-Formulars, aus dem die Felder exportiert wurden bzw. in das sie wieder importiert werden

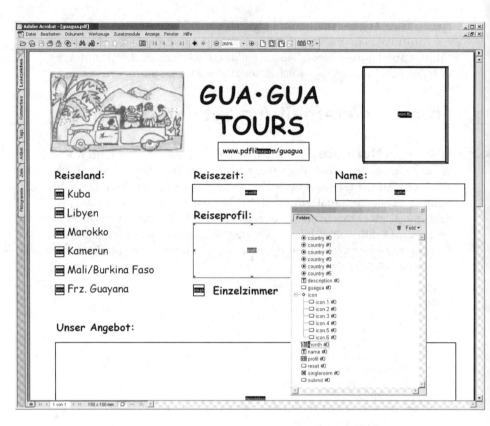

Abb. 9.13
Die Felder des Beispielformulars und die Formularpalette

sollen. Seit Acrobat 4 fungiert FDF auch als Container für Anmerkungen, die aus einer PDF-Datei exportiert werden.

Schließlich gibt es noch den Schlüssel /Status, der zwar von Acrobat nie automatisch erzeugt wird, für den Einsatz auf dem Webserver aber interessante Möglichkeiten bietet. Enthält eine FDF-Datei, die vom Server an den Browser gesandt wird, einen Statuseintrag, so erscheint beim Benutzer eine Meldungsbox (siehe Abschnitt »Ausgabe einer Dialogbox im Browser«, Seite 416).

Das große Feld *description* im unteren Teil des Formulars ist schreibgeschützt und kann daher nicht vom Benutzer ausgefüllt werden. Stattdessen nimmt es eine Reisebeschreibung auf, die der Server anhand der Benutzerangaben zum Browser schickt. Unsichtbare Felder, die nicht vom Benutzer, sondern vom Server belegt werden, sind eine einfache Möglichkeit, zusätzlichen Inhalt in PDF-Dateien unterzubringen.

In allen FDF-Strings sind der PDF-Zeichensatz und die Schreibweise für Sonderzeichen zu beachten. Umlaute werden zum Beispiel durch einen Gegenschrägstrich \ und eine dreistellige Oktalzahl dargestellt (siehe Abschnitt 11.2.4 »Datentypen und Koordinaten«, Seite 472). Hierarchische Feldnamen erhalten wie in Acrobat Namen, die aus den einzelnen Bestandteilen bestehen, jeweils mit einem Punkt als Trennzeichen. Die genaue Beschreibung von FDF finden Sie in der PDF-Referenz.

XFDF. Acrobat exportiert Formularinhalte seit Version 5 auch im Format XFDF, das auf XML basiert und daher vielleicht besser in moderne Serverumgebungen passt als FDF. XFDF lässt sich mit jedem der vielen verfügbaren XML-Werkzeuge verarbeiten. Funktional sind FDF und XML äquivalent. Unser kleines Beispiel sieht in XFDF wie folgt aus:

```
<?xml version="1.0" encoding="UTF-8"?>
<xfdf xmlns="http://ns.adobe.com/xfdf/" xml:space="preserve">
<fields>
<field name="angebot">
<value>...hier lesen Sie die Beschreibung Ihrer Reise, sobald Sie auf
Â»bestellenÂ« drÃ¼cken.</value>
</field>
<field name="einzelzimmer">
<value>on</value>
</field>
<field name="monat">
<value>6</value>
</field>
<field name="name">
<value>York Karsunke</value>
</field>
<field name="profil">
<value>trekking</value>
</field>
<field name="reiseziel">
<value>2</value>
</field>
</fields>
<f href="guagua.pdf"/>
</xfdf>
```

XFDF basiert wie alle XML-Sprachen auf Unicode und enthält am Anfang der Datei ein Encoding-Attribut, das die Art der Unicode-Kodierung angibt. Acrobat 5 erzeugt FDF immer in der Kodierung UTF-8 (siehe Abschnitt 4.7.1 »Der Unicode-Standard«, Seite 176). Umlaute und andere Sonderzeichen werden dabei durch zwei oder mehr Byte kodiert und sind daher nicht mehr direkt lesbar. Hierarchische Namen sind in XFDF nicht mehr direkt als solche erkennbar, sondern ergeben sich aus der Vererbungshierarchie der Tags.

Eine genaue Beschreibung von XFDF in Form eines XML-Schemas finden Sie in dem Document »Forms System Implementation Notes« auf der Acrobat-5-CD.

Verarbeitung der Formulardaten. Ein Webmaster, der PDF-Formulare einsetzen will, hat für die Übertragung der Formularinhalte vom Browser zum Server die Wahl zwischen dem üblichen HTML-Format mit dem MIME-Typ

application/x-www-form-urlencoded

und dem Acrobat-spezifischen Format FDF mit dem MIME-Typ

application/vnd.fdf

Der MIME-Typ für das XML-basierte Format XFDF lautet schließlich

application/vnd.adobe.xfdf

Für die Übertragung von Formulardaten kommt immer die POST-Methode zum Einsatz. Vergessen Sie beim Einsatz statischer FDF-Dateien nicht, den zugehörigen MIME-Typ auf dem Server zu konfigurieren (siehe Abschnitt 7.5 »Konfiguration eines Webservers für PDF«, Seite 330). Für dynamisch generiertes FDF, wie wir es in diesem Kapitel erzeugen wollen, ist das jedoch nicht unbedingt erforderlich. FDF bietet zwar mehr Möglichkeiten als die herkömmliche URL-Kodierung, für letztere gibt es jedoch bereits eine Vielzahl verwendbarer Skripten und Programme für die Verarbeitung auf dem Server. In diesem Kapitel möchte ich ähnliche Möglichkeiten für die FDF-Verarbeitung vorstellen. Dabei geht es sowohl um die Verarbeitung der vom Benutzer zum Server gesandten Daten als auch um die dynamische Erzeugung von FDF-Daten auf dem Server, etwa für Antworten. Antworten, die der Server in ein PDF-Formular einträgt, müssen immer in FDF erzeugt werden – für diese Richtung gibt es keine Wahlmöglichkeit.

Damit das Zurücksenden der FDF-Daten vom Server an den Browser funktioniert und dieser die Daten korrekt im Formular einträgt, ist es entscheidend, dass der URL des Skripts oder des Programms, das die FDF-Daten auf dem Server erzeugt (also das Ziel der Schaltfläche *Formular senden* im PDF-Dokument), mit dem Suffix *#FDF* endet, also etwa

http://www.pdflib.com/guagua/scripts/order_d.asp#FDF

Die Schaltfläche *Formular senden* kann auch eine relative Adresse enthalten, die auf den URL des aktuellen PDF-Dokuments bezogen wird. Die Kennung *#FDF* garantiert zusammen mit dem MIME-Typ für FDF, dass der Browser die Formulardaten nicht als Datei speichert, sondern von Acrobat in das Formular eintragen lässt, das der Benutzer zuvor ausgefüllt hat (oder ein anderes, wenn der Schlüssel */F* existiert). In unserem Beispiel wird der obige URL in der Schaltfläche *bestellen* für einen Vorgang des Typs *Formular senden* im PDF-Formular eingetragen.

Für die Erzeugung von FDF/XFDF-Daten gibt es mehrere Möglichkeiten:
- Man kann sich eine Datei als Schablone erzeugen (durch Export der Formulardaten aus Acrobat) und deren Inhalt mit geeigneten Textwerkzeugen ändern bzw. durch neue Werte ersetzen. Hierfür eignet sich eine Skriptsprache wie Perl sehr gut.

- Ein Programm oder Skript kann die FDF/XFDF-Daten von Grund auf neu erstellen. Hierfür eignen sich alle Programmiersprachen, ebenso der Reportgenerator einer Datenbank.
- Das kostenlose FDF-Toolkit von Adobe ermöglicht neben der Erstellung neuer FDF-Dateien auch die bequeme Auswertung der eingegangenen Formulardaten ohne großen Programmieraufwand.

Automatisches Zusammenführen von PDF- und FDF-Daten. Wie oben beschrieben, kann der Server FDF-Daten zurückschicken, die Acrobat mit dem bereits vorhandenen PDF-Formular zusammenführt. Diesen Prozess kann man auch automatisieren, indem man zum Beispiel in einem URL auf eine PDF-Datei verweist, an deren Namen die Adresse eines Skripts zur serverseitigen Generierung von FDF-Daten angehängt wird. Zur weiteren Dynamisierung kann man an dieses Skript wiederum Parameter anhängen:

http://www.pdflib.com/file.pdf#FDF=makefdf.asp?ID=12345

Bei einer solchen Anforderung holt sich der Browser zunächst die PDF-Datei und ruft dann über den URL das serverseitige Skript auf. Dieses generiert abhängig vom Parameter die passenden FDF-Daten, die Acrobat schließlich in das PDF-Formular einträgt.

Eine weitere Möglichkeit zum Zusammenführen von FDF- und PDF-Daten bereits auf dem Server ist das Programm FDFMerge (siehe Abschnitt 9.6 »FDF-Software auf dem Server«, Seite 416).

9.5.2 Das FDF-Toolkit.
Für die Auswertung von URL-kodierten Formulardaten stehen zahlreiche kostenlose Skripten, Programme und Hilfsbibliotheken für alle gebräuchlichen Skript- und Programmiersprachen zur Verfügung. Für den Webmaster wirft der Einsatz von FDF das Problem auf, ähnliche Tools zur Verarbeitung der Formulardaten erst entwickeln zu müssen. Dies stellt ein nicht unwesentliches Hindernis für PDF-Formulare dar. Um dem Webmaster diese Aufgabe zu erleichtern, stellt Adobe als Teil des Acrobat-SDKs (die Abkürzung steht für *Software Development Kit*) das kostenlose FDF-Toolkit zur Verfügung. Es ist auch separat unter der Adresse

http://partners.adobe.com/asn/developer/acrosdk/forms.html

erhältlich. Bei diesem Toolkit handelt es sich um eine Programmbibliothek mit Funktionen zum Lesen und Schreiben von FDF-Daten. Es umfasst sowohl die Auswertung existierender FDF-Daten als auch das Anlegen neuer FDF-Dateien. Die Funktionen des Toolkits extrahieren Namen und Inhalte der Felder aus einer FDF-Datei und erlauben auch die Abfrage von Zusatzdaten wie Dateinamen. Analog lassen sich mit entsprechenden Funktionen alle Felder und Feldinhalte einer FDF-Datei belegen, ohne dass sich der Programmierer mit einer Flut spitzer Klammern oder ähnlichen syntaktischen Feinheiten befassen muss.

Abb. 9.14
Nach Absenden der Formulardaten erscheint rechts oben ein Foto und im unteren Teil das Reiseangebot.

Um der Vielzahl von Betriebssystemen und Entwicklungsumgebungen gerecht zu werden, gibt es das FDF-Toolkit in mehreren Ausprägungen:
- eine C-Bibliothek/DLL für Windows, Solaris, AIX und Linux für den Einsatz mit C oder C++, etwa zur Entwicklung von CGI-Programmen
- eine Version für Perl unter Windows, Solaris, AIX und Linux, die die C-Bibliothek als Erweiterung einbindet
- eine COM-DLL für Windows, die als Server-Komponente zum Einsatz kommt (insbesondere für Active Server Pages)
- eine Variante für Java 1.2 oder höher. Während sich diese Version lange Zeit über das *Java Native Interface JNI* auf die C-Bibliothek stützte und Probleme mit Sonderzeichen hatte, ist die seit September 2001 erhältliche Version 5 vollständig in Java implementiert und unterliegt keinen Einschränkungen mehr bei der Zeichenverarbeitung.

Die Beispielaufgabe. In den nächsten Abschnitten möchte ich Beispiele für die Entwicklung von Anwendungen mit dem FDF-Toolkit zeigen. Die dabei entwickelten Skripten sollen die Bestelldaten aus dem Guagua-Formular verarbeiten und eine Antwort im FDF-Format an den Benutzer zurückschicken. Die Skripten nehmen die vom Browser übertragenen FDF-Daten entgegen und generieren anhand dieser Daten eine Antwort, die ein Reiseangebot zum Browser zurückschickt. Diese Antwort wird mithilfe des FDF-Toolkits wieder im FDF-Format erzeugt und im bereits angezeigten Formular in dem dafür vorgesehenen Feld im unteren Teil eingefügt (siehe Abbildung 9.14). Im Einzelnen enthalten die Skripten folgende Verarbeitungsschritte:

- Einlesen der Feldinhalte aus den eingehenden FDF-Daten
- Abhängig von den Formulardaten wird ein Reiseangebot generiert. In der Praxis würde das Skript die passende Reise in einer Datenbank aufspüren; unser einfaches Beispiel kennt nur einige fest vordefinierte Reisebeschreibungen.
- Die Reisebeschreibung wird in eine FDF-Datei eingefügt, die zum Browser zurückgeschickt wird.
- Abhängig vom ausgewählten Land wird ein bisher verborgenes Feld im Formular sichtbar gemacht, das rechts oben ein passendes Foto anzeigt.
- Optional erzeugen die Skripten eine Statusmeldung, die die Ausgabe einer Dialogbox im Browser zur Folge hat.

Sie finden alle vorgestellten Programme und Skripten auf der Webseite zum Buch und können Sie als Ausgangspunkt für eigene Entwicklungen benutzen. Im Folgenden werden wir uns nur kurz die Struktur der Skripten ansehen, ohne näher auf die Funktionen des FDF-Toolkits einzugehen. Die vollständigen Funktionsbeschreibungen finden Sie in der Dokumentation zum FDF-Toolkit.

Das FDF-Toolkit mit Active Server Pages (ASP). Die ActiveX-Version des FDF-Toolkits arbeitet als Server-Komponente (auch OLE-Automatisierungsserver genannt) im Microsoft Internet Information Server mit Active Server Pages. Aufgrund der ActiveX/COM-Einbindung lässt sich das Toolkit auch in anderen Entwicklungsumgebungen nutzen, die die COM-Schnittstelle unterstützen. Zur Installation des Toolkits gehen Sie wie folgt vor:

- Entpacken Sie die Dateien des Toolkits und kopieren Sie die Dateien *FDFACX.DLL* und *FDFACX.IDL* aus dem Verzeichnis

```
FDFToolkit for Windows\ Headers and Libraries\WIN\FdfAcX
```

in das Verzeichnis

```
\winnt\system32\inetsrv
```

- Registrieren Sie die ActiveX-DLL durch folgende Anweisungen in einem Eingabefenster:

```
cd \winnt\system32\inetsrv
regsvr32 fdfacx.dll
```

Nach diesen Vorbereitungen kann man die Funktionen des FDF-Toolkits mit VBScript oder JScript auf ASP-Seiten aufrufen. Das unten gezeigte Skript wird über einen URL folgender Art in der Schaltfläche *Bestellen* des Guagua-Formulars angesprochen:

```
http://www.pdflib.com/guagua/order.asp#FDF
```

Es nimmt wie oben beschrieben die Formulardaten entgegen und sendet eine Reisebeschreibung im FDF-Format zurück:

```
<%
    ' ASP-Beispiel zur Verwendung des FDF-Toolkits
    'On Error Resume Next
    Dim oFDFACX, oFDF
    Dim country, month, profile, singleroom, name
    Dim description(6), output
    Const FDFFlags = 8
    Const FDFHidden = 2
    Const FDFVisible = 0

    ' Beschreibungstexte (als Ersatz für Datenbankzugriff)
%>
<!-- #INCLUDE FILE="descriptions_d.asp" -->
<%
    ' FDF-Toolkit starten und Daten aus Request-Objekt einlesen
    Set oFDFACX = Server.CreateObject("FdfApp.FdfApp")
    Set oFDF = oFDFACX.FDFOpenFromBuf(Request.BinaryRead(Request.TotalBytes))

    ' Zur Fehlersuche ContentType auf text/plain setzen
    'Response.ContentType = "text/plain"
    Response.ContentType = "application/vnd.fdf"

    ' Wert der Formularfelder einlesen
    country= oFDF.FDFGetValue("country")
    month= oFDF.FDFGetValue("month")
    name = oFDF.FDFGetValue("name")

    output = "Unser " + MONTHNAME(month) + "-Angebot für " + name+ ":"+vbCrLf
    output = output + description(country-1)
    oFDF.FDFSetValue "description", output, False

    ' Alle Icons unsichtbar machen
    FOR i = 1 TO max_country
     oFDF.FDFSetFlags "icon." & i, FDFFlags, FDFHidden
    NEXT

    ' Das Icon des ausgewählten Landes sichtbar machen
    oFDF.FDFSetFlags "icon." & country, FDFFlags, FDFVisible

    ' Bei Bedarf: Ausgabe einer Dialogbox
```

```
    'oFDF.FDFSetStatus "Vielen Dank für Ihre Anfrage!"

    Response.BinaryWrite oFDF.FDFSaveToBuf
    oFDF.FDFClose
    set oFDF = nothing
    set oFDFACX = nothing
%>
```

Das FDF-Toolkit mit Java Servlets. Bis Version 4 basiert die Java-Version des FDF-Toolkits auf dem JNI *(Java Native Interface)* und benötigte eine zusätzliche plattformspezifische C-Bibliothek. Diese JNI-Variante war allerdings nicht korrekt internationalisiert und behandelte die Unicode-Zeichen von Java falsch, da es die vom JNI benutzte Kodierung UTF-8 nicht unterstützte. Aus diesem Grund war sie nur für englischsprachige Texte zu benutzen, für europäische Anwender jedoch weitgehend unbrauchbar. Version 5 des FDF-Toolkits ist eine reine Java-Entwicklung, die keinen Zeichensatzproblemen mehr unterliegt und in allen Java-Umgebungen der Version 1.2 oder höher läuft. Beachten Sie, dass die Versionen 4 und 5 des FDF-Toolkits für Java nicht vollständig kompatibel sind, so dass Sie ältere Programme unter Umständen modifizieren müssen.

Beim Kompilieren einer FDF-Anwendung muss die Datei *jFdfTk.jar* im CLASSPATH verfügbar sein, damit der Java-Compiler die Toolkit-Klasse und deren Methoden kennt. In unserem Beispiel wird das Servlet über folgenden URL in der Schaltfläche *Bestellen* des Formulars angesprochen:

```
http://www.pdflib.com:8080/servlet/FDFServlet#FDF
```

Das folgende Servlet, das ich mit Apache und Tomcat getestet habe, nimmt die eingehenden FDF-Daten entgegen und verarbeitet sie wie eingangs beschrieben:

```
// Java-Beispiel zur Verwendung des FDF-Toolkits

import java.io.*;
import javax.servlet.*;
import javax.servlet.http.*;

import com.adobe.fdf.*;
import com.adobe.fdf.exceptions.*;

public class FDFServlet extends GenericServlet
{
    public void service(ServletRequest request, ServletResponse response)
    throws ServletException, IOException
    {
        ServletOutputStream out = response.getOutputStream();
        int country;
        String month, name, output;
        int i, max_country = 6;
        final int FDFHidden = 2, FDFVisible = 0;
```

9.5 Formularverarbeitung auf dem Server

```java
// Beschreibungstexte (als Ersatz für Datenbankzugriff)
String description[] = {
"Eine Wander- und Erlebnisreise im Osten der Insel...",
"Diese Erlebnisreise führt uns in den Fezzan...",
"In der Abgeschiedenheit des Hohen Atlas...",
"Diese bezaubernden Berge sind Teil eines vulkanischen Bruches...",
"Zu Fuß, mit dem Auto und mit der Pinasse (Fischerboot)...",
"Nach einem eindrucksvollen Flug von Cayenne nach Maripasoula..."};

try
{
    byte[] inbuf = new byte[request.getContentLength()];
    request.getInputStream().read(inbuf);

    FDFDoc fdf = new FDFDoc(inbuf);

    // Zur Fehlersuche ContentType auf text/plain setzen
    //response.setContentType("text/plain");
    response.setContentType("application/vnd.fdf");

    // Wert der Formularfelder einlesen
    country = Integer.parseInt(fdf.GetValue("country"));
    month = fdf.GetValue("month");
    name = fdf.GetValue("name");

    output = "Unser Angebot für " + name + ": " + "\r";
    output = output + description[country-1];
    fdf.SetValue("description", output);

    // Alle Icons unsichtbar machen
    for(i = 1; i <= max_country; i++)
    {
        fdf.SetFlags("icon." + i, FDFItem.FDFFlags, FDFHidden);
    }

    // Das Icon des ausgewählten Landes sichtbar machen
    fdf.SetFlags("icon." + country, FDFItem.FDFFlags, FDFVisible);

    // Bei Bedarf: Ausgabe einer Dialogbox
    fdf.SetStatus("Vielen Dank für Ihre Anfrage!");

    OutputStream outStream = response.getOutputStream();
    fdf.Save(outStream);
    outStream.close();
}
catch(Exception e)
{
    response.setContentType("text/plain");
    out.println("FDF Exception: " + e.toString());
    out.close();
}
}
}
```

Das FDF-Toolkit mit Perl. Die Perl-Version basiert auf der C-Version des Toolkits, die über den Erweiterungsmechanismus von Perl angeschlossen wird. Während die Version für Perl 5.6 unter Windows gut funktioniert, ist die Version für Unix nicht empfehlenswert, da sie nur die alte Perl-Version 5.003 unterstützt. Während die Aufwärtskompatibilität für reine Perl-Skripten in der Regel kein Problem darstellt, ist dies für in C programmierte Erweiterungen sehr wohl ein Thema – das Toolkit funktioniert mit Perl 5.004 und höher überhaupt nicht mehr.

Das FDF-Toolkit mit PHP. PHP bietet ebenfalls die Möglichkeit, das FDF-Toolkit einzubinden. Dazu ist neben der eigentlichen Toolkit-Bibliothek, die Adobe für eine Reihe von Unix-Plattformen anbietet, in der PHP-Konfiguration das entsprechende Zusatzmodul zu aktivieren (das sich auf das Toolkit stützt). Die PHP-Funktionen für das Einlesen und Erzeugen von FDF entsprechen zwar vom Umfang her den Funktionen im Toolkit, tragen aber andere Namen.

9.5.3 Fehlersuche bei der FDF-Verarbeitung.

Der Umgang mit FDF ist für die meisten Webentwickler etwas gewöhnungsbedürftig. Da die üblichen Methoden zur Fehlersuche hier nicht greifen, möchte ich einige FDF-spezifische Tipps angeben.

Fehlersuche bei eingehenden FDF-Daten. Falls Sie nicht sicher sind, ob die am Server empfangenen FDF-Daten überhaupt korrekt sind oder nicht vielleicht ein Fehler im zugehörigen PDF-Formular vorliegt, schicken Sie sich die eingegangenen FDF-Daten zur Kontrolle erst einmal im Textformat vom Server zurück an den Browser. Dazu können Sie das folgende einfache ASP-Fragment verwenden:

```
<%
    Response.ContentType = "text/plain"
    Response.BinaryWrite Request.BinaryRead(Request.TotalBytes)
%>
```

Wenn die eingegangenen Daten in Ordnung sind und Sie im Fehlerfall entscheiden müssen, ob die Fehlerursache im Server-Skript oder im PDF-Formular liegt, so sollten Sie die vom Server generierten FDF-Daten ebenfalls kontrollieren. Der folgende Trick ist im oben abgedruckten Skript bereits vorbereitet und nur durch Kommentarzeichen deaktiviert. Ändern Sie die Ausgabe des MIME-Typs von

application/vnd.fdf

auf

text/plain

Daraufhin erhalten Sie die generierten FDF-Daten im Browser zur Ansicht und können sie auf Korrektheit überprüfen. Bei komplizierten Problemen können Sie das Hin- und Herschalten zwischen echtem FDF-Betrieb und Textausgabe zur Fehlersuche auch wie folgt erleichtern:

- Bauen Sie ein zusätzliches Kontrollkästchen in das PDF-Formular ein.
- Fragen Sie dessen Wert im Skript ab und setzen Sie eine entsprechende Zustandsvariable. Abhängig vom Wert dieser Variablen gibt das Skript einen der beiden obigen MIME-Typen aus.
- Im Fehlerfall klicken Sie im PDF-Formular das Kontrollkästchen an, um die vom Server generierten FDF-Daten im Klartext zu sehen.

Ausgabe einer Dialogbox im Browser. Der FDF-Eintrag */Status* wird von Acrobat beim Export von Formulardaten nicht erzeugt, er wird aber beim Einsatz von Acrobat im Browser wie folgt ausgewertet: Enthalten die vom Server zurückgesandten FDF-Daten einen Eintrag mit dem Titel */Status* und einem beliebigen String als Wert, so erscheint eine Dialogbox mit diesem String als Inhalt. Dies kann man ausnutzen, um zum Beispiel eine Bestätigungsmeldung für den Anwender auszugeben. Im Gegensatz zu Formularfeldern, die ja ebenfalls für die Bestätigungsmeldung genutzt werden können, beansprucht die Dialogbox keinen Platz im Formular. Der erforderliche Code für das FDF-Toolkit ist in den Beispielen oben ebenfalls bereits vorbereitet und nur durch Kommentarzeichen deaktiviert.

9.6 FDF-Software auf dem Server

Als Ergänzung zur Entwicklung eigener Programme für die Verarbeitung von PDF-Formularen auf dem Webserver möchte ich noch auf kommerzielle Software zur Verarbeitung von FDF auf dem Server eingehen.

Appligent: FDFMerge. Bereits seit mehreren Jahren bietet Appligent das Programm FDFMerge für Windows und Unix an, das FDF-Formulardaten in die zugehörigen PDF-Formulare integriert. Das Zusammenführen von FDF- und PDF-Daten bei den bisher in diesem Kapitel beschriebenen Verfahren erfolgt auf dem Client erfolgt. FDFMerge ermöglicht dagegen die Integration bereits auf dem Server. Während die Hauptmotivation für ein solches Vorgehen bei früheren Browser-Generationen noch die manchmal unzuverlässige Kombination von FDF und PDF im Browser war, spielt dieser Aspekt heute keine große Rolle mehr. Wichtiger ist, dass die Anwender das ausgefüllte Formular aus dem Browser heraus abspeichern können – dies funktioniert bekanntlich mit Acrobat Reader nicht.

FDFMerge bietet seit Version 3.0 darüber hinaus mit dem so genannten *Form Flattening* die Möglichkeit, die Inhalte von Formularfeldern in echten PDF-Seiteninhalt umzuwandeln. Damit lässt sich die Einschränkung der Formularfelder hinsichtlich der benutzbaren Schriftarten umgehen (siehe

Abschnitt 9.3.6 »Einschränkungen bei PDF-Formularen«, Seite 398). Außerdem kann der Text nach dieser Umwandlung nicht mehr so einfach geändert werden, was bei manchen Anwendungen durchaus eine Rolle spielt.

Damit Formulardaten mit FDFMerge in eine PDF-Datei importiert werden können, darf diese nicht verschlüsselt sein, das heißt es dürfen keine Sicherheitseinstellungen aktiv sein. Seitenvorlagen (Templates) unterstützt FDFMerge nicht, es können also auch während des Merge-Vorgangs keine neuen Seiten angelegt werden. Nähere Informationen zu FDFMerge finden Sie unter

http://www.appligent.com

Movaris Office Courier. Office Courier ist eine Komplettlösung zur Implementierung formularbezogener Unternehmensabläufe. Es basiert neben PDF-Formularen auf Standardkomponenten wie Webserver, Java Servlets, Directory-Server sowie einer Datenbankanbindung. Auf Client-Seite sind nur Acrobat Reader und ein Webbrowser erforderlich. Office Courier bietet umfangreiche Funktionen zur Erstellung intelligenter PDF-Formulare, die die Möglichkeiten von Formularfeldern und JavaScript reichlich ausnutzen. Ein ausgeklügeltes System zur Zugriffskontrolle und Weiterleitung der Formulare (etwa zum jeweiligen Vorgesetzten) rundet das Paket ab. Nach Angaben von Adobe kommt Office Courier dort für die interne Reisekostenabrechnung zum Einsatz. Weitere Informationen finden Sie unter

http://www.movaris.com

Cardiff PDF+Forms. Cardiff bietet unter der Bezeichnung TELEform eine Formularlösung für große Organisationen an, die von der Erstellung und Verifizierung der Daten bei der Eingabe bis zu ihrer Weiterleitung alle Schritte der Formularbearbeitung abdeckt. Die Zusatzkomponente PDF+Forms, die in Zusammenarbeit mit Adobe entwickelt wurde, ermöglicht den Einsatz von PDF-Formularen mit diesem System. Das Paket enthält einen Formulardesigner, der direkt PDF-Formulare erstellt. Die Validierung von Formulardaten bei der Eingabe erfolgt durch ausgiebigen Einsatz von JavaScript in den Formularfeldern. Serverkomponenten kombinieren eingehende Formularinhalte mit den zugehörigen PDF-Formularen. Cardiff unterstützt auch die Möglichkeit, PDF-Formulare digital zu signieren. Weitere Angaben zu TELEform finden Sie unter

http://www.cardiff.com

OpenText Livelink PDF Forms. Das Livelink-System ist eine umfangreiche Lösung zur Informationsverwaltung in großen Unternehmen. Zu den angebotenen Modulen gehört Livelink PDF Forms, das PDF-Formulare den Web-basierten Dokumentenmanagement-Funktionen von Livelink zugänglich macht. Formularbasierte Bearbeitungsprozesse lassen sich mit Livelink

Workflow organisieren. Eine erweiterte Version dieses Moduls enthält die oben erwähnte Formularsoftware von Cardiff. Informationen zu Livelink PDF Forms finden Sie unter

http://www.opentext.com

10 JavaScript in Acrobat

10.1 Überblick

JavaScript-Versionen. Mit einem Zwischen-Update unter der Bezeichnung Acrobat Forms 3.5 führte Adobe JavaScript-Unterstützung in Acrobat ein, die mit den Versionen 4 und 5 weiter ausgebaut wurde. Die JavaScript-Programmierung kommt vor allem im Zusammenhang mit Formularfeldern zum Einsatz, ist jedoch nicht darauf beschränkt.

Die Wahl von JavaScript als Programmiersprache innerhalb von Acrobat hat mehrere Vorteile: Zunächst erfreut sich JavaScript als einfach zu programmierende Erweiterung zu HTML großer Beliebtheit im Web; viele Entwickler und Webdesigner sind bereits damit vertraut. Die von Netscape entwickelte Sprache wird in Netscape Navigator, Microsoft Internet Explorer (dort unter der Bezeichnung JScript) und anderen Browsern unterstützt. Acrobat enthält einen eigenen JavaScript-Interpreter.

JavaScript-Erweiterungen für PDF-Formulare sind sehr effektiv, da die Überprüfung und Berechnung der Feldinhalte gleich auf dem Client stattfinden kann. Würde die Überprüfung erst auf dem Webserver erfolgen, hätte dies einen ungleich höheren Übertragungsaufwand zur Folge, da jede Feldeingabe eine Transaktion zwischen Browser und Server auslösen würde.

Schließlich ist JavaScript leistungsfähig und mittlerweile auch so ausgereift, dass es dem Entwickler umfangreiche Möglichkeiten zur Umsetzung seiner Ideen bzw. der jeweiligen Anforderungen bietet. Die Plattformunabhängigkeit von JavaScript erlaubt die Wiederverwendung von Programmcode auf verschiedenen Systemen. Wie wir sehen werden, gibt es dabei aber noch Einschränkungen.

Acrobat-JavaScript ist nicht Browser-JavaScript! Die JavaScript-Anbindung von Acrobat 4 basiert auf Version 1.2 der Skriptsprache, die auch in Netscape Navigator 4 implementiert ist. Acrobat 5 nutzt dagegen die wesentlich neuere Version JavaScript 1.5. Diese Version ist auch in Mozilla/Netscape Navigator 6 implementiert. Sie ist kompatibel zum Standard ECMA-262 (Edition 3), stellt allerdings im Vergleich zu diesem Standard zusätzliche Funktionen zur Verfügung.

Beim Einsatz von JavaScript muss man unterscheiden zwischen der Kernsprache *(core language)* und verschiedenen Erweiterungen. Solche Erweiterungen gibt es für den Einsatz von JavaScript im Webserver, Webbrowser und eben auch in Acrobat. Die am häufigsten genutzte Erweiterung ist client-seitiges JavaScript. Es ist wichtig zu verstehen, dass Acrobat nur die Kernsprache und die Acrobat-spezifischen Erweiterungen unterstützt, nicht aber die Server- oder Client-Erweiterungen.

Acrobat unterstützt die JavaScript-Standardobjekte sowie Acrobatspezifische Erweiterungen, die aus zusätzlichen Objekten, Methoden und Events bestehen. So kann man mittels JavaScript die meisten Eigenschaften von Formularfeldern abfragen und ändern. Beachten Sie jedoch, dass JavaScript-Anweisungen in Acrobat im Gegensatz zum DOM-Zugriff im Browser nicht auf den eigentlichen Seiteninhalt eines Dokuments zugreifen können. Es ist daher nicht möglich, mit JavaScript-Anweisungen Texte oder Bilder im Dokument zu manipulieren (abgesehen von Formularfeldinhalten). Bei Berechnungen kann ein- und derselbe JavaScript-Code unverändert im Browser und in Acrobat verwendet werden.

Der JavaScript-Interpreter von Acrobat und derjenige im Browser sind strikt voneinander getrennt. Das gilt auch für den Fall, dass PDF-Dateien in einem Browser-Fenster angezeigt werden. JavaScript-Code kann die Grenze zwischen Browser und Acrobat nicht überwinden. Daher kann Acrobat-JavaScript nicht auf Browser-Objekte (etwa *Window*) zugreifen, und Browser-JavaScript nicht auf PDF-Objekte (etwa *Bookmark*).

Unterschiede zwischen Acrobat 4 und 5. Wie bereits erwähnt, führte Acrobat 5 mit dem Umstieg von JavaScript 1.2 auf 1.5 einen wesentlich neueren JavaScript-Interpreter ein. Damit sind unter anderem folgende wichtige Änderungen im Vergleich zu Acrobat 4 verbunden:
- Unterstützung für den Unicode-Standard; die Unicode-Unterstützung in Acrobat 5 scheint aber leider nicht vollständig oder nicht korrekt implementiert zu sein, da sich zum Beispiel keine Unicode-Lesezeichen anlegen oder abfragen lassen;
- Verbesserungen im Umgang mit Datumsangaben;
- Verbesserungen bei regulären Ausdrücken;
- strukturierte Ausnahmebehandlung *(exceptions)* (eine kurze Beschreibung finden Sie in Abschnitt 10.3.3 »Exceptions«, Seite 433).

Neben diesen Änderungen an der Kernsprache führt Acrobat 5 viele weitere Verbesserungen ein, die sich vor allem in zusätzlichen Objekten auswirken.

Informationsquellen. Zum tieferen Einstieg in die JavaScript-Programmierung mit Acrobat sollten Sie die folgenden Informationsquellen berücksichtigen:
- Eine Dokumentation von Netscape zur Kernsprache finden Sie unter

    http://developer.netscape.com/docs/manuals/javascript.html

- Eine Beschreibung der standardisierten JavaScript-Version ECMAscript finden Sie in folgenden Dokumenten:

    http://www.ecma.ch/ecma1/stand/ECMA-262.HTM
    http://developer.netscape.com/docs/javascript/e262-pdf.pdf

- In Acrobat 5 erreichen Sie über *Hilfe, Acrobat JavaScript-Handbuch* das Dokument »Acrobat JavaScript Object Specification« (Dateiname *AcroJS.pdf*), das die Acrobat-spezifischen Erweiterungen zur JavaScript-Kernsprache beschreibt. Dieses Dokument enthält die Details zu allen Ereignissen und Objekten, die wir in diesem Kapitel verwenden werden. Sie können es als Ergänzung zu allen Beispielen dieses Kapitels zu Rate ziehen.
- Allgemeine Informationen zur JavaScript-Programmierung finden Sie reichlich in entsprechenden Büchern und im Web, zum Beispiel unter

    http://www.infohiway.com/javascript
    http://www.jsworld.com

    Dabei müssen Sie jedoch beachten, dass die angebotenen Beispiele für JavaScript im Browser gedacht sind. Für den Einsatz in Acrobat sind oft entsprechende Anpassungen erforderlich.

10.2 Wo steht der JavaScript-Code?

JavaScript-Programme lassen sich auf verschiedenen Ebenen in Acrobat verwenden. Anders ausgedrückt: JavaScript ist über die gesamte Bedienoberfläche von Acrobat verstreut. Der JavaScript-Code kann Bestandteil der PDF-Datei sein oder aber aus externen Dateien kommen.

In den folgenden Abschnitten werden wir uns die einzelnen Stellen näher ansehen, an denen in Acrobat JavaScript stehen kann. Abschnitt 10.3.2 »JavaScript-Events in Acrobat«, Seite 429, enthält eine Übersicht über die so genannten Events, die genau diesen Stellen entsprechen und programmtechnisch als Auslöser für die Abarbeitung von JavaScript fungieren.

10.2.1 Interner JavaScript-Code im PDF-Dokument.

Für internen JavaScript-Code bietet Acrobat 5 die im Folgenden aufgeführten Möglichkeiten. Am häufigsten kommt dabei JavaScript auf Dokument- oder Feldebene zum Einsatz. Interner JavaScript-Code wird als Bestandteil der PDF-Datei gespeichert und wirkt sich deshalb auf die Dateigröße aus. In Abschnitt 11.8 »JavaScript mit pdfmarks«, Seite 517, können Sie nachlesen, wie sich interner JavaScript-Code auch mit pdfmark-Anweisungen definieren lässt.

Falls Sie den Überblick verloren haben und nicht wissen, an welcher Stelle der gesuchte JavaScript-Code steht, oder wenn Sie viele Routinen auf einmal bearbeiten wollen, können Sie mittels *Werkzeuge, JavaScript, Alle JavaScripts bearbeiten...* ein Fenster öffnen, das sämtliche internen JavaScript-Routinen eines Dokuments anzeigt. Die einzelnen Routinen werden dabei durch XML-Tags in JavaScript-Kommentaren getrennt, die Sie tunlichst nicht verändern sollten.

Dokumentebene. Auf Dokumentebene kann der Ersteller einem Dokument JavaScript-Code zuordnen, der von allen anderen JavaScript-Routinen aufgerufen werden kann. An dieser Stelle lassen sich zum Beispiel Hilfsfunktionen unterbringen. Diese Möglichkeit sollten Sie immer dann nutzen, wenn Sie in mehreren Formularfeldern immer wieder die gleichen Anweisungen benötigen. Definieren Sie dazu eine separate Funktion und platzieren Sie diese als Dokumentskript, das vom Code im Formularfeld aufgerufen wird. Dies erleichtert spätere Änderungen enorm und wirkt sich außerdem vorteilhaft auf die Dateigröße aus, weil der Code nur noch einmal gespeichert wird, auch wenn er in mehreren Formularfeldern benötigt wird.

Im Gegensatz zu den anderen Varianten gibt es für diesen Code keinen bestimmten Auslöser über die Benutzerschnittstelle, sondern der Code wartet sozusagen darauf, von anderen JavaScript-Routinen benutzt zu werden. Die Zuordnung von JavaScript auf Dokumentebene erfolgt via *Werkzeuge, JavaScript, Dokument-JavaScripts*.

Feldebene. Auf Feldebene sind Skripten einzelnen Formularfeldern zugeordnet. Ihre Abarbeitung wird durch folgende Ereignisse ausgelöst:
- *Maustaste loslassen/drücken*
- *Maus in Feld/Maus aus Feld:* Eintreten des Mauszeigers in den Feldbereich bzw. Verlassen desselben
- *Feld aktivieren/deaktivieren:* Betreten bzw. Verlassen des Felds mit der Maus oder Anspringen bzw. Verlassen mit der Tabulatortaste
- Formatierung des Feldinhalts nach Eingabe oder Berechnung
- Tastatureingabe
- Validierung des Feldinhalts nach Eingabe durch den Benutzer
- Berechnung aller vom aktuellen Feld abhängigen Feldinhalte gemäß der festgelegten Berechnungsreihenfolge

Die Einbindung von JavaScript auf Feldebene erfolgt mit dem Formularwerkzeug von Acrobat in den verschiedenen Einstellungen der Formulareigenschaften. JavaScript-Code ist Bestandteil eines Felds und wird beim Kopieren des Felds mitkopiert.

Öffnen oder Schließen einer Seite. Über die Menüfolge *Dokument, Seitenvorgang festlegen...* können Sie JavaScript-Code definieren, der jedesmal beim Öffnen oder Schließen einer bestimmten Seite ausgeführt wird. Allerdings scheint das bei der Darstellung des Dokuments im Doppelseitenmodus nicht zu funktionieren.

Dokumentvorgänge. Über die Menüfolge *Werkzeuge, JavaScript, Dokumentvorgänge festlegen...* können Sie JavaScript-Code definieren, der bei folgenden Ereignissen ausgeführt wird:

- *Schließt Dokument:* beim Schließen eines Dokuments. Das Gegenstück *Öffnet Dokument* gibt es nicht, Sie erreichen diesen Effekt aber leicht, indem Sie dem Öffnen der ersten Seite JavaScript-Code zuordnen.
- *Speichert Dokument/Hat Dokument gespeichert:* unmittelbar vor bzw. nach dem Abspeichern
- *Druckt Dokument/Hat Dokument gedruckt:* unmittelbar vor bzw. nach dem Ausdruck

Lesezeichen und Verknüpfungen. Im Eigenschaften-Menü eines Lesezeichens oder einer Verknüpfung *(Bearbeiten, Eigenschaften* oder Kontextmenü des Lesezeichens bzw. der Verknüpfung) können Sie einem Hypertextelement als auszuführenden Vorgang JavaScript-Code zuordnen.

Menübefehle. Mit einer einfachen JavaScript-Anweisung kann man einen neuen Befehl in der Menüstruktur von Acrobat einhängen, der bei Auswahl wiederum JavaScript-Anweisungen ausführt. Der folgende Befehl illustriert dieses Prinzip. Er hängt im Menü *Bearbeiten* einen neuen Befehl mit der Bezeichnung *Beep* ein, der einfach mit JavaScript einen Piepston ausgibt. Für die Durchführung komplexerer Aufgaben empfiehlt sich hier der Aufruf einer Funktion, die als Dokument-Skript eingehängt ist:

```
app.addMenuItem({cName: "Beep", cParent: "Edit", cExec: "app.beep()"});
```

Der Parameter *cParent* enthält den Namen des übergeordneten Menüs, in dem der Befehl eingehängt werden soll. Für die Haupt- und Untermenüs von Acrobat verwenden Sie folgende Namen beim Parameter *cParent:*

```
File, Import, Export, ExtractImages, DocInfo, Batch
Edit, AcroSrch:Tools, Prefs
Document
Tools, DIGSIG:DigitalSignatures, Annots:Collab, Spelling:Spelling,
    ppklite:Main, DigSig:Compare, Web2PDF:SpdrSubMnuItm, DocBox:Tools,
    AcroForm:Tools, AcroForm:Fields, AcroForm:Align, AcroForm:Center,
    AcroForm:Distribute, AcroForm:Size, EScript:Tools, ADBE:Consultant,
    TouchUp, TouchUp:Insert, Weblink:Tools
Extensions
View, ProofSetup
Window, Tile, Toolbars
Help, UsingExtensions, AboutExtensions
Bookmarks
Thumbs
Articles
Destinations
Info
```

Neben der direkten Aktivierung durch den Benutzer können Sie Menübefehle auch über die JavaScript-Funktion *app.execMenuItem( )* ausführen. Ein Beispiel für das Anlegen eines Menübefehls finden Sie in Abschnitt 10.6.1 »Interaktion mit dem Benutzer«, Seite 447.

10.2.2 Externer JavaScript-Code.
Neben JavaScript-Code, der in der PDF-Datei gespeichert ist, lässt sich JavaScript auch außerhalb eines bestimmten PDF-Dokuments definieren. Auch hierfür gibt es wieder mehrere Möglichkeiten.

JavaScript-Dateien. Acrobat liest beim Start JavaScript-Code aus Dateien mit der Namensendung *.js* ein, sofern diese in bestimmten Verzeichnissen stehen. Acrobat-eigene JavaScript-Dateien und solche, die für alle Benutzer verfügbar sein sollen, stehen unter Windows im Verzeichnis

```
C:\Programme\Adobe\Acrobat 5\Acrobat\JavaScripts
```

und auf dem Mac im Ordner

```
:Adobe Acrobat 5.0 : JavaScripts
```

Solche Dateien werden beim Start von Acrobat in unbestimmter Reihenfolge ausgeführt. Sie bieten sich für die Definition von Funktionen und Datenstrukturen an, die in vielen PDF-Dokumenten nützlich sind und immer zur Verfügung stehen sollen. Acrobat installiert selbst einige JavaScript-Module in diesem Verzeichnis, die zur Formularverarbeitung, für Datenbankzugriffe und für den Umgang mit Anmerkungen *(annotations)* nötig sind. Zusätzlich verarbeitet das Acrobat-Vollprodukt (nicht jedoch Acrobat Reader) auch benutzerspezifische JavaScript-Dateien, die unter Windows im Verzeichnis

```
C:\Dokumente und Einstellungen\<Benutzer>\Eigene Dateien\Adobe\Acrobat\
    JavaScripts
```

und auf dem Mac im Ordner

```
Dokumente : Acrobat User Data : JavaScripts
```

stehen. Die folgenden Dateien, die vor allen anderen Dateien geladen werden, haben dabei eine besondere Bedeutung:
- *glob.js* enthält globale Variablen, die in Acrobat immer zur Verfügung stehen, da sie bei jedem Start eingelesen werden. Sie gelten außerdem über mehrere Dokumente hinweg (vergleichbar den Cookies im Webbrowser). Globale Variablen lassen sich mit dem *Global*-Objekt erstellen.
- *config.js* enthält Anweisungen, mit denen sich das Aussehen von Acrobat steuern lässt. Damit kann man zum Beispiel Menüeinträge gezielt deaktivieren, um eine reduzierte und damit übersichtlichere Benutzeroberfläche zu schaffen (siehe Abschnitt 10.6.1 »Interaktion mit dem Benutzer«, Seite 447).

Stapelverarbeitungssequenzen. Acrobat 5 bietet mit der Stapelverarbeitung eine mächtige Funktion an, mit der sich beliebig viele Bearbeitungsschritte auf eine oder mehrere Dateien anwenden lassen. Neben vielen Acrobat-Menüfunktionen können solche Stapelsequenzen auch JavaScript-

Code ausführen. Klicken Sie dazu auf *Datei, Stapelverarbeitung, Stapelsequenzen bearbeiten...*, und wählen Sie als Befehl *JavaScript ausführen*. Jetzt können Sie JavaScript-Code definieren, der dieser Sequenz zugeordnet ist und auf beliebig viele Dateien angewandt wird.

Benutzerdefinierte Stapelverarbeitungssequenzen werden in einem undokumentierten Format als Textdatei mit dem Suffix *.sequ* abgelegt. Sie werden unter Windows im Verzeichnis

```
C:\Dokumente und Einstellungen\<Benutzer>\Eigene Dateien\Adobe\Acrobat\
    Sequences
```

und auf dem Mac im Ordner

```
Dokumente : Acrobat User Data : Sequences
```

abgelegt. Die Entwicklung von JavaScript-Code, der über die Stapelverarbeitungsfunktion aufgerufen wird, erfordert einige Zusatzmaßnahmen und Programmiertricks. Nützliche Hinweise dazu finden Sie im Dokument »Batch Sequences: Tips, Tricks and Examples« im Verzeichnis *Batch* auf der Acrobat-CD.

FDF-Dateien. FDF-Dateien (Details zum Forms Data Format FDF finden Sie in Abschnitt 9.5.1 »Die Exportformate FDF und XFDF«, Seite 405) können einem Formularfeld neue Vorgänge zuweisen, darunter auch JavaScript. Zusätzlich ist es seit Acrobat 5 möglich, direkt beim Import einer FDF-Datei JavaScript-Code auszuführen. Damit lässt sich externer JavaScript-Code ausführen und gleichzeitig die Menge der internen Dokumentskripten erweitern. Dafür gibt es folgende Möglichkeiten im */JavaScript*-Dictionary einer FDF-Datei:

▸ Die Einträge */Before* bzw. */After* enthalten JavaScript-Code, der unmittelbar vor bzw. nach dem Import der FDF-Datei ausgeführt wird.

▸ Der Eintrag */Doc* enthält ein Array, das jeweils paarweise Name und JavaScript-Code enthält, die den Dokument-Skripten hinzugefügt werden.

Die folgende FDF-Datei definiert zwei JavaScript-Fragmente, die vor bzw. nach dem Import der FDF-Datei ausgeführt werden. Außerdem fügt sie den Dokument-Skripten drei weitere hinzu:

```
%FDF-1.2
%âãÏÓ
1 0 obj
<< /FDF <<
    /F (sample.pdf)
    /JavaScript <<
        /Before (app.alert\("Vor FDF-Import"\);)
        /After (app.alert\("Nach FDF-Import"\);)
        /Doc [
            /script1 (//Code von Script 1)
            /script2 (//Code von Script 2)
```

```
            /script3 (//Code von Script 3)
        ]
    >>
>>
>>
endobj
trailer
<<
/Root 1 0 R
>>
%%EOF
```

Bei längerem JavaScript-Code ist die String-Schreibweise mühsam, da Sie Sonderzeichen (etwa Klammern) mit einem Gegenschrägstrich kennzeichnen müssen. In solchen Fällen können Sie mehrzeiligen Code auch in *stream*-Objekten angeben (zwischen den Schlüsselwörtern *stream* und *endstream)* und auf die Schrägstriche verzichten:

```
%FDF-1.2
%âãÏÓ
1 0 obj
<< /FDF <<
    /F (javascript tester.pdf)
    /JavaScript <<
        /Before 2 0 R
        /After 3 0 R
    >>
>>
>>
endobj
2 0 obj
<< >>
stream
app.alert("Vor FDF-Import");
// ...weiterer JavaScript-Code...
endstream
endobj
3 0 obj
<< >>
stream
app.alert("Nach FDF-Import");
// ...weiterer JavaScript-Code...
endstream
endobj
trailer
<<
/Root 1 0 R
>>
%%EOF
```

10.2.3 Die JavaScript-Konsole.
In jeder neuen Programmiersprache kommt es bei den ersten Gehversuchen zu unvermeidlichen Fehlern. Die JavaScript-Konsole erleichtert das interaktive Testen von JavaScript-Code. Dieses über dem Acrobat-Hauptfenster schwebende Fenster ermöglicht seit Acrobat 5 die direkte Tastatureingabe von Programmcode, den der Interpreter sofort ausführt. Fehlermeldungen und Warnungen des Interpreters erscheinen ebenfalls im Konsolenfenster. Sie öffnen das Konsolenfenster über die Menüfolge *Werkzeuge, JavaScript, Konsole...* . Um den in der JavaScript-Konsole eingetippten Code ausführen zu lassen, selektieren Sie den Code mit der Maus und drücken Strg-Enter (oder unter Windows die zweite Enter-Taste im Ziffernfeld ganz rechts). Zum Einstieg können Sie die JavaScript-Konsole zum Beispiel als Taschenrechner benutzen, indem Sie einfach eine kleine Berechnung eintippen, diese mit der Maus selektieren und dann Strg-Enter drücken:

```
3 * 5 + 1;
```

Nach der Ausführung eines Code-Fragments zeigt Acrobat den Wert des gesamten Ausdrucks an, in diesem Fall das Ergebnis der Berechnung. Wenn Sie eine Variable mit der Maus selektieren und wieder Strg-Enter drücken, erscheint der aktuelle Wert der Variablen im Konsolenfenster. Bei Funktionsaufrufen erscheint oft *undefined* als Ergebnis. Das Ausführen von Code funktioniert auch im JavaScript-Editierfenster, etwa bei Formularfeldern.

Abb. 10.1
Die Konsole erlaubt die direkte Eingabe und Ausführung von JavaScript-Code.

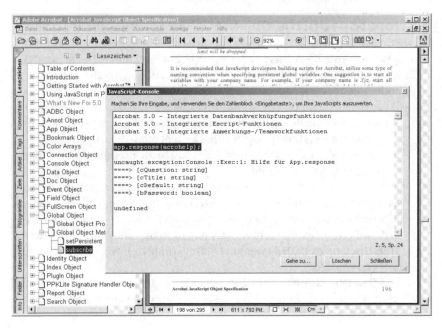

Dabei erscheint die Ausgabe aber nicht im Editierfenster, sondern wieder in der Konsole, um eine Vermischung von Programm und Ausgabe zu vermeiden.

JavaScript-Programme können eigene Meldungen auch gezielt in die Konsole schreiben oder diese löschen. Das ist für die Fehlersuche in der Entwicklungsphase eines Skripts nützlich:

```
console.show();
console.println("Unerwarteter Fehler im JavaScript-Code!");
```

Dank einer Besonderheit der JavaScript-Implementierung in Acrobat können Sie die Konsole auch als Mini-Hilfefunktion nutzen. Dazu tippen Sie die Funktion, deren Details Sie interessieren, einfach mit dem Argument *acrohelp* ein, zum Beispiel:

```
app.response(acrohelp);
```

Wenn Sie die Zeile selektieren und wieder Strg-Enter drücken, erscheinen in der Konsole die Namen und Typen aller Parameter der fraglichen Methode. Optionale Parameter erscheinen dabei in eckigen Klammern:

```
uncaught exception:Console :Exec:1: Hilfe für App.response
====> [cQuestion: string]
====> [cTitle: string]
====> [cDefault: string]
====> [bPassword: boolean]
```

10.3 Wichtige JavaScript-Elemente in Acrobat

10.3.1 Acrobat-spezifische Objekte.
Adobe implementierte eine Reihe von JavaScript-Objekten, die es nur in Acrobat gibt und die Zugriff auf diverse Elemente des Viewers oder der PDF-Datei erlauben. Die folgenden Objekte spielen bei der JavaScript-Programmierung in Acrobat eine wichtige Rolle:

- Das *app*-Objekt bietet Zugriff auf wichtige Eigenschaften des Acrobat-Viewers, etwa die Versionsnummer, die Sprache oder das zugrunde liegende Betriebssystem. Es kann zum Beispiel die Werkzeugleiste ein- und ausschalten, eine Dialogbox am Bildschirm anzeigen oder Navigationsfunktionen ausführen.
- Das *doc*-Objekt bietet Zugriff auf die Dokumentinformationen, die Anzahl der Seiten, den Zoomfaktor, den Dateinamen oder URL und andere Eigenschaften des Dokuments. Zudem bietet es Methoden für den Zugriff auf Hypertextelemente, zur Navigation innerhalb des Dokuments, zum Umgang mit FDF-Daten und Seitenvorlagen sowie zum Zurücksetzen von Feldern.
- Das *field*-Objekt spielt eine zentrale Rolle bei der Arbeit mit Formularfeldern. Alle vom Formularwerkzeug her bekannten Eigenschaften von

Formularfeldern sind darüber im Zugriff. Dazu gehören nicht nur Name, Farbe, Schriftart, Standardwert usw., sondern auch die Position und der zugehörige JavaScript-Code. JavaScript-Anweisungen können also selbst den Code ändern, der einem Formular zugeordnet ist.
- Das *event*-Objekt steuert die Abarbeitung von JavaScript-Code. Es ist Gegenstand von Abschnitt 10.3.2 »JavaScript-Events in Acrobat«, Seite 429.
- Das Schlüsselwort *this* bezeichnet keinen eigenen Objekttyp, sondern steht immer für das aktuelle Objekt. Je nach Programmkontext ist das aktuelle Objekt unterschiedlich definiert. Da das jeweilige Event hierfür ausschlaggebend ist, finden Sie die genaue Definition erst später in Abschnitt »Das this-Objekt«, Seite 433.

Tabelle 10.1 enthält eine Übersicht über alle JavaScript-Objekte in Acrobat und deren Bedeutung. Eine Aufstellung der Eigenschaften und Methoden dieser Objekte finden Sie im Acrobat JavaScript-Handbuch.

Properties und Methoden. Objekte in JavaScript besitzen Eigenschaften, so genannte Properties, und Methoden (oder Funktionen). Über diese Properties und Methoden erschließt sich der Funktionsumfang des jeweiligen Objekts. Aus diesem Grund möchte ich Ihnen noch einmal dringend die Lektüre des Acrobat JavaScript-Handbuchs ans Herz legen, denn darin sind sämtliche Properties und Methoden der Acrobat-Objekte dokumentiert.

Die Namen von Properties und Methoden werden mit einem Punkt als Trennzeichen an den Namen der zugehörigen Objektvariablen angehängt, zum Beispiel:

```
event.value
this.name
field.textSize
doc.path
```

JavaScript in Acrobat Reader. Acrobat Reader unterliegt im Vergleich zum Vollprodukt nicht nur diversen Einschränkungen hinsichtlich der interaktiven Funktionen, sondern unterstützt auch weniger JavaScript-Objekte. Die folgenden Objekte aus Tabelle 10.1 stehen in Acrobat Reader nicht oder nur eingeschränkt zur Verfügung:

```
ADBC, annot, connection, console, PPKLite, report, security, spell,
statement, template
```

Das bedeutet im Wesentlichen, dass JavaScript-Funktionen für Datenbankanbindung, Seitenvorlagen *(Templates)*, Sicherheitsfunktionen und Annotationen im Acrobat Reader nicht genutzt werden können.

10.3.2 JavaScript-Events in Acrobat.
Alle JavaScript-Programme werden durch so genannte *Events* ausgelöst. Das sind Ereignisse, die in Acrobat eintreten und meist eine Benutzeraktion beschreiben. Es gibt also im Gegensatz zur konventionellen Programmierung keinen linearen Ausfüh-

Tabelle 10.1 Acrobat-spezifische Objekte in JavaScript

Objekt	Bedeutung
ADBC connection statement	Acrobat Database Connectivity: Datenbankzugriffe innerhalb von Acrobat (siehe Abschnitt 10.5 »Datenbankzugriffe mit ADBC«, Seite 445)
annot	Umgang mit Kommentaren (annotations)
app	Zugriff auf diverse Eigenschaften des Acrobat-Viewers
bookmark	Zugriff auf Lesezeichen
color	Umgang mit Farben; enthält Konstanten für häufig benutzte Farbwerte
collab	Umgang mit Kommentaren (im JavaScript-Handbuch nicht dokumentiert); siehe Abschnitt 7.3.2 »Konfiguration von Online-Kommentaren«, Seite 325.
console	Ausgaben in der Konsole (siehe Abschnitt 10.2.3 »Die JavaScript-Konsole«, Seite 427)
data	Datei, die im PDF-Dokument eingebettet ist
doc	Zugriff auf das aktuelle Dokument
event	Auslöser (siehe Abschnitt 10.3.2 »JavaScript-Events in Acrobat«, Seite 429)
field	Zugriff auf ein Formularfeld (siehe Abschnitt 10.3.5 »Formularfeldeigenschaften«, Seite 438)
fullScreen	Vollbilddarstellung einer PDF-Datei
global	persistente Daten, die über mehrere Sitzungen hinaus erhalten bleiben
identity	Angaben über den aktuellen Benutzer
plugin	Angaben zu Acrobat-Plugins, darunter Name, Versionsnummer und Pfad
report	Erstellung von einfach formatierten PDF-Dokumenten (Berichten)
search, index	Umgang mit der Suchfunktion, falls ein Index für das Dokument verfügbar ist
security PPKLite	Zugriff auf Funktionen zur Verschlüsselung und digitalen Signatur
sound	Abspielen eingebetteter Sound-Dateien
spell	Rechtschreibprüfung von Formularfeldern und Kommentaren
template	Seitenvorlagen für neue Seiten (siehe Abschnitt 10.4.3 »Seitenvorlagen«, Seite 443).
TTS	text-to-speech: ermöglicht unter Windows das Vorlesen von Text
this	aktuelles Objekt (siehe Beschreibung im Text)
util	Hilfsfunktionen zur Formatierung von Zeichenketten und Datumsangaben

rungsstrang innerhalb eines Programms, sondern viele einzelne Programmfragmente, die jeweils vom zugehörigen Event aktiviert werden. Das Event wiederum wird von Acrobat erzeugt, sobald der Benutzer die zugehörige Aktion durchführt, etwa eine Schaltfläche anklickt oder Text in ein Formularfeld eintippt.

Jedes Event wird durch ein Objekt beschrieben, das über das Schlüsselwort *event* erreichbar ist und den Typ und Namen des Events sowie diverse Zusatzinformationen enthält. Tabelle 10.2 listet die Typen und Namen aller Events von Acrobat 5 auf, beschreibt die jeweiligen Auslöser und gibt an, an

Tabelle 10.2 Acrobat-spezifische JavaScript-Events und Herkunft des jeweiligen Codes

Typ und Name	Auslöser	Wo steht JavaScript-Code?
Doc/Open	Öffnen des Dokuments	Werkzeuge, JavaScript, Dokument-JavaScripts oder FDF-Datei (/Doc-Key)
Field/Mouse Down, Field/Mouse Up	Drücken bzw. Loslassen der Maustaste	Feldeigenschaften, Vorgänge
Field/Mouse Enter, Field/Mouse Exit	Eintreten des Mauszeigers in den Feldbereich bzw. Verlassen desselben	Feldeigenschaften, Vorgänge
Field/Focus, Field/Blur	Aktivieren oder Deaktivieren eines Felds, also Betreten bzw. Verlassen mit der Maus oder Anspringen bzw. Verlassen des Felds mit der Tabulatortaste	Feldeigenschaften, Vorgänge
Field/Calculate	Berechnung aller vom aktuellen Feld abhängigen Feldinhalte gemäß der festgelegten Berechnungsreihenfolge	Feldeigenschaften, Berechnung, benutzerdefiniertes Berechnungsskript
Field/Format	Formatierung des Feldinhalts nach der Berechnung oder Eingabe	Feldeigenschaften, Format, benutzerdefiniertes Formatierungsskript
Field/Keystroke	Tastatureingabe in einem Text- oder Kombinationsfeld oder Auswahländerung in einem Listenfeld	Feldeigenschaften, Format, benutzerdefiniertes Tasteneingabeskript
Field/Validate	Überprüfen des Feldinhalts nach Eingabe durch den Benutzer	Feldeigenschaften, Validierung, benutzerdefiniertes Validierungsskript
Page/Open, Page/Close	Öffnen bzw. Schließen einer Seite (nicht bei Darstellung von Doppelseiten!)	Dokument, Seitenvorgang festlegen...
Doc/WillClose	unmittelbar vor dem Schließen des Dokuments	Werkzeuge, JavaScript, Dokumentvorgänge
Doc/WillSave, Doc/DidSave	unmittelbar vor bzw. nach dem Sichern des Dokuments	Werkzeuge, JavaScript, Dokumentvorgänge
Doc/WillPrint, Doc/DidPrint	unmittelbar vor bzw. nach dem Ausdruck des Dokuments	Werkzeuge, JavaScript, Dokumentvorgänge
Bookmark/Mouse Up	Anklicken eines Lesezeichen	Lesezeicheneigenschaften
Link/Mouse Up	Anklicken einer Verknüpfung	Verknüpfungseigenschaften
Menu/Exec	Ausführen eines per JavaScript eingehängten Menübefehls, an den wiederum JavaScript-Anweisungen gebunden sind	cExec-Parameter von app.addMenuItem()
App/Init	Start von Acrobat	externe .js-Dateien im JavaScripts-Verzeichnis
Batch/Exec	Ausführen einer Stapelsequenz	Stapelverarbeitungssequenz im Sequences-Verzeichnis
External/Exec	externer Auslöser	FDF-Datei (/Before- und /After-Key)
Console/Exec	Ausführen von JavaScript-Code in der Konsole	Direkteingabe über Tastatur

welcher Stelle der zugehörige JavaScript-Code steht. Diese Tabelle fasst damit gleichzeitig alle in Abschnitt 10.2 »Wo steht der JavaScript-Code?«, Seite 421, vorgestellten Möglichkeiten für JavaScript zusammen.

Die Properties eines Event-Objekts. Wie andere Objekte auch enthält das *event*-Objekt eine Reihe von Properties, die bei der Programmierung unverzichtbar sind. Die verfügbaren Properties hängen vom jeweiligen Event ab. Die folgenden Properties spielen bei der JavaScript-Programmierung in Acrobat eine wichtige Rolle und werden auch in den späteren Beispielen immer wieder auftauchen. Die jeweilige Bezeichnung wird nach einem Punkt an das Schlüsselwort *event* angehängt, zum Beispiel *event.type*:

- *type* und *name* entsprechen zusammen der ersten Spalte in Tabelle 10.2 und beschreiben zusammen eindeutig das jeweilige Event.
- *value* enthält den bisherigen Wert eines Felds und kann von JavaScript-Anweisungen auch verändert werden, etwa bei der Berechnung von Feldwerten.
- *change* enthält die Änderung, die der Benutzer zum Beispiel in ein Textfeld eingetippt hat.
- *rc (return code)* gibt an, ob ein Event erfolgreich verarbeitet werden soll. Ein Validierungsskript kann zum Beispiel *rc* auf den Wert *false* setzen und damit die weitere Verarbeitung des Events bei fehlerhafter Benutzereingabe beenden.
- *willCommit* hat den Wert *true*, wenn die Tastatureingabe durch den Benutzer abgeschlossen ist und die Validierung bevorsteht. Zu diesem Zeitpunkt kann eine JavaScript-Routine noch eine Überprüfung oder Veränderung der Gesamteingabe durchführen (während ein Tasteneingabeskript immer nur einzelne Zeichen überprüft).
- *target* enthält bei Formular-Events das zugehörige Formularfeld (also ein Objekt des Typs *field*). Bei anderen Events entspricht es dem *this*-Objekt (siehe unten). *targetName* ist der Name des Zielobjekts.
- *modifier* und *shift* geben an, ob der Benutzer die Strg- (auf dem Mac: Options-) oder Umschalttaste gedrückt hat.

Eine vollständige Liste aller Event-Properties finden Sie im Acrobat JavaScript-Handbuch.

Verarbeitung von JavaScript-Events. Falls Ihnen die Event-Verarbeitung von JavaScript noch etwas schleierhaft ist, helfen vielleicht ein paar Experimente mit der Datei *events.pdf* auf der Webseite zum Buch. Diese Datei enthält als Dokument-Skript die Funktion *show_event*, die die interessanten Properties des jeweils aktiven Events auf der Konsole ausgibt:

```
function show_event()
{
    var text = "event.type/name = " + event.type + "/" + event.name + "\n";

    if (event.value != undefined && event.value != "")
```

```
            text += "event.value = '" + event.value + "'\n";

        if (event.targetName != undefined && event.targetName != "")
            text += "event.targetName = '" + event.targetName + "'\n";

        if (event.name == "Keystroke")
            text += "event.change = '" + event.change + "'\n";

        console.show();
        console.println(text);
}
```

Allen Auslösern in dieser Datei (Standardvorgänge und benutzerdefinierte Skripten der Formularfelder, Lesezeichen, Seite öffnen/schließen, Dokument drucken usw.) ist als Vorgang diese Funktion zugeordnet. Wenn Sie daher die Formularfelder bearbeiten, das Dokument drucken oder einen anderen Auslöser wählen, können Sie auf der Konsole die Reihenfolge der Events nachvollziehen. Außerdem zeigt *show_event* bei Textfeldern auch die jeweilige Benutzereingabe an. Durch Drücken de Schaltfläche *reset* können Sie auch *Format*- und *Calculate*-Events beobachten.

Das this-Objekt. Wie bereits erwähnt, hängt die genaue Definition des Schlüsselworts *this* von dem Event ab, das gerade verarbeitet wird:
- Bei Events der Typen *Field*, *Page*, *Doc*, *Bookmark*, *Menu*, *Link* und *Batch* bezeichnet *this* das aktuelle Dokument, also ein Objekt des Typs *doc*.
- Bei einem *Console*-Event (also direkte Eingabe in der Konsole) bezeichnet *this* das aktuelle Dokument, falls eines geöffnet ist, anderenfalls ist *this* undefiniert.
- Bei den Events *App/Init* (externe JavaScript-Dateien) und *External/Exec* (FDF-Dateien) ist das *this*-Objekt undefiniert.

Innerhalb einer selbst konstruierten Objektmethode bezieht sich *this* immer auf das jeweilige Objekt, zu dem die Methode gehört.

10.3.3 Exceptions.
Obwohl ich hier keine Einführung in die allgemeine JavaScript-Programmierung geben möchte, will ich doch kurz auf das Konzept der Exceptions eingehen. Sie sind Bestandteil eines modernen Programmierstils und werden von vielen aktuellen Programmiersprachen unterstützt. In JavaScript 1.5 und damit in Acrobat stehen sie ebenfalls zur Verfügung. Wir werden sie bei den Beispielen zur Datenbankprogrammierung via ADBC benutzen.

Wie aus der Bezeichnung Exception (Ausnahme) schon hervorgeht, bezeichnet dieses Konzept den Umgang mit einer Situation, die eine Abweichung vom normalen Programmablauf darstellt. In der klassischen Programmierung liefern Funktionen Ergebnisse zurück, die mit einem bestimmten Wert signalisieren, dass die Funktion fehlgeschlagen ist. Diese Methode hat den Nachteil, dass man nach jedem relevanten Funktionsaufruf eine Abfrage des Rückgabewerts und geeigneten Code zur Fehlerbehandlung einbauen muss:

```
if (myFunction1()) == -1) {
    ...Fehlerbehandlung...
}
if (myFunction2()) == -1) {
    ...Fehlerbehandlung...
}
```

Bei verschachtelten Funktionen wird der Code dadurch sehr unübersichtlich. In dieser Situation helfen Exceptions, den Code lesbarer zu halten, indem die Fehlerbehandlung an einer Stelle konzentriert wird:

```
function myFunction1() {
    throw "Konnte nicht auf Datenbank zugreifen";
}

try {
    myFunction1();
    myFunction2();
    ...
} catch (e) {
    console.println("Fehler aufgetreten: " + e);
}
```

Dieses Fragment ist wie folgt zu verstehen: der *try*-Block wird zunächst ganz normal abgearbeitet. Wird in diesem Block oder in einer der aufgerufenen Funktionen mittels *throw* eine Exception ausgelöst, so wird die Abarbeitung des *try*-Blocks beendet und der Programmablauf im *catch*-Block fortgeführt, wo eine einheitliche Fehlerbehandlung stattfinden kann. Ging im *try*-Block alles gut, so wird der *catch*-Block einfach übersprungen. Die Namen rühren von der Sprechweise her: Eine Anweisung löst eine Ausnahme aus *(throw)*, die vom *catch*-Block »aufgefangen« wird. Das Argument bei *throw* und *catch* kann zusätzliche Informationen über die Fehlersituation enthalten, die beim zugehörigen Aufruf von *throw* übergeben wird, zum Beispiel einen beschreibenden Text oder den Namen der Datei oder Operation, mit der es Probleme gab.

Als Verfeinerung des Konzepts gibt es die Möglichkeit, auf unterschiedliche Exceptions unterschiedlich zu reagieren, indem man mehrere *catch*-Blöcke angibt, die für unterschiedliche Exception-Objekte durchlaufen werden. Außerdem kann ein anschließender *finally*-Block noch Code enthalten, der unabhängig vom Auftreten einer Exception immer ausgeführt wird, entweder direkt nach dem *try*- oder nach einem *catch*-Block.

Exceptions sind vor allem deswegen nützlich, weil sie verschachtelt sein können und über mehrere Funktionsaufrufe hinweg arbeiten. Damit kann man auch Exceptions abfangen, die in einer System- oder Bibliotheksfunktion auftreten. Wird eine Exception überhaupt nicht abgefangen (gibt es also zu einem *throw* kein zugehöriges *catch*), so fängt die Laufzeitumgebung die Ausnahme ab. Bei JavaScript in Acrobat bedeutet das, dass das Skript abgebrochen und eine Fehlermeldung in der Konsole angezeigt wird.

10.3.4 Vorgänge.

Für die meisten Vorgänge, die Sie einem Formularfeld, Lesezeichen, Vorgang und anderen Auslösern zuordnen können (siehe Abschnitt 11.6.2 »Vorgänge«, Seite 496) gibt es äquivalenten JavaScript-Code mit der gleichen Wirkung. Das bedeutet, dass sie mit wenigen Ausnahmen alle Vorgänge mit JavaScript-Code nachbauen können. Tabelle 10.3 enthält eine Gegenüberstellung der Vorgänge und des zugehörigen JavaScript-Codes. Wie aus der Tabelle hervorgeht, handelt es sich bei den Ausnahmen, für die es keinen entsprechenden JavaScript-Code gibt, um das Lesen von Artikeln sowie das Abspielen von Audio und Movies. Details zu den aufgeführten Funktionen finden Sie im Acrobat JavaScript-Handbuch.

Tabelle 10.3 JavaScript-Code für Acrobat-Vorgänge

Vorgang	äquivalenter JavaScript-Code

Anzeige	Sprungziel im aktuellen Dokument:
	this.pageNum = page; // erste Seite hat die Nummer 0
	this.zoom = 200; // Zoomfaktor zwischen 8.33 und 1600 Prozent
	this.zoomType = zoomtype.fitW;
	this.gotoNamedDest("kapitel3"); // benanntes Ziel
	Sprungziel in einem anderen Dokument:
	var d = app.openDoc("/d/tmp/intro.pdf");

Artikel lesen	–
Audio	–
Datei öffnen	app.openDoc("/d/tmp/intro.pdf"); (Wie »Datei«, »Öffnen…« oder »Datei«, »Als Adobe PDF öffnen…«; Start einer anderen Applikation ist nicht möglich)
Feld ein/ausblenden	var f = getField("date"); f.display = display.visible; // bzw. display.hidden
Formular senden	this.submitForm("http://www.pdflib.com/cgi-bin/process.pl");
Formular zurücksetzen	this.resetForm(["name", "vorname"]);
Formulardaten importieren	this.importAnFDF("file.fdf"); this.importAnXFDF("file.xfdf");
JavaScript	(gleicher JavaScript-Code)
Menübefehl ausführen	app.execMenuItem("Print"); // siehe Namen in Tabelle 11.28
Movie	–
WWW-Verknüpfung	this.getURL('http://www.pdflib.com', false); this.baseURL = "http://www.pdflib.com"; // Basis-URL setzen
Keine Auswahl	(kein JavaScript-Code)

Tabelle 11.4 Feldeigenschaften in JavaScript (Properties des Field-Objekts)

Property oder Methode	Äquivalente Feldeigenschaft	Mögliche Werte	📄	☒	▦	⊙	✎	T
alignment	Optionen, Ausrichtung	left, center, right						X
borderStyle	Darstellung, Umrandung, Art	solid, beveled, dashed, inset, underline	X	X	X	X	X	X
buttonAlignX und -Y	Optionen, Weitere Layout-Optionen	integer	X					
buttonPosition	Optionen, Layout	integer	X					
buttonScaleHow	Optionen, Weitere, Wie wird skaliert	proportional, anamorphic	X					
buttonScaleWhen	Optionen, Weitere, Wann wird skal.	always, never, tooBig, tooSmall	X					
calcOrderIndex	Werkzeuge, Formulare, Reihenfolge	integer						X
charLimit	Optionen, Höchstens ... Zeichen	integer						X
currentValueIndices	(Index der ausgewählten Felder)	array of integer		X	X			
defaultValue	Optionen, Standard	string		X	X	X		X
doNotScroll	Optionen, Nicht blättern	boolean						X
doNotSpellCheck	Optionen, Keine Rechtschreibprüf.	boolean						X
display	Darstellung, Allg. Eig., Formularf. ist	visible, hidden, noPrint, noView	X	X	X	X	X	X
editable	Optionen, Bearbeiten möglich	boolean			X			
exportValues	Optionen, Exportwert	array of strings		X		X		
fileSelect	Optionen, Dateiauswahl	boolean						X
fillColor	Darstellung, Umrandung, Hintergr.	color	X	X	X	X	X	X
highlight	Optionen, Hervorhebung	none, invert, push, outline	X					
lineWidth	Darstellung, Umrandung, Breite	none, thin, medium, thick	X	X	X	X	X	X
multiline	Optionen, Mehrere Zeilen	boolean						X
multipleSelection	Optionen, Mehrfachauswahl	boolean			X			
name	Name	string	X	X	X	X	X	X
numItems	–	integer			X			

Property oder Methode	Äquivalente Feldeigenschaft	Mögliche Werte	📄	☒	◉	📋	📊	✍	T
page	–	array of integer	x	x	x	x	x	x	x
password	Optionen, Kennwort	boolean							x
readonly	Darstellung, Allg., Schreibgeschützt	boolean	x	x	x	x	x	x	x
required	Darstellung, Allg., Erforderlich	boolean		x	x	x	x	x	x
setItems u.a.	Optionen, Element und Exportwert	array				x	x		
strokeColor	Darstellung, Umrandung, Farbe	color		x	x	x	x	x	x
style	Optionen, Zeichen	check, cross, diamond, circle, star, square		x	x				
submitName	(keine Entsprechung)	string	x	x	x	x	x	x	x
textColor	Darstellung, Textfeld, Farbe	color	x	x	x	x	x	x	x
textFont	Darstellung, Textfeld, Schrift	font name	x			x	x	x	
textSize	Darstellung, Textfeld, Größe	number	x			x	x	x	
type	Typ	button, checkbox, combobox, listbox, radiobutton, signature, text	x	x	x	x	x	x	x
userName	Kurze Beschreibung	string	x	x	x	x	x	x	x
value	(Benutzereingabe)	string, date, number, array		x	x	x	x	x	
setAction	Vorgänge, Vorgang	MouseUp, MouseDown, MouseEnter, MouseExit, OnFocus, OnBlur	x	x	x	x	x	x	x
setAction	Format, Ben. Formatierungsskript; Format, Ben. Tasteneingabeskript	Format, Keystroke				x	x	x	
setAction	Val, Ben. Validierungsskript; Ber., Ben. Berechnungsskript	Validate, Calculate				x	x	x	
setAction	Auswahländerung, Skript	Keystroke					x		
(keine Entsprechung)	Optionen, Elemente sortieren	Umweg über JavaScript-Sortierfunktion				x	x		
(keine Entsprechung)	Darstellung, Allgemeine Eigenschaften, Ausrichtung	Umweg: Seite drehen, Feld anlegen, Seite zurückdrehen	x						x

10.3.5 Formularfeldeigenschaften. Über die Acrobat-Oberfläche kann man eine Vielzahl von Optionen und Eigenschaften eines Formularfelds einstellen sowie Vorgänge für eine Reihe von Auslösern zuordnen. Fast alle dieser Optionen sind auch über JavaScript über zugehörige Properties und Methoden zugänglich. Um etwas Übersicht in dieses verwirrende Thema zu bringen, stellt Tabelle 11.4 die JavaScript-Properties und die zugehörigen Werte den entsprechenden Stellen in der Acrobat-Oberfläche (vor allem den Feldeigenschaften) gegenüber. Außerdem können Sie dieser Tabelle entnehmen, welche Feldtypen welche Properties unterstützen. Dabei stehen die Symbole der Reihe nach für die Feldtypen Schaltfläche, Kontrollkästchen, Kombinationsfeld, Listenfeld, Optionsfeld, Unterschrift und Text.

10.4 Formatierung, Validierung und Berechnung

10.4.1 Einfache Berechnungen. Als Beispiel für den Einsatz der JavaScript-Programmierung in Acrobat wollen wir uns ein Bestellformular für Bücher ansehen. Das Beispielformular, das Sie auch auf der Webseite zum Buch finden (siehe Abbildung 10.2 und Abbildung 10.3) ist äußerlich ziemlich schlicht, enthält aber zusätzliche Intelligenz in Form von JavaScript-Code. Der Anwender kann die ISBN-Nummer, die Anzahl und den Preis von Büchern eingeben. Bei einer echten Anwendung würde der Käufer den Preis natürlich nicht selbst eingeben. In diesem Formular verrichten mehrere Acrobat-Funktionen und benutzerdefinierte Skripten ihre Arbeit:

- Der Gesamtpreis in jeder Zeile wird als Produkt aus Anzahl und Einzelpreis berechnet. Dies lässt sich leicht über eine eingebaute Berechnungsfunktion erreichen.
- Für die Berechnung der Mehrwertsteuer benutzen wir die folgenden Zeilen als benutzerdefiniertes Berechnungsskript:

```
var percentage = 0.07;
var sum = this.getField("sum");
event.value =  sum.value * percentage;
```

- Alle Preisfelder werden auf zwei Dezimalstellen genau ausgegeben und erhalten zusätzlich eine Währungsangabe. Die Formatierung der Felder erreichen wir leicht durch geeignete Einträge in den Feldeigenschaften.
- Die ISBN-Nummer bietet reichlich Gelegenheit für JavaScript-Programmierung. Mit den Einzelheiten werden wir uns im Rest dieses Abschnitts befassen.

Das Anlegen der Felder erleichtern wir uns durch die in Abschnitt 9.3.2 »Erstellen und Bearbeiten von Formularfeldern«, Seite 390, beschriebenen Tricks, insbesondere durch ein hierarchisches Namensschema. Dieses hat neben der einfachen Erstellung der Felder durch Kopieren und Einfügen

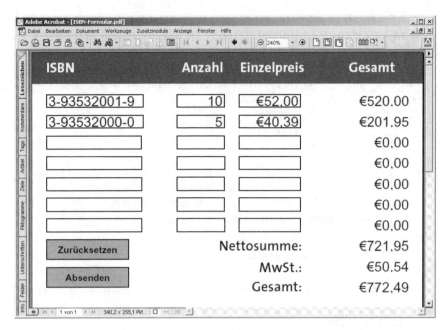

Abb. 10.2
Das ISBN-Formular ist vollgepackt mit JavaScript für die verschiedenen Berechnungen.

den Vorteil, dass wir für die Berechnung der Gesamtsumme in *totaldue* im Feld für die Namen der zu summierenden Felder einfach *total* angeben und damit alle untergeordneten Felder *total.1*, *total.2* usw. aufsummieren. Außerdem sollten ein book-Feld vor dem Kopieren erst komplett mit JavaScript-Code füllen, damit der Code mitkopiert wird.

0.4.2 Komplexe Validierung.
Das ISBN-System (Internationale Standard-Buchnummer) ist weltweit vereinheitlicht und garantiert die eindeutige Nummerierung von Büchern. Nun darf aber nicht jeder Verlag einfach eigene ISBN-Nummern erfinden und auf seine Bücher drucken, denn die letzte der zehn Stellen fungiert als Prüfziffer. Anhand dieser letzten Stelle kann man die ISBN auf Gültigkeit überprüfen und Tippfehler erkennen. Wir werden im Buchformular folgende Aufgaben mit JavaScript erledigen:
- Überprüfung der einzelnen eingetippten Zeichen auf Zulässigkeit,
- Überprüfung der gesamten ISBN auf Gültigkeit anhand der Prüfziffer,
- Formatierung der ISBN durch Aufteilung in Länder- und Verlagscode und Einfügen von Trennstrichen an den richtigen Stellen.

Um den Code übersichtlicher zu halten, werden wir in den einzelnen Formularfeldern nur kleine Dreizeiler einhängen, die jeweils größere Funktionen aufrufen. Diese Funktionen werden zwecks Platzersparnis als Dokument-Skripten gespeichert und führen die eigentliche Arbeit durch.

Einhängen der Formularskripten. Das Einhängen der kleinen Skripten, die beim Auftreten verschiedener Formular-Events aufgerufen werden, ist schnell erledigt. In den Formulareigenschaften des *book*-Felds hängen wir unter *Format* das folgende benutzerdefinierte Tasteneingabeskript ein. Es ruft eine umfangreichere Prüffunktion auf, sobald sich in der Eingabe etwas geändert hat:

```
if (event.change != "") {
    keystroke_isbn(event);
}
```

Entsprechend hängen wir unter *Validierung* ein Skript ein, das am Ende der ISBN-Eingabe die Nummer überprüft. Das Ergebnis *true* oder *false* der Routine *check_isbn* wird der Property *rc* zugewiesen und entscheidet damit darüber, ob die Eingabe akzeptiert oder als ungültig abgewiesen wird:

```
if (event.value != "") {
    event.rc = check_isbn(event.value);
}
```

Schließlich brauchen wir noch eine Routine, die die passenden Trennstriche einfügt. Sie wird als benutzerdefiniertes Formatierungsskript unter *Format* eingehängt:

```
if (event.value != "") {
    event.rc = format_isbn(event);
}
```

Jetzt wollen wir uns die einzelnen Skripten näher ansehen, die von diesen Dreizeilern aufgerufen werden.

Überprüfung einzelner Tastatureingaben. Im ersten Schritt überprüfen (validieren) wir die Benutzereingabe. Da die letzte Stelle der ISBN-Nummer aus einer Ziffer oder dem Buchstaben »X« bestehen kann, können wir die Eingabefelder nicht einfach als Zahlenfeld definieren. Stattdessen definieren wir die folgende JavaScript-Funktion *keystroke_isbn* via *Werkzeuge, JavaScript, Dokument-JavaScripts...* auf Dokumentebene. Die Funktion erhält beim Aufruf ein *Event*-Objekt als Argument. Da Trennstriche in der Eingabe erlaubt, bei der Überprüfung aber ignoriert werden sollen, löschen wir diese vor der weiteren Verarbeitung mithilfe eines regulären Ausdrucks und der Methode *replace*:

```
function keystroke_isbn(e) {
    // e.value ist der alte Inhalt ohne das aktuelle Zeichen
    s = e.value.replace(/-/g, "");     // Trennstriche entfernen
    var len = s.length;                // Länge ohne Trennstriche
    var c = e.change;                  // aktuelles Zeichen

    // aktuelles Zeichen überprüfen
    if (c != "-" && (c < "0" || c > "9")) { // keine Zahl oder Trennstrich?
```

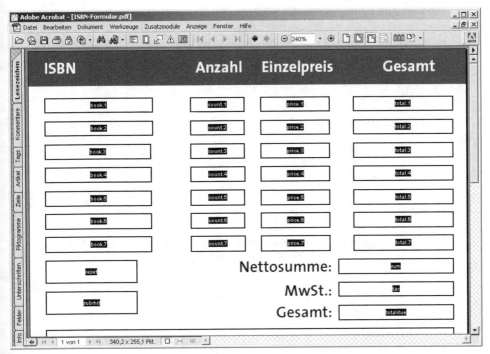

Abb. 10.3
Das ISBN-Formular in der Feldansicht. Beachten Sie die hierarchischen Feldnamen.

```
            if (len < 9 || c != "X") {     // Sonderfall für das letzte Zeichen
                app.beep(0);
                e.rc = false;              // Rückgabewert: Eingabe abgelehnt
            }
        }
}
```

Überprüfung der gesamten ISBN. Nach Überprüfung der einzelnen Zeichen müssen wir nach erfolgter Eingabe sicherstellen, dass die eingetippte ISBN auch gültig ist. Zunächst jedoch eine kurze Erklärung von Struktur und Prüfziffern im ISBN-System: Ein ISBN-Code besteht aus zehn Ziffern in vier Gruppen, nämlich Ländercode, Verlagscode, Buchcode und schließlich eine einzelne Prüfziffer. Diese Prüfziffer berechnet sich wie folgt: Die erste Ziffer wird mit zehn multipliziert, die zweite mit neun usw. bis zur neunten Ziffer, die mit zwei multipliziert wird. Die Ergebnisse all dieser Multiplikationen werden addiert. Als letzte Stelle wählt man nun die Zahl, die nötig ist, um die erhaltene Summe bis zum nächsten Vielfachen von 11 aufzufüllen. Beträgt dieser Wert 10, so wählt man stattdessen den Buchstaben »X« für die letzte Stelle.

Die folgende Funktion, die wir wieder auf Dokumentebene definieren, implementiert dieses Verfahren. Wenn die Eingabe keine gültige ISBN darstellt, erscheint eine Dialogbox mit einer Warnung, und der Benutzer kann die Eingabe korrigieren:

```
function check_isbn(isbn) {
    var sum = 0;
    var i = 0;
    isbn = isbn.replace(/-/g, "");              // Trennstriche entfernen

    if (isbn.length != 10) {
        app.alert("Die ISBN muss genau zehn Stellen haben!");
        return false;
    }
    for (i=0; i < 9; i++)
        sum += isbn.charAt(i) * (10-i);

    // Die Dummy-Multiplikation erzwingt Integer- statt Stringbehandlung:
    sum += (isbn.charAt(9) == "X" ? 10 : isbn.charAt(9)) * 1;

    if (sum % 11 != 0) {         // Prüfung der gewichteten Quersumme
        app.alert("Die ISBN ist ungültig!");
        return (false);
    } else
        return (true);
}
```

Formatierung der ISBN. Schließlich können wir die eingetippte ISBN anhand des Ländercodes etwas besser lesbar formatieren. Abhängig vom Ländercode (der zwischen ein und drei Stellen lang sein kann) fügen wir nach diesem und vor der Prüfziffer einen Trennstrich ein. Den genauen Zusammenhang zwischen dem Ländercode und seiner Länge entnehmen Sie der Funktion *format_isbn()* unten. Ähnlich könnten wir auch Verlags- und Buchcode trennen, indem wir die ersten Stellen des Verlagscodes analysieren. Aus Vereinfachungsgründen ist dies jedoch nicht implementiert.

Die eigentliche Formatierung erfolgt mit der Hilfsfunktion *util.printx()*, die eine Vielzahl von Formatanweisungen unterstützt:

```
function format_isbn(e) {
    var format_string;
    var a = e.value.substring(0, 1);      // die erste Stelle
    var b = e.value.substring(0, 2);      // die ersten beiden Stellen
    var c = e.value.substring(0, 3);      // die ersten drei Stellen

    if (a >= 0 && a <= 7 && a != 6)
        format_string = "9-99999999-X";   // einstelliger Ländercode

    else if ((b >= 80 && b <= 88) || (b >= 90 && b <= 93))
        format_string = "99-9999999-X";   // zweistelliger Ländercode

    else if (b >= 95 && b <= 99)
```

```
        format_string = "999-999999-X";      // dreistelliger Ländercode

    else if (c >= 996 && c <= 998)
        format_string = "9999-99999-X";      // vierstelliger Ländercode

    else
        format_string = "999999999-X";       // unbekannter Ländercode
    e.value = util.printx(format_string, e.value);
}
```

10.4.3 Seitenvorlagen.

Bei Formularen unbekannter Länge ist die Fixierung von PDF auf festen Seiteninhalt und vorgegebene Seitenzahl von Nachteil. Insbesondere bei Bestellformularen weiß man in der Regel beim Anlegen des Formulars noch nicht, wie viele Artikel der Kunde später damit bestellen möchte. Übersteigt die Größe der Bestellung die Kapazität der vorhandenen Seite(n) des Formulars, sind zusätzliche Seiten erforderlich.

Genau dies, nämlich das dynamische Anlegen neuer Seiten in einem PDF-Dokument, erlauben die Seitenvorlagen *(templates)*. Beachten Sie jedoch, dass die im Folgenden beschriebenen Funktionen für Seitenvorlagen nur im Acrobat-Vollprodukt und in Acrobat Approval funktionieren, nicht aber im Reader. Über *Werkzeuge, Formulare, Seitenvorlagen...* können Sie aus der aktuell angezeigten Seite des Formulars eine Seitenvorlage mit einem beliebigen Namen machen. Eine Seitenvorlage kann sichtbar oder unsichtbar sein. Wird sie beim Anlegen als unsichtbar markiert, so vermindert sich die Seitenzahl des Dokuments. Unsichtbare Seitenvorlagen kann man sich wie Vorlageseiten in einer Textverarbeitung vorstellen.

Mittels JavaScript kann man dann bei Bedarf neue Seiten im Dokument hinzufügen, deren Inhalt der Seitenvorlage entspricht. Dies kann explizit durch den Benutzer gesteuert werden (etwa durch eine Schaltfläche, die eine neue Seite anlegt) oder implizit durch weiteren JavaScript-Code. So könnte man zum Beispiel bei einer Datenbankabfrage so lange neue Seiten anlegen, wie Daten aus der Datenbank kommen.

Alternativ dazu lassen sich neue Seiten auf Basis von Seitenvorlagen auch durch geeignete Anweisungen in einer FDF-Datei anlegen. Die in Abschnitt 9.5.2 »Das FDF-Toolkit«, Seite 409, behandelte Software hält dafür die Funktion *FDFAddTemplate( )* bereit. Allein über die Acrobat-Oberfläche (mit dem Formularwerkzeug) ist das Anlegen neuer Seiten nicht möglich.

Als Beispiel greifen wir auf das Guagua-Formular aus Abschnitt 9.1 »Erstellen von Formularen«, Seite 379, zurück und legen darin eine Vorlageseite an, mit der bei Bedarf die Angaben weiterer mitreisender Personen eingetragen werden. Um im Guagua-Formular bei Bedarf neue Seiten anzulegen, gehen Sie wie folgt vor:

▸ Fügen die Datei *Folgeseite.pdf* als zweite Seite im Guagua-Formular ein.

Abb. 10.4
Anlegen von Seitenvorlagen

- Zeigen Sie die zweite Seite an und wählen Sie *Werkzeuge, Formulare, Seitenvorlagen...* . Geben Sie als Name *Folgeseite* ein und klicken Sie auf *Hinzufügen...* (siehe Abbildung 10.4).
- Klicken Sie zunächst auf das Augensymbol, um die Seite unsichtbar zu machen, und dann auf *Schließen*.
- Jetzt erstellen Sie auf der Startseite eine neue Schaltfläche mit dem Namen *Erweitern*, der Sie als Vorgang für das Loslassen der Maustaste folgenden JavaScript-Code zuweisen:

```
var t = this.getTemplate("Folgeseite");
t.spawn(this.numPages, true, false);
```

Jetzt können Sie durch Klick auf den *Erweitern*-Button eine neue Seite anlegen, die am Ende angehängt wird.

Umbenennung von Feldern. Beim Erzeugen neuer Seiten auf Basis von Seitenvorlagen mit Formularfeldern werden die Felder mit auf die neue Seite kopiert. Dabei hat der JavaScript-Entwickler die Möglichkeit, diese Felder unverändert zu übernehmen oder die Namen anpassen zu lassen. Letzteres ist immer dann nötig, wenn Berechnungen mit den Feldinhalten durchgeführt werden sollen, denn mit gleich benannten Feldern lässt sich nicht sinnvoll rechnen. Acrobat erzeugt abhängig vom Parameter *bRename* der Methode *spawn* systematisch neue Formularfelder. Ein Formularfeld mit dem Namen *Vorname* auf der Seitenvorlage *Folgeseite*, das auf Seite 2 dupliziert wird, erhält zum Beispiel folgenden neuen Namen:

```
P2.Folgeseite.Vorname
```

Allgemein sieht das Schema zur Erzeugung neuer Feldnamen wie folgt aus:

```
P<Seitennummer>.<Name des Templates>.<Name des Felds>
```

Beim Anlegen von Templates via FDF hängt Acrobat an den Namen des Templates noch einen Unterstrich und die Nummer des Templates an.

Da die Namen der neu erzeugten Formularfelder systematisch erzeugt werden, kann man aus JavaScript heraus auch darauf zugreifen. Dazu können wir die String-Funktionen von JavaScript nutzen, um den Feldnamen aus seinen Bestandteilen zusammenzusetzen, zum Beispiel:

```
var name = "P" + 2 + ".Folgeseite." + "Vorname";
var f = this.getField(name);
```

0.5 Datenbankzugriffe mit ADBC

Acrobat 5 erweitert die JavaScript-Programmierung um Möglichkeiten zum Zugriff auf eine Datenbank. Die so genannte *Acrobat Database Connectivity* (ADBC) ermöglicht ähnlich ODBC oder JDBC Datenbankzugriffe mittels SQL-Anweisungen. ADBC steht nur in den Windows-Versionen des Acrobat-Vollprodukts und Acrobat Approval (siehe Abschnitt 9.4.1 »Acrobat-Varianten«, Seite 399) zur Verfügung, nicht jedoch im Acrobat Reader. ADBC setzt voraus, dass auf dem Computer Microsoft ODBC installiert ist. Dies ist bei modernen Windows-Systemen, etwa Windows 2000 und XP, jedoch ohnehin der Fall. ADBC bietet mit JavaScript aus Acrobat heraus folgende Möglichkeiten:

- Auflisten aller auf dem System verfügbaren Datenbanken
- Abfragen von Tabellen innerhalb einer Datenbank
- Abfragen von Datentypen in einer Tabelle
- Ausführen von SQL-Anweisungen und Abrufen von Daten
- Die Ergebnisse einer Datenbankabfrage können in PDF-Formularfeldern dargestellt werden. Andererseits können die Inhalte von Formularfeldern auch in der Datenbank eingetragen werden.

Registrieren einer ODBC-Datenquelle. Voraussetzung für die Nutzung von ADBC ist die Installation und Registrierung einer ODBC-Datenquelle. Die folgenden Schritte zeigen, wie Sie unter Windows 2000 eine Datenbank des Typs Microsoft Access als ODBC-Datenquelle registrieren:

- Über die Menüfolge *Start, Einstellungen, Systemsteuerung, Verwaltung, Datenquellen (ODBC)* öffnen Sie den ODBC-Datenquellen-Administrator.
- Klicken Sie auf *Benutzer-DSN*, wenn die Datenquelle nur für den aktuellen Benutzer eingerichtet werden soll, oder auf *System-DSN*, wenn die Datenquelle allen Benutzern des Arbeitsplatzes zur Verfügung stehen soll. Dann klicken Sie auf *Hinzufügen...*, wählen *Microsoft Access-Treiber (*.mdb)* und klicken auf *Fertig stellen*.
- Geben Sie unter *Datenquellenname* einen beliebigen Namen für die Datenquelle an, und tragen Sie mittels *Auswählen...* den Dateinamen der Access-Datenbank ein. Unter diesem Namen können Sie die Datenbank aus JavaScript heraus ansprechen. Unter *Beschreibung* können Sie außerdem noch erklärenden Text eintragen.

Nach diesen Vorbereitungen steht die Datenbank für den Einsatz in Acrobat zur Verfügung.

Zugriff auf eine Datenbank. ADBC bietet mehrere Objekte, die den Zugriff auf eine Datenbank ermöglichen:
- Das *ADBC*-Objekt liefert eine Liste aller erreichbaren Datenbanken und baut eine Verbindung zu einer Datenbank auf;
- Das *Connection*-Objekt liefert eine Liste der Tabellen in der ausgewählten Datenbank;
- Das *Statement*-Objekt erlaubt das Ausführen von SQL-Anweisungen und liefert Daten aus der Datenbank zurück.
- Weitere Hilfsobjekte für die Durchführung von Datenbankabfragen werden im Acrobat JavaScript-Handbuch beschrieben.

Das folgende Beispiel stellt zunächst die Verbindung zu einer Datenbank mit dem Namen *buecher* her (dies ist der bei ODBC-Konfiguration gewählte Name). Daraufhin wird ein SQL-Statement zur Auswahl von Zeilen der Tabelle *tblbooks* abgesetzt. Verläuft diese Abfrage erfolgreich (tritt also keine Exception auf), so werden in einer Schleife alle zugehörigen Datensätze mit der Methode *nextRow( )* abgeholt und der Inhalt einer Spalte auf der Konsole ausgeben. Der Code setzt an allen relevanten Stellen *try/catch*-Blöcke ein, um Exceptions abzufangen und mit einer Fehlermeldung darauf zu reagieren:

```
try {
    // Verbindung zur ODBC-Datenbank herstellen
    db = ADBC.newConnection("buecher");
    if (db == null)
        throw "Konnte Datenbank nicht öffnen!";

    statement = db.newStatement();
    if (statement == null)
        throw "Konnte Statement-Objekt nicht anlegen!"

    try {   // SQL-Statement ausführen
        statement.execute("Select tbooks_isbn from tblbooks");
        statement.nextRow();
    } catch (e) {
        throw "Konnte SQL-Abfrage nicht durchführen";
    }

    // In einer Schleife alle Datensätze abholen und ausgeben
    for ( ; ; ) {
        row = statement.getRow();
        console.println(row.tbooks_isbn.value);
        try {
            statement.nextRow();
        } catch(e) {
            break;
        }
```

```
        }
} catch (e) {
    console.println("Fehler" + e);
}
```

Auf der Acrobat-CD finden Sie ein umfangreicheres Beispiel, das insbesondere das Zusammenspiel von ADBC und Formularfunktionen in JavaScript anschaulich demonstriert. Noch einige Hinweise, die nicht aus dem Code oder dem Acrobat JavaScript-Handbuch ersichtlich sind:

- Ist keine ODBC-Datenquelle unter dem angegebenen Namen registriert, so erscheint der Konfigurationsdialog von ODBC, und der Benutzer kann manuell eine Datenbank auswählen.
- Die wichtige Methode *execute* des *Statement*-Objekts, mit der sich SQL-Abfragen durchführen lassen, liefert im Gegensatz zur Beschreibung im Fehlerfall nicht den Wert *false* zurück, sondern löst eine Exception aus. Daher müssen wir den Aufruf mit einem *try*-Block schützen.
- Es gibt in ADBC offensichtlich keine Möglichkeit, die Anzahl der Tabellenzeilen abzufragen. Stattdessen ruft man die Methode *nextRow( )* so lange auf, bis sie fehlschlägt. Daher ist es entscheidend, diesen Aufruf ebenfalls mit *try/catch* zu klammern, ohne die Exception weiter zu geben.
- Aufgrund eines Fehlers in Acrobat 5 kann ADBC nicht auf Spalten des Typs CHAR zugreifen. Verwenden Sie daher den Typ VARCHAR.

0.6 Nützliche Code-Fragmente

Die folgenden Abschnitte bieten statt langer Erklärungen eine Reihe kleiner JavaScript-Fragmente, die Sie sofort verwenden können. Jeder Abschnitt enthält einige Zeilen Code und erläutert kurz die Funktion des jeweils vorgestellten Fragments. In den meisten Fällen finden Sie ausführliche Erläuterungen und zusätzliche Optionen im Acrobat JavaScript-Handbuch. Viele der Fragmente können Sie direkt in der JavaScript-Konsole ausprobieren (siehe Abschnitt 10.2.3 »Die JavaScript-Konsole«, Seite 427), andere erläutern, an welcher Stelle der Code einzutragen ist.

0.6.1 Interaktion mit dem Benutzer.
JavaScript bietet diverse Möglichkeiten zur Interaktion mit dem Benutzer. Dabei spielen verschiedene Elemente der Benutzerschnittstelle eine Rolle, etwa Menübefehle und Dialogboxen.

Menübefehle ausführen. Schaltflächen können bekanntlich Acrobat-Menübefehle aufrufen. Das gleiche gilt auch für JavaScript-Anweisungen. Die folgende Zeile, eingetragen für ein beliebiges Event als Auslöser, ruft die Druckfunktion von Acrobat auf:

```
app.execMenuItem("Print");
```

Als Name für die Menübefehle können Sie alle Bezeichnungen aus Tabelle 11.28 in Kapitel 11 »Das pdfmark-Einmaleins« verwenden. Entfernen Sie dabei jeweils den führenden Schrägstrich aus dem Namen. Unten erfahren Sie, wie Sie ein JavaScript-Programm als neuen Menübefehl in Acrobat einhängen können.

Drucken von Seiten. Mit JavaScript-Anweisungen lassen sich gezielt einzelne oder alle Seiten des Dokuments ausdrucken. Im Gegensatz zum Aufruf des Menübefehls *Print* kann man dabei auch diverse Optionen des Druckdialogs steuern oder diesen ganz unterdrücken. Das folgende Beispiel bewirkt den Ausdruck der aktuellen Seite auf dem Standarddrucker ohne weitere Benutzerinteraktion:

```
this.print(false, this.pageNum, this.pageNum);
```

Meldungs- und Dialogboxen anzeigen. Das im vorigen Beispiel benutzte *app*-Objekt erlaubt auch die Ausgabe von Dialogboxen. Die folgende Zeile gibt eine Warnmeldung aus:

```
app.alert("Sie müssen erst einen Wert eingeben!");
```

Das Acrobat JavaScript-Handbuch beschreibt weitere optionale Parameter, mit denen unterschiedliche Symbole und zusätzliche Buttons *(Ja, Nein, Abbrechen)* konfiguriert werden können. Die Methode *response* gibt dem Anwender darüber hinaus die Möglichkeit, Text in die Dialogbox einzutippen:

```
val = app.response("Bitte geben Sie einen Wert ein:");
```

Der eingetippte Text kann über die Variable *val* abgerufen werden.

Anlegen eines neuen Menübefehls. Jetzt wollen wir obigen Druckbefehl ausbauen und als Menübefehl eintragen, damit er bequem erreichbar ist. Im Unterschied zum normalen Druckbefehl sollen bei unserer Variante die Seiten in umgekehrter Reihenfolge ausgedruckt werden und gar keine Dialogbox mehr erscheinen, sondern der Ausdruck gleich auf den Standarddrucker geschickt werden. Im Aufruf der Funktion *print* können Sie weitere Druckparameter steuern. Als Beispiel drucken wir die Seiten in umgekehrter Reihenfolge. Die folgenden Anweisungen definieren eine Druckfunktion und hängen Sie als neuen Befehl im Menü Datei ein. Wahlweise können Sie die Original-Druckfunktion auch deaktivieren. Damit der neue Menübefehl in Acrobat immer zur Verfügung steht, stellen Sie den Code als eigene Datei *DoPrint.js* in das Verzeichnis *JavaScripts*:

```
function DoPrint() {
    // aktuelles Dokument
    var doc = event.target;

    if (doc == null) {
        // Warnung anzeigen
```

*Abb. 10.5
Anlegen eines neuen
Menübefehls*

```
        app.alert("Kein Dokument verfügbar!");
    } else {
        doc.print({bUI: false, nStart: 0, nEnd: doc.numPages-1,
            bSilent: false, bShrinkToFit: false, bPrintAsImage: false,
            bReverse: true, bAnnotations: true});
        // Statusmeldung anzeigen
        app.alert("Dokument " + doc.path + " wurde gedruckt!", 3);
    }
}

// Neuen Menübefehl einhängen, der die obige Druckfunktion aufruft
app.addMenuItem({cName: "Umgekehrt drucken", cParent: "File", nPos: 5,
    cExec: "DoPrint()"});

// Bei Bedarf: Original-Druckfunktion deaktivieren
//app.hideMenuItem("Print");
```

Modifizieren der Acrobat-Oberfläche. Bei der Entwicklung von PDF-Lösungen kann man die Benutzerinteraktion von der Acrobat-Oberfläche weitgehend oder vollständig auf das PDF-Dokument selbst verlagern. Schaltflächen mit dem Aufruf ausgewählter Menübefehle ersetzen in diesem Fall die Bedienung über die Acrobat-Oberfläche. Dabei kann es hilfreich sein, die Anzahl der Bedienelemente von Acrobat zu reduzieren, um unerfahrene Anwender nicht mit Funktionen zu verwirren, die sie ohnehin nicht brauchen. Ein Integrator kann dazu die in Abschnitt 10.2.2 »Externer JavaScript-Code«, Seite 424, erwähnte Datei *config.js* nutzen und mit der im vorigen Beispiel erwähnten Funktion *app.hideMenuItem* Menübefehle deaktivieren. Entsprechend lassen sich mit der Funktion *app.hideToolbarButton* einzelne Werkzeugsymbole deaktivieren.

Die folgenden Anweisungen deaktivieren sowohl den Menübefehl *Drucken...* als auch das zugehörige Symbol in der Werkzeugleiste von Acrobat. Dies lässt sich nur durch einen Neustart von Acrobat wieder rückgängig machen und ist natürlich nur dann sinnvoll, wenn das PDF-Dokument selbst geeigneten Ersatz für die Druckfunktion installiert:

```
app.hideMenuItem("Print");
app.hideToolbarButton("Print");
```

Die symbolischen Namen der Menübefehle finden Sie in Abschnitt 10.2.1 »Interner JavaScript-Code im PDF-Dokument«, Seite 421, diejenigen der einzelnen Werkzeuge erfahren Sie mithilfe der folgenden Anweisung:

```
app.listToolbarButtons();
```

Versenden von E-Mail. Unter bestimmten Voraussetzungen können Sie aus JavaScript heraus E-Mail versenden. Dazu muss auf dem System ein Mail-Programm installiert sein, das das MAPI-Protokoll unterstützt. Außerdem funktioniert das Versenden mit einer Ausnahme nur mit dem Acrobat-Vollprodukt, nicht aber mit dem Reader. Diese Ausnahme hat nichts mit JavaScript zu tun und besteht aus einer Schaltfläche mit einer Webverknüpfung als Vorgang, deren URL das *mailto*-Protokoll enthält. Allerdings können Sie dabei weder Anhänge mitgeben noch Thema, Empfänger usw. vorbelegen.

Im Acrobat-Vollprodukt stehen mehrere JavaScript-Methoden zur Verfügung, mit denen Sie Mail versenden können. Beachten Sie, dass diese Methoden im Reader wirkungslos sind:

- *app.mailMsg* versendet eine Mail ohne Anhang, bei der sich Empfänger, Thema und Inhalt vorbelegen lassen.
- *this.mailDoc* speichert das aktuelle Dokument in einer temporären Datei und versendet eine Mail mit dieser Datei als Anhang.
- *this.mailForm* exportiert die Formulardaten des aktuellen Dokuments in eine temporäre FDF-Datei und versendet eine Mail mit dieser Datei als FDF-Anhang.

Der folgende Code öffnet ein Mail-Fenster, in dem die Einträge für Empfänger, Betreff und Inhalt schon vorbelegt sind und vom Benutzer bearbeitet werden können. Im Reader fragen wir über das *app*-Objekt zunächst den Typ des benutzten Viewers ab (auch die Versionsnummer lässt sich so ermitteln). Handelt es sich um Acrobat Reader, so informieren wir den Anwender über diese Einschränkung:

```
if (app.viewerType == "Reader") {
    app.alert("Reader kann leider keine Mail verschicken!");
} else {
    app.mailDoc(true, "tm@pdflib.com", "cc@pdflib.com", "bcc@pdflib.com",
    "Betreff", "Versenden von Mail aus JavaScript heraus");
}
```

Es ist auch möglich, Mail ohne weitere Benutzeraktion sofort zu versenden. Dazu muss der erste Parameter von *this.mailDoc* den Wert *false* haben.

6.2 Formularfelder.
Formularfelder bieten die meisten Möglichkeiten zur Anwendung von JavaScript: Alle Einstellungen, die Sie mit dem Formularwerkzeug wählen können, sind auch über JavaScript erreichbar. Während wir im ISBN-Beispiel bereits Skripten zur Formatierung, Validierung und Berechnung von Feldinhalten entwickelt haben, wollen wir uns jetzt weiterführende Anwendungen ansehen. Beachten Sie bei allen Beispielen, das schreibgeschützte Dokumente oder solche mit gesetzten Berechtigungen (etwa *Ändern des Dokuments nicht zulässig*) zu missverständlichen JavaScript-Fehlermeldungen führen, etwa *f has no properties*.

Liste aller Formularfelder anzeigen. Die Feld-Palette von Acrobat 5 gibt einen Überblick über die Namen aller Formularfelder, nicht jedoch über deren Eigenschaften. Dies lässt sich jedoch leicht mit wenigen Zeilen JavaScript nachholen. Das folgende Skript gibt auf der Konsole eine Liste aller Feldnamen mit den Nummern der Seiten im Dokument aus, auf denen sich die Felder befinden (negative Seitenzahlen stehen dabei für Vorgabeseiten):

```
for (var i = 0; i < this.numFields; i++) {
    name = this.getNthFieldName(i);
    f = this.getField(name);
    console.println(f.name + " (Seite " + f.page + ")");
}
```

Formularfelder einfärben. Während das vorige Fragment Feldeigenschaften nur anzeigt, kann man mithilfe von Feldobjekten auch Darstellungseigenschaften von Formularfeldern ändern, etwa die Farbe. Dies kann nützlich sein, um zum Beispiel vor dem Ausdruck den Kontrast der Feldhintergründe zu erhöhen oder bestimmte noch auszufüllende Felder farbig hervorzuheben. Das folgende Skript färbt alle Textfelder, die ausgefüllt werden müssen (in den Feldeigenschaften *Darstellung, Erforderlich*), aber noch leer sind, mit roter Farbe ein.

```
for (var i = 0; i < this.numFields; i++) {
    name = this.getNthFieldName(i);
    f = this.getField(name);
    if (f.type == "text") {
        if (f.required && f.value == "")
            f.fillColor = ["RGB", 1, 0.75, 0.75];
        else
            f.fillColor = color.transparent;
    }
}
```

Andere Textfelder werden auf transparent gestellt, damit man das Skript mehrmals anwenden kann. Dadurch scheint einfach der Hintergrund, also in der Regel weiß, im Feld durch, um eine frühere Färbung wieder rückgängig zu machen. Dieses Fragment könnte man als Vorgang für eine Schaltfläche *Formular senden* verwenden, die dem Benutzer die noch auszufüllenden Felder optisch hervorhebt.

Wählt man für die Feldnamen ein hierarchisches Namensschema (siehe Abschnitt 9.3 »Praktische Hinweise und Beispiele«, Seite 389), so kann man mit einer Anweisung viele Felder auf einmal umfärben. Gibt es zum Beispiel Felder mit den Namen *eingabe.1, eingabe.2* etc., so kann man diese mit einer einzigen Anweisung umfärben:

```
f = this.getField("eingabe");
f.fillColor = color.blue;
```

Im Acrobat JavaScript-Handbuch finden Sie eine Liste aller vordefinierten Farben des *color*-Objekts. Darüber hinaus lassen sich weitere Farben in verschiedenen Farbräumen spezifizieren, zum Beispiel im CMYK-Farbraum:

```
color.orange = new Array("CMYK", 0, 0.2, 0.9, 0);
```

Datum oder Seitenzahl einblenden. Die Anzeige des aktuellen Datums gehört zu den am häufigsten nachgefragten JavaScript-Anwendungen. Legen Sie dazu ein Textfeld an und tragen Sie folgende Zeile als benutzerdefiniertes Berechnungsskript ein:

```
event.value = util.printd("dd.mm.yyyy", new Date());
```

Die Funktion *util.printd( )* unterstützt eine Vielzahl verschiedener Formatvarianten zur Darstellung von Datumsangaben. Eine Beschreibung dieser Formatangaben finden Sie im Acrobat JavaScript-Handbuch.

Mit dem Datumsobjekt von JavaScript können Sie auch sehr einfach mit Terminangaben rechnen. Die folgenden Anweisungen berechnen das Datum, das zwei Wochen in der Zukunft liegt, etwa zur Berechnung eines Zahlungsziels:

```
var d = new Date();
d.setDate(d.getDate() + 14);              // 14 Tage später
event.value = util.printd("dd.mm.yyyy", d);
```

Um statt des Datums die aktuelle Seitenzahl oder einen Vermerk der Art »Seite 5 von 20« auszugeben, tragen Sie folgende Zeile ein:

```
event.value = "Seite " + (this.pageNum+1) + " von " + this.numPages
```

Die aktuelle Seite *pageNum* wird ab 0 gezählt, die Gesamtzahl der Seiten *numPages* aber ab 1, deswegen müssen wir im ersten Fall 1 addieren.

Dateiname und Änderungsdatum ausdrucken. Das vorige Code-Fragment lässt sich noch ausbauen, so dass weitergehende Informationen über das Dokument ausgegeben werden. Der Zugriff auf die Dokumenteigenschaften erfolgt dabei wieder über das *this*-Objekt:

```
var d = new Date();
event.value  = "Datei: " + this.path + "\n";
```

```
event.value += "Titel: " + this.title + "\n";
event.value += "Änderung: "
event.value += util.printd("dddd, dd. mmmm yyyy", this.modDate) + "\n";
event.value += "Ausdruck: ";
event.value += util.printd("dddd, dd. mmmm yyyy", d);
```

Formularfelder zur Auswahl einer Datei. Seit Acrobat 5 können Textfelder auch zur Auswahl einer Datei benutzt werden, deren Inhalt beim Abschicken des Formulars zum Server übertragen wird. Dabei kann der Anwender den Namen der Datei selbst eintippen oder bequemer den üblichen Dialog zur Dateiauswahl aufrufen. Gehen Sie zur Implementierung der Dateiauswahl wie folgt vor:

- Legen Sie ein Textfeld mit dem Namen *file* an. Achten Sie darauf, dass das Feld groß genug ist, um auch längere Pfadnamen aufnehmen zu können. Bei den Optionen aktivieren Sie *Feld wird für Dateiauswahl verwendet*. Dies funktioniert nur, wenn die Option *Keine Rechtschreibprüfung* aktiviert und die Optionen *Mehrere Zeilen, Nicht blättern* und *Kennwort* deaktiviert sind. Wenn Sie unter *Darstellung* den Punkt *Schreibgeschützt* deaktiviert lassen, kann der Benutzer als Alternative zur dialoggesteuerten Dateiauswahl auch manuell Dateinamen eintippen. Dies gilt nur für Windows, auf dem Mac sind Dateiauswahlfelder immer schreibgeschützt.
- Neben dem Textfeld erstellen Sie eine Schaltfläche mit dem Namen *browse*. Unter *Optionen* tragen als Text *Datei auswählen* ein. Schließlich fügen Sie für den Auslöser *Maustaste loslassen* einen Vorgang des Typs JavaScript mit folgendem Code ein:

```
var f = this.getField("file");
f.browseForFileToSubmit();
```

Jetzt kann der Benutzer die Schaltfläche anklicken, um eine Datei auszuwählen, deren Name dann im Textfeld erscheint. Achtung: Wenn die Datei beim Absenden des Formulars nicht existiert (weil sie in der Zwischenzeit gelöscht wurde oder der Benutzer den Namen editiert hat), so gibt Acrobat keine Fehlermeldung aus.

Beachten Sie, dass das Versenden von Dateiinhalten nur funktioniert, wenn Sie als Format für das Absenden der Formulardaten HTML oder FDF eintragen. Beim Format XML enthalten die Daten nur einen nutzlosen Verweis auf die lokale Datei, nicht aber deren Inhalt. Bei PDF als Absendeformat wird der Dateiinhalt ebenfalls nicht mitgeschickt.

Komplexe Berechnungen. Mit dem Formularwerkzeug können Sie ganz ohne JavaScript-Programmierung Felder anlegen, deren Inhalt aus anderen Feldinhalten berechnet wird. Dazu stehen allerdings nur die Operationen *Summe, Produkt, Durchschnitt, Maximum* und *Minimum* zur Verfügung. Um die umfangreichen Rechenmöglichkeiten von JavaScript zu nutzen, ist nicht viel Code erforderlich. Um ein Feld zum Beispiel mit dem Mehrwertsteuerbetrag zu füllen, der aus einem bereits berechneten Summenfeld mit der Bezeichnung *netto* berechnet werden soll, verwenden Sie folgenden Code als benutzerdefiniertes Berechnungsskript eines Textfelds, dem Sie unter *Format* den Typ *Zahlen* zuweisen:

```
var percentage = 0.16;
var netto = this.getField("netto");
event.value =    netto.value * percentage;
```

Falls der Inhalt des Felds *netto* seinerseits aus anderen Feldwerten berechnet wird (etwa durch Addition von Einzelbeträgen), so spielt natürlich die Reihenfolge der Berechnungen eine wichtige Rolle. Achten Sie daher darauf, bei mehreren berechneten Feldwerten die Reihenfolge über *Werkzeuge, Formulare, Feldberechnungsreihenfolge festlegen...* geeignet zu definieren.

Überprüfen der Tastatureingabe. Das folgende benutzerdefinierte Tasteneingabeskript (unter *Format*) überprüft die Eingabe eines Textfelds auf gültige Zeichen. Es erlaubt nur die Zeichen A, B, C und 0 bis 9, alle anderen Zeichen werden mit einem Piepston abgewiesen:

```
if (event.change != "") {
    var valid = new String("ABC0123456789");
    if (valid.indexOf(event.change) == -1){
        app.beep(0);
        event.rc = false;
    }
}
```

Schaltflächen zur Navigation anlegen. Mit JavaScript können Sie auch neue Schaltflächen anlegen. Damit kann man auf einfache Weise nachträglich Navigationselemente in ein PDF-Dokument einfügen. Das folgende Skript legt Schaltflächen für den Sprung auf die nächste bzw. vorige Seite an, wobei auf der ersten und letzten Seite jeweils nur eine Schaltfläche angelegt wird. Zur Darstellung kommen zwei Zeichen aus dem Symbol-Font zur Verwendung. Alle Eigenschaften, etwa Farbe, Größe, Position und Schriftart, können im JavaScript-Code festgelegt werden:

```
for (var p = 0; p < this.numPages; p++) {
    var pagerect = this.getPageBox("Crop", p);       // Seitengröße
    var w = 50, h = 50, dist = 50;
    var f;
    // Pfeil nach rechts mit Sprung nach vorn
    if (p != this.numPages - 1 ) {
        f = this.addField("vor", "button", p,
            [pagerect[2]-w-dist, dist+h, pagerect[2]-dist, dist]);
        f.setAction("MouseUp", "this.pageNum++");
        f.borderStyle = border.s;
        f.highlight = "push";
        f.textSize = 0;
        f.textColor = color.red;
```

```
        f.fillColor = color.transparent;
        f.textFont = font.Symbol;
        f.buttonSetCaption("\336");              // Pfeil nach links
    }
    // Pfeil nach links mit Sprung zurück
    if (p != 0) {
        f = this.addField("zurück", "button", p,
            [dist, dist + h, dist + w, dist]);
        f.setAction("MouseUp", "this.pageNum--");
        f.borderStyle = border.s;
        f.highlight = "push";
        f.textSize = 0;
        f.textColor = color.red;
        f.fillColor = color.transparent;
        f.textFont = font.Symbol;
        f.buttonSetCaption("\334");              // Pfeil nach rechts
    }
}
```

Beachten Sie, dass Acrobat bei der Abarbeitung dieses Skripts – insbesondere bei längeren Dokumenten – sehr lange Laufzeiten und viel Speicherplatz benötigt.

Umgang mit Schaltflächensymbolen. Schaltflächen können neben Text auch mithilfe von Symbolen visualisiert werden. Nutzt man diese Funktion über die Acrobat-Oberfläche, so kann man eine Seite eines anderen PDF-Dokuments als Symbol auswählen (siehe Abschnitt 9.3.3 »Eigenschaften von Formularfeldern«, Seite 393). Diese Funktionalität steht auch in JavaScript zur Verfügung, wobei die Symbole aus Sicherheitsgründen nicht vollautomatisch importiert werden können, sondern nur manuell oder unter Kontrolle des Benutzers über die JavaScript-Konsole. Damit lassen sich Symbole aus PDF-Seiten importieren, die als Form XObjects im Dokument gespeichert werden und über einen Namen nutzbar sind.

Als Beispiel wollen wir ein Kombinationsfeld konstruieren, in dem man aus mehreren vorhandenen ein Symbol auswählen kann, das daraufhin in einem zweiten Feld angezeigt wird. Zunächst legen wir dazu mit dem Formularwerkzeug eine Schaltfläche mit dem Namen *icon* sowie ein Kombinationsfeld mit dem Namen *symbole* an. Jetzt importieren wir die benötigten Symbole halbautomatisch über die JavaScript-Konsole und tragen deren Namen auch gleich als Elemente des Kombinationsfelds ein. Dabei gehen wir davon aus, dass im Unterverzeichnis *icons* mehrere geeignete PDF-Dateien stehen:

```
names = ["Kuba", "Mali", "Marokko", "Kamerun", "Libyen"];
var combo = this.getField("symbole");

for (var n in names) {
    console.println(names[n]);
    if (this.importIcon(names[n], "icons/" + names[n] + ".pdf", 0) == 0)
        combo.insertItemAt(names[n]);
```

```
    else
        console.println("Konnte " + names[n] + " nicht importieren!");
}
```

Diese Methode ist wesentlich effizienter als der manuelle Import einzelner Seiten. Die importierten Seiten sind jetzt Bestandteil der PDF-Datei, obwohl sie in Acrobat noch nicht sichtbar sind. Wir können ihre Existenz jedoch mit folgenden Zeilen überprüfen (wiederum in der JavaScript-Konsole):

```
for (var i = 0; i < this.icons.length; i++)
    console.println(this.icons[i].name);
```

Um das jeweils ausgewählte Symbol der Schaltfläche *icon* zuzuweisen, verpassen wir dem Kombinationsfeld *symbole* mit dem Formularwerkzeug unter *Format* ein benutzerdefiniertes Tasteneingabeskript:

```
if (!event.willCommit) {
    var icon = this.getField("icon");
    icon.buttonSetIcon(this.getIcon(event.change));
}
```

Wenn Sie nun einen Eintrag im Kombinationsfeld auswählen, erscheint das zugehörige Bild in der Schaltfläche *icon*.

Navigationsschaltflächen mit einem Symbol anlegen. Jetzt wollen wir die vorigen beiden Beispiele kombinieren und eine Schaltfläche zur Navigation anlegen, die zur Darstellung eine Seite aus einem anderen PDF-Dokument benutzt. Als Beispiel fügen wir in ein existierendes Dokument auf allen Seiten eine Schaltfläche ein, die zur Homepage springt und ein kleines Häuschen als Symbol enthält. Zunächst laden wir eine entsprechende Grafik aus der Datei *home.pdf*. Anschließend durchlaufen wir in einer Schleife alle Seiten des Dokuments und legen jeweils die Schaltfläche *home* an, der als Vorgang der Sprung zur Homepage und als Symbol das zuvor importierte Bild erhält:

```
this.importIcon("home", "home.pdf", 0);

for (var p = 0; p < this.numPages; p++) {
    var pagerect = this.getPageBox("Crop", p); // Seitengröße
    var w = 150, h = 50, dist = 20;
    var home;
    home = this.addField("home", "button", p,
        [(pagerect[2]-w)/2, dist+h, (pagerect[2] + w)/2, dist]);
    home.setAction("MouseUp",
        "this.getURL('http://www.pdflib.com', false);");
    home.buttonPosition = position.iconOnly;
    home.buttonSetIcon(this.getIcon("home"));
}
```

Position und Größe von Feldern. Über JavaScript lassen sich Position und Größe von Formularfeldern abfragen und verändern. Damit kann man aus

JavaScript-Code heraus Felder an eine andere Stelle auf der Seite legen oder deren Größe ändern. Das Formularrechteck wird dabei durch vier Koordinatenwerte relativ zur linken unteren Ecke der Seite in der Einheit »Punkt« beschrieben. Anders als bei pdfmark-Anweisungen bezeichnen jedoch die ersten beiden Koordinaten die linke obere und die nächsten beiden die rechte untere Ecke des Formularfelds. Sie können diese Koordinaten mithilfe des Panels *Fenster, Info* ablesen, wenn Sie im *Info*-Kontextmenü die Einheit »Punkt« einstellen. Dabei müssen Sie jedoch beachten, dass dieses Panel die linke obere Ecke der Seite als Ausgangspunkt benutzt und nicht die linke untere Ecke. Daher können Sie den angezeigten x-Wert direkt benutzen, den angezeigten y-Wert müssen Sie jedoch erst von der Seitenhöhe abziehen, bevor Sie ihn in JavaScript-Anweisungen verwenden.

Die folgenden Anweisungen fragen die aktuelle Position eines Formularfelds ab, verändern die Koordinaten und weisen das veränderte Rechteck dem Feld wieder als Position zu. Im Ergebnis springt das Feld bei Ausführung des Codes ein Stück nach rechts oben:

```
var f = this.getField("icon");
var r = f.rect;
r[0] += 50;
r[1] += 50;
r[2] += 50;
r[3] += 50;
f.rect = r;
```

10.6.3 Hypertext.

Neben Formularfeldern lassen sich auch andere Hypertextelemente mit JavaScript manipulieren, etwa Lesezeichen, Dokumentinfofelder und Seitenübergänge, nicht jedoch Verknüpfungen.

Hervorheben von Lesezeichen. Seit Acrobat 5 können Lesezeichen farbig sein oder durch fette oder kursive Schrift hervorgehoben werden. Das folgende Beispiel ändert alle Lesezeichen erster Stufe auf fette Schrift:

```
var bm = this.bookmarkRoot;
for (var i = 0; i < bm.children.length; i++) {
    bm.children[i].style = 2;
}
```

Zusammenfassen von Lesezeichen. Acrobat bietet zwar eine Funktion, die alle Kommentare eines Dokuments zusammenfasst und in ein separates PDF-Dokument schreibt *(Werkzeuge, Kommentare, Zusammenfassen...)*. Für Lesezeichen gibt es jedoch keine vergleichbare Möglichkeit. Oft wäre es jedoch nützlich, alle Lesezeichen eines Dokuments aufzusammeln, um diese Liste zum Beispiel auszudrucken (was mit Lesezeichen leider nicht möglich ist). Das folgende Skript, das Sie wieder direkt in der Konsole testen können, durchläuft alle Lesezeichen eines Dokuments und erstellt mithilfe des *Report*-Objekts eine Liste, in der die Lesezeichen gemäß ihrer Hierarchiestufe eingerückt sind. Größe und Farbe lassen sich dabei über das Array *hilite* festlegen. Die zu einem Lesezeichen gehörende Seitenzahl ermitteln wir mit einem kleinen Trick: Die Methode *execute* führt das Lesezeichen aus, springt also zur Zielseite des Lesezeichens. Jetzt ermitteln wir mit der Funktion *getPageLabel* die zugehörige Seitennummer (die ja von der physikalischen Seitenzahl abweichen kann) und nehmen diese ins Inhaltsverzeichnis auf:

```
var jump = 12;        // indentation

// Faktor für die Schriftgröße und Farbe für die Ebenen der Lesezeichen
var hilite = [null, [1.5, color.red], [1, color.black]];

function PrintBookmark(rep, bm, level)
{
    if (level > 0 && level < hilite.length){
        rep.size = hilite[level][0];
        rep.color = hilite[level][1];
    } else {
        rep.size = 1;
        rep.color = color.black;
    }

    if (level == 1) {
        rep.writeText(" ");
    }

    // Text und Seitenzahl ausgeben
    if (level > 0) {
        bm.execute();
        rep.writeText(bm.name + "    S. " + this.getPageLabel(this.pageNum));
    }

    // untergeordnete Lesezeichen verarbeiten
    if (bm.children != null) {
        rep.indent(jump);
        for (var i = 0; i < bm.children.length; i++)
            PrintBookmark(rep, bm.children[i], level + 1);
        rep.outdent(jump);
    }
}

function SummarizeBookmarks()
{
    var rep = new Report([0, 0, 595, 842]);          // Seitengröße A4
    rep.writeText(this.path);
    PrintBookmark(rep, this.bookmarkRoot, 0);
    rep.open("bookmarks.pdf");
}

SummarizeBookmarks();
```

Leider verarbeitet JavaScript nicht alle Sonderzeichen in Lesezeichen korrekt, so dass der erzeugte Text fehlerhafte Zeichen enthalten kann.

Seitenübergänge. Wie in Abschnitt 11.4 »Steuerung der Anzeige mit pdfmarks«, Seite 481, erläutert, können Sie mithilfe von pdfmark-Anweisungen seitenspezifische Seitenübergänge für PDF-Präsentationen definieren, obwohl dies über die Acrobat-Oberfläche nicht möglich ist. Wenn Sie in einer PDF-Datei nachträglich Seitenübergänge über alle Seiten definieren wollen, können Sie sich mit folgender JavaScript-Zeile behelfen:

```
this.setPageTransitions(0, this.numPages-1, [1, "Dissolve", 2]);
```

Sie stellt für alle Seiten den *Dissolve*-Effekt mit einer Dauer von zwei Sekunden ein. Beachten Sie dabei, dass die Seiten ab 0 gezählt werden. Daher müssen wir bei Seite 0 beginnen und von der Gesamtzahl vorhandener Seiten 1 abziehen. Als Namen für die Seitenübergänge können Sie auf folgende Liste zurückgreifen:

```
Replace,
WipeRight, WipeLeft, WipeDown, WipeUp,
SplitHorizontalIn, SplitHorizontalOut, SplitVerticalIn, SplitVerticalOut,
BlindsHorizontal, BlindsVertical,
BoxIn, BoxOut,
GlitterRight, GlitterDown, GlitterRightDown,
Dissolve,
Random
```

Diese Namen kombinieren die Effekte aus Tabelle 11.9 und Tabelle 11.10, wo Sie auch nähere Erklärungen zu den einzelnen Übergängen finden.

Verknüpfungen mit mehreren Zielen. Verknüpfungen (Links) zeigen in PDF ebenso wie in HTML immer auf ein bestimmtes Ziel. Gelegentlich steht man jedoch vor dem Problem, dass eine Verknüpfung mehrere Sprungziele anbieten soll, aus denen der Anwender dann selbst eines auswählt. Dies lässt sich mithilfe eines Popup-Menüs realisieren, das dem Anwender eine Liste der möglichen Sprungziele präsentiert. Nach der Auswahl des Ziels erfolgt ein Sprung auf eine Sprungmarke, die als benanntes Ziel definiert ist. Dies ist zum Beispiel nützlich, um dem Anwender bestimmte Texte in mehreren Sprachen anzubieten, aus denen er auswählen kann (siehe Abbildung 10.6). Gehen Sie wie folgt vor, um dieses Konzept mit JavaScript zu realisieren:

- Legen Sie über *Fenster, Ziele, Neues Ziel erstellen* ein benanntes Ziel an. Dies funktioniert nur nach Aufruf der Funktion *Dokument scannen*. Als Beispiel legen wir benannte Ziele mit den Bezeichnungen *Deutsch, Englisch, Französisch* an, die jeweils zu entsprechenden Abschnitten im Dokument zeigen.
- Legen Sie eine Schaltfläche an, der als JavaScript für den Vorgang *Maustaste drücken* Code der folgenden Art zugeordnet ist:

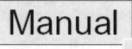

Abb. 10.6
Popup-Menü zur Auswahl
eines Sprungziels

```
target = app.popUpMenu("Deutsch", "Englisch", "Französisch");
if (target != null)
    this.gotoNamedDest(target);
```

Beachten Sie, dass wir hier im Gegensatz zur üblichen Empfehlung nicht den Vorgang *Maustaste loslassen* wählen, weil dieser bei Popup-Menüs nicht plattformübergreifend funktioniert.

10.6.4 Programmiertricks. Dieser Abschnitt enthält JavaScript-Fragmente, deren Anwendung nicht direkt mit PDF zu tun hat, bei der Entwicklung interaktiver Acrobat-Anwendungen aber dennoch hilfreich sein kann.

Umlaute und Sonderzeichen in JavaScript. JavaScript-Code wird in PDF-Dateien im Zeichensatz PDFDocEncoding abgespeichert (siehe Abschnitt 11.2.4 »Datentypen und Koordinaten«, Seite 472). Deshalb erscheinen Sonderzeichen, die Sie unter Windows im JavaScript-Code eingeben, auch auf dem Mac korrekt. Umgekehrt gilt dies allerdings nur für Mac-Zeichen, die auch Bestandteil von PDFDocEncoding sind. Externe JavaScript-Dateien werden allerdings nicht in PDFDocEncoding abgespeichert und daher im Zeichensatz des jeweiligen Betriebssystems interpretiert. Aus diesem Grund ändern sich Umlaute zwischen Mac und Windows. Als Abhilfe können Sie mittels JavaScript die aktuelle Plattform abfragen und die benötigten Strings abhängig vom benutzten Betriebssystem unterschiedlich definieren, damit die Sonderzeichen auf allen Plattformen korrekt erscheinen:

```
if (app.platform == "MAC") {
    text = "...Text in Mac-Kodierung...";
} else {
    text = "...Text in Windows-Kodierung...";
}
```

Analog zur Betriebssystemplattform lässt sich mithilfe der Eigenschaft *app.language* auch die Sprache der Acrobat-Installation abfragen.

Obwohl sowohl JavaScript 1.5 als auch PDF Unicode unterstützen, scheint dies in Acrobat nicht vollständig implementiert zu sein.

Reguläre Ausdrücke. JavaScript unterstützt die von Unix und der Programmiersprache Perl bekannten regulären Ausdrücke. Diese stellen ein leistungsfähiges Hilfsmittel zur Verarbeitung von Texten dar und ermöglichen komplexe Prüf-, Such- und Ersetzungsoperationen. Die umfangreichen Möglichkeiten der regulären Ausdrücke entnehmen Sie am besten der JavaScript-Referenz oder einem JavaScript-Lehrbuch. Im ISBN-Formular ist uns bereits folgender regulärer Ausdruck begegnet, der alle Trennstriche aus dem String *e.value* löscht:

```
s = e.value.replace(/-/g, "");    // Trennstriche entfernen
```

Das folgende benutzerdefinierte Validierungsskript für ein Textfeld überprüft mithilfe eines regulären Ausdrucks, ob die Eingabe syntaktisch eine gültige E-Mail-Adresse darstellt (ob Mail an diese Adresse auch wirklich zugestellt werden kann, ist natürlich eine andere Frage):

```
var reEmail = /^.+\@.+\..+$/
if (!reEmail.test(event.value)) {
    app.alert("Ungültige E-Mail-Adresse!");
    event.rc = false;
}
```

Die Hauptarbeit erledigt dabei der etwas merkwürdige reguläre Ausdruck *reEmail*. Die darin enthaltenen Sonderzeichen legen fest, dass ein String, der als E-Mail-Adresse akzeptiert werden soll, folgenden Bedingungen genügen muss:

- Der String darf nicht leer sein.
- Der String muss das Zeichen @ enthalten, allerdings frühestens an der zweiten Stelle.
- Danach muss mindestens ein Punkt folgen.
- Nach dem Punkt muss mindestens noch ein weiteres Zeichen stehen.

11 Das pdfmark-Einmaleins

11.1 Übersicht

Dieses Kapitel befasst sich mit der *pdfmark*-Anwendung. Der pdfmark-Operator ist eine PostScript-Erweiterung, die nur in Acrobat Distiller, nicht aber in Druckern ausgewertet wird. Mithilfe dieses Operators lassen sich zahlreiche Merkmale einer PDF-Datei, die sich nicht auf das Layout beziehen, bereits im PostScript-Code definieren. Diese Methode hat den Vorteil, dass die Hypertextfunktionen nicht manuell mit den Acrobat-Werkzeugen angelegt werden müssen, sondern bereits beim Destillieren entstehen. Beachten Sie dabei, dass pdfmark-Anweisungen nur in Distiller ausgewertet werden, nicht jedoch in PDFWriter. Falls Sie sich fragen, weshalb man sich als Autor oder Redakteur mit technischen Details wie der pdfmark-Programmierung auseinandersetzen sollte – die Frage ist mehr als berechtigt! Meiner Meinung nach kann das nur ein Zwischenschritt sein, bis die Anwendungsprogramme in der Lage sind, selbst geeignete pdfmarks zu erzeugen.

Beim Einsatz des pdfmark-Operators sind Grundkenntnisse der PostScript-Programmierung sehr hilfreich. Dennoch möchte ich in diesem Kapitel versuchen, die wichtigsten pdfmark-Anwendungen so zu beschreiben, dass man auch ohne Programmiererfahrung von der Leistungsfähigkeit der pdfmarks profitieren kann. So lassen sich die meisten Aufgaben durch Abwandlung der zahlreichen Beispiele lösen. Nur für weitergehende Anwendungen oder zur Ausnutzung zusätzlicher Optionen empfiehlt sich ein Blick in die detaillierten Tabellen und Beschreibungen.

Grundlage für dieses Kapitel ist das *pdfmark Reference Manual*, das Sie über die Hilfefunktion von Acrobat Distiller finden. Es ist außerdem auf der Acrobat-CD enthalten und Bestandteil des Acrobat-SDK. Viele Zusammenhänge und Details erschließen sich allerdings nur durch zusätzliche Lektüre der *PDF Reference* (auf dem Webserver von Adobe). Diese beiden Manuale kann ich ernsthaften PDF-Anwendern sehr ans Herz legen. Sie enthalten weitere Details, auf die ich hier nicht eingehen werde.

Das vorliegende Kapitel kann und will die Unterlagen von Adobe nicht ersetzen, sondern soll zum einen deren sehr technischen Inhalt anhand verständlicher Beispiele aufbereiten, zum anderen aber auch zusätzliche Informationen vermitteln, die von Adobe gar nicht dokumentiert wurden. Und das ist nicht wenig: Bei der Recherche zu diesem Kapitel stieß ich nicht nur auf undokumentierte pdfmark-Anweisungen (zum Beispiel zum Aktivieren der Acrobat-Menüfunktionen), sondern auch auf PDF-Code, der zwar von der Acrobat-Software erzeugt, in der Referenz aber nicht beschrieben wird (zum Beispiel die Zuordnung einer Indexdatei zu einem Dokument). Tabelle 11.1 gibt einen Überblick über alle pdfmark-Anweisungen, die in diesem Kapitel beschrieben werden.

Tabelle 11.1 Übersicht über alle pdfmark-Anweisungen dieses Kapitels

Seite	Funktion
481	**Abschnitt 11.4 »Steuerung der Anzeige mit pdfmarks«**
481	Anzeigeoptionen
482	Fenstergröße
483	Anzeige von Einzel- oder Doppelseiten
483	Seitennummerierung (Page Labels)
483	Labels mit den Namen von Farbauszügen
484	Beschneiden von Seiten
485	Rotieren von Seiten
485	Seitenübergänge
487	**Abschnitt 11.5 »Hypertextgrundelemente mit pdfmarks«**
487	Notizen
487	Dateianlagen
489	Verknüpfungen
490	Lesezeichen
491	Artikel
491	Benannte Ziele (named destinations)
492	Dokumentinformationen
494	Zuordnen einer Indexdatei zur Volltextsuche
494	**Abschnitt 11.6 »Vorgänge mit pdfmarks«**
498	Vorgänge beim Öffnen oder Schließen einer Seite
498	Verknüpfung zu einer Seite im gleichen Dokument
498	Verknüpfung zu einem anderen PDF-Dokument
499	Verknüpfung zu einem benannten Ziel
499	Aufruf eines anderen Dokuments oder Programms
501	Verknüpfung zu einem Dokument im WWW
501	Festlegen des Basis-URL für ein Dokument
501	Verknüpfung mit einem Artikel
502	Abspielen einer Sound- oder Videodatei
504	Ausführen von Menübefehlen
507	**Abschnitt 11.7 »Formularfelder mit pdfmarks«**
507	Anlegen von Formularfeldern
514	Vorgänge für Formularfelder
517	**Abschnitt 11.8 »JavaScript mit pdfmarks«**
517	Schreibweisen für JavaScript-Code
518	JavaScript in Verknüpfungen
518	JavaScript in Formularfeldern
518	Feldberechnungen mit JavaScript
521	JavaScript auf Seitenebene
521	JavaScript auf Dokumentebene

11.2 Hinweise zum Einsatz von pdfmarks

Bevor wir zu den einzelnen pdfmarks kommen, möchte ich einige Möglichkeiten vorstellen, wie sich die Anweisungen überhaupt in den PostScript-Code für ein Dokument einschleusen lassen. Diese Beschreibung ist unabhängig vom benutzten Anwendungsprogramm. In Abschnitt 11.3 »Programmspezifische Einbettungstricks«, Seite 476, finden Sie weitere Möglichkeiten zur Einbindung von pdfmarks in die PostScript-Ausgabe verbreiteter Anwendungsprogramme.

Wie aus Abbildung 11.1 hervorgeht, sind mehrere Komponenten an der Erzeugung des PostScript-Codes beteiligt. Art und Anzahl dieser Komponenten hängen nicht nur vom benutzten Betriebssystem, sondern auch von den eingesetzten Anwendungsprogrammen ab. An welcher Stelle man pdfmarks am besten einbettet, wird außerdem von der Reichweite der jeweiligen Anweisung beeinflusst. Dazu einige Beispiele:
- Eine Webverknüpfung soll nur auf einer bestimmten Seite erscheinen.
- Das automatische Zuordnen einer Indexdatei betrifft eine ganze Datei oder auch mehrere Dateien einer Gruppe.
- In der Dokumentzusammenfassung (Dokumentinfo) soll unter *Erstellt mit* der Namen des Erstellungsprogramm erscheinen.
- Der Name des Erstellers könnte automatisch in die Dokumentzusammenfassung (Dokumentinfo) aller Dateien eingefügt werden, und zwar unabhängig vom Programm, mit dem die Datei erstellt wurde.

Auf den folgenden Seiten finden Sie die wichtigsten Möglichkeiten zur Einbettung von pdfmarks sowie einige Beispiele. Die Funktionsweise der Beispiele wird in den nachfolgenden Abschnitten genauer erläutert, hier geht es zunächst nur um den Aspekt der Einbettung der pdfmarks. Dabei gilt generell, dass Grundkenntnisse der PostScript-Programmierung in diesem Zusammenhang nicht schaden (zwingend erforderlich sind sie aber nicht).

11.2.1 Struktur von pdfmark-Anweisungen.

Die pdfmark-Sequenzen nutzen PostScript-Datenstrukturen, die wir weiter unten genauer betrachten werden. Aufgrund der gewöhnungsbedürftigen Syntax sind diese Anweisungen nicht unbedingt auf den ersten Blick durchschaubar. Wir wollen uns daher zum Einstieg zunächst die grundsätzliche Bauart von pdfmark-Anweisungen anhand eines Beispiels ansehen. Es legt die Inhalte der Dokumentinfofelder in der PDF-Datei bereits im PostScript-Code fest:

```
[   /Title (Minimierung der Dateigröße bei PDF fürs Web)
    /Author (Katja Karsunke)
    /Subject (Minimierung der Dateigröße bei PDF fürs Web)
    /Keywords (PDF Web Dateigröße)
/DOCINFO pdfmark
```

Die Tatsache, dass die erste eckige Klammer kein schließendes Gegenstück besitzt, mag erst einmal etwas irritieren. Betrachten Sie dazu einfach den

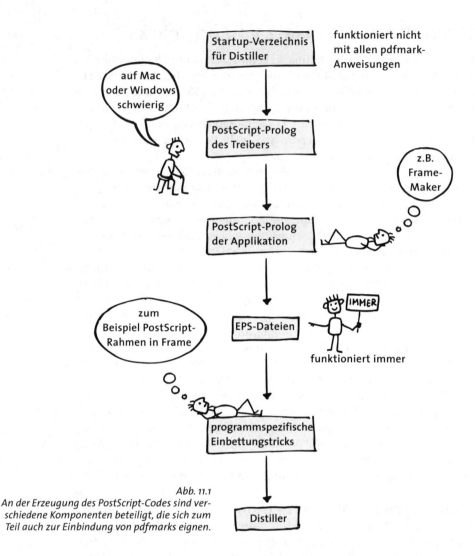

Abb. 11.1
An der Erzeugung des PostScript-Codes sind verschiedene Komponenten beteiligt, die sich zum Teil auch zur Einbindung von pdfmarks eignen.

pdfmark-Operator am Schluss als schließende Klammer (so ist es tatsächlich auch implementiert). Unmittelbar vor dem Operator pdfmark, also an vorletzter Stelle, steht der Name der Anweisung (hier: /DOCINFO). Dazwischen befindet sich eine Reihe von Parametern, die die Anweisung konkretisieren. In obigem Beispiel steht in jeder Zeile der Name eines Dokumentinfofelds und danach der entsprechende Wert. Ganz allgemein bestehen die meisten pdfmark-Anweisungen aus solchen Name/Wert-Paaren, wobei Namen gemäß der PostScript-Schreibweise immer mit einem Schrägstrich / beginnen. Die gesamte Anweisung beginnt also bei der eckigen Klammer und reicht bis zum Wort *pdfmark* am Ende.

Mehrere pdfmark-Anweisungen können Sie einfach hintereinander schreiben. Die Aufteilung auf Zeilen spielt dabei keine Rolle: pdfmarks können zusammen mit den zugehörigen Parametern in einer Zeile stehen oder sich beliebig über mehrere Zeilen erstrecken:

```
[ {ThisPage} << /Trans << /S /Dissolve >> >> /PUT pdfmark
[   /Page 1
    /View [/XYZ 44 730 1.0]
    /Title (Start)
/OUT pdfmark
```

Weitere Details zu den Datentypen, die in pdfmark-Anweisungen vorkommen, finden Sie in Abschnitt 11.2.4 »Datentypen und Koordinaten«, Seite 472.

11.2.2 Einbetten von pdfmarks.

Für die Einbettung der pdfmark-Anweisungen in den PostScript-Code gibt es verschiedene Möglichkeiten, die vom jeweiligen Anwendungsprogramm, der gewünschten pdfmark-Funktion und nicht zuletzt von Ihren eigenen technischen Kenntnissen abhängen.

Einbinden im Originaldokument. In vielen Fällen ist es am bequemsten, wenn man die pdfmark-Anweisungen gleich im Originaldokument definiert. Dies ist nur bei Programmen möglich, die benutzerdefinierte PostScript-Anweisungen direkt unterstützen oder zumindest Funktionen anbieten, die sich dafür missbrauchen lassen. Dabei genügt es natürlich nicht, die Anweisungen einfach in den Text zu schreiben, denn der Text wird ja gedruckt und nicht als PostScript-Anweisung interpretiert.

Ein gutes Beispiel für geeignete Einbettungsmöglichkeiten sind die PostScript-Rahmen in FrameMaker. Bei anderen Programmen finden sich vielleicht ähnliche Funktionen, auch wenn diese ursprünglich für etwas ganz Anderes als pdfmark-Tricks vorgesehen waren. Je nach Art der Einbindung stehen manchmal zusätzliche Informationen für die pdfmarks zur Verfügung, zum Beispiel die Koordinaten des umgebenden Textrahmens, die sich gleich zur Definition eines Verknüpfungsrechtecks nutzen lassen. Ausführlichere Erläuterungen zur Einbindung von pdfmarks in verschiedenen Programmen finden Sie in Abschnitt 11.3 »Programmspezifische Einbettungstricks«, Seite 476.

Reihenfolge mehrerer pdfmark-Anweisungen. Bei den meisten pdfmarks spielt die Reihenfolge der Anweisungen innerhalb der Datei keine besondere Rolle. Einige pdfmarks funktionieren jedoch nur einmal pro Dokument Sie sollten deshalb auch nur einmal vorkommen, um Mehrdeutigkeiten zu vermeiden. In manchen Situationen erzeugt die Anwendungssoftware jedoch eine bestimmte pdfmark-Anweisung, und der Benutzer fügt eine weitere des gleichen Typs ein, so dass nicht unbedingt klar ist, welche Anweisung Vorrang hat. Ein berüchtigtes Beispiel für diese Situation ist die Anweisung /DOCINFO, die zur Definition der Dokumentinfofelder dient. Diese Felder können natürlich nur einmal belegt werden. Im Fall der /DOCINFO-Anweisung nimmt Distiller die erste und ignoriert alle weiteren.

Schutzmaßnahmen für den Ausdruck. Wie bereits erwähnt, ist der pdfmark-Operator nur in Acrobat Distiller, nicht aber in PostScript-Druckern implementiert. Aus diesem Grund riskiert man beim Einsatz von pdfmarks PostScript-Fehler, wenn die gleichen PostScript-Daten sowohl destilliert als auch gedruckt werden sollen (was meistens der Fall ist). Dieses Problem lässt sich durch eine kleine PostScript-Sequenz beheben, die im Distiller wirkungslos ist, den pdfmark-Operator jedoch beim Ausdruck unschädlich macht. Um diesen Effekt zu erzielen, empfehle ich dringend, allen pdfmark-Anwendungen folgende Zeile voranzustellen:

```
/pdfmark where {pop} {userdict /pdfmark /cleartomark load put} ifelse
```

Es genügt dabei, wenn diese Anweisung einmal am Anfang einer PostScript-Datei erscheint (es schadet aber auch nicht, wenn die Zeile mehrfach vorkommt). Damit werden alle nachfolgenden pdfmarks beim Ausdruck annulliert.

Eine weitere Fehlerquelle ist beim Ausdruck auf älteren Druckern zu beachten, deren Interpreter nur mit PostScript Level 1 arbeitet. Bei pdfmarks kommen nämlich häufig die Operatoren << und >> zum Einsatz, die erst seit Level 2 definiert sind. In Level 1 provozieren diese beiden Operatoren einen Syntaxfehler – und zwar auch dann, wenn wie oben gezeigt der pdfmark-Operator annulliert wurde! Doch auch dieses Problem lässt sich mit einigen zusätzlichen Zeilen PostScript-Code vor der pdfmark-Anweisung beheben:

```
/pdfmark where {pop} {userdict /pdfmark /cleartomark load put} ifelse
/languagelevel where {pop languagelevel}{1} ifelse
2 lt {
    userdict (<<) cvn ([) cvn load put
    userdict (>>) cvn (]) cvn load put
} if
```

EPS-Dateien. Grafikdateien im Format *Encapsulated PostScript (EPS)* werden von allen Text-, DTP- und Grafikprogrammen unterstützt und stellen per Definition eine Möglichkeit zur Einbindung von zusätzlichem PostScript-Code dar. Dies lässt sich hervorragend für pdfmarks nutzen. Der Vorteil ist neben der Unterstützung in allen Programmen die leichte Handhabung über die jeweilige Importfunktion. Als Nachteil ist zunächst die beschränkte Reichweite zu nennen: Eine EPS-Datei wirkt nicht global, sondern ist immer auf eine einzelne Seite beschränkt. Diese Beschränkung ist für manche pdfmarks wie /DOCINFO irrelevant und lässt sich manchmal auch durch Tricks umgehen. Als weitere Komplikation kommt ins Spiel, dass EPS-Dateien nicht wissen, an welcher Stelle der Seite sie eingebettet werden, so dass sie nicht auf absolute Koordinaten zugreifen können.

In vielen Fällen genügt es, von der folgenden Vorlage auszugehen und nur die pdfmark-Anweisungen darin anzupassen (die vierte Zeile enthält bereits den Zusatzcode zum Schutz vor PostScript-Fehlern beim Ausdruck):

```
%!PS-Adobe-3.0 EPSF-3.0
%%BoundingBox: 0 0 72 72
%%EndProlog
/pdfmark where {pop} {userdict /pdfmark /cleartomark load put} ifelse
[ {ThisPage} << /Trans << /S /Dissolve >> >> /PUT pdfmark
%%EOF
```

Die Dummy-EPS-Datei definiert im Kommentar %%BoundingBox eine Größe von 72 × 72 Punkt (also 1 Zoll = 2,54 cm Kantenlänge). In dieser Größe erscheint die EPS-Datei im Dokument und kann beliebig positioniert werden. Wie eine normale EPS-Grafik kann sie aber nach dem Import skaliert werden. Da die Grafik beim Ausdruck keine Ausgabe erzeugt, spielt es keine Rolle, an welcher Stelle sie auf der Seite positioniert wird. Meist wird man sie an unauffälliger Stelle am Rand der Seite parken, damit sie das Layout nicht stört.

Bei pdfmarks, die sich auf einen rechteckigen Bereich beziehen, zum Beispiel Verknüpfungen, Notizen oder Formularfelder, sollten Sie für den Eintrag /Rect die gleichen vier Zahlen wie in der BoundingBox wählen. Dann lässt sich die Größe der Verknüpfung einfach durch Größenänderung der EPS-Datei manipulieren.

Beim Import von EPS-Dateien mit pdfmark-Anweisungen in ein Grafikprogramm gibt es zwei Möglichkeiten:

- Bei der konventionellen Variante liest das Programm nur die Bildschirmvorschau *(Preview)* der EPS-Datei, lässt den PostScript-Code und damit die pdfmarks aber unangetastet, so dass diese später ungestört nach PDF konvertiert werden können.
- Bei der modernen Variante verarbeitet ein im Grafikprogramm integrierter PostScript-Interpreter die PS-Daten der Grafik. Dieser Interpreter verhält sich aber nicht wie Distiller, sondern wie ein Drucker und kann daher mit pdfmarks nichts anfangen – sie gehen verloren und bleiben wirkungslos.

Zur zweiten Kategorie gehören Adobe Illustrator und CorelDraw. Zum Glück kann man in beiden Programmen EPS-Dateien nach der konventionellen Methode importieren (siehe Abschnitt 11.3 »Programmspezifische Einbettungstricks«, Seite 476), um die Unversehrtheit der pdfmarks sicherzustellen.

Ein kleiner Schönheitsfehler sollte Sie im Zusammenhang mit pdfmarks nicht stören: Die Dateien werden am Bildschirm als graues Rechteck angezeigt, da der Preview-Teil für die Bildschirmanzeige fehlt – doch welches Preview sollte man auch für eine Hypertextfunktion anzeigen?

Startup-Verzeichnis von Acrobat Distiller. Bevor die eigentliche Seitenbeschreibung eines Dokuments abgearbeitet wird, interpretiert Distiller alle PostScript-Dateien im Startup-Verzeichnis. Dies bietet die Möglichkeit, einzelne Funktionen ein- oder auszuschalten, indem man die betreffende Datei in das Startup-Verzeichnis verschiebt bzw. daraus entfernt. Dabei ist zu beachten, dass die Startup-Dateien nur einmal beim Start von Distiller ausgewertet werden, so dass ihr Inhalt während der gesamten Programmlaufzeit wirkt (unabhängig von der Anzahl der verarbeiteten Dateien).

Das bedeutet leider, dass dieses Verzeichnis nicht für dokumentspezifische pdfmarks geeignet sind. Ein Beispiel, das dagegen sehr wohl im Startup-Verzeichnis funktioniert, nämlich das Annullieren bestimmter pdfmark-Anweisungen, wird am Ende dieses Abschnitts beschrieben.

Um den Überblick über die gerade aktivierten Funktionen nicht zu verlieren, ist es empfehlenswert, jeweils eine beschreibende Meldung nach folgendem Muster auszugeben:

```
(Artikelfunktion deaktiviert!\n) print flush
```

Dadurch sieht man beim Start von Distiller sofort, welche Startup-Dateien verarbeitet werden.

Eine kleine Warnung: Distiller lädt alle Dateien im Startup-Verzeichnis in undefinierter Reihenfolge. Wenn Sie eine Datei bearbeiten und Ihr Editor legt eine Sicherungskopie an, so wird Distiller beide Dateien laden. Wird jedoch die alte Datei nach der neuen geladen, so werden weiterhin die alten Einstellungen benutzt!

11.2.3 Fortgeschrittene Einbettungshinweise.

Neben den bisher beschriebenen Einbettungsmöglichkeiten für pdfmarks gibt es noch einige weitere Methoden, die man aber nur mit entsprechenden Vorkenntnissen nutzen sollte.

Trennseiten in Windows NT/2000/XP. Neuere Windows-Versionen bieten die Möglichkeit, eigene Anweisungen in die Druckausgabe einzuschleusen. Diese Funktion wird als Trennseite bezeichnet, weil sie vorrangig dazu dient, Trennseiten zwischen einzelnen Druckaufträgen einzufügen. Um die Trennseitenfunktion nutzen zu können, müssen wir uns an die Syntax des Trennseiteninterpreters halten. Der Inhalt einer Trennseitendatei wird nämlich nicht einfach in den Ausgabestrom kopiert, sondern kann auch verschiedene Variablen enthalten. Daher müssen wir dem pdfmark-Code einige Sonderzeichen hinzufügen, bevor wir ihn als Trennseite installieren können.

Um zum Beispiel allgemeine Dokumentinformationen in einer Trennseite zu definieren, erstellen Sie eine Datei *docinfo.sep* mit folgendem Inhalt:

```
@
@L%!PS-Adobe-3.0
@L/pdfmark where {pop} {userdict /pdfmark /cleartomark load put} ifelse
@L[ /Title (Kleiner ist schneller)
@L  /Author (Katja Karsunke)
@L  /Subject (Minimierung der Dateigröße bei PDF fürs Web)
@L  /Keywords (PDF Web Dateigröße)
@L  /Creator (DocMaker 2.0)
@L  /ModDate (D:20011018205731)
@L/DOCINFO pdfmark
```

Das Zeichen @ in der ersten Zeile definiert den Klammeraffen als Sonderzeichen für diese Datei, @L weist den Treiber an, die gesamte Zeile unverändert in die PostScript-Ausgabe zu übernehmen. Wie bereits erläutert, binden wir den Code für den Schutz des Druckers von pdfmarks sowie den üblichen Vorspann *!PS-Adobe-3.0* ein (da dieser Code vor den restlichen PostScript-Anweisungen erscheint).

Um diese Trennseite zu aktivieren, wählen Sie unter Windows 2000 *Start, Einstellungen, Drucker,* klicken mit der rechten Maustaste auf Ihren PostScript-Drucker oder Acrobat Distiller, wählen *Eigenschaften* und klicken auf *Erweitert*. In der folgenden Dialogbox klicken Sie auf *Trennseite*... und wählen die oben angelegte Datei. (Die mit Windows standardmäßig gelieferten Trennseiten stehen in *\winnt\system32*.sep.)* Die ausgewählte Trennseite wird so lange in die PostScript-Ausgabe übernommen, bis Sie die Druckereinstellungen wieder verändern.

PPD-Dateien. Moderne PostScript-Treiber lassen sich mittels PPD-Dateien (PostScript Printer Description) für ein bestimmtes Ausgabegerät konfigurieren. Der Treiber liest nicht nur die Ausstattungsmerkmale, sondern auch die Kommandos zur Ansteuerung dieser Merkmale aus der PPD-Datei aus. Bei solchen Treibern ist es daher prinzipiell auch möglich, pdfmark-Code über PPDs einzuschleusen. Da PPD-Dateien auch Anweisungen zur Anpassung der Bedienoberfläche des Treibers enthalten können, bietet sich diese Möglichkeit auch für pdfmarks an. Allerdings gibt es bei der Manipulation von PPDs viele Fallen, die bei unbedachtem Einsatz zu Fehlern in der PostScript-Ausgabe führen können. Ich möchte Spezialisten deshalb auf diese Möglichkeit hinweisen, allerdings keine Beispiele dafür angeben.

Nachbearbeitung des PostScript-Codes. In manchen Fällen ist es sinnvoll, die PostScript-Dateien erst komplett zu erzeugen und anschließend geeignet nachzubearbeiten. Hierfür bieten sich Werkzeuge zur automatisierten Textverarbeitung an, zum Beispiel Perl und die bekannten Unix-Tools *sed* und *awk*. Die meisten Textwerkzeuge können nicht mit binären Dateien umgehen. Um eine Nachbearbeitung zu ermöglichen, müssen die PostScript-Daten deshalb im ASCII-Format erzeugt werden.

Das Verfahren eignet sich nicht für alle pdfmark-Anwendungen und erfordert einigen Aufwand. Um zum Beispiel einen Artikelfluss zu definieren, dessen Spalten auf allen Seiten die gleichen Ausmaße haben, genügt es, am Anfang jeder Seite in der PostScript-Beschreibung folgenden pdfmark-Code einzufügen:

```
[ /Title (A) /Rect [ 100 100 500 700 ] /ARTICLE pdfmark
```

Da (zumindest bei DSC-kompatiblen PostScript-Dateien) die Seitengrenzen immer durch Kommentare der Form %%Page: gekennzeichnet sind, lässt sich diese Anweisung ohne großen Aufwand integrieren. Das folgende *sed*-Skript erledigt diese Aufgabe unter Unix:

```
/%%EndPageSetup/a\
[ /Title (Haupttext) /Rect [100 100 500 800 ] /ARTICLE pdfmark
```

Annullieren ausgewählter pdfmark-Anweisungen. In manchen Situationen kann es erforderlich sein, bestimmte pdfmark-Anweisungen zu deaktivieren, weil sie von einem Programm automatisch angelegt werden, aus bestimmten Gründen aber unerwünscht sind. So erzeugt FrameMaker bis zur Version 5.1.x zum Beispiel pdfmarks für Lesezeichen, Verknüpfungen und Artikel. Ein selektives Ein- oder Ausschalten dieser Funktionen ist allerdings nicht möglich. Um nun zwar Verknüpfungen und Lesezeichen, aber keine Artikelflüsse anzulegen, kann man mit den folgenden Anweisungen eine der pdfmark-Varianten – in diesem Beispiel das Anlegen von Artikeln – deaktivieren:

```
/pdfmark where { pop
    /_origpdfmark /pdfmark load def
    /pdfmark {
        dup /ARTICLE eq {
            cleartomark
        }{
            _origpdfmark
        } ifelse
    } bind def
} if
```

11.2.4 Datentypen und Koordinaten.

Da pdfmarks Bestandteile des PostScript-Codes sind, haben sie mit der Seitenbeschreibungssprache auch die Datentypen und die Syntax gemein. Um dem ambitionierten pdfmark-Anwender die Lektüre von PostScript-Programmierbüchern zu ersparen, möchte ich kurz die wichtigsten Datentypen erläutern, die bei pdfmarks zum Einsatz kommen. Als Trennzeichen zwischen den einzelnen Daten und Anweisungen sind beliebige Leerzeichen, Tabulatoren oder Zeilenumbrüche erlaubt. Beachten Sie, dass zwischen Groß- und Kleinschreibung unterschieden wird.

Zahlen und Wahrheitswerte. Über ganze Zahlen und Gleitkommazahlen gibt es nichts weiter zu sagen, außer dass das Dezimalkomma als Punkt zu schreiben ist. Boolesche Werte oder Wahrheitswerte nehmen einen der beiden Zustände *true* (wahr) oder *false* (falsch) an. Beachten Sie dabei die Kleinschreibung.

Strings. Zeichenketten oder Strings enthalten Texte, die von runden Klammern begrenzt werden. Klammern, Zeilenumbrüche oder Gegenschrägstriche sind innerhalb von Strings durch einen vorangestellten Gegenschrägstrich zu kennzeichnen:

```
(Dies ist ein String mit zwei \(2\) Klammern)
```

Bei Strings ist der zugrunde liegende Zeichensatz zu beachten. PDF benutzt für Hypertextelemente (im Gegensatz zum Inhalt der Seiten) nicht den Mac- oder Windows-Zeichensatz, sondern einen speziellen Zeichensatz mit der Bezeichnung *PDFDocEncoding* (siehe Abbildung 11.2). Dokumentinfofelder, Lesezeichen und Notizen werden mit diesem Zeichensatz kodiert. Daher müssen auch String-Parameter für pdfmarks PDFDocEncoding benutzen. Da dieser Zeichensatz weitgehend mit dem Windows-Zeichensatz übereinstimmt, kann man Umlaute unter Windows getrost als solche eintippen, denn die Windows-Codes entsprechen bereits denen in PDFDocEncoding. Auf dem Mac muss man für Sonderzeichen allerdings mit der Oktalschreibweise vorlieb nehmen. Dabei ist der oktale Wert des Zeichens dreistellig nach einem Gegenschrägstrich anzugeben, zum Beispiel:

ä=\344, ö=\366, ü=\374, Ä=\304, Ö=\326, Ü=\334, ß=\337

Beispiel für einen String mit Sonderzeichen:

```
(Dies ist eine Aufz\344hlung, die flei\337ig erweitert werden sollte)
```

Aus der Tabelle in Abbildung 11.2 können Sie die restlichen Codes ablesen und ermitteln, ob ein bestimmtes Sonderzeichen überhaupt in PDFDocEncoding unterstützt wird.

Schließlich können Strings auch in hexadezimaler Schreibweise notiert werden. Dabei werden sie statt von runden Klammern von Kleiner- und Größerzeichen begrenzt, und jeweils zwei Zeichen mit dem Wert 0-9 oder A-F beschreiben ein Byte:

```
<FFFE203045>
```

Unicode. Seit Version 4 unterstützt Acrobat Unicode-Strings für Hypertextelemente. Unicode ist ein internationaler Zeichensatz, der Platz für alle Sprachen und Schriften der Welt bietet (siehe Abschnitt 4.7.1 »Der Unicode-Standard«, Seite 176). Die Unicode-Unterstützung in Acrobat erfordert entsprechende Funktionen und Fonts im Betriebssystem, was bei neueren Versionen von Mac OS und Windows der Fall ist.

Damit Strings in PDF als Unicode (im Gegensatz zu PDFDocEncoding) interpretiert werden, müssen sie mit zwei besonderen Zeichen (dem so genannten *byte order mark* von Unicode) beginnen, nämlich dem Paar:

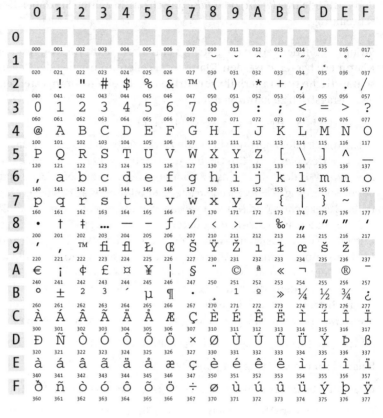

Abb. 11.2
Der Zeichensatz PDF-DocEncoding für Lesezeichen und Notizen in PDF muss auch in pdfmark-Strings benutzt werden. Unter den Zeichen stehen die Oktalcodes.

```
Druckbare Zeichen:    þ  ÿ
hexadezimal:          FE FF
oktal:                \376 \377
```

Darauf folgen die Unicode-Zeichen mit jeweils zwei Byte pro Zeichen (höherwertiges Byte zuerst). Diese Schreibweise wird zwar nicht bei den eigentlichen Seiteninhalten ausgewertet, aber zum Beispiel in Lesezeichen, Notizen und der Dokumentinformation. Die folgende Anweisung erzeugt zum Beispiel eine Notiz mit griechischem Inhalt:

```
[   /Rect [ 75 400 175 550 ]
    /Open true
    /Title (Unicode)
    /Contents (\376\377\003\233\003\237\003\223\003\237\003\243)
    /Color [1 0 0]
/ANN pdfmark
```

Namen. Ein Name ist ein Bezeichner für eine Funktion oder einen Parameter, der durch einen Schrägstrich eingeleitet wird (beachten Sie den Unterschied zu Strings). Namen können einschließlich des führenden Schrägstrichs maximal 127 Zeichen lang sein und dürfen keines der Zeichen %, (,), <, >, [,], {, }, / und # enthalten, zum Beispiel:

```
/XYZ, /Action, /Title
```

Arrays. Ein Array (Feld) ist eine beliebig lange Zusammenstellung anderer – auch unterschiedlicher – Datentypen, die durch eckige Klammern begrenzt wird:

```
[ /XYZ null null null ]
```

Farben. Farben werden in pdfmarks als Array mit einem RGB-Tripel definiert, das heißt durch drei Zahlen zwischen 0 und 1, die die Anteile von Rot, Grün und Blau beschreiben. Folgendes Array definiert hundert Prozent Blau:

```
[ 0 0 1 ]
```

Dictionaries. Dictionaries sind Datenstrukturen, die aus beliebig vielen Name/Wert-Paaren bestehen. Dabei enthält jedes Paar einen mit einem Schrägstrich eingeleiteten Namen (auch Schlüssel genannt) und danach einen Wert beliebigen Typs (zum Beispiel einen Namen oder einen String). Die Struktur wird jeweils durch zwei Kleiner- bzw. Größerzeichen (ohne zwischenliegende Leerzeichen) begrenzt, zum Beispiel:

```
<<
    /Subtype /URI              % Name = /Subtype, Wert = /URI
    /URI (http://www.pdflib.com)   % Name = /URI, Wert = (http://...)
>>
```

Dictionaries sind oft ineinander verschachtelt, was eine entsprechende Anzahl spitzer Klammern erfordert. Die Reihenfolge der Paare innerhalb eines Dictionaries spielt dabei keine Rolle. Die Reihenfolge Name/Wert muss jedoch in jedem Paar strikt eingehalten werden.

Kommentare. Schließlich sind noch Kommentare zu erwähnen, in denen man die oft ziemlich unverständlichen pdfmark-Anweisungen beschreiben kann. Kommentare werden immer durch ein Prozentzeichen % eingeleitet und reichen bis zum Ende der Zeile, zum Beispiel:

```
% Folgende Anweisung definiert ein Lesezeichen:
[   /Page 1
    /View [/XYZ 44 730 1.0]    % Beschreibung des Sprungziels
    /Title (Start)              % Text des Lesezeichens
/OUT pdfmark
```

Um den Überblick nicht zu verlieren, ist es empfehlenswert, alle pdfmark-Sequenzen mit Kommentaren zu versehen. Da alle Beispiele in diesem Kapitel im Text erläutert werden, verzichte ich hier allerdings darauf.

Koordinatensystem. Viele pdfmark-Anwendungen erfordern den Einsatz geometrischer Koordinaten, vor allem für die Definition von Rechtecken, die den aktiven Bereich für eine Verknüpfung definieren. Das zugrunde liegende Koordinatensystem entspricht dem von PostScript, das heißt, der Nullpunkt liegt links unten, die erste Koordinate wächst nach rechts und die zweite nach oben. Als Maßeinheit fungiert der bekannte DTP-Punkt, der wie folgt festgelegt ist:

```
1 Punkt = 1/72 Zoll = 25,4/72 mm = 0,3528 mm
```

Zum Vergleich: Eine A4-Seite hat die Seitenlänge 595 x 842 Punkt.

11.3 Programmspezifische Einbettungstricks

Das oben beschriebene Verfahren zur Einbettung von pdfmark-Anweisungen in EPS-Dateien funktioniert in allen Programmen mit EPS-Import. Darüber hinaus bieten einige Programme weitere Möglichkeiten zur Definition von pdfmarks direkt im Originaldokument, auf die ich in diesem Abschnitt eingehen möchte.

11.3.1 Adobe FrameMaker.

Vielleicht haben Sie sich schon einmal über die merkwürdige Option *PostScript-Code* in der Dialogbox für die Eigenschaften eines Textrahmens gewundert. Sie war in den Anfangszeiten von FrameMaker dafür gedacht, grafische Effekte, die man manuell in PostScript programmieren musste, als PostScript-Code direkt im Dokument einzubetten. Inzwischen gehören selbst die ausgefallensten Effekte natürlich zum Standardumfang eines jeden Grafikprogramms, so dass der PostScript-Rahmen kaum noch zum Einsatz kommt. Die Entwickler von FrameMaker wollten diese für pdfmark-Anwender sehr wichtige Funktion sogar schon ausbauen! Da sie im FrameMaker-Handbuch schon gar nicht mehr beschrieben wird, möchte ich darauf etwas genauer eingehen.

Im Zusammenhang mit pdfmark-Anweisungen zur Vorbereitung des Distiller-Laufs kommen die PostScript-Rahmen nun zu neuen Ehren. Sie stellen die einfachste Möglichkeit dar, Anweisungen zum Erzielen verschiedenster PDF-Effekte direkt im FrameMaker-Dokument zu definieren. Das hat den Vorteil, dass man (im Gegensatz zur EPS-Lösung für pdfmarks) den pdfmark-Code direkt im Dokument sieht und bearbeiten kann. Außerdem stellt FrameMaker die Koordinaten des Rahmens zur Verfügung. Sie können in pdfmarks zur Definition des rechteckigen Bereichs für einen aktiven Bereich, etwa ein Formularfeld, dienen. Und so wird's gemacht:

► Legen Sie einen neuen Textrahmen an. Seine Größe hängt davon ab, ob die jeweilige PDF-Funktion geometrische Angaben benötigt oder nicht. Bei der Festlegung des Modus zum Öffnen der Datei (etwa dem Vollbild-Modus) spielt es zum Beispiel keine Rolle, wo die Angaben auf der Seite stehen. Dazu nutzen Sie folgenden Code:

```
pop pop pop pop
/pdfmark where {pop} {userdict /pdfmark /cleartomark load put} ifelse
[ /PageMode /FullScreen /DOCVIEW pdfmark
```

Die *pop*-Anweisungen am Anfang entfernen die vier Koordinatenwerte des PostScript-Rahmens, die FrameMaker zur Verfügung stellt, da sie hier nicht nötig sind. Wenn Sie die *pop*-Anweisungen vergessen, kann es bei einer sehr großen Zahl von pdfmarks zu Fehlermeldungen kommen.

▶ Anders sieht es bei Verknüpfungen, Formularfeldern und ähnlichen PDF-Funktionen aus, die einen rechteckigen Bereich zur Definition der Größe erfordern. Dieser Bereich ist bei pdfmarks immer über den Parameter */Rect* anzugeben. Das folgende Beispiel definiert ein Signaturfeld mit dem Ausmaß des PostScript-Rahmens als aktivem Bereich. Die PostScript-Anweisungen im Array hinter */Rect* passen die Frame-Koordinaten an die pdfmark-Schreibweise an. Die Zahlen und Anweisungen hinter */Rect* müssen immer exakt so lauten wie angegeben:

```
/pdfmark where {pop} {userdict /pdfmark /cleartomark load put} ifelse
[ /Rect [ 7 -4 roll 4 -2 roll pop pop 0 0 ]
  /T (Unterschrift)
  /Subtype /Widget
  /FT /Sig
/ANN pdfmark
```

Bei pdfmark-Anweisungen, die den Eintrag */Rect* erfordern, sollten Sie diesen immer an den Anfang stellen und anstelle der vier Zahlen in den Beispielen in diesem Kapitel die obige Zeile eintragen. Fehlt der Parameter */Rect* in der Beschreibung, so schreiben Sie vor der ersten eckigen Klammer viermal das Wort *pop*, damit die FrameMaker-Koordinaten gelöscht werden.

▶ Schreiben Sie die pdfmark-Anweisung in den Rahmen, wobei Sie auch FrameMaker-Variablen und Querverweise nutzen können. Dabei funktionieren Umlaute und andere Sonderzeichen leider nicht. Sonderzeichen in den PostScript-Rahmen scheint FrameMaker grundsätzlich nicht zu übernehmen. Daher müssen Sie Umlaute als Oktalcodes angeben (siehe Abschnitt 11.2.4 »Datentypen und Koordinaten«, Seite 472).

▶ Jetzt selektieren Sie den Rahmen und rufen über *Grafik, Objekteinstellungen...* die Dialogbox aus Abbildung 11.3 auf. Darin aktivieren Sie die Option *PostScript-Code*. Jetzt wird der Inhalt des Textrahmens nicht mehr als Fließtext ausgedruckt, sondern als PostScript-Code interpretiert und die Druckausgabe integriert.

▶ Um den Code wieder bearbeiten oder durchsuchen zu können, müssen Sie das Attribut *PostScript-Code* erst wieder zurücknehmen. PostScript-Rahmen können auch auf einer Vorgabeseite stehen. Das eignet sich gut für die Festlegung von Seitenübergängen bei Präsentationen.

▸ Wenn Sie mit mehreren PostScript-Rahmen auf einer Seite arbeiten, sollten Sie beachten, dass FrameMaker die Rahmen in der Reihenfolge ausgibt, in der sie angelegt wurden.

Einbinden externer Dateien. Die pdfmark-Anweisungen in den PostScript-Rahmen zu bearbeiten ist manchmal etwas mühsam. Als Alternative können Sie eine undokumentierte Anweisung benutzen, die FrameMaker im PostScript-Rahmen auswertet, um den Inhalt einer externen Textdatei in die PostScript-Ausgabe einzubetten. Dies eignet sich zum Beispiel für den in Abschnitt 11.7.1 »Anlegen von Formularfeldern«, Seite 507, beschriebenen Prolog zum Anlegen von Formularfeldern. Den Namen der Datei müssen Sie zwischen doppelten geraden Anführungszeichen setzen (drücken Sie erst die Escape-Taste und dann das Anführungszeichen, wenn Sie mit der Option Anführungszeichen – *smart quotes* – arbeiten):

```
#include "acroforms.eps"
```

FrameMaker bettet den Inhalt der Datei, die im gleichen Verzeichnis wie das Dokument stehen muss, in die PostScript-Ausgabe ein. Nach dieser *#include*-Anweisung können Sie auch weitere pdfmark-Anweisungen in den PostScript-Rahmen schreiben. Dabei sollten Sie aber sicherheitshalber eine Leerzeile zwischen der *#include*-Anweisung und dem restlichen Code lassen.

Die SP TimeSavers, FrameMaker Edition von MicroType unterstützen neben vielen Erweiterungen zur PDF-Erzeugung auch die Einbettung von pdfmarks in Hypertext-Marker (siehe Abschnitt 8.3 »Adobe FrameMaker«, Seite 351).

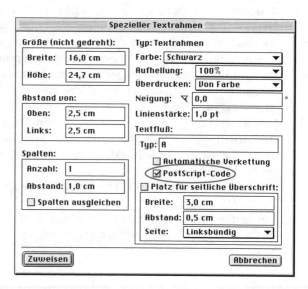

Abb. 11.3
Definition eines PostScript-Rahmens in FrameMaker

11.3.2 Microsoft Word.

Auch in Word gibt es mit den Druckfeldern eine Möglichkeit, pdfmark-Anweisungen in die PostScript-Ausgabe für das Dokument einzuschleusen. Allerdings arbeitet diese Funktion so unzuverlässig (sie hing in der Vergangenheit immer wieder von der Installation bestimmter Service Releases ab), dass ich von ihrem Einsatz eher abraten muss. Der Import von EPS-Dateien funktioniert hier deutlich zuverlässiger. Für unverdrossene Word-Benutzer mit Lust am Experimentieren hier dennoch einige Hinweise zum Einsatz von pdfmarks in Druckfeldern:

- Aktivieren Sie zunächst über *Extras, Optionen, Ansicht* die Anzeige von Feldfunktionen, um die Bearbeitung zu erleichtern.
- Wählen Sie den Menübefehl *Einfügen, Feld...* und klicken Sie in der Liste der *Feldnamen* auf den Eintrag *Print*. Zwischen doppelten Anführungszeichen können Sie nun pdfmark-Anweisungen eintippen. Die folgenden Anweisungen in einem Druckfeld legen zum Beispiel den Vollbildmodus fest:

PRINT \p page "[/PageMode /FullScreen /DOCVIEW pdfmark "

Sicherheitshalber sollten Sie ein Leerzeichen zwischen dem Ende der Anweisung und dem letzten Anführungszeichen anfügen.

- Vor der PostScript-Ausgabe sollten Sie die Anzeige der Feldfunktionen über *Extras, Optionen, Ansicht* wieder abschalten, da es sonst zu merkwürdigen Phänomenen kommen kann.

Der Parameter nach \p bezeichnet einen so genannten Gruppenbefehl. Damit lässt sich sozusagen der Wirkungsbereich des Druckfelds festlegen. Eine Liste der möglichen Gruppenbefehle und der zugehörigen Variablen finden Sie in der Online-Hilfe von Word. Die Variablen wären eigentlich

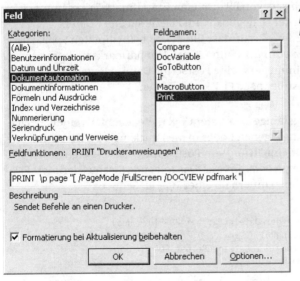

Abb. 11.4
Belegung eines Druckfelds in Word

eine gute Möglichkeit, um die Dimension von Hypertextelementen in den pdfmark-Anweisungen zu steuern. Leider scheinen diese Variablen in der PostScript-Ausgabe jedoch nicht zuverlässig zu funktionieren.

Da die Feldfunktion keine mehrzeilige Eingabe erlaubt, können Sie die meisten Beispiele dieses Kapitels nicht einfach kopieren und einfügen, sondern müssen sie Zeile für Zeile abtippen. Außerdem sollten Sie alle Kommentare entfernen.

11.3.3 QuarkXPress.

QuarkXPress unterstützt zwar neben dem Standardtrick mit EPS-Dateien keine weitere Art der pdfmark-Einbettung. Die XTension MadeToPrint des Berliner Herstellers callas software bietet jedoch eine Möglichkeit für erweiterte pdfmark-Unterstützung. Mithilfe von MadeToPrint können Sie (via *PostScript Expert*) nicht nur pdfmarks direkt in ein Quark-Dokument einfügen, sondern auch auf nützliche Informationen über das Dokument, den Textrahmen und vieles mehr zugreifen und diese Informationen im pdfmark-Code benutzen. Weitere Informationen und eine Demoversion von MadeToPrint finden Sie unter:

http://www.callas.de

11.3.4 Adobe Illustrator.

Illustrator enthält einen PostScript-Interpreter, der in manchen Fällen importierte EPS-Dateien verarbeitet. Wie in Abschnitt 11.2 »Hinweise zum Einsatz von pdfmarks«, Seite 465, erwähnt, sollten EPS-Dateien mit pdfmark-Anweisungen aber nicht vom PostScript-Interpreter einer Applikation verarbeitet werden, damit die pdfmarks für eine spätere PDF-Konvertierung mit Acrobat Distiller erhalten bleiben. Illustrator interpretiert den EPS-Code beim Import nur, wenn der Inhalt der Grafik in die Illustrator-Datei eingebettet (und nicht verknüpft) wird. Wählen Sie daher beim Einsatz von EPS-Dateien für pdfmark-Tricks immer die Option *Verknüpfen* in der Dialogbox beim Platzieren einer Datei.

Denken Sie außerdem daran, dass Illustrator beim direkten Speichern im PDF-Format keine pdfmarks unterstützt. Um pdfmarks in Illustrator zu nutzen, müssen Sie immer erst eine PostScript-Datei erzeugen und diese dann mit Acrobat Distiller nach PDF konvertieren.

11.3.5 TeX.

Das leistungsfähige Satzsystem TeX bietet ebenfalls einen Mechanismus zur Einbindung eigenen Codes in die Druckausgabe. Die Anweisung \special dient zur Einbettung von PostScript-Code und eignet sich auch für die Einbettung von pdfmarks. Das folgende Beispiel definiert PDF-Dokumentinformationen innerhalb einer \special-Sequenz:

```
\special{ps::
[   /Title (Minimierung der Dateigröße bei PDF fürs Web)
    /Author (Katja Karsunke)
    /Subject (Minimierung der Dateigröße bei PDF fürs Web)
    /Keywords (PDF Web Dateigröße)
```

```
/DOCINFO pdfmark
}%
```

Beachten Sie, dass Acrobat Distiller oder Ghostscript für die Erzeugung der PDF-Ausgabe benutzt werden müssen und nicht pdfTeX, da dieses keinen PostScript-Interpreter enthält. Die Einzelheiten zum Einsatz von pdfmarks in TeX-Dokumenten hängen vom benutzten PostScript-Treiber ab. Nützliche Hinweise zur Verwendung von pdfmarks in TeX finden Sie auf den Webseiten von D. P. Story unter:

http://www.math.uakron.edu/~dpstory/acrotex.html

Das Hyperref-Paket, das in den meisten TeX-Distributionen enthalten ist, fügt pdfmarks für Hypertextlinks und Dokumentinformationen ein.

11.4 Steuerung der Anzeige mit pdfmarks

Dieser und die nächsten Abschnitte enthalten eine Liste aller pdfmark-Anweisungen einschließlich einer Beschreibung der damit erreichbaren Funktionalität. Alle Angaben beziehen sich auf Distiller-Versionen ab 5.0. In älteren Versionen werden nicht unbedingt alle der hier erläuterten pdfmarks unterstützt.

Alle Beschreibungen folgen einem gemeinsamen Schema: Nach einer Überschrift, die das Thema umreißt, folgen eine kurze Erläuterung der Funktionalität sowie Beispiele, die wichtige Anwendungen der jeweiligen Anweisung vorführen. Die Tabellen im Anschluss an die Beispiele enthalten zusätzliche Varianten oder Optionen und weitere Details. Die Beispiele selbst enthalten nur den reinen pdfmark-Code. Je nach Einsatz müssen Sie daran denken, die früher beschriebenen Zusatzmaßnahmen zu treffen (vor allem hinsichtlich des Schutzes vor PostScript-Fehlern beim Ausdruck) oder programmspezifische Anweisungen einzufügen (etwa die Koordinatenübernahme in einem PostScript-Rahmen von FrameMaker).

Anzeigeoptionen. Ein PDF-Dokument kann bereits in der Datei das Anzeigeverhalten von Acrobat festlegen. Dies umfasst die Anzeige von Lesezeichen oder Thumbnails sowie das Öffnen im Vollbildmodus. Acrobat ermöglicht diese Festlegungen über die Menüfolge *Datei, Dokumenteigenschaften, Optionen zum Öffnen von Dateien...* .

Die folgende Anweisung bewirkt, dass beim Öffnen des Dokuments Seite 3 mit sichtbaren Thumbnails angezeigt wird:

```
[ /PageMode /UseThumbs /Page 3 /DOCVIEW pdfmark
```

Für Präsentationen kann es nützlich sein, bereits im Dokument den Vollbildmodus festzulegen:

```
[ /PageMode /FullScreen /DOCVIEW pdfmark
```

Tabelle 11.2 enthält alle Schlüssel für */DOCVIEW*.

Tabelle 11.2 Schlüssel für die Anzeigeeigenschaften mit /DOCVIEW

Schlüssel	Bedeutung
Vorgang beim Öffnen des Dokuments (siehe Abschnitt 11.6 »Vorgänge mit pdfmarks«, Seite 494)	
/PageMode	/UseNone: Das Dokument ohne Lesezeichen und Thumbnails anzeigen. (Standardeinstellung). /UseOutlines: Dokument mit Lesezeichen anzeigen. /UseThumbs: Dokument mit Thumbnails anzeigen. /FullScreen: Dokument im Vollbildmodus anzeigen.
/View	Legt die Darstellung des Dokuments über ein Array gemäß Tabelle 11.20 fest.
/Page	Legt die Seite fest, die beim Öffnen des Dokuments angezeigt wird.

Fenstergröße. Die folgende Anweisung veranlasst den Viewer, beim Öffnen des Dokuments die Werkzeugleiste und die Steuerelemente am unteren Fensterrand auszublenden:

```
[ {Catalog} << /ViewerPreferences <<
            /HideToolbar true
            /HideWindowUI true
      >> >>
/PUT pdfmark
```

Tabelle 11.3 Zusätzliche Parameter für /ViewerPreferences

Schlüssel	Bedeutung
/HideToolbar	Werkzeugleiste ausblenden (false)
/HideMenubar	Menüleiste ausblenden (false)
/HideWindowUI	Andere Elemente der Benutzerschnittstelle ausblenden (false)
/FitWindow	Fenstergröße an die Größe der ersten Seite anpassen (false)
/CenterWindow	Fenster in der Mitte des Bildschirms positionieren (false)
/NonFullScreenPageMode	Legt fest, wie das Dokument beim Verlassen des Vollbildmodus angezeigt wird. Bis auf /FullScreen sind die gleichen Einträge wie bei /PageMode erlaubt (siehe Tabelle 11.2).
/DisplayDocTitle	(Acrobat 5) Titel des Dokuments in der oberen Fensterleiste anstelle des Dateinamens anzeigen
/Direction	Lesereihenfolge der Seiten für Doppelseitendarstellung: /L2R von links nach rechts (Voreinstellung); /R2L: von rechts nach links. Achtung: Acrobat 4 erzeugt diesen Eintrag fälschlicherweise als /PageDirection und erwartet ihn auch so. Sie können jedoch beide Einträge gleichzeitig angeben, damit es in allen Acrobat-Versionen funktioniert.

Tabelle 11.3 enthält die möglichen Einträge für das Dictionary /ViewerPreferences. In Klammern steht jeweils die Voreinstellung, die gilt, wenn der entsprechende Eintrag fehlt. Bis auf den letzten werden alle Einträge mit booleschen Werten belegt. Ein kleiner Tipp am Rande: Die Option /Fit-

Window hat den nützlichen Nebeneffekt, dass der Titel aus den PDF-Dokumentinformationen in der Titelleiste des Dokumentfensters erscheint. In Acrobat 5 ist dieser Effekt direkt über */DisplayDocTitle* zu erreichen.

Anzeige von Einzel- oder Doppelseiten. Die Anordnung der Seiten bei der Anzeige lässt sich bereits im PDF-Dokument festlegen. Die folgende Anweisung bewirkt das Öffnen der Datei im Doppelseitenmodus, das heißt es werden zwei Seiten nebeneinander dargestellt:

[{Catalog} << /PageLayout /TwoColumnRight >> /PUT pdfmark

Tabelle 11.4 beschreibt die Schlüssel für */PageLayout*.

Tabelle 11.4 Schlüssel für die Anordnung der Seiten mit /PageLayout

Schlüssel	Bedeutung	
/PageLayout	/SinglePage	Seiten einzeln anzeigen
	/OneColumn	Seiten spaltenweise anordnen
	/TwoColumnLeft	Seiten zweispaltig anordnen, ungerade Seiten links
	/TwoColumnRight	Seiten zweispaltig anordnen, ungerade Seiten rechts

Seitennummerierung (Page Labels). Acrobat unterstützt eine logische Seitennummerierung, die unabhängig von den physikalischen Seitenzahlen ist. Solche Seitennummern können über *Dokument, Seiten nummerieren...* definiert werden. Sie werden dann in der Statuszeile des Acrobat-Fensters zusätzlich zu den physikalischen Seitenzahlen angezeigt. Es können getrennte Nummerierungsschemata für mehrere Seitenbereiche definiert werden, etwa römische Zahlen für das Inhaltsverzeichnis eines Buchs und arabische Zahlen für den Hauptteil. Durch Eintippen der entsprechenden Zahl in der Statuszeile kann man diese Nummern auch zur Navigation nutzen.

Die folgende Anweisung definiert logische Seitennummern für drei verschiedene Seitenbereiche. Die ersten 3 Seiten erhalten römische Seitennummern, darauf folgen arabische Nummern (beginnend ab Seite 4) und schließlich ab Seite 50 der separat nummerierte Anhang mit dem Präfix »A-« vor der arabischen Seitenzahl. Jeder Bereich erhält ein eigenes Dictionary im Array */Nums*. Beachten Sie, dass die Seiten bei pdfmarks ab 0 gezählt werden. Insgesamt erhält man also die Seitennummern *i, ii, iii, 4, 5, ... , 49, A-1, A-2* usw.:

```
[ {Catalog} << /PageLabels <<
        /Nums [ 0  << /S /r >>               % Römische Zahlen ab 1
                3  << /S /D /St 4 >>         % Dezimalzahlen ab 4
                49 << /S /D /St 1 /P (A-) >> % Anhang ab 50
              ]
        >> >>
/PUT pdfmark
```

Tabelle 11.6 enthält die möglichen Schlüssel für /PageLabels.

Tabelle 11.5 Schlüssel für das Nummerieren von Seiten mit /PageLabels

Schlüssel	Bedeutung
/S	(style) Art der Nummerierung. Mögliche Einträge sind /D (arabische Dezimalziffern), /R (römische Zahlen in Großbuchstaben), /r (römische Zahlen in Kleinbuchstaben), /A (Großbuchstaben), /a (Kleinbuchstaben).
/P	(prefix) Konstanter Text, der allen Seitennummern des Bereichs vorangestellt wird
/St	(start) Gewünschte Nummer der ersten Seite des Bereichs. Standardwert ist 1.

Labels mit den Namen von Farbauszügen. Als Variante der obigen Methode für die Nummerierung von Seiten gibt es auch die Möglichkeit, die Namen von Farbauszügen in die Page Labels zu bringen. Dabei steht allerdings nicht einfach der Name einer Farbe im Label, sondern es steckt noch zusätzliche Funktionalität für vorseparierte PDFs darin, also für PDF-Dokumente, bei denen jede Seite nicht die volle Farbinformation, sondern den grauen Farbauszug für eine Druckseite enthält. Die Kombination mehrerer geeignet eingefärbter PDF-Seiten ergibt die farbige Druckseite. Um dies zu ermöglichen, muss die PDF-Datei Informationen darüber enthalten, welche PDF-Seite welcher Farbe entspricht und welche Druckseite sie darstellt. Die folgende Anweisung definiert das Label 1 mit dem Präfix *Vorwort* und legt *Cyan* als Farbe für die Separation auf dieser Seite fest:

[/Label (Vorwort:1) /PlateColor (Cyan) /PAGELABEL pdfmark

Neben */PlateColor* und */Label* werden keine weiteren Schlüssel unterstützt; insbesondere lässt sich dieses Verfahren nicht mit den obigen Nummerierungsvarianten kombinieren.

Beschneiden von Seiten. Mit pdfmarks lässt sich die Größe einer einzelnen Seite oder aller Seiten des PDF-Dokuments festlegen. Unabhängig von der Seitengröße, die in der PostScript-Datei angegeben wird, beschneidet Distiller die Seite gemäß den angegebenen Werten. Die Seitengröße wird als Rechteck definiert, das den sichtbaren Teil der Seite beschreibt. Diese Größenangabe ist in der Statuszeile im Acrobat-Fenster sichtbar.

Die folgende Anweisung beschneidet alle Seiten des Dokuments auf das Format A4. Die Zeile sollte möglichst am Anfang der PostScript-Datei (am Ende des Prologs) stehen:

[/CropBox [0 0 595 842] /PAGES pdfmark

Die pdfmark-Anweisung */PAGE* anstelle von */PAGES* bewirkt das Beschneiden der aktuellen Seite. Diese Anweisung sollte ebenfalls am Anfang der PostScript-Beschreibung einer Seite stehen.

Die folgende Anweisung definiert ein Beschneidungsrechteck für die aktuelle Seite:

```
[ /CropBox [54 403 558 720] /PAGE pdfmark
```

Tabelle 11.6 enthält den Schlüssel für /PAGE und /PAGES.

Tabelle 11.6 Schlüssel für das Beschneiden von Seiten mit /PAGE oder /PAGES

Schlüssel	Bedeutung
/CropBox	Array mit vier Zahlen, die Position und Größe des sichtbaren Seitenbereichs definieren. Die Seitenlängen können von 3 bis 14400 Punkt reichen (0,106 bis 508 cm oder 1/24 bis 200 Zoll).

Seit Acrobat 4.0 gibt es neben /CropBox weitere Einträge, die andere Aspekte des Seitenformats definieren. Die folgende Anweisung legt die Größe der so genannten *TrimBox* fest:

```
[ {ThisPage} << /TrimBox [ 30 403 558 700 ] >> /PUT pdfmark
```

Tabelle 11.7 enthält die Schlüssel für alle unterstützten Box-Einträge und Tabelle 11.8 die Schlüssel für den ersten Eintrag, der die jeweils betroffene Seite beschreibt. Die Syntax für die Belegung des Arrays mit vier Zahlen entspricht dem obigen Schlüssel /CropBox.

Tabelle 11.7 Schlüssel für das Festlegen der Box-Einträge mit /PUT

Schlüssel	Bedeutung
/TrimBox	Größe der Seite nach dem Beschneiden
/BleedBox	Größe der Seite in einer Produktionsumgebung (mit Druckzugabe)
/ArtBox	Größe des Inhalts der Seite
/MediaBox	Größe des physikalischen Mediums, auf dem die Seite gedruckt wird

Rotieren von Seiten. Im Gegensatz zum Beschneiden gibt es keine spezielle pdfmark-Anweisung für das Rotieren von Seiten. Man kann sich allerdings mit der Anweisung /PUT behelfen und für eine bestimmte Seite indirekt einen Rotationswert festlegen. Es ist mit pdfmarks allerdings nicht möglich, alle Seiten eines Dokuments auf einmal zu rotieren. Die folgende Anweisung dreht die aktuelle Seite um 90 Grad im Uhrzeigersinn:

```
[ {ThisPage} << /Rotate 90 >> /PUT pdfmark
```

Der Rotationsparameter kann die Werte 0, 90, 180 und 270 annehmen und beschreibt, um wie viel Grad die Seite für die Anzeige gedreht werden soll. Tabelle 11.8 enthält alle Schlüssel für die Auswahl von Seiten mit /PUT.

Seitenübergänge. Acrobat ermöglicht für Bildschirmpräsentationen verschiedene Arten von Seitenübergängen *(page transitions)*, die den Wechsel

Tabelle 11.8 Schlüssel für die Auswahl von Seiten mit /PUT

Schlüssel	Bedeutung
{PageN}	Seite N (ersetzen Sie N durch eine Seitennummer)
{ThisPage}	aktuelle Seite
{PrevPage}	vorherige Seite
{NextPage}	nächste Seite

zur nächsten Seite attraktiver gestalten. Leider lassen sich diese in Acrobat nicht einstellen. Über *Bearbeiten, Grundeinstellungen, Allgemein..., Vollbild* kann man zwar einen Seitenübergang auswählen, jedoch nur als Voreinstellung für Acrobat und nicht getrennt für einzelne Seiten eines Dokuments. Individuelle Seitenübergänge sind ein PDF-Merkmal, das an der Oberfläche von Acrobat nicht festgelegt werden kann.

Die folgende Anweisung liefert einen mosaikartigen Übergang beim Aufbau der aktuellen Seite – die alte Seite löst sich auf und die neue kommt zum Vorschein:

[{ThisPage} << /Trans << /S /Dissolve >> >> /PUT pdfmark

Die folgende Anweisung liefert einen Wischeffekt, der die aktuelle Seite von rechts nach links aufbaut:

[{ThisPage} << /Trans << /S /Wipe /Di 180 >> >> /PUT pdfmark

{ThisPage} ist eine symbolische Bezeichnung für die aktuelle Seite. Der Eintrag ist exakt in dieser Schreibweise zu übernehmen. Die Seitenübergänge werden immer beim Öffnen der jeweiligen Seite aktiviert, unabhängig von der vorherigen Seite. Es spielt also keine Rolle, ob die entsprechende Seite manuell, per Seitenzahl oder durch einen Link angesteuert wird. Tabelle 11.9 enthält alle Schlüssel für Seitenübergänge.

Tabelle 11.9 Schlüssel für Seitenübergänge mit /PUT

Schlüssel	Bedeutung
/Split	Die Seite wird wie ein Vorhang aufgezogen und gibt die nächste Seite frei.
/Blinds	Split-Effekt mit mehreren Linien, die den Eindruck einer Jalousie ergeben
/Box	Ein Rechteck vergrößert sich und legt die neue Seite frei.
/Wipe	Eine einzelne Linie wischt über die alte Seite und legt dabei die neue frei.
/Dissolve	Die alte Seite löst sich mosaikartig auf und legt dabei die neue frei.
/Glitter	Wie bei /Dissolve, nur sind die Mosaiksteinchen nicht gleichmäßig verteilt, sondern bewegen sich von einer Bildschirmseite zur gegenüber liegenden.
/R	(replace) Die neue Seite ersetzt die alte ohne Übergangseffekt. Dies ist die Standardeinstellung.

Manche Effekte erlauben die Angabe weiterer Parameter, die zusätzlich zum Typ des Seitenübergangs eingetragen werden. Die folgende Anweisung liefert einen Split-Effekt, bei dem sich die Linien innerhalb von zwei Sekunden *(/D)* horizontal *(/H)* von innen nach außen *(/O)* bewegen:

[{ThisPage} << /Trans << /S /Split /D 2 /Dm /H /M /O >> >> /PUT pdfmark

Tabelle 11.10 enthält alle unterstützten Parameter für */Trans* zusammen mit der Angabe, bei welcher Art von Übergang sie erlaubt sind.

Tabelle 11.10 Zusätzliche Parameter für Seitenübergänge mit /Trans

Schlüssel	Bedeutung
/D	Dauer des Übergangs in Sekunden (für alle Effekte)
/Di	(Direction) Bewegungsrichtung (nur Vielfache von 90 Grad). Es wird gegen den Uhrzeigersinn gemessen, 0° zeigt nach rechts (für /Wipe und /Glitter).
/Dm	(Dimension) Mögliche Werte sind /H oder /V für horizontale bzw. vertikale Ausführung des Effekts (für /Split und /Blinds).
/M	(Motion) Mögliche Werte sind /I oder /O für Ausführung des Effekts von innen nach außen bzw. umgekehrt (für /Split und /Box).

In der Regel wird man den Seitenübergang immer für die aktuelle Seite festlegen. Es gibt aber auch die Möglichkeit, Effekte für eine andere Seite zu definieren. Tabelle 11.8 enthält alle diesbezüglichen Schlüssel, die von */PUT* unterstützt werden. Allerdings können für Übergangseffekte nur die direkten Seitenangaben benutzt werden.

11.5 Hypertextgrundelemente mit pdfmarks

Notizen. Die pdfmark-Anweisung */ANN* (für *annotations*) umfasst Notizen, Verknüpfungen und Besonderheiten wie Sound und Video, den Aufruf von Acrobat-Menüfunktionen und Webverknüpfungen (URLs). Der Schlüssel */Subtype* legt fest, welches dieser Elemente angelegt werden soll. Fehlt */Subtype*, so wird eine Notiz angelegt.

Die folgende Anweisung erzeugt eine geöffnete Notiz mit rotem Fensterrahmen und einem Sprechblasensymbol:

```
[   /Rect [ 75 400 175 550 ]
    /Open true
    /Title (Wichtiger Hinweis)
    /Contents (Dieses Dokument beschreibt die Vorabversion!)
    /Color [1 0 0]
    /Name /Comment
/ANN pdfmark
```

Tabelle 11.11 enthält die Schlüssel für Notizen, die bei */ANN* möglich sind, wenn */Subtype* fehlt oder den Wert */Text* hat. Zusammen mit dem Schlüssel */Subtype* ist */ANN* noch für viele andere Funktionen zuständig, die an der jeweiligen Stelle erläutert werden.

Tabelle 11.11 Schlüssel für Notizen mit /ANN, wenn /Subtype den Wert /Text hat oder fehlt

Schlüssel	Bedeutung
/Contents[1]	Text der Notiz als String (max. 65535 Byte)
/Rect[1]	Array mit vier Zahlen, die das Rechteck für die Notiz festlegen
/SrcPg	Nummer der Seite, auf der die Notiz erscheinen soll. Fehlt der Eintrag, erscheint die Notiz auf der aktuellen Seite.
/Open	Bei »true« ist die Notiz geöffnet und der Text sichtbar. Bei »false« erscheint nur ein Icon im Dokument. Die Voreinstellung ist »false«.
/Color	Array mit drei RGB-Werten für die Farbe des Symbols bzw. Rahmens
/Title	Text für die Überschrift der Notiz (max. 255 Zeichen bei PDFDocEncoding bzw. 126 Unicode-Zeichen; mehr als 32 Zeichen sind aber nicht empfehlenswert)
/ModDate	Datum der letzten Änderung als String
/Name	Name des Symbols zur Darstellung: /Comment, /Help, /Insert, /Key, /NewParagraph, /Note (Standardwert), /Paragraph
/Subtype	Für Notizen immer /Text (dies ist auch der Standardwert)

1. Dieser Schlüssel muss angegeben werden.

Dateianlagen. Mit pdfmarks lassen sich auch Dateianlagen *(attachments)* im PDF-Dokument erzeugen, so wie es manuell mit dem Dateianlagewerkzeug möglich ist. Im einfachsten Fall besteht der Inhalt der Dateianlage aus konstantem Text, der als Bestandteil des pdfmark-Codes angegeben wird. Die folgende Anweisung bettet einen kurzen Text als Dateianlage ein und versieht diese mit einer Pinnwandnadel als Symbol:

```
[ /_objdef {data} /type /stream /OBJ pdfmark
[ /_objdef {filespec} /type /dict /OBJ pdfmark
[ {filespec} <<
    /F (embedded.txt)              % Dateiname (in Acrobat)
    /Type /Filespec
    /EF << /F {data} >>
>> /PUT pdfmark
[   /Rect [ 70 550 210 575 ]
    /Border [ 0 0 1 ]
    /Color [0 0 1]
    /Type /Annot
    /Subtype /FileAttachment
    /Contents (embedded.txt)
    /Title (Thomas Merz)
    /FS {filespec}
    /Name /Paperclip
/ANN pdfmark

[ {data} << /Subtype (text/plain) >> /PUT pdfmark
[ {data} (Das ist der Inhalt der Dateianlage...) /PUT pdfmark
```

Die */Subtype*-Angabe in der vorletzten Zeile enthält den MIME-Typ der Dateianlage, der wie bei der Mail oder im Web die Zuordnung zu einem passenden Programm erleichtert. Mit obiger Anweisung lassen sich nur konstante Texte einbetten, die zum Zeitpunkt der Erstellung der pdfmarks bereits bekannt sind. Der Inhalt steht in einem String, das heißt Sonderzeichen müssen durch einen Gegenschrägstrich \ entwertet werden, und die Gesamtlänge ist auf 64 KB begrenzt. Die Einbettung des Inhalts einer externen Datei unterliegt diesen Einschränkungen nicht, erfordert aber Rückgriff auf eine PostScript-Anweisung für den Umgang mit Dateien. Ersetzen Sie dazu die letzte Zeile im obigen Beispiel durch folgende Sequenz, die den Namen der einzubettenden Datei enthält:

[{data} (d:/tmp/inhalt.txt) (r) file /PUT pdfmark

Tabelle 11.12 enthält die Schlüssel für Dateianlagen.

Tabelle 11.12 Schlüssel für Dateianlagen mit /ANN

Schlüssel	Bedeutung
/Contents[1]	Text der Notiz als String (max. 65535 Byte)
/Rect[1]	Array mit vier Zahlen, die das Rechteck für die Notiz festlegen
/Color	Array mit drei RGB-Werten für die Farbe des Symbols bzw. Rahmens
/Border	Array, das die Darstellung des Verknüpfungsrahmens beschreibt (Linienstärke, gestrichelte Linien). Das Array [0 0 0] bewirkt keine Linie.
/Title	Text für die Überschrift der Notiz (max. 255 Zeichen bei PDFDocEncoding bzw. 126 Unicode-Zeichen; mehr als 32 Zeichen sind aber nicht empfehlenswert)
/Contents	Der Inhalt der Dateianlage als String
/ModDate	Datum der letzten Änderung als String
/Name	Name des Symbols zur Darstellung der Dateianlage: /Graph, /Paperclip, /PushPin, /Tag. Standardwert ist /PushPin.
/Type[1]	Für Dateianlagen immer /Annot
/Subtype[1]	Für Dateianlagen immer /FileAttachment

1. Dieser Schlüssel muss angegeben werden.

Verknüpfungen. Die folgende Anweisung erzeugt eine Verknüpfung *(link)* innerhalb des angegebenen Rechtecks mit blauem Rand, die auf die nächste Seite verweist und dabei die Darstellungsparameter (Zoom) beibehält:

```
[   /Rect [ 70 550 210 575 ]
    /Border [ 0 0 1 ]
    /Color [0 0 1]
    /Page /Next
    /View [ /XYZ null null null ]
    /Subtype /Link
/ANN pdfmark
```

Die folgende Anweisung erzeugt eine Verknüpfung innerhalb des angegebenen Rechtecks mit rotem Rand, die auf das Dokument *kap2.doc* verweist:

```
[   /Rect [ 70 600 210 625 ]
    /Color [1 0 0]
```

```
            /Action /Launch
            /File (kap2.doc)
            /Subtype /Link
/ANN pdfmark
```

An dieser Stelle möchte ich nur auf die Definition der Verknüpfung eingehen. Die umfangreichen Möglichkeiten zur Beschreibung des Sprungziels oder Vorgangs für die Verknüpfung finden Sie zusammen mit weiteren Beispielen in Abschnitt 11.6 »Vorgänge mit pdfmarks«, Seite 494.

Tabelle 11.13 Schlüssel für Verknüpfungen mit /ANN und dem Wert /Link für /Subtype

Schlüssel	Bedeutung
	Vorgang für diese Verknüpfung (siehe Abschnitt 11.6 »Vorgänge mit pdfmarks«, Seite 494)[1]
/Rect[1]	Array mit vier Zahlen, die den sensitiven Bereich für die Verknüpfung festlegen
/Subtype[1]	Für Verknüpfungen immer /Link
/Border	Array, das die Darstellung des Verknüpfungsrahmens beschreibt (Linienstärke, gestrichelte Linien). Das Array [0 0 0] bewirkt keine Linie.
/SrcPg	Nummer der Seite, auf der die Verknüpfung erscheinen soll. Fehlt der Eintrag, erscheint die Verknüpfung auf der aktuellen Seite.
/Color	Array mit drei RGB-Werten für die Farbe des Verknüpfungsrahmens

1. Dieser Schlüssel muss angegeben werden.

Tabelle 11.13 enthält mit Ausnahme von Sprungzielen und Vorgängen alle Schlüssel für */ANN*, wenn */Subtype* den Wert */Link* hat.

Lesezeichen. Lesezeichen *(bookmarks* oder *outline entries)* enthalten Text, dem ein bestimmtes Sprungziel oder ein Vorgang zugeordnet ist. Ausführlichere Informationen über die Beschreibung des Sprungziels finden Sie in Abschnitt 11.6 »Vorgänge mit pdfmarks«, Seite 494. Die folgende Anweisung erzeugt ein Lesezeichen für den Sprung auf Seite 1:

```
[ /Page 1 /View [/XYZ 44 730 1.0] /Title (Start) /OUT pdfmark
```

Die folgende Anweisung erzeugt ein rotes Lesezeichen mit der Bezeichnung *Einleitung*, das einen Sprung zum Artikel »A« bewirkt:

```
[ /Action /Article /Dest (A) /Title (Einleitung) /C [ 1 0 0 ] /OUT pdfmark
```

Die folgende Anweisung erzeugt ein Lesezeichen in fetter Schrift, das eine Webverknüpfung enthält:

```
[   /Title (Home page)
    /F 2
    /Action << /Subtype /URI /URI (http://www.pdflib.com) >>
/OUT pdfmark
```

Tabelle 11.14 enthält mit Ausnahme von Sprungzielen und Vorgängen alle Schlüssel, die bei */OUT* möglich sind. Für verschachtelte Lesezeichen müs-

sen erst die übergeordneten Lesezeichen mit dem korrekten Wert für
/Count definiert werden und anschließend die untergeordneten Lesezeichen.

Tabelle 11.14 Schlüssel für Lesezeichen mit /OUT

Schlüssel	Bedeutung
	Vorgang für dieses Lesezeichen (siehe Abschnitt 11.6 »Vorgänge mit pdfmarks«, Seite 494).[1]
/Title[1]	Text des Lesezeichens (max. 255 Zeichen bei PDFDocEncoding bzw. 126 Unicode-Zeichen; mehr als 32 Zeichen sind aber nicht empfehlenswert)
/Count	Falls diesem Lesezeichen andere Lesezeichen untergeordnet sind, gibt /Count deren Zahl an; anderenfalls entfällt der Eintrag. Ist die Zahl negativ, so ist das Lesezeichen geschlossen, anderenfalls geöffnet.
/F	Schriftart des Lesezeichens (Darstellung nur in Acrobat 5); Voreinstellung ist 0: 0 normale Schrift 1 kursive Schrift 2 fette Schrift 3 fette und kursive Schrift
/C	Farbe des Lesezeichens als Array mit drei RGB-Werten (Darstellung nur in Acrobat 5)

1. Dieser Schlüssel muss angegeben werden.

Artikel. Ein Artikel besteht aus einer Reihe rechteckiger Bereiche auf einer oder mehreren Seiten, die über einen gemeinsamen Titel miteinander verknüpft sind. Zusätzlich kann man einem Artikel beschreibende Eigenschaften, zum Beispiel Stichwörter, zuordnen, die in der Artikelpalette von Acrobat sichtbar werden.

Die folgende Anweisung definiert ein Rechteck für einen Artikel mit dem Titel »Einleitung« und zusätzlichen Merkmalen:

```
[   /Title (Einleitung)
    /Author (Thomas Merz)
    /Subject (Kurze Beschreibung des Inhalts)
    /Keywords (Einleitung)
    /Rect [ 225 500 535 705 ]
/ARTICLE pdfmark
```

Weitere Rechtecke für den gleichen Artikel, die im Anschluss an die erste Definition folgen, werden über den gemeinsamen Wert des Schlüssels /Title als zugehörig erkannt. Die Schlüssel /Subject, /Author und /Keywords entfallen bei den Folgerechtecken. Tabelle 11.15 enthält alle möglichen Schlüssel für /ARTICLE.

Benannte Ziele (named destinations). Neben der Möglichkeit, Sprungziele im Layout zu beschreiben (also durch eine feste Seitenzahl und Koordinaten), bietet PDF auch die Möglichkeit, einer Position im Dokument zuerst einen symbolischen Namen zuzuordnen und diesen Namen später als

Tabelle 11.15 Schlüssel für Artikelflüsse mit /ARTICLE

Schlüssel	Bedeutung
/Title[1]	Bezeichnung (Titel) des Artikelflusses (max. 255 Zeichen bei PDFDocEncoding bzw. 126 Unicode-Zeichen; mehr als 32 Zeichen sind aber nicht empfehlenswert)
/Rect[1]	Array mit vier Zahlen, die ein Rechteck für den Artikel festlegen
/Page	Nummer der Seite, auf der der Artikel erscheinen soll. Fehlt der Eintrag, wird das Artikelrechteck auf der aktuellen Seite definiert. Mit diesem Schlüssel kann man alle Artikel eines Dokuments bereits im PostScript-Prolog definieren.
/Subject	Thema des Artikels
/Author	Verfasser
/Keywords	Stichwörter

1. Dieser Schlüssel muss angegeben werden.

Sprungziel zu verwenden. Solche Ziele mit symbolischen Namen werden als *named destinations* bezeichnet. Sie sind vor allem dann von Vorteil, wenn sich die Zielseite einer Verknüpfung ändert, ohne dass man die eigentliche Verknüpfung bearbeiten kann oder will. Beim Sprung in ein anderes Dokument ist unter Umständen während der Erstellung noch gar nicht bekannt, auf welcher Seite das Ziel liegt. Daher verwenden Programme, die automatisch pdfmarks generieren, meist symbolische Namen für die Sprungziele. Diese Namen sind auch bei der Bearbeitung der Verknüpfung in Acrobat sichtbar. Anlegen und Bearbeiten lassen sich benannte Ziele seit Acrobat 4, jedoch kann man sie auch in Acrobat 5 nicht manuell als Ziel für eine Verknüpfung eintragen.

Die folgende Anweisung definiert ein Sprungziel mit dem symbolischen Namen *kapitel01*, das auf der aktuellen Seite liegt. Beim Sprung auf dieses Ziel bleibt der Zoomfaktor unverändert:

```
[ /Dest /kapitel01 /View [ /XYZ null null null ] /DEST pdfmark
```

Tabelle 11.16 enthält alle Schlüssel, die bei */DEST* möglich sind.

Tabelle 11.16 Schlüssel für benannte Ziele mit /DEST

Schlüssel	Bedeutung
/Dest[1]	Name des Ziels
/Page	Nummer der Zielseite. Fehlt der Eintrag, wird das benannte Ziel auf der aktuellen Seite definiert.
/View	Darstellungsparameter der Zielseite

1. Dieser Schlüssel muss angegeben werden.

Dokumentinformationen. Über die Menüfolge *Datei, Dokumenteigenschaften, Übersicht...* lassen sich in Acrobat generelle Angaben über ein Dokument abrufen bzw. einstellen. Diese so genannten Dokumentinfofelder können bereits durch pdfmark-Anweisungen des Typs */DOCINFO* definiert werden. Laut Dokumentation kann diese Anweisung an beliebiger Stelle in der PostScript-Datei stehen. Zuverlässig arbeitet sie jedoch nur auf der ersten Seite des Dokuments. Die folgende Anweisung legt die Dokumentinformationen fest:

```
[   /Title (Kleiner ist schneller)
    /Author (Katja Karsunke)
    /Subject (Minimierung der Dateigröße bei PDF fürs Web)
    /Keywords (PDF Web Dateigröße)
    /Creator (DocMaker 2.0)
    /ModDate (D:20011018205731)
/DOCINFO pdfmark
```

Tabelle 11.17 enthält die Schlüssel für */DOCINFO*. Zusätzlich können auch selbst definierte Schlüssel festgelegt werden. Diese werden in Acrobat zwar nicht angezeigt, können aber bei einer Indexabfrage genutzt werden.

Tabelle 11.17 Schlüssel für allgemeine Dokumentinformationen mit /DOCINFO

Schlüssel	Bedeutung
/Author	Verfasser des Dokuments (%%For)
/Creation-Date	Datum und Zeitpunkt der Entstehung des Dokuments
/Creator	Name des Programms, mit dem das Originaldokument erstellt wurde (%%Creator)
/Producer	Name des Programms, das das Dokument nach PDF konvertiert hat
/Title	Titel des Dokuments (%%Title)
/Subject	Thema oder Inhalt des Dokuments
/Keywords	Stichwörter für dieses Dokument
/ModDate	Datum und Zeitpunkt der letzten Änderung des Dokuments
/Trapped	Gibt an, ob die Datei Überfüllungsinformationen enthält. Mögliche Werte: /True Datei enthält vollständige Überfüllungsinformationen. /False Datei enthält keine Überfüllungsinformationen. /Unknown Der Zustand der Überfüllungsinformationen ist entweder unbekannt oder sie sind noch unvollständig.
(beliebiger anderer Name)	String mit dem Text für ein benutzerdefiniertes Dokumentinfofeld

Um zum Beispiel ein weiteres Feld mit der Bezeichnung *Abteilung* in die Dokumentinformationen einzufügen, geben Sie bei obiger pdfmark-Anweisung zusätzlich folgende Zeile an:

```
/Abteilung (Marketing)
```

Enthalten alle Dokumente entsprechende Infofelder, kann man eine Suchabfrage auf alle Dokumente einschränken, die in einer bestimmten Abteilung erstellt wurden.

Distiller kann auch so konfiguriert werden, dass er bestimmte Kommentare einer DSC-kompatiblen PostScript-Datei in Dokumentinformationen umsetzt. Aktivieren Sie dazu im Distiller die Optionen *Voreinstellungen, Einstellungen..., Erweitert, DSC-Kommentare verarbeiten* und *Dokumentinfo von DSC beibehalten*. Die jeweils relevanten DSC-Kommentare sind in Tabelle 11.17 in Klammern aufgeführt.

Zuordnen einer Indexdatei zur Volltextsuche. Über die Menüfolge *Datei, Dokumenteigenschaften, Zugehöriger Index...* lässt sich in Acrobat einer PDF-Datei eine Indexdatei für die Volltextsuche fest zuordnen. Dieser Index wird dann ohne weitere Benutzereingriffe bereits beim Öffnen des Dokuments aktiviert.

Die folgende Anweisung ordnet der PDF-Datei den Index *cms.pdx* zu. Achten Sie dabei genau auf die Anzahl der öffnenden und schließenden spitzen Klammern, um Fehlermeldungen des Distillers zu vermeiden:

```
[   {Catalog} << /Search << /Indexes
        [ << /Name /PDX /Index (cms.pdx) >> ]
    >> >>
/PUT pdfmark
```

Leider ist es nicht möglich, einem Dokument mehrere Indexdateien zuzuordnen.

11.6 Vorgänge mit pdfmarks

11.6.1 Auslöser für Vorgänge.

Die Hypertextelemente in PDF ermöglichen das Aktivieren so genannter Vorgänge, etwa den Sprung auf eine andere Seite, das Abspielen eines Movies, das Absenden von Formulardaten, das Ausführen von JavaScript-Anweisungen und anderes. Abbildung 11.5 zeigt als Beispiel die Dialogbox zum Erstellen einer Verknüpfung mit allen möglichen Vorgängen. Diese lassen sich nicht nur durch Klick auf eine Verknüpfung aktivieren, sondern auch durch andere Auslöser, die sich genauso über pdfmarks erstellen lassen. Ich möchte zunächst die möglichen Auslöser für Vorgänge auflisten und jeweils pdfmark-Beispiele dazu vorstellen. Eine detaillierte Auflistung der möglichen Vorgänge folgt ab Abschnitt 11.6.3 »Verschiedene Arten von Verknüpfungen«, Seite 498.

Verknüpfungen. Die folgende Anweisung legt eine Verknüpfung mit dem Vorgangstyp *Anzeige* an, die einen Sprung auf Seite 5 des Dokuments bewirkt:

```
[   /Rect [ 70 550 210 575 ]
    /Page 5
    /View [ /XYZ null null null ]
    /Subtype /Link
```

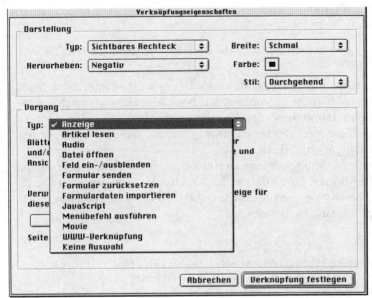

Abb. 11.5
Alle Vorgänge, die man in Acrobat festlegen kann, lassen sich auch mittels pdfmarks definieren.

/ANN pdfmark

Verknüpfungen werden ausführlich in Abschnitt 11.5 »Hypertextgrundelemente mit pdfmarks«, Seite 487, behandelt.

Lesezeichen. Die folgende Anweisung erzeugt ein Lesezeichen mit dem Vorgangstyp *WWW-Verknüpfung*, das beim Anklicken zum angegebenen URL springt:

```
[   /Count 0
    /Title (Hier geht's zur Home-Page)
    /Action << /Subtype /URI /URI (http://www.pdflib.com) >>
/OUT pdfmark
```

Lesezeichen werden ausführlich in Abschnitt 11.5 »Hypertextgrundelemente mit pdfmarks«, Seite 487, behandelt.

Vorgänge beim Öffnen oder Schließen einer Seite. Über die Menüfolge *Dokument, Seitenvorgang festlegen...* kann man in Acrobat für eine Seite Vorgänge definieren, die automatisch beim Öffnen dieser Seite aktiviert werden.

Die folgende Anweisung bewirkt über den Vorgang *Movie* das Abspielen der Sounddatei *melody.snd*, sobald die erste Seite geöffnet wird (gewöhnlich beim Öffnen des Dokuments):

```
[   /Rect [0 0 0 0]
    /Subtype /Movie
```

```
    /Title (Melodie)
    /Movie << /F (melody.snd) >>
/ANN pdfmark
[    {Page1} << /AA << /O << /S /Movie /T (Melodie) /Operation /Play >> >> >>
/PUT pdfmark
```

Dabei ist zu beachten, dass die Startmelodie zunächst einer Anmerkung zugeordnet werden muss, obwohl eigentlich gar kein aktiver Bereich auf der Seite nötig ist. Damit dieser Bereich nicht stört, wird er einfach mit einer Größe von 0 definiert. Der Seitenvorgang verweist dann einfach über den Namen auf diese Anmerkung.

Um mehrere Seitenvorgänge an eine bestimmte Seite zu binden, benutzen Sie die folgende Konstruktion. Zusätzlich zum Abspielen einer Sounddatei (die bereits wie oben gezeigt eingebettet sein muss) bindet sie einen JavaScript-Vorgang an die Seite:

```
[    {Page1}
        << /AA
            << /O << /S /Movie /T (Melodie) /Operation /Play
                /Next << /S /JavaScript /JS (...JavaScript...) >>
            >> >>
        >>
/PUT pdfmark
```

Um einen Vorgang für das Schließen einer Seite zu definieren, ersetzen Sie */O (open)* durch */C (close)*.

Vorgänge für Formularfelder.   Formularfelder bieten diverse Möglichkeiten zur Einbindung von Vorgängen. Sie werden ausführlich in Abschnitt 11.7.2 »Vorgänge für Formularfelder«, Seite 514, und Abschnitt 11.8 »JavaScript mit pdfmarks«, Seite 517, behandelt.

Weitere Auslöser für JavaScript.   Seit Acrobat 5 gibt es einige weitere Auslöser, die jedoch nur mit JavaScript-Vorgängen belegt werden können. Sie sind Gegenstand von Abschnitt 11.8 »JavaScript mit pdfmarks«, Seite 517.

11.6.2 Vorgänge.

Tabelle 11.18 zeigt zunächst eine Übersicht über die möglichen Vorgänge. Anschließend werden die einzelnen Möglichkeiten im Detail beschrieben.

Abbildung 11.5 verdeutlicht den Zusammenhang mit den Oberflächenelementen von Acrobat: Der Verknüpfungstyp *Anzeige* entspricht den Schlüsseln */View* und */Page*, alle anderen werden über die Acrobat-Benutzeroberfläche überhaupt nicht definiert werden, sondern ausschließlich mit dem pdfmark-Operator */DEST*.

Tabelle 11.18 Schlüssel für Vorgänge

Schlüssel	Bedeutung
/View	Array mit der Beschreibung einer Position im Dokument als Sprungziel für ein Lesezeichen oder eine Verknüpfung. Einzelheiten siehe Tabelle 11.20.
/Page	Beschreibt zusammen mit /View ein Sprungziel. /Page enthält die Nummer der Zielseite (es wird ab 1 gezählt). Der Wert 0 definiert überhaupt kein Sprungziel. Bei Verknüpfungen und Artikeln können die Werte /Next bzw. /Prev auf die nachfolgende bzw. vorhergehende Seite verweisen. /Page ist nur nötig, wenn das Sprungziel nicht auf der aktuellen Seite liegt.
/Dest	Symbolischer Name eines mit /DEST definierten benannten Ziels. Als Sprungziel für einen Artikel enthält /Dest den Titel oder die laufende Nummer des Artikels (gezählt wird ab 0).
/Action, /A	Allgemeinste Form eines Vorgangs; Einzelheiten siehe Tabelle 11.19. Bei /ANN und /OUT heißt der Schlüssel /Action, sonst /A.

Tabelle 11.19 enthält alle Schlüssel, die bei */Action* möglich sind. Ihre Verwendung sowie die dabei möglichen untergeordneten Schlüssel sind Gegenstand der nachfolgenden Abschnitte.

Tabelle 11.19 Schlüssel für Vorgänge bei /Action

Schlüssel	Bedeutung
/GoTo	Sprung zu einer Seite des aktuellen Dokuments; erfordert /Dest oder die beiden Schlüssel /Page und /View.
/GoToR	Sprung zu einer Seite eines anderen PDF-Dokuments; erfordert /Dest oder die beiden Schlüssel /Page und /View, sowie /File.
/Launch	Öffnet ein anderes (nicht-PDF-)Dokument oder Programm; erfordert /File.
/Article	Verknüpfung zu einem Artikel im gleichen oder einem anderen PDF-Dokument; erfordert /Dest sowie /File, wenn der Artikel in einem anderen Dokument liegt.
/URI	URL für den Sprung auf ein Dokument im WWW
/Sound /Movie	Abspielen von Sound und Video; siehe Abschnitt 11.6.4 »Multimedia«, Seite 502
/Named	Siehe Abschnitt 11.6.5 »Ausführen von Menübefehlen«, Seite 504
/SubmitForm /ResetForm /Hide /ImportData	Absenden, Zurücksetzen, Ausblenden und Importieren von Formulardaten; siehe Abschnitt 11.7.2 »Vorgänge für Formularfelder«, Seite 514
/JavaScript	Ausführen von JavaScript-Code; siehe Abschnitt 11.8 »JavaScript mit pdfmarks«, Seite 517

11.6.3 Verschiedene Arten von Verknüpfungen

Verknüpfung zu einer Seite im gleichen Dokument. Die folgende Anweisung legt einen rechteckigen Verknüpfungsbereich an. Seine Aktivierung durch den Benutzer bewirkt einen Sprung auf die nächste Seite:

```
[   /Rect [ 70 550 210 575 ]
    /Page /Next
    /View [ /XYZ -5 797 1.5]
    /Subtype /Link
/ANN pdfmark
```

Tabelle 11.20 enthält alle möglichen Schlüssel für /View sowie die zugehörigen Einträge.

Tabelle 11.20 Schlüssel für das Array bei /View

Schlüssel	Bedeutung
/Fit	Seite an das Fenster anpassen
/FitB	Sichtbaren Seiteninhalt an das Fenster anpassen
/FitH top	Breite der Seite an das Fenster anpassen. top gibt den gewünschten Abstand vom Ursprung der Seite zur Oberkante des Fensters an. Hat top den Wert -32768, so berechnet Acrobat den Abstand automatisch.
/FitBH top	Breite des sichtbaren Seiteninhalts an das Fenster anpassen. top gibt den gewünschten Abstand vom Seitenursprung zur Oberkante des Fensters an.
/FitR $x_1\ y_1\ x_2\ y_2$	Das durch die vier Parameter beschriebene Rechteck wird an das Fenster angepasst.
/FitV left	Höhe der Seite an das Fenster anpassen. left gibt den Abstand vom Ursprung der Seite zur linken Kante des Fensters an.
/FitBV left	Höhe des sichtbaren Seiteninhalts an das Fenster anpassen. left ist der gewünschte Abstand vom Seitenursprung zur linken Kante des Fensters.
/XYZ left top zoom	left und top geben den gewünschten Abstand vom Seitenursprung zur oberen linken Ecke des Fensters an, zoom entspricht dem Vergrößerungsfaktor (1 entspricht 100%). Der Eintrag »null« für einen der drei Werte bedeutet, dass jeweils der vorher eingestellte Wert beibehalten wird.

Verknüpfung zu einem anderen PDF-Dokument. Ähnlich wie ein Sprung zu einer Seite des aktuellen Dokuments lassen sich auch Sprünge zu Seiten anderer PDF-Dokumente definieren.

Die folgende Anweisung definiert ein Verknüpfungsrechteck, das einen Sprung zum Dokument mit dem Dateinamen *kapitel6.pdf* bewirkt:

```
[   /Rect [ 70 600 210 625 ]
    /Action /GoToR
    /File (kapitel6.pdf)
    /Subtype /Link
/ANN pdfmark
```

Tabelle 11.21 enthält alle Schlüssel für /GoToR. Mit den plattformabhängigen Schlüsseln kann man systemspezifische Varianten des Dateinamens angeben, die nur auf der jeweiligen Systemplattform ausgewertet werden, und dann den Haupteintrag /File überschreiben.

Tabelle 11.21 Schlüssel für /GoToR

Schlüssel	Bedeutung
/File[1]	Pfadname der PDF-Datei (relative Namen sind zulässig)
/DOSFile	MS-DOS-Pfadname (hat Vorrang vor /File, falls vorhanden)
/MacFile	Mac-Pfadname (hat Vorrang vor /File, falls vorhanden)
/UnixFile	Unix-Pfadname (hat Vorrang vor /File, falls vorhanden)
/URI	URL der PDF-Datei (/File wird ignoriert, wenn /URI angegeben ist)

1. Dieser Schlüssel muss angegeben werden.

Verknüpfung zu einem benannten Ziel. Als Sprungziel sind nicht nur festgelegte Seiten des gleichen oder eines anderen Dokuments möglich, sondern auch symbolische Namen für Dokumentpositionen, die mittels /DEST definiert wurden.

Die folgende Anweisung definiert einen Sprung zur Position mit dem symbolischen Namen *kapitel5* in der Datei *ziel.pdf*:

```
[   /Rect [ 70 650 210 675 ]
    /Color [ 0 0 1 ]
    /Dest /kapitel5
    /File (ziel.pdf)
    /Subtype /Link
/ANN pdfmark
```

Aufruf eines anderen Dokuments oder Programms. Die nächste Verallgemeinerung der Dokumentsprünge ist der Aufruf eines Dokuments, das nicht im PDF-Format vorliegt bzw. von einer anderen Applikation erzeugt wurde. Acrobat startet bei solchen Verweisen das externe Programm (daher der Name des Schlüssels /Launch) und übergibt diesem die angegebene Datei.

Die folgende Anweisung definiert eine Verknüpfung, die bei Aktivierung das Windows-Programm Paint (ohne den Namen der zu bearbeitenden Datei) startet.

```
[   /Rect [ 70 600 210 625 ]
    /Border [ 16 16 1 ]
    /Color [1 1 0]
    /Action << /S /Launch /F (c:/winnt/system32/mspaint.exe) >>
    /Subtype /Link
/ANN pdfmark
```

Tabelle 11.22 enthält alle Schlüssel für /Launch.

Tabelle 11.22 Schlüssel für /Launch

Schlüssel	Bedeutung
/File[1]	Pfadname der Datei oder des Programms (relative Namen sind zulässig)
/Win[1]	Dictionary mit Windows-spezifischen Parametern (siehe unten)
/Params	Parameter für eine Windows-Applikation
/URI	URL der PDF-Datei (/File wird ignoriert, wenn /URI angegeben ist)

1. Einer dieser Schlüssel muss angegeben werden.

Im Gegensatz zur Acrobat-Benutzeroberfläche können Sie mit pdfmarks auch Links mit mehreren Vorgängen definieren. Die folgende Anweisung definiert eine Verknüpfung, die bei der Aktivierung mehrere Programme startet:

```
[   /Rect [ 70 600 210 625 ]
    /Border [ 16 16 10 ]
    /Action << /S /Launch /F (C:/winnt/system32/mspaint.exe)
        /Next <<
            /S /Launch /F (c:/winnt/system32/notepad.exe)
            /Next <<
                /S /Launch /F (c:/winnt/system32/charmap.exe)
            >>
        >>
    >>
    /Subtype /Link
/ANN pdfmark
```

Tabelle 11.23 enthält alle Schlüssel für den Parameter */Win* bei */Launch*, der Windows-spezifische Optionen für den Start eines Programms oder eines Dokuments enthält. Entsprechende Parameter für Mac und Unix werden nicht unterstützt.

Tabelle 11.23 Schlüssel für den Parameter /Win bei /Launch

Schlüssel	Bedeutung
/F[1]	Pfadname der Datei oder des Programms (relative Namen sind zulässig). Steht hier der Name eines Verzeichnisses, so startet Acrobat den Windows Explorer für dieses Verzeichnis.
/D	String mit dem Namen des Startverzeichnisses
/O	Falls /F ein Dokument bezeichnet, gibt dieser String die gewünschte Aktion an. Mögliche Werte: open Öffnen des Dokuments print Drucken des Dokuments
/P	Parameter für eine Windows-Applikation (nur sinnvoll, wenn der Eintrag bei /F ein Programm bezeichnet).

1. Dieser Schlüssel muss angegeben werden.

Verknüpfung zu einem Dokument im WWW. Eine Verknüpfung kann auch zu einem Dokument (oder allgemeiner: einer Ressource) im Internet verweisen. In diesem Fall wird das Ziel durch seinen URL *(Universal Resource Locator)* definiert und der Webbrowser gestartet, falls Acrobat nicht bereits im Fenster des Browsers läuft. URLs werden in PDF immer als URI *(Universal Resource Identifier)* bezeichnet.

Die folgende Anweisung definiert ein Verknüpfungsrechteck, dem als Vorgang der Sprung zu einer Home-Page zugeordnet ist:

```
[   /Rect [ 50 425 295 445 ]
    /Action << /Subtype /URI /URI (http://www.pdflib.com) >>
    /Subtype /Link
/ANN pdfmark
```

Beachten Sie, dass der Schlüssel */IsMap* die Definition einer so genannten ImageMap ermöglicht, mit der sich interaktive Grafiken realisieren lassen. Ein Mausklick innerhalb der Grafik kann abhängig von der Position in der Grafik unterschiedliche Aktionen auslösen. Die Definition von ImageMaps ist in Acrobat nicht möglich.

Tabelle 11.24 enthält alle Schlüssel für */URI*.

Tabelle 11.24 Schlüssel für /URI

Schlüssel	Bedeutung
/Subtype[1]	Für Internet-Verknüpfungen immer /URI
/URI[1]	URL des Ziels in 7-Bit-ASCII-Kodierung
/IsMap	»true«, falls die Koordinaten der Mausposition an den URL angehängt werden sollen (imagemap). Die Voreinstellung ist »false«.

1. Dieser Schlüssel muss angegeben werden.

Festlegen des Basis-URL für ein Dokument. Um bei einer großen Zahl von Internet-Links oder umfangreichen Dokumentensammlungen den Änderungsaufwand zu minimieren, wenn die Dokumente von einem anderen Server angeboten werden, kann man in PDF (wie auch in HTML) mit relativen URLs arbeiten. Dabei beziehen sich die Adressen auf den so genannten Basis-URL, der dem Dokument zugeordnet wird. In Acrobat geht das über die Menüfolge *Datei, Dokumenteigenschaften, Basis-URL...* . Diese Festlegung lässt sich bereits mit pdfmarks im Originaldokument treffen. Absolut angegebene URLs, also solche mit vollständiger Angabe des Servers, sind von dieser Festlegung nicht betroffen.

Die folgende Anweisung stellt den angegebenen URL als Basis für alle relativen Internet-Verknüpfungen des Dokuments ein:

```
[   {Catalog} << /URI << /Base (http://www.pdflib.com) >> >> /PUT pdfmark
```

Verknüpfung mit einem Artikel. Beim Sprung zu einem Artikel wird der Anfang des jeweiligen Artikelflusses angezeigt. Der Artikel kann dabei über seinen Titel oder die fortlaufende Artikelnummer innerhalb des Dokuments spezifiziert werden.

Die folgende Anweisung legt ein Lesezeichen mit der Beschriftung *Leitartikel* an, das den gleichnamigen Artikelfluss ansteuert:

[/Dest (Leitartikel) /Title (Leitartikel) /Action /Article /OUT pdfmark

Beim Anspringen von Artikeln sind alle Schlüssel von */GoToR* zulässig. */File* ist nur dann erforderlich, wenn sich der Artikel in einer anderen Datei befindet. Zusätzlich ist der Schlüssel in Tabelle 11.25 erforderlich.

Tabelle 11.25 Zusätzlicher Schlüssel für /Article

Schlüssel	Bedeutung
/Dest[1]	Ziel eines Artikels. Ein String enthält den Titel des Artikels. Alternativ kann auch eine Zahl angegeben werden, die die Nummer des Artikels beschreibt (der erste Artikel im Dokument hat die Nummer 0).

1. Dieser Schlüssel muss angegeben werden.

11.6.4 Multimedia.

Acrobat kann bei geeigneter Hard- und Softwareausstattung (Stichworte: Soundkarte, QuickTime) auch Ton- und Filmdateien abspielen. Externe Sounddaten und Videoclips werden in PDF unter dem Schlüssel */Movie* abgelegt. Genau genommen gibt es zwar auch den Schlüssel */Sound*, bei dem die Daten direkt in der PDF-Datei eingebettet werden, doch in der Praxis werden beide Typen als externe Dateien vom Typ */Movie* behandelt. Eine Einbettung der Bild- oder Tondaten in die PDF-Datei ist dabei nicht direkt möglich, sondern nur über den Umweg der Dateianlage.

Abspielen einer Sound- oder Videodatei. Für den erfolgreichen Einsatz von Movies ist neben den Anforderungen an das Zielsystem noch zu beachten, dass nicht alle Dateiformate auf allen Plattformen unterstützt werden. Eine Liste der jeweils verwendbaren Formate für Sound und Video finden Sie in der Acrobat-Dokumentation. Da Videos nur proportional skaliert werden können, müssen Sie das Movie-Rechteck mit den Seitenverhältnissen des Films anlegen.

Die folgende Anweisung spielt den Film in der Datei *Urlaub.mov* im angegebenen Rechteck ab:

```
[   /Rect [ 216 503 361 612 ]
    /Type /Annot
    /Subtype /Movie
    /Movie << /F (Urlaub.mov) >>
    /A << /ShowControls true >>
/ANN pdfmark
```

Alternativ zu einem Dateinamen können Movies seit Acrobat 5 auch von einem Webserver geladen werden. Dazu ersetzen Sie im obigen Beispiel zwei Zeilen wie folgt:

```
/Movie << /F << /FS /URI /F (http://www.pdflib.com/Urlaub.mov) >> >>
/A << /ShowControls true /UseURL true >>
```

Die folgende Anweisung spielt die Musikdatei *Fanfare.snd* beim Anklicken des festgelegten Rechtecks ab:

```
[   /Rect [ 216 503 361 612 ]
    /Type /Annot
    /Subtype /Movie
    /T (Meine Komposition)
    /Movie << /F (Fanfare.snd) >>
/ANN pdfmark
```

Tabelle 11.26 enthält zusätzliche Schlüssel für */Movie*.

Tabelle 11.26 Schlüssel für /Movie

Schlüssel	Bedeutung	
/Subtype[1]	Für Videos und externe Sounds immer /Movie	
/A	false	Der Movie wird bei Mausklick abgespielt.
	true	Der Movie wird mit den Standard-Aktivierungswerten abgespielt (dies ist der Vorgabewert für /A).
	Alternativ kann auch ein Dictionary als Wert für den Schlüssel /A angegeben werden. Details dazu finden Sie in Tabelle 11.27.	
/Operation	Gewünschte Aktion:	
	/Play	Abspielen des Movies starten (Vorgabewert)
	/Stop	Abspielen des Movies beenden
	/Pause	Abspielen des Movies unterbrechen
	/Resume	Abspielen eines unterbrochenen Movies fortsetzen
/Movie[1]	Dictionary zur Beschreibung des Movies. Es kann folgende Schlüssel enthalten:	
	/F	String mit dem Dateinamen oder Dictionary für einen URL
	/Aspect	Array mit zwei Werten für Breite und Höhe des Movies in Pixeln
	/Rotate	Drehung des Movies im Uhrzeigersinn (nur Vielfache von 90°, oben ist 0°).
	/Poster	Boolescher Wert, der angibt, ob das Standbild für die Moviedatei angezeigt werden soll oder nicht
/T (Title)	Titel des Movies	

1. Dieser Schlüssel muss angegeben werden.

Die Angaben in dem Dictionary bei */A* beschreiben das dynamische Abspielen des Movies. Tabelle 11.27 enthält die zugehörigen Schlüssel, die alle optional sind. Details zu den in der Tabelle nicht näher beschriebenen Schlüsseln finden Sie in der PDF-Referenz.

Tabelle 11.27 Schlüssel für das optionale /A-Dictionary in einer /Movie-Anweisung

Schlüssel	Bedeutung
/Volume	Lautstärkeeinstellung für den Movie
/Rate	Anfängliche relative Geschwindigkeit des Movies

Tabelle 11.27 Schlüssel für das optionale /A-Dictionary in einer /Movie-Anweisung

Schlüssel	Bedeutung
/ShowControls	Boolescher Wert, der angibt, ob beim Abspielen des Movies eine Steuerleiste angezeigt wird (Vorgabewert: false)
/UseURL	Boolescher Wert, der angibt, ob der Movie von einem URL geladen werden soll.
/Synchronous	Bei »true« muss der Benutzer mit weiteren Acrobat-Interaktionen warten, bis der Movie beendet ist.
/Mode	Wiedergabemodus: /Once — Movie wird nur einmal abgespielt. /Open — Movie wird geöffnet und die Steuerleiste angezeigt. /Repeat — Movie wird wiederholt, bis der Benutzer abbricht. /Palindrome — Movie wird vor- und zurückgespielt, bis der Benutzer abbricht.
/Start	Startzeit des Moviesegments
/Duration	Dauer des Moviesegments
/FWScale	Bei Movies in einem schwebenden Fenster (floating window) gibt dieser Wert die Vergrößerung an, bei der der Movie abgespielt wird.
/FWPosition	Bei Movies in einem schwebenden Fenster (floating window) gibt dieser Wert die Bildschirmposition an, bei der der Movie abgespielt wird.

11.6.5 Ausführen von Menübefehlen

Ausführen von Menübefehlen. Die folgende Anweisung erzeugt ein Rechteck, das auf einen Mausklick hin das aktuelle PDF-Dokument schließt:

```
[   /Rect [ 50 500 150 600 ]
    /Action << /Subtype /Named /N /Close >>
    /Subtype /Link
/ANN pdfmark
```

Obwohl von der PDF-Spezifikation offiziell nur die Befehle *Seite vor, Seite zurück* und *Sprung zum Anfang* bzw. *Ende* des Dokuments unterstützt werden, können in einer PDF-Datei definierte Vorgänge alle Menübefehle von Acrobat aufrufen. Tabelle 11.28 enthält alle Schlüssel, die bei */Named* als Wert von */N* die Menüfunktionen von Acrobat aktivieren.

Beachten Sie, dass in Acrobat Reader nur manche Befehle zur Verfügung stehen. Sie sind in Tabelle 11.28 entsprechend markiert. Außerdem ist im Zusammenhang mit den Menübefehlen zu berücksichtigen, dass die Belegung nachfolgender Dialogfelder nicht vorgegeben werden kann. So kann man zum Beispiel den Druckbefehl aufrufen, nicht aber die Einstellungen des dadurch aktivierten Druckdialogs vordefinieren (zu druckender Seitenbereich etc.). Diese Einstellungen muss der Benutzer selbst erledigen und anschließend das Dialogfeld bestätigen, bevor der entsprechende Vorgang ausgelöst wird. Im Fall des Druckbefehls lässt sich das Problem mittels Java-Script umgehen, siehe Abschnitt 10.6.1 »Interaktion mit dem Benutzer«, Seite 447.

Tabelle 11.28. Werte für /N zum Ausführen von Menüfunktionen mit /Named in Acrobat 5

Acrobat-Menü	Schlüssel für die Menüfunktionen
Datei	/Open[1], /Web2PDF:OpnURL, /OpenAsPDF, /Close[1], /Save, /SaveAs, /Revert, /AcroSendMail:SendMail, /DocSecurity[1], /Annots:GoBackOnline, /PageSetup[1], /Print[1], /RecentFile1 usw., /Quit
Datei → Importieren	/Scan, /ImportNotes, /AcroForm:ImportFDF
Datei → Exportieren	/ExtractImages:JPEG, /ExtractImages:PNG, /ExtractImages:TIFF, /ExportNotes, /AcroForm:ExportFDF, /ADBE:ExportPS
Datei → Dokumenteigenschaften	/GeneralInfo[1], /OpenInfo, /FontsInfo[1], /PrepressInfo, /EScript:DataObjects, /AutoIndex:DocInfo, /ShowDocumentMetadataDialog, /Weblink:Base
Datei → Stapelverarbeitung	/BatchEdit, /AVSequenceMenuItemAtom-0, -1, -2 usw.
Bearbeiten	/Undo[1], /Redo[1], /Cut[1], /Copy[1], /Paste[1], /Clear[1], /CopyFileToClipboard, /SelectAll[1], /DeselectAll[1], /Find[1], /FindAgain[1], /Properties
Bearbeiten → Volltextsuche	/AcroSrch:Query[1], /AcroSrch:Indexes[1], /AcroSrch:Results[1], /AcroSrch:Assist[1], /AcroSrch:PrevDoc[1], /AcroSrch:PrevHit[1], /AcroSrch:NextHit[1], /AcroSrch:NextDoc[1]
Bearbeiten → Grundeinstellungen	/GeneralPrefs[1], /DocBox:Prefs, /BCLC:Table/Formatted_TextPreferences[2], /Web2PDF:Prefs, /Web2PDF:InetControlPanel
Dokument	/FirstPage[1], /PrevPage[1], /NextPage[1], /LastPage[1], /GoToPage[1], /GoBackDoc[1], /GoBack[1], /GoForward[1], /GoForwardDoc[1], /InsertPages, /ExtractPages, /ReplacePages, /DeletePages, /CropPages, /RotatePages, /NumberPages, /AcroForm:Actions
Werkzeuge	/CatalogPlugin, /Distiller, /AccCheck:DoCheck, /CreatePDF[1], /PaperCapture, /SearchPDF[1]
Werkzeuge → Digitale Unterschriften	/DIGSIG:PlaceSigPullRight, /DIGSIG:SignDocPullRight, /DIGSIG:SignSigPullRight, /DIGSIG:ClearPullRight, /DIGSIG:ClearAll, /DIGSIG:DeletePullRight, /DIGSIG:ValidSigPullRight, /DIGSIG:ValidateAll, /DIGSIG:RollbackPullRight, /DIGSIG:DifferencePullRight, /DIGSIG:GoTo, /DIGSIG:PropertiesPullRight
Werkzeuge → Kommentare	/Annots:SummarizeComments, /Annots:FilterManager, /Annots:FindAnnot, /Annots:DeleteAllComments
Werkzeuge → Rechtschreibung	/Spelling:Check Spelling[2], /Spelling:Edit Dictionary[2]
Werkzeuge → Self-Sign-Sicherheit	/ppklite:Login, /ppklite:Logout, /ppklite:UserSettings
Werkzeuge → Vergleichen	/DIGSIG:CompareDocuments, /DIGSIG:CompareRevisions
Werkzeuge → Web Capture	/Web2PDF:OpnURL2, /Web2PDF:AppURL, /Web2PDF:AppLinks, /Web2PDF:ViewLinks, /Web2PDF:Update, /Web2PDF:PgInfo, /Web2PDF:OpenInBrowser, /Web2PDF:FrontStsDlgs
Werkzeuge → DocBox	/DocBox:Backup, /DocBox:Retrieve
Werkzeuge → Formulare	/AcroForm:Template, /AcroForm:CalcOrder
Werkzeuge → Formulare → Felder	/AcroForm:Duplicate, /AcroForm:TabOrder
Werkzeuge → Formulare → Felder → Ausrichten	/AcroForm:AlignLeft, /AcroForm:AlignRight, /AcroForm:AlignTop, /AcroForm:AlignBottom, /AcroForm:Separator, /AcroForm:AlignVertical, /AcroForm:AlignHorizontal

Tabelle 11.28. Werte für /N zum Ausführen von Menüfunktionen mit /Named in Acrobat 5

Acrobat-Menü	Schlüssel für die Menüfunktionen
Werkzeuge → Formulare → Felder → Zentrieren	/AcroForm:CenterVertical, /AcroForm:CenterHorizontal, /AcroForm:CenterBoth
Werkzeuge → Formulare → Felder → Verteilen	/AcroForm:DistributeVertical, /AcroForm:DistributeHorizontal
Werkzeuge → Formulare → Felder → Größe	/AcroForm:SizeVertical, /AcroForm:SizeHorizontal, /AcroForm:SizeBoth
Werkzeuge → JavaScript	/EScript:JSConsole, /EScript:JSEditAll, /EScript:JSDocScripts, /Script:JSDocActions
Werkzeuge → PDF Consultant	/ADBE:VirusCheck, /ADBE:SpaceAudit, /ADBE:SpaceReduction
Werkzeuge → TouchUp Text	/TouchUp:TextAttributes, /TouchUp:TextBreaks, /TouchUp:FitTextToSelection, /TouchUp:ShowLineMarkers, /TouchUp:ShowCaptureSuspects, /TouchUp:FindSuspect
Werkzeuge → TouchUp Text → Einfügen	/TouchUp:Insert:LineBreak, /TouchUp:Insert:SoftHyphen, /TouchUp:Insert:NonBreakingSpace, /TouchUp:Insert:EmDash
Werkzeuge → Web-Adressen suchen	/Weblink:CreateURLs, /Weblink:RemoveURLs
Anzeige	/FullScreen[1], /ZoomViewIn[1], /ZoomViewOut[1], /ZoomTo[1], /FitPage[1], /ActualSize[1], /FitWidth[1], /FitVisible[1], /Reflow[1], /SinglePage[1], /OneColumn[1], /TwoColumns[1], /RotateCW[1], /RotateCCW[1], /ProofColors, /Overprint, /UseLocalFonts, /ShowGrid, /SnapToGrid
Anzeige → Probedruck	/ProofCustom, /ProofInkBlack, /ProofPaperWhite
Fenster	/Cascade[1], /CloseAll[1], /ShowHideMenuBar[1], /ShowHideClipboard[1], /ShowHideArticles[1], /ShowHideFields, /ShowHideInfo, /ShowHideAnnotManager, /ShowHideBookmarks[1], /ShowHideThumbnails[1], /ShowHideTags, /ShowHideSignatures, /ShowHideDestinations
Fenster → Anordnen	/TileHorizontal[1], /TileVertical[1]
Fenster → Werkzeugleisten	/ShowHideAdobe &Online[1,2,4], /ShowHide&Anzeigen[1,3,4], /ShowHide&Basiswerkzeuge[1,3,4], /ShowHideBea&rbeiten[3,4], /ShowHide&Datei[1,3,4], /ShowHide&Kommentieren[3,4], /ShowHide&Navigation[1,3,4], /ShowHide&Verlauf anzeigen[1,2,3,4], /ShowHideToolBar[1]
Hilfe	/HelpUserGuide[1], /TopIssues, /AdobeOnline, /Registration, /AcroForm:FormsJSGuide, /About, /AboutAdobeExtensions, /HelpReader (nur Acrobat Reader)
Lesezeichenpalette	/NewBookmark, /NewBookmarksFromStructure, /FindCurrentBookmark[1], /BookmarkShowLocation[1], /MinimizeBookmarks[1]
Piktogrammpalette	/CreateAllThumbs, /DeleteAllThumbs, /SmallThumbs[1], /LargeThumbs[1]
Artikelpalette	/MinimizeArticles
Zielepalette	/NewDestination, /LoadDestination
Infopalette	/Points, /Inches, /Millimeters

1. Auch in Acrobat Reader verfügbar
2. Diese Einträge erfordern eine Sonderbehandlung wegen des im Namen enthaltenen Zeichens »/« bzw. des Leerzeichens mithilfe des PostScript-Operators cvn: (ShowHideAdobe &Online) cvn
3. Diese Einträge sind leider sprachabhängig, unterscheiden sich also zwischen deutscher und englischer Acrobat-Version. Die Tabelle enthält jeweils nur die deutschen Einträge.
4. Auf dem Mac entfällt das &-Zeichen.

11.7 Formularfelder mit pdfmarks

11.7.1 Anlegen von Formularfeldern.
Acrobat bietet mit dem Formularwerkzeug umfangreiche Möglichkeiten zur Definition von Formularfeldern, die in Abschnitt 9.1 »Erstellen von Formularen«, Seite 379, ausführlich behandelt werden. Das Anlegen von Feldern ist ein umständlicher und aufwendiger Prozess, für den sich die Optimierung durch pdfmarks anbietet. Allerdings sind die PDF-Datenstrukturen für Formularfelder sehr komplex, was sich auch auf die pdfmarks auswirkt. Für die Beschreibung habe ich versucht, die wichtigsten pdfmark-Optionen für Formularfelder so in Beispiele und Tabellen zu gliedern, dass sich die meisten Anwendungen ohne stundenlanges Studium der PDF-Referenz erstellen lassen.

Um Größe und Position der Felder leicht ändern zu können, empfiehlt sich zur Einbettung für Formular-pdfmarks in den PostScript-Code die EPS-Technik (oder PostScript-Rahmen, falls Sie mit FrameMaker arbeiten).

Prolog für Formular-pdfmarks. Ganz wichtig ist die Vorbereitung der Formular-Anweisungen durch eine längere pdfmark-Sequenz, die die nötigen Datenstrukturen für den Einsatz von Feldern aufbaut. Diese Sequenz ist hier nicht abgedruckt, sondern befindet sich in der Datei *acroforms.eps* auf der Webseite zum Buch. Diese Hilfsdatei muss allen Formular-pdfmarks vorangestellt werden, sonst funktionieren sie nicht! Dazu eignen sich die meisten der in Abschnitt 11.2.2 »Einbetten von pdfmarks«, Seite 467, erläuterten Verfahren, allerdings nicht das Startup-Verzeichnis von Acrobat Distiller! Binden Sie also den Inhalt von *acroforms.eps* zum Beispiel als EPS-Datei ein, bevor Sie Formular-pdfmarks verwenden. Ein Distiller-Prolog oder die *#include*-Anweisung von FrameMaker eignen sich ebenfalls. Als Erinnerung meldet sich der Prolog mit einer Meldung im Protokollfenster von Distiller:

```
Loading acroforms.eps prolog for forms pdfmarks... done
```

Wenn diese Meldung nicht erscheint, weil der Formularprolog fehlt, funktionieren die pdfmarks für Formularfelder nicht oder nicht zuverlässig! Außerdem ist beim Einsatz dieses Prologs zu beachten, dass die so genannte *Appearance*, also das Aussehen der Formularfelder, erst beim Einlesen der PDF-Datei von Acrobat selbst erzeugt wird. Daher müssen Sie die Datei nach dem Destillieren in Acrobat öffnen und wieder abspeichern. Dabei müssen Sie mit dem Formularwerkzeug keine Änderungen mehr durchführen. Acrobat fügt dann die benötigten Datenstrukturen hinzu.

Einstellungen für alle Feldtypen. Tabelle 11.29 enthält die wichtigsten Schlüssel, die bei allen Feldtypen erscheinen können. Weitere Schlüssel, die nur für bestimmte Feldtypen definiert sind, folgen jeweils in den Tabellen nach den Beispielen.

PDF stellt viele Formularfeldoptionen durch so genannte Flags dar. Das sind Zahlenwerte, bei denen jedes Bit für eine bestimmte Feldeigenschaft steht, die ein- oder ausgeschaltet werden kann. Um Ihnen den lästigen Umgang mit Hex- oder Binärzahlen und Bitpositionen zu ersparen, habe ich alle Zahlen bereits in Dezimalwerte umgerechnet. Um mehrere Eigenschaften zu kombinieren, müssen Sie die in den Tabellen angegeben Zahlenwerte addieren und in die pdfmark-Anweisung eintragen. Dabei kombinieren Sie bei Bedarf die allgemeinen Flags *(/Ff)* aus Tabelle 11.29 mit den */Ff*-Flags aus den Tabellen in den Beschreibungen der einzelnen Feldtypen unten.

Tabelle 11.29 Mögliche Schlüssel für Formularfelder bei /ANN mit Subtype /Widget

Schlüssel	Bedeutung
/Rect[1]	Array mit vier Zahlen, die das Rechteck für das Feld festlegen
/C	Array mit drei RGB-Werten für die Hintergrundfarbe des Felds
/FT[1]	(field type) Schlüssel, der den Feldtyp beschreibt. Mögliche Werte: /Tx (text): Textfeld /Ch (choice): Listenfeld oder Kombinationsfeld /Btn (button): Kontrollkästchen, Optionsfeld oder Schaltfläche /Sig (signature): Unterschriftsfeld
/T	(title) Name des Felds
/TU	(user name) Kurzbeschreibung des Felds
/V	(value) Aktueller Wert des Felds
/DV	(default value) Standardwert zum Rücksetzen des Felds
/AA	(additional action) Vorgänge, die durch bestimmte Auslöser aktiviert werden
/F	(flags) Kodiert durch Addition verschiedene Feldeigenschaften (Vorgabewert ist 0): 2 (hidden): Das Feld ist unsichtbar. 4 (print): Das Feld wird beim Ausdruck mit berücksichtigt.
/Ff	(form flags) Kodiert durch Addition weitere Feldeigenschaften (Vorgabewert ist 0): 1 (readonly): Feld kann vom Benutzer nicht verändert werden. 2 (required): Feld muss beim Absenden des Formulars belegt sein. 4 (noexport): Feld wird beim Absenden ignoriert. 2097152 (multiple selection): Feld erlaubt Mehrfachauswahl (Acrobat 5).
/AP	(appearance) Dictionary mit mehreren Darstellungsvarianten des Felds, die jeweils durch ein Dictionary und einen der folgenden Schlüssel beschrieben werden (wird hier nicht weiter behandelt): /N (normal): Normale Darstellung /R (rollover): Darstellung bei Mauszeiger im Feld /D (down): Darstellung bei Aktivierung durch den Benutzer
/AS	(appearance state) Schlüssel zur Auswahl einer der Darstellungsvarianten im /AP-Dictionary
/MK	(appearance characteristics) Dictionary zur genaueren Beschreibung der Darstellung des Felds (siehe Tabelle 11.30)
/DA	(default appearance) Dieser String enthält Angaben zur Auswahl von Schriftart und Farbe (siehe unten).

1. Dieser Schlüssel muss angegeben werden.

Dazu ein Beispiel: Um ein mehrzeiliges Textfeld anzulegen, das vor dem Absenden des Formulars ausgefüllt werden muss, ermitteln Sie aus Tabelle 11.29 den /Ff-Wert *required* (2) und aus Tabelle 11.31 den /Ff-Wert *multiline* (4096) und addieren die gefundenen Zahlen. Daraus ergibt sich folgende Zeile in der zugehörigen pdfmark-Anweisung:

/Ff 4098

Für alle Feldtypen lassen sich Darstellungseigenschaften wie Umrandungs- und Hintergrundfarbe festlegen. Tabelle 11.30 enthält die Schlüssel für die Einträge im /MK-Dictionary, das die Darstellungseigenschaften eines Felds beschreibt.

Tabelle 11.30   Schlüssel für das /MK-Dictionary mit Darstellungseigenschaften eines Felds

Schlüssel	Bedeutung
/R	(rotation) Drehung des Felds um ein Vielfaches von 90 Grad
/BC	(border color) Array mit der Farbe der Feldumrandung. Kein Wert bedeutet transparent, ein Wert bezeichnet einen Grauwert, drei Werte bedeuten RGB-Werte und vier Werte sind CYMK-Werte.
/BG	(background color) Array mit der Farbe des Feldhintergrunds (siehe /BC)
/CA	(normal caption) Feldtext bei keiner Benutzerinteraktion
/RC	(rollover caption) Feldtext bei Mauszeiger im Feld
/AC	(alternate caption) Feldtext bei gedrückter Maustaste

Schriftart und Farbe können im /DA-String festgelegt werden. Er enthält PDF-Operatoren mit Angaben zu Schriftart, -größe und -farbe. Die Zeile

/DA (/TiBo 20 Tf 0.5 g)

in einer pdfmark-Anweisung für ein Textfeld stellt die Schriftart Times-Bold in 20 Punkt und 50 Prozent grau ein. Verwenden Sie folgende Abkürzungen (nicht die vollen Namen!) für die 14 Standardschriften von PDF in den Ausprägungen normal, fett, kursiv und fett-kursiv:

```
Cour, CoBo, CoOb, CoBO        % Courier
Helv, HeBo, HeOb, HeBO        % Helvetica
TiRo, TiBo, TiIt, TiBI        % Times
ZaDb                          % ZapfDingbats
Symb                          % Symbol
```

Die Verwendung anderer Schriftarten ist zwar mit Acrobat 5 möglich, durch pdfmarks aber nicht einfach zu erreichen. Für farbigen Text ersetzen Sie die Anweisung *0.5 g* durch eine RGB-Anweisung mit drei Farbwerten. Folgende Zeile liefert blaue Helvetica-Schrift:

/DA (/Helv 0 Tf 0 0 1 rg)

Die Kürzel in diesem String sind dabei PDF-Operatoren. Der Wert 0 für die Schriftgröße bedeutet, dass Acrobat den Wert automatisch abhängig von der Feldgröße bestimmt.

Textfeld. Ein Textfeld bildet einen ein- oder mehrzeiligen Bereich für Benutzereingaben. Dabei lassen sich Eigenschaften wie Farbe, Formatierung, und maximale Länge der Eingabe festlegen. Die folgende Anweisung definiert ein Textfeld mit zentriertem Text:

```
[   /T (Textfeld)
    /Subtype /Widget
    /FT /Tx
    /Rect [ 70 600 210 625 ]
    /Q  1                            % zentriert
    /BS << /S /S /W 3 >>             % durchgehende Linie der Stärke 3
    /TU (Bitte Namen eingeben)       % Kurzbeschreibung
    /DV (Dieter Gust)                % Vorgabewert
    /F 4                             % Feld wird gedruckt
    /MK << /BC [ 0 ] >>              % schwarze Umrandung
/ANN pdfmark
```

Tabelle 11.31 enthält zusätzliche Schlüssel für Textfelder.

Tabelle 11.31 Zusätzliche Schlüssel für Textfelder

Schlüssel	Bedeutung
/Ff	(form flags) Kodiert durch Addition weitere Feldeigenschaften: 4096 (multiline): Das Feld kann mehrere Zeilen enthalten. 8192 (password): Die Eingabe wird durch Sternchen angedeutet. Die folgenden Werte funktionieren erst ab Acrobat 5: 1048576 (file select): Das Feld enthält einen Dateinamen, der über eine Auswahlbox abgefragt wird. 4194304 (DoNotSpellCheck): Rechtschreibprüfung deaktivieren 8388608 (DoNotScroll): Keine Rollbalken für die Texteingabe
/MaxLen	Maximale Länge des Felds in Zeichen
/Q	(quadding) Ausrichtung des Textes. Mögliche Werte: 0 linksbündig (Standardwert) 2 zentriert 2 rechtsbündig
/BS	(border style) Dictionary, das die Darstellung des Rands beschreibt: /W x Strichstärke in Punkt /S mögliche Werte: /S solide Linie, /B (beveled) abgerundet, /I (inset) 3D-Effekt, /U unterstrichen, /D (dashed) punktiert /D Array für punktierte Linien, z.B. [3 5]

Listenfeld. Ein Listenfeld *(list box)* dient zur Auswahl eines Elements aus einer Liste, die bei Bedarf Rollbalken erhält. Das Listenfeld kann mit einer beliebig langen Liste von Einträgen belegt werden. Die folgende Anweisung definiert ein Listenfeld mit drei Listeneinträgen *element1*, *element2* und *element3*. Bei Aktivierung exportieren sie die Werte *e1*, *e2* bzw. *e3*. Der voreingestellte Wert ist *e1*:

```
[   /T (Listenfeld)
    /Subtype /Widget
    /FT /Ch
    /Rect [ 70 600 210 625 ]
    /F 4                            % Feld wird gedruckt
    /DV (e1)                        % Vorgabewert
    /Opt [                          % Die Listeneinträge
        [ (e1)(element1)] [ (e2)(element2)] [ (e3)(element3)]
    ]
    /MK << /BC [ 0 ] >>             % schwarze Umrandung
/ANN pdfmark
```

Tabelle 11.32 enthält zusätzliche Schlüssel für Listenfelder.

Tabelle 11.32 Zusätzliche Schlüssel für Listenfelder

Schlüssel	Bedeutung
/Ff	(form flags) Kodiert durch Addition weitere Feldeigenschaften:
	524288 (sort): Die Einträge werden zur Bearbeitung mit dem Formularwerkzeug alphabetisch sortiert (nicht aber bei der Verwendung!).
	2097152 (multiple selection): Das Listenfeld erlaubt die gleichzeitige Auswahl mehrerer Einträge (Acrobat 5).
/Opt	(options) Array mit den verfügbaren Einträgen des Listenfelds. Jeder Eintrag besteht wiederum aus einem Array mit dem Exportwert und dem für den Benutzer sichtbaren Eintrag (beide als Strings).
/TI	(top index) Index der ersten angezeigten Option im /Opt-Array. Das erste Element hat den Index 0.

Kombinationsfeld. Ein Kombinationsfeld *(combo box)* funktioniert ähnlich wie das Listenfeld, gibt dem Benutzer aber zusätzlich die Möglichkeit, eigene Werte einzutippen (statt einen der vordefinierten Werte auszuwählen). Folgende Anweisung definiert ein Kombinationsfeld:

```
[   /T (Kombinationsfeld)
    /Subtype /Widget
    /FT /Ch
    /Rect [ 70 600 210 625 ]
    /Ff 393216                      % editierbares Kombinationsfeld
    /F 4                            % Feld wird gedruckt
    /DV (e1)                        % Vorgabewert
    /Opt [                          % Die Listeneinträge
        [ (e1)(element1)] [ (e2)(element2)] [ (e3)(element3)]
    ]
    /MK << /BC [ 0 ] >>             % schwarze Umrandung
/ANN pdfmark
```

Tabelle 11.33 enthält zusätzliche Schlüssel für Kombinationsfelder.

Tabelle 11.33 Zusätzliche Schlüssel für Kombinationsfelder

Schlüssel	Bedeutung
/Ff	(form flags) Kodiert durch Addition weitere Feldeigenschaften: 131072 (combo): Muss bei Kombinationsfeldern belegt sein. 262144 (edit): Der Feldeintrag ist editierbar. 524288 (sort): Die Einträge werden zur Bearbeitung mit dem Formularwerkzeug alphabetisch sortiert (nicht aber bei der Verwendung!). 4194304 (DoNotSpellCheck): Rechtschreibprüfung deaktivieren (Acrobat 5; nur für editierbare Felder)
/Opt	(options) Array mit den verfügbaren Optionen des Kombinationsfelds. Jeder Eintrag besteht wiederum aus einem Array mit dem Exportwert und dem für den Benutzer sichtbaren Eintrag (beide als Strings).
/TI	(top index) Index der ersten angezeigten Option im /Opt-Array. Das erste Element hat den Index 0.

Kontrollkästchen. Ein Kontrollkästchen *(check box)* schaltet zwischen zwei Zuständen *(On* und *Off)* um. Die folgende Anweisung legt ein Kontrollkästchen an:

```
[   /T (check box)
    /Subtype /Widget
    /FT /Btn
    /Rect [ 70 600 210 625 ]
    /F 4                              % Feld wird gedruckt
    /MK << /BC [ 0 ] >>               % schwarze Umrandung
/ANN pdfmark
```

Optionsfeld. Ein Optionsfeld *(radio button)* besteht aus einer Gruppe von Kontrollkästchen, von denen nie mehr als eines gleichzeitig selektiert ist. Die folgende Anweisung definiert ein Optionsfeld, das aus zwei Kontrollkästchen besteht. Der gemeinsame Name stellt eine Verbindung zwischen den beiden Kästchen her. Die möglichen Zeichen aus dem Font ZapfDingbats (Häkchen, Kreuz usw.) sehen Sie sich am besten in der Zeichentabelle von Windows an:

```
[   /T (radio button)
    /Subtype /Widget
    /FT /Btn
    /Rect [ 70 600 95 625 ]
    /F 4                              % Feld wird gedruckt
    /Ff 32768                         % Optionsfeld
    /$On /Wert1
    /MK <<
        /CA (4)                       % Häkchen in ZapfDingbats
        /BC [ 0 ]                     % schwarze Umrandung
    >>
/ANN pdfmark

[   /T (radio button)
    /Subtype /Widget
```

```
   /FT /Btn
   /Rect [ 170 600 195 625 ]
   /F 4                              % Feld wird gedruckt
   /Ff 32768                         % Optionsfeld
   /$On /Wert2
   /MK <<
       /CA (4)                       % Häkchen in ZapfDingbats
       /BC [ 0 ]                     % schwarze Umrandung
   >>
/ANN pdfmark
```

Tabelle 11.34 enthält zusätzliche Schlüssel für Optionsfelder.

Tabelle 11.34 Zusätzliche Schlüssel für Optionsfelder

Schlüssel	Bedeutung
/Ff	(form flags) Kodiert durch Addition weitere Feldeigenschaften: 32768 (radio): Muss bei Optionsfeldern belegt sein. 16384 (NoToggleToOff): Es muss immer ein Button aktiv sein (der aktive Button kann also nur durch Anklicken eines anderen deselektiert werden).
/$On	Exportwert des Felds

Schaltfläche. Eine Schaltfläche *(push button)* löst meist einen oder mehrere Vorgänge aus, behält aber keinen permanenten Wert bei. Die folgende Anweisung definiert eine Schaltfläche:

```
[  /T (Schaltfläche)
   /Subtype /Widget
   /FT /Btn
   /Rect [ 70 600 210 625 ]
   /F 4                              % Feld wird gedruckt
   /Ff 65540                         % Schaltfläche, nicht exportiert
   /MK <<
       /CA (Klick mich!)             % Beschriftung
       /BC [ 0 ]                     % schwarze Umrandung
   >>
/ANN pdfmark
```

Tabelle 11.35 enthält zusätzliche Schlüssel für Schaltflächen.

Tabelle 11.35 Zusätzliche Schlüssel für Schaltflächen

Schlüssel	Bedeutung
/Ff	(form flags) Kodiert durch Addition weitere Feldeigenschaften: 65536 (pushbutton): Muss bei Schaltflächen belegt sein.

Unterschriftsfeld. Ein Unterschriftsfeld *(signature field)* löst den Vorgang für digitale Signatur aus. Die folgende Anweisung definiert ein Unterschriftsfeld:

```
[  /T (Unterschrift)
```

```
           /Subtype /Widget
           /FT /Sig
           /Rect [ 70 600 210 625 ]
           /F 4                           % Feld wird gedruckt
           /MK << /BC [ 0 ] >>            % schwarze Umrandung
/ANN pdfmark
```

11.7.2 Vorgänge für Formularfelder.
Formularschaltflächen können (ebenso wie Verknüpfungen und Lesezeichen) die in Tabelle 11.19 aufgeführten Vorgänge auslösen. Dabei wird ein Vorgang *(action, /A)* mit einem geeigneten Typ *(Subtype, /S)* an eine Schaltfläche gebunden. Im Zusammenhang mit Formularen sind die Vorgänge Absenden von Formulardaten, Zurücksetzen eines Formulars auf die Standardwerte, Ein- und Ausblenden von Feldern und Importieren von Formulardaten von Interesse. Darüber hinaus spielen JavaScript-Vorgänge noch eine Rolle, die in Abschnitt 11.8 »JavaScript mit pdfmarks«, Seite 517, behandelt werden.

Absenden eines Formulars. Die Möglichkeit, den Inhalt von Formulardaten beim Anklicken einer Schaltfläche an einen vorher festgelegten URL zu senden, ist die Grundlage für die Auswertung von PDF-Formularen im Web. Der Inhalt des Formulars kann als FDF, XFDF oder HTML zum Server gesendet werden (siehe Abschnitt 9.5 »Formularverarbeitung auf dem Server«, Seite 405).

Die folgende Anweisung erstellt eine Schaltfläche, die die Formulardaten im FDF-Format an das angegebene Skript auf dem Server sendet:

```
[          /T (Submit)
           /Subtype /Widget
           /FT /Btn
           /Rect [ 70 600 210 625 ]
           /F 4                           % Feld wird gedruckt
           /Ff 65540                      % Schaltfläche, nicht exportiert
           /MK <<
               /CA (Absenden)             % Beschriftung
               /BC [ 0 ]                  % schwarze Umrandung
           >>
           /A <<                          % Vorgang: Absenden
               /S /SubmitForm
               /F << /FS /URL /F (http://www.pdflib.com)>>
           >>
/ANN pdfmark
```

Tabelle 11.36 enthält alle Schlüssel für */SubmitForm*.

Zurücksetzen eines Formulars auf die Standardwerte. Eine Schaltfläche zum Zurücksetzen eines Formulars bietet dem Benutzer die Möglichkeit, das Formular neu auszufüllen. Beim Zurücksetzen werden eventuell vordefinierte Standardwerte im Feld eingetragen, Felder ohne Standardwert bleiben leer. Die folgende Anweisung setzt alle Felder des Dokuments zurück:

Tabelle 11.36 Schlüssel im /A-Dictionary bei /SubmitForm

Schlüssel	Bedeutung
/S[1]	(Subtype) Für das Senden von Formulardaten immer /SubmitForm
/F[1]	(file) URL des Skripts, das die Daten auf dem Webserver verarbeitet
/Fields	Array mit den Namen der Felder (als Strings), deren Inhalt übertragen wird (bzw. nicht übertragen wird, falls das Exclude-Flag gesetzt ist)
/Flags	Kodiert durch Addition Eigenschaften der Absendung (Voreinstellung ist 0): 1 (exclude): Die in /Fields aufgeführten Felder werden nicht übertragen. 2 (includenovaluefields): Felder ohne Wert werden ebenfalls übertragen. 4 (exportformat): Übertragung im HTML-Format (Voreinstellung: FDF) 8 (getmethod): Übertragung mit einem GET-Request (Vorgabewert: POST). Darf nur bei gesetztem Flag exportformat belegt werden. 16 (submitcoordinates): Die Koordinaten des Mausklicks werden mit übertragen. Darf nur bei gesetztem Flag exportformat belegt werden. Die folgenden Werte funktionieren erst ab Acrobat 5: 32 (xml): Übertragung im XML-Format 64 (IncludeAppendSaves): FDF enthält nur die Updates der PDF-Datei. 128 (IncludeAnnotations): FDF enthält die Anmerkungen aus der PDF-Datei. 256 (SubmitPDF): Übertragung der PDF-Datei 512 (CanonicalFormat): Datumsfelder in Standardformat umwandeln 1024 (ExclNonUserAnnots): Anmerkungen anderer Benutzer ignorieren 2048 (ExclFKey): FDF-Datei ohne /F-Schlüssel senden

1. Dieser Schlüssel muss angegeben werden.

```
[   /T (Reset)
    /Subtype /Widget
    /FT /Btn
    /Rect [ 70 600 210 625 ]
    /F 4                        % Feld wird gedruckt
    /Ff 65540                   % Schaltfläche, nicht exportiert
    /MK <<
        /CA (Zurücksetzen)      % Beschriftung
        /BC [ 0 ]               % schwarze Umrandung
    >>
    /A << /S /ResetForm >>      % Vorgang: Zurücksetzen
/ANN pdfmark
```

Tabelle 11.37 enthält alle Schlüssel für */ResetForm*.

Tabelle 11.37 Schlüssel im /A-Dictionary bei /ResetForm

Schlüssel	Bedeutung
/S[1]	(Subtype) Für das Rücksenden von Formulardaten immer /ResetForm
/Fields	Array mit den Namen der Felder (als Strings), deren Inhalt zurückgesetzt wird (bzw. nicht zurückgesetzt wird, falls das Exclude-Flag gesetzt ist)
/Flags	0 (include): Die in /Fields aufgeführten Felder werden zurückgesetzt. 1 (exclude): Die in /Fields aufgeführten Felder werden nicht zurückgesetzt.

1. Dieser Schlüssel muss angegeben werden.

Ein- und Ausblenden von Feldern. Das Ein- und Ausblenden von Feldern ist ein nützliches Hilfsmittel für die Implementierung von Hilfefunktionen und ähnlichen interaktiven Elementen in PDF. Das ein- oder auszublendende Feld wird über seinen Namen identifiziert.

Die folgende Anweisung blendet den Inhalt des Felds *Hilfetext* aus:

```
[    /T (Hide)
     /Subtype /Widget
     /FT /Btn
     /Rect [ 70 600 210 625 ]
     /F 4                              % Feld wird gedruckt
     /Ff 65540                         % Schaltfläche, nicht exportiert
     /MK <<
          /CA (Ausblenden)             % Beschriftung
          /BC [ 0 ]                    % schwarze Umrandung
     >>
     /A <<                             % Vorgang: Ausblenden
          /S /Hide /T (Hilfetext) /H true
     >>
/ANN pdfmark
```

Tabelle 11.38 enthält alle Schlüssel für */Hide*.

Tabelle 11.38 Schlüssel im /A-Dictionary bei /Hide

Schlüssel	Bedeutung
/S[1]	(Subtype) Für das Ein-/Ausblenden von Feldern immer /Hide
/T[1]	Feldname eines Formularfelds oder Array mit mehreren Namen von Feldern, die ein- oder ausgeblendet werden sollen
/H (Hide)	»true« bedeutet Ausblenden, »false« bedeutet Einblenden des Felds oder der Felder. Fehlt dieser Schlüssel, gilt »true« als Standardeinstellung.

1. Dieser Schlüssel muss angegeben werden.

Importieren von Formulardaten. Das Importieren von Formularinhalten aus einer Datei erleichtert das mehrfache Ausfüllen ähnlicher Formulare. Der Ersteller eines Formulars kann den Import von Formulardaten aus einer Datei durch eine eigene Import-Schaltfläche erleichtern.

Die folgende Anweisung definiert ein Rechteck für den Import aller Formularfelder aus der FDF-Datei mit dem Namen *myprof.fdf*:

```
[    /T (Import)
     /Subtype /Widget
     /FT /Btn
     /Rect [ 70 600 210 625 ]
     /F 4                              % Feld wird gedruckt
     /Ff 65540                         % Schaltfläche, nicht exportiert
     /MK <<
          /CA (FDF importieren)        % Beschriftung
          /BC [ 0 ]                    % schwarze Umrandung
     >>
```

```
        /A <<                            % Vorgang: Importieren
            /S /ImportData /F (myprof.fdf)
        >>
/ANN pdfmark
```

Tabelle 11.39 enthält alle Schlüssel für */ImportData*.

Tabelle 11.39 Schlüssel im /A-Dictionary bei /ImportData

Schlüssel	Bedeutung
/S[1]	(Subtype) Für das Importieren von Formulardaten immer /ImportData
/F[1]	(file) Name der Datei, aus der die Formulardaten importiert werden sollen

1. Dieser Schlüssel muss angegeben werden.

11.8 JavaScript mit pdfmarks

Mit Acrobat lassen sich JavaScript-Anweisungen in ein Dokument einbinden, die durch verschiedene Auslöser wie zum Beispiel dem Anklicken eines Verweises, dem Öffnen der PDF-Datei oder dem Ausfüllen von Formularfeldern ausgeführt werden. Weitere Hinweise zur Einbindung von JavaScript in PDF finden Sie in Kapitel 10 »JavaScript in Acrobat«.

Schreibweisen für JavaScript-Code. Meist wird JavaScript-Code in pdfmark-Anweisungen in Strings dargestellt. Daher sind die Hinweise für Strings in Abschnitt 11.2 »Hinweise zum Einsatz von pdfmarks«, Seite 465, zu beachten. Insbesondere müssen die Zeichen (,) und \ mit dem Gegenschrägstrich \ geschützt werden. Zeilenumbrüche in JavaScript werden durch die Kombination \r gekennzeichnet:

```
/JS (var valid = new String\("-0123456789"\);\rif
        \(valid.indexOf\(event.change\) == -1\)\r{\rapp.beep\(1\);\revent.rc
        = false;\r})
```

Bei längeren Code-Fragmenten ist diese Schreibweise sehr umständlich. In solchen Fällen können Sie den JavaScript-Code auch aus einer anderen Datei auslesen, wobei die Schrägstriche nicht mehr erforderlich sind. Diese *stream*-Technik können Sie in allen folgenden Beispielen anstelle der String-Schreibweise anwenden. Die Methode hat den Vorteil, dass der JavaScript-Code komprimiert in der PDF-Datei gespeichert wird. Das folgende Beispiel liest den JavaScript-Code aus der Datei *code.js* ein. Dabei dient der Vorgang */O* für *ThisPage* nur als Beispiel, die Technik funktioniert mit allen im Folgenden vorgestellten Auslösern:

```
[/_objdef {jsstream} /type /stream /OBJ pdfmark
[ {jsstream} (d:/tmp/code.js) (r) file /PUT pdfmark
[ {ThisPage} << /AA <<
    /O << /S /JavaScript /JS {jsstream} >>
>> >> /PUT pdfmark
```

Statt *jsstream* können Sie einen beliebigen Namen für den Datenstrom wählen. Wenn Sie auf diese Art mehrere JavaScript-Fragmente nutzen wollen, müssen Sie den zugehörigen Streams jeweils eindeutige Namen geben. Mithilfe eines weiteren PostScript-Tricks können Sie den JavaScript-Code auch direkt in der PostScript-Datei angeben, ohne Strings zu verwenden. Verwenden Sie dazu folgenden Code als Vorlage:

```
[/_objdef {jsstream} /type /stream /OBJ pdfmark
[ {jsstream} currentfile 0 (%%EndJavaScript) /SubFileDecode filter
/PUT pdfmark
app.alert("Seite betreten");
// ...beliebig viel weiterer JavaScript-Code...
%%EndJavaScript
[ {ThisPage} << /AA <<
    /O << /S /JavaScript /JS {jsstream} >>
>> >>
/PUT pdfmark
```

Dabei können Sie beliebig viel JavaScript-Code zwischen die Zeilen */PUT pdfmark* und *%%EndJavaScript* schreiben, ohne dass dabei Gegenschrägstriche vor Klammern erforderlich sind.

JavaScript in Verknüpfungen. Die folgende Anweisung definiert JavaScript-Code, der bei Aktivierung eines Links ausgeführt wird:

```
[   /Rect [ 400 400 500 450 ]
    /Action << /Subtype /JavaScript /JS (...JavaScript...) >>
    /Subtype /Link
/ANN pdfmark
```

JavaScript in Formularfeldern. Für den Einsatz in Formularen kann man JavaScript-Anweisungen festlegen, die beim Ausfüllen der Felder ausgeführt werden. Die folgende Anweisung definiert ein Texteingabefeld mit zusätzlichen JavaScript-Anweisungen, die zum Berechnen von Feldwerten, Überprüfen und Formatieren der Eingabe sowie bei jedem eingetippten Zeichen aufgerufen werden:

```
[   /T (Textfeld)
    /Subtype /Widget
    /FT /Tx
    /Rect [ 70 600 210 625 ]
    /F 4
    /Ff 65540
    /AA <<
        /C << /S /JavaScript /JS (...JavaScript...) >>  % calculate
        /V << /S /JavaScript /JS (...JavaScript...) >>  % validate
        /F << /S /JavaScript /JS (...JavaScript...) >>  % format
        /K << /S /JavaScript /JS (...JavaScript...) >>  % keystroke
    >>
    /MK << /BC [ 0 ] >>                                 % schwarze Umrandung
/ANN pdfmark
```

Das häufige Event *Drücken der Maustaste (/D)* funktioniert in Acrobat 5 analog, erfordert jedoch in Acrobat 4 eine Sonderbehandlung. Aus Kompatibilitätsgründen brauchen Sie hier eine etwas andere Anweisungsfolge:

```
/ANN pdfmark
[   /T (button)
    /Subtype /Widget
    /FT /Btn
    /Rect [50 50 150 200 ]
    /MK << /BC [ 0 ] >>
    /A << /S /JavaScript /JS (...JavaScript...) >>
/ANN pdfmark
```

Tabelle 11.40 enthält Schlüssel für die verschiedenen Auslöser, an die man Vorgänge, zum Beispiel die Ausführung von JavaScript-Code, binden kann.

Tabelle 11.40 Schlüssel für die Auslöser der Vorgänge bei /AA

Schlüssel	Bedeutung
/K	(keystroke) Der Vorgang wird bei jedem Tastendruck zur Überprüfung der Eingabe auf zulässige Zeichen aufgerufen.
/F	(format) Der Vorgang wird zur Formatierung der Eingabe aufgerufen.
/V	(validate) Der Vorgang wird beim Verlassen des Felds zur Überprüfung auf zulässige Eingabe aufgerufen.
/C	(calculate) Der Vorgang wird beim Verlassen des Felds zur Berechnung davon abhängiger Feldinhalte aufgerufen (siehe Beispiel).
/D	(down) Der Vorgang wird beim Drücken der Maustaste innerhalb des Felds ausgelöst. Dies funktioniert jedoch nur in Acrobat 5 und muss für Acrobat 4 anders behandelt werden (siehe Beispiel).
/E	(enter) Der Vorgang wird ausgeführt, wenn der Mauszeiger das Feld betritt.
/X	(exit) Der Vorgang wird ausgeführt, wenn der Mauszeiger das Feld verlässt.
/U	(up) Der Vorgang wird ausgeführt, wenn die Maustaste innerhalb des Felds losgelassen wird.
/Fo	(focus) Der Vorgang wird ausgeführt, wenn das Feld aktiviert wird.
/Bl	(blur) Der Vorgang wird ausgeführt, wenn das Feld deaktiviert wird.

Feldberechnungen mit JavaScript.   Tabelle 11.40 enthält den Schlüssel /C, der für das *Calculate*-Ereignis steht, also das Berechnen des Feldinhalts durch JavaScript. Um mittels pdfmark Felder zu definieren, deren Inhalt berechnet wird, sind allerdings noch einige Zusatzanweisungen erforderlich. Die folgende Anweisung legt zwei Eingabefelder sowie ein drittes Feld an, dessen Inhalt als Summe der ersten beiden Felder berechnet wird:

```
[ /_objdef {COarray} /type /array /OBJ pdfmark
[ {aform} << /CO {COarray} >> /PUT pdfmark
[   /Subtype /Widget
    /Rect [50 550 100 600]
    /MK << /BC [ 0 0 0 ] >>      % schwarze Umrandung
```

```
        /T (value1)
        /F 4
        /DA (/Helv 12 Tf 0 g)
        /FT /Tx                     % Textfeld
        /Ff 4096                    % Textfeld
        /AA <<
        /K << /S /JavaScript /JS (AFNumber_Keystroke\(2, 0, 0, 0, "",true\);) >>
        /F << /S /JavaScript /JS (AFNumber_Format\(2, 0, 0, 0, "", true\);) >>
        >>
    /ANN pdfmark
    [   /Subtype /Widget
        /Rect [50 450 100 500]
        /MK << /BC [ 0 0 0 ] >>     % schwarze Umrandung
        /DA (/Helv 12 Tf 0 g)
        /T (value2)
        /F 4
        /FT /Tx                     % Textfeld
        /Ff 4096                    % Textfeld
        /AA <<
        /K << /S /JavaScript /JS (AFNumber_Keystroke\(2, 0, 0, 0, "",true\);) >>
        /F << /S /JavaScript /JS (AFNumber_Format\(2, 0, 0, 0, "", true\);) >>
        >>
    /ANN pdfmark
    [   /_objdef {field3}
        /Subtype /Widget
        /Rect [50 350 100 400]
        /MK << /BC [ 1 0 0 ] >>     % rote Umrandung
        /DA (/Helv 12 Tf 0 g)
        /T (total)
        /F 1
        /FT /Tx                     % Textfeld
        /Ff 4096                    % Textfeld
        /AA <<
        /K << /S /JavaScript /JS (AFNumber_Keystroke\(2, 0, 0, 0,"", true\);) >>
        /F << /S /JavaScript /JS (AFNumber_Format\(2, 0, 0, 0, "", true\);) >>
        /C << /S /JavaScript /JS
             (AFSimple_Calculate\("SUM", new Array \("value1", "value2"\)\);) >>
        >>
    /ANN pdfmark
    [ {COarray} 0 [ {field3} ] ] /PUTINTERVAL pdfmark
```

Die letzte Zeile legt zugleich die Berechnungsreihenfolge bei mehreren Feldern fest. Enthält das Formular mehrere Felder mit berechneten Werten, so müssen Sie diese alle im Array aufführen, und zwar in der Reihenfolge, in der sie berechnet werden sollen, zum Beispiel:

```
[ {COarray} 0 [ {field3} {field4} {field5} ] ] /PUTINTERVAL pdfmark
```

Die benutzten JavaScript-Routinen gehören zu den Standardfunktionen von Acrobat, die in der Datei *aforms.js* im JavaScripts-Ordner von Acrobat definiert sind. Für die Berechnungsarten Summe, Produkt, Minimum, Maximum und Durchschnitt verwenden Sie als erstes Argument der Funktion *AFSimple_Calculate* die Kürzel *SUM, PRD, MIN, MAX, AVG*.

JavaScript auf Seitenebene. Die folgende Anweisung definiert zwei Java-Script-Fragmente, die jeweils beim Öffnen bzw. Schließen der aktuellen Seite ausgeführt werden:

```
[ {ThisPage} << /AA <<
    /O << /S /JavaScript /JS (console.println\("Seite betreten"\);) >>
    /C << /S /JavaScript /JS (console.println\("Seite verlassen"\);) >>
>> >>
/PUT pdfmark
```

JavaScript auf Dokumentebene. Acrobat 5 führte mehrere neue Auslöser für JavaScript-Code auf Dokumentebene ein. Die folgende Anweisung legt Anweisungen fest, die vor bzw. nach dem Drucken des Dokuments ausgeführt werden:

```
[ {Catalog} << /AA <<
    /WP << /S /JavaScript /JS (console.println\("Ausdruck gestartet"\);) >>
    /DP << /S /JavaScript /JS (console.println\("Ausdruck beendet"\);) >>
>> >> /PUT pdfmark
```

Tabelle 11.41 enthält Schlüssel für die verschiedenen Auslöser auf Dokumentebene. Der Vorgangstyp muss dabei immer JavaScript sein.

Tabelle 11.41 Schlüssel für die Auslöser der Vorgänge bei /AA

Schlüssel	Bedeutung
/WC	*(will close) Anweisungen werden vor dem Schließen des Dokuments ausgeführt.*
/WS	*(will save) Anweisungen werden vor dem Sichern des Dokuments ausgeführt.*
/DS	*(did save) Anweisungen werden nach dem Sichern des Dokuments ausgeführt.*
/WP	*(will print) Anweisungen werden vor dem Drucken des Dokuments ausgeführt.*
/DP	*(did print) Anweisungen werden nach dem Drucken des Dokuments ausgeführt.*

11.9 Tagged PDF mit pdfmarks

Mit pdfmark-Anweisungen lassen sich auch alle Eigenschaften ausdrücken, die für die logische Struktur in PDF erforderlich sind, welche wiederum eine Voraussetzung für Tagged PDF darstellt. Da dieses Thema sehr komplex ist, lassen sich auch pdfmarks zur Erzeugung von Strukturinformation in PDF nicht in derselben straffen Form darstellen wie die übrigen hier beschriebenen pdfmark-Anweisungen. Aus diesem Grund möchte ich das Thema hier nicht weiter vertiefen. Wenn Sie sich an dieses Thema heranwagen wollen, sollten Sie sich gründlich mit den am Anfang des Kapitels erwähnten Informationsquellen befassen. Das *pdfmark Reference Manual* enthält eine Beschreibung der nötigen pdfmarks sowie ein Beispiel zur Erzeugung von Tagged PDF.

12 Das Dateiformat PDF

In diesem Kapitel möchte ich die 800 Seiten der PDF-Referenz zusammenfassen und einen Überblick über die innere Organisation von PDF-Dateien geben. Wenn Sie neugierig genug sind, um sich den Inhalt einer PDF-Datei im Texteditor anzusehen, können Ihnen die folgenden Informationen weiterhelfen. Dabei geht es hier nur um den Aufbau des Dateiformats an sich; weitere Details, etwa Fontformate oder Colormanagement, werden an anderen Stellen des Buches behandelt. Wenn Sie sich weniger für technische Einzelheiten interessieren, können Sie das Kapitel getrost überspringen.

Dieses Kapitel bezieht sich auf PDF 1.4, also das Dateiformat der Acrobat-Version 5. Bei wichtigen Erweiterungen ist jeweils die PDF-Versionsnummer angegeben, in der sie eingeführt wurden. Tabelle 12.1 stellt die Versionsnummern von Acrobat und PDF einander gegenüber und enthält den jeweiligen Zeitpunkt der Veröffentlichung der Dateiformatreferenz. Bei Versionen, deren Spezifikation in Buchform veröffentlicht wurde, ist jeweils die ISBN-Nummer angegeben. Die aktuellste Fassung ist auf dem Webserver von Adobe erhältlich.

Tabelle 12.1 PDF- und Acrobat-Versionsnummern

Versionsnummer	Zeitpunkt der Veröffentlichung
PDF 1.0 / Acrobat 1.0	als Buch 6/1993 (ISBN 0-201-62628-4)
PDF 1.1 / Acrobat 2.0	online 12/1994
PDF 1.2 / Acrobat 3.0	online 11/1996
PDF 1.3 / Acrobat 4.0	online 3/1999, als Buch 07/2000 (ISBN 0-201-61588-6)
PDF 1.4 / Acrobat 5.0	online 6/2001, als Buch 12/2001 (ISBN 0-201-75839-3)

12.1 Wie findet man sich in PDF-Dateien zurecht?

Wie wir sehen werden, ist die innere Struktur von PDF-Dateien ein komplexes Geflecht von Objekten. Wenn Sie eine PDF-Datei im Texteditor öffnen, haben Sie im Gegensatz zu PostScript nicht etwa eine lineare Folge von Anweisungen vor sich, die den Inhalt der Seiten beschreiben, sondern eine unübersichtlich wirkende Ansammlung unterschiedlichster Elemente. Mehrere Eigenschaften tragen zu diesem vermeintlichen Durcheinander bei:

- Wichtige Teile einer PDF-Datei sind komprimiert, weshalb ihr Inhalt nicht direkt lesbar ist.
- Die Reihenfolge der Bestandteile innerhalb der Datei hat nichts mit der Reihenfolge der Seiten zu tun oder der Anordnung des Inhalts auf einer Seite.
- Die Bestandteile einer PDF-Datei sind in komplexen Unterstrukturen organisiert. So sind die Seiten nicht etwa in einer Liste versammelt, sondern in einem komplexen Baum angeordnet.

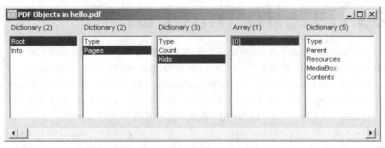

Abb. 12.1
Der Enfocus Browser zeigt die Objektstruktur einer PDF-Datei.

Um eine PDF-Datei leichter lesbar zu machen, können Sie einige dieser Stolpersteine unter Umständen selbst beseitigen: Beim Erzeugen von PDF können Sie zum Beispiel die ASCII-Kodierung ein- und die Kompression ausschalten, um alle Daten sehen zu können. Lange Dokumente, in denen Sie sich nur für eine Seite interessieren, werden viel übersichtlicher, wenn Sie in Acrobat erst alle überflüssigen Seiten löschen und das Dokument dann mittels *Speichern unter...* verkleinert auf die Festplatte schreiben. Wenn es Ihnen um die Untersuchung eines bestimmten Bestandteils einer Seite geht, können Sie mit dem TouchUp-Werkzeug von Acrobat andere Elemente löschen, um die Datei möglichst auf das Wesentliche zu reduzieren.

Die Suche nach der Beschreibung einer bestimmten Seite oder einem anderen Objekt innerhalb der PDF-Datei ist etwas mühsam. Dabei spielen Objektnummern und Dateipositionen eine Rolle, die in den nächsten Abschnitten genauer erläutert werden.

Wenn Sie die Informationen dieses Kapitels an Beispielen nachvollziehen wollen, kann ich Ihnen als Hilfswerkzeug den Enfocus Browser sehr empfehlen. Dieses kostenlose Acrobat-Plugin für Mac und Windows dekomprimiert die Daten einer PDF-Datei, zeigt die meisten Objekttypen von PDF auf verständliche Art an (siehe Abbildung 12.1) und schirmt Sie vor technischen Details ab. Der Browser erfordert allerdings schon gewisse Vertrautheit mit der Anordnung der PDF-Datenstrukturen. Beachten Sie jedoch, dass der Enfocus Browser weder Binärdaten noch Unicode-Strings anzeigen kann. Sie finden dieses Plugin unter folgender Adresse:

http://www.enfocus.com/plugins.htm

Bei der Analyse defekter PDFs kann schließlich folgender Tipp helfen: Wenn sich Acrobat über eine fehlerhafte Datei beschwert *(Beim Öffnen dieses Dokuments ist ein Fehler aufgetreten)*, können Sie oft noch eine genauere Fehlermeldung aus Acrobat herauskitzeln. Wenn Sie in der Dialogbox mit der Fehlermeldung nämlich nicht einfach auf OK klicken, sondern zusätzlich die Strg-Taste drücken, gibt Acrobat häufig eine etwas genauere Beschreibung aus, etwa *Objektnamen nicht erkannt* oder *Dict-Objekt wurde erwartet*.

12.2 Dateistruktur von PDF

12.2.1 Versionsnummer. Jede PDF-Datei beginnt mit einer Zeile, die zum einen als Kennung für PDF-Dateien fungiert und zum anderen die PDF-Versionsnummer enthält, die der Datei zu Grunde liegt, zum Beispiel:

%PDF-1.4

Fehlt diese Zeile, so wird die Datei von Acrobat abgelehnt. Anhand der Versionsnummer kann Software zur Verarbeitung von PDF entscheiden, ob die Datei akzeptiert wird oder einer neueren PDF-Version entspricht als derjenigen, die während der Entwicklung dieser Software aktuell war. Acrobat versucht allerdings, auch neuere PDF-Dateien einzulesen. Erst wenn es tatsächlich auf Dateiinhalte stößt, die nicht verarbeitet werden können, wird die Datei abgelehnt.

Die Angabe der PDF-Versionsnummer in der ersten Zeile hat den Nachteil, dass ein Update der PDF-Datei die Versionsnummer nicht ändern kann, sondern die Datei komplett neu geschrieben werden muss (siehe Abschnitt 12.2.3 »Der Update-Mechanismus«, Seite 532). Daher kann die Versionsnummer seit PDF 1.4 auch unter dem Schlüsselwort */Version* im */Root*-Objekt enthalten sein (siehe nächsten Abschnitt).

12.2.2 Objekte in PDF. Eine PDF-Datei besteht aus einer strukturierten Ansammlung von Objekten. Die Objekte in einer PDF-Datei sind nummeriert und werden jeweils durch das Paar *obj ... endobj* geklammert, wobei vor *obj* noch die Objektnummer und die Generationsnummer stehen (siehe Abschnitt 12.2.3 »Der Update-Mechanismus«, Seite 532). Die Objekte müssen nicht nach aufsteigender Nummer sortiert sein, sondern können in beliebiger Reihenfolge in der PDF-Datei stehen. Objekte können vom Typ *boolean, number, string, name, array, dictionary, stream* oder *null* sein. Eine Beschreibung der ersten sechs Typen finden Sie in Abschnitt 11.2.4 »Datentypen und Koordinaten«, Seite 472, im pdfmark-Kapitel, da die gleichen Datentypen auch bei pdfmark-Anweisungen und PostScript zum Einsatz kommen. Ein Stream oder Datenstrom ist eine beliebig lange Folge von Bytes, die sozusagen in die PDF-Datei eingelagert wird. Streams enthalten zum Beispiel Seitenbeschreibungen (also die Operatoren zum Aufbau einer Seite), Bilddaten oder Fonts und können komprimiert sein. Streams beginnen mit einem Dictionary, das verschiedene Eigenschaften des Datenstroms beschreibt (etwa Länge und Kompressionsart). Darauf folgen die eigentlichen Daten zwischen den Schlüsselwörtern *stream* und *endstream*.

Um auf ein Objekt zu verweisen, kann man sich über die jeweilige Objektnummer darauf beziehen. In diesem Fall spricht man von einem indirekten Objekt, da das referenzierte Objekt nicht direkt an der Stelle eingefügt wird, an der es benötigt wird, sondern an einer anderen Stelle in der Datei. Ein Verweis besteht aus der Objektnummer des referenzierten Ob-

Abb. 12.2
Die Dateistruktur von PDF

Dateikennung von PDF	`%PDF-1.4` `%äãÏÒ`

	`5 0 obj`
	`<</Length 6 0 R`
	`>>`
	`stream`

Seitenbeschreibung	`BT`
	`/F0 24.5 Tf`
	`1 0 0 1 50 700 Tm`
	`24.5 TL`
	`(Hello, world!)Tj`
	`ET`
	`endstream`
	`endobj`

Länge der Seitenbeschreibung	`6 0 obj`
	`62`
	`endobj`

Seiten-Dictionary	`4 0 obj`
	`<</Type/Page`
	`/Parent 1 0 R`
	`/Resources 8 0 R`
	`/MediaBox[0 0 595 842]`
	`/Contents[5 0 R ]`
	`>>`
	`endobj`

Ressourcen	`8 0 obj`
	`<</ProcSet[/PDF/Text]`
	`/Font<</F0 7 0 R`
	`>>`
	`>>`
	`endobj`

Info-Dictionary	`3 0 obj`
	`<</Title (Hello, world \(ActiveX/VBS\)!)`
	`/Author (Thomas Merz)`
	`/CreationDate (D:20011024174159)`
	`/Producer (PDFlib 4.0.2 \(ActiveX/Win32\))`
	`>>`
	`endobj`

Font-Dictionary	`7 0 obj`
	`<</Type/Font`
	`/Subtype/Type1`
	`/FirstChar 0`
	`/LastChar 255`
	`/Widths[`
	` 500 500 500 500 500 500 500 500 500 500 500 500 500 500 500 500`
	` ...`
	` 512 557 525 525 525 525 525 590 526 543 543 543 543 458 533 458`
	`]`
	`/Encoding /WinAnsiEncoding`
	`/BaseFont /WarnockPro-Regular`
	`/FontDescriptor 9 0 R`
	`>>`
	`endobj`

Fontdeskriptor	`9 0 obj`
	`<</Type/FontDescriptor`
	`/Ascent 735`
	`/CapHeight 659`
	`/Descent -265`
	`/Flags 32`
	`/FontBBox[-177 -533 1474 950]`
	`/FontName/WarnockPro-Regular`
	`/ItalicAngle 0`
	`/StemV 87`
	`/XHeight 440`
	`>>`
	`endobj`

Seitenverwaltung	`1 0 obj`
	`<</Type/Pages`
	`/Count 1`
	`/Kids[4 0 R`
	`]>>`
	`endobj`

Root-Objekt	`2 0 obj`
	`<</Type/Catalog`
	`/Pages 1 0 R`
	`>>`
	`endobj`

Querverweistabelle	`xref`
	`0 10`
	`0000000000 65535 f`
	`0000001862 00000 n`
	`0000001916 00000 n`
	`0000000309 00000 n`
	`0000000146 00000 n`
	`0000000015 00000 n`
	`0000000128 00000 n`
	`0000000470 00000 n`
	`0000000249 00000 n`
	`0000001673 00000 n`

Trailer-Dictionary	`trailer`
	`<</Size 10`
	`/Info 3 0 R`
	`/Root 2 0 R`
	`/ID[<BB7FE75B9D6502AE858DC4EDD66F7FF0><BB7FE75B9D6502AE858DC4EDD66F7FF0>]`
	`>>`

Startposition der Querverweistabelle	`startxref`
	`1963`
	`%%EOF`

jekts, seiner Generationsnummer (die im einfachsten Fall immer den Wert 0 hat) sowie dem Buchstaben *R*. Im folgenden Beispiel enthält der Eintrag */Length* einen Verweis auf das Objekt mit der Nummer 6, das den eigentlichen Längeneintrag enthält:

```
5 0 obj
<<
/Length 6 0 R
>>
stream
...Daten...
endstream

endobj
6 0 obj
384
endobj
```

Indirekte Objekte haben beim Erstellen einer PDF-Datei große Vorteile, da man Informationen erst dann in die PDF-Datei schreiben kann, wenn sie tatsächlich bekannt sind. Im obigen Beispiel wird die Länge eines Streams erst dann geschrieben, nachdem der Stream selbst komplett ausgegeben wurde. Die Unterscheidung zwischen direkten und indirekten Objekten ist im Enfocus Browser nicht sichtbar, da dieser unabhängig von der Art des Eintrags gleich den jeweiligen Wert eines Objekts anzeigt.

Abbildung 12.2 zeigt einen Ausschnitt aus einer einseitigen PDF-Datei mit einigen typischen Objekten. Die einzelnen Objekte werden im weiteren Verlauf dieses Kapitels genauer behandelt.

Die Querverweistabelle. Acrobat könnte eine PDF-Datei linear von vorn bis hinten abarbeiten, um alle Objekte einzulesen. Ein solches Vorgehen wäre aber sehr ineffizient, da bei großen Dokumenten erst die gesamte Datei durchlaufen werden müsste, bevor auch nur eine einzige Seite angezeigt wird. Da die Objekte in beliebiger Reihenfolge in der Datei stehen können, kann man aber auch nicht einfach vom Anfang her Objekte einlesen und hoffen, möglichst bald alle Daten für die erste Seite zu erreichen. Aus diesem Grund gibt es am Ende der PDF-Datei die so genannte Querverweistabelle *(xref table)*, die nach dem Schlüsselwort *xref* beginnt. Sie enthält eine Liste aller Objekte mit der zugehörigen Startposition innerhalb der Datei als Dezimalzahl mit zehn Ziffern, zum Beispiel:

```
xref
0 10
0000000000 65535 f
0000001862 00000 n
0000001916 00000 n
0000000309 00000 n
0000000146 00000 n
0000000015 00000 n
```

```
0000000128 00000 n
0000000470 00000 n
0000000249 00000 n
0000001673 00000 n
trailer
<<
/Size 10
/Info 3 0 R
/Root 2 0 R
/ID [<BB7FE75B9D6502AE858DC4EDD66F7FF0><BB7FE75B9D6502AE858DC4EDD66F7FF0>]
>>
startxref
1963
%%EOF
```

In der ersten Spalte der Querverweistabelle steht die Dateiposition (in Bytes) des jeweiligen Objekts. Anhand dieser Tabelle kann Acrobat sehr schnell auf ein beliebiges Objekt zugreifen, ohne die gesamte Datei einlesen zu müssen. Beachten Sie, dass die Querverweistabelle im Enfocus Browser nicht sichtbar ist, da er direkten Zugriff auf die Objekte bietet.

Beim Umgang mit PDF-Dateien in einem Texteditor können Sie die Querverweistabelle weitgehend ignorieren. Stattdessen verfolgen Sie besser die Objektnummern. Um zu Objekt 37 zu gelangen, suchen Sie zum Beispiel nach folgendem Text:

```
37 0 obj
```

Um dagegen herauszufinden, an welchen Stellen Objekt 37 benutzt wird, suchen Sie nach den zugehörigen Referenzen:

```
37 0 R
```

Aus dem Aufbau der Querverweistabelle ergibt sich das einzige Limit der PDF-Architektur. Da die Einträge in der Querverweistabelle mit zehn Dezimalziffern dargestellt werden, ist die gesamte Dateilänge auf 10^{10} Bytes (ca. 9,3 Gigabyte) beschränkt. Auf vielen aktuellen Betriebssystemen liegt der Grenzwert für die Größe einer einzelnen Datei allerdings ohnehin bei nur zwei oder vier Gigabyte.

Die Querverweistabelle mit den Startpositionen (Offsets) aller Objekte ist der Grund dafür, weshalb man in einer PDF-Datei nicht einfach Zeichen löschen oder einfügen darf. Ändert sich der Dateiinhalt auch nur um ein einziges Byte, stimmen die wichtigen Offsets nicht mehr. Acrobat beschwert sich in solchen Fällen mit der Meldung *Diese Datei ist beschädigt, wird aber repariert* und versucht, die Querverweistabelle neu aufzubauen. Dies gelingt aber nicht immer, denn der Erfolg dieser Maßnahme hängt vom Inhalt der Datei ab.

Die Objekthierarchie. Die Objekte werden zwar in beliebiger Reihenfolge innerhalb einer PDF-Datei gespeichert, sie bilden jedoch vielfältige Datenstrukturen, die durch Verkettung und gegenseitige Verweise entstehen.

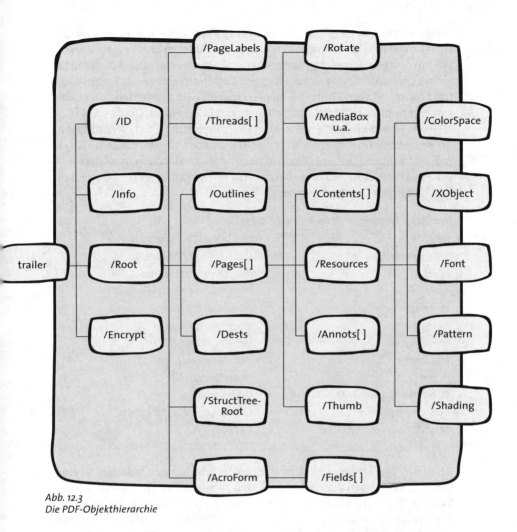

Abb. 12.3
Die PDF-Objekthierarchie

Um diese Datenstrukturen aufzubauen, liest Acrobat die Datei vom Ende her und findet ganz am Ende zwischen *startxref* und der Endemarke *%%EOF* *(end of file)* die Startposition der Querverweistabelle. Damit stehen die Startpositionen aller Objekte zur Verfügung. Zwischen *startxref* und der Querverweistabelle steht das so genannte Trailer-Dictionary. Es enthält im Schlüssel */Size* die Anzahl der Tabelleneinträge, im Schlüssel */Info* die Objektnummer des Dictionaries mit den Dokumentinfofeldern und im Schlüssel */Root* die Objektnummer eines Dictionaries, das den kompletten Inhalt des Dokuments beschreibt. Im Gegensatz zur Benennung ist streng genommen nicht */Root* die Wurzel des Objektbaums, sondern der Trailer.

Am */Root*-Objekt sind in einer Baumstruktur, die der hierarchischen Struktur eines Dateisystems ähnelt, diverse Datenstrukturen aufgehängt, die in verketteten Listen, Arrays und untergeordneten Bäumen sämtliche

Informationen eines PDF-Dokuments enthalten. Diese komplexen Datenstrukturen sind der Grund dafür, warum das Einlesen und Verarbeiten von PDF für Softwareentwickler wesentlich aufwendiger ist als bei anderen Dateiformaten. Abbildung 12.3 zeigt einen Ausschnitt aus dieser Baumstruktur, beginnend vom Trailer bis zu den einzelnen Bestandteilen einer Seite sowie verschiedenen Hypertextelementen als Seitenzweige.

Jedes Objekt einer PDF-Datei lässt sich durch einen Pfad identifizieren, der seine Position innerhalb des Objektbaums beschreibt. Mit dem Enfocus Browser können Sie diese Objekthierarchie weitgehend nachvollziehen. Tabelle 12.2 enthält für wichtige Bestandteile eines Dokuments den zugehörigen Pfad in der Objekthierarchie.

Tabelle 12.2 Beispiele für Pfade in der PDF-Objekthierarchie

Element	Pfad in der PDF-Objekthierarchie
Seitenbeschreibungen	/Root/Pages[ ]/Contents[ ]
Bilder	/Root/Pages[ ]/Resources/XObject[ ]
Fonts	/Root/Pages[ ]/Resources/Font[ ]
Kommentare	/Root/Pages[ ]/Annots[ ]
Piktogramme	/Root/Pages[ ]/Thumb
Formularfelder	/Root/AcroForms/Fields[ ]
Lesezeichen	/Root/Outlines[ ]
Artikel	/Root/Threads[ ]
Dokument-Metadaten gemäß XMP	/Root/Metadata
Dokumentinfofelder	/Info/Author, /Info/Title etc.
Verschlüsselungsinformation	/Encrypt

Bei dieser Objekthierarchie sind einige Vereinfachungen hilfreich. So sind die Beschreibungen der einzelnen Seiten zwar in einer untergeordneten Baumstruktur organisiert, wir können uns die Seitenbeschreibungen aber auch vereinfachend als Liste vorstellen, die alle Seiten in aufsteigender Reihenfolge enthält. Solche Vereinfachungen entsprechen dem tatsächlichen Aufbau einer PDF-Datei zwar nicht exakt, erleichtern aber konzeptionell die Betrachtung. In der Tabelle stehen eckige Klammern für Vereinfachungen der erwähnten Art, hinter denen sich ein Array, eine verkettete Liste oder eine komplexe Baumstruktur verbergen kann. Die Objekte für die Seiten eines Dokuments sind zum Beispiel in einem so genannten ausgeglichenen Baum angeordnet: Der */Pages*-Eintrag im */Root*-Dictionary enthält nicht einfach ein Array mit indirekten Objekten für alle Seiten, denn für den Zugriff auf eine bestimmte Seite im Dokument müsste man in diesem Fall das gesamte Array durchsuchen, was viel zu lange dauern würde. Stattdessen enthält der */Pages*-Eintrag zum Beispiel bei einem hundertseitigen Dokument nur zehn indirekte Objekte, die wiederum aus Arrays bestehen. Jedes dieser Arrays enthält nun zehn indirekte Seitenobjekte. Dank dieser

Konstruktion landet man beim Durchlaufen dieses Baums bereits nach zwei Schritten bei einer beliebigen Seite des Dokuments. Dokumente mit mehreren tausend Seiten, die statt einer Baumstruktur fälschlicherweise ein einziges Array enthalten, erzwingen in Acrobat mehrere Minuten Wartezeit beim Positionieren auf eine bestimmte Seite! Die Verkettung der einzelnen Elemente dieses Baums erfolgt bei einem Objekt des Typs */Pages* über den Eintrag */Kids*, der auf ein untergeordnetes Array mit weiteren Seiten verweist. Der Eintrag */Count* gibt an, wie viele Seiten unterhalb dieses Knotens insgesamt noch stehen. Die »Blätter« dieses Baums sind Objekte des Typs */Page*. Sie enthalten jeweils ein Dictionary pro Seite.

Das folgende Beispiel stammt aus einer PDF-Datei mit insgesamt fünfzehn Seiten. Der */Pages*-Eintrag im */Root*-Objekt am Ende verweist auf Objekt 65 als Anfang des Seitenbaums. Dieses Objekt enthält zwei untergeordnete Knoten, nämlich die Objekte 1 und 47. Das erste der beiden enthält im Eintrag */Kids* ein Array mit indirekten Objekten für die ersten zehn Seiten des Dokuments, das zweite (Objekt 47) enthält als */Kids* indirekte Objekte für die restlichen fünf Seiten. Diese indirekten Objekte enthalten die eigentlichen Daten der Seite und sind hier nicht mehr abgedruckt (Details zu den Dictionaries einer Seite finden Sie in Abschnitt 12.3.3 »Seitenbeschreibungen«, Seite 544):

```
1 0 obj
<<
/Type /Pages
/Count 10
/Parent 65 0 R
/Kids [4 0 R 8 0 R 12 0 R 16 0 R 20 0 R 24 0 R 28 0 R 32 0 R 36 0 R 40 0 R]
>>
endobj
47 0 obj
<<
/Type /Pages
/Count 5
/Parent 65 0 R
/Kids [44 0 R 49 0 R 53 0 R 57 0 R 61 0 R]
>>
endobj
65 0 obj
<<
/Type /Pages
/Count 15
/Kids [1 0 R 47 0 R]
>>
endobj
2 0 obj
<<
/Type /Catalog
/Pages 65 0 R
>>
endobj
```

12.2.3 Der Update-Mechanismus.
PDF bietet die Möglichkeit, Änderungen am Dateiinhalt als so genannte Updates am Ende der Datei anzuhängen. Dabei bleibt der bisherige Dateiinhalt vollständig erhalten; Informationen zu geänderten, gelöschten oder hinzugefügten Objekten werden am Ende angehängt, gefolgt von einer aktualisierten Querverweistabelle und einem neuen Trailer. Dies kann auch mehrfach erfolgen; die Datei enthält dann eine Kette aus mehreren Dokumentzuständen mit der ursprünglichen Fassung als Startversion. Wird ein Objekt verändert, so erhält es eine neue Generationsnummer. Die alte Version steht aber nach wie vor in der Datei.

Dieser Mechanismus erklärt eine zunächst merkwürdig erscheinende Eigenschaft von PDF: Wenn man in Acrobat Objekte, etwa eine ganze Seite, löscht und *Datei, Speichern* (oder Strg-S) drückt, so wird die Datei nicht kleiner, sondern größer. Dies liegt daran, dass Acrobat beim Speichern ein Update an die bereits vorhandene Datei anhängt – selbst dann, wenn dieses Update eigentlich die Löschung einer Seite bewirkt. Erst bei *Datei, Speichern unter...* bereinigt Acrobat sämtliche Dateistrukturen und schreibt eine komplett neue Datei ohne Updates.

Der Update-Mechanismus existiert schon seit PDF 1.0 und spielte lange Zeit keine große Rolle. Im Zusammenhang mit digitalen Signaturen ermöglicht er aber die Rollback-Funktion zur Rekonstruktion früherer Zustände des Dokuments *(Unterschriebene Version anzeigen)*, da die PDF-Datei die gesamte Historie eines Dokuments einschließlich früherer Fassungen enthält. Eine genauere Beschreibung der Rollback-Funktion finden Sie in Abschnitt 14.2.3 »Rekonstruktion und Seitenvergleich«, Seite 600.

12.2.4 Kompression.
Wie bereits erwähnt, können Streams komprimiert innerhalb einer PDF-Datei gespeichert werden. Dabei kommt die Filtertechnik zum Einsatz. Ein Filter steht für ein Kompressionsverfahren, das auf die eigentlichen Daten eines Streams angewandt wird. Dabei können Filter auch verkettet werden. Die Daten werden dann der Reihe nach durch mehrere Verfahren behandelt. Die Verkettung ist bei Kompressionsfiltern nicht sinnvoll, sondern kommt bei der Kombination eines Kompressionsfilters mit einem ASCII-Filter zum Einsatz. Bei der ASCII-Kodierung von Binärdaten handelt es sich zwar nicht um Kompression (die Daten werden sogar größer), doch aus Gründen der Vereinheitlichung werden ASCII-Filter wie Kompressionsfilter behandelt. Die ASCII-Kodierung spielt heute ohnehin keine große Rolle mehr.

Kompressionsfilter werden nicht auf die gesamte PDF-Datei angewandt, sondern nur auf einzelne Streams. Dies ist sehr sinnvoll, da die Wahl des optimalen Kompressionsverfahrens von den jeweiligen Daten abhängt. Während Bilddaten zum Beispiel mit der verlustbehafteten JPEG-Kompression behandelt werden dürfen, ist dies für Fonts oder Seitenbeschreibungen ausgeschlossen. Der Name des anzuwendenden Filters steht im zugehörigen Dictionary eines Streams, zum Beispiel:

```
13 0 obj
<<
/Filter /FlateDecode
/Length 14 0 obj
...
>>
stream
...komprimierte Daten...
endstream
```

Streams können Seitenbeschreibungen, Font- oder Bilddaten, Farbpaletten, Farbprofile oder eingebettete Dateien enthalten. Nur solche Daten werden also komprimiert in PDF abgelegt. Andere Elemente, die nicht in Streams gespeichert werden, sind grundsätzlich unkomprimiert. Dazu zählen zum Beispiel die Texte von Lesezeichen, Formularfelder, JavaScript oder Encoding-Tabellen. Auch die Objektstruktur selbst, also die Objektnummern, *obj/endobj*-Paare, Dictionaries und Arrays sind immer unkomprimiert. Daher kann Acrobat sehr schnell auf einzelne Seiten zugreifen, ohne erst die gesamte Datei zu dekomprimieren. Da die Objektverwaltung unkomprimiert ist, lassen sich PDF-Dateien oft nachträglich durch Kompression der Gesamtdatei noch etwas verkleinern (allerdings nicht so stark wie zum Beispiel Textdateien).

Tabelle 12.3 enthält eine Übersicht über alle Filter von PDF. Eine genauere Beschreibung der einzelnen Verfahren finden Sie im Anschluss daran. Das Verfahren, mit dem die Daten eines bestimmten Bildes komprimiert wurden, können Sie mit den Plugins *Enfocus PitStop*, *callas PDFInspektor* und *Quite a Box of Tricks* ermitteln.

Tabelle 12.3 Kompressionsverfahren (Filter) in PDF

Name	Bemerkungen	Anwendung
ASCIIHex ASCII85	(PDF 1.0) Keine Kompression, sondern ASCII-Verpackung der Daten	meist in Kombination mit Kompressionsfiltern, nur noch selten benutzt
LZW	(PDF 1.0) Wird von Acrobat seit Version 4 nicht mehr erzeugt; Patentproblematik	Seitenbeschreibungen, Bilder, Fonts
Flate	(PDF 1.2, auch ZIP-Kompression genannt) Ersatz für LZW	Seitenbeschreibungen, Bilder, Fonts, Farbpaletten, Profile, Dateianhänge
RunLength	(PDF 1.0)	Schwarzweißbilder
CCITTFax	(PDF 1.0) CCITT Gruppe 3 und 4	Schwarzweißbilder
DCT	(PDF 1.0) Baseline-JPEG-Kompression; seit PDF 1.3 auch progressive JPEG	Graustufen- und Farbbilder mit kontinuierlichen Farbverläufen
JBIG2	(PDF 1.4) Wird von der Acrobat-Software (inkl. Acrobat 5) nicht erzeugt	Neues, sehr effizientes Verfahren für Schwarzweißbilder

LZW-Kompression. Die Algorithmen der nach Abraham Lempel, Jacob Ziv und Terry A. Welch benannten LZW-Gruppe merken sich wiederholt auftretende Sequenzen in einer Tabelle, die sehr clever aus den Eingangsdaten aufgebaut wird. Diese Wiederholungen werden durch dynamisch erzeugte Abkürzungen variabler Länge ersetzt. Der Clou des Verfahrens besteht darin, dass die Tabelle mit den Abkürzungen nicht zusammen mit den komprimierten Daten abgespeichert werden muss, sondern bei der Dekompression automatisch wieder entsteht. Der Algorithmus passt sich den zu komprimierenden Daten an und erzielt bei einem breiten Einsatzspektrum gute Kompressionsraten.

Die LZW-Verfahren sind nicht auf eine bestimmte Art von Eingangsdaten beschränkt, sondern komprimieren neben schwarzweißen und farbigen Bilddaten auch Text oder beliebige Binärdaten. Viele allgemein einsetzbare Kompressionsprogramme benutzen ein Verfahren der LZW-Familie. Außerdem ist die LZW-Kompression Bestandteil der Grafikformate TIFF und GIF sowie der Modemkompression nach V.42bis. Obwohl das Verfahren selbst relativ einfach ist, erfordert eine effiziente (das heißt schnelle) Implementierung großen Programmieraufwand.

LZW-Kompression hat einen Haken: Die Variante LZ78, die im Grafikformat GIF sowie in PostScript und PDF benutzt wird, unterliegt patentrechtlichen Einschränkungen. Die Inhaberin des Patents, Unisys Corporation, erteilt gegen Zahlung einer einmaligen Gebühr Lizenzen zur Benutzung des Kompressionsverfahrens. Solche Lizenzen werden vor allem von Modemherstellern in Anspruch genommen. Adobe erwarb eine Lizenz für die Benutzung von LZW in eigenen Produkten und integrierte das Verfahren in PostScript Level 2 und PDF 1.0. Aufgrund der Patentsituation erzeugt Acrobat allerdings seit Version 4 keine Dateien mit LZW-Kompression mehr, um anderen Entwicklern den Erwerb der LZW-Lizenz zu ersparen.

Zip- oder Flate-Kompression. Die ZIP-Kompression, die in PDF als Flate-Kompression bezeichnet wird, wurde von der Internetgemeinschaft als Reaktion auf die patentrechtlichen Probleme mit LZW entwickelt. Flate-Kompression basiert im Kern auf einem Algorithmus aus der gleichen Familie wie LZW, unterliegt aber keinen Patenten. Programmierer können sich die kostenlos verfügbare Zlib-Bibliothek besorgen und damit Kompression und Dekompression in ihren Produkten implementieren. Die Zlib-Bibliothek kommt auch in Acrobat zum Einsatz.

Die guten Kompressionseigenschaften und die Verfügbarkeit der Zlib-Bibliothek machten das Flate-Verfahren sehr populär. Es kommt heute in vielen Produkten und Dateiformaten zum Einsatz, darunter TIFF, PNG sowie PostScript und PDF. In PDF wird Flate-Kompression seit Version 1.2 unterstützt. Es stellt das Standardverfahren für viele Objekte in PDF dar, darunter Seitenbeschreibungen, eingebettete Fonts, Dateianhänge und ICC-

Profile. Nur für bestimmte Arten von Rasterbildern werden andere Kompressionsverfahren verwendet.

Runlength-Kompression. Das *RunLength*-Verfahren ist ein einfacher Algorithmus, der eine Folge gleicher Bytes (einen *run*) durch zwei Bytes ersetzt. Das erste Byte gibt die Länge der Folge an, das zweite den gewünschten Bytewert, der zu wiederholen ist. Falls keine Folge gleicher Bytes existiert, gibt das erste Byte an, wie viele der folgenden Bytes unverändert zu kopieren sind. Zur Unterscheidung zwischen den beiden Fällen »abgekürzte Folge gleicher Bytes« und »vollständige Folge unterschiedlicher Bytes« dient das Vorzeichen des ersten Bytes. Es leuchtet unmittelbar ein, dass dieses Verfahren nur dann stark komprimieren kann, wenn die Daten viele *runs* gleicher Bytes enthalten. Dies trifft vor allem auf schwarzweiße Rasterbilddaten zu. Das RunLength-Verfahren lässt sich sehr einfach implementieren und kommt in vielen Grafikformaten zum Einsatz, zum Beispiel TIFF, BMP und PCX.

CCITT-Kompression. Das CCITT-Verfahren ist nach dem internationalen Standardisierungsgremium für das Postwesen CCITT *(Comité Consultatif International Télégraphique et Téléphonique*, heute *International Telecommunication Union, ITU)* benannt. Es wurde zur Beschleunigung der Faxübertragung entwickelt. Unter dieser Bezeichnung verbergen sich mehrere Einzelverfahren: Die so genannte Kompression nach Gruppe 3 wird von den meisten Faxgeräten unterstützt. Das neuere Verfahren, Gruppe 4, komprimiert etwa doppelt so gut wie Gruppe 3, indem es auch Ähnlichkeiten mehrerer benachbarter Rasterzeilen bei der Kompression berücksichtigt. CCITT-Kompression arbeitet im Gegensatz zu den adaptiven Verfahren LZW und Flate statisch, passt sich also nicht an die Eingangsdaten an. Es ist für die Darstellung typischer Faxdokumente optimiert, nämlich einfarbige Rasterdaten mit hohem Weiß- und geringem Schwarzanteil bei geringer Auflösung (100 bis 200 dpi).

Im Gegensatz zum genormten Kompressionsverfahren gibt es kein standardisiertes Ablageformat (Dateiformat) für komprimierte Faxdaten. Daher entwickelten die Hersteller von Faxmodems eine Vielzahl zueinander inkompatibler Faxformate zur Speicherung der Bilddaten in einer Datei. CCITT-Kompression ist auch eine der in TIFF möglichen Kompressionsverfahren. PDF unterstützt CCITT Gruppe 3 und 4.

JPEG-Kompression. Die DCT-Kompression verdankt ihren Namen der »diskreten Cosinus-Transformation« und bildet den Kern der JPEG-Norm für Graustufen- und Farbbilder *(Joint Photographic Experts Group)*. JPEG wurde von der ISO standardisiert und bildet seit Anfang der neunziger Jahre einen anerkannten Standard, der weite Verbreitung fand. JPEG ist zwar sehr kompliziert, liefert dafür aber auch hohe Kompressionsraten.

Da die überwiegend benutzte Baseline-Variante von JPEG verlustbehaftet ist, kommt der Algorithmus nur für Bilddaten, niemals aber Text oder Vektorgrafiken infrage. JPEG-Kompression wurde nämlich mit dem Ziel entworfen, ausschließlich solche Informationen aus dem zu komprimierenden Bild zu entfernen, deren Fehlen nur geringen Einfluss auf die Qualität der Darstellung hat. Der Benutzer kann bei JPEG selbst zwischen Qualität und Kompressionsrate abwägen. Je stärker die Daten komprimiert werden, umso mehr weicht das komprimierte Bild vom Original ab. Bei möglichst geringen Qualitätseinbußen sind die Kompressionsraten nicht so gut. Die passende Einstellung hängt von der Art der Bilder und dem gewünschten Einsatzzweck ab.

JPEG eignet sich nur für Bildszenen mit einer Farbtiefe von acht Bit pro Farbkanal und fließenden Farbübergängen (vor allem Fotos) und sollte keinesfalls für Bilder benutzt werden, die Text oder harte Farbkanten enthalten, zum Beispiel Bildschirmabzüge. Leider sieht man in Büchern und Zeitschriften immer wieder Screenshots abgedruckt, die mittels JPEG komprimiert wurden – unansehnliche Flimmerpixel in der Nähe von Kanten und Text belegen die Unbeholfenheit der Autoren.

JPEG steht zwar eigentlich für das benutzte Kompressionsverfahren, wird in der Praxis jedoch meist mit dem gleichnamigen Dateiformat identifiziert. Da der ISO-Standard einige Fragen zu Details der Abspeicherung offen ließ, wurden einige Formate dazu definiert, um Zusatzangaben wie zum Beispiel die Bildauflösung kodieren zu können. Die wichtigsten Formate sind JFIF (JPEG File Interchange Format), das von allen aktuellen Anwendungsprogrammen unterstützt wird, und EXIF *(Exchangeable Image File Format for Digital Still Cameras)*, das in vielen Digitalkameras implementiert ist.

Neben der erwähnten Baseline-Variante, die in PDF seit Version 1.0 unterstützt wird, implementierte Adobe in PDF 1.3 auch die Variante progressive, die einen allmählichen Bildaufbau (vor allem bei Netzübertragungen) ermöglicht. Weitere JPEG-Verfahren stellen auch Algorithmen zur verlustfreien Kompression zur Verfügung, sind aber nicht sehr weit verbreitet.

Die Verbreitung von JPEG wurde (ähnlich Zlib/Flate) durch die Verfügbarkeit einer hochwertigen kostenlosen Bibliothek zur Kompression und Dekompression von Bilddaten stark gefördert. Weitere Informationen rund um JPEG finden Sie auf der Homepage des zuständigen Standardkomitees unter der folgenden Adresse:

http://www.jpeg.org/public/jpeghomepage.htm

JBIG2-Kompression. In PDF 1.4 führte Adobe Unterstützung für ein Kompressionsverfahren mit der Bezeichnung JBIG2 *(Joint Bi-Level Image Experts Group)* ein. Dieses Verfahren, das kurz vor der Verabschiedung als ISO-Standard steht, wurde ähnlich CCITT für die Kompression von schwarzweißen Rasterdaten konzipiert, die hauptsächlich eingescannten Text enthalten.

JBIG2 ermöglich sowohl verlustfreie als auch verlustbehaftete Kompression von Bilddaten. Im Gegensatz zu allen anderen in PDF unterstützten Kompressionsverfahren berücksichtigt JBIG2 für die Kompression allerdings nicht nur die Wiederholung innerhalb eines Bildes bzw. einer Seite, sondern auch Wiederholungen von Seitenbestandteilen auf verschiedenen Seiten. Dies ist für gescannten Text besonders wichtig, da hier viele Seiten aus ähnlichen Bestandteilen (nämlich den gescannten Buchstaben) bestehen. Die Zusammenfassung seitenübergreifender Informationen erfordert eine etwas andere Organisation der Daten als etwa bei CCITT-Kompression. Eine Bild, das nach dem JBIG2-Verfahren komprimiert ist, enthält komprimierte Daten. Zusätzlich verweist es jedoch auf globale Daten, die von vielen Seiten oder Bildern referenziert werden können. Diese Mehrfachnutzung bewirkt gerade die bessere Kompression im Vergleich zu anderen Verfahren.

Aufgrund der im Vergleich zu anderen Kompressionsfiltern komplexeren Struktur ist das JBIG2-Verfahren in Acrobat 5 nur beim Einlesen implementiert, Distiller erzeugt jedoch keine JBIG2-komprimierten Daten. Die Nutzung des Verfahrens ist daher alternativen PDF-Generatoren vorbehalten. Derzeit gibt es jedoch noch keine entsprechenden Implementierungen und daher auch keine PDF-Beispieldateien. Weitere Informationen rund um JBIG2 finden Sie auf der Homepage des zuständigen Standardkomitees unter der folgenden Adresse:

http://www.jpeg.org/public/jbighomepage.htm

12.2.5 Verschlüsselung.

Die Tatsache, dass der Inhalt einer PDF-Datei verschlüsselt ist, geht aus der Existenz des *Encrypt*-Eintrags im Trailer hervor. Das zugehörige Dictionary enthält Angaben zur Art der Verschlüsselung (Standardverfahren von Acrobat oder spezielles Plugin) und Details des Verfahrens, etwa die Versionsnummer des benutzten Algorithmus, die Schlüssellänge und die eingestellten Berechtigungen. Benutzer- und Hauptkennwort fließen ebenfalls in die */Encrypt*-Einträge ein. Sie erscheinen aber nirgends im Klartext, sondern werden erst mit einer Hashfunktion behandelt. Details zu Hashfunktionen und den Sicherheitseinstellungen von Acrobat finden Sie in Kapitel 13 »Sicherheit von PDF-Dateien«.

Bei der PDF-Verschlüsselung kommen das symmetrische Verschlüsselungsverfahren RC4 sowie MD5 als Hashfunktion zum Einsatz. Verschlüsselung entspricht konzeptionell der Anwendung von Kompressionsfiltern. Die Verschlüsselung wird aber nicht auf die gesamte Datei angewandt, sondern nur auf den Inhalt von Streams und – im Gegensatz zur Kompression – von Strings. Die Verschlüsselung von Strings garantiert, dass zum Beispiel die Dokumentinfofelder und die Inhalte von Lesezeichen ebenfalls vor neugierigen Augen geschützt sind. Andere Objekte als Streams und Strings werden nicht verschlüsselt, was die in Abschnitt 13.3.3 »Weitere Schwachpunkte«, Seite 574, dargestellte Sicherheitslücke zur Folge hat.

Die Tatsache, dass nur Strings und Streams verschlüsselt werden, nicht aber die Objektverwaltung (insbesondere Querverweistabelle, *obj...endobj*-Paare und indirekte Objekte der Form *x o R*), ermöglicht Acrobat den schnellen Zugriff auf Teile einer Datei (etwa eine Seite), ohne erst die gesamte Datei entschlüsseln zu müssen.

In die Verschlüsselung eines Objekts gehen nicht nur das gewählte Kennwort, sondern auch die Objekt- und Generationsnummern sowie die Berechtigungen der Datei ein. Dieses Vorgehen vereitelt zum einen bestimmte kryptografische Angriffe, etwa den so genannten Known-Plaintext-Angriff, und verhindert zum anderen, dass man den Eintrag mit den Berechtigungen einfach ändern kann. Versucht man das, lassen sich nämlich die einzelnen Objekte nicht mehr entschlüsseln.

12.2.6 Linearisiertes (optimiertes) PDF.

Das Dateiformat von PDF ist eine gut geplante und sauber spezifizierte Grundlage für Acrobat. Allerdings hatten die Adobe-Entwickler Anfang der neunziger Jahre einen wichtigen Anwendungsfall übersehen, nämlich den Einsatz von PDF im World Wide Web. Ein Programm kann bei einer Datei auf der Festplatte auf beliebige Teile zugreifen, insbesondere also eine PDF-Datei vom Ende her verarbeiten und erst die Querverweistabelle einlesen. Stammt die Datei dagegen von einem Webserver, so muss erst der gesamte Dateiinhalt vom Anfang bis zum Ende übertragen werden, bevor die wichtige Querverweistabelle vorliegt. Für den Benutzer bedeutet das, dass er beim bisher beschriebenen Aufbau einer PDF-Datei erst die komplette Übertragung abwarten muss, bevor auch nur die erste Seite am Bildschirm erscheint (siehe Abschnitt 7.1.3 »Optimiertes PDF und seitenweises Laden«, Seite 306).

Die ursprüngliche Dateistruktur von PDF ist also denkbar schlecht für den Einsatz im Internet geeignet. Adobe bügelte diesen Designfehler mit Acrobat 3 bzw. PDF 1.2 aus und führte unter der Bezeichnung linearisiertes PDF eine Variante ein, die sich besser für den Einsatz im Web eignet. In Acrobat 4 heißen solche Dateien *Optimiert*, in Acrobat 5 lautet die zugehörige Bezeichnung *Schnelle Web-Anzeige*.

Die Grundidee bei linearisiertem PDF besteht darin, Teile der Querverweistabelle am Anfang der Datei zu wiederholen, um bei der Übertragung via Internet schnellen Zugriff auf wichtige Bestandteile der Datei zu ermöglichen. Dazu werden in zusätzlichen Datenstrukturen, den so genannten *hint streams*, Informationen darüber mitgeführt, welche Objekte für den Aufbau der ersten Seite erforderlich sind, also neben der Seitenbeschreibung die benötigten Fonts, Bilddaten usw. Acrobat interpretiert diese Angaben und fordert beim Server gezielt kleine Teile der Datei an, um möglichst schnell ein Bild aufbauen zu können. Für diesen Ablauf musste Adobe sogar das Webprotokoll HTTP erweitern. Details zu diesem Thema finden Sie in Abschnitt 7.5.3 »Das Byterange-Protokoll«, Seite 335.

Um diese Erweiterung kompatibel zu früheren Acrobat-Versionen zu gestalten, bedienten sich die Entwickler eines raffinierten Tricks: Die am Anfang wiederholten Teile der Querverweistabelle werden einfach mithilfe des Update-Mechanismus referenziert, so dass auch beim konventionellen Lesen der Datei (vom Ende her) ein Verweis auf die Position der Zusatztabelle erscheint. Linearisierte Dateien enthalten am Anfang ein Dictionary mit dem Schlüsselwort */Linearized*.

Die Linearisierung von PDF erfüllt zwar den Zweck der schnellen Anzeige im Web, erscheint aber insgesamt als aufgepfropfte Ergänzung, die nicht so recht in die ansonsten sehr klare Dateistruktur von PDF passt. Dieser Eindruck wird durch die Tatsache bestätigt, dass im Falle der Linearisierung die PDF-Referenz und die Implementierung in Acrobat nicht völlig identisch sind, sondern Abweichungen existieren. Für Softwareentwickler stellt sich die Implementierung von linearisiertem PDF als Kampf mit einer unzureichenden Spezifikation und unübersichtlichen Details dar.

12.3 Seiten in einer PDF-Datei

Nach der Dateistruktur wollen wir uns jetzt ansehen, wie PDF den eigentlichen Seiteninhalt kodiert. Dabei ist zunächst gar nicht ganz klar, was in die Kategorie »druckbar« fällt, denn auch Formularfelder und Kommentare sind druckbar. Hier wollen wir aber nur den Hauptteil der Seite ohne Erweiterungen und interaktive Elemente betrachten.

12.3.1 Formatangaben. Alle Angaben zu einer Seite stehen in einem Dictionary unterhalb des */Root*-Eintrags. Da ein Dokument beliebig viele Seiten enthalten kann, sind die Seiten selbst wieder in einer baumartigen Struktur organisiert.

Das Dictionary einer Seite enthält als wichtigste Datenstrukturen die Ressourcen und Seitenbeschreibungen, die wir uns in den folgenden Abschnitten näher ansehen werden. Daneben enthält es allgemeine Angaben über die Seite.

PDF nutzt das gleiche Standardkoordinatensystem wie PostScript, das auf der Einheit Punkt (1/72 Zoll = 2,54 cm/72) basiert und den Koordinatenursprung in der linken unteren Ecke hat. Während Grafikanweisungen dieses Koordinatensystem beliebig verändern können, werden Seitenformate und die Positionen von Hypertextelementen wie Formularfeldern oder Verknüpfungen immer im Standardkoordinatensystem ausgedrückt.

Das Dictionary einer Seite enthält nicht einfach zwei Werte für Breite und Höhe, sondern bis zu fünf Einträge für Größenangaben mit jeweils vier Zahlenwerten:

- *MediaBox* beschreibt die Größe des Ausgabemediums und entspricht unserer herkömmlichen Vorstellung von der Seitengröße.
- *CropBox* gibt an, mit welcher Größe Acrobat die Seite anzeigen soll.

- *TrimBox* beschreibt die Größe der (eventuell beschnittenen) Endseite.
- *ArtBox* beschreibt den Teilbereich einer PDF-Seite, der für die Montage auf einer anderen Seite gedacht ist.
- *BleedBox* gibt an, auf welche Größe die Seite in einer Produktionsumgebung beschnitten werden soll und berücksichtigt eventuell benötigte Druckformaterweiterungen, die wegen Ungenauigkeiten im Ausgabeprozess nötig sind.

TrimBox, *ArtBox* und *BleedBox* gibt es erst seit PDF 1.3. Jeder der Box-Einträge besteht aus einem Array mit vier Zahlenwerten, die jeweils die Koordinaten der linken unteren bzw. rechten oberen Ecke eines Rechtecks für das jeweilige Format definieren. Dabei hat das erste Paar häufig den Wert (0, 0), das heißt der Koordinatenursprung liegt in der linken unteren Ecke der Seite. Dies muss jedoch nicht so sein. Die Situation wird durch die Tatsache weiter verkompliziert, dass der Eintrag */Rotate* im Dictionary der Seite für die Bildschirmdarstellung und den Ausdruck zusätzlich eine Drehung um 0°, 90°, 180° oder 270° im Uhrzeigersinn festlegen kann. Bei einer Drehung um 90° kommt der Koordinatenursprung also in der linken oberen Ecke der Seite zu liegen.

Die in der Statuszeile von Acrobat angezeigte Seitengröße bezieht sich auf *CropBox*. Die Acrobat-Funktion zum Beschneiden von Seiten ändert ebenfalls den Eintrag *CropBox*; andere Größenangaben können in Acrobat nicht angezeigt oder verändert werden. Mit dem Plugin Enfocus PitStop können Sie jedoch alle Arten von Größenangaben verändern und die jeweiligen Dimensionen auch am Bildschirm anzeigen lassen. Distiller erzeugt den Eintrag *MediaBox* entsprechend den Größenangaben in der PostScript-Datei oder den Distiller-Einstellungen, falls die PostScript-Daten keine Größenangabe enthalten. Alle Boxen lassen sich über pdfmark-Einträge erzeugen. Direkt steuern lassen sich die obigen Größenangaben bei der PDF-Erstellung nur selten (siehe Kapitel 8 »PDF-Unterstützung in Anwendungsprogrammen«).

Während PDF selbst keine Grenzen für die Größe einer Seite festschreibt, unterliegen die Seiten bei der Anzeige in Acrobat doch Beschränkungen, die von der Acrobat-Version abhängen. Tabelle 12.4 enthält die zulässigen Seitengrößen in den Acrobat-Versionen 3, 4 und 5.

Tabelle 12.4 Minimale und maximale Seitengröße

Programm	Minimale Seitengröße	Maximale Seitengröße
Acrobat 3	1" = 72 pt = 2,54 cm	45" = 3240 pt = 114,3 cm
Acrobat 4 und 5	1/24" = 3 pt = 0,106 cm	200" = 14400 pt = 508 cm

12.3.2 Ressourcen.

Im Gegensatz zu PostScript ist bei PDF klar definiert, welche zusätzlichen Daten eine Seitenbeschreibung benötigt. Während die Seitenbeschreibung selbst Anweisungen enthält, die den grafischen Inhalt der Seite definieren, stellen Ressourcen zusätzliche Daten dar, die außerhalb der Seite stehen, auf dieser aber referenziert werden. Damit lassen sich voluminöse und unter Umständen mehrfach benutzte Daten, vor allem Fonts und Bilder, von der Seitenbeschreibung trennen. Außerdem ist bei einer Bearbeitung der Datei, etwa dem Extrahieren einiger Seiten, sofort klar, welche Zusatzdaten neben den Seitenbeschreibungen nötig sind – nämlich genau die zugehörigen Ressourcen.

Das Dictionary einer Seite kann unter dem Schlüssel */Resources* auf ein Dictionary verweisen, das die benötigten Ressourcen beschreibt. Die wichtigsten Typen sind dabei */Font* (Schriften), */ColorSpace* (Farbräume), */Pattern* (Füllmuster) und */XObject*, das eine wichtige Rolle spielt und das wir uns daher genauer ansehen werden.

XObjects. Die letzte der oben erwähnten Ressource-Kategorien ist besonders interessant. Der Name XObject *(external object)* bezieht sich darauf, dass diese Daten außerhalb der Seite stehen. Es gibt Image XObjects, die Rasterbilder enthalten, XObjects mit eingebettetem PostScript-Code (Adobe betrachtet diese aber als Fehlentwicklung und unterstützt sie seit Acrobat 5 nicht mehr) und so genannte Form XObjects (nicht zu verwechseln mit Formularfeldern). Diese kann man sich grob wie eine EPS-Datei vorstellen, die auf der Seite platziert wird, aber als eigenständige Einheit erhalten bleibt. Form XObjects können wiederum einen eigenen Ressource-Eintrag enthalten und sind damit völlig unabhängig von der umgebenden Seite. Aufgrund der vollständigen Kapselung bilden sie ein leistungsfähiges Merkmal von PDF. So kann ein Form XObject zum Beispiel auf mehreren Seiten verwendet werden, was bei mehrfacher Nutzung der gleichen Grafik (etwa ein Firmenlogo, das auf jeder Seite erscheint) zur Platzersparnis in der Datei beiträgt. Distiller erzeugt bei aktivierter OPI-Option aus eingebetteten EPS-Grafiken oder Bildern Form XObjects.

Form XObjects sind zwar sehr leistungsfähig, aber nicht in jeder PDF-Software vollständig implementiert. So kann das TouchUp-Werkzeug von Acrobat 4 Texte nicht bearbeiten, wenn sie Bestandteil eines Form XObjects sind. Diese Beschränkung wurde erst mit Acrobat 5 aufgehoben. Auch das Plugin Enfocus PitStop 4.6 unterliegt Einschränkungen im Umgang mit Form XObjects. Dieser Editor zeigt Form XObjects zwar als »Formular« an und kann die Objekte verschieben, nicht aber bearbeiten. Auch die Preflight-Funktion von PitStop ist völlig blind in Sachen Form XObjects. Das Plugin Quite a Box of Tricks zeigt beim Klick auf die zugehörigen Grafikelemente ebenfalls an, dass es sich dabei um ein Form XObject handelt.

Inkonsistenzen in den verschiedenen Versionen der PDF-Referenz trugen ebenfalls dazu bei, dass Form XObjects etliche Jahre lang etwas stiefmütterlich behandelt wurden. Heutzutage gehören sie jedoch zum akzeptierten Funktionsumfang von PDF.

Tabelle 12.5 Operatoren für Seitenbeschreibungen in PDF

Operator	PostScript-Äquivalent und Bedeutung
b	(closepath, fill, stroke) Pfad – Folge von Linienzügen – schließen, füllen und zeichnen
B	(fill, stroke) Pfad füllen und zeichnen
b*	(closepath, eofill, stroke) Pfad schließen, füllen und zeichnen (Even-Odd-Regel)
B*	(eofill, stroke) Pfad füllen und zeichnen (Even-Odd-Regel)
BDC	Start eines Blocks mit markiertem Inhalt, dem eine Eigenschaftsliste zugeordnet ist
BI	Start eines Inline-Bildes
BMC	Start eines Blocks mit markiertem Inhalt
BT	Start eines Textblocks
BX	Start eines Kompatibilitätsabschnitts
c	(curveto) Bézierkurve an Pfad anfügen
cm	(concat) Koordinatensystem mit einer Matrix transformieren
cs	(setcolorspace) Farbraum für Fülloperationen wählen; der Farbraum wird über seinen symbolischen Namen ausgewählt.
CS	(setcolorspace) Farbraum für Zeichenoperationen wählen
d	(setdash) Strichmuster einstellen
d0	(setcharwidth) Zeichenbreite für Zeichen eines Type-3-Fonts einstellen
d1	(setcachedevice) Zeichenbreite und BoundingBox für Zeichen eines Type-3-Fonts einstellen
Do	Aufruf eines XObjects über seinen symbolischen Namen
DP	Markierter Inhalt mit Eigenschaftsliste
EI	Ende eines Inline-Bildes
EMC	Ende eines Blocks mit markiertem Inhalt
ET	Ende eines Textblocks
EX	Ende eines Kompatibilitätsabschnitts
f	(fill) Pfad füllen
F	(fill) Äquivalent zu »f«: Pfad füllen. Dieser Operator wird nicht mehr unterstützt; er existiert überhaupt nur, weil Acrobat 1.0 fälschlicherweise »F« statt »f« erzeugte.
f*	(eofill) Pfad füllen (Even-Odd-Regel)
g	(setgray) Graustufe für Fülloperationen wählen
G	(setgray) Graustufe für Zeichenoperationen wählen
gs	Aktivieren eines Grafikzustands über seinen Namen
h	(closepath) Teilpfad schließen
i	(setflat) Flatness-Parameter für die Genauigkeit der Darstellung von Kurvensegmenten einstellen
ID	Start der Daten eines Inline-Bildes
j	(setlinejoin) Verbindungsart von Linien wählen
J	(setlinecap) Art der Linienenden wählen
k	(setcmykcolor) CMYK-Farbwert für Fülloperationen wählen
K	(setcmykcolor) CMYK-Farbwert für Zeichenoperationen wählen
l	(lineto) Liniensegment an Pfad anfügen

Tabelle 12.5 Operatoren für Seitenbeschreibungen in PDF

Operator	PostScript-Äquivalent und Bedeutung
m	(moveto) Neuen Teilpfad beginnen und aktuellen Punkt positionieren
M	(setmiterlimit) Grenzwert für das Abschneiden spitzer Liniensegmente wählen
MP	Markierter Inhalt
n	Pfad beenden, ohne ihn zu füllen oder zu zeichnen (nützlich für Clipping)
q	(gsave) Sichern des Grafikzustands
Q	(grestore) Wiederherstellen des Grafikzustands
re	Rechteck an Pfad anhängen
rg	(setrgbcolor) RGB-Farbwert für Fülloperationen wählen
RG	(setrgbcolor) RGB-Farbwert für Zeichenoperationen wählen
ri	Zielvorgabe für die Farbumsetzung (rendering intent) wählen
s	(closepath, stroke) Pfad schließen und zeichnen
S	(stroke) Pfad zeichnen
sc	(setcolor) Farbwert für Fülloperationen wählen (nur für einfache Farbräume)
SC	(setcolor) Farbwert für Zeichenoperationen wählen (nur für einfache Farbräume)
scn	(setcolor) Farbwert für Fülloperationen wählen (wie sc, aber auch für die Farbräume Pattern, Separation, DeviceN und ICCBased)
SCN	(setcolor) Farbwert für Zeichenoperationen wählen (wie SC, aber auch für die Farbräume Pattern, Separation, DeviceN und ICCBased)
sh	(shfill) Fläche mit einem Muster oder Verlauf füllen
T*	Zum Start der nächsten Textzeile gehen
Tc	Zeichenabstand wählen
Td	Textposition wählen
TD	Textposition und Zeilenabstand wählen
Tf	(selectfont) Schrift und Schriftgröße wählen
Tj	(show) Text ausgeben
TJ	Text mit individueller Zeichenpositionierung ausgeben (für Kerning)
TL	Zeilenabstand wählen
Tm	Textmatrix und Textzeilenmatrix (für Fortsetzungszeilen) wählen
Tr	Textdarstellung (gefüllt, Umrisslinie, unsichtbar etc.) wählen
Ts	Hoch- oder Tiefstellung von Text wählen
Tw	Wortabstand wählen
Tz	Horizontale Textskalierung wählen
v	(curveto) Bézierkurve an Pfad anfügen
w	(setlinewidth) Strichstärke wählen
W	(clip) Clipping-Pfad wählen (Beschneidung des sichtbaren Inhalts)
W*	(eoclip) Clipping-Pfad wählen (Even-Odd-Regel)
y	(curveto) Bézierkurve an Pfad anfügen
'	Zu nächster Zeile gehen und Text ausgeben
"	Wort- und Zeichenabstand einstellen, zur nächsten Zeile gehen und Text ausgeben

12.3.3 Seitenbeschreibungen.
Nach den Vorbereitungen kommen wir nun zu den eigentlichen Beschreibungen des grafischen Inhalts einer Seite. Das Dictionary einer Seite enthält dazu unter dem Schlüsselwort */Contents* einen oder mehrere Datenströme, die als *content streams* bezeichnet werden und komprimiert sein können. Die Anweisungen zur Beschreibung des Inhalts einer Seite können in einer beliebigen Anzahl von Teilströmen enthalten sein, die zur Anzeige der Seite einfach aneinander gehängt werden. Dies erleichtert die sequentielle Erstellung von PDF-Dateien: Wird im Verlauf des Seitenaufbaus etwa ein Bild oder ein Font benötigt, so sind diese in der PDF-Ausgabe nicht Bestandteil des Content-Streams, sondern eigenständige Objekte. Die Erzeugersoftware kann daher den Content-Stream unterbrechen, die benötigten Zusatzobjekte erzeugen und dann mit einem weiteren Content-Stream fortfahren. Im Folgenden ist unter Seitenbeschreibung immer die Zusammenfassung aller Content-Streams einer Seite zu verstehen. Das folgende Beispiel zeigt das Dictionary einer Seite, deren Inhalt durch zwei Content-Streams (in den Objekten 5 und 9) beschrieben wird. Der erste Stream enthält einige Vektorgrafikanweisungen, der zweite platziert ein Rasterbild. Zwischen den beiden Streams stehen die Bilddaten im Objekt mit der Nummer 7:

```
4 0 obj
<<
/Type /Page
/Parent 1 0 R
/Resources 11 0 R
/MediaBox [0 0 595 842]
/Contents [5 0 R 9 0 R]
>>
endobj
5 0 obj
<<
/Length 6 0 R
>>
stream
1 0 0 RG
3 w
100 600 m
400 600 l
S
endstream
endobj
6 0 obj
35
endobj
7 0 obj
<<
/Type /XObject
/Subtype /Image
/Width 745
/Height 493
```

```
/BitsPerComponent 8
/ColorSpace /DeviceRGB
/Filter [/DCTDecode]
/Length 8 0 R
>>
stream
...komprimierte Bilddaten...
endstream
endobj
8 0 obj
37406
endobj
9 0 obj
<<
/Length 10 0 R
>>
stream
q
745 0 0 493 0 0 cm
/I0 Do
Q
endstream
endobj
```

Die Content-Streams enthalten Operatoren für Text, Vektor- und Rastergrafik sowie die zugehörigen Koordinatenangaben. Außerdem können Sie Strukturinformationen für Tagged PDF enthalten. Funktional sind die Operatoren an PostScript angelehnt, ihre Namen bestehen aber im Gegensatz zu PostScript zwecks Minimierung der Dateigröße meist nur aus einem oder zwei Buchstaben. Diese Kürzel sind eng an das ursprüngliche Dateiformat von Adobe Illustrator angelehnt (seit Version 9 verwendet Illustrator jedoch PDF). Manche Operatoren beziehen sich dabei auf die Namen von Ressourcen, die im */Resource*-Eintrag der Seite definiert sind.

Die Seitenbeschreibungen sind derjenige Teil von PDF, der PostScript am ähnlichsten ist. Während die anderen Teile einer PDF-Datei zur Organisation der Daten und zur Beschreibung von Hypertextelementen dienen, bilden die Seitenbeschreibungen den Kern mit dem grafischen Inhalt der Seiten. Tabelle 12.6 enthält eine Übersicht über die verschiedenen Gruppen von Operatoren für Seitenbeschreibungen; Tabelle 12.5 listet alle Operatoren zusammen mit einer kurzen Beschreibung und den äquivalenten PostScript-Operatoren auf.

Text. Für die Ausgabe von Text gibt es in PDF eine ganze Reihe von Operatoren, die ein oder mehrere Zeichen ausgeben, Zeichen- oder Wortabstände verändern und für weitere Eigenschaften wie Hochstellung oder Verzerrung sorgen. Die Textoperatoren beziehen sich dabei auf die im */Resource*-Eintrag der Seite aufgeführten Fonts, was auch eventuell vorhandene Untergruppen und den jeweils zugehörigen Encoding-Vektor einbezieht. Text-

Tabelle 12.6 Die wichtigsten Gruppen der Operatoren für Seitenbeschreibungen

Gruppe	Bemerkungen
Text	(PDF 1.0) Textausgabe
Vektorgrafik	(PDF 1.0) Vektorgrafikfunktionen wie in PostScript Level 1
Geräteabhängige Einstellungen	(PDF 1.2, seit PDF 1.3 getrennt für fill und stroke, overprint mode und smoothness ab PDF 1.3) Rasterfunktionen und Transferkurven, Einstellungen zum Überdrucken
Farbverläufe	(PDF 1.3) Verlaufsfunktionen von PostScript 3
Markierung logischer Bestandteile (marked content)	(PDF 1.3) Kennzeichnung von Inhaltselementen für strukturiertes PDF und Tagged PDF
Transparenzfunktionen	(PDF 1.4) Kein Äquivalent in PostScript; Transparenz wird außer von Acrobat 5 nur von den neuesten Versionen der Adobe-Software unterstützt und nur von wenigen anderen Herstellern.

ausgaben können nicht beliebig mit Vektorgrafik gemischt werden, sondern werden in Textblöcken gebündelt.

Die Reihenfolge der Textausgabe unterliegt keinerlei Vorgaben oder Einschränkungen. So kann der Text einer Seite in völlig willkürlicher Reihenfolge in der PDF-Datei erscheinen und einzelne Zeichen, Silben, Wörter oder ganze Zeilen enthalten. Diese Eigenschaft ist Grund dafür, dass beim Selektieren von Text oder beim Einlesen von PDF in ein Grafikprogramm Textabsätze oft in viele einzelne Fragmente zerrissen werden.

Vektorgrafik. Einfache Grafikelemente bestehen aus den gleichen Bestandteilen wie in PostScript. So gibt es Linien, Rechtecke und Bézierkurven, aber im Gegensatz zu PostScript keine Anweisung für Kreise. Diese müssen daher aus Bézierkurven zusammengesetzt werden. Im Laufe der Entwicklung kamen weitere Operatoren hinzu, etwa solche für Farbverläufe in PDF 1.3 und Transparenz in PDF 1.4.

Rasterbilder. Raster- oder Pixelbilder bilden die dritte Säule der Seitenbeschreibungen. Sie können als so genannte *inline images* direct im Content Stream enthalten sein, wenn es sich um kleine Bilder handelt. In der Regel stehen die Bilddaten jedoch in Image XObjects. Dies sind eigenständige Objekte, die im */Resource*-Eintrag einer Seite aufgeführt sind. Die zugehörigen Bilddaten stehen in einem Objekt des Typs *stream* und sind in der Regel komprimiert. Die Farbtiefe beträgt 1, 2, 4 oder 8 Bit pro Farbkomponente. Im Gegensatz zu PostScript wird die Farbtiefe 12 Bit nicht unterstützt.

Farbe. Text- und Vektorgrafikobjekte sowie Rasterbilder können mithilfe einer Vielzahl von Farbeinstellungen eingefärbt werden. Im Gegensatz zu PostScript kann man in PDF die Farbe für die Flächenfüllungen und das Zeichnen von Umrisslinien getrennt angeben. Eine detaillierte Erläuterung der Farbverarbeitung in PDF finden Sie in Abschnitt 5.4 »Farbe in PDF«,

Seite 252. An dieser Stelle möchte ich nur kurz auf die wichtigsten technischen Parameter von Farbbeschreibungen in PDF eingehen. Farbe wird in PDF durch einen so genannten Farbraum definiert, der ein Farbmodell und bestimmte zugehörige Parameter festlegt. Der Farbraum ist entweder Bestandteil eines Image-Dictionaries oder wird als externe Ressource im /Resource-Eintrag einer Seite aufgeführt und über seinen Namen referenziert. Farbe wird je nach Farbraum durch einen oder mehrere Zahlenwerte oder Komponenten beschrieben. Tabelle 12.7 führt die in PDF möglichen Farbräume auf. Funktionen für Transparenz (teilweise durchsichtige Objekte) wurden erst in PDF 1.4 eingeführt.

Tabelle 12.7 Farbräume in PDF

Name	Farbraum und Anzahl der Komponenten
DeviceGray	(PDF 1.1, implizit in PDF 1.0) Eine Komponente für Graustufen
DeviceRGB	(PDF 1.1, implizit in PDF 1.0) Drei Komponenten für Rot, Grün, Blau
DeviceCMYK	(PDF 1.1, implizit in PDF 1.0) Vier Komponenten für Cyan, Magenta, Yellow, Black
Indexed	(PDF 1.0) Eine Komponente zur Auswahl einer Farbe aus einer Farbpalette, die in einem anderen Farbraum definiert ist
CalGray	(PDF 1.1) Eine Komponente für kalibrierte Graustufen (abgelöst durch ICCBased)
CalRGB	(PDF 1.1) Drei Komponenten für kalibrierte RGB-Farben (abgelöst durch ICCBased)
CalCMYK	(PDF 1.1) Vier Komponenten für kalibrierte CMYK-Farben; wurde in Acrobat allerdings nie implementiert und in PDF 1.2 für obsolet erklärt.
Lab	(PDF 1.1) Drei Komponenten für Lab-Farben
Pattern	(PDF 1.2) Auswahl eines Füllmusters oder (ab PDF 1.3) Farbverlaufs
Separation	(PDF 1.2) Eine Komponente zur Auswahl des Farbtons einer Schmuckfarbe
ICCBased	(PDF 1.3) Eine, drei oder vier Komponenten für einen Farbraum, der über ein ICC-Farbprofil definiert wird. Das Profil wird als eigenständiges Objekt eingebettet.
DeviceN	(PDF 1.3) Mehrere Komponenten (in Acrobat bis zu acht) für hochwertigen Mehrfarbendruck, etwa das Hexachrome-System von Pantone

Geräteabhängige Einstellungen. Das »P« in PDF steht für *portable*, also geräteunabhängig. Gemäß dieser Grundhaltung gab es vor PDF 1.2/Acrobat 3 keine Möglichkeit, analog zu PostScript geräteabhängige Einstellungen, etwa Rasterwinkel oder Transferfunktion, zu definieren. Mit zunehmendem Einsatz von PDF in der Druckvorstufe musste Adobe allerdings einsehen, dass es einen großen Bedarf für diesen vermeintlichen Widerspruch gab: geräteabhängige Einstellungen in den eigentlich geräteunabhängigen PDF-Dateien. Die Versionen 1.2 und 1.3 des PDF-Formats führten daher sukzessive immer mehr entsprechende Parameter ein. Tabelle 12.8 enthält all diese Parameter. Weitere Erläuterungen zu den geräteabhängigen Parametern in PDF finden Sie in Abschnitt 6.6.1 »Welche gerätespezifischen Anweisungen gibt es?«, Seite 282.

Tabelle 12.8 Geräteabhängige Parameter in PDF

Parameter	Bedeutung
overprint	(PDF 1.2) Objekte in einer Farbseparation überdrucken andere Farben.
overprint mode	(PDF 1.3) CMYK-Farbkomponenten mit dem Wert 0 werden ignoriert.
black generation	(PDF 1.2) Funktion zur Bestimmung des Schwarzanteils bei der Konvertierung von RGB nach CMYK
undercolor removal	(PDF 1.2) Funktion zur Reduzierung des Farbanteils aus CMY-Komponenten
transfer	(PDF 1.2) Transferfunktion zur Anpassung von Graustufen oder Farbwerten
halftone	(PDF 1.2) Rasterparameter (Frequenz, Winkel und Spotfunktion)
flatness	(PDF 1.0) Genauigkeit bei der Ausgabe von Kurvensegmenten
smoothness	(PDF 1.3) Genauigkeit bei der Darstellung von Farbverläufen

12.3.4 Separationsangaben.

PDF fördert eigentlich einen Workflow mit nicht vorseparierten *(composite)* Daten, doch es hindert einen auch nicht daran, vorseparierte PostScript-Daten nach PDF zu konvertieren. Dabei entsteht für jede Druckfarbe ein schwarzer Farbauszug als so genannte Separation. Die Separationen erzeugen erst bei Ausgabe auf einer Druckmaschine Farbe. Eine PDF-Datei kann zum Beispiel erst die Cyan-, Magenta-, Yellow- und Black-Auszüge für Seite 1 enthalten, dann die vier Auszüge für Seite 2 usw. Nachbearbeitungssoftware, etwa zur Bogenmontage, muss nun alle gleichfarbigen Auszüge als solche erkennen, um korrekt montieren zu können. Da diese Angaben nicht direkt in der Seite enthalten sind, kann das Dictionary einer Seite unter dem Schlüssel */SeparationInfo* ein zusätzliches Dictionary mit dieser Information enthalten. Darin stehen Verweise auf die anderen Seiten, die weitere Farbauszüge zur gleichen Seite enthalten, der Name des benutzten Farbauszugs sowie optional eine Definition der jeweiligen Farbe (um eine Simulation zu ermöglichen).

12.4 Schriften

12.4.1 Fontformate und Einbettung.

Acrobat und PDF unterstützen eine ganze Reihe verschiedener Fontformate und decken damit das gesamte Spektrum aktueller Schriften ab. Tabelle 12.9 listet alle Fontformate von PDF auf. Einzelheiten zu den erwähnten Fonttypen finden Sie in Abschnitt 4.3 »Die wichtigsten Fontformate«, Seite 128.

Ähnlich wie PostScript bietet PDF die Möglichkeit, die Daten eines Fonts, also die Umrissbeschreibungen der einzelnen Zeichen, in das Dokument einzubetten. Dazu werden die Fontdaten als (möglicherweise komprimiertes) Objekt des Typs *stream* in die PDF-Datei integriert. Die Fonteinbettung stellt sicher, dass der Empfänger des Dokuments über genau die Fontdaten verfügt, mit denen das Dokument erstellt wurde. Dadurch ist eine exakte Darstellung der Schrift gewährleistet. Acrobat installiert die eingebetteten

Schriften nicht auf dem System des Empfängers, sondern nutzt sie nur für Bildschirmanzeige und Ausdruck.

Die Entscheidung darüber, ob die Daten eines Fonts in die PDF-Datei eingebettet werden oder nicht, liegt nur teilweise beim Benutzer. Dabei spielen die folgenden Kriterien eine Rolle:

- Distiller-Einstellungen
- Eigenschaften des Fonts (Embedding-Flag)
- Encoding-Vektor
- Zeichenvorrat des Fonts

Eine Beschreibung dieser Zusammenhänge finden Sie in Abschnitt 3.4 »Distiller-Einstellungen«, Seite 96.

Tabelle 12.9 Fontformate in PDF

Name	Bemerkungen	Ergebnis von...
Type1	(PDF 1.0) Type-1-Fonts; Ab PDF 1.2 können Fonts unter der Bezeichnung Type1C auch im CFF-Format eingebettet werden.	Type 1 OpenType mit PS
MMType1	(PDF 1.0) Multiple-Master-Fonts als Erweiterung von Type 1; Es wird jedoch nur eine einzelne Instanz (Schnappschuss) eines MM-Fonts eingebettet.	Type 1 Multiple Master
Type3	(PDF 1.0) Benutzerdefinierte Schriften; Type-3-Fonts können nicht substituiert werden und sind daher immer eingebettet.	Type 3 nach Konvertierung in PDF-Zeichenanweisungen
TrueType	(PDF 1.0) TrueType-Fonts können direkt eingebettet werden; Type-42-Fonts werden als TT eingebettet.	TrueType, Type 42, OpenType mit TT
Type0	(PDF 1.2) Composite Font, fungiert nicht als eigenständiger Font, sondern als übergeordnete Struktur für CID-Fonts des Typs 0 oder 2	–
CIDFontType0	(PDF 1.2) CID-Font mit PostScript-Outlines. Ab PDF 1.3 können Fonts als CIDFontType0C auch im CFF-Format eingebettet werden.	OpenType mit PS, CID-Font mit PS (Lateinisch oder CJK)
CIDFontType2	(PDF 1.2) CID-Font mit TrueType-Outlines	TrueType (Lateinisch oder CJK)

Fontuntergruppen. Die Daten eines Fonts müssen nicht unbedingt vollständig in die PDF-Datei eingebettet werden, sondern können auch als so genannte Untergruppe *(font subset)* eingebettet sein. Dabei enthält die PDF-Datei nur die Umrissbeschreibungen derjenigen Zeichen, die auch tatsächlich im Dokument vorkommen. Dieses Vorgehen verkleinert die PDF-Datei oft erheblich, da viele Fonts wesentlich mehr Zeichen enthalten, als in einer einzelnen Sprache (geschweige denn einem einzelnen Dokument) überhaupt benutzt werden. Diese Platzersparnis ist vor allem bei Fontformaten mit sehr großem Zeichenvorrat wichtig, insbesondere modernen TrueType- und OpenType-Schriften. Nebenbei bieten Untergruppen dem Hersteller einer Schrift auch einen gewissen Schutz seines geistigen Eigentums, da die Fontdaten nur in unvollständiger Form mit der PDF-Datei weitergegeben werden und damit meist auch nicht anderweitig nutzbar sind, sondern nur für das jeweilige Dokument.

Zur Unterscheidung einer Untergruppe vom vollständigen Font (oder anderen Untergruppen) erhalten die Fontnamen bei der Bildung von Untergruppen ein Präfix aus zufällig gewählten sechs Buchstaben. Aus dem ursprünglichen Schriftnamen *Bellevue* wird so zum Beispiel die Bezeichnung

```
/FontName /GFGHBI+Bellevue
```

in der PDF-Datei. Seit Version 4 zeigt Acrobat dieses Präfix in der Schriftinformation nicht mehr an, sondern entfernt es wieder.

12.4.2 Datenstrukturen für Fonts.

PDF enthält mehrere Datenstrukturen, die zusammen einen Font definieren. Nach den Beschreibungen dieser Strukturen folgen jeweils Beispiele, die sich auf die Schrift *WarnockPro-Italic* beziehen.

Fontdictionary. Dies ist die zentrale Datenstruktur mit Angaben zum Font. Sie steht auch dann in der PDF-Datei, wenn die eigentlichen Fontdaten nicht eingebettet wurden. Sie enthält folgende Angaben:

- Typ des Fonts gemäß Tabelle 12.9 *(/Type und /Subtype)*
- Der Zeichenbereich, der im Encoding und der Breitentabelle kodiert ist *(/FirstChar* und */LastChar)*.
- Array mit den Laufweiten aller belegten Zeichen des Fonts *(/Widths)*. 1000 Einheiten entsprechen dabei der Fonthöhe.
- Name des benutzten Encodings, der über seinen Namen oder als indirektes Objekt referenziert wird und dann an anderer Stelle der PDF-Datei steht. Bei CID-Fonts enthält dieser Eintrag den Namen der benutzten CMap *(/Encoding)*.
- PostScript- oder TrueType-Name des Fonts *(/BaseFont)*
- Beschreibung allgemeiner Eigenschaften des Fonts *(/FontDescriptor)*. Der Fontdeskriptor wird ebenfalls als indirektes Objekt referenziert.
- Für CID-Fonts: Name der zugehörigen *character collection*, also des enthaltenen Zeichenvorrats *(/CIDSystemInfo)*
- optional: Unicode-Zuordnung der Zeichen *(/ToUnicode)*

Das folgende Listing zeigt ein vollständiges Fontdictionary. Darin springt vor allem das */Widths*-Array ins Auge:

```
7 0 obj
<<
/Type /Font
/Subtype /Type1
/FirstChar 0
/LastChar 255
/Widths [
```

```
500 500 500 500 500 500 500 500 500 500 500 500 500
500 500 500 500 500 500 500 500 500 500 500 500 500
235 235 332 507 507 784 712 181 305 315 373 604 219 353 219 381
507 507 507 507 507 507 507 507 507 507 219 219 594 604 594 402
819 677 606 667 722 571 532 729 746 330 312 660 551 924 731 739
565 737 602 499 640 743 670 951 656 594 634 315 453 315 498 483
386 532 512 408 544 419 268 419 533 290 262 468 283 822 546 478
528 506 382 357 326 561 449 679 484 445 426 313 301 315 552 500
507 500 206 500 367 814 445 445 500 1119 499 328 499 640 634 634
500 204 204 357 357 369 582 883 500 475 357 328 357 326 426 426
235 386 386 561 507 677 301 458 386 696 499 524 604 353 292 634
287 602 386 300 386 549 506 204 386 532 357 524 551 386 283 426
602 677 677 677 677 551 667 667 667 571 571 571 571 330 330 722
745 731 731 739 739 739 739 604 602 743 743 743 743 594 640 530
382 532 532 532 532 283 408 408 408 419 419 419 419 290 290 544
455 546 546 478 478 478 478 604 382 561 561 561 561 445 326 386
]
/Encoding 9 0 R
/BaseFont /WarnockPro-It
/FontDescriptor 10 0 R
>>
endobj
```

Encoding. Der Encoding eines Fonts definiert die Umsetzung von Byte-Werten in Zeichen (dieser Zusammenhang wird in Abschnitt 4.7 »Zeichensätze«, Seite 176, ausführlich behandelt. Der Eintrag /Encoding im Fontdictionary beschreibt die Zeichensatzzuordnung entweder über einen Encoding (für bis zu 256 Zeichen) oder über eine CMap (für beliebig viele Zeichen). Der Encoding-Vektor kommt bei Schriften der Typen *Type1*, *MMType1*, *Type3* und *TrueType* zum Einsatz, ein CMap-Eintrag findet sich bei *CIDFontType0* und *CIDFontType2*. Für die Belegung des Encoding-Eintrags gibt es folgende Möglichkeiten:

- Der Name eines der vordefinierten Encodings *MacRomanEncoding*, *MacExpertEncoding* oder *WinAnsiEncoding*. Nur diese drei Namen sind zulässig, nicht aber gängige Standards wie etwa ISO 8859-1. Beachten Sie, dass der symbolische Name *PDFDocEncoding* nur bei Hypertextelementen zum Einsatz kommt, nicht aber bei Fonts für Seitenbeschreibungen (siehe Abschnitt 11.2.4 »Datentypen und Koordinaten«, Seite 472). Soll Text in diesem Encoding kodiert werden (etwa für Formularfelder), so muss er explizit über ein Array definiert werden.
- Ein Encoding-Vektor, dessen Zeichennamen entweder vollständig aufgezählt werden oder der über seine Unterschiede zu einem vordefinierten Encoding festgelegt wird.
- Der Name einer vordefinierten CMap oder ein Verweis auf eine eingebettete CMap; CMaps werden im nächsten Abschnitt genauer behandelt.

Falls kein Encoding eingetragen ist, wird bei Type-1-Fonts der interne Encoding des Fonts benutzt; bei TrueType-Fonts wird über ein komplexes Verfahren eine der im Font vorhandenen *cmap*-Tabellen ausgewählt (siehe Abschnitt 4.7.4 »Kodierung von TrueType- und OpenType-Fonts«, Seite 192). Type-3- und CID-Fonts müssen immer einen Encoding-Eintrag enthalten.

Das folgende Listing enthält einen Encoding-Vektor mit Zeichennamen für die Definition der Windows-Codepage 1250. Unbelegte Positionen sind wie in PostScript am Eintrag */.notdef* ersichtlich:

```
9 0 obj
<<
/Type /Encoding
/Differences [0
/.notdef/.notdef/.notdef/.notdef/.notdef/.notdef/.notdef/.notdef
/.notdef/.notdef/.notdef/.notdef/.notdef/.notdef/.notdef/.notdef
/.notdef/.notdef/.notdef/.notdef/.notdef/.notdef/.notdef/.notdef
/.notdef/.notdef/.notdef/.notdef/.notdef/.notdef/.notdef/.notdef
/space/exclam/quotedbl/numbersign/dollar/percent/ampersand/quotesingle
/parenleft/parenright/asterisk/plus/comma/hyphen/period/slash/zero
/one/two/three/four/five/six/seven/eight/nine/colon/semicolon/less
/equal/greater/question/at/A/B/C/D/E/F/G/H/I/J/K/L/M/N/O/P/Q/R/S
/T/U/V/W/X/Y/Z/bracketleft/backslash/bracketright/asciicircum
/underscore/grave/a/b/c/d/e/f/g/h/i/j/k/l/m/n/o/p/q/r/s/t/u/v/w/x
/y/z/braceleft/bar/braceright/asciitilde/.notdef/Euro/.notdef
/quotesinglbase/.notdef/quotedblbase/ellipsis/dagger/daggerdbl
/.notdef/perthousand/Scaron/guilsingleft/Sacute/Tcaron/Zcaron
/Zacute/.notdef/quoteleft/quoteright/quotedblleft/quotedblright
/bullet/endash/emdash/.notdef/trademark/scaron/guilsinglright/sacute
/tcaron/zcaron/zacute/space/caron/breve/Lslash/currency/Aogonek
/brokenbar/section/dieresis/copyright/Scedilla/guillemotleft
/logicalnot/hyphen/registered/Zdotaccent/degree/plusminus/ogonek
/lslash/acute/mu/paragraph/periodcentered/cedilla/aogonek/scedilla
/guillemotright/Lcaron/hungarumlaut/lcaron/zdotaccent/Racute/Aacute
/Acircumflex/Abreve/Adieresis/Lacute/Cacute/Ccedilla/Ccaron/Eacute
/Eogonek/Edieresis/Ecaron/Iacute/Icircumflex/Dcaron/Eth/Nacute/Ncaron
/Oacute/Ocircumflex/Ohungarumlaut/Odieresis/multiply/Rcaron/Uring
/Uacute/Uhungarumlaut/Udieresis/Yacute/Tcommaaccent/germandbls
/racute/aacute/acircumflex/abreve/adieresis/lacute/cacute/ccedilla
/ccaron/eacute/eogonek/edieresis/ecaron/iacute/icircumflex/dcaron
/eth/nacute/ncaron/oacute/ocircumflex/ohungarumlaut/odieresis
/divide/rcaron/uring/uacute/uhungarumlaut/udieresis/yacute
/tcommaaccent/dotaccent  ]
>>
endobj
```

CMaps für CID-Fonts. Bei CID-Fonts, also Fonts der Typen *CIDFontType0* und *CIDFontType2*, wird der Zeichensatz nicht durch einen Encoding-Vektor definiert, sondern durch eine komplexe Datenstruktur mit dem Namen CMap, die im Gegensatz zum Encoding mehr als 256 Zeichen eines Fonts organisieren kann. CID-Fonts kommen meist für asiatische Schriften zum Einsatz, können aber auch bei der Einbettung westlicher TrueType-Fonts entstehen. Nähere Angaben zu CMaps für asiatische Schriften finden Sie in Abschnitt 3.3.4 »CJK-Schriften«, Seite 91.

Bei konvertierten TrueType-Fonts lautet die zugehörige CMap einfach *Identity-H*, das heißt es findet keine weitere Umsetzung von Zeichencodes statt. Stattdessen dienen die Codes in der Seitenbeschreibung direkt zum Zugriff auf die Zeichen im Font, der dann meist als Untergruppe eingebettet ist.

CMaps können auch komplett in der PDF-Datei eingebettet sein. Dies funktioniert jedoch erst ab Acrobat 4.05. CMaps dienen außerdem zur Konstruktion der *toUnicode*-Datenstruktur, die im Zusammenhang mit Unicode und Tagged PDF eine Rolle spielt.

Fontdeskriptor. Diese Struktur wird für die Fontsubstitution benötigt (siehe Abschnitt 3.4 »Distiller-Einstellungen«, Seite 96) und existiert daher nicht für Fonts der Typen 0 und 3, da es bei diesen grundsätzlich keine Substitution gibt. Der Deskriptor einer Schrift enthält folgende Angaben:

- PostScript- oder TrueType-Name des Fonts, der aber durch den Druckertreiber verfälscht sein kann *(/FontName)*.
- Typographische Angaben wie Unterlänge, Oberlänge, Neigungswinkel, horizontale und vertikale Stammstärke *(/Descent, /Ascent, /ItalicAngle usw.)*
- Namen der in einem Type-1-Font enthaltenen Zeichen bei Untergruppen (wichtig für die Zusammenführung mehrerer Untergruppen des selben Fonts) oder die Character-IDs der enthaltenen Zeichen eines CID-Fonts *(/CharSet* bzw. */CIDSet)*.
- Flags mit wichtigen Eigenschaften der Schrift, etwa äquidistant oder proportional, mit oder ohne Serifen, kursiv, Kapitälchen, Skriptfont (kursive Handschrift) oder die Angabe, dass der Font ausschließlich Zeichen aus dem *Standard Latin Character Set* benutzt. Letzteres ist für die Fontsubstitution von Bedeutung *(/Flags)*.
- Falls der Font eingebettet ist: die eigentlichen Fontdaten, also die Umrissbeschreibungen aller oder (bei Untergruppen) nur der tatsächlich benutzten Zeichen *(/FontFile, /FontFile2, /FontFile3)*. Fehlt dieser Eintrag, so ist der Font nicht eingebettet.

Das folgende Listing zeigt einen Fontdeskriptor, der im Eintrag */FontFile3* auf ein weiteres Objekt mit den eingebetteten Fontdaten (wiederum in einem indirekten Objekt) verweist:

```
10 0 obj
<<
/Type /FontDescriptor
/Ascent 735
/CapHeight 659
/Descent -265
/Flags 96
/FontBBox [-221 -533 1474 950]
/FontName /WarnockPro-It
/ItalicAngle -15
/StemV 87
```

```
/XHeight 440
/FontFile3 11 0 R
>>
endobj
```

12.5 Hypertext

In diesem Abschnitt wollen wir uns wichtige Eigenschaften des Dokuments bzw. einzelner Seiten ansehen, die nicht Bestandteil der Seitenbeschreibungen sind.

Dokumentinformationen. Die Infofelder (in Acrobat 5 *Dokumentzusammenfassung*) enthalten Metainformationen. Die standardmäßig vorhandenen Felder stehen in der Objekthierarchie in einem Dictionary direkt unter dem Eintrag */Info*. Sie können folgende Schlüssel enthalten, deren Werte in Acrobat der Anzeige des Menübefehls *Dokument, Dokumenteigenschaften, Übersicht...* entsprechen:

```
Title, Author, Subject, Keywords,
Creator, Producer, CreationDate, ModDate, Trapped
```

Neben diesen Standardfeldern kann das Info-Dictionary auch beliebige selbst definierte Felder enthalten. Die Werte, die diesen Einträgen zugeordnet sind, sind Strings, die entweder gemäß *PDFDocEncoding* (siehe Abschnitt »Strings«, Seite 473) oder aber gemäß Unicode kodiert sind. Bei Unicode-Strings kommt oft die hexadezimale Schreibweise zum Einsatz, wodurch die Einträge bei Inspektion im Editor ziemlich unleserlich werden.

In PDF 1.4 führte Adobe eine neue Architektur für Metadaten ein, die obiges Schema stark erweitert. Dabei enthält das */Info*-Dictionary unter dem Schlüssel */Metadata* ein zusätzliches Objekt des Typs *stream*, das XML-Daten enthält. Diese XML-Daten gemäß Adobes XMP-Spezifikation enthalten Metadaten für das gesamte Dokument. Darüber hinaus können auch einzelne Objekte, etwa Fonts, Seitenbeschreibungen oder Hypertextelemente einen */Metadata*-Eintrag zur näheren Beschreibung des Objekts enthalten. Damit bleiben zum Beispiel die Metadaten einer Seite erhalten, wenn mehrere PDF-Dokumente kombiniert werden oder eine Grafik auf einer neuen Seite platziert wird. Distiller 5 erzeugt einen */Metadata*-Eintrag im */Info*-Dictionary, der den bisherigen Dokumentinfoeinträgen entspricht. Da die XML-Daten immer unkomprimiert in der PDF-Datei stehen, können andere Anwendungsprogramme leicht darauf zugreifen.

Formularfelder. Die Vielfalt der Einstellungsmöglichkeiten und Optionen von Formularfeldern erfordert komplexe Datenstrukturen bei der Speicherung in PDF. Das */Root*-Dictionary enthält unter dem Schlüssel */AcroForms* ein Dictionary, das im Eintrag */Fields* Verweise auf die einzelnen Felder enthält. Diese werden wiederum durch ein Dictionary beschrieben, das eine

Fülle von Optionen aufnehmen kann. In den Tabellen in Abschnitt 11.7 »Formularfelder mit pdfmarks«, Seite 507, finden Sie Dictionary-Einträge zur Beschreibung der Feldeigenschaften.

Piktogramme. Piktogramme sind verkleinerte Darstellungen einer Seite und hießen bis Acrobat 4 noch Thumbnails. Sie werden durch ein Image-XObject definiert, welches im Dictionary einer Seite unter dem Schlüssel */Thumb* aufgehängt ist. Als Farbraum kommen nur Graustufen und RGB infrage, die Größe ist auf 106 x 106 Pixel begrenzt.

Lesezeichen. Lesezeichen *(outlines)* fungieren in der Hauptsache als Inhaltsverzeichnis eines Dokuments und erlauben den Sprung zur jeweiligen Seite. Sie können aber auch beliebige andere Vorgänge aufnehmen. Die Datenstruktur für Lesezeichen ist unter dem Schlüssel */Outlines* im */Root*-Dictionary aufgehängt und enthält eine verkettete Liste weiterer Dictionaries für die einzelnen Einträge. Die Verkettung erfolgt mithilfe der Einträge */First* und */Last*, die im obersten Eintrag des Bookmark-Baums auf das erste bzw. letzte Lesezeichen verweisen, sowie die Einträge */Prev* und */Next*, mit denen ein Lesezeichen auf seinen Vorgänger bzw. Nachfolger verweist. Weitere Angaben, insbesondere zur Bedeutung des Schlüssels */Count*, finden Sie im im pdfmark-Kapitel im Abschnitt »Lesezeichen«, Seite 490. Der Text des Lesezeichens steht im Dictionary unter dem Schlüssel */Title* und kann in *PDFDocEncoding* oder Unicode kodiert sein. Das folgende Beispiel enthält drei Lesezeichen, wobei die letzten beiden dem ersten untergeordnet sind (siehe Abbildung 12.4):

```
2 0 obj
<<
/Type /Catalog
/Pages 1 0 R
/Outlines 7 0 R
>>
endobj
7 0 obj
<<
/Count 1
/First 8 0 R
/Last 8 0 R
>>
endobj
8 0 obj
<<
/Parent 7 0 R
/Dest [4 0 R /XYZ null null 0]
/Title (Kapitel 1)
/First 9 0 R
/Last 9 0 R
/Count -1
>>
```

Abb. 12.4 Verschachtelte Lesezeichen

```
endobj
9 0 obj
<<
/Parent 8 0 R
/Dest [4 0 R /XYZ null null 0]
/Title (Abschnitt 1.1)
>>
endobj
```

Kommentare. Kommentare *(annotations*, nicht zu verwechseln mit Kommentaren im Code der Datei, die wie in PostScript durch ein Prozentzeichen eingeleitet werden) umfassen nicht nur Notizen und Verknüpfungen, sondern seit PDF 1.3 auch diverse Möglichkeiten zur Hervorhebung und Markierung von Text- oder Grafikelementen einer Seite. Die optische Darstellung eines Kommentars wird nicht als Bestandteil der Seitenbeschreibung gespeichert, sondern in einem speziellen *annotation dictionary*, das unter dem Namen */Annots* im Dictionary der Seite steht.

Der Eintrag */Rect* im Annotation-Dictionary enthält die Koordinaten der linken unteren und rechten oberen Ecke des Kommentars. Kommentare werden immer im Standardkoordinatensystem von PDF angegeben (siehe Abschnitt »Koordinatensystem«, Seite 476). Der Eintrag */Subtype* beschreibt die Art des Kommentars. Das folgende Beispiel zeigt das Dictionary einer Seite, die als einzige Annotation einen Weblink enthält:

```
<<
/Type /Page
/Parent 1 0 R
/Resources 8 0 R
/MediaBox [0 0 595 842]
/Contents [5 0 R]
/Annots [9 0 R]
>>
endobj
9 0 obj
<<
/Type /Annot
/Subtype /Link
/Rect [100 100 300 200]
/A << /S /URI /URI (http://www.pdflib.com) >>
>>
```

Tabelle 12.10 listet alle in PDF 1.4 möglichen Kommentartypen zusammen mit dem zugehörigen Acrobat-Werkzeug auf.

Tabelle 12.10 Kommentare (Annotationen) in PDF

Name (/Subtype)	Entsprechung in Acrobat
Text	(PDF 1.0) Notiz-Werkzeug
Link	(PDF 1.0) Verknüpfungs-Werkzeug
FreeText	(PDF 1.3) Freier Text-Werkzeug
Line	(PDF 1.3) Linien-Werkzeug
Square	(PDF 1.3) Quadrat-Werkzeug
Circle	(PDF 1.3) Kreis-Werkzeug
Highlight	(PDF 1.3) Hervorheben-Werkzeug
Underline	(PDF 1.3) Unterstreichen-Werkzeug
StrikeOut	(PDF 1.3) Durchstreichen-Werkzeug
Stamp	(PDF 1.3) Stempel-Werkzeug
Ink	(PDF 1.3) Bleistift-Werkzeug
Popup	(PDF 1.3) Notizfenster für eine andere Annotation beliebigen Typs mit Ausnahme von FreeText, FileAttachment, Sound und TrapNet
FileAttachment	(PDF 1.3) Dateianlage-Werkzeug
Sound	(PDF 1.2) Audiodatei-Werkzeug
Movie	(PDF 1.2) Movie-Werkzeug
Widget	(PDF 1.2) Formular-Werkzeug
TrapNet	(PDF 1.3) Überfüllungsinformation, siehe Abschnitt 6.2.5 »Trap Networks in PDF«, Seite 267 (kann in Acrobat nicht erzeugt werden)
Squiggly	(PDF 1.4) Unterringelung von Text, vor allem zur Hervorhebung unbekannter Wörter bei der Rechtschreibprüfung (kann nicht über die Benutzeroberfläche erzeugt werden, wohl aber mit JavaScript)
PrinterMark	(PDF 1.4) Zusatzelemente zur Produktionssteuerung, etwa Schnitt- und Registermarken oder Farbbalken (kann in Acrobat nicht erstellt werden)

13 Sicherheit von PDF-Dateien

Dieses Kapitel behandelt die Verschlüsselung von PDF-Dokumenten und andere sicherheitsrelevante Themen mit Ausnahme der digitalen Signatur, der das gesamte nächste Kapitel gewidmet ist.

13.1 Kryptografische Grundbegriffe

In diesem Abschnitt möchte ich kurz einige Grundbegriffe der Kryptografie erläutern, die als Bausteine bei Verschlüsselung und Signatur zum Einsatz kommen und uns in diesem und dem nächsten Kapitel immer wieder begegnen werden. In der Kryptografie geht es um die Erreichung folgender Ziele:

- Vertraulichkeit: Die Informationen sollen nur berechtigten Personen zugänglich sein und müssen daher vor neugierigen Dritten geschützt werden.
- Authentizität: Die Informationen stammen wirklich vom angeblichen Verfasser oder Absender.
- Integrität: Die Informationen wurden seit der Erstellung oder dem Absenden nicht verfälscht.

13.1.1 Private-Key-Kryptografie.

Ohne auf die Details einzugehen, möchte ich kurz die wichtigsten Eigenschaften von Private-Key-Verfahren auflisten, die auch symmetrische Verfahren heißen. Wie die Bezeichnung »Private Key« schon verdeutlicht, handelt es sich dabei um Verfahren, die die Daten mithilfe eines geheim zu haltenden Schlüssels chiffrieren. Der Empfänger der Daten muss über den gleichen geheimen Schlüssel verfügen, um die Daten wieder zu dechiffrieren. Damit das funktioniert, müssen beide Partner den Schlüssel vor Beginn der Kommunikation austauschen. Dies muss natürlich auf sichere Art erfolgen, denn in der Geheimhaltung des Schlüssels liegt ja die gesamte Sicherheit des Verfahrens. Während die Überbringung von Chiffrierschlüsseln im konventionellen Umfeld vielleicht noch durch persönliche Treffen erledigt werden kann, stellt deren sichere Verteilung im Internet ein großes Problem dar. Ein weiteres Problem symmetrischer Verfahren liegt in der Anzahl der benötigten Schlüssel. Wollen viele Kommunikationspartner jeweils paarweise kommunizieren, so ist pro Paar ein geheimer Schlüssel auszutauschen. Mit anderen Worten: Die Anzahl der Schlüssel wächst quadratisch mit der Teilnehmerzahl – und damit auch die logistischen Probleme.

Das bekannteste symmetrische Verfahren ist DES (Data Encryption Standard), das mit 56 Bit langen Schlüsseln arbeitet. DES ist allerdings schon sehr alt und gilt nicht mehr als sicher genug: Das Verfahren wurde im Januar 1999 innerhalb von 22 Stunden geknackt; die Geheimdienste sind höchstwahrscheinlich in der Lage, DES-Verschlüsselung in Echtzeit, also ohne Zeitverzögerung zu knacken. Die dreifache Anwendung von DES, auch als Triple-DES bezeichnet, gilt jedoch noch als sicher. Als sicherer Nachfolger für DES wurde im Herbst 2000 von der US-amerikanischen Standardisierungsbehörde NIST das Verfahren Rijndael unter mehreren Kandidaten ausgewählt. Es soll unter der Bezeichnung AES *(Advanced Encryption Standard)* als Standardverschlüsselung der nächsten Jahrzehnte dienen.

RC4 ist ein weit verbreiteter Verschlüsselungsalgorithmus, der in vielen Hard- und Softwareprodukten zum Einsatz kommt und auch Bestandteil diverser Internet-Protokolle ist. RC4 wurde von dem bekannten Kryptografen Ron Rivest entwickelt und wird zum Beispiel im SSL-Protokoll für die sichere Webübertragung genutzt.

RC4 ist im Unterschied zum blockorientierten DES-Algorithmus ein Stromverfahren, das heißt die Länge des chiffrierten Datenstroms ist immer mit der des ursprünglichen Klartexts identisch. RC4 kann im Gegensatz zu anderen Verfahren wie etwa DES unterschiedliche Schlüssellängen nutzen. Je länger die verwendeten Schlüssel sind, umso sicherer ist das Verfahren (siehe die Ausführungen zur Schlüssellänge unten).

13.1.2 Public-Key-Kryptografie.

Die Entwicklung der Public-Key-Verschlüsselung (asymmetrische Verschlüsselung) in den siebziger Jahren des 20. Jahrhunderts ist sicher eine der bahnbrechenden kryptografischen Leistungen. Public-Key-Verfahren ermöglichen nicht weniger als den chiffrierten Austausch von Daten zwischen Partnern, die sich vorher nie gesehen und insbesondere keine geheimen Schlüssel ausgetauscht haben. Um diese erstaunliche Eigenschaft zu erreichen, arbeiten solche Verfahren mit zwei verschiedenen Schlüsseln (daher auch asymmetrische Verschlüsselung genannt). Während der eine Schlüssel nur zum Chiffrieren benutzt wird, dient der zweite zum Dechiffrieren der Daten. Zwischen beiden Schlüsseln besteht ein enger Zusammenhang, jedoch lässt sich einer nicht aus dem anderen berechnen (dies leistet die zugrunde liegende Mathematik). Der Trick besteht darin, dass der Chiffrierschlüssel beliebig veröffentlicht werden kann, daher auch die Bezeichnung öffentlicher Schlüssel *(public key)*. Damit kann jedermann Daten chiffrieren, die sich nur mit dem zugehörigen privaten Schlüssel *(private key)* wieder dechiffrieren lassen.

Public-Key-Verschlüsselung wird wie folgt angewandt: Der Empfänger der Daten erzeugt ein zusammengehöriges Schlüsselpaar und gibt einen dieser Schlüssel öffentlich bekannt. Da dieser Schlüssel nicht vertraulich zu behandeln ist, kann die Veröffentlichung auf beliebigen unsicheren Wegen erfolgen, insbesondere auch per Internet. Der Absender besorgt sich diesen Schlüssel, chiffriert damit die Daten und sendet sie zum Empfänger. Dieser nimmt den zugehörigen privaten Schlüssel, den er streng geheim halten muss, und dechiffriert damit die empfangenen Daten.

Die nützlichen Eigenschaften asymmetrischer Verfahren müssen allerdings mit einem Nachteil erkauft werden: Die Ver- bzw. Entschlüsselung verläuft wesentlich langsamer als bei symmetrischen Verfahren (bei den verbreiteten Algorithmen beträgt der Unterschied etwa den Faktor 1000). Aufgrund der oft unzureichenden Geschwindigkeit werden in der Praxis beide Verfahrensklassen zu so genannten Hybridverfahren kombiniert, mit denen man das Beste aus beiden Welten erhält.

Das am weitesten verbreitete Verfahren zur asymmetrischen Verschlüsselung ist nach den Erfindern Ron Rivest, Adi Shamir und Leonard Adleman *RSA* benannt und kommt in unzähligen kryptografischen Produkten und Protokollen zum Einsatz. RSA war in den USA patentiert, doch das Patent lief im September 2000 aus.

13.1.3 Schlüssellängen.

Die Widerstandskraft eines kryptografischen Verfahrens gegen Angriffe mittels Durchprobieren aller möglichen Schlüssel (so genannte Brute-Force-Angriffe) hängt von der Länge der benutzten Schlüssel ab. Je länger die Schlüssel, desto sicherer ist das Verfahren, umso länger dauert aber auch die Ver- und Entschlüsselung. Dabei ist zu beachten, dass eine Verlängerung des Schlüssels um ein Bit das Verfahren bereits doppelt so stark macht.

Bei der Betrachtung von Schlüssellängen ist es wichtig, zwischen symmetrischen und asymmetrischen Verfahren zu unterscheiden, da diese prinzipbedingt völlig unterschiedliche Schlüssellängen erfordern. Tabelle 13.1 führt empfohlene Schlüssellängen für diverse Einsatzbereiche auf.

Tabelle 13.1 Empfohlene Schlüssellängen für symmetrische und asymmetrische Verfahren

Einsatzzweck	symmetrische Verfahren	asymmetrische Verfahren
frühere Exportgrenze – unsicher, nur zum Vergleich!	(40 Bit)	(512 Bit)
persönlich	75 - 90 Bit	768 Bit
kommerziell	128 Bit	1024 Bit
militärisch	168 Bit	2048 Bit

Exportrestriktionen. Kryptografische Produkte unterlagen in den USA lange Zeit sehr restriktiven Exportvorschriften und wurden sogar als militärisches Material klassifiziert. Um die Verbreitung starker Kryptografie einzuschränken, durften amerikanische Hersteller über Jahrzehnte hinweg nur Produkte mit kurzen Schlüsseln exportieren. Die Obergrenze für die Schlüssel wurde so festgelegt, dass es für die Geheimdienste ein Leichtes war, entsprechende Chiffrierungen zu knacken. Aufgrund dieser Exportvorschriften durfte RC4 zum Beispiel nur bei einer Schlüssellänge bis zu 40 Bit aus den USA exportiert werden. Daher arbeiten viele Produkte nur mit kurzen und unsicheren RC4-Schlüsseln.

Anfang 2000 wurden die amerikanischen Exportbeschränkungen allerdings gelockert. Seither enthalten neuere Programme, zum Beispiel Webbrowser und Krypto-Implementierungen, mit längeren Schlüsseln.

13.1.4 Hashfunktionen.

Es gibt in der Informatik viele Verfahren zur Erkennung und sogar Behebung von Fehlern, die bei der Datenübertragung auftreten können. Ein bekanntes Beispiel ist das Paritätsbit, das bei der seriellen Übertragung so gewählt wird, dass die Summe aller Bits in einem übertragenen Wort gerade ist. Wird nun bei der Übertragung ein Bit durch technische Störungen verändert, so stimmt das Prüfbit des Worts nicht mehr. Der Empfänger erkennt daran, dass ein Fehler aufgetreten ist, und kann die Daten erneut anfordern. Ein ähnliches Verfahren wird bei der Konstruktion von ISBN-Buchnummern benutzt (siehe auch Abschnitt 10.4 »Formatierung, Validierung und Berechnung«, Seite 438). Dabei werden die einzelnen Stellen nicht einfach aufsummiert, sondern zusätzlich mit einem Faktor multipliziert, der für jede Stelle anders aussieht. Dies gewährleistet, dass sich Fehler an zwei verschiedenen Stellen nicht gegenseitig aufheben können, sondern auch diese Situation zuverlässig erkannt wird. Kompliziertere Verfahren arbeiten nicht mit einem einzelnen Prüfbit oder -zeichen, sondern berechnen eine Prüfsumme aus den Nutzdaten, anhand derer man Übertragungsfehler erkennen kann.

All diese Verfahren eignen sich jedoch nur zur Erkennung von Datenänderungen, die aufgrund technischer Probleme bzw. zufälliger Störungen (etwa Tippfehler) auftreten. Insbesondere gibt es einen systematischen Zusammenhang zwischen Nutzdaten und Prüfsumme in zwei Richtungen: Zu vorgegebenen Daten kann man natürlich immer die Prüfsumme berechnen, es ist aber auch trivial, Daten so zu wählen, dass sie eine vorgegebene Prüfsumme erreichen.

In der Kryptografie hat man eine andere Zielsetzung, denn hier hat man es nicht mit zufälligen Störungen von Daten zu tun, sondern mit gezielten Manipulationen eines Bösewichts. Liegt nun eine bestimmte Prüfsumme vor, so soll es nicht möglich sein, ein dazu passendes (unter Umständen gefälschtes) Dokument zu konstruieren.

Die so genannten Hashfunktionen (auch *Message Digest* oder digitaler Fingerabdruck genannt) leisten genau das: Sie bekommen als Eingabe einen beliebig langen Datenstrom, den sie mit komplizierten Funktionen durch die Mangel drehen, um eine kurze Prüfsumme zu berechnen. Die Funktionen sind so aufgebaut, dass sich aus der Prüfsumme keinerlei Rückschlüsse auf die ursprünglichen Daten ziehen lassen. Hashfunktionen werden daher auch als Einwegfunktionen bezeichnet: Die Berechnung funktioniert nur von den Daten zur Prüfsumme, aber nicht umgekehrt. Dabei hat die Prüfsumme einige interessante Eigenschaften: Ändert sich zum Beispiel nur ein einziges Bit in den Ausgangsdaten, so bewirkt dies eine völlig andere Prüfsumme. Hashwerte werden daher auch als kryptografische Prüfsummen bezeichnet.

Hashfunktionen liefern unabhängig von der Länge der Ausgangsdaten meist Prüfsummen der Länge 128 oder 160 Bit. Bei dieser Länge gibt es die enorme Zahl von 2^{160} verschiedenen Prüfsummen. Aufgrund der Nichtumkehrbarkeit der Hashfunktion und dieser großen Zahl verschiedener Werte ist es nicht möglich, zu einer vorgegebenen Prüfsumme ein passendes Dokument zu konstruieren. Man kann daher die Prüfsumme als eindeutige Identifikation des Dokuments betrachten – deshalb auch die Bezeichnung »Digitaler Fingerabdruck«. »Eindeutig« ist streng genommen zwar nicht richtig, da es mehr (beliebig lange) Dokumente als Hashwerte fester Länge gibt. Im Rahmen der Wahrscheinlichkeitsrechnung und aufgrund der benutzten Algorithmen kann man jedoch davon ausgehen, dass eine Kollision, also zwei Dokumente mit gleichem Fingerabdruck, extrem unwahrscheinlich ist und in der Praxis nie vorkommt. Da der Hashwert im Vergleich zum Dokument sehr kurz ist, lassen sich aus dem Fingerabdruck keinerlei Rückschlüsse auf den eigentlichen Inhalt des Ausgangsdokuments ziehen.

Gängige Hashalgorithmen sind MD5 (Message Digest) und SHA-1 (Secure Hash Algorithm). MD5 ist sehr weit verbreitet und auch in einem Internet-RFC standardisiert. MD5 liefert Hashwerte der Länge 128 Bit. SHA-1 erzeugt Hashwerte von 160 Bit Länge und ist etwas sicherer als MD5.

Es ist wichtig anzumerken, dass die Berechnung eines Hashwerts allein noch keinen Schutz vor Fälschungen bietet, denn der Fälscher könnte ja zusammen mit dem Dokument auch einen falschen Hashwert liefern. Wir werden in Kapitel 14 »Digitale Signaturen und PDF« sehen, weshalb Hashwerte dennoch eine wichtige Rolle bei digitalen Signaturen spielen.

13.2 Schutz von PDF-Dateien

Bei der Absicherung von PDF-Dateien sind grundsätzlich zwei Varianten zu unterscheiden. Bei der ersten Variante ist der Inhalt der Datei vertraulich und soll nur Benutzern zugänglich sein, die über das zugehörige Kennwort (bei symmetrischer Verschlüsselung) oder den passenden privaten Schlüssel (bei asymmetrischer Verschlüsselung) verfügen. Dazu gibt der Ersteller der Datei ein Kennwort ein, mit dem Acrobat die Datei verschlüsselt, oder er verschlüsselt es gezielt für eine Reihe von Empfängern. Um das Dokument mit Acrobat zu öffnen, muss der Leser das Kennwort wissen oder über einen passenden privaten Schlüssel verfügen.

Bei der zweiten Schutzvariante soll der Inhalt der Datei bestimmten Nutzungsbeschränkungen unterliegen. So kann der Ersteller einer Datei zum Beispiel festlegen, dass der Anwender diese nicht ausdrucken oder verändern darf. Diese Berechtigungen lassen sich mit der ersten Schutzvariante kombinieren. Details zu den Interna der PDF-Verschlüsselung finden Sie in Abschnitt 12.2.5 »Verschlüsselung«, Seite 537.

Acrobat bietet mehrere Möglichkeiten, um die Schutzeinstellungen für PDF-Dokumente festzulegen:

- Beim Erzeugen mit Distiller kann man die Sicherheitseinstellungen für eine oder mehrere Dateien festlegen *(Voreinstellungen, Sicherheit)*. Dies gilt jedoch nur für symmetrische Verschlüsselung.
- Beim Speichern einer PDF-Datei in Acrobat lassen sich die Sicherheitseinstellungen nachträglich ändern *(Datei, Sicherheitsinformationen...)*.
- Mithilfe der Stapelverarbeitungsfunktion können viele PDF-Dateien auf einmal abgesichert werden.

Wie viele andere Aspekte von Acrobat ist auch die Sicherheitstechnik erweiterbar. Die folgenden Ausführungen beziehen sich auf die mit Acrobat ausgelieferten Funktionen, die im so genannten Standard-Security-Handler implementiert sind. In Abschnitt 13.4 »Zusatzprodukte zur Verschlüsselung«, Seite 576, werden wir uns alternative Sicherheitsimplementierungen von Drittherstellern ansehen.

13.2.1 Standardsicherheit in Acrobat.

Seit Acrobat 2.0 (PDF 1.1) lassen sich PDF-Dateien durch symmetrische Verschlüsselung, also Verschlüsselung anhand eines geheimen Kennworts, schützen. Diese Private-Key-Verschlüsselung wird in Acrobat 5 als Standardsicherheit bezeichnet. Die Verschlüsselung ist in das Dateiformat PDF integriert und wird direkt in Acrobat durchgeführt. Dies entspricht dem Trend in der Sicherheitstechnik, Verschlüsselungsfunktionen direkt in die Anwendungsprogramme zu integrieren (im Gegensatz zu separaten Verschlüsselungsprogrammen wie PGP, die eine komplette Datei chiffrieren oder dechiffrieren). Ebenso wie bei verschlüsselter E-Mail liegen die Vorteile auf der Hand: Anstatt das Dokument mit einem zweiten Programm abzusichern, kann der Anwender direkt aus Acrobat heraus die gewünschten Schutzmaßnahmen einstellen. Leser, die auf das Dokument zugreifen wollen, müssen ebenfalls keine Zusatzsoftware installieren, da Acrobat (und auch der kostenlose Reader) die Entschlüsselung intern vornimmt.

Die Standardsicherheit lässt sich wie unten beschrieben in Acrobat anwenden oder gleich beim Erzeugen einer PDF-Datei im Distiller via *Voreinstellungen, Sicherheit*.

Kennwörter. Um ein verschlüsseltes Dokument lesen zu können, muss man das *Benutzerkennwort* (in Acrobat 4: *Öffnen-Kennwort*) eingeben. Damit der Anwender die Datei nicht einfach abspeichern und dabei das Kennwort ändern kann, gibt es noch ein zweites Kennwort, das *Hauptkennwort* (in Acrobat 4: *Ändern-Kennwort*). Es ist erforderlich, um das Benutzerkennwort oder die Berechtigungen zu ändern. Das Hauptkennwort kann bereits beim Öffnen einer mit Benutzer- und Hauptkennwort geschützten Datei angegeben werden; in diesem Fall treten die Nutzungsbeschränkungen, die durch die Berechtigungen festgelegt sind, nicht in Kraft.

Beim Öffnen einer Datei versucht Acrobat dreimal, das Dokument mit dem vom Benutzer eingegebenen Kennwort zu entschlüsseln und beendet nach der dritten falschen Eingabe den Versuch, das Dokument zu öffnen. Im Gegensatz zur Bankkarte, die nach dem dritten Fehlversuch gesperrt wird, kann der Anwender natürlich beliebig oft versuchen, die Datei zu öffnen.

Beim Absichern einer Datei fragt Acrobat die benutzten Kennwörter jeweils zweifach ab, um Tippfehler zu vermeiden. Ein versehentlich falsch eingetipptes Kennwort (das ja am Bildschirm nicht angezeigt wird) hätte nämlich zur Folge, dass nicht einmal der Ersteller selbst die Datei öffnen kann.

Für beide Kennwörter gilt: Der Unterschied zwischen Groß- und Kleinschreibung ist relevant, das heißt man muss bei der Eingabe die korrekte Schreibweise beachten, sonst funktioniert das Kennwort nicht. Die Länge der Kennwörter wird bei der Eingabe zwar nicht begrenzt, allerdings sind nur 32 Zeichen signifikant; bei längeren Kennwörtern wird der Rest ignoriert. Beachten Sie bezüglich der Länge von Kennwörtern bitte die Ausführungen in Abschnitt 13.3.1 »Stärke der Standardsicherheit«, Seite 571.

Eine Datei mit Zugriffsschutz lässt sich sowohl mit dem Benutzer- als auch mit dem Hauptkennwort öffnen. Benutzt man das Hauptkennwort, so kann man die Sicherheitseinstellungen beim Speichern ändern oder zu-

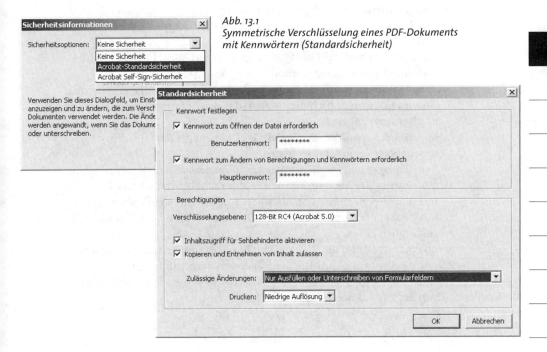

Abb. 13.1
Symmetrische Verschlüsselung eines PDF-Dokuments mit Kennwörtern (Standardsicherheit)

rücksetzen; für das Benutzerkennwort gilt das natürlich nicht. Beide Kennwörter gleich zu wählen, ist sicher keine gute Idee, da dann keine Unterscheidung zwischen Anwender und Eigentümer der Datei möglich ist. Im Gegensatz zu Acrobat 4 erzwingt Acrobat 5 daher unterschiedliche Kennwörter.

Tabelle 13.2 fasst die möglichen Kombinationen von Benutzer- und Hauptkennwort zusammen. Dabei ist insbesondere vor der Festlegung von Berechtigungen unter Verzicht auf ein Benutzerkennwort zu warnen: Wie wir in Abschnitt 13.3 »Stärke der Acrobat-Verschlüsselung«, Seite 570, sehen werden, kann Acrobat die Nutzungsbeschränkungen bei dieser Kombination nicht durchsetzen.

Tabelle 13.2 Kombination von Benutzer- und Hauptkennwort

Benutzer-Kennwort	Haupt-Kennwort	Bemerkungen
nein	nein	Kein Kennwort zum Öffnen erforderlich, keine Einschränkungen
nein	ja	Die Nutzungsbeschränkungen können ausgehebelt werden!
ja	ja	Zum Öffnen ist das Benutzer- oder Hauptkennwort erforderlich.
ja	nein	Keine Unterscheidung zwischen Anwender und Eigentümer der Datei; Die Berechtigungen können vom Benutzer geändert werden!

Berechtigungen. Wie bereits erwähnt, lassen sich neben dem Schutz vor dem illegitimem Öffnen der PDF-Datei zusätzliche Nutzungsbeschränkungen festlegen. In Acrobat 3 und 4 gibt es folgende Abstufungen der Berechtigungen:

- *Drucken nicht zulässig:* Die Datei kann zwar am Bildschirm betrachtet, aber nicht ausgedruckt werden.
- *Dokument ändern nicht zulässig:* Die Änderungswerkzeuge von Acrobat sind im Dokument nicht benutzbar; das Ausfüllen von Formularfeldern ist allerdings möglich.
- *Text/Grafik auswählen:* Der Inhalt des Dokuments darf nicht in die Zwischenablage exportiert werden.
- *Anmerkungen und Formularfelder hinzufügen/ändern nicht zulässig:* Mit dem Formularwerkzeug können Felder nicht bearbeitet werden, sie lassen sich aber nach wie vor ausfüllen. Außerdem bewirkt diese Einstellung, dass JavaScript-Code in der PDF-Datei für den Benutzer nicht mehr zugänglich ist.

Acrobat 5 unterstützt die Vergabe von Berechtigungen und ermöglicht eine feinere Abstimmung mithilfe der folgenden Berechtigungen:

- *Inhaltszugriff für Sehbehinderte aktivieren:* Screenreader-Programme haben Zugriff auf den Inhalt der Datei.

- *Kopieren und Entnehmen von Inhalt zulassen:* Text und Grafik darf in die Zwischenablage exportiert werden. Diese Option erlaubt auch Acrobat Capture den Zugriff auf den Inhalt der Datei.
- *Zulässige Änderungen:* Hier gibt es die Möglichkeiten *Keine*; *Nur Dokumentzusammenstellung* (Einfügen, Löschen und Drehen von Seiten, Anlegen von Lesezeichen und Thumbnails); *Nur Ausfüllen oder Unterschreiben von Formularfeldern*; *Kommentarerstellung und Ausfüllen oder Unterschreiben von Formularfeldern*; *Allgemeines Bearbeiten, Kommentieren und Erstellen von Formularfeldern*.
- *Drucken: Nicht zulässig* (Druckfunktion deaktiviert), *Niedrige Auflösung*, (Ausdruck als Bitmap), *Zulässig* (keine Einschränkungen).

Der Ausdruck als niedrig aufgelöste Bitmap gestattet dem Anwender zwar, einen minderwertigen Ausdruck zum persönlichen Gebrauch zu erstellen, verhindert aber hochwertige Ausdrucke, die sich zum Duplizieren oder Erstellen von Raubdrucken eignen würden.

Ist eine PDF-Datei auf eine der oben beschriebenen Arten geschützt, so zeigt Acrobat nach dem Öffnen ein Schlüsselsymbol in der Statuszeile am unteren Fensterrand an (ähnlich wie Webbrowser eine sichere SSL-Übertragung symbolisieren).

Diese Nutzungsbeschränkungen eines PDF-Dokuments lassen sich zwar mit einem Kennwort zum Öffnen der Datei kombinieren, dies ist jedoch nicht zwingend erforderlich. Falls der Ersteller der Datei beim Sichern kein Kennwort zum Öffnen der Datei angegeben hat, wird die Datei zwar verschlüsselt, kann jedoch ohne Benutzerkennwort geöffnet werden – nur gelten eben die in den Sicherheitseinstellungen festgelegten Beschränkungen.

Zur Stärke oder besser gesagt Schwäche der Berechtigungen beachten Sie bitte Abschnitt 13.3 »Stärke der Acrobat-Verschlüsselung«, Seite 570. Das wichtigste Ergebnis gleich vorweg: Ohne Benutzerkennwort können die Nutzungsbeschränkungen leicht ausgehebelt werden!

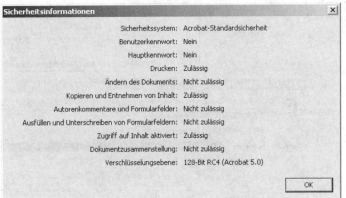

*Abb. 13.2
Anzeige der Berechtigungen eines Dokuments*

13.2.2 Self-Sign-Sicherheit in Acrobat.

Acrobat 5 unterstützt nicht nur die symmetrische Verschlüsselung anhand eines Kennworts, sondern unter der Bezeichnung Self-Sign-Sicherheit auch die asymmetrische Verschlüsselung mittels Public-Key-Verfahren. Alternativ zum Verschlüsseln einer Datei per Kennwort hat man damit die Möglichkeit, ein Dokument anhand einer Liste von Zertifikaten zu verschlüsseln (mit der Erstellung und Verwaltung von Zertifikaten werden wir uns in Kapitel 14 »Digitale Signaturen und PDF« genauer befassen). Eine solche Verschlüsselung können nur die Inhaber der jeweiligen Zertifikate mithilfe ihres privaten Schlüssels rückgängig machen. Das hat den Vorteil, dass die beteiligten Parteien vorher keine geheimen Kennwörter austauschen müssen. Außerdem lässt sich der Zugriff auf eine Datei viel genauer steuern, um zum Beispiel geschlossene Benutzergruppen zu bilden. Für die Verschlüsselung nutzt Acrobat den im Zertifikat enthaltenen öffentlichen Schlüssel des jeweiligen Inhabers, zur Entschlüsselung dient der zugehörige private Schlüssel. Da die asymmetrische Verschlüsselung das Self-Sign-Plugin oder ein anderes PKI-Plugin benötigt, ist sie nicht im Distiller nutzbar, sondern nur im Acrobat-Vollprodukt (manuell oder in der Stapelverarbeitung). In Acrobat Reader funktioniert die asymmetrische Verschlüsselung nicht.

Um zu vermeiden, dass eine Datei bei mehreren Empfängern mehrfach (nämlich einmal pro Zertifikatsinhaber) verschlüsselt werden muss, wird der eigentliche Inhalt mit einem Masterkey geschützt, der wiederum mehrfach mit den öffentlichen Schlüsseln aus den Zertifikaten chiffriert und in die PDF-Datei geschrieben wird. Ein legitimer Empfänger extrahiert den für

Abb. 13.3
Asymmetrische Verschlüsselung eines PDF-Dokuments mit Zertifikaten (Self-Sign-Sicherheit)

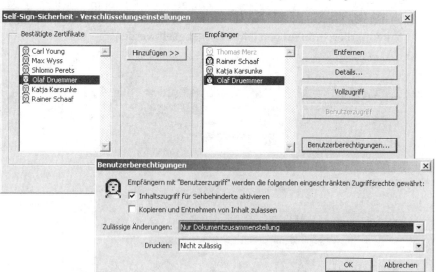

ihn chiffrierten Masterkey und dechiffriert ihn mit seinem privaten Schlüssel. Dieses Verfahren kommt auch im S/MIME-Protokoll für das Verschlüsseln einer E-Mail an mehrere Empfänger zum Einsatz.

Um die Public-Key-Verschlüsselung für PDF nutzen zu können, brauchen alle Beteiligten zunächst ein Zertifikat. Mit dem Erstellen und Verwalten von Zertifikaten werden wir uns in Abschnitt 14.3 »Acrobat Self-Sign«, Seite 602, befassen. Um eine Datei zu schützen, müssen Sie sich zunächst via *Werkzeuge, Self-Sign-Sicherheit, Anmelden* bei der Zertifikatsverwaltung anmelden. Wählen Sie dann *Datei, Sicherheitsinformationen*... und dann unter *Sicherheitsoptionen* den Punkt Acrobat *Self-Sign-Sicherheit*. Im nun folgenden Dialog (siehe Abbildung 13.3) können Sie die Zertifikate derjenigen Empfänger auswählen, die Zugriff auf das Dokument erhalten sollen. Dabei können Sie für jeden Empfänger getrennt festlegen, ob er das Dokument uneingeschränkt nutzen kann *(Vollzugriff)* oder ob bestimmte Nutzungsbeschränkungen für ihn gelten sollen (siehe unten).

Das Anmelden bei Acrobat Self-Sign ist erforderlich, da nur so Zugriff auf die Liste der bekannten Zertifikate besteht. Außerdem wird der Ersteller einer Datei automatisch in die Empfängerliste aufgenommen, damit auch er selbst das Dokument später wieder öffnen kann. Zum Öffnen muss selbstverständlich wieder sein Zertifikat vorliegen (genauer gesagt der zugehörige private Schlüssel).

Berechtigungen. Wie bei der Standardsicherheit lassen sich auch bei der Self-Sign-Sicherheit Nutzungsbeschränkungen festlegen. Als Ersteller einer Datei können Sie die Berechtigungen sogar für jeden Empfänger getrennt festlegen. Dazu wählen Sie in den Self-Sign-Verschlüsselungseinstellungen das jeweilige Zertifikat, klicken auf *Benutzerzugriff* und stellen über *Benutzerberechtigungen* die gewünschten Rechte ein. Die verfügbaren Optionen sind identisch mit denen der Standardsicherheit von Acrobat 5.

13.2.3 Verschlüsseltes PDF in anderen Viewern.
Neben Acrobat unterstützen auch andere PDF-Viewer die Verarbeitung verschlüsselter PDF-Dokumente.

Ghostscript und GSview. Der weit verbreitete PostScript- und PDF-Interpreter Ghostscript unterstützt in Version 7.0 die Darstellung von PDF-Dateien, die symmetrisch mit 40-Bit-Schlüsseln verschlüsselt sind, nicht jedoch die 128 Bit langen Schlüssel von Acrobat 5. Dazu gibt man das Kennwort für eine geschützte Datei (das natürlich bekannt sein muss) als Aufrufoption in der Kommandozeile an:

```
-sPDFPassword=Kennwort
```

Das Kennwort ist dabei entweder das Benutzer- oder das Hauptkennwort. Im Windows-Frontend GSview für Ghostscript funktioniert diese Option ebenfalls, wenn man sie im GSview-Menü *Optionen, Konfiguriere Ghostscript, Ghostscript-Optionen* einträgt.

Xpdf. Für den auf Linux/Unix weit verbreiteten PDF-Viewer *xpdf* existiert ebenfalls ein Krypto-Patch, den man sich lange Zeit separat von einem Server außerhalb der USA besorgen und auf den *xpdf*-Quellcode anwenden musste, um geschützte Dateien verarbeiten zu können. Seit Version 0.91 ist dieser Patch in die Standardversion von *xpdf* integriert. Das Programm *xpdf* kann damit zwar Dateien mit Nutzungsbeschränkungen lesen, nicht aber solche, die ein Benutzerkennwort erfordern. Als Schlüssellänge kommt nur 40 Bit infrage; Dokumente mit Acrobat-5-Verschlüsselung kann *xpdf* nicht öffnen.

13.2.4 PDF als verschlüsselter Container für Dateien.

Die PDF-Verschlüsselung ermöglicht einen banalen, aber zuweilen nützlichen Trick für den gesicherten Versand von Dateien per E-Mail. Obwohl die meisten Mail-Programme heutzutage Verschlüsselungsfunktionen bieten, haben nicht alle Anwender ein geeignetes Zertifikat zum Versand verschlüsselter E-Mail und können diese Funktion daher nicht nutzen. Abhilfe schafft folgender Trick: Erstellen Sie eine einseitige leere PDF-Datei, betten Sie die gewünschten Dateien mithilfe des Dateianlage-Werkzeugs (das mit der Pinnwandnadel als Symbol) in die PDF-Datei ein und speichern Sie diese mit einem Kennwort geschützt ab. Das Kennwort übermitteln Sie zum Beispiel per Telefon an den Partner und verschicken die verschlüsselte PDF-Datei als normale, aber dennoch geschützte Mail.

13.3 Stärke der Acrobat-Verschlüsselung

Wir haben uns bisher nur mit der Funktionalität der Sicherheitsmaßnahmen in Acrobat befasst, nicht aber mit deren Qualität. Mit zunehmendem Einsatz von Acrobat auch für unternehmenskritische Daten und kommerzielle Inhalte spielt diese Frage natürlich eine wichtige Rolle. Tabelle 13.3 enthält zunächst eine Zusammenfassung der in verschiedenen Acrobat-Versionen benutzten Schlüssellängen. Vergleichen Sie diese Werte mit denen in Tabelle 13.1.

Tabelle 13.3 Schlüssellängen in verschiedenen Acrobat-Versionen

Version	RC4 (symmetrisch)	RSA (asymmetrisch)
Acrobat 4.0	40 Bit	512 Bit (nur Signatur)
Acrobat 4.05	40 Bit	1024 Bit (nur Signatur)
Acrobat 5	40-128 Bit	1024 Bit (Signatur und Verschlüsselung)

13.3.1 Stärke der Standardsicherheit.
Bei der symmetrischen Verschlüsselung von PDF-Dokumenten gibt es die meisten Sicherheitseinschränkungen. Sie haben sowohl mit der Länge der Schlüssel als auch mit der Länge der Kennwörter zu tun.

Länge der Schlüssel. Da während der Entwicklung von Acrobat 4 noch die scharfen US-amerikanischen Exportrestriktionen galten und PDF-Dateien international austauschbar sein sollen (was getrennte Versionen für die USA und den Rest der Welt ausschließt), benutzt Acrobat 4.0 für das RC4-Verfahren kurze Schlüssel der Länge 40 Bit. Seit der Lockerung der Exportrestriktionen Anfang 2000 können amerikanische Hersteller auch Verfahren mit längeren Schlüsseln exportieren. Konsequenterweise implementierte Adobe in Acrobat 5 RC4-Schlüssel der Länge 128 Bit, die wesentlich mehr Sicherheit bieten. Allerdings ist diese sicherere Verschlüsselung inkompatibel zu Acrobat 4. Stärker verschlüsselte Dateien lassen sich daher nicht mit älteren Acrobat-Versionen öffnen. Man muss sich also zwischen Kompatibilität und Sicherheit entscheiden.

Knacken geschützter PDF-Dokumente. Die Stärke der Acrobat-Verschlüsselung kann man nicht nur theoretisch analysieren, sondern dank vorhandener Cracker-Programme auch praktisch überprüfen. Als Beleg für die Stärke oder Schwäche verschiedener Sicherheitsvarianten möchte ich einige Ergebnisse mit dem Programm *Advanced PDF Password Recovery Pro (APDFPR)* des russischen Herstellers Elcomsoft vorstellen. Diese Firma geriet

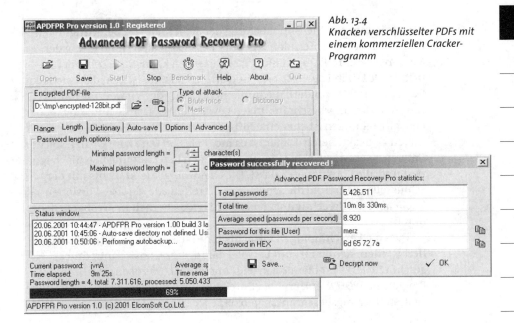

Abb. 13.4
Knacken verschlüsselter PDFs mit einem kommerziellen Cracker-Programm

13.3 Stärke der Acrobat-Verschlüsselung | 571

im Sommer 2001 in die Schlagzeilen, weil ihr Entwickler Dmitry Sklyarov vom FBI verhaftet wurde, nachdem er auf einem Vortrag detailliert über Schwächen in verbreiteten Schutzverfahren für E-Books berichtet hatte, darunter auch PDF. Die Software von Elcomsoft zum Knacken von PDF-Dokumenten ist unter folgender Adresse kommerziell erhältlich:

http://www.elcomsoft.com/apdfpr.html

Die Experimente mit APDFPR (siehe Abbildung 13.4) bestätigen, was seit geraumer Zeit über Schlüssellängen bekannt ist: 40-Bit-Schlüssel bieten keinen ernsthaften Schutz, 128-Bit-Schlüssel sind derzeit nicht zu knacken. Wichtige Voraussetzung ist dabei aber, dass die benutzten Kennwörter nicht zu kurz sind und nicht nur aus Buchstaben bestehen, sondern auch Ziffern und Sonderzeichen enthalten. Das ist ein entscheidender Punkt: 128-Bit-Schlüssel in Kombination mit schwachen Kennwörtern lassen sich binnen weniger Minuten knacken. Tabelle 13.4 führt die Zeiten auf, die ein Pentium III mit 900 MHz zum Knacken verschiedener Kombinationen von Schlüssel- und Kennwortlänge benötigt.

Tabelle 13.4 Zeit zum Knacken des Benutzerkennworts für verschiedene Längen von Schlüssel und Kennwort auf einem Pentium III mit 900 MHz

Schlüssellänge in Bit	Nutzungsbeschr. ohne Kennwort	bis 4 Zeichen	bis 5 Zeichen	bis 6 Zeichen	bis 7 Zeichen
40 (nur Buchstaben)	sofort		24 Sek.	21 Min	17 Std.	40 Tage
40 (alle druckbaren Zeichen)	sofort	4 Min.	7 Std.	27 Tage	Jahre
128 (nur Buchstaben)	sofort	22 Min.	9 Tage	42 Tage	Jahre

Berechtigungen. Die Untersuchung der Sicherheit von Berechtigungen führt zu dem ernüchternden Ergebnis, dass Acrobat die Einhaltung der Nutzungsbeschränkungen nicht gewährleisten kann. Da Acrobat den Inhalt der PDF-Datei dechiffrieren und anzeigen kann, ist klar, dass nicht das Dateiformat PDF, sondern die Implementierung des Viewers die Einhaltung der Nutzungsbeschränkungen gewährleistet. Der »Schutz« der Sicherheitseinstellungen ist eher eine Bitte an Acrobat, die entsprechenden Funktionen zu deaktivieren. Daher ist es möglich, Software zum Öffnen solcher Dateien zu entwickeln, die die eingetragenen Berechtigungen einfach ignoriert und alle Funktionen zulässt. Dies hat wohlgemerkt nichts mit der Schlüssellänge zu tun; die Schwächen betreffen alle Acrobat-Versionen (nicht aber die Berechtigungen bei Self-Sign-Sicherheit in Acrobat 5, siehe unten).

Dass die Berechtigungen tatsächlich nur in Acrobat vollständig respektiert werden, sieht man zum Beispiel daran, dass Ghostscript 7 druckgeschützte PDFs problemlos anzeigt und druckt. Das oben erwähnte Programm *APDFPR* entfernt bei Dateien ohne Benutzerkennwort die eingestellten Nutzungsbeschränkungen ohne jede Wartezeit. Damit lässt sich im

Handumdrehen eine ungeschützte Version der Datei erstellen. Noch einmal: die für eine PDF-Datei eingestellten Berechtigungen bieten keinen ernsthaften Schutz!

Schutz vor erneutem Destillieren. Acrobat erlaubt beliebige Kombinationen der oben erwähnten Sicherheitseinstellungen, darunter auch die Variante »Drucken zulässig« und »Ändern verboten«. Der erfahrene Acrobat-Anwender könnte das Änderungsverbot natürlich leicht umgehen, indem er eine PostScript-Druckdatei erzeugt und diese erneut destilliert. Dabei gehen zwar alle Hypertextelemente verloren, aber die PDF-Datei könnte wie gewünscht verändert werden.

Um dieses »Nachdestillieren« zu verhindern, führte Adobe mit Acrobat 4.05 eine interessante Änderung ein: Dateien mit der Einstellung »Drucken erlaubt«, »Ändern verboten« können zwar in eine PostScript-Datei gedruckt werden. Allerdings enthält die PostScript-Ausgabe zusätzlichen Code, der bewirkt, dass Distiller die Datei nicht destilliert, sondern die Konvertierung mit folgender Fehlermeldung verweigert:

```
This PostScript file was created from an encrypted PDF file.
Redistilling encrypted PDF is not permitted.
%%[ Flushing: rest of job (to end-of-file) will be ignored ]%%
%%[ Warning: PostScript error. No PDF file produced. ] %%
```

Der Ausdruck klappt jedoch nach wie vor problemlos. Dieser Schutzcode ist so raffiniert in die PostScript-Ausgabe von Acrobat integriert, dass man die betreffenden Anweisungen nicht einfach löschen kann, denn dies würde wiederum eine Distiller-Fehlermeldung bewirken.

Dieses Verfahren stellt einen einfachen Schutz der PDF-Dokumente vor erneutem Destillieren dar. Allerdings sollte man sich darüber im Klaren sein, dass der Schutz nicht besonders stark ist: Ein Anwender mit guten PostScript-Kenntnissen kann die Druckdaten so ändern, dass sie sich doch wieder destillieren lassen. Außerdem könnte man die PostScript-Ausgabe auch mit einer älteren Acrobat-Version erzeugen, die diesen Schutzmechanismus noch nicht implementiert.

13.3.2 Stärke der Self-Sign-Sicherheit.

Die Stärke der Public-Key-Verschlüsselung wird durch den im Zertifikat eingebetteten öffentlichen Schlüssel festgelegt. Bei dem mit Acrobat 5 mitgelieferten Self-Sign-Plugin kommt das RSA-Verfahren mit 1024 Bit Schlüssellänge zum Einsatz. Diese Kombination bietet ausreichend Schutz für kommerzielle Anwendungen, was den Zugriff auf die Dateiinhalte (Öffnen der Datei) betrifft.

Im Gegensatz zur symmetrischen PDF-Verschlüsselung gibt es kein Cracker-Programm für asymmetrisch verschlüsselte PDF-Dateien. Aufgrund der benutzten Schlüssellänge hätte ein solches Programm derzeit auch keine Chance, die Verschlüsselung in erträglicher Rechenzeit zu knacken.

Hinsichtlich der Durchsetzung der Nutzungsbeschränkungen (Berechtigungen) ist die Sicherheit allerdings nur gegenüber Dritten gegeben, die nicht in der Liste der berechtigten Empfänger stehen. Ein Angreifer, dessen Zertifikat jedoch in dieser Liste steht (der also ein legitimer Empfänger der Datei ist), kann die Nutzungsbeschränkungen grundsätzlich aushebeln, doch gibt es dazu derzeit noch keine Software.

Schließlich möchte ich noch darauf hinweisen, dass bei der Self-Sign-Verschlüsselung einer PDF-Datei für mehrere Empfänger anhand ihrer Zertifikate die jeweiligen Zertifikate im Klartext in der Datei stehen. Da die Zertifikate die Namen der Personen enthalten, ist der Datei leicht anzusehen, für welche Empfänger sie verschlüsselt wurde.

13.3.3 Weitere Schwachpunkte.

Zu kurze Schlüssel oder Kennwörter sind nicht die einzigen Schwachpunkte der Acrobat-Verschlüsselung. Weitere Schwachpunkte liegen sowohl in den Eigenheiten des PDF-Dateiformats als auch im Acrobat-Viewer.

Verräterische Fontuntergruppen. Wie in Abschnitt 12.2.5 »Verschlüsselung«, Seite 537, ausgeführt, sind nicht alle Teile einer PDF-Datei verschlüsselt, sondern Struktur- und Verwaltungsinformationen stehen unverschlüsselt in der Datei. Anhand dieser Angaben kann man zunächst sehr leicht die äußere Form des Dokuments rekonstruieren, etwa Anzahl und Größe der Seiten oder Position von Links und Anmerkungen. Besonders interessant sind die Fonts. Während die Schriftart selbst noch keine nützlichen Informationen über das Dokument verrät, enthält der unverschlüsselt gespeicherte Encoding, also die Beschreibung des Zeichensatzes, unter Umständen leicht verwertbare Angaben. Wurden die Schriften nämlich als Untergruppen eingebettet, so enthält der Encoding nur die im Dokument tatsächlich benutzten Zeichen des Fonts. Bei längeren Texten kommt hier natürlich schnell das gesamte Alphabet zusammen. Bei kurzen Texten in einem bestimmten Font, etwa Überschriften, lässt sich aber der Inhalt oft bereits anhand des Encodings rekonstruieren. Folgender Originalausschnitt aus einem verschlüsselten E-Book demonstriert dies auf anschauliche Weise:

```
256 0 obj
<<
/Type /Encoding
/Differences [ 1 /K /I /N /G /S /T /E /P /H ]
>>
endobj
...
<<
/Type /Encoding
/Differences [ 1 /R /I /D /N /G /T /H /E /B /U /L ]
>>
endobj
```

Wie unschwer zu erkennen ist, stammt dieses Fragment aus der im PDF-Format veröffentlichten Novelle *Riding the Bullet* von Stephen King. Diese bruchstückhaften Informationen bedeuten zwar noch keine vollständige Entschlüsselung, zeigen aber zum Beispiel dem Angreifer, ob er überhaupt die gesuchte Datei vor sich hat oder seine Rechenkräfte für die falsche Datei vergeudet.

Der Schwachpunkt der Fontuntergruppen besteht unabhängig von der Art der Verschlüsselung (symmetrisch oder asymmetrisch).

Angriffe gegen den Acrobat-Viewer. Mit Ausnahme des Mechanismus für zertifizierte Plugins sind in Acrobat keinerlei Maßnahmen gegen feindselige Manipulationen implementiert. Acrobat 5 läuft zum Beispiel auch unter einem Debugger, der die detaillierte Analyse des Programmcodes ermöglicht (der Ablauf unter Aufsicht eines Debuggers wird vom DocBox-Plugin zwar verhindert, doch dieses Plugin lässt sich leicht entfernen). Die Beschränkung auf zertifizierte Plugins bietet zwar gewissen Schutz, lässt sich jedoch ebenfalls aushebeln.

13.3.4 Sicherheitsempfehlungen.

Aus den obigen Ausführungen ergeben sich folgende Empfehlungen zur Erstellung sicherer PDF-Dokumente:
- Nutzungsbeschränkungen in PDF-Dateien (etwa Drucken verboten) können nicht ernsthaft durchgesetzt werden.
- Bei symmetrischer Verschlüsselung sind kurze und einfache Benutzer- und Hauptkennwörter zu vermeiden (siehe unten).
- Die kurzen symmetrischen Schlüssel von Acrobat 4 sind unsicher; nur die 128-Bit-Schlüssel von Acrobat 5 und die asymmetrische Verschlüsselung mit Zertifikaten sind sicher.
- Da man in Acrobat Distiller die Erstellung von Fontuntergruppen bei TrueType-Schriften nicht zuverlässig ausschalten kann, lässt sich der oben beschriebene Angriff nur durch Einsatz von Type-1-Fonts oder Ausschalten der Fonteinbettung verhindern (denn nur bei Type-1-Schriften kann man die Bildung von Untergruppen durch Distiller zuverlässig deaktivieren).

Wahl geeigneter Kennwörter. Zu kurz gewählte Kennwörter sind genau so gefährlich wie zu kurze Chiffrierschlüssel. Noch schlimmer: Kurze Kennwörter bewirken sogar, dass lange Schlüssel keine hinreichende Sicherheit mehr bieten. Der Angreifer muss ja nicht unbedingt alle möglichen Schlüssel durchprobieren, sondern nur alle möglichen Kennwörter. Bestehen die Kennwörter nur aus wenigen Buchstaben, so ist das Ausprobieren eine Sache weniger Minuten oder Stunden.

Wie bei allen Sicherungssystemen ist bei der Wahl von Kennwörtern darauf zu achten, dass diese nicht zu leicht zu erraten sind. Namen von Verwandten oder Haustieren, Geburtstage, Autokennzeichen etc. verbieten sich von selbst. Allerdings besteht nicht nur bei diesen, sondern bei allen bedeutungstragenden Kennwörtern die Gefahr eines so genannten Wörterbuchangriffs. Dabei arbeitet der Angreifer mit einem Programm, das automatisch alle Einträge eines Wörterbuchs als Kennwort durchprobiert. Mit solchen Wörterbuchangriffen kann zum Beispiel ein Großteil der üblichen Windows-Kennwörter mit Leichtigkeit geknackt werden. Um das zu verhindern, sollten »gute« Kennwörter nicht nur Buchstaben, sondern möglichst auch Ziffern und Sonderzeichen enthalten. Solche Zeichenkombinationen haben allerdings den Nachteil, dass man sie sich schlecht merken kann, was leicht den berüchtigten Klebezettel am Bildschirm zur Folge hat – der wiederum alle Sicherheitsvorkehrungen aushebelt.

Als Ausweg aus dem Dilemma zwischen »sicher« und »leicht zu merken« kann man sich zum Beispiel mit einem Merkspruch behelfen, dessen Anfangsbuchstaben zusammen das Passwort ergeben. Aus dem Merkspruch

```
Meine Großmutter liebt ihre 13 Enkel sehr.
```

wird zum Beispiel das Kennwort *MGli13Es.* (einschließlich Punkt). Außerdem ist es wichtig, die Kennwörter nicht zu kurz zu wählen. Wie wir in Abschnitt 13.3.1 »Stärke der Standardsicherheit«, Seite 571, sahen, kann man die Sicherheit langer Schlüssel durch zu kurz gewählte Kennwörter wieder zunichte machen. Gute Kennwörter sollten mindestens 8 Zeichen lang sein und neben Buchstaben auch Ziffern und Sonderzeichen enthalten.

Beachten Sie, dass Sie nicht nur beim Einsatz der Standardverschlüsselung gute Kennwörter wählen müssen, sondern ebenfalls beim Einsatz der Self-Sign-Sicherheit, denn dabei wird der Zugriff auf das Profil und den eigenen privaten Schlüssel ebenfalls durch ein Kennwort geschützt.

13.4 Zusatzprodukte zur Verschlüsselung

Wie viele andere Aspekte von Acrobat ist auch die Verschlüsselungstechnik durch Plugins erweiterbar. Für die Verschlüsselung sind Module mit der Bezeichnung *Security Handler* zuständig. Während das Sicherheitsmodul mit der Bezeichnung *Standard* die bisher beschriebene Verschlüsselung implementiert, ergänzt das Plugin Web Buy die Acrobat-Verschlüsselung um ein weiteres Verfahren für den Einsatz im E-Commerce.

Darüber hinaus können auch Dritthersteller eigene Sicherheitsmodule entwickeln. Dabei sind verschiedene Zielsetzungen denkbar:

- ▶ Die Entwicklung eines Schutzverfahrens für die Daten auf CD-ROM: Wenn das Plugin und bestimmte Dateien auf der CD-ROM existieren, kann die PDF-Datei geöffnet werden, anderenfalls nicht.
- ▶ Unter der Bezeichnung »Digital Rights Management« werden Verfahren zusammengefasst, die über die reine Verschlüsselung hinaus die Nut-

zungsrechte an digitalen Dokumenten verwalten und die Einhaltung der vereinbarten bzw. bezahlten Nutzungsmöglichkeiten sicherstellen.
- Alternative Authentifizierungsverfahren: Anstelle der üblichen Kennworteingabe muss sich der Benutzer anderweitig »ausweisen«, etwa mithilfe biometrischer Merkmale. Dazu gehören Verfahren wie Fingerabdruck- oder Retina-Scanner, Stimmanalyse, Gesichtserkennung usw., die immer weitere Verbreitung finden.

Im Folgenden möchte ich exemplarisch einige Produkte aus dem Sicherheitsbereich vorstellen.

Entrust Security Plugin. Entrust ist einer der wichtigsten Anbieter von Sicherheitstechnologie, insbesondere im Bereich Public-Key-Infrastruktur (PKI). Die Produktfamilie Entrust/PKI ist kein einzelnes Anwendungsprogramm, sondern besteht aus einer Vielzahl von Komponenten für die Implementierung einer unternehmensweiten Sicherheitsinfrastruktur. Die Funktionalität umfasst die Erstellung und Verwaltung digitaler Zertifikate, Authentifizierung, Ver- und Entschlüsselung sowie digitale Signatur. Als Bestandteil dieser Produktfamilie bietet Entrust auch ein Acrobat-Plugin an, das die PKI-Funktionen für Acrobat nutzbar macht. Dazu installiert Entrust einen eigenen Security Handler. Der Hersteller Entrust wird uns in Abschnitt 14.4 »Signatur-Software von Drittherstellern«, Seite 607, noch einmal begegnen. Weitere Informationen finden Sie unter

http://www.entrust.com

Authentica PageRecall. Authentica bietet mit PageRecall umfangreiche Sicherheitslösungen für Dokumente, Webseiten und E-Mail. Als »Dokumente« sind dabei nicht nur PDF-Dateien, sondern auch andere Formate wie Microsoft Word, Excel oder Powerpoint zu verstehen. Das Authentica-System basiert auf folgenden Eckpfeilern:
- Die Dokumente werden seitenweise verschlüsselt.
- Die Zugangsrechte für die Dokumente bzw. die einzelnen Seiten werden auf einem zentralen Policy-Server verwaltet. Die Rechte können für einzelne Benutzer oder Benutzergruppen festgelegt werden und zusätzlich von Parametern wie Uhrzeit, Netzwerkadresse usw. abhängen. Dabei lassen sich diverse Rechte unabhängig voneinander steuern, zum Beispiel die Anzahl der Ausdrucke, das Ablaufdatum für das Dokument usw.
- Die Dokumente können auf Client-Seite mithilfe eines speziellen Plug-ins geöffnet werden. Dabei muss sich der Benutzer mittels Kennwort oder digitalem Zertifikat beim Server identifizieren, wobei auch die Kommunikation zwischen Client und Server verschlüsselt abläuft. Der Server entscheidet anhand der für den Benutzer definierten Zugriffsrechte, ob das Dokument geöffnet werden darf oder nicht.

Da alle Zugriffe über den Server laufen, ist es möglich, sämtliche Dokumentzugriffe mit allen Details (Person, Uhrzeit etc.) nachzuvollziehen. Daraus ergibt sich für Unternehmen, die das System einsetzen, eine Gratwanderung zwischen dem Schutz der Firmendokumente und einem nicht zu verleugnenden Big-Brother-Effekt bzw. Datenschutzproblemen. Die Verwaltung der Zugriffsrechte auf dem Server hat den Nachteil, dass eine Offline-Nutzung der Dokumente nicht möglich ist.

PageRecall benutzt als Verschlüsselungsalgorithmus RC4 mit einer Schlüssellänge von 128 Bit. Allerdings leidet PageRecall unter dem gleichen Problem wie alle Systeme, die dem Anwender geschützte Daten in einer ungeschützten Umgebung zur Verfügung stellen: Mit geeigneten Hilfsmitteln (etwa ein Hardware- oder Softwaredebugger) kann der Angreifer die Software unter die Lupe nehmen und den Dechiffrierprozess beobachten. Weitere Informationen zu PageRecall finden Sie unter

http://www.authentica.com

PDF-Verschlüsselung auf dem Server mit SecurSign. Der Hersteller Appligent (früher Digital Applications) bietet unter der Bezeichnung SecurSign ein Produkt zur serverseitigen Verschlüsselung von PDF-Dokumenten an. Das Programm unterstützt allerdings nur 40-Bit-Schlüssel (die Implementierung von 128-Bit-Schlüsseln ist angekündigt). Es wird für Mac, Windows und Unix angeboten und erlaubt die automatische Vergabe von Kennwörtern für PDF-Dateien sowie die Festlegung von Sicherheitseinstellungen. Nähere Informationen dazu finden Sie unter

http://www.appligent.com

13.5 Verschlüsselte E-Books mit PDF

Dem Vertrieb digitaler Bücher wird unter der Bezeichnung E-Books seit Jahren eine glänzende Zukunft vorausgesagt – nur ist diese bisher noch nicht eingetreten. Obwohl es sinnvolle Einsatzbereiche und funktionierende Geschäftsmodelle gibt, konnten die Anbieter, insbesondere große Verlage, die erhofften Gewinne bisher noch nicht realisieren. Dies liegt vermutlich an der Vielzahl miteinander konkurrierender Verfahren, aber auch an den Einschränkungen, die ein potentieller Leser von E-Books hinnehmen muss. Der Anbieter eines digitalen Buches möchte dem Leser den Zugriff auf die Inhalte gegen Bezahlung erlauben; gleichzeitig will er illegitime Nutzung durch Kopieren und Weitergabe verhindern. Typische Beschränkungen sehen zum Beispiel vor, dass ein Buch nur auf einem einzigen Computer genutzt werden kann. Jemand, der ein Buch auf dem Büro-PC kauft und auch unterwegs auf dem Notebook lesen möchte, wird solche Einschränkungen kaum akzeptieren.

Im Gegensatz zur verschlüsselten Übertragung von Daten zwischen zwei Parteien, die einander trauen, ist dieser Interessenskonflikt nicht einmal theoretisch lösbar. Das Hauptproblem besteht darin, dass die Nutzung der E-Books (mit einigen Ausnahmen, die bisher aber kommerziell nicht erfolgreich sind) keine speziellen Lesegeräte erfordern, sondern auf ganz normalen PCs erfolgt. Egal, wie raffiniert die Daten geschützt sind: Um sie dem Leser zugänglich zu machen, müssen sie entschlüsselt im Speicher des Computers vorliegen – und zu diesem Zeitpunkt kann ein Angreifer sie abfangen. Da es sich bei den Anzeigeprogrammen »nur« um ganz normale Anwendungssoftware handelt, sind die Daten dem Zugriff von Werkzeugen wie etwa einem Debugger schutzlos ausgeliefert. Verfügt der Angreifer über genügend Erfahrung und Ausdauer, ist es nur eine Frage der Zeit, bis ein Verfahren zum Schutz von E-Books geknackt ist. Die meisten bisher entwickelten Verfahren wurden entweder bereits ausgehebelt oder waren nicht so attraktiv, dass es jemand mit den nötigen Fertigkeiten versucht hätte.

Nun ist natürlich nicht jeder Anwender auch Softwareentwickler und versiert im Umgang mit einem Debugger. Darauf kommt es aber gar nicht an: Hat sich ein Hacker die Mühe gemacht, ein Verfahren zu knacken, so kann er entweder die geknackte Version der Datei (etwa eine unverschlüsselte PDF-Datei) weitergeben oder aber Software schreiben, die den Schutz aushebelt und dieses Programm den Endanwendern zur Verfügung stellen.

Abb. 13.5
Adobe eBook Reader

Die Erkenntnis, dass man digitale Inhalte nicht gleichzeitig an Endanwender verkaufen und vollkommen vor illegitimem Zugriff schützen kann, gilt nicht nur für digitale Bücher, sondern für alle Arten digitaler Inhalte, die keine spezielle Hardware zum Abspielen oder Darstellen erfordern. Man denke nur an das erfolgreiche Reverse-Engineering des CSS-Verfahrens zum Schutz von DVDs; selbst Satellitenkanäle und Pay-TV wurden geknackt, obwohl zum Abspielen spezielle Hardware erforderlich ist.

Adobe eBook Reader. Da sich PDF hervorragend für digitale Bücher eignet, wurden gleich mehrere Verfahren für den Schutz und den Vertrieb von E-Books im PDF-Format entwickelt. Adobe führte mit Acrobat 4.05 das Plug-in Web Buy ein, das mit einer Server-Komponente namens PDF Merchant Server eine Infrastruktur für Verschlüsselung, Vertrieb und Entschlüsselung von PDF-Büchern bietet. Dieses System fand aber keine weite Verbreitung; Adobe verabschiedet sich auch allmählich vom PDF Merchant zugunsten des Adobe Content Server auf der Server-Seite und des Adobe Acrobat eBook Reader auf der Client-Seite. Diese Produkte nutzen PDF als Basisformat und wurden von der Firma Glasbook entwickelt, bis Adobe im Herbst 2000 Glasbook aufkaufte und die Produkte unter eigenem Namen weiterführte. Funktional entspricht der eBook Reader weitgehend dem normalen Acrobat Reader, unterscheidet sich von diesem jedoch durch eine gefällige, etwas unkonventionelle, aber leicht zu bedienende Oberfläche und natürlich die Funktionen zur Verwaltung und Entschlüsselung von E-Books.

Doch auch Adobes eBook Reader blieb das oben beschriebene Schicksal aller Verfahren nicht erspart: Noch als Glasbook Reader firmierend, wurde ihm international große Aufmerksamkeit zuteil, als im März 2000 Stephen Kings Novelle »Riding the Bullet« im Glasbook-Format erfolgreich geknackt wurde. Im Sommer 2001 – jetzt bereits unter der Bezeichnung Adobe eBook Reader – ging die Software wieder durch die Presse, nachdem das FBI Dmitry Sklyarov verhaftete. Er hatte für die russische Firma Elcomsoft ein Programm entwickelt, mit dem sich E-Books entschlüsseln lassen. Mit diesem Programm unter der Bezeichnung Advanced eBook Processor konnte man nach Erwerb eines E-Books die Verschlüsselung rückgängig machen und es dann auch auf Computern benutzen, für die man gar keine Nutzungsrechte erworben hatte. Adobe reagierte zwar nach wenigen Tagen mit einer korrigierten Version des eBook Reader, doch Elcomsoft beantwortete dies gleich mit einer neuen Version des Cracker-Programms. Erst im Zuge der Inhaftierung des Entwicklers und des anschließenden Rechtsstreits wurde das Programm zurückgezogen.

13.6 Sichere Übertragung im Web

Symmetrische und asymmetrische Acrobat-Verschlüsselung funktioniert auch beim Einsatz von PDF-Dateien im Browser. Allerdings ist die Absicherung über ein Kennwort aufgrund der Schwierigkeiten mit der Kennwortverteilung in vielen Fällen für den Einsatz im Web nicht praktikabel. Als Alternative kann man den Schutz von Acrobat auf die Ebene der Netzübertragung verlagern.

Die Kommunikation im Web lässt sich mithilfe des Protokolls Secure Socket Layer (SSL) absichern, das unter der Bezeichnung Trusted Layer Security (TLS) standardisiert ist. Dabei werden alle Daten verschlüsselt zwischen Client und Server übertragen. SSL ist eine Standardfunktion in allen Browsern und vielen Server-Produkten.

SSL-fähige Server verwenden statt des üblichen Protokollbezeichners *http* die Kennung *https*. Voraussetzung für SSL ist, dass die Verschlüsselungsroutinen sowohl auf dem Client als auch auf dem Server eingerichtet sind und der Server über ein Zertifikat verfügt, das von einer vertrauenswürdigen dritten Partei, der so genannten *Certification Authority* (CA), ausgegeben wurde. Falls eine Client-Authentifizierung erforderlich ist (zum Beispiel für den Zugriff auf vertrauliche Firmendaten durch Außendienstmitarbeiter), benötigt der Client ebenfalls ein Zertifikat.

Da SSL komplett im Browser implementiert ist, beeinflusst es PDF-relevante Fragen wie Byteserving nicht. PDF-Dateien können ohne Einschränkung von einem SSL-Server übertragen werden, sei es mit oder ohne Byteserving.

Web Capture und SSL. Acrobat Web Capture enthält zwar eine eigene Implementierung des HTTP-Protokolls, greift aber (zumindest unter Windows) für den Aufbau verschlüsselter SSL-Verbindungen auf die Internet-Dienste von Windows bzw. Internet Explorer zurück. Dies betrifft insbesondere die Zertifikatsverwaltung: Acrobat selbst bietet keine Möglichkeit, Server-Zertifikate zu installieren, sondern bedient sich der Zertifikatsverwaltung von Internet Explorer. Im Zusammenhang mit Zertifikaten gibt es jedoch keinerlei Eingriffsmöglichkeiten für den Benutzer. Dies wirkt sich immer dann nachteilig aus, wenn das Betriebssystem ein Zertifikat ablehnt, der Benutzer dieses aber eventuell (nach sorgfältiger Prüfung) doch akzeptieren möchte. Diese Situation kann zum Beispiel eintreten, wenn ein Server-Zertifikat abgelaufen ist und der Betreiber des Servers versäumt hat, rechtzeitig ein neues zu installieren. Während Internet Explorer in solchen Fällen den Anwender entscheiden lässt, schlägt die SSL-Verbindung in Web Capture fehl.

Acrobats Rückgriff auf Betriebssystemdienste für sichere Webverbindungen wird noch an einer weiteren Stelle deutlich: Die Stärke der Verschlüsselung einer SSL-Verbindung richtet sich nach den Verschlüsselungsfähigkeiten des Betriebssystems. Auf einem Windows-System mit

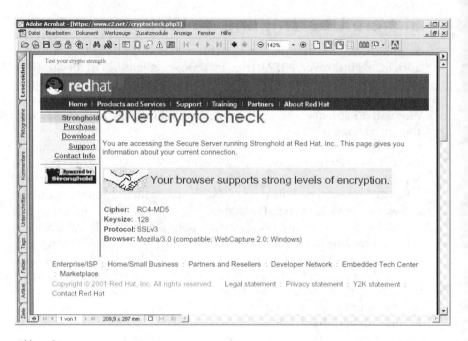

Abb. 13.6
Die Testseite beweist es: Acrobat Web Capture beherrscht SSL mit 128 Bit langen Schlüsseln, falls starke Verschlüsselung auch von Windows bzw. Internet Explorer unterstützt wird.

schwacher Verschlüsselung beherrscht auch Web Capture nur schwache Verschlüsselung. Nach Installation des Windows-Updates für starke Verschlüsselung sind jedoch auch mit Web Capture stark verschlüsselte SSL-Verbindungen möglich (siehe Abbildung 13.6).

FDF-Formularübertragung mit SSL. Der Einsatz von PDF-Formularen auf einem SSL-Server ist eine nähere Betrachtung wert. Während es bei frühen Browser-Versionen noch Detailprobleme beim Absenden von PDF-Formulardaten an SSL-Server gab, funktioniert dies seit Netscape Navigator 4 und Microsoft Internet Explorer 4.

Beachten Sie aber, dass es für eine sichere Formularverarbeitung nicht genügt, die PDF-Formulare selbst via SSL vom Server zum Browser zu übertragen (das heißt von einem URL, der mit dem Protokollbezeichner *https* beginnt). Um die vom Client zurückgesandten Formularfelder (die zum Beispiel vertrauliche Kreditkartendaten enthalten können) zu schützen, muss auch diese Übertragung durch SSL abgesichert werden. Dies lässt sich dadurch erreichen, dass im Submit-Button des PDF-Formulars ebenfalls der Protokollbezeichner *https* benutzt wird. Das bedeutet, dass es nicht genügt, den Server und die HTML-Links von »normalem« HTTP auf SSL umzurüsten – zusätzlich müssen die benutzten PDF-Formulare angepasst werden! Die

SSL-Verbindung zum Absenden der Formulardaten wird abhängig vom Client von unterschiedlichen Komponenten aufgebaut:
- Bei PDF-Formularen in Netscape Navigator baut der Browser die SSL-Verbindung auf.
- Bei PDF-Formularen in Internet Explorer (Windows) wird der WinInet-Dienst des Betriebssystems genutzt.
- Bei PDF-Formularen in Acrobat (Web Capture) kommt ebenfalls WinInet zum Einsatz.

Die Verschlüsselungsstärke beim Absenden von Formulardaten über SSL hängt daher vom Browser (beim Einsatz von Netscape) bzw. der Verschlüsselungsstärke des Betriebssystems (bei der Verwendung von Internet Explorer oder Web Capture) ab.

13.7 Viren in Acrobat?

Acrobat ist zwar nicht anfällig für die zahlreich verbreiteten Viren, bietet einem Bösewicht aber dennoch Möglichkeiten, Unheil anzurichten. Dazu könnte dieser einige Eigenschaften von Acrobat ausnutzen, die ich im Folgenden zusammen mit geeigneten Gegenmaßnahmen erläutern möchte.

Datei öffnen. Mit dem Vorgang *Datei öffnen* ist es möglich, aus einer PDF-Datei heraus andere Programme oder Dokumente aufzurufen. Bei Dokumenten wird wie bei einem Doppelklick im Finder oder Explorer die zugehörige Applikation gestartet. So kann der Autor einer CD-ROM zum Beispiel ein Simulationsprogramm starten oder den Windows-Explorer. Dieser Vorgang kann über diverse Auslöser in Acrobat gestartet werden, nämlich über Verknüpfungen, Lesezeichen, Formularfelder oder das Öffnen/Schließen einer Seite. Seitenvorgänge sind dabei besonders tückisch, da der Benutzer keinerlei Links anklicken muss, sondern das Wechseln auf eine Seite oder bereits das Öffnen eines Dokuments den Start eines Programms auslösen kann. Um ein unkontrolliertes Ausführen von Programmen zu verhindern, informiert Acrobat den Anwender seit Version 3.01 in einem Dialog über den Namen des betreffenden Programms und überlässt ihm die Entscheidung, ob er das Programm tatsächlich starten oder den Vorgang lieber abbrechen möchte. Ein Anklicken der Option *Diese Meldung nicht mehr anzeigen* bewirkt, dass Dateien in Zukunft ohne Sicherheitsabfrage geöffnet bzw. ausgeführt werden. Diese Entscheidung gilt bis zum Beenden von Acrobat.

Der angezeigte Dialog ist für unerfahrene Benutzer verwirrend und stört vor allem CD-ROM-Autoren, die Wert auf einen reibungslosen Ablauf ihrer Präsentation legen. Aus Sicherheitsgründen lässt sich die erste Anzeige der Dialogbox nicht verhindern – sonst wäre sie ja sinnlos. Eine in böser Absicht geschriebene PDF-Datei könnte sich nämlich das Vertrauen des Benutzers durch ein harmloses Programm erschleichen, das den Benutzer er-

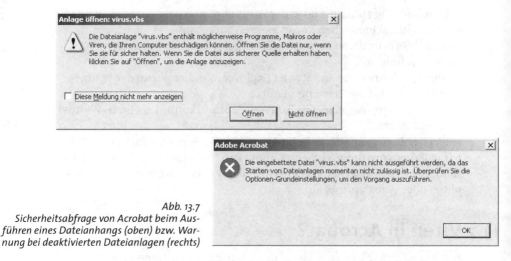

Abb. 13.7
Sicherheitsabfrage von Acrobat beim Ausführen eines Dateianhangs (oben) bzw. Warnung bei deaktivierten Dateianlagen (rechts)

muntert, den lästigen Dialog zu deaktivieren, um dann beim nächsten Aufruf mit einem bösartigen Programm nachzulegen.

Dateianlagen. Ähnlich wie bei einer E-Mail kann der Ersteller einer PDF-Datei mithilfe des Dateianlage-Werkzeugs zusätzliches Material anhängen oder genauer gesagt einbetten *(attachments)*. Dabei könnte es sich zum Beispiel um die Originaldatei der Tabellenkalkulation handeln, deren Darstellung die PDF-Datei enthält. Beim Doppelklick auf das entsprechende Symbol auf der Seite wird die Datei aus der PDF-Datei extrahiert und das zugehörige Programm genauso ausgeführt, wie das beim Doppelklick im Windows-Explorer oder Finder der Fall wäre: Bei registrierten Dateitypen wird das zugehörige Programm zum Anzeigen oder Bearbeiten der Datei aufgerufen. Ausführbare Programme werden gestartet. Handelt es sich bei der eingebetteten Datei etwa um eine VBS-Datei mit bösartigen Skriptanweisungen, so kann man sich ähnliche Probleme einhandeln wie beim unbedachten Klick auf ein E-Mail-Attachment.

Um auch in dieser Situation den Benutzer vor ungewollten Programmen zu schützen, überlässt Acrobat wieder dem Anwender die Entscheidung über den Start des Programms (siehe Abbildung 13.7). Aktiviert man die Option *Diese Meldung nicht mehr anzeigen*, erscheint der Dialog so lange nicht mehr, bis die entsprechende Grundeinstellung zurückgesetzt wird (siehe unten).

Schutz vor unerwünschten externen Programmen. Wer auf Nummer Sicher gehen möchte, kann den Start externer Programme und eingebetteter Dateien verhindern, indem er über *Bearbeiten, Grundeinstellungen, Allgemein..., Optionen* den Eintrag *Vorgänge beim Öffnen von Dateien und Starten von Dateianhängen zulassen* deaktiviert. Dies bewirkt, dass der Klick auf

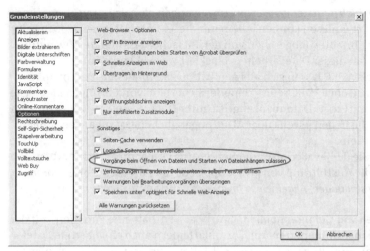

Abb. 13.8
In den Grundeinstellungen kann man Links zu externen Dateien deaktivieren.

Links, Dateianhänge etc. überhaupt keine Dateien mehr aufruft, und sich damit der Schutz vor möglichen Angriffen erhöht.

Besorgte Systemverwalter können die Acrobat-Installation mithilfe der Windows-Registry noch weiter absichern. Wenn der Registry-Eintrag

HKCU\Software\Adobe\Adobe Acrobat\5.0\AdobeViewer\AllowOpenFile

mit dem Typ *REG_DWORD* und dem Wert 0 vorhanden ist, ist beim Start von Acrobat die Option *Vorgänge beim Öffnen von Dateien und Starten von Dateianhängen zulassen* deaktiviert. Da der Benutzer dies in den allgemeinen Einstellungen manuell wieder rückgängig machen könnte, gibt es einen weiteren Registry-Eintrag, der eventuelle Änderungen des Benutzers wirkungslos macht. Dazu muss der Eintrag

HKCU\Software\Adobe\Adobe Acrobat\5.0\AdobeViewer\SecureOpenFile

den Typ *REG_DWORD* und den Wert 1 haben. Jetzt kann der Benutzer die Voreinstellungen zwar ändern, eine solche Änderung bleibt jedoch wirkungslos. Diese Maßnahme ist natürlich nur dann sinnvoll, wenn die Registry vor Änderungen durch den Benutzer geschützt ist. Die Registry-Einträge lassen sich schon bei der Installation von Acrobat entsprechend belegen, wenn man die Anpassungsmöglichkeiten des Acrobat-Installers mithilfe der Datei *abcpy.ini* nutzt. Einzelheiten dazu finden Sie in der Beschreibung dieser Datei im Acrobat-SDK.

JavaScript. Während bei den JavaScript-Implementierungen der Webbrowser immer wieder neue Sicherheitslücken bekannt werden, kann man den Einsatz von JavaScript in PDF als weitgehend sicher erachten. JavaScript-Programme in PDF erhalten keinen direkten Zugriff auf das Dateisystem und können daher keinen Schaden anrichten. Eine Ausnahme ist die Datei *glob.js*, in der JavaScript-Anweisungen globale Daten abspeichern und wieder einlesen können. Allein mit dieser Datei lässt sich jedoch kein Schaden anrichten (abgesehen von der Tatsache, dass andere Anwendungen, die mit dieser Datei arbeiten, blockiert werden könnten).

Mittels ADBC lassen sich aus Acrobat-JavaScript heraus Datenbanken anzapfen, wobei ADBC selbst keinerlei Sicherheitsvorkehrungen bietet (siehe Abschnitt 10.5 »Datenbankzugriffe mit ADBC«, Seite 445). Diese müssen vollständig in den jeweils über ADBC zugänglichen Datenbanken implementiert sein.

Falls Sie der JavaScript-Implementierung von Acrobat nicht trauen, können Sie die Ausführung von JavaScript-Code über die Menüfolge *Bearbeiten, Grundeinstellungen, Allgemein..., JavaScript* vollständig deaktivieren.

Entfernen von Gefahrenquellen. Acrobat 5 enthält eine Funktion, mit der sich neben Kommentaren und Formularfeldern auch eingebettete Dateien und JavaScript-Vorgänge aus einer PDF-Datei beseitigen lassen. Wählen Sie dazu *Werkzeuge, PDF Consultant, Erkennen und Entfernen...*. Mit dieser Funktion können Sie unerwünschte Elemente aus der PDF-Datei entfernen, um deren Größe zu reduzieren und sie unter Umständen auch sicherer zu machen. Vergleichbare Funktionalität bieten die Aktionslisten von Enfocus PitStop.

Gefahr durch Plugins. Grundsätzlich ist es denkbar, bösartige Funktionalität in einem Acrobat-Plugin zu implementieren und dieses als vermeintlich nützliche Software den arglosen Anwendern zur Verfügung zu stellen. Aus Sicht des Übeltäters erfordert dies allerdings die Einarbeitung in das umfangreiche Acrobat-Programmiermodell und damit einen beträchtlichen Aufwand. Um gefährliche Plugins zu vermeiden und gleichzeitig aber die Funktionalität der mit Acrobat bereits mitgelieferten Plugins zu erhalten, gibt es seit Acrobat 4.05 in den Grundeinstellungen die Möglichkeit, nur zertifizierte Plugins zuzulassen *(Bearbeiten, Grundeinstellungen, Allgemein..., Optionen, Nur zertifizierte Zusatzmodule)*. In diesem Fall lädt Acrobat ausschließlich Plugins, die von Adobe zertifiziert wurden (hauptsächlich jene, die standardmäßig mit Acrobat ausgeliefert werden). Dies bietet zwar einen gewissen Schutz von bösartigen Plugins; das Verfahren zum Erkennen zertifizierter Plugins scheint jedoch nicht besonders sicher zu sein und lässt sich mit geeigneten Programmiertricks auch aushebeln.

Adobes E-Commerce-Lösung Web Buy erzwingt den Start von Acrobat mit der Beschränkung auf zertifizierte Plugins. Dies ist für den Benutzer etwas hinderlich, da es den gleichzeitigen Einsatz nützlicher Plugins von Drittherstellern verhindert bzw. einen lästigen Neustart von Acrobat erfordert.

14 Digitale Signaturen und PDF

Neben der Vertraulichkeit (Geheimhaltung), mit der wir uns in Kapitel 13 »Sicherheit von PDF-Dateien« befasst haben, spielen auch Authentizität und Integrität von Dokumenten in der modernen Unternehmenskommunikation eine wichtige Rolle. Wie ihr konventionelles Gegenstück, die manuelle Unterschrift, stellt die digitale Signatur sicher, dass ein Dokument tatsächlich vom angegebenen Verfasser stammt bzw. zur Kenntnis genommen wurde. Darüber hinaus lässt sich mithilfe digitaler Signaturen zuverlässig feststellen, ob ein Dokument nach der Signatur modifiziert wurde.

Adobe führte in Acrobat 4 die digitale Signatur für PDF-Dokumente ein. In Acrobat 5 wurde die Signaturfunktion verfeinert, aber nicht grundlegend geändert. Obwohl es sich nur um einige Funktionen an der Oberfläche zu handeln scheint, steckt dahinter doch ein komplexer Mechanismus, mit dem wir uns in diesem Kapitel befassen wollen. Um die Signaturfunktionen in Acrobat zu verstehen, betrachten wir zunächst allgemein die Eigenschaften digitaler Signaturen. Für Erklärungen wichtiger kryptografischer Konzepte, die im folgenden Abschnitt erwähnt werden, darf ich auf Abschnitt 13.1 »Kryptografische Grundbegriffe«, Seite 559, verweisen.

14.1 Funktionsweise digitaler Signaturen

14.1.1 Zielsetzung.
Vor Klärung der Frage, wie Signaturen funktionieren, müssen wir uns zunächst vergegenwärtigen, welche Eigenschaften wir eigentlich von einer herkömmlichen manuellen Unterschrift erwarten. Die folgende Aufzählung erfolgt in Anlehnung an das Referenzwerk von Bruce Schneier[1] und führt die Eigenschaften einer idealisierten Unterschrift auf, die in der Realität natürlich nie ganz erreicht werden:

- Die Unterschrift zeigt, dass der Unterzeichner das Dokument zur Kenntnis genommen und freiwillig unterschrieben hat (Authentizität).
- Die Unterschrift ist fälschungssicher, kann also nicht von einem Dritten erzeugt worden sein.
- Die Unterschrift bezieht sich auf das jeweilige Dokument und kann nicht abgetrennt und unbemerkt auf ein anderes übertragen werden.
- Nach Leistung der Unterschrift kann das Dokument nicht mehr verändert werden, ohne dass dies entdeckt wird (Integrität).
- Der Unterzeichner kann die Unterschrift nicht mehr zurückziehen. Er kann also später nicht behaupten, die Unterschrift gar nicht geleistet zu haben (Nichtabstreitbarkeit).

Da sich digitale Daten mühelos kopieren lassen, funktionieren digitale Signaturen nicht durch Nachahmung einer manuellen Unterschrift (etwa

---

1. Bruce Schneier: Angewandte Kryptographie. Addison-Wesley 1996, ISBN 3-89319-854-7

durch simples Einscannen), sondern müssen die Kryptografie zu Hilfe nehmen. Durch Umkehrung der Public-Key-Verschlüsselung ergibt sich auf raffinierte Art bereits ein einfaches Signaturverfahren: Der Absender (Unterzeichner) chiffriert das Dokument mit seinem eigenen privaten Schlüssel. Der Empfänger nimmt den öffentlichen Schlüssel des Absenders (der ja frei verfügbar ist) und dechiffriert damit das Dokument. Wenn er das Dokument erfolgreich entschlüsseln kann (es also lesbar ist), so muss es mit dem zugehörigen privaten Schlüssel chiffriert worden sein und stammt daher wirklich vom vermeintlichen Urheber (Authentizität). Wäre es nach der Verschlüsselung verändert worden, so wäre die Entschlüsselung fehlgeschlagen – damit ist auch die Integrität des Dokuments sichergestellt.

Leider ist ein Einsatz dieses eleganten Verfahrens in der Praxis aufgrund der geringen Verschlüsselungsgeschwindigkeit der Public-Key-Verfahren nicht möglich. Es würde zu lange dauern, das gesamte Dokument zu verschlüsseln. Man möchte das Dokument in der Regel auch lesen können, ohne es vorher zu entschlüsseln. Zur Verfeinerung wird daher zunächst der Hashwert des Dokuments berechnet und nur dieser chiffriert. Da der Hashwert schnell berechnet werden kann und so kurz ist, dass die Public-Key-Verschlüsselung ebenfalls schnell verläuft, lässt sich die Berechnung einer Signatur damit enorm beschleunigen. Aufgrund der Eigenschaften kryptografischer Hashfunktionen wird die Sicherheit der Signatur auch nicht beeinträchtigt.

14.1.2 Zertifikate.

Unglücklicherweise hat das oben beschriebene Basisverfahren für digitale Signaturen eine Schwachstelle, die aus einem grundsätzlichen Problem der Public-Key-Verschlüsselung herrührt. Wie beschrieben, kann der öffentliche Schlüssel beliebig verteilt werden, da er keine geheime Information darstellt. Andersherum könnte ein Betrüger aber einen gefälschten öffentlichen Schlüssel in Umlauf bringen, der angeblich dem Absender (Unterzeichner) des Dokuments gehört. Das hätte katastrophale Folgen: Der arglose Empfänger besorgt sich den vermeintlichen öffentlichen Schlüssel des Absenders (zum Beispiel von einem manipulierten Webserver, den der Angreifer eingerichtet hat). Der Bösewicht signiert nun mit dem zugehörigen privaten Schlüssel seine gefälschte Fassung des Dokuments und sendet es im Namen des ahnungslosen echten Unterzeichners an den Empfänger. Dieser prüft die Signatur mithilfe des gefälschten öffentlichen Schlüssels, was die Gültigkeit der Signatur ergibt. Das Problem ließe sich zwar durch sichere (etwa persönliche) Übergabe der öffentlichen Schlüssel lösen. Damit hätte man aber den Hauptvorteil der Public-Key-Kryptografie wieder verspielt und müsste sich erneut mit dem Problem der Schlüsselverteilung bei großer Benutzerzahl oder großer Distanz auseinandersetzen, selbst wenn es sich jetzt nur um öffentliche Schlüssel handelt.

Glücklicherweise gibt es auch für dieses Problem eine kryptografische Lösung. Dazu schlägt man einen logischen Purzelbaum und wendet das beschriebene Signaturverfahren auf sich selbst an, indem man so genannte beglaubigte (zertifizierte) öffentliche Schlüssel einführt.

Da es an dieser Stelle leicht verwirrend wird, formulieren wir noch einmal behutsam unser Problem: Wir wollen beliebigen Empfängern Informationen (nämlich unseren Namen und den öffentlichen Schlüssel) zukommen lassen, die zwar nicht vertraulich sind, aber authentisch sein müssen. Ist das nicht ein Anwendungsfall für digitale Signaturen? Damit sich die Katze nicht in den Schwanz beißt, darf aber nicht jeder Beteiligte seinen öffentlichen Schlüssel selbst signieren. Stattdessen müssen wir eine Stufe nach oben springen und eine höhere Instanz einführen, der alle Beteiligten trauen. Diese Instanz, das so genannte Trust-Center (TC) oder die *Certificate Authority* (CA), signiert die öffentlichen Schlüssel der Teilnehmer und bürgt so für deren Integrität. Dazu muss das Trust-Center auf geeignete Weise (zum Beispiel durch Vorlage des Personalausweises) die Identität des Antragstellers überprüfen. Um einen öffentlichen Schlüssel auf Gültigkeit zu testen, muss ein potentieller Empfänger die Signatur des Trust-Centers überprüfen. An dieser Stelle müssen wir in den sauren Apfel beißen und den öffentlichen Schlüssel des Trust-Centers allen Beteiligten auf sichere Art zugänglich machen. Obwohl dieser Schritt technisch identisch ist mit unserem Ausgangsproblem, haben wir organisatorisch viel gewonnen: Statt vieler Benutzer, die jeweils paarweise auf sichere Art ihre öffentlichen Schlüssel austauschen, muss sich jetzt nur noch jeder Teilnehmer einen einzigen Schlüssel besorgen, nämlich den des Trust-Centers. Dies muss auf sichere Art, zum Beispiel durch persönliche Übergabe erfolgen. Besitzt ein Teilnehmer diesen TC-Schlüssel, so kann er damit beliebig viele andere Teilnehmerschlüssel auf Gültigkeit überprüfen.

An dieser Stelle kommt der Begriff des digitalen Zertifikats ins Spiel. Das Zertifikat ist ein signierter Datensatz, der neben dem Namen und dem öffentlichen Schlüssel seines Inhabers weitere persönliche Angaben enthalten kann (zum Beispiel Stellung innerhalb der Firma, Mail-Adresse, Ablaufdatum) und von einer vertrauenswürdigen Instanz digital signiert ist. Zur Speicherung digitaler Zertifikate verwenden die meisten Anwendungen mittlerweile ein Format, das im Standard X.509 festgeschrieben und weit verbreitet ist. In diesem Format tauchen aufgrund der Verwandtschaft mit dem Adressierungsstandard X.500 Kürzel der Form c= *(country)*, cn= *(common name)*, o= *(organisation)*, ou= *(organisational unit)* auf, die den Inhaber des Zertifikats genauer bezeichnen.

Trust-Center und selbst signierte Zertifikate.   Wer die Rolle der vertrauenswürdigen Instanz für die Unterzeichnung der Zertifikate spielt, hängt vom jeweiligen Einsatzzweck ab. Entscheidend bei der Auswahl ist, dass alle Teilnehmer dem Trust-Center hinsichtlich der Ausstellung von Zertifikaten uneingeschränkt vertrauen müssen. Im Unternehmensumfeld könnte dies etwa die Personalabteilung sein, der ohnehin alle Firmenangehörigen trauen müssen (zumindest in Personalangelegenheiten). In Zukunft sind auch behördenähnliche Trust-Center denkbar, die ein digitales Äquivalent zum herkömmlichen Personalausweis ausstellen. In einigen Staaten, etwa Finnland, gibt es bereits entsprechende Entwicklungen.

Da die Einrichtung eines Trust-Centers mit hohem Aufwand verbunden ist, gibt es auch eine »kleine« Alternative: Jeder Anwender signiert seinen öffentlichen Schlüssel selbst und erzeugt ein so genanntes selbst signiertes Zertifikat. Im Gegensatz zu einem selbst erzeugten Personalausweis dient ein solches Zertifikat durchaus der zuverlässigen Absicherung, wenn es denn richtig benutzt wird: Der Empfänger darf ein vom Absender selbst signiertes Zertifikat nur dann zur Überprüfung einer Signatur verwenden, wenn er es entweder persönlich vom Absender erhalten hat oder die Authentizität des Zertifikats anderweitig sicher gestellt ist. Dazu zählt insbesondere die Übermittlung des Fingerabdrucks des Zertifikats: Der Absender schickt das Zertifikat auf unsicherem Weg, etwa per Mail, an den Empfänger, gibt ihm aber auf sichere Art (zum Beispiel telefonisch oder persönlich) den Fingerabdruck des Zertifikats bekannt. Der Empfänger berechnet nun selbst den Fingerabdruck und vergleicht beide Werte. Nur wenn diese übereinstimmen, akzeptiert er das Zertifikat als gültig.

Da Public-Key-Verfahren nur zusammen mit einer genau definierten Verteilung von Zertifikaten bzw. öffentlichen Schlüsseln funktionieren, kommt dem Aufbau einer so genannten Public-Key-Infrastruktur (PKI) erhebliche Bedeutung zu. Die Ausgabe, Verwaltung und Rücknahme von Zertifikaten stellt sogar eine kommerziell interessante Dienstleistung dar, die ein Unternehmen gar nicht selbst durchführen muss, sondern auch auslagern kann. Tabelle 14.1 vergleicht den Betrieb eines Trust-Centers mit dem Einsatz selbst signierter Zertifikate. Grundsätzlich eignen sich selbst signierte Zertifikate für die schnelle Implementierung von Public-Key-Verfahren für eine kleine Zahl von Benutzern, während große Benutzerzahlen ein Trust-Center bzw. eine vollständige PKI erfordern.

Tabelle 14.1 Vergleich von selbst signierten und Trust-Center-Zertifikaten

Kriterium	Trust-Center-Zertifikate	selbst signierte Zertifikate
Einrichtungsaufwand	hoch	minimal, da keine besondere Infrastruktur erforderlich
direkter Kontakt zwischen zwei Teilnehmern erforderlich	nein	ja
praktischer Einsatz	einfach	bei vielen Benutzern umständlich
Verteilung der Zertifikate	zentral über Trust-Center	schwierig, da von den Benutzern selbst zu organisieren
Rücknahme ungültiger Zertifikate	über zentrale Rückruflisten	schwierig, da alle Benutzer über die Ungültigkeit eines Zertifikats informiert werden müssen

14.1.3 Was besagt die digitale Signatur?

Eine gültige Signatur kann nur mit dem zugehörigen privaten Schlüssel erzeugt worden sein. Solange dieser vom Absender geheim gehalten wird, steht fest, dass er das Dokument selbst unterzeichnet hat. Geht allerdings der private Schlüssel einmal verloren, so sind schlagartig alle jemals damit geleisteten Unterschriften hinfällig, denn sie könnten ja vom »Schlüsseldieb« stammen. Dies lässt sich mit so genannten Zeitstempeln verhindern. Dabei wird zusammen mit dem Dokument der genaue Zeitpunkt der Signatur unterschrieben. Da normale PCs nicht über sichere Zeitquellen verfügen (die Systemzeit kann ja von jedem Benutzer manipuliert werden) funktioniert das aber wieder nur mit einer vertrauenswürdigen Instanz, die die Zeitstempel generiert und zusammen mit dem Hashwert des Dokuments signiert.

Ein weiteres Problem, die Nichtanerkennung, ergibt sich bei folgender Konstellation: Der Unterzeichner stellt im Nachhinein fest, dass der Inhalt des signierten Dokuments für ihn nachteilig ist und möchte seine Unterschrift daher abstreiten. Dazu »verliert« er seinen privaten Schlüssel absichtlich, indem er ihn zum Beispiel anonym im Internet veröffentlicht, und argumentiert dann, dass jemand anders in seinem Namen die Unterschrift geleistet habe und diese daher ungültig sei (obwohl die Signatur technisch gesehen gültig ist). Um diese Art von Betrug zu verhindern, schützen manche Anwendungen den privaten Schlüssel vor seinem Besitzer, indem er zum Beispiel auf einer Chipkarte (Smartcard) implementiert wird. Da die Smartcard nicht kopiert werden kann und zudem durch ein Kennwort geschützt ist, kann der Unterzeichner nicht einfach vorgeben, jemand anders hätte seinen privaten Schlüssel benutzt.

Um gleich ein verbreitetes Missverständnis auszuräumen: Digitale Signaturen schützen ein Dokument nicht vor Veränderung, sondern ermöglichen lediglich, dass nachträglich durchgeführte Manipulationen erkannt werden. Dieser kleine, aber wichtige Unterschied wird in der Praxis häufig unterschlagen.

14.1.4 Signieren eines Dokuments.

Mithilfe von Zertifikaten können wir nun die Erstellung einer digitalen Signatur zusammenfassen (siehe Abbildung 14.1):

- Der Absender berechnet den digitalen Fingerabdruck des Dokuments mittels einer Hashfunktion.
- Der Fingerabdruck wird mit dem privaten Schlüssel des Absenders chiffriert; dies ergibt die Signatur des Dokuments.
- Das signierte Dokument besteht aus dem eigentlichen Inhalt und dem verschlüsselten Fingerabdruck. Bei vielen Anwendungen (zum Beispiel Acrobat) wird außerdem das Zertifikat des Absenders zusammen mit dem Dokument übermittelt. Dies kann dem Empfänger etwas Aufwand ersparen, besagt aber noch nichts über die Gültigkeit des Zertifikats.

14.1.5 Prüfen einer Signatur.
Erhält der Empfänger ein signiertes Dokument, so muss die Software die Gültigkeit der Signatur überprüfen. Dazu sind folgende Schritte erforderlich (siehe Abbildung 14.2):
- Falls der Empfänger noch nicht über das Zertifikat des Absenders verfügt, extrahiert er es aus dem Dokument oder besorgt es sich anderweitig. Dem Zertifikat entnimmt er den öffentlichen Schlüssel des Absenders und entschlüsselt damit den mit dem Dokument gelieferten verschlüsselten Hashwert (also die eigentliche Signatur).
- Jetzt berechnet die Software des Empfängers den Hashwert des Dokuments selbst und vergleicht ihn mit dem oben bestimmten Wert. Sind die Werte unterschiedlich, wurde das Dokument entweder während der Übertragung verändert oder gar nicht vom vermeintlichen Absender signiert.

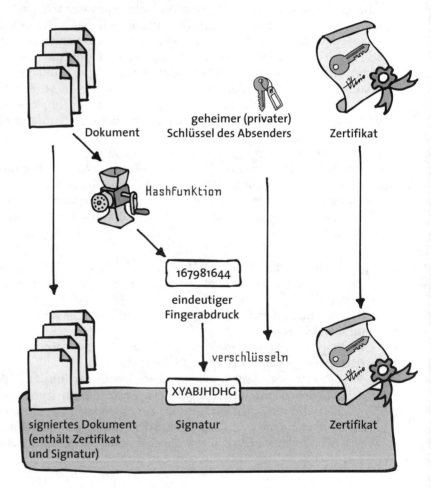

Abb. 14.1 Signieren eines Dokuments

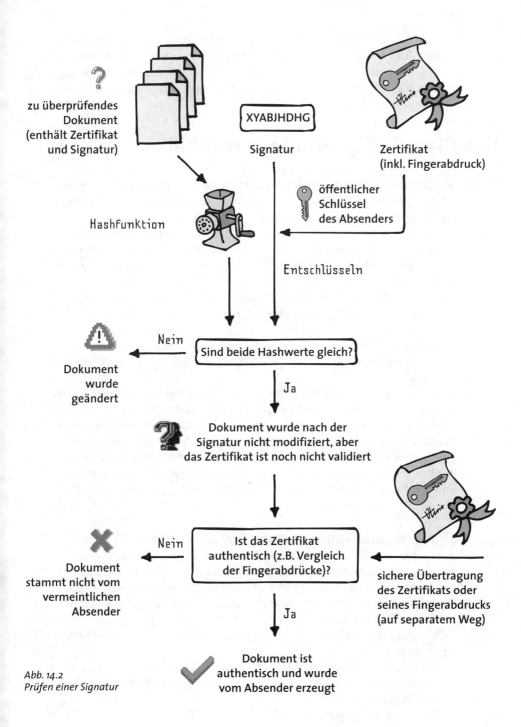

Abb. 14.2
Prüfen einer Signatur

- Um die Prüfung abzuschließen, muss der Empfänger schließlich noch die Gültigkeit des Zertifikats beurteilen. Hat er es auf sicherem Weg vom Absender erhalten oder sich mittels des Fingerabdrucks von der Gültigkeit des Zertifikats überzeugt, ist die Prüfung abgeschlossen und die Signatur gültig.

14.2 Digitale Signaturen in Acrobat

14.2.1 Verfügbarkeit der digitalen Signatur.

Immer häufiger ist die Meinung zu hören, PDF-Dateien seien, etwa im Vergleich zu HTML, sicher vor Veränderung. Dem ist klar zu widersprechen:

- Bereits das Acrobat-Vollprodukt bietet mit dem TouchUp-Werkzeug und den umfangreichen Funktionen von Formularfeldern viele Möglichkeiten, Inhalte einer PDF-Seite zu entfernen oder neue einzufügen.
- Wem diese Möglichkeiten nicht reichen, der kann mit Plugins wie Enfocus PitStop die Editiermöglichkeiten in Acrobat deutlich erweitern.
- Immer mehr Grafikprogramme sind in der Lage, PDF-Dateien editierbar einzulesen und zu bearbeiten.
- Neben Standardsoftware kann ein Bösewicht, dem an der Manipulation von PDF-Dokumenten liegt, natürlich auch eigene Software dazu entwickeln.

Die in diesem Kapitel beschriebenen Funktionen zum Erstellen und Prüfen von Signaturen sowie zur Verwaltung von Zertifikaten stehen nur im Acrobat-Vollprodukt zur Verfügung, nicht aber im kostenlosen Acrobat Reader. Für die Implementierung von Signaturlösungen, bei denen aus Kostengründen nicht das Vollprodukt infrage kommt, bietet Adobe das wesentlich billigere Produkt Acrobat Approval an, das den Reader um Formular- und Signaturfunktionen erweitert (siehe Abschnitt 9.4.1 »Acrobat-Varianten«, Seite 399).

14.2.2 Signieren und Validieren von PDF-Dokumenten.

Nachdem wir im letzten Abschnitt die allgemeine Funktionsweise und Zielsetzung digitaler Signaturen kennen gelernt haben, wollen wir uns nun die Implementierung in Acrobat genauer ansehen. Dabei geht es sowohl um die Funktionen zur Erstellung und Überprüfung einer Signatur als auch um die Zertifikatsverwaltung.

Was wird signiert? Folgende Angaben sind Bestandteil des signierten Gesamtdokuments:

- Der vollständige Inhalt des PDF-Dokuments. Es ist zum Beispiel nicht möglich, nur eine einzelne Seite zu unterschreiben oder nur die ausgefüllten Formularfelder.
- Der Name des Unterzeichners

- Datum und Ort der Unterschrift. Das Datum wird beim Betriebssystem abgefragt, ist jedoch nicht weiter überprüfbar.
- Optional kann der Unterzeichner einen Grund für die Unterschrift angeben, zum Beispiel *gelesen, genehmigt, freigegeben* usw.

Durch jede noch so kleine Änderung der PDF-Datei wird die Signatur ungültig (dies entspricht ja gerade dem Zweck der Unterschriftsfunktion). Wird ein Dokument in Acrobat verändert, so bleibt der ursprüngliche Inhalt komplett erhalten und die Änderungen werden am Ende des Dokuments angehängt. Diese so genannten Updates sind seit Acrobat 1.0 im PDF-Format vorhanden (siehe Abschnitt 12.2.3 »Der Update-Mechanismus«, Seite 532) und erlaubt es, einen früheren Zustand des Dokuments wieder herzustellen. Die Funktion *Speichern unter...* (im Gegensatz zum einfachen *Speichern)* reduziert diese Änderungshistorie des Dokuments wieder auf eine einzige Fassung. Aus diesem Grund werden durch *Speichern unter...* alle Signaturen ungültig. Bei der Erstellung einer Unterschrift zwingt Acrobat den Unterzeichner, die Datei sofort zu speichern, um zu verhindern, dass nachträglich Änderungen am signierten Dokument erfolgen. Eventuell gewünschte Sicherheitseinstellungen und Berechtigungen müssen bereits vorher festgelegt werden, denn eine nachträgliche Speicherung mit geänderten Sicherheitseinstellungen würde die Signatur wieder ungültig machen.

Ein Dokument kann mehrmals nacheinander (auch von verschiedenen Personen) unterschrieben werden. Damit kann man zum Beispiel den herkömmlichen Ablauf von Antragstellung/-genehmigung nachbilden oder sicherstellen, dass wichtige Dokumente von mehreren Entscheidungsträgern gemeinsam unterschrieben werden.

Das in Acrobat integrierte Verfahren zur digitalen Signatur hat gegenüber anderen Signaturverfahren folgende Vorteile:

- Die transparente Integration in die Acrobat-Benutzeroberfläche erleichtert den praktischen Einsatz.
- Die Verwaltung der Zertifikate kann direkt in Acrobat erfolgen.
- Signatur und Zertifikat sind integrierter Bestandteil der PDF-Datei.
- Änderungen werden an die Datei angehängt, was die Rekonstruktion früherer Dokumentzustände ermöglicht.

Installieren eines Zertifikats. Die Signaturfunktion erfordert ein installiertes Zertifikat. Die Details dieses Vorgangs hängen vom jeweils verwendeten Signatur-Plugin ab. Am einfachsten können Sie sich ein Zertifikat mithilfe des Self-Sign-Moduls einrichten, das ausführlich in Abschnitt 14.3 »Acrobat Self-Sign«, Seite 602, behandelt wird. Wenn Sie sich anhand der Beschreibung am Anfang des zitierten Abschnitts ein selbst signiertes Zertifikat ausstellen, können Sie die im Folgenden beschriebenen Funktionen gleich in Acrobat nachvollziehen.

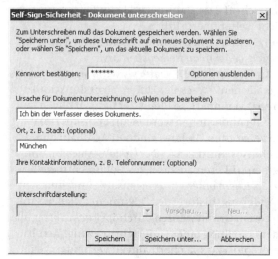

*Abb. 14.3
Signieren eines Dokuments
mit Acrobat*

Signieren von Dokumenten. Für den eigentlichen Signiervorgang bietet Acrobat mehrere Möglichkeiten:
- Ein Formularfeld des Typs *Unterschrift* nimmt die Signatur auf.
- Mit dem Signaturwerkzeug oder der Funktion *Werkzeuge, Digitale Unterschriften, Dokument unterschreiben* lässt sich ein Signaturfeld in einem Arbeitsschritt anlegen und gleichzeitig unterschreiben.
- Mit der Funktion *Werkzeuge, Digitale Unterschriften, Dokument unsichtbar unterschreiben* (in Acrobat 4: *Datei, Unterschreiben und Speichern...*) wird das Dokument in einem Arbeitsschritt signiert und abgespeichert.

Während die Signatur in den ersten beiden Fällen auf der Seite visualisiert wird, die das jeweilige Signaturfeld enthält, bleibt sie im dritten Fall zunächst unsichtbar. In der Unterschriften-Palette *(Fenster, Unterschriften)* werden jedoch alle Signaturen angezeigt, unabhängig davon, wie sie angelegt wurden. Die Unterschriften-Palette bietet bei einem Klick mit der rechten Maustaste auf eine Unterschrift oder durch Klick in das kleine Dreieck am oberen rechten Rand der Palette diverse Funktionen für den Umgang mit Signaturen.

Erfolgt die Signatur über ein Formularfeld, so kann der Ersteller des Formulars festlegen, dass einige oder alle Felder nach dem Unterschreiben mit einem Schreibschutz markiert werden (beachten Sie, dass das nichts mit dem in Abschnitt 9.3 »Praktische Hinweise und Beispiele«, Seite 389, behandelten Sperren zu tun hat, obwohl die Funktion in Acrobat 4 noch *sperren* hieß). Dadurch lässt sich verhindern, dass nach erfolgter Signatur versehentlich oder absichtlich Feldinhalte modifiziert werden. Dies ist nützlich, wenn mehrere Personen ein Dokument signieren sollen: Mit der ersten Signatur werden die davon betroffenen Formularfelder vor Veränderungen

Abb. 14.4
Formularfelder lassen sich nach erfolgter Unterschrift mit einem Schreibschutz versehen.

geschützt, die restlichen Felder bleiben noch bearbeitbar. Dadurch hat der nächste Unterzeichner keine Möglichkeit, bereits signierte Felder versehentlich oder absichtlich zu ändern. Nach der letzten Signatur werden schließlich alle Formularfelder blockiert. Mithilfe der bei Formularfeldern möglichen benutzerdefinierten Aktionen, insbesondere mit JavaScript, können darüber hinaus weitere Vorgänge gestartet werden, zum Beispiel eine Bestätigungsmeldung für den Benutzer.

Eine weitere Besonderheit gibt es ebenfalls nur bei Signaturen, die über ein Formularfeld erstellt wurden: Wurde das entsprechende Feld auf andere Seiten des Dokuments dupliziert, so erscheint die Unterschrift auch auf diesen Seiten. Damit lässt sich die konventionelle Praxis nachahmen, die einzelnen Seiten eines langen Dokuments jeweils mit einem Handzeichen oder den Initialen als gelesen zu autorisieren.

Darstellung der digitalen Signatur im Dokument. Während die manuelle Unterschrift jedem vertraut ist, stellen digitale Signaturen ein abstraktes mathematisches Konzept dar, dessen Anwendung nicht intuitiv greifbar ist. Als Hilfestellung gibt es in Acrobat die Möglichkeit, digitale Signaturen auf mehrere Arten zu visualisieren. Dabei ist jedoch wichtig, dass es sich nur um eine optische Hilfestellung handelt, die mit der eigentlichen Prüffunktion der Signatur überhaupt nichts zu tun hat. Acrobat unterstützt folgende Möglichkeiten zur visuellen Darstellung von Signaturen:

- Einfacher Text mit Name des Unterzeichners, Datum, Grund der Unterschrift usw.
- Eine Grafik, zum Beispiel ein Foto des Unterzeichners, das im Zertifikat des Unterzeichners konfiguriert werden kann (siehe Abschnitt 14.3 »Acrobat Self-Sign«, Seite 602).

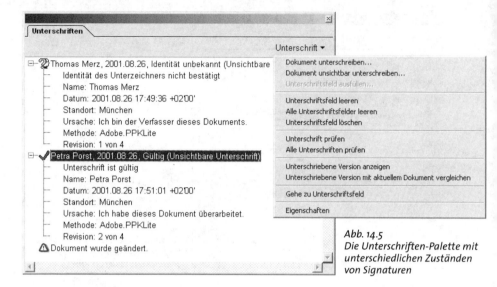

Abb. 14.5
Die Unterschriften-Palette mit unterschiedlichen Zuständen von Signaturen

- Die Darstellung einer manuellen Unterschrift. Neben der Möglichkeit, diese einzuscannen, nach PDF zu konvertieren und wie eine Grafik zu konfigurieren, unterstützt Acrobat auch das Einlesen einer Unterschrift von einem Palm-Organizer (siehe Abschnitt 14.3 »Acrobat Self-Sign«, Seite 602).
- Schließlich kann die Unterschrift auch völlig unsichtbar sein. Beachten Sie, dass auch einer unsichtbaren Unterschrift ein Formularfeld zugeordnet ist, das in der Felder-Palette angezeigt wird. Allerdings hat dieses Feld als Breite und Höhe jeweils den Wert 0 und ist daher nicht sichtbar. Die Art der Visualisierung hat keinerlei Einfluss auf die Funktion oder Gültigkeit der Signatur!

Validieren einer Signatur. Zur Überprüfung (Validierung) einer Signatur führt Acrobat die in Abbildung 14.2 dargestellten Schritte durch. Die Validierung lässt sich bei unsichtbaren Signaturen in der Unterschriften-Palette über das Kontextmenü (rechte Maustaste) aktivieren oder über *Werkzeuge, Digitale Unterschriften*. Bei sichtbaren Unterschriften in Signaturfeldern erfolgt die Validierung ebenfalls nach einem Klick mit der rechten Maustaste auf das Feld. Über *Bearbeiten, Grundeinstellungen, Allgemein..., Digitale Unterschriften, Nach Öffnen des Dokuments Unterschriften prüfen* können Sie Acrobat so einstellen, dass Signaturen sofort beim Öffnen einer Datei validiert werden.

Die möglichen Zustände einer Signatur stellt Acrobat durch verschiedene Symbole dar, die in der Unterschriften-Palette jeweils neben der Signatur und bei sichtbaren Unterschriften auch auf der jeweiligen Seite angezeigt werden (siehe Abbildung 14.5).

Bei der Interpretation dieser Symbole ist jedoch Vorsicht geboten: Acrobat 4 zeigt ein grünes Häkchen mit der Bedeutung »teilweise gültig« an, wenn bei einem signierten Dokument der Hashwert stimmt (der die Integrität sicherstellt) – obwohl das zugehörige Zertifikat eine plumpe Fälschung sein könnte, etwa ein unter einem anderen Namen selbst signiertes Zertifikat. Das Dokument könnte also inklusive Signatur gefälscht sein, so lange das Zertifikat nicht überprüft wird (siehe dazu Abschnitt 14.3 »Acrobat Self-Sign«, Seite 602).

Acrobat 5 hingegen bezeichnet diesen Status korrekterweise als »Identität unbekannt« und benutzt ein passenderes Icon. Erst nach erfolgreicher Validierung des Zertifikats erscheint jetzt das grüne Häkchen.

Die Tatsache, dass das grüne Häkchen in Acrobat 4 und 5 völlig unterschiedliche Zustände symbolisiert, birgt enormes Verwirrungspotential. Tabelle 14.2 enthält die möglichen Icons von Acrobat 4 und 5 im Vergleich und erklärt deren Bedeutung.

Tabelle 14.2 Verschiedene Zustände einer digitalen Signatur in Acrobat 4 und 5

Zustand der digitalen Signatur	Acrobat 4	Acrobat 5
Unsigniert: Aufforderung an den Benutzer, das Dokument durch Klick auf den Button zu signieren.		
Gültigkeit unbekannt: Zustand nach dem Öffnen einer signierten Datei; die Signatur ist vorhanden, wurde aber noch nicht validiert.		
Ungültig: Die Validierung der Signatur schlug fehl, weil das Dokument verändert wurde.		
Acrobat 4: teilweise gültig, Acrobat 5: Identität unbekannt; das Dokument wurde nicht verändert, das Zertifikat ist aber nicht validiert, könnte also gefälscht sein!		
Gültig: Das Dokument wurde nicht verändert und stammt vom Inhaber des erfolgreich überprüften Zertifikats. Nur in diesem Zustand darf man das Dokument als echt akzeptieren!		
Das Dokument wurde nach Erstellung der Signatur verändert. Dieses Symbol wird zu den Symbolen für »teilweise gültig« und »gültig« hinzugefügt.		

Nach erfolgter Überprüfung wird der Zustand der Signatur nicht in der PDF-Datei abgespeichert, sondern muss nach jedem Öffnen erneut bestimmt werden. Dafür gibt es zwei Gründe: Erstens wäre die Abspeicherung des Signaturzustands ja selbst schon eine Veränderung der Datei (die die Signatur wiederum ungültig machen würde), und zweitens könnte man sich die Signatur gleich ganz sparen, wenn sie nicht aktiv validiert wird, sondern man sich auf eine frühere Validierung verlässt.

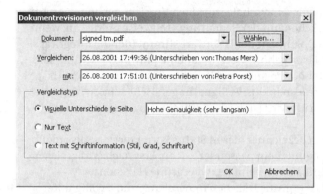

Abb. 14.6
Vergleich mehrerer Fassungen eines signierten Dokuments

Folgende Aktionen sind mit einem signierten PDF-Dokument möglich:
- Erneutes Signieren (nach Änderungen oder für eine Zweitunterschrift)
- Validieren aller Signaturen (Überprüfung der Gültigkeit)
- Wiederherstellen des signierten Zustands nach Änderungen (siehe unten)
- Seitenvergleich zur Identifizierung veränderter Stellen im Dokument

14.2.3 Rekonstruktion und Seitenvergleich.

Wie oben erwähnt, speichert Acrobat bei Modifikationen am Dokument die Änderungen als solche zusammen mit dem Ausgangsdokument ab, anstatt das Ergebnis (also das geänderte Dokument) zu speichern. Dies ermöglicht die Rekonstruktion älterer Fassungen eines signierten Dokuments *(Rollback)* und die Visualisierung von Unterschieden zwischen mehreren Versionen eines Dokuments. Dazu betrachten wir folgendes Szenario:
- Ein PDF-Dokument wird erstellt und signiert.
- Der Ersteller oder eine andere Person ändert Teile des Dokuments, zum Beispiel mit dem TouchUp-Werkzeug oder durch Einfügen/Löschen von Seiten. Dadurch wird die Signatur ungültig.
- Um die signierte Version des Dokuments zu rekonstruieren *(Rollback)*, wählen Sie in den Eigenschaften der Signatur (zum Beispiel Klick mit der rechten Maustaste) den Menüpunkt *Unterschriebene Version anzeigen*. Dabei erzeugt Acrobat ein zweites Dokument, das dem alten signierten Stand entspricht.
- Über *Werkzeuge, Vergleichen, Zwei Versionen innerhalb eines unterschriebenen Dokuments* können Sie die Unterschiede zwischen beiden Fassungen optisch darstellen lassen. Dadurch werden die nach der Signatur durchgeführten Änderungen sichtbar (siehe Abbildung 14.6).

Um die Unterschiede zwischen zwei Dokumenten zu finden, rastert Acrobat die Seiten und vergleicht die entstandenen Bitmaps im Speicher. Unterschiedliche Bereiche werden farbig markiert. Dabei ist es wichtig, die Bedeutung der Markierung richtig einzuschätzen:

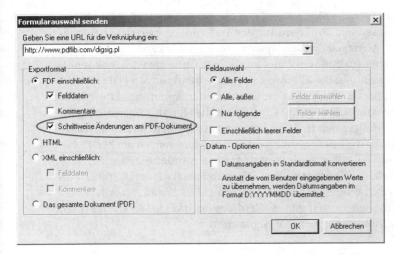

Abb. 14.7
Einstellungen der Submit-Schaltfläche für das Übertragen signierter PDF-Daten zum Server

- Eine Markierung besagt, dass Acrobat unterschiedliche Pixel entdeckt hat. Diese müssen jedoch nicht unbedingt inhaltlich relevant sein. So sorgt zum Beispiel bereits das Verschieben eines Text- oder Grafikblocks für eine unterschiedliche Rasterung, ohne dass sich daraus eine veränderte Bedeutung ergeben müsste.
- Wird keine Markierung angezeigt, so hat Acrobat bei der Rasterung keine Unterschiede entdeckt. Es können aber sehr wohl subtile Unterschiede zwischen beiden Dokumentfassungen vorliegen: So werden zum Beispiel Formularfelder, die nur im Ausdruck, aber nicht am Bildschirm sichtbar sind, vom Dokumentenvergleich nicht erfasst.

14.2.4 PDF-Signatur im Browser.

Acrobat 4 unterstützt den Einsatz der PDF-Signatur nur im Standalone-Betrieb, nicht aber im Browser. Erst mit Acrobat 5 ist der Einsatz der PDF-Signatur auch im Browser möglich. Signiert man ein im Browser angezeigtes PDF-Dokument mithilfe eines Signaturfelds, so erstellt Acrobat zunächst eine signierte Version des Dokuments auf dem lokalen Computer, ohne Daten zum Server zu übertragen. Das geschieht erst, wenn der Benutzer eine Schaltfläche zum Absenden der Daten drückt. Der Ersteller des Formulars kann dabei in den Eigenschaften der Schaltfläche festlegen, dass statt der üblicherweise übertragenen Formularinhalte im FDF-Format die gesamte signierte PDF-Datei zum Server übertragen wird. Diese Datei enthält das Originaldokument, vom Benutzer ausgefüllte Felddaten und die digitale Signatur.

Dieses Verfahren hat jedoch den Nachteil, dass das ursprüngliche PDF-Dokument überflüssigerweise wieder zum Server gesandt wird, wo es ja bereits vorliegt. Eigentlich interessant sind ja nur die Formulardaten (sofern vorhanden) und natürlich die digitale Signatur. Zur Optimierung bietet

Acrobat daher auch die Möglichkeit, nur die durchgeführten Änderungen zum Server zu senden. Zur Trennung der Änderungen vom Originaldokument benutzt Acrobat dabei den Update-Mechanismus von PDF. Dabei werden Änderungen am Ende der Datei angehängt, ohne die vorhandenen Daten zu modifizieren (siehe Abschnitt 12.2 »Dateistruktur von PDF«, Seite 525). Der Server kombiniert die übertragenen Änderungsdaten wieder mit dem Originaldokument und kann damit die Signatur überprüfen. Diese Update-Technik erhielt in der deutschen Fassung in den Feldeigenschaften die etwas sperrige Bezeichnung *Schrittweise Änderungen am PDF-Dokument* (siehe Abbildung 14.7). Als Container für die Änderungen am Dokument bzw. die Signatur kommt FDF zum Einsatz. Das FDF-Toolkit unterstützt das Extrahieren von PDF-Updates aus FDF-Daten mit entsprechenden Methoden. Derzeit gibt es allerdings noch keine Werkzeuge für die serverseitige Validierung von PDF-Signaturen.

14.3 Acrobat Self-Sign

Acrobat ist standardmäßig mit einem Plugin zur Erstellung und Verwaltung selbst signierter Zertifikate ausgestattet, mit dessen Hilfe man ohne großen Vorbereitungsaufwand Zertifikate erstellen kann, die sich für die digitale Signatur und die Self-Sign-Verschlüsselung nutzen lassen (auch asymmetrische Verschlüsselung genannt, siehe Abschnitt 13.2.2 »Self-Sign-Sicherheit in Acrobat«, Seite 568). Alternativ zu diesem Plugin mit der Bezeichnung Self-Sign (auch *PPKLite*) kommen Plugins anderer Hersteller infrage, mit denen wir uns in Abschnitt 14.4 »Signatur-Software von Drittherstellern«, Seite 607, befassen.

14.3.1 Funktionsweise des Self-Sign-Plugins.
Das Self-Sign-Plugin verwendet für die Signatur das Public-Key-Verfahren RSA mit einer Schlüssellänge von 512 Bit (Acrobat 4.0) bzw. 1024 Bit (Acrobat 4.05 und höher). Das Zertifikat und die Signatur werden in das unterschriebene Dokument eingebettet. Für diese Einbettung gibt es zwei Varianten, die Sie über *Bearbeiten, Grundeinstellungen, Allgemein..., Self-Sign-Sicherheit* wählen können: Ist die Option PKCS#7-Format aktiviert, so legt Acrobat Zertifikat und Signaturwert (verschlüsselten Hashwert) in einem standardisierten Format in der PDF-Datei ab. PKCS#7 wird von vielen kryptografischen Anwendungen unterstützt. Es soll die Interoperabilität zwischen verschiedenen Signatur-Plugins in Acrobat verbessern. Damit könnte die Signatur einer mit Self-Sign signierten PDF-Datei auch mit einem anderen Signatur-Plugin validiert werden. Da in der Praxis wohl meist mit einem einheitlichen Plugin gearbeitet wird, spielt diese Eigenschaft (zumindest derzeit) noch keine große Rolle. PKCS#7 kommt auch beim Export von Self-Sign-Zertifikaten zum Einsatz (siehe Abschnitt 14.3.3 »Umgang mit Zertifikaten«, Seite 604).

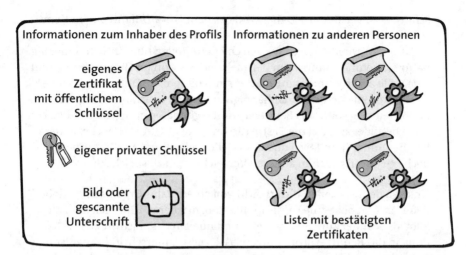

Abb. 14.8
Das verschlüsselte Benutzerprofil von Acrobat Self-Sign enthält den privaten Schlüssel des Besitzers und die bestätigten Zertifikate anderer Benutzer.

Ist obige Option deaktiviert, so werden Zertifikat und Signatur im so genannten *Raw*-Format in der PDF-Datei gespeichert. Dieses Format benötigt weniger Speicherplatz als PKCS#7, funktioniert aber nur in Acrobat. Grundsätzlich erfordert das Self-Sign-Plugin folgende Schritte:

- Benutzerprofil erstellen
- Zertifikat erstellen
- Dokumente signieren
- Zertifikat und Fingerabdruck an Empfänger übermitteln

14.3.2 Das Benutzerprofil.

Beim Einsatz digitaler Signaturen in Acrobat ist das Benutzerprofil ein zentraler Begriff. Es enthält alle Daten, die ein Benutzer für die Erstellung und Validierung von Signaturen braucht:

- Informationen zum Benutzer selbst: Dazu gehören vor allem sein eigenes Zertifikat, der dazu passende private Schlüssel sowie wahlweise ein Bild zur Visualisierung der Unterschrift (Logo, Foto oder gescannte Unterschrift).
- Informationen zu anderen Benutzern in Form einer Liste von bestätigten Zertifikaten. Diese Liste enthält Zertifikate anderer Benutzer, die zur Validierung signierter PDF-Dokumente, die von diesen Benutzern stammen, benötigt werden (siehe nächsten Abschnitt). Ein Zertifikat wird nur nach Überprüfung seines Fingerabdrucks in die Liste aufgenommen.

Der private Schlüssel ist natürlich geheim zu halten. Die Zertifikatsliste enthält zwar nur öffentlich zugängliche Informationen, muss jedoch ebenfalls geschützt sein, um das »Unterschieben« gefälschter öffentlicher

Schlüssel zu verhindern. Daher wird das Benutzerprofil mit einem Kennwort verschlüsselt abgespeichert.

Da ein Anwender durchaus verschiedene Rollen hinsichtlich seiner Signatur einnehmen kann (zum Beispiel eine Position im Unternehmen und eine Rolle als Privatmensch), mag es sinnvoll sein, mit mehreren Profilen zu arbeiten, die Acrobat unabhängig voneinander verwaltet. Aufgrund seiner Bedeutung sollte das Benutzerprofil regelmäßig gesichert werden. Die Datei befindet sich auf der Festplatte im Acrobat-Ordner (Mac) bzw. dem Plugin-Ordner (Windows) und besitzt die Endung *.apf*. Es steht Ihnen jedoch frei, Profile auch in anderen Verzeichnissen zu speichern.

Einlesen der manuellen Unterschrift von einem Palm-Organizer. Adobe liefert mit Acrobat eine Palm-Applikation, mit deren Hilfe sich der Palm Pilot als Scanner zum Einlesen einer manuellen Unterschrift zur Einbindung in das Benutzerprofil nutzen lässt. Diese Unterschrift besitzt wohlgemerkt keinerlei Sicherheitsfunktion, sondern sie dient lediglich zur Visualisierung der digitalen Signatur im Dokument.

14.3.3 Umgang mit Zertifikaten.

Wie der Name des Self-Sign-Plugins schon besagt, erfordert dieses kein Trust-Center, sondern arbeitet mit selbst signierten Zertifikaten. Um ein Zertifikat zu erstellen, gehen Sie wie folgt vor:

- Wählen Sie *Werkzeuge, Self-Sign-Sicherheit, Anmelden, Neues Benutzerprofil...* und tragen Sie Ihre persönlichen Daten ein (siehe Abbildung 14.9). Dabei dürfen Sie leider keine Sonderzeichen wie Umlaute verwenden! Danach wird das Profil sofort abgespeichert.
- Wenn Sie ein Bild konfigurieren möchten, können Sie das über *Werkzeuge, Self-Sign-Sicherheit, Benutzereinstellungen..., Unterschriftdarstellung* tun. Dazu müssen Sie entweder eine geeignete PDF-Datei mit dem Bild vorbereiten oder die Unterschrift von einem Palm-Organizer einlesen (siehe unten).

Austausch von Zertifikaten per Datei. Da es bei selbst signierten Zertifikaten kein Trust-Center gibt, müssen die Anwender ihre Zertifikate auf sichere Weise untereinander austauschen. Dazu bietet Self-Sign die Möglichkeit, Zertifikate zu exportieren und zu importieren. Um Ihr eigenes Zertifikat (in Acrobat 4 noch als Schlüsseldatei bezeichnet) zu exportieren, wählen Sie *Werkzeuge, Self-Sign-Sicherheit, Benutzereinstellungen..., Benutzerinformationen, In Datei exportieren...* . Dazu müssen Sie bei einem Benutzerprofil angemeldet sein, also vorher das Kennwort eingegeben haben. Nach erfolgreichem Export in eine Datei zeigt Acrobat in einer Meldungsbox den so genannten Fingerabdruck des Zertifikats an, also seinen Hashwert. Acrobat 5 nutzt dazu sowohl das MD5-Verfahren als auch das modernere SHA-1. Das

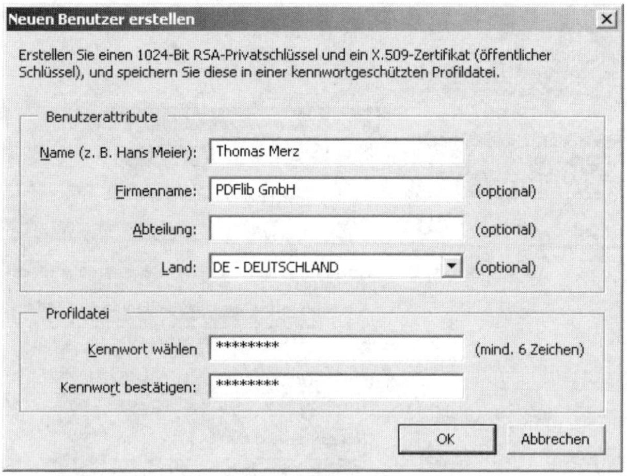

Abb. 14.9
Acrobat Self-Sign:
Erstellen eines
Benutzerprofils

exportierte Zertifikat können Sie nun auf beliebigen, auch unsicheren Wegen (zum Beispiel im Internet) an den Empfänger schicken.

Der Import eines Zertifikats erfolgt ganz ähnlich über *Werkzeuge, Self-Sign-Sicherheit, Benutzereinstellungen..., Bestätigte Zertifikate, Aus Datei importieren...* (siehe Abbildung 14.10). Falls die Zertifikatsdatei nicht persönlich übergeben wurde, ist es ganz wichtig, einen der beiden Fingerabdruckwerte mit dem vom Inhaber des Zertifikats auf sicherem Weg übermittelten Wert zu vergleichen. Stimmt der Fingerabdruck nicht, so ist das Zertifikat gefälscht und damit erstellte Signaturen sind ohne jede Beweiskraft!

Anstatt das ganze Zertifikat sicher zu übertragen, reicht es also, den Fingerabdruck sicher zu übermitteln, etwa persönlich oder per Telefon, falls Sie die Stimme des Zertifikatsinhabers sicher erkennen. Dieser kleinen Mühe müssen Sie sich allerdings schon unterziehen, denn sonst kommt dem Zertifikat keinerlei Beweiskraft zu. Stimmt der Fingerabdruck beim Import nicht mit dem vorher sicher übermittelten überein, so ist das Zertifikat abzulehnen, denn es könnte gefälscht sein. Nur Signaturen von Benutzern, deren Zertifikat in der Liste enthalten ist, können vollständig validiert werden. Liegt das Zertifikat nicht vor, kann die Signatur nur teilweise validiert werden (also nur hinsichtlich der Integrität der Datei, nicht aber der Authentizität).

Austausch von Zertifikaten aus PDF-Dateien. Alternativ zur Übergabe von Zertifikaten in einer separaten Datei können Sie ein Zertifikat auch aus einer signierten PDF-Datei importieren, denn Acrobat integriert das Zertifikat des Unterzeichners immer in die signierte PDF-Datei. Dazu müssen Sie die Signatur erst validieren (das Zertifikat zu einer nicht validierten PDF-Datei kann nicht importiert werden). Dann klicken Sie in der Unterschriften-Palette via rechter Maustaste auf *Eigenschaften* und wählen *Identität*

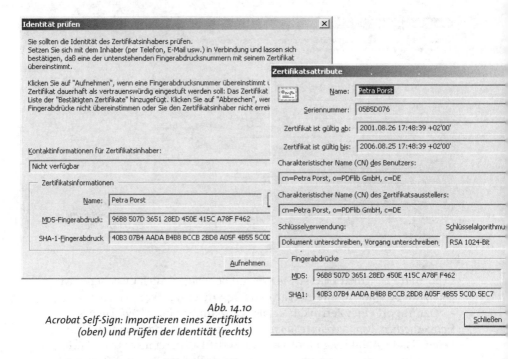

Abb. 14.10
Acrobat Self-Sign: Importieren eines Zertifikats
(oben) und Prüfen der Identität (rechts)

prüfen, Aufnehmen... (wieder unter der Voraussetzung, dass der Fingerabdruck stimmt).

Austausch von Zertifikaten per Mail. Acrobat 5 erleichtert den Austausch von Zertifikaten per E-Mail. Wählen Sie dazu in den Benutzereinstellungen der Self-Sign-Sicherheit den Punkt *E-Mail-Anforderung*. Damit können Sie Ihr Zertifikat per Mail an einen Empfänger senden und diesen gleichzeitig auffordern, sein Zertifikat zurück zu senden. Acrobat stellt Ihr eigenes Zertifikat und gegebenenfalls die Anforderung in einer FDF-Datei zusammen und versendet diese über die MAPI-Schnittstelle per Mail. Vergessen Sie nicht, dass die Übertragung per Mail hier nur dem Transport dient, aber keinerlei Sicherheitsgarantie bietet. Sie müssen also auch bei diesem Verfahren den Fingerabdruck des Zertifikats auf sicherem Weg übertragen und vergleichen.

Zertifikatsformate in Acrobat 4, 4.05 und 5. Ohne dies zu dokumentieren, änderte Adobe in Version 4.05 einige Eigenschaften des Self-Sign-Plugins. So wurde die Länge der benutzten Signierschlüssel von 512 auf 1024 angehoben. Die zweite Änderung betrifft das Format der exportierten Zertifikate. Während Acrobat 4.0 dazu ein eigenes Dateiformat mit der Bezeichnung Acrobat Key File (Namensendung *.akf*) verwendet, benutzt Acrobat 4.05 das standardisierte Format PKCS#7 (Namensendung *.p7c*). Aus Gründen der Kompatibilität wird auch das alte *.akf*-Format für den Import von Zertifikaten unterstützt. Um mit Acrobat 4.05 Zertifikate im alten Format zu exportieren, halten Sie beim Export die Strg-Taste gedrückt: Acrobat wechselt damit zum alten Zertifikatsformat. Dies ist nötig, um Zertifikate, die mit Acrobat 4.05 erstellt wurden, in Acrobat 4.0 zu importieren.

Acrobat 5 exportiert die Zertifikate schließlich wahlweise im FDF-Format oder als PKCS#7 (die Abkürzung steht für *Public Key Cryptography Standard*), woraus sich ein Kompatibilitätsproblem mit Acrobat 4.0 (aber nicht 4.05) ergibt.

Die Vorteile des standardisierten Formats PKCS#7 zeigen sich zum Beispiel in Windows 2000, das umfangreiche Kryptofunktionen enthält: Hier genügt ein Doppelklick auf die Zertifikatsdatei im Format *.p7c*, um deren Inhalt anzeigen zu lassen oder das Zertifikat in das Windows-Adressbuch zu importieren. Die umgekehrte Richtung, also der Import von Windows-Zertifikaten in Acrobat, funktioniert allerdings nicht.

14.4 Signatur-Software von Drittherstellern

Signatur-Plugins zur Einbindung in PKI-Systeme. Der Signaturmechanismus in Acrobat ist so modular gestaltet, dass das von Adobe standardmäßig mitgelieferte Self-Sign-Plugin durch andere Signatur-Plugins ersetzt oder erweitert werden kann. Dies bietet sich insbesondere an, um anstelle des direkten Austauschs von Zertifikaten (auch als *Direct Trust* bezeichnet) eine zentrale Public-Key-Infrastruktur (PKI) zu nutzen. PKIs bieten oft eine Online-Überprüfung der Gültigkeit von Zertifikaten. Sind mehrere Signatur-Plugins in Acrobat installiert, so bietet Acrobat bei der Erstellung einer Signatur eine entsprechende Auswahl an (siehe Abbildung 14.11).

Die wichtigsten alternativen Signatur-Handler für Acrobat stammen von den großen Herstellern der PKI-Technologie, die ihre Basisfunktionalität zur Erstellung, Verteilung und Validierung von Zertifikaten damit auf Acrobat ausdehnen. Dabei wird das Acrobat-Adressbuch mit den Zertifikaten durch eine Einbindung in die jeweilige Zertifikatsverwaltung ersetzt. Aus Sicht der PKI-Hersteller ist Acrobat nur ein weiterer Client, der ebenfalls Zertifikate nutzt, zum Beispiel Mail, Web, Dateiverschlüsselung und Windows-Login. Folgende Hersteller bieten Acrobat-Plugins zum Einsatz ihrer PKI an. Diese Plugins funktionieren nur zusammen mit der Public-Key-Infrastruktur des jeweiligen Herstellers und können ohne diese nicht eingesetzt werden:

- Baltimore *(http://www.baltimoreinc.com)*
- Coastek *(http://www.coastek.com)*
- Entrust *(http://www.entrust.com)*
- VeriSign *(http://www.verisign.com)*
- GlobalSign *(http://www.globalsign.net)*

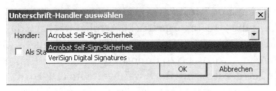

Abb. 14.11
Auswahl eines Signatur-Plugins für die digitale Unterschrift in Acrobat

Signatur-Plugins für biometrische Methoden. Neben Plugins zur Einbindung von Acrobat in existierende PKIs gibt es einige Hersteller, deren Software die Verwendung weiterer Verfahren zur Zugangskontrolle oder Erkennung manueller Unterschriften ermöglicht. Zur Verbesserung der Zugangskontrolle wird der Anmeldevorgang des Benutzers nicht durch ein einfaches Kennwort geschützt, sondern durch weitergehende Verfahren. Hierfür kommen insbesondere Smartcards (die ihrerseits zumeist erst durch Eingabe einer PIN entsperrt werden) sowie die Überprüfung biometrischer Merkmale infrage, zum Beispiel Fingerabdruckscanner, Retinascanner oder Stimmanalyse. Unterschriften, die manuell mittels Griffel auf einem Digitizer geleistet werden, können nach einer Analyse der Schreibgeschwindigkeit und -dynamik (nicht nur der fertigen Unterschrift) ebenfalls zur Authentifizierung des Benutzers dienen. Entsprechende Lösungen werden von folgenden Herstellern angeboten:

- CIC *(http://www.cic.com)*
- PenOp *(http://www.penop.com)*
- Silanis *(http://www.silanis.com)*

14.5 Einschränkungen der PDF-Signatur

Die Signaturfunktion in Acrobat ist sehr leistungsfähig, hat jedoch auch einige Schwachstellen, auf die ich kurz eingehen möchte. Diese betreffen sowohl die Sicherheit als auch den praktischen Einsatz.

Fälschungsmöglichkeit durch manipulierte Fonts. Aufgrund von Eigenschaften des PDF-Dateiformats bietet sich theoretisch eine Möglichkeit, mit geschickt manipulierten PDF-Dateien die Signatur zu umgehen. Dazu nutzt der Fälscher die Tatsache, dass benötigte Fonts nicht unbedingt im PDF-Dokument eingebettet sein müssen, sondern bei Bedarf von Acrobat simuliert oder vom Betriebssystem angefordert werden. Ein raffinierter Fälscher könnte nun wie folgt vorgehen:

- Er erstellt ein signiertes PDF-Dokument, etwa einen Vertrag, und achtet darauf, dass die Fonts nicht eingebettet sind.
- Auf dem Rechner des Empfängers (dazu braucht der Fälscher Zugang) installiert er manipulierte Fonts mit den gleichen Schriftnamen, die im PDF-Dokument benutzt werden. Im Vergleich zur Originalschrift sind bei den manipulierten Fonts zum Beispiel die Positionen der Ziffern

vertauscht. Mit etwas Raffinesse kann der Fälscher den Font so einrichten, dass der Kaufpreis im Vertrag zu seinen Gunsten anders dargestellt wird.
- Der arglose Empfänger öffnet die signierte PDF-Datei, überprüft die Signatur und stellt fest, dass diese gültig ist – der eigentliche Betrug erfolgt außerhalb der signierten PDF-Datei.

Für eine Variante des beschriebenen Angriffs braucht der Übeltäter Zugriff zu dem PC, auf dem die Signatur erstellt wird und installiert dort die manipulierten Fonts.

Aus der Fälschungsmethode lässt sich eine Gegenmaßnahme ableiten: Signierte PDF-Dateien sollten nie auf externe Fonts angewiesen sein, sondern die Schriften einbetten oder nur mit den Standardfonts von Acrobat arbeiten (dabei ist die Option *Anzeige, Lokale Schriften verwenden* zu beachten).

Unterschiede zwischen Bildschirm- und Druckdarstellung. Einer der größten Vorzüge von PDF ist die originalgetreue Wiedergabe der Seiteninhalte am Bildschirm und auf Papier. Es gibt jedoch einige Funktionen, die diese Übereinstimmung bewusst aufheben. Dabei sind insbesondere Formularfelder zu beachten, in deren Eigenschaften der Ersteller des Formulars angeben kann, ob ein Feld nur am Bildschirm angezeigt, nur gedruckt oder immer dargestellt werden soll. Es ist sehr einfach, einem zu signierenden Dokument ein am Bildschirm unsichtbares Formularfeld unterzuschieben, das in der gedruckten Fassung für den Unterzeichner nachteilige Passagen hervorbringt (oder umgekehrt).

Praktischer Einsatz. Die Einschränkung von Acrobat, dass immer nur ganze PDF-Dokumente signiert werden können, nicht jedoch einzelne Seiten oder bestimmte Feldinhalte, lässt sich durch organisatorische Maßnahmen umgehen. Neben der nahe liegenden Aufteilung langer Dokumente in mehrere PDF-Dateien kann der Unterzeichner in der Begründung (die ja Bestandteil der Signatur ist) angeben, dass sich die Signatur nur auf bestimmte Teile des Dokuments bezieht, etwa »Kapitel 2 gelesen und akzeptiert«. Außerdem kann man ein Dokument signieren, Seiten hinzufügen und das erweiterte Dokument erneut mit einer Signatur versehen. Auch der in Abschnitt 14.2.2 »Signieren und Validieren von PDF-Dokumenten«, Seite 594, erwähnte Trick, Signaturfelder auf mehrere Seiten zu duplizieren, kann in diesem Zusammenhang nützlich sein. Dabei ist jedoch zu beachten, dass dem Unterzeichner nicht unbedingt bewusst ist, dass das Dokument auf späteren Seiten weitere Duplikate des Signaturfelds enthält, die sich unter Umständen auf andere Textpassagen beziehen.

Begrenzte Skalierbarkeit. Wie oben beschrieben, werden Änderungen eines signierten Dokuments als solche an den ursprünglichen Zustand der Datei angehängt, wodurch die Rekonstruktion früherer Dokumentversionen möglich wird. Die Anzahl dieser so genannten Updates ist in Acrobat 4 allerdings auf 20 begrenzt; bei einer größeren Zahl von Updates muss die Datei mittels *Datei, Speichern* komplett neu geschrieben werden, um die PDF-Datenstrukturen sozusagen zu bereinigen. Gerade dieses komplette Bereinigen geht bei signierten Dateien aber nicht, da Änderungen immer angehängt werden müssen. Daraus ergibt sich, dass die Maximalzahl von Signaturen pro Dokument in Acrobat 4 den Wert 20 nicht übersteigen kann. Wendet der Benutzer zusätzlich die Funktion *Datei, Sichern* an (zum Beispiel beim Ausfüllen eines Formulars), so reduziert dies die Gesamtzahl der möglichen Signaturen weiter. In Acrobat 5 gibt es kein festes Limit für die Anzahl der Update-Vorgänge mehr, so dass auch die Anzahl der Signaturen nicht mehr der Grenze von 20 unterliegen dürfte.

14.6 Anwendungsbeispiele

Firmeninterne Materialbestellung per PDF-Formular. Für die interne Anforderung von Verbrauchsmaterial holen sich Mitarbeiter, die zum Beispiel Bürobedarf bestellen wollen, vom Intranet-Server den entsprechenden Bestellschein als PDF-Formular und füllen diesen aus. Zum Abschluss der Bestellung wird das Formular signiert und an die Materialabteilung geschickt. Der dortige Bearbeiter prüft die Signatur unter Zuhilfenahme seiner Zertifikatsliste auf Gültigkeit. Um sicherzustellen, dass nur entsprechend berechtigte Mitarbeiter bestellen können, werden ausschließlich deren Zertifikate in der Liste abgelegt. Ist die Signatur einer Bestellung nicht vollständig gültig, so wurde entweder das Formular manipuliert oder von einem Mitarbeiter abgeschickt, der dazu nicht befugt ist – die Bestellung wird abgelehnt.

Urlaubs- oder Reiseantrag. Anträge eines Mitarbeiters, die vom Vorgesetzten zu genehmigen sind, stellen ein gutes Beispiel für doppelt signierte PDF-Dokumente dar. Der Mitarbeiter trägt in einem vorbereiteten Formular, etwa für eine zu genehmigende Dienstreise, die erforderlichen Daten ein, signiert den Antrag und sendet ihn zu seinem Vorgesetzten. Durch die Signatur werden die ausgefüllten Felder für jede weitere Bearbeitung gesperrt. Die Signatur stellt nicht nur die Integrität des übermittelten Antrags sicher, sondern der Absender verbürgt sich damit auch für die dienstliche Notwendigkeit der Reise, die Angemessenheit der Reisemittel usw. Der Vorgesetzte prüft den Antrag inklusive Signatur. Ist die Signatur gültig, genehmigt er die Reise, indem er das Formularfeld erneut signiert und es zum Antragsteller zurücksendet.

Austausch signierter Belichtungs- oder Druckdaten. Fehldrucke sind teuer – und der Verursacher des Fehlers muss in der Regel für den entstandenen Schaden aufkommen. In der Druckbranche geht es aber häufig um die

Einhaltung sehr knapp bemessener Termine in Kombination mit Änderungen, die in letzter Minute an den Druckvorlagen durchgeführt werden. In der entstehenden Hektik kommt es schon einmal vor, dass Korrekturen nicht oder falsch durchgeführt werden oder schlichtweg eine falsche Version des Dokuments belichtet wird. Auch hier können digital signierte PDF-Dateien helfen. Wir betrachten ein Szenario mit einem Belichtungsdienstleister und seinem Kunden. Beide haben im persönlichen Kontakt ihre selbst signierten Zertifikate ausgetauscht.

Der Kunde schickt die Belichtungsdaten als signiertes PDF zum Dienstleister. Gemäß Vereinbarung akzeptiert dieser nur Dateien mit gültiger Signatur, wodurch Übertragungsfehler und vom Kunden nicht autorisierte Änderungen ausgeschlossen sind. Die signierten PDF-Dateien werden zu Beweiszwecken archiviert. Bei späteren Meinungsverschiedenheiten (Abweichung der gedruckten Version von der Vorlage) vergleichen beide Parteien die signierte PDF-Version aus dem Archiv mit dem fehlerhaften Druckergebnis.

Sollte der Kunde in letzter Minute Änderungen wünschen, die der Dienstleister am Dokument durchführen soll, so kann er ihn zum Beispiel per Fax oder wiederum mit einer signierten PDF-Datei zur Durchführung der Änderungen ermächtigen. Dadurch wird die Signatur der zu belichtenden Datei ungültig. Bei späteren Meinungsverschiedenheiten über den Umfang der Änderungen erfolgt die Rekonstruktion der signierten Version und ein Dokumentvergleich mit der Schlussversion. Die angezeigten Unterschiede werden mit der Liste der autorisierten Änderungen verglichen.

14.7 Rechtsverbindlichkeit der Signaturen

14.7.1 Das deutsche Signaturgesetz.
In Deutschland wurde 1997 im Rahmen des Informations- und Kommunikationsdienste-Gesetzes (IuKDG) ein »Gesetz zur digitalen Signatur« (SigG) eingeführt, dessen praktische Anwendung in einer detaillierten Durchführungsverordnung und einem dicken Maßnahmenkatalog festgelegt wurde. Obwohl einige Anbieter SigG-konforme kommerzielle Trust-Center errichteten, erreichte das SigG in dieser Fassung nie praktische Relevanz. Im Bestreben, möglichst sichere Signaturverfahren einzuführen, hängte der Gesetzgeber die Latte nämlich so hoch, dass die Einrichtung eines gesetzeskonformen Trust-Centers mit enormen Kosten verbunden und die Einbindung gängiger Anwendungssoftware nur sehr schwer möglich war. Darüber hinaus machte das Gesetz keine Aussagen darüber, wo in rechtlich relevanten Bereichen diese Signaturen eingesetzt werden können – eine Gleichstellung von digital signierten Dokumenten und konventionell unterschriebenen Papierdokumenten erfolgte in keiner Weise. Das Signaturgesetz von 1997 war also ein Papiertiger, der die beteiligten Firmen allerdings Millionenbeträge für die Errich-

tung ihrer Trust-Center kostete. Die Deutsche Post, Telekom und einige andere Unternehmen richteten Trust-Center ein, die den strengen Standards des alten Signaturgesetzes entsprachen.

Um die praktischen Erfahrungen mit dem Signaturgesetz umzusetzen und vor allem, um die Auflagen aus einer Richtlinie der Europäischen Union umzusetzen, wurde das deutsche Signaturgesetz stark überarbeitet. Im Mai 2001 trat unter der Bezeichnung »Gesetz über Rahmenbedingungen für elektronische Signaturen« eine neue Fassung in Kraft, die einen pragmatischeren Ansatz verfolgt und die Vorgaben hinsichtlich der europaweiten Harmonisierung erfüllt. Die alte Fassung stellte sehr hohe Anforderungen an die Sicherheit eines Trust-Centers und sah eine Genehmigungspflicht vor, die mit einer aufwendigen Implementierung und Überprüfung der Sicherheitsmaßnahmen verbunden war. Dieser Zwang ist aufgrund der erwähnten EU-Richtlinie nicht mehr zulässig.

Das neue Signaturgesetz sieht die Möglichkeit zur freiwilligen Akkreditierung eines Trust-Centers vor, die mit bestimmten Vorteilen verbunden ist (siehe unten) und eine Brücke zum alten SigG schlägt.

Die elektronische Signatur unterliegt bei Gericht grundsätzlich dem Prinzip der freien Beweiswürdigung, das heißt ein Richter kann – gegebenenfalls unter Einbeziehung von Sachverständigen – die Gültigkeit einer Signatur selbst beurteilen. Das im August 2001 als Ergänzung zum Signaturgesetz in Kraft getretene Gesetz zur Anpassung der Formvorschriften regelt die Folgen digitaler Signaturen in verschiedenen Rechtsbereichen und setzt bestimmte Ausprägungen der elektronischen Signatur in vielen Bereichen der konventionellen Unterschrift gleich.

Das neue Signaturgesetz definiert mehrere Arten »elektronischer Signaturen«, die ich im Folgenden beschreiben möchte. Über den aktuellen Stand des SigG informiert das Wirtschaftsministerium unter folgender Adresse:

http://www.iukdg.de

Die einfache elektronische Signatur. Die unterste Variante verzichtet völlig auf eine Public-Key-Infrastruktur, das heißt es gibt keinen nachprüfbaren öffentlichen Schlüssel des Unterzeichners. Daher ist die einfache Signatur nicht vertrauenswürdig. Diese Stufe hat nichts mit digitalen Signaturen im kryptografischen Sinn zu tun, sondern dient nur zur sprachlichen Unterscheidung von den folgenden Kategorien. Das Einbinden einer eingescannten manuellen Unterschrift als Bild stellt zum Beispiel schon eine einfache elektronische Signatur dar.

Die fortgeschrittene elektronische Signatur. Diese Variante ermöglicht die Identifizierung des Inhabers eines öffentlichen Schlüssels und erfordert daher ein Trust-Center zur Ausgabe und Überprüfung von Zertifikaten. Die Schlüssel werden per Software direkt im Computer generiert; auch die Signatur wird im Computer berechnet. Da gesperrte Zertifikate nicht zuverlässig zurück genommen werden, ist die Gültigkeit einer Signatur nicht sicher zu überprüfen. Diese Stufe lässt sich durch Programme wie PGP erreichen.

Die qualifizierte elektronische Signatur. Diese Stufe baut auf der fortgeschrittenen Signatur auf, erfordert aber zusätzlich eine sichere Signaturerstellungseinheit. Nach dem heutigen Stand der Technik bedeutet das, dass der private Schlüssel auf einer Smartcard (Chipkarte) gespeichert und der Zugriff darauf durch eine PIN oder biometrische Merkmale geschützt ist. Der Signaturvorgang muss ebenfalls durch den Chip auf der Smartcard erfolgen und nicht durch die wesentlich anfälligere Software auf dem PC. Die Smartcard und der zugehörige Kartenleser müssen eine spezielle Zulassung haben. Diese Eigenschaften müssen von den technischen Komponenten auch gewährleistet werden, das heißt der Schlüssel darf die Karte nie verlassen. Das Trust-Center muss vor der Ausgabe eines Zertifikats die Identität des Antragstellers etwa anhand des Personalausweises überprüfen und ausgestellte Zertifikate öffentlich anbieten, damit jedermann die damit erstellten Signaturen überprüfen kann. Qualifizierte elektronische Signaturen erfordern also den Einsatz einer vollständigen Public-Key-Infrastruktur (PKI). Dienstanbieter, die ein Trust-Center für diese Stufe betreiben wollen, müssen ihr Trust-Center bei einer Behörde anmelden, unterliegen jedoch keiner weitergehenden obligatorischen Prüfung durch staatliche Stellen. Insofern handelt es sich hier sozusagen um »behauptete Sicherheit«, die allerdings durch die Haftung des Anbieters bei Mängeln im Zertifizierungsablauf gestärkt wird. Fälscht jemand zum Beispiel eine digitale Signatur, indem er sich ein Zertifikat unter falschem Namen erschwindelt, so kann der Geschädigte das Trust-Center haftbar machen, falls dieses das Zertifikat ohne Überprüfung der Identität ausgestellt hat. Der Betreiber des Trust-Centers muss daher laut Gesetz Deckungsvorsorge treffen.

Die qualifizierte elektronische Signatur mit Anbieter-Akkreditierung. Die höchste Stufe der Signatur behält das hohe Sicherheitsniveau des alten Signaturgesetzes bei, ohne jedoch wie dieses mit einer Genehmigungspflicht zu arbeiten. Diese Stufe basiert auf der qualifizierten Signatur, enthält aber zusätzlich eine freiwillige Akkreditierung des Dienstanbieters. Der Betreiber eines Trust-Centers muss für eine solche Akkreditierung in einer aufwendigen Prüfung nachweisen, dass er die nötigen Sicherheitsstandards in technischer und organisatorischer Hinsicht einhält. Bei den qualifizierten Signaturen mit Akkreditierung handelt es sich also gewissermaßen um nachgewiesene Sicherheit (Sicherheit mit Prüfsiegel). Für die Akkreditierung ist die Regulierungsbehörde für Post und Telekommunikation (RegTP) zuständig, deren Prüfung sozusagen als Qualitätsmerkmal fungiert. Auf den Webseiten dieser Behörde finden Sie neben weiteren Informationen auch Listen mit bereits akkreditierten Anbietern:

http://www.regtp.de

Um die beträchtlichen Investitionen in die bereits bestehenden und gemäß alter Rechtslage errichteten Trust-Center zu schützen, sind diese laut Gesetz automatisch akkreditiert und können damit Zertifikate für die qualifizierte elektronische Signatur mit Akkreditierung ausstellen.

Tabelle 14.3 Die vier Arten der elektronischen Signatur gemäß Signaturgesetz

	einfach	fort- geschritten	qualifiziert	qualifiziert + akkreditiert
Signatur kann eindeutig dem Inhaber zugeordnet und dieser identifiziert werden	–	ja	ja	ja
nachträgliche Veränderung der Daten kann erkannt werden	–	ja	ja	ja
rechtlicher Status der Signatur		genügt als Unterschrift, falls Gesetz die Schriftform nicht explizit vorschreibt	rechtsverbindlich auch bei vorgeschriebener Schriftform (mit einigen Ausnahmen)	
Trust-Center erforderlich	–	ja	ja	ja
Trust-Center muss die Identität eines Zertifkatsinhabers prüfen	–	–	ja	ja
Sperrung von Zertifikaten möglich	–	nicht zwingend	ja	ja
erfordert sichere Einheit zur Speicherung der Schlüssel und Erstellung der Signatur	–	nein (PC-Software)	ja (Chipkarte)	ja (Chipkarte)
Speicherung und Überprüfbarkeit von Zertifikaten	–	–	5 Jahre nach Ablauf	30 Jahre nach Ablauf
Auflagen für den Betreiber des Trust-Centers	–	–	behördlich gemeldet	akkred. nach Prüfung
Beispiele	eingescannte Unterschrift	PGP	(noch keine Angebote)	Post, Datev, TeleSec

Weitere Bestimmungen. Das Signaturgesetz bzw. die zugehörige Verordnung enthalten weitere wichtige Bestimmungen:

- Die zur Erstellung der Signatur nutzbaren Verfahren und Schlüssellängen werden vorgeschrieben, wobei die Schlüssellängen jährlich dem Stand der Technik angepasst werden. Im Jahr 2001 werden zum Beispiel für den RSA-Algorithmus Schlüssel der Länger 2048 Bit empfohlen, wobei allerdings bis Ende 2006 auch Schlüssel der Länge 1024 Bit zulässig sind. Als Hashverfahren kommen RIPEMP-160 oder SHA-1 infrage.
- Wenn mehrere Signaturen mit dem gleichen Zertifikat erfolgen sollen, stellt sich die Frage, ob der Inhaber immer wieder durch Eingabe seiner PIN oder Überprüfung biometrischer Merkmale identifiziert werden muss. In dieser Situation empfiehlt die Verordnung die Festlegung ei-

nes Zeitfensters oder einer Obergrenze für die Anzahl der Signaturen, die nach der Überprüfung erstellt werden können. So kann zum Beispiel nach einer bestimmten Zeitspanne die erneute Eingabe der PIN vorgeschrieben sein. Solche Festlegungen sind aber vom Anwender unter Berücksichtigung seiner jeweiligen Anforderungen zu treffen.
- Der Unterzeichner muss dem Text seinen Namen hinzufügen.

14.7.2 Acrobat und das Signaturgesetz.

Wie steht es nun um die Verträglichkeit der Acrobat-Signatur mit dem deutschen Signaturgesetz? Zur Beantwortung dieser Frage müssen wir unterscheiden zwischen dem Self-Sign-Plugin, das standardmäßig mit Acrobat ausgeliefert wird und die Verwaltung selbst signierter Zertifikate ermöglicht, und Plugins anderer Hersteller. Da das Self-Sign-Plugin keine Identifizierung von Zertifikatsinhabern über Trust-Center unterstützt, lassen sich damit keine fortgeschrittenen Signaturen nach dem neuen Signaturgesetz erstellen, sondern allenfalls die einfachen Signaturen, die laut Gesetz aber keinen besonderen Status haben.

Wenn statt des Self-Sign-Plugins Software eines Drittherstellers zum Einsatz kommt, die eine Anbindung an eine Public-Key-Infrastruktur ermöglicht, so ist damit auch eine fortgeschrittene Signatur möglich. Alle in Abschnitt 14.4 »Signatur-Software von Drittherstellern«, Seite 607, vorgestellten Module zur Anbindung von PKI-Systemen erfüllen die Anforderung zum Anschluss eines Trust-Centers und eignen sich daher für diese Kategorie.

Die Frage nach einer qualifizierten Signatur mit Acrobat-Plugins lässt sich aufgrund der Neuheit des Gesetzes und mangels verfügbarer Produkte derzeit nur hypothetisch beantworten. Wichtige technische Voraussetzungen für qualifizierte Signaturen sind bei den oben erwähnten PKI-Herstellern bereits erfüllt, etwa die Speicherung der Schlüssel auf einer Chipkarte. Wenn der Hersteller alle technischen Voraussetzungen der qualifizierten Signatur im Detail erfüllt und der Trust-Center-Betreiber zusätzlich auch die organisatorischen Vorgaben einhält (etwa die langfristige Speicherung der Zertifikate), so ist eine gesetzeskonforme qualifizierte Signatur mit Acrobat-Plugins durchaus denkbar.

Um mit einem solchen System eine Akkreditierung gemäß SigG zu erreichen, müsste ein Anbieter die aufwendigen Prüfungen für das Gesamtsystem durchlaufen, also nicht nur die Trust-Center-Komponenten, sondern auch die Client-Installation mit Acrobat, PKI-Plugin, Chipkartenleser etc. Wie bereits erwähnt, ist eine solche Prüfung mit enormem Aufwand verbunden, der sich nur bei entsprechendem Bedarf am Markt rechtfertigen lässt. Da das Dateiformat PDF langfristig aber gute Chancen hat, sich auch in diesem Bereich als Standard zu etablieren, ist ein kommerzieller Anreiz für die Anbieter durchaus gegeben. Derzeit bietet jedoch keiner der bereits akkreditierten Trust-Center-Betreiber Unterstützung für Acrobat bzw. PDF.

14.7.3 Vorschriften der FDA.
Die US-amerikanische Bundesbehörde Food and Drug Administration (FDA), die für die Kontrolle und Zulassung von Arzneimitteln zuständig ist, tauscht eine große Zahl von Dokumenten digital aus und hat hohe Anforderungen an die Authentizität der Dokumente. Aus diesen Gründen wurde ein umfangreicher Katalog mit Anforderungen an digitale Signaturen erstellt. Diese Vorschriften, die im *Code of Federal Regulations (CFR) 21* festgeschrieben sind, müssen von Firmen beim Datenaustausch mit der FDA beachtet werden. Da ein großer Anteil der Dokumente im PDF-Format erstellt und ausgetauscht wird, spielt die Frage, ob Acrobat den Vorschriften in CFR 21 genügt, eine wichtige Rolle. Laut Adobe erfüllt Acrobat die Signaturvorschriften der FDA vollständig. Die folgende Liste führt die wichtigsten Kriterien aus CFR 21 zusammen mit den jeweiligen Funktionen von Acrobat auf:

- Signaturen müssen den Namen des Unterzeichners, Datum und Zeitpunkt der Signatur sowie den Grund für die Unterschrift enthalten. Diese Angaben sind Bestandteil der Acrobat-Unterschrift und erscheinen in der Dialogbox *Eigenschaften* einer Signatur (siehe Abbildung 14.5). Bei der Textdarstellung der Signatur erscheinen diese Angaben auch im Dokument.
- Signatur und zugehöriges Dokument müssen so miteinander verbunden sein, dass die Signatur nicht einfach losgelöst oder kopiert werden kann. Diese Vorgabe erfüllen die Acrobat-Signaturen durch die Berechnung eines Hashwerts für das Dokument. Der Hashwert passt ausschließlich zum signierten Dokument.
- Der Zugang zur Signaturfunktion muss durch zwei benutzerspezifische Angaben geschützt sein. Bei Self-Sign erfolgt der Zugriff auf das Benutzerprofil (und damit den geheimen Signierschlüssel) nach der Angabe von Benutzername und Kennwort, wobei der Benutzername allerdings nicht geheim ist, sondern oft schon aus dem Namen der Profildatei hervorgeht.
- Haben Dritte in der Zeit zwischen zwei Signaturvorgängen Zugang zum PC, so müssen bei der Erstellung der zweiten Signatur erneut Benutzername und Kennwort eingegeben werden. Dies lässt sich beim Self-Sign-Plugin erreichen, indem man über die Menüfolge *Werkzeuge, Self-Sign-Sicherheit, Benutzereinstellungen..., Kennwortzeitlimit* als Zeitangabe *Immer* wählt. Dadurch ist sichergestellt, dass auch bei kurzzeitigem Verlassen des Arbeitsplatzes kein Betrüger die Möglichkeit hat, unbemerkt Dokumente unter einem anderen Namen zu signieren.

A Zeichensatztabellen

Dieser Anhang enthält Tabellen mit einigen weit verbreiteten Zeichensätzen (Encodings). Eine wesentlich größere Sammlung inklusive Unicode finden Sie auf den Webseiten zum Buch unter

http://www.pdflib.com/bibel

Bei einigen Tabellen finden Sie außerdem Bemerkungen zu Erweiterungen, verbreiteten Missverständnissen oder Änderungen.

Die Tabellen sind zeilenweise nach aufsteigenden Werten angeordnet. In der linken Spalte und der obersten Zeile finden Sie jeweils die entsprechenden Hexadezimalwerte. Um den Hexadezimalwert eines Zeichens zu ermitteln, kombinieren Sie einfach den Wert ganz links in der gleichen Zeile mit dem Wert ganz oben in der gleichen Spalte, wobei Sie den Buchstaben x jeweils entfernen.

Die Zeichen sind jeweils mit einem grauen Kästchen hinterlegt, das die Laufweite des Zeichens angibt. Ein schwarzes Kästchen bedeutet, dass die betreffende Position im Zeichensatz unbelegt ist. Alle Beispiele verwenden den Font *Tahoma*, weil dieser mit 1227 Zeichen sehr gut ausgestattet ist.

Die Übersichten wurden maschinell mit der PDFlib-Software und Encoding-Tabellen erzeugt, die Sie als Bestandteil aller PDFlib-Pakete ebenfalls vom PDFlib-Webserver laden können.

Apple Macintosh

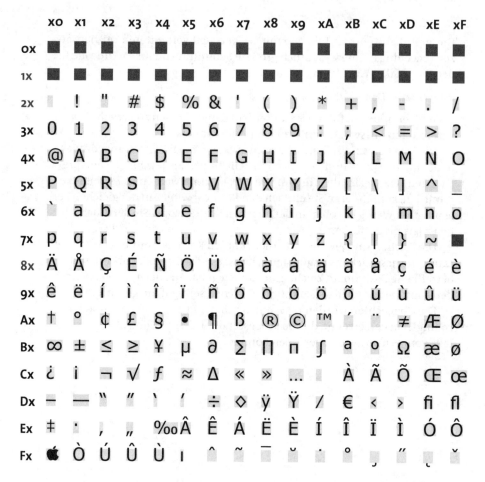

Bemerkungen:
- Auf *F0* steht das Apfelsymbol, das aber in den meisten Fonts fehlt.
- Das frühere Währungssymbol currency auf *DB* hat Apple ab Mac OS 8.5 durch den Euro ersetzt.
- Folgende Zeichen fehlen in den meisten Fonts und werden vom Druckertreiber daher auf den Symbol-Font abgebildet: *notequal (AD), infinity (B0), lessequal (B2), greaterequal (B3), partialdiff (B6), summation (B7), product (B8), pi (B9), integral (BA), Omega (BD), radical (C3), approxequal (C5), Delta (C6), lozenge (D7)*.

Windows-Codepage 1252

	x0	x1	x2	x3	x4	x5	x6	x7	x8	x9	xA	xB	xC	xD	xE	xF
0x	■	■	■	■	■	■	■	■	■	■	■	■	■	■	■	■
1x	■	■	■	■	■	■	■	■	■	■	■	■	■	■	■	■
2x		!	"	#	$	%	&	'	(	)	*	+	,	-	.	/
3x	0	1	2	3	4	5	6	7	8	9	:	;	<	=	>	?
4x	@	A	B	C	D	E	F	G	H	I	J	K	L	M	N	O
5x	P	Q	R	S	T	U	V	W	X	Y	Z	[	\	]	^	_
6x	`	a	b	c	d	e	f	g	h	i	j	k	l	m	n	o
7x	p	q	r	s	t	u	v	w	x	y	z	{	|	}	~	■
8x	€	■	‚	ƒ	„	…	†	‡	ˆ	‰	Š	‹	Œ	■	Ž	■
9x	■	'	'	"	"	•	–	—	˜	™	š	›	œ	■	ž	Ÿ
Ax		¡	¢	£	¤	¥	¦	§	¨	©	ª	«	¬	-	®	¯
Bx	°	±	²	³	´	µ	¶	·	¸	¹	º	»	¼	½	¾	¿
Cx	À	Á	Â	Ã	Ä	Å	Æ	Ç	È	É	Ê	Ë	Ì	Í	Î	Ï
Dx	Ð	Ñ	Ò	Ó	Ô	Õ	Ö	×	Ø	Ù	Ú	Û	Ü	Ý	Þ	ß
Ex	à	á	â	ã	ä	å	æ	ç	è	é	ê	ë	ì	í	î	ï
Fx	ð	ñ	ò	ó	ô	õ	ö	÷	ø	ù	ú	û	ü	ý	þ	ÿ

Bemerkungen:
- Diese Codepage wird oft als »Windows ANSI« bezeichnet. Sie ist eine Erweiterung von ISO 8859-1 (Latin-1).
- Microsoft fügte für Windows 98/2000/XP die folgenden Zeichen ein: *Euro (80), ZCaron (8E), zcaron(9E)*. Diese Zeichen fehlen in vielen älteren Fonts.

Windows-Codepage 1250

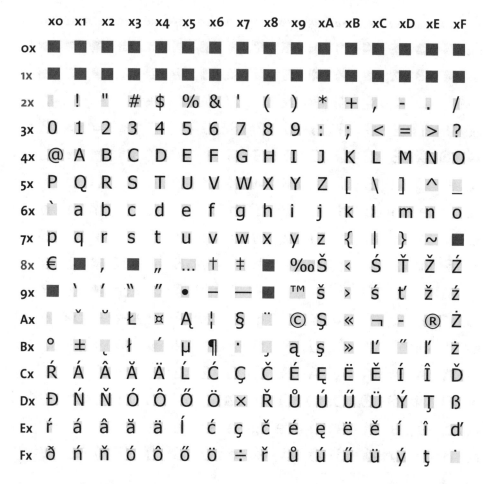

Bemerkungen:
- Microsoft fügte für Windows 98/2000/XP das Eurozeichen auf Position 80 ein. Es ist nicht in allen Fonts enthalten.

ISO 8859-1 (Latin 1)

	x0	x1	x2	x3	x4	x5	x6	x7	x8	x9	xA	xB	xC	xD	xE	xF
0x	■	■	■	■	■	■	■	■	■	■	■	■	■	■	■	■
1x	■	■	■	■	■	■	■	■	■	■	■	■	■	■	■	■
2x		!	"	#	$	%	&	'	(	)	*	+	,	-	.	/
3x	0	1	2	3	4	5	6	7	8	9	:	;	<	=	>	?
4x	@	A	B	C	D	E	F	G	H	I	J	K	L	M	N	O
5x	P	Q	R	S	T	U	V	W	X	Y	Z	[	\	]	^	_
6x	`	a	b	c	d	e	f	g	h	i	j	k	l	m	n	o
7x	p	q	r	s	t	u	v	w	x	y	z	{	|	}	~	■
8x	■	■	■	■	■	■	■	■	■	■	■	■	■	■	■	■
9x	■	■	■	■	■	■	■	■	■	■	■	■	■	■	■	■
Ax		¡	¢	£	¤	¥	¦	§	¨	©	ª	«	¬		®	¯
Bx	°	±	²	³	´	µ	¶	·	¸	¹	º	»	¼	½	¾	¿
Cx	À	Á	Â	Ã	Ä	Å	Æ	Ç	È	É	Ê	Ë	Ì	Í	Î	Ï
Dx	Ð	Ñ	Ò	Ó	Ô	Õ	Ö	×	Ø	Ù	Ú	Û	Ü	Ý	Þ	ß
Ex	à	á	â	ã	ä	å	æ	ç	è	é	ê	ë	ì	í	î	ï
Fx	ð	ñ	ò	ó	ô	õ	ö	÷	ø	ù	ú	û	ü	ý	þ	ÿ

Bemerkung:
► Da die Standards der Serie ISO 8859 (im Gegensatz zu Microsoft-Codepages) nie geändert werden, gibt es keine Variante dieses Zeichensatzes mit dem Eurozeichen. Stattdessen stell ISO 8859-15 eine Erweiterung dar, die das Eurozeichen enthält.

ISO 8859-2 (Latin 2)

	x0	x1	x2	x3	x4	x5	x6	x7	x8	x9	xA	xB	xC	xD	xE	xF
0x	■	■	■	■	■	■	■	■	■	■	■	■	■	■	■	■
1x	■	■	■	■	■	■	■	■	■	■	■	■	■	■	■	■
2x		!	"	#	$	%	&	'	(	)	*	+	,	-	.	/
3x	0	1	2	3	4	5	6	7	8	9	:	;	<	=	>	?
4x	@	A	B	C	D	E	F	G	H	I	J	K	L	M	N	O
5x	P	Q	R	S	T	U	V	W	X	Y	Z	[	\	]	^	_
6x	`	a	b	c	d	e	f	g	h	i	j	k	l	m	n	o
7x	p	q	r	s	t	u	v	w	x	y	z	{	|	}	~	■
8x	■	■	■	■	■	■	■	■	■	■	■	■	■	■	■	■
9x	■	■	■	■	■	■	■	■	■	■	■	■	■	■	■	■
Ax		Ą	˘	Ł	¤	Ľ	Ś	§	¨	Š	Ş	Ť	Ź	-	Ž	Ż
Bx	°	ą	˛	ł	´	ľ	ś	ˇ	¸	š	ş	ť	ź	˝	ž	ż
Cx	Ŕ	Á	Â	Ă	Ä	Ĺ	Ć	Ç	Č	É	Ę	Ë	Ě	Í	Î	Ď
Dx	Đ	Ń	Ň	Ó	Ô	Ő	Ö	×	Ř	Ů	Ú	Ű	Ü	Ý	Ţ	ß
Ex	ŕ	á	â	ă	ä	ĺ	ć	ç	č	é	ę	ë	ě	í	î	ď
Fx	đ	ń	ň	ó	ô	ő	ö	÷	ř	ů	ú	ű	ü	ý	ţ	

Bemerkungen:
▶ Die Zeichen auf *DE* und *FE* heißen bei Adobe *Tcommaaccent* bzw. *tcommaaccent*, im Unicode-Standard jedoch *Tcedilla* bzw. *tcedilla*. Die Bezeichnungen in Fonts sind daher uneinheitlich.
▶ Die meisten PostScript-Fonts enthalten nicht alle Zeichen dieses Zeichensatzes.

Stichwortverzeichnis

%
%!PS-Adobe-3.0 49
%%BoundingBox 30
%%EndProlog 49
%%LanguageLevel 32
%%Page 49
@PJL 75

A
Absenden eines Formulars 396
Accessibility 109
Acrobat
    EPS-Export 38
    Geschichte 1
    Komponenten 79
    Oberfläche modifizieren mit JavaScript 449
    Start externer Programme 584
Acrobat Approval: siehe Approval
Acrobat Capture: siehe Paper Capture
Acrobat Distiller Server 340
Acrobat Distiller: siehe Distiller
Acrobat Paper Capture: siehe Paper Capture
Acrobat PDFWriter: siehe PDFWriter
Acrobat Player 4
Acrobat Reader: siehe Reader
Acrobat Self-Sign 602
Acrobat Web Capture: siehe Web Capture
Acrobat-Plugin
    Agfa In RIP Trapping 270
    Erkennung auf Serverseite 334
    InProduction 289
    Internet Explorer 304
    Netscape Navigator 304
    Pagelet 296
    Quite Imposing 276
    Seps2Comp 294
    Webbrowser 301
Active Server Pages: siehe ASP
activePDF 342, 344
ADBC (Acrobat Database Connectivity) 445
additive Farbmischung 218
Adobe Content Server 580
Adobe eBook Reader 580
Adobe FrameMaker: siehe FrameMaker
Adobe Illustrator: siehe Illustrator
Adobe InDesign: siehe InDesign
Adobe InProduction: siehe InProduction 243
Adobe PageMaker: siehe PageMaker
Adobe PDFMaker: siehe PDFMaker
Adobe PostScript-Treiber 52
Adobe-Grafikmodell: siehe Grafikmodell
AES (Advanced Encryption Standard) 560
AFM (Adobe Font Metrics) 148
AFS (ATM font set) 147
Agfa In RIP Trapping XTension 270
AGL (Adobe Glyph List) 189
Aktualisieren von Webseiten 319
Alphakanal 15, 19
AltaVista Search Engine 329
alternativer Text bei Tagged PDF 107
AMFM (Adobe Multiple Master Font Metrics) 150
Analyse des PDF-Dateiformats 523
Analyse von PostScript-Fehlern 68
Ändern von PDF-Dokumenten 532
Ändern-Kennwort 564
Änderungsdatum drucken mit JavaScript 452
Anlegen von PDF-Formularen 379
Annullieren von pdfmark-Anweisungen 472
Anpassen an Formular-Vordrucke 394
Anschlussmöglichkeiten für Drucker 62
Anzeigeeigenschaften mit pdfmark 481
Apache
    Icons für PDF-Dateien 333
    MIME-Typen 331
APDFPR (Advanced PDF Password Recovery Pro) 571
Apogee-Workflow 270
AppendPDF 343
AppleTalk 63
Appligent
    FDFMerge 416
    SecurSign 578
app-Objekt 428
Approval
    Formulare 399
    Signaturen 594
APR (Automatic Picture Replacement) 278
Archivierung von PostScript-Dateien 50
Argus Server 344
Ari's Link Checker 118
Arrays in PDF 475
ArtBox 540
Artefakte in Tagged PDF 107
Artikel
    pdfmark 491
    PDF-Objekthierarchie 530
    Übernahme beim PDF-Export 348
ASCII-Kodierung für EPS-Dateien 39
ASP (Active Server Pages)
    BrowserHawk 334
    FDF-Toolkit 411
asymmetrische Verschlüsselung 560
ATM (Adobe Type Manager) 146
    Fontinstallation 150
    Geschichte 125
ATM font set (AFS) 147
ATM Lite 150
Atomz.com 330
ATR (Adobe Type Reunion) 157

Attribute von Strukturelementen 105
AudienceOne Personalization Server 343
Aufheller 233
Auflösung von Rasterbildern 98
Aufruf einer Datei mit pdfmark 499
Ausgabe von PostScript-Fehlern 71
Ausgabeoptionen des PostScript-Treibers 55
Auslöser für Vorgänge 494
Ausrichtungszonen 130
Ausschießen 271
    Einzelseiten 273
    OPI-Server 280
    Quite Imposing 276
    Schnittmarken 275
    Seitengröße 275
    Software für PDF 274
    TrimBox 275
Auswahländerung in Listenfeld 388
Authentica PageRecall 577
automatische Emulationserkennung 66
automatischer Font-Download 169

B

Basis-URL 310
    pdfmark 501
BCP (Binary Control Protocol) 65
BDF (Bitmap Distribution Format) 165
Bearbeiten
    Fonts 202
    Formularfelder 390
benannte Ziele
    aus FrameMaker 353
    pdfmark 491
    Verknüpfung mit pdfmark 499
Benutzerkennwort 564
Benutzerprofil 603
Berechnungen
    in Formularfeldern 388
    mit JavaScript 453
Berechtigungen
    Self-Sign-Sicherheit 569
    Standardsicherheit 566
    Stärke 572
Beschneiden von Seiten mit pdfmark 484
Beschneidungspfad 13
Bézierkurven 8
BG (Black Generation) 238
Bilder
    Ersetzung per OPI 278
    Maskierung 13
Bilder in PDF 530
Bildmasken 13
Bildschirmdarstellung von EPS 27
Binärkodierung für EPS-Dateien 39
Binärprotokoll 65
Binary Control Protocol: siehe BCP
biometrische Signaturverfahren 608
Bitmap Distribution Format: siehe BDF
Bitmap-Fonts 122
black generation 238, 283
BleedBox 540
Blitzer 264
BlueValues 131
BMP (Basic Multilingual Plane) 177
Bogenmontage: siehe Ausschießen

Bookmarks: siehe Lesezeichen
BoundingBox 30
Bravo 5
Browser: siehe Webbrowser
BrowserHawk 334
Button: siehe Schaltfläche 513
Byterange-Protokoll 335
    Ablauf 336
    Support auf Webserver 335
    testen 336
Byteserving 335

C

Caching
    Webbrowser 307
CalCMYK 252, 547
CalGray 252, 547
callas FontIncluder 38
callas pdfInspektor 291
CalRGB 252, 547
Cardiff 343, 417
catch-Block in JavaScript-Exception 434
C-Bibliothek für FDF-Toolkit 410
CCITT-Kompression 535
CE-Encoding 22
Centronics-Schnittstelle 62
CE-Zeichenvorrat 185
CFF 136
CFF-Fonts 19
character collection 195
character map 195
chinesische Fonts 91, 140
CID-Fonts 19, 140
    CMaps 140
    Einbettungsbeschränkungen 175
    Encoding 140
    Encoding-Eigenschaften 197
    Kodierung 195
    PDF-Dateiformat 552
    Unicode-Unterstützung 196
CIE (Commission Internationale d'Éclairage) 209
CIEBasedA 222
CIEBasedABC 221
CIEBasedDEF 222
CIEBasedDEFG 222
CIE-basierte Farbräume 214
CIELAB 215
    Probleme 234
CIELUV 215
CIEXYZ 214
CJK-Schriften in Acrobat 91
clip-Operation 8
Clipping-Pfad 13
cmaps 140, 192
CMYK 212, 218
    Grafikmodell 19
    Umrechnung nach RGB 238
Codepages
    Definition 182
    Microsoft Windows 185
Collab-Objekt 326
Colorimetric Rendering Intent 217
Colormanagement 238
    Aufheller 233

CMYK *218*
CRD *223*
CSA *221*
    ICC-Profildateien *227*
    ICC-Profile *215, 225*
    Metamerie *233*
    OutputIntents *258*
    PDF *252*
    Probleme *232*
    Schwarz *218*
    Schwarzaufbau *238*
    Separationen *239*
    Sonderfarben *239*
    Umrechnung zw. RGB und CMYK *238*
    Unterfarbenreduktion *238*
Compact Font Format *136*
Composite Fonts *140*
Computer-to- Plate-Technologie *271*
configurationerror *77*
content streams *544*
Content-Disposition-Header *305*
ConTeXt-Paket *368*
Convera *329*
Copydot *293*
Copyfitting *144*
Copyright für Schriften *172*
CorelDraw
    PDF-Export *375*
    PDF-Import *377*
CPSI (Configurable PostScript Interpreter) *289*
CRD (Color Rendering Dictionary) *223*
CropBox *539*
CSA (Color Space Array) *221*
CT/LW (continuous tone/line work) *292*
Ctrl-D-Problem *67*
CyScape BrowserHawk *334*

D

Dateianlage
    Sicherheit *584*
Dateien: siehe Dokumente *597*
Dateigröße
    Fonts *88*
    minimieren *117*
Datenbankzugriff mit JavaScript *445*
Datentypen für pdfmarks *472*
Datum anzeigen mit JavaScript *452*
DCS (Desktop Color Separation) *61, 280*
DCS Merger *294*
DCT-Kompression *535*
DES (Data Encryption Standard) *559*
Designachsen *143*
Destillieren verhindern *573*
DeviceCMYK *222, 252, 547*
DeviceGray *222, 252, 547*
DeviceN *19, 251, 254, 547*
DeviceRGB *222, 252, 547*
Dialogbox anzeigen mit JavaScript *448*
Dickte *120*
dictfull *77*
Dictionaries in PDF *475*
dictstackoverflow *77*
dictstackunderflow *77*
Digital Applications
    AppendPDF *343*

digitale Signaturen: siehe Signaturen
digitaler Fingerabdruck *562*
digitalisierter Film *293*
Dionis *118*
Distiller *79*
    Einstellungen *96*
    geräteabhängige Daten *285*
    OPI-Kommentare *280*
    PostScript-Fehler *73*
    Prinergy Distiller Plugin *275*
    Startup-Verzeichnis *470*
DLL für das FDF-Toolkit *410*
DocConverter *342*
doc-Objekt *428*
Document Structuring Conventions: siehe DSC
Dokumente
    Auswahl mit JavaScript *453*
    Darstellungsübernahme beim PDF-Export *347*
    Größe von Formularen *398*
    Knacken des Schutzes *571*
    Name drucken mit JavaScript *452*
    Nutzungsbeschränkungen *566*
    Schützen *565*
    Seiten hinzufügen mit JavaScript *443*
    Sicherheit des Datei-Öffnen-Vorgangs *583*
    Signieren *591*
    Signieren in Acrobat *594, 596*
    Vergleichen *600*
Dokumentinfofelder
    aus FrameMaker *353*
    pdfmark *492*
    PDF-Objekthierarchie *530, 554*
    Übernahme beim PDF-Export *347*
Dokument-JavaScripts *422*
Dokument-Metadaten in PDF *530*
Dokumentvorgänge mit JavaScript *422*
Doppelseiten *483*
    Übernahme beim PDF-Export *348*
Download
    Fonts *168*
    PDF aus dem Web *303*
    Reader *332*
Downsampling *99*
DPS (Display PostScript) *4*
Drucken
    Schutzmaßnahmen für pdfmarks *468*
    Seiten mit JavaScript *448*
Drucker
    Anschlussmöglichkeiten *62*
    AppleTalk-Schnittstelle *63*
    Ctrl-D-Problem *67*
    Dateiübertragung *60*
    Emulationserkennung *66*
    Ethernet-Schnittstelle *63*
    parallele Schnittstelle *62*
    residentes Laden *67*
    SCSI-Schnittstelle *63*
    serielle Schnittstelle *62*
    Übertragungsprotokolle *64*
    USB-Schnittstelle *63*
Druckertreiber: siehe PostScript-Treiber
Druckfelder in Microsoft Word *479*
Druckkontrollstreifen *271*
Druckvorstufe *261*
    Ausschießen *271*
    Bearbeiten von PDF *295*

Bearbeiten von PostScript 295
Copydot 293
CT/LW 292
DCS 280
gerätespezifische Anweisungen 282
Kurvengenauigkeit 282
OPI 277
PDF/X 296
Preflighting 287
Rastereinstellungen 284
Schwarzaufbau 283
Smoothness 285
Transferkurve 284
Überfüllung 263
Unterfarbenreduktion 283
Unterfüllung 265
DSC (Document Structuring Conventions) 47
DTP-Punkt (pt) 31
dynamisches PDF 340
Dynastrip 274

E

E-Books 578
    Adobe Content Server 580
    Adobe eBook Reader 580
ECI-RGB 234
ECMAscript 420
Editieren von importiertem PDF 350
Eigenschaften von Formularfeldern 393
Einbettung 87
    EPS 26, 29
    Fonts
        Einbettung in PDF 96
        PDF in HTML 310
Einschränkungen bei EPS 33
Einzelseiten 273
Elcomsoft 571
Elementtypen 105
Emulationserkennung 66
Encapsulated PostScript: siehe EPS
Encoding
    CID-Fonts 140
    Definition 182
    in Fontformaten 197
Encoding-Vektor 188
Enfocus Browser 524
Enfocus PitStop 295
Entrust Security Plugin 577
EPS (Encapsulated PostScript)
    ASCII-Kodierung 39
    Bildschirmdarstellung 27
    Binärkodierung 39
    BoundingBox 30
    Einbettung 26, 29
    Einschränkungen 33
    EPSI 34
    Ersatzdarstellung 30
    Erstellen 29
    Export aus Acrobat 38
    Exportieren 26
    Fonteinbettung 37
    Importieren 27
    Koordinatensystem 31
    LanguageLevel 32
    Macintosh 33
    PICT 33
    Portierbarkeit 37
    Preview 34
    showpage 32
    und Druckertreiber 29
    Vorschriften 30
    vs. PostScript 27, 33
    Windows 34
EPS-Dateien für pdfmarks 468
EPSI (Encapsulated PostScript Interchange) 34
errorhandler 71
Ersatzdarstellung für EPS 30
Erstellen
    EPS 29
    FDF 408
    Fonts 202
    PDF-Dateien 79
Erstellung von PDF 79
Ethernet-Schnittstelle 63
Eurozeichen 197
event-Objekt 429
    Properties 432
Events in JavaScript 429
Exceptions in JavaScript 433
execstackoverflow 77
EXIF 536
Exportbeschränkungen von
    Verschlüsselungsprodukten 561
externe Programme 584

F

Farbauszüge mit pdfmark 484
Farbe
    additive Farbmischung 218
    Einleitung 207
    Grafikmodell 10
    ICC 210, 225
    Licht 210
    Objektoberflächen 212
    PDF-Import 351
    pdfmarks 475
    Schwarz 213
    subtraktive Farbmischung 218
    visuelle Wahrnehmung 213
Farbmanagement: siehe Colormanagement
Farbmaskierung 14
Farbräume
    CalCMYK 252
    CalGray 252
    CalRGB 252
    CIEBasedA 222
    CIEBasedABC 221
    CIEBasedDEF 222
    CIEBasedDEFG 222
    CIE-basiert 214
    CIELAB 215, 234
    CIELUV 215
    CIEXYZ 214
    CMYK 212
    DeviceCMYK 222
    DeviceGray 222
    DeviceN 251
    DeviceN in PDF 1.3 254
    DeviceRGB 222
    ECI-RGB 234

Gamut Mapping 216
ICCBased 254
Lab 252
Lookup-Table 220
PDF 547
PDF 1.1 252
PDF 1.3 254
RGB 218
Separation 246
Separation in PDF 1.2 253
sRGB 231
Transformation 220
Farbraumkompression: siehe Gamut Mapping
Farbseparation 11, 19
Farbtiefe 100
Farbverläufe 11, 19
FDA-Vorschriften für Signaturen 616
FDF (Forms Data Format) 402
    Dateiformat 405
    Erzeugung 408
    Fehlersuche 415
    MIME-Typ 330
    mit JavaScript-Code 425
    Status-Eintrag 406, 416
FDFMerge 416
FDF-Toolkit 409
    für Java 413
    Perl 415
    PHP 415
Fehlerbehandlungsroutine 71
Fehlermeldungen
    Acrobat 524
    PostScript-Interpreter 68
Felder-Palette für Formular 389
Feldtypen 381
Fenstergröße mit pdfmark 482
fettes Schwarz 265
field-Objekt 428
    Properties 436
fill-Operation 8
Flate-Kompression 534
Flattening 15
Flex 131
FOND-Ressource 156
Font Blitting 307
Fontdescriptor in PDF 553
Font-Dictionary in PDF 550
Fonteinbettung
    Beschränkungen 173
    Dateigröße 88
    EPS 37
    Namen für Untergruppen 550
    PDF-Dateiformat 548
    Untergruppen im PDF-Dateiformat 549
Fontformate
    Betriebssystemunterstützung 155
    CID 140
    Composite Fonts 140
    Encoding-Eigenschaften 197
    Multiple-Master 142
    OCF (Original Composite Font) 140
    OpenType 135
    PDF-Dateiformat 549
    Sonderzeichen 134
    TrueType 133
    Type 1   128
    Type 3   133

Übersicht 128
FontIncluder 38
Fontkriege 124
FontLab 202
Fonts
    BDF (Bitmap Distribution Format) 165
    Bearbeitung 202
    Bitmap-Fonts 122
    Cache 171
    CE-Encoding 22
    chinesische 140
    CJK-Schriften in Acrobat 91
    cmaps 192
    Copyright 172
    Editoren 202
    Einbettung in PDF 87
    Encoding in PDF 551
    Erstellung 202
    Eurozeichen 197
    Geschichte 126
    Grafikmodell 9
    Hints 129
    in Acrobat 87
    in Formularfeldern 393, 398
    japanische 140
    Kapitälchen 121
    Konvertierung 200
    Konvertierungsprogramme 201
    koreanische 140
    Ligaturen 121
    Logo-Fonts 203
    Metrik 120
    Outline-Fonts 123
    PDF-Import 350
    PDF-Objekthierarchie 530
    permanent laden 168
    PostScript 128
    resident laden 168
    Sicherheit von Untergruppen 574
    Speicherbedarf 169
    Standardschriften in PDF 90
    Substitution in Acrobat 89
    Symbolfonts 187
    Unix 127
    Untergruppen 87, 88, 96
    Unterschneidung 120
    Zeichensätze 176
    Zeichenvorrat 188
fonts.dir 162
fonts.scale 161
Fontserver 161
FOP 342
Form XObjects 17, 19, 541
Formate für Fonts 128
Formatieren von Formularfeldern 388
Formatting Objects 342
Formulare 379
    Absenden 396
    Absenden mit pdfmark 514
    Anlegen 379
    Anlegen mit pdfmark 507
    Approval 399
    Bearbeiten von Feldern 390
    Dateigröße 398
    Einschränkungen 398
    FDF/XFDF zur Datenübertragung 402
    Feldeigenschaften in JavaScript 436

Felder-Palette *389*
Guagua-Beispiel *411*
Hilfetexte *396*
HTML zur Datenübertragung *401*
Importieren mit pdfmark *516*
ISBN-Beispiel *438*
JavaScript *419*
Mischen von PDF und FDF *404*
Offline-Systeme *400*
Online-Systeme *401*
Reader *399*
Schriftarten *393*
Software zur Verarbeitung *416*
Übertragung mit SSL *582*
Validieren der Tastatureingaben *440*
Zurücksetzen *396*
Zurücksetzen mit pdfmark *514*
Formularfelder
Anpassen an Vordrucke *394*
Auswahländerung in Liste *388*
Berechnen *388*
Eigenschaften *393*
Eigenschaften mit pdfmark *507*
Ein- und Ausblenden mit pdfmark *516*
Einfärben mit JavaScript *451*
Einhängen von JavaScript *440*
Formatieren *388*
Größe ändern mit JavaScript *456*
hierarchische Namen *381, 391*
japanische Fonts *398*
JavaScript mit pdfmark *518*
JavaScript-Code *422*
Kombinationsfeld *385*
Kontrollkästchen *383*
Kopieren *390*
Kurzbeschreibung *393*
Liste anzeigen mit JavaScript *451*
Listenfeld *385*
Namen auf Seitenvorlage *444*
Optionsfeld *383*
PDF-Objekthierarchie *530, 554*
Position ändern mit JavaScript *456*
Rollover-Effekt *396*
Schaltfläche *384*
Schaltfläche statt Verknüpfung *393*
Schaltflächenbeispiele *396*
Schriftarten *398*
Selektieren *390*
Signaturfeld *385*
Sperren *392*
Tab-Reihenfolge *390*
Textfeld *384*
Tooltips *393*
Typen *381*
Übernahme beim PDF-Export *348*
Validieren *388*
Wiederverwenden *393*
Formularsysteme
Bestätigungsmeldung *416*
Datenübertragung *408*
FDF-Export *405*
MIME-Typ *408*
MIME-Typ auf Webserver *408*
XFDF-Export *407*
FrameMaker
benannte Ziele *353*
Dokumentinfofelder *353*
Hypertextkommandos *354*
Lesezeichen *352*
PDF-Export *351, 355*
PDF-Import *356*
pdfmark *476*
PostScript-Rahmen *476*
SP TimeSavers/FrameMaker Edition *357*
Strukturinformationen *352*
Verknüpfungen *353*
Frames und PDF *310*
FreeHand
PDF-Export *373*
PDF-Import *373*
fsType-Flag *173*
Fulcrum SearchServer *329*
Füllmuster *19*
Grafikmodell *11*

G

Gamut Mapping *216*
Rendering Intent *216*
GDI (Graphics Device Interface) *6, 28, 41*
geräteabhängige Parameter in PDF *548*
gerätespezifische Anweisungen in PDF *282*
geräteunabhängige CIE-Farbräume *19*
Ghostscript *83, 341*
geschützte Dateien *569*
Glyphen
in Unicode *179*
in Zeichensätzen *182*
Gradationskurve: siehe Transferkurve
Grafikmodell
clip-Operation *8*
Farbe *10*
Farbseparation *11*
Farbverlauf *11*
fill-Operation *8*
Fonts *9*
Füllmuster *11*
Funktionen *19*
Kompression *17*
Maskierung von Bildern *13*
Rasterbilder *9*
Rasterung *7*
stroke-Operation *8*
Text *8*
Vektorgrafik *7*
von Adobe *6*
wiederverwendbare Elemente *17*
Graphics Device Interface: siehe GDI
Graustufen
Grafikmodell *10*
Graustufen glätten *100*
große vs. kleine Dateien *116*
Größenangaben
PDF-Import *351*
Übernahme beim PDF-Export *349*
Guagua-Formular *411*

H

Halbtonraster: siehe Rastereinstellungen
Handhelds und PDF *109*
handleerror *77*

Hashwert 562
Hauptkennwort 564
Hilfetexte in Formularen 396
Hints 129
    auf Zeichenebene 131
    Ausrichtungszonen 130
    Blue Values 131
    Flex 131
    globale 130
Host-basierte Separation 239
ht://Dig 330
HTML (Hypertext Markup Language)
    Einbettung von PDF 310
    Formularübertragung 401
    Frames und PDF 310
    Konvertierung nach PDF 311
    Links nach PDF 308
    Tabellen und PDF 310
html2ps 342
HTMLDOC 342
Hyperref-Paket 368
Hypertext
    FrameMaker-Kommandos 354
    PDF-Dateiformat 554

I

ICC (International Color Consortium) 210, 225
ICCBased 254, 547
ICC-Farbprofile 19
ICC-Profile 215, 225
    Dateiaufbau 227
    Profiltypen 228
    Übernahme beim PDF-Export 349
    unterstützende Formate 219
    zulässig in PDF 255
Iceni 344
Icons für PDF 332
Idiom Recognition 23
IFilter 328
Illustrator
    PDF-Export 369
    PDF-Import 373
    pdfmark 480
    Transparenz 369
Image Alchemy 343
Image XObjects 546
ImageMagick 343
Imaging Model: siehe Grafikmodell 6
Impoze 274
InDesign
    PDF-Export 360
    PDF-Import 360
    Seitengröße 276
    Separation 243
Index zuordnen mit pdfmark 494
Indexed 547
indizierter Farbraum 19, 246
INF-Datei 151
Inktomi WebSearch 329
inline-Fonts 168
InProduction
    Separation 243
    Überfüllung und PJTF 270
In-RIP-Separation 25, 241
In-RIP-Trapping 25, 266

Instruktionen von TrueType 134
integrierte PostScript-Treiber 42
Internet Explorer
    ActiveX-Steuerelement 304
    Probleme mit PDF 305
Interpolation von Rasterbildern 19
interrupt 77
invalidaccess 77
invalidexit 77
invalidfileaccess 77
invalidfont 77
invalidrestore 77
ioerror 77
ISBN
    Beispiel für JavaScript 438
    Format 441
    Formatieren der Eingabe 442
    Validierung 442
ISO 8859 185
ISO 8859-1 (Latin 1) 621
ISO 8859-1 (Latin 2) 622
ISO/IEC 10646 178

J

japanische Fonts 91, 140
    Formularfelder 398
japanische Webseiten 318
Java
    FDF-Toolkit 413
Java 2D 7
JavaScript
    Acrobat 4 vs. 5 420
    Acrobat-Oberfläche ändern 449
    Collab-Objekt 326
    Datenbankzugriff 445
    Dokumentebene mit pdfmark 521
    Dokumentvorgang 422
    Einfügen mit pdfmarks 517
    Exceptions 433
    Formatieren der ISBN 442
    Formularfeldeigenschaften 436
    Informationsquellen 420
    ISBN-Beispiel 438
    Konsole 427
    Seiten hinzufügen 443
    Seitenebene mit pdfmark 521
    Seitenvorgang 422
    Seitenvorlagen 443
    Sicherheit 585
    Sonderzeichen und Umlaute 460
    Stapelverarbeitung 424
    Überblick 419
    Validieren einer ISBN 442
    Validieren von Tastatureingaben 440
    Versionen 419
    Webbrowser 419
JavaScript-Code
    Änderungsdatum drucken 452
    Dateiauswahl 453
    Dateiname drucken 452
    Datum anzeigen 452
    Dialogbox anzeigen 448
    Dokumentebene 422
    externer 424
    FDF-Dateien 425

Formularfeldebene 422
Formularfelder einfärben 451
Formularfeld-Liste anzeigen 451
Formularskripte einhängen 440
Größe von Formularfeldern ändern 456
interner 421
js-Dateien 424
komplexe Berechnungen 453
Lesezeichen hervorheben 457
Lesezeichen zusammenfassen 457
Mail versenden 450
Mail-Adresse validieren 460
Menübefehl anlegen 448
Menübefehl ausführen 447
Menübefehl hinzufügen 423
Platzierung 421
Position von Formularfeldern ändern 456
reguläre Ausdrücke 460
Schaltfläche anlegen 454
Seiten drucken 448
Seitenübergänge einstellen 459
Seitenzahl anzeigen 452
Tastatureingabe überprüfen 454
Vorgänge 435
JavaScript-Events 429
  Properties 432
  tabellarische Übersicht 431
  Verarbeitung 432
JavaScript-Objekte 428
  Properties und Methoden 429
  Reader-Funktionalität 429
  tabellarische Übersicht 429
Jaws PDF Creator 83
JBIG2-Kompression 536
JDF (Job Definition Format) 5, 270
JFIF 536
Jobtickets 269
JPEG-Kompression 535
JScript 419

K

Kapitälchen 121
Kennwörter 564
  Sicherheitsempfehlungen 575
  Stärke 572
  Webserver-Ebene 317
Kerning 120
KIM PDF 274
kleine vs. große Dateien 116
Knacken geschützter PDF-Dokumente 571
Kodierung von EPS 39
Kombinationsfeld
  Eigenschaften 385
  mit pdfmark 511
Kommentare
  online 320
  pdfmarks 475
  PDF-Objekthierarchie 530, 556
Kompression 19
  CCITT 535
  DCT 535
  Flate 534
  Grafikmodell 17
  JBIG2 536
  JPEG 535

LZW 534
Objekte in PDF 532
RunLength 535
Verfahren in PDF 533
ZIP 534
kontextsensitive Hilfe in Formularen 396
Kontrollkästchen
  Eigenschaften 383
  pdfmark 512
Konvertierung
  Einstellungen für Web Capture 317
  Fonts 200
Konvertierung nach PDF
  Acrobat Distiller Server 340
  Active PDF 342
  DocConverter 342
  FOP 342
  GhostScript 341
  html2ps 342
  HTMLDOC 342
  Image Alchemy 343
  ImageMagick 343
  PDFlib 342
  RenderX XEP 343
  WebGrabber 342
Koordinatensystem
  EPS 31
  PDF-Dateiformat 539
  pdfmark 476
Kopieren von Formularfeldern 390
koreanische Fonts 91, 140
Kryptografie: siehe Verschlüsselung
Kurvengenauigkeit 282
Kurzberechnung 99
Kurzbeschreibung in Formularen 393

L

Lab 252, 547
Lab-Farbraum 19
Laufweite 120
Lesereihenfolge von Text in PDF 107
Lesezeichen
  FrameMaker 352
  Hervorheben mit JavaScript 457
  pdfmark 490, 495
  PDF-Objekthierarchie 530, 555
  Übernahme beim PDF-Export 347
  Web Capture 315
  Zusammenfassen mit JavaScript 457
Licht und Farbe 210
Lichtquellen 211
Ligaturen 121
limitcheck 75
linearisiertes PDF 538
Listenfeld
  Eigenschaften 385
  pdfmark 510
LiveLink 329
LiveLink PDF Forms 417
Logo-Font 203
Lookup-Table zur Farbraumtransformation 220
LWFN (LaserWriter Font) 156
LZW-Kompression 534

M

Mac OS X
    Grafikmodell Quartz 18
    PostScript-Treiber 58
Macintosh
    AppleTalk 63
    EPS-Dateien 33
    Fontinstallation 155
    PostScript-Treiber 56
    Zeichensatz 618
Macromedia FreeHand: siehe FreeHand
MadeToPrint 276, 364
Magic Number für PDF 331
Mail
    Adresse validieren 460
    Versenden mit JavaScript 450
MakeAccessible-Plugin 112
manueller Font-Download 169
maskierte Bilder 19
Maskierung von Bildern 13
MediaBox 539
Menübefehle
    Anlegen mit JavaScript 448
    Ausführen mit JavaScript 447
    Hinzufügen mit JavaScript 423
    pdfmark 504
Message Digest 562
Metamerie 233
Metrik 120
Microsoft Excel 366
Microsoft Index Server 328
Microsoft Internet Explorer: siehe Internet Explorer
Microsoft Internet Information Server
    Byterange-Protokoll 335
    MIME-Typen 331
Microsoft Office 364
Microsoft Powerpoint 366
Microsoft Word
    PDF-Export 365
    pdfmark 479
MIME (Multipurpose Internet Mail Extensions) 301
    Typ von FDF-Formulardaten 330
    Typ von HTML-Formulardaten 408
    Typ von PDF-Dateien 330
Minimieren der Dateigröße 117
Mischen von PDF und FDF 404
mkfontdir 162
MMM (Multiple Master Metrics) 152
Movaris 417
Movie mit pdfmark 502
Multiple-Master-Fonts 142
    unter Windows 152

N

Named Destinations: siehe benannte Ziele 491
Namen für Formularfelder 381, 391
Namen in PDF 474
Netscape Navigator
    Acrobat-Plugin 304
    Probleme mit Version 6 304
Netzwerkordner für Online-Kommentare 324
Neuberechnung 98, 99

NeXT 4
NIST 560
nocurrentpoint 77
Notizen
    pdfmark 487
    Übernahme beim PDF-Export 348

O

Objekte in JavaScript 428
Objekte in PDF 525
Objekthierarchie in PDF 528
Objektoberflächen 212
OCF (Original Composite Font) 6, 140
OCR (optical character recognition) 81
ODBC-Datenquelle registrieren 445
OffendingCommand 73
Office Courier 417
Offline-Formularsysteme 400
Öffnen-Kennwort 564
Online-Formularsysteme 401
Online-Kommentare 320
    JavaScript-Collab-Objekt 326
    Konfiguration 325
    Speichervarianten 324
OpenText 417
OpenText LiveLink 329
OpenType-Fonts 135
    Anwendungsprogramme 138
    Betriebssystemunterstützung 137
    Einbettungsbeschränkungen 173
    Encoding-Eigenschaften 197
    Entwicklung 140
    fsType-Flag 173
    Geschichte 127
    Kodierung 192
    PostScript-Outlines 136
    TrueType-Outlines 136
    Zeichenvorrat 192
Operatoren für Seitenbeschreibungen in PDF 542
OPI 19
OPI (Open Prepress Interface) 61, 277
    Ausschießen 280
    Distiller-Einstellungen 280
    PDF 279
    Version 2.0 279
optimiertes PDF 538
    Webbrowser 306
Optionsfeld
    Eigenschaften 383
    pdfmark 512
optische Größe 143
outline entries 490
Outline-Fonts 123
OutputIntents 258
overshoot 130

P

Pagelet 296
PageMaker
    PDF-Export 357
    PDF-Import 359
    Tagged PDF 357

Index 631

Painting Model 7
Palm
    Einlesen einer Unterschrift 598, 604
PAP (Printer Access Protocol) 64
Paper Capture 81
parallele Schnittstelle 62
Pass-Through-Modus 43
Pattern 547
PCL 5, 6
PDAs und PDF 109
PDF (Portable Document Format)
    Ausschießsoftware 274
    Bearbeiten 295
    Besonderheiten auf dem Mac 303
    Colormanagement 252
    dynamische Erzeugung 340
    Einbettung in HTML 310
    Erstellen 79
    Erzeugen mit Anwendungsprogrammen 83
    Formulare 379
    Funktionen des Grafikmodells 19
    gerätespezifische Anweisungen 282
    Geschichte 1
    Grafikmodell 6
    HTML-Frames und -Tabellen 310
    Icons 332
    Konvertierung von HTML 311
    Konvertierungssoftware 341
    Kurvengenauigkeit 282
    magic number 331
    Minimieren der Dateigröße 117
    PDF/X 296
    Rastereinstellungen 284
    Schwarzaufbau 283
    Separation rückgängig machen 294
    Smoothness 285
    Suchmaschinen 327
    Test 115
    Transferkurve 284
    Transparenz 15
    Trap Network 267
    unsichtbarer Text 9
    Unterfarbenreduktion 283
    Verschlüsselung 564
    Versionsnummern 523
    vs. PostScript 18
    Webbrowser 301
    Webserver 330
PDF auf Handhelds 109
PDF IFilter 328
PDF WebSearch 328
PDF+Forms 417
PDF/X 296
PDF-Dateiformat 523
    Analyse 523
    Artikel 530
    Bilder 530
    CID-Fonts 552
    Dokumentinfofelder 530, 554
    Dokument-Metadaten 530
    Enfocus Browser 524
    Farbräume 547
    Fontdescriptor 553
    Font-Dictionary 550
    Fonteinbettung 548
    Font-Encoding 551
    Fontformate 549
    Fonts 530
    Formularfelder 530, 554
    geräteabhängige Parameter 548
    Hypertext 554
    Kommentare 530, 556
    Kompression von Objekten 532
    Kompressionsverfahren 533
    Koordinatensystem 539
    Lesezeichen 530, 555
    Objekte 525
    Objekthierarchie 528
    Operatoren für Seitenbeschreibungen 542
    Optimierung 538
    Piktogramme 530, 555
    Querverweistabelle 527
    Rasterbilder 546
    Ressourcen 540
    Seitenbeschreibungen 530, 544
    Seitengrößen 540
    Separation 548
    Text 545
    Trailer-Dictionary 529
    Update-Mechanismus 532
    Vektorgrafik 546
    Verschlüsselung 530, 537
    Versionsnummer 525
PDFDocEncoding 473
PDF-Dokumente
    gemeinsame Bearbeitung 320
    Kennwortschutz auf Webserver-Ebene 317
PDF-Export
    Artikel 348
    aus Anwendungsprogrammen 345
    CorelDraw 375
    Dokumentdarstellung 347
    Dokumentinfofelder 347
    Doppelseiten 348
    Formularfelder 348
    FrameMaker 355
    FreeHand 373
    Größenangaben 349
    ICC-Profile 349
    Illustrator 369
    InDesign 360
    Lesezeichen 347
    Microsoft Excel 366
    Microsoft Office 364
    Microsoft Powerpoint 366
    Microsoft Word 365
    Notizen 348
    PageMaker 357
    QuarkXPress 362
    Seitennummerierung 347
    Tagged PDF 348
    TeX 367
    Verknüpfungen 346
PDF-Import
    CorelDraw 377
    Editierbarkeit 350
    Farbe 351
    FrameMaker 356
    FreeHand 373
    Größenangaben 351
    Illustrator 373
    InDesign 360
    PageMaker 359

PDF-Version 349
QuarkXPress 364
Rasterangaben 351
Schriften 350
Voransicht 350
PDFlib 342
PDFMaker
Excel 366
Powerpoint 366
Word 365
pdfmark 511
Absenden von Formularen 514
Anlegen von Formularfeldern 507
Annullieren 472
Anzeigeeigenschaften 481
Arrays 475
Artikel 491
Aufruf einer Datei 499
benannte Ziele 491
Beschneiden von Seiten 484
Datentypen 472
Deaktivieren beim Ausdruck 468
Dictionary 475
Distiller-Startup-Verzeichnis 470
Dokumentinfofelder 492
Doppelseiten 483
Ein- und Ausblenden von Feldern 516
Einbinden im Originaldokument 467
Einfügen von JavaScript 517
EPS-Dateien 468
Farbauszüge 484
Farben 475
Festlegen eines Basis-URLs 501
Formularfeldeigenschaften 507
FrameMaker 476
Hypertextgrundelemente 487
Illustrator 480
Importieren von Formularen 516
JavaScript auf Dokumentebene 521
JavaScript auf Seitenebene 521
JavaScript in Formularfeldern 518
JavaScript in Verknüpfungen 518
Kombinationsfeld 511
Kommentare 475
Kontrollkästchen 512
Koordinatensystem 476
Lesezeichen 490, 495
Listenfeld 510
Menübefehle 504
Microsoft Word 479
Movie 502
Namen 474
Notizen 487
Optionsfeld 512
PPD-Dateien 471
QuarkXPress 480
Reihenfolge 467
Rotieren von Seiten 485
Schaltfläche 513
Seitennummerierung 483
Seitenübergänge 485
Signatur 513
Sound 502
Strings 473
Struktur 465
Tagged PDF 521
TeX 480

Textfeld 510
Trennseiten 470
Überfüllung 493
Übersicht 463
Unicode 473
Verknüpfung 489
Verknüpfung mit einem Artikel 501
Verknüpfung zu benanntem Ziel 499
Verknüpfung zu Dokumentseite 498
Verknüpfung zu PDF-Dokument 498
Verknüpfung zu URL 501
Video 502
Viewer-Einstellungen 482
Volltextindex zuordnen 494
Vorgänge 494
Vorgänge beim Öffnen einer Seite 495
Vorgangstyp Anzeige 494
Vorgangstyp WWW-Verknüpfung 495
Wahrheitswerte 472
Zahlen 472
Zeichensatz 473
Zurücksetzen von Formularen 514
PDFTeX 368
PDFWriter 80
Perceptual Rendering Intent 217
Perl
FDF-Toolkit 410, 415
Personal Field Names in Formularen 391
PFB (Printer Font Binary) 150
PFM (Printer Font Metrics) 151
PGML (Precision Graphics Markup Language) 5
PHP und das FDF-Toolkit 415
PICT 28
und EPS 33
Piktogramme
PDF-Objekthierarchie 530, 555
Pitstop 295
Pixelbilder: siehe Rasterbilder
PJL (Printer Job Language) 66
PJTF (Portable Job Ticket Format) 5
Überfüllung 269
Plausibilitätsprüfungen beim Preflighting 289
Plugins
Gefahren 586
Signaturen 607
Webbrowser 301
Portierbarkeit von EPS-Dateien 37
POST-Ressource 156
PostScript 238
Architekturen 42
Archivierung 50
Bearbeiten 295
Colormanagement 238
DSC-Kommentare
Erzeugung 41
Fehlerbehandlungsroutine 71
Funktionen des Grafikmodells 19
Geschichte 1
Grafikmodell 6
Host-basierte Separation 239
indizierter Farbraum 246
In-RIP-Separation 241
Interpreter-Meldungen 77
Konverter 43
Nachbearbeitung 471
Programmierfehler 77
Prolog 48

Skript *48*
Stub (PSS) *153*
Überdrucken *244*
vs. PDF *18*
Windows *51*
PostScript 3 *21*
    Idiom Recognition *23*
    In-RIP-Separation *25*
    In-RIP-Trapping *25*
    Überfüllung *267*
PostScript-Dateien
    Download auf dem Mac *58*
    Download unter Mac OS X *59*
    Download unter Windows *56*
    Übertragung zum Drucker *60*
PostScript-Erzeugung zur PDF-Generierung *86*
PostScript-Fax *4*
PostScript-Fehler
    Analyse *68*
    Ausgabe *71*
    configurationerror *77*
    dictfull *77*
    dictstackoverflow *77*
    dictstackunderflow *77*
    Distiller *73*
    execstackoverflow *77*
    handleerror *77*
    interrupt *77*
    invalidaccess *77*
    invalidexit *77*
    invalidfileaccess *77*
    invalidfont *77*
    invalidrestore *77*
    ioerror *77*
    limitcheck *75*
    nocurrentpoint *77*
    rangecheck *77*
    stackoverflow *77*
    stackunderflow *77*
    syntaxerror *76*
    timeout *76*
    typecheck *77*
    undefined *73*
    undefinedfilename *77*
    undefinedresource *77*
    undefinedresult *77*
    unmatchedmark *77*
    unregistered *77*
    VMerror *75*
PostScript-Fonts *128*
    siehe auch Type-1-Fonts *128*
PostScript-Rahmen in FrameMaker *476*
PostScript-Treiber
    Adobe *52*
    Ausgabeoptionen *55*
    Fontbehandlung *54*
    integrierte *42*
    Konfiguration auf dem Mac *56*
    Konfiguration unter Mac OS X *58*
    Konfiguration unter Windows *53*
    Mac OS X *58*
    Macintosh *56*
    Microsoft *51*
    Pass-Through-Modus *43*
    PPD-Dateien *43*
    systemweite *41*
    TrueType-Fonts *54, 134*

PPD (PostScript Printer Description)
    pdfmark *471*
    Übersicht *43*
PPKLite *602*
Preflighting *287*
    callas pdfInspector *291*
    Plausibilitätsprüfungen *289*
Prepress: siehe Druckvorstufe *263*
Preview in EPS *34*
Primärschnitt eines MM-Fonts *144*
Prinergy Distiller Plugin *275*
print_glyphs.ps *188*
Printer Access Protocol (PAP) *64*
Printer Font Metrics (PFM) *151*
Printer Job Language (PJL) *66*
PrintGear *5*
Private-Key-Kryptografie *559*
Private-Key-Verschlüsselung
    in Acrobat *564*
progressives Rendering *306*
Prolog in PostScript *48*
Properties des Field-Objekts *436*
Protokolle
    BCP *65*
    Binärprotokoll *65*
    PAP *64*
    PJL *66*
    SPX/IPX *63*
    Standard *64*
    TBCP *66*
    TCP/IP *63*
    XON/XOFF *64*
PSS (PostScript Stub) *153*
pt (DTP-Punkt) *31*
Public-Key-Verschlüsselung *560*
    in Acrobat *568*

Q

Quark XPress *480*
    MadeToPrint XTension *276, 364*
    PDF-Export *362*
    PDF-Import *364*
Quartz *6, 18*
Querverweise: siehe Verknüpfungen
Querverweistabelle in PDF *527*
QuickDraw *6, 28, 34, 41*
Quite Imposing *276*
Quoting bei BCP *65*

R

rangecheck *77*
Rasterangaben
    PDF-Import *351*
Rasterbilder
    Grafikmodell *9*
    PDF *546*
Rasterbilder in PDF *98*
Rastereinstellungen *284*
Rasterfunktionen *19*
Rastergrafikdateien, Auflösung *98*
Rasterung des Grafikmodells *7*
RC4 *560, 561*
Reader

Download 332
Einschränkungen bei JavaScript 429
Formulare 399
Registry-Eintrag zur Sicherheit 585
reguläre Ausdrücke in JavaScript 460
Rendering Intent 19, 216
RenderX XEP 343
residentes Laden 67
Fonts 168
Ressourcen
FOND 156
PDF-Dateiformat 540
POST 156
RetrievalWare 329
RGB 218
Umrechnung nach CMYK 238
RIP 3
RIP (Raster Image Processor) 3, 7
Rollback älterer Fassungen 600
Rollover-Effekt 396
Rotieren von Seiten mit pdfmarks 485
RS-232C 62
Runlength-Kompression 535

S

Saturation Rendering Intent 217
Schaltfläche
Anlegen mit JavaScript 454
Eigenschaften 384
pdfmark 513
Sprung auf andere Seite 396
Schlüssellängen 561
in Acrobat 570
schnelle Webanzeige 538
Schnittmarken 275
Schnittstellen
AppleTalk 63
Centronics 62
Ethernet 63
parallele 62
Protokolle 64
SCSI 63
serielle 62
USB 63
Schriften: siehe Fonts
Schutz von PDF-Dateien 563
siehe auch Sicherheit
Schwachpunkte der Acrobat-Verschlüsselung 574
Schwarz 213, 218
fettes 265
Schwarzaufbau 238, 283
SCSI (Small Computer System Interface) 63
SearchPDF 329
SecurSign 578
Seiten
Ersetzen in Formularen 393
Hinzufügen mit JavaScript 443
Vergleichen 600
Seitenbeschreibungen in PDF 530, 544
Seitengröße
Druckvorstufe 275
InDesign 276
minimale und maximale 540
Seitennummerierung

beim PDF-Export 347
JavaScript 452
pdfmark 483
Seitenübergänge
mit JavaScript 459
mit pdfmark 485
Seitenvorgänge mit JavaScript 422
Seitenvorlagen 443
Namen von Formularfeldern 444
seitenweises Laden 306
selbst signierte Zertifikate 589
Selektieren von Formularfeldern 390
Self-Sign-Sicherheit
Berechtigungen 569
Funktionsweise 602
Stärke 573
Verschlüsselung von PDF-Dokumenten 568
Senden von Formulardaten
FDF/XFDF 402
HTML 401
Separation 239, 547
InDesign 243
InProduction 243
PDF 548
rückgängig machen 294
Separation-Farbraum 246, 253
Seps2Comp 294
serielle Schnittstelle 62
Servlets und FDF 413
setcolorspace-Operator 241
setdistillerparams 101
showpage-Operator in EPS 32
Sicherheit
Dateianlage 584
Datei-Öffnen-Vorgang 583
Destillieren verhindern 573
E-Books 578
Empfehlungen 575
Entfernen von Gefahrenquellen 586
Font-Untergruppen 574
Formularübertragung 582
GhostScript 569
JavaScript 585
Kennwörter 564
Knacken geschützter Dokumente 571
Plugins 586
Schwachpunkte in Acrobat 574
siehe auch Self-Sign-Sicherheit
siehe auch Standardsicherheit
SSL im Web 581
Stärke 570
Start externer Programme 584
Viren 583
Webübertragung 581
xpdf 570
Zusatzprodukte 576
Signaturen
Approval 594
Beispiele 610
Benutzerprofil 603
Bildschirm vs. Druck 609
biometrische Verfahren 608
Darstellung im Dokument 597
Einschränkungen 608
Erstellen 591
Erstellen in Acrobat 596

Index 635

Fälschung 608
　　FDA-Vorschriften 616
　　Funktionsweise 587
　　Gesetz zur digitalen Signatur 611
　　in Acrobat 594
　　pdfmark 513
　　Plugins 607
　　Prüfen 592
　　rechtliche Aspekte 611
　　Rollback 600
　　Skalierbarkeit 609
　　Validieren in Acrobat 598
　　Web 601
　　Zertifikate 588
Signaturfeld
　　Eigenschaften 385
Signaturgesetz 611
Skript in PostScript 48
small caps 121
Smoothness 285
Sonderfarben 239
Sonderzeichen in Fonts 134
Sonderzeichen in JavaScript 460
Sound mit pdfmark 502
SP TimeSavers/FrameMaker Edition 357
Speicherbedarf von Fonts 169
Sperren von Formularfeldern 392
Spooler 60
SPX/IPX 63
SQL-Datenbank für Online-Kommentare 324
sRGB 231
SSL (Secure Sockets Layer)
　　Browser 581
　　Formularübertragung 582
　　Web Capture 581
stackoverflow 77
stackunderflow 77
Standardprotokoll 64
Standardschriften in PDF 90
Standardsicherheit 564
　　Nutzungsbeschränkungen 566
　　Stärke 571
Stapelverarbeitung
　　JavaScript 424
Startup-Verzeichnis von Distiller 470
Status-Eintrag in FDF 406, 416
Strings in PDF 473
stroke-Operation 8
Strukturelemente 104
strukturierte Lesezeichen 105
strukturierte Lesezeichen mit Web Capture 315
Strukturinformation in PDF 103
Strukturinformationen
　　aus FrameMaker 352
Style Mapping Table 158
subtraktive Farbmischung 218
Suchmaschinen
　　AltaVista Search Engine 329
　　Atomz.com 330
　　Convera RetrievalWare 329
　　Fulcrum SearchServer 329
　　ht://Dig 330
　　Inktomi WebSearch 329
　　Microsoft Index Server 328
　　Opentext LiveLink 329
　　PDF 327
　　PDF WebSearch 328

　　Verity 328
　　Virginia Systems WebSonar 329
SuperTrap 266, 269, 271
supplement number 195
SVG (Scalable Vector Graphics) 5, 7
Symbolfonts 187
symmetrische Verschlüsselung 559
syntaxerror 76
Systemtreiber 41

T

T1-Fontformat 128
Tabellen und PDF 310
Tab-Reihenfolge für Formularfelder 390
Tagged Binary Control Protocol 66
Tagged PDF 102
　　Microsoft Word 365
　　PageMaker 357
　　pdfmark 521
　　Übernahme beim PDF-Export 348
Tastatureingabe
　　Überprüfen mit JavaScript 454
TBCP (Tagged Binary Control Protocol) 66
TCP/IP 63
Templates: siehe Seitenvorlagen
Test von PDF-Dateien 115
Testen von PDF-Dateien 115
TeX
　　PDF-Export 367
　　pdfmark 480
Text
　　Grafikmodell 8
　　PDF 545
Textfeld
　　Eigenschaften 384
　　pdfmark 510
this-Objekt 429, 433
Thumbnails auf Webserver für PDF-Dateien 333
timeout 76
TLS (Trusted Layer Security) 581
Tooltips in Formularen 393
Trailer-Dictionary 529
Transferkurve 220, 284
Transferkurven 19
Transformation von Farbräumen 220
Transparenz 19
　　in Illustrator 369
　　in PDF 15
TransType 201
Trap Annotation 267
Trap Network 267
Trapping: siehe Überfüllung
TrapWise 266
Treiber: siehe PostScript-Treiber
Trennseiten 470
TrimBox 275, 540
TrueEdit 176
TrueType-Fonts 19, 133
　　Druckertreiber 134
　　Einbettungsbeschränkungen 173
　　Encoding-Eigenschaften 197
　　fsType-Flag 173
　　Geschichte 125
　　Kodierung 192

Konvertierung im PostScript-Treiber *54*
PostScript-Geräte *134*
Unicode-Unterstützung *194*
Zeichenvorrat *192*
Trust-Center *589*
try-Block in JavaScript-Exception *434*
TT-Fonts *133*
Type Manager: siehe ATM
Type-1-Fonts
    AFM-Dateien *148*
    ATM *146*
    Dateien unter Windows *152*
    Download *168*
    Einschränkungen *132*
    Encoding-Eigenschaften *197*
    Encoding-Vektor *188*
    Fontfamilie *148*
    Format *128*
    Geschichte *124*
    Hints *129*
    Installation auf dem Macintosh *155*
    Installation im X Window System *160*
    Installation unter Windows *150*
    Metrik *149*
    Name *148*
    Standardzeichennamen *189*
    Unicode-Unterstützung *192*
    Verschlüsselung *131*
    Zeichenname *188*
    Zeichenvorrat *188*
type1inst *162*
Type-3-Fonts *19*, *133*
Type-42-Fonts *134*
typecheck *77*

U

Überdrucken *19*, *244*
Überfüllung *19*, *263*, *493*
    Agfa In RIP Trapping XTension *270*
    Blitzer *264*
    fettes Schwarz *265*
    In-RIP-Trapping *266*
    pixelbasiert *266*
    PJTF *269*
    PostScript 3 *267*
    SuperTrap *266*, *269*
    Trap Annotation *267*
    Trap Network *267*
    Trap Zones *271*
    TrapWise *266*
    vektorbasiert *266*
Überfüllungszonen *267*
Überhang *130*
Übertragung im Hintergrund *307*
Übertragung zum Drucker *60*
Übertragungsprotokolle *64*
UCR (Under Color Removal) *238*
UCS (Universal Character Set) *178*
UCS-2 *180*
UCS-4 *181*
Umformatieren von Seiten mit Tagged PDF *108*
Umlaute in JavaScript *460*
Umrissschriften *123*
undefined *73*
undefinedfilename *77*

undefinedresource *77*
undefinedresult *77*
Unicode-Standard
    CID-Font-Unterstützung *196*
    Fonts *182*
    Geschichte *176*
    Glyphen *179*
    in Acrobat und PDF *92*
    Kodierungen *180*
    Private Use Area *194*
    Softwareunterstützung *181*
    TrueType-Unterstützung *194*
    Type-1-Unterstützung *192*
    Unterstützung *19*
    Unterstützung in Acrobat *473*
    Zeichen *178*
    Zeichennamen *189*
Universal PostScript Windows Driver Installer *52*
Unix
    Fonts *127*
unmatchedmark *77*
unregistered *77*
unsichtbarer Text in PDF *9*
Unterfarbenreduktion *238*, *283*
Unterfüllung *265*
Untergruppen *87*, *88*, *96*
Unterschneidung *120*
Unterschrift: siehe Signatur
Update-Mechanismus von PDF *532*
USB (Universal Serial Bus) *63*
UTF-16 *181*
UTF-8 *181*

V

Validieren von Formularfeldern *388*
Vektorgrafik
    Grafikmodell *7*
    PDF *546*
Vergleichen von Dokumenten *600*
Verity *328*
Verknüpfungen
    FrameMaker *353*
    HTML nach PDF *308*
    JavaScript mit pdfmark *518*
    pdfmark *489*
    Übernahme beim PDF-Export *346*
    Web *308*
    zu Artikel durch pdfmark *501*
    zu benanntem Ziel mit pdfmark *499*
    zu Dokumentseite mit pdfmark *498*
    zu PDF-Dokument mit pdfmark *498*
    zu Webdokument mit pdfmark *501*
Verschlüsselung
    asymmetrische *560*
    Grundbegriffe *559*
    PDF-Dateien *564*
    PDF-Objekte *537*
    PDF-Objekthierarchie *530*
    Schlüssellänge *561*
    Sicherheitsaspekte *570*
    siehe auch Sicherheit
    symmetrische *559*
    Type-1-Fonts *131*
    Zusatzprodukte *576*

Versionsnummer
    Acrobat vs. PDF 523
    PDF 525
Vertigo 5
Verweise: siehe Verknüpfungen
Video mit pdfmark 502
Viewer-Einstellungen mit pdfmark 482
Viren 583
Virginia Systems WebSonar 329
VMerror 75
Volltextindex
    Zuordnen mit pdfmark 494
Voransicht beim PDF-Import 350
Vorgänge
    Anzeige mit pdfmark 494
    Auslöser 494
    JavaScript als Dokumentvorgang 422
    JavaScript als Seitenvorgang 422
    mit JavaScript 435
    Öffnen einer Seite mit pdfmark 495
    pdfmarks 494, 496
    WWW-Verknüpfung mit pdfmark 495
Vorschriften für EPS 30

W

Wahrheitswerte in PDF 472
Web Capture 80, 311
    Aktivieren von Webverknüpfungen 314
    Aktualisieren von Webseiten 319
    Grundeinstellungen 319
    japanische Webseiten 318
    kennwortgeschützte PDF-Dateien 317
    Konvertieren von Webseiten 311
    Konvertierungseinstellungen 317
    SSL 581
    strukturierte Lesezeichen 315
    unterstützte Webfunktionen 321
Webbrowser
    Acrobat-Plugin 301
    Anzeige von PDF 301
    Caching 307
    Download von PDF 303
    Online-Kommentare 320
    Probleme mit Internet Explorer 305
    Probleme mit Netscape 6 304
    progressives Rendering 306
    seitenweises Laden 306
    Übertragung im Hintergrund 307
WebDAV für Online-Kommentare 324
Web-Diskussionen für Online-Kommentare 325
WebGrabber 342
Weboptimierung von PDF 538
WebSearch 328
Webserver
    Byterange-Protokoll 335
    CyScape BrowserHawk 334
    Erkennung des Acrobat-Plugins 334
    Erzeugen von Thumbnails 333
    Icons für PDF 332
    Konfiguration für PDF 330

MIME-Typ für Formulardaten 408
WebSonar 329
Webverknüpfungen 308
    Basis-URL 310
Weichheit für Verläufe: siehe Smoothness
Windows
    Codepage 1250   620
    Codepage 1252   619
    Ctrl-D-Problem 67
    EPS-Dateien 34
    Multiple-Master-Fonts 152
    PostScript-Treiber 51
    Type-1-Fontinstallation 150
Windows Metafile Format: siehe WMF
WMF (Windows Metafile Format) 28

X

X Window System (X11) 127
    Fontinstallation 160
XFDF (Extended Forms Data Format) 402
    Dateiformat 407
XFree86 161
XLFD (X Logical Font Description) 161
XObject 541
XON/XOFF-Protokoll 64
xpdf und geschützte Dateien 570
xref-Tabelle 527
XTension MadeToPrint 276

Z

Zahlen in PDF 472
Zeichen
    Standardnamen 189
    Unicode 178
Zeichensatz 176
    Definition 182
    ISO 8859-1 (Latin 1) 621
    ISO 8859-2 (Latin 2) 622
    Macintosh 618
    pdfmark 473
    Standards 183
    Unicode 176
    Windows Codepage 1250   620
    Windows Codepage 1252   619
Zeichenvorrat
    Definition 182
    OpenType-Fonts 192
    Standards 185
    TrueType-Fonts 192
Zertifikate 588
    Acrobat Self-Sign 604
    Formate in Acrobat-Versionen 606
    Installieren in Acrobat 595
    selbst signierte 589
Zielsetzung für Farbraumkonvertierung 19
Zip-Kompression 534
Zlib 534
Zurücksetzen eines Formulars 396

Über die Autoren

Thomas Merz
ist Inhaber der PDFlib GmbH in München, die Software zur serverseitigen Generierung und Verarbeitung von PDF entwickelt und weltweit vertreibt. Neben seiner Entwicklungs- und Beratungstätigkeit in den Bereichen Publishing, Internet und Kryptografie ist er Inhaber eines Lehrauftrags zum Thema »Sicherheit im Internet« an der Universität Augsburg.

Thomas Merz kam 1985 während des Mathematik- und Informatikstudiums in einer Vorlesung über grafische Datenverarbeitung zum ersten Mal mit PostScript in Berührung. Seither ließ ihn dieses Thema nicht mehr los: Als Angestellter einer Softwarefirma entwickelte er Treiber und Konverter; private Kontakte weckten sein Interesse für Schrift und Typografie (»Typografie ist die Mathematik unter den Künsten«). Als Übersetzer und Setzer von Computerbüchern – Spezialgebiete Computergrafik, Internet und Kryptografie – hatte er ausgiebig Gelegenheit, die Anwenderseite des DTP kennen zu lernen. Der Umgang mit PostScript und digitalen Büchern führte seit 1993 fast zwangsläufig zu einer intensiven Beschäftigung mit PDF und Adobe Acrobat.

Thomas Merz veröffentlichte 1991 das *TerminalBuch PostScript*, 1996 die erste Auflage des vorliegenden Buches unter dem Titel *Die PostScript- & Acrobat-Bibel* und 1997 das Buch *Mit Acrobat ins World Wide Web*, dessen zweite Auflage 2001 unter dem Titel *Mit PDF ins Web* erschien. Er schreibt außerdem für Fachzeitschriften und spricht auf deutschen und amerikanischen Konferenzen. Zum Leidwesen seiner Mitarbeiter leistet er sich nach wie vor den Luxus, hin und wieder ein gutes Buch zu schreiben :-) Sie erreichen Thomas Merz unter *tm@pdflib.com*.

Olaf Drümmer
ist Geschäftsführer der Berliner Firma callas software gmbh. Nach Studien der Theologie und dem Erwerb eines Diploms der Psychologie an der Heidelberger Karl-Ruprecht-Universität beschäftigte sich Olaf Drümmer seit Beginn der neunziger Jahre mit Softwareentwicklung für DTP-basierte Druckvorstufenproduktion. 1997 initiierte er die deutsch-schweizer PDF-Expertenrunde, die 1998 das Positionspapier »PDF in der Druckvorstufe« veröffentlichte. Seit 1999 ist er aktiv in der ISO-Normierung zu PDF/X und erarbeitete unter Mitwirkung von Stephan Jaeggi den Normentwurf für PDF/X-3. Als Mitglied der *European Color Initiative (ECI)* beschäftigt er sich seit 1999 intensiv mit der Umsetzung von Colormanagement auf der Grundlage PDF-basierter Produktionsabläufe. Seine Erkenntnisse und Erfahrungen präsentiert er seit Jahren in Vorträgen und Seminaren in Europa und den USA und schreibt regelmäßig für Fachzeitschriften. Sie erreichen Olaf Drümmer unter *olaf@druemmer.com*.

Kolophon

Layout und Abbildungen. Gestaltung und Illustrationen dieses Buches stammen von Alessio Leonardi (leonardi.wollein, Berlin). Manuell erstellte Skizzen wurden eingescannt, digitalisiert und mit den Programmen FreeHand, Illustrator und Photoshop in ihre endgültige Form gebracht. Bildschirmabzüge (Screenshots) wurden auf Macintosh-, Windows- und Unix-Rechnern erzeugt und mit Adobe Photoshop und Jasc Paint Shop Pro bearbeitet.

Archetipetti. Die Figuren, die sich auf dem Umschlag und vielen Abbildungen tummeln, heißen Archetipetti und stammen ebenfalls von Alessio Leonardi. Die Elite der Archetipetti hat sich bereits vor Jahren zu PostScript-Fonts zusammengefunden, die auch dazu passende Symbole enthalten (zum Beispiel Letterine Archetipetti One). Einige dieser Fonts sind käuflich zu erwerben.

Schriften. Die Grundschrift ist *TheAntiqua*, die in der ersten Auflage dieses Buches erstmals zum Einsatz kam. Sie gehört wie alle in diesem Buch eingesetzten Schriften – von einigen Beispielen abgesehen – zur Schriftfamilie Thesis, die der Typograph Luc(as) de Groot (FontFabrik, Berlin) entwickelte. In den Listings und Beispielen benutzen wir die MonoSpaced-Variante, die eigens für die erste Auflage dieses Buches entwickelt wurde. Nach anfänglichen Experimenten mit einer Multiple-Master-Version von ThesisMono entschieden wir uns aber für einen festen Schnitt, nämlich *TheSansMono-Condensed*.

Satz. Texterfassung und Satz dieses Buches erfolgten mit FrameMaker 6.0 unter Windows 2000.